谷正义 ◎编著

天津
俏皮话

大全

Tianjin

Qiaopihua

Daquan

天津出版传媒集团
天津人民出版社

图书在版编目（CIP）数据

天津俏皮话大全 / 谷正义编著 . -- 天津：天津人
民出版社，2023.8
ISBN 978-7-201-19642-8

Ⅰ . ①天… Ⅱ . ①谷… Ⅲ . ①汉语—歇后语—汇编—
天津 Ⅳ . ①H136.3

中国国家版本馆CIP数据核字(2023)第147011号

天津俏皮话大全
TIANJIN QIAOPIHUA DAQUAN

出　　版	天津人民出版社	
出版人	刘　庆	
地　　址	天津市和平区西康路35号康岳大厦	
邮政编码	300051	
邮购电话	(022)23332469	
电子信箱	reader@tjrmcbs.com	

策划编辑　王　康
责任编辑　岳　勇
装帧设计　汤　磊

印　　刷　天津海顺印业包装有限公司
经　　销　新华书店
开　　本　710毫米×1000毫米　1/16
印　　张　30.75
字　　数　400千字
版次印次　2023年8月第1版　　2023年8月第1次印刷
定　　价　128.00元

编委会成员

史瑞杰　　唐广强　　谭汝为

序 言

2023年4月11日,笔者与天津社科院前院长史瑞杰、天津人民出版社总编王康等一行前往开发区"无欲斋",拜访了原汉沽区老区长、《天津俏皮话大全》书稿作者谷正义先生。谷先生堪称读书种子,多年来醉心于歇后语的搜集、整理、研究工作。他忙里偷闲,读书万卷;砥砺思想,宁静心灵;一身清气,朴雅兼具;坐拥书城,乐此不疲。从1970年起公开发表作品,至今已在中央及省市级报刊上发表文章(诗歌)1000多篇(首),出版专著3部,取得了丰硕的成果。作为一位领导干部,数十年来以读书、写诗、撰文为乐,且一以贯之,好之不辍,确实难能可贵,令人崇敬。

一

"撂下担子唠家常——歇后语"。人们把群众口头创作的歇后语,称为俏皮话。在汉语熟语大家庭里,歇后语是与成语、惯用语、俗语、谚语平起平坐的重要成员,且以其独特的语义结构和言语风格卓然自立,独领风骚。其结构形式由近似于谜面、谜底的两部分组成。二者呈现"引、注"关系,即前一部分为"引导语",以让人猜测的方式呈现;后一部分是"目的语",对前一部分作注解或解答,乃是说话人真意之所在。例如"老鼠过街——人人喊打""狗咬吕洞宾——不识好人心"等,整体表达的意义是字面义与真实义前后呼应的联结体。不少歇后语的后半截是不能省去的,如省去,就令人费解了。如"薛仁贵不叫薛仁贵——白袍(跑)",如果不说出后面的部分,会让人不知所云。但在一定条件下,歇后语是可以只说前一部分的,例如"猫哭老鼠""竹篮打水""老王卖瓜""骑驴看唱本""泥菩萨过河""夜猫子进宅""小葱拌豆腐""黄鼠狼给鸡拜年",等等。因为这类歇后语使用频率高、耳熟能详,人们听到或看到上半段,就自然会意识到下半段了。

歇后语分为两大类，一类属于谐音歇后语，另一类非谐音的，可称为喻意歇后语。谐音歇后语的后一部分，在字面意思上能解释前一部分，同时利用音同或音近现象表达作者的真意，如"河里摸不着鱼——抓虾（瞎）""纳底子不用锥子——针（真）好""梁山军师——吴（无）用""公鸡戴草帽——冠（官）上加冠（官）""外甥打灯笼——照舅（旧）"，等等。喻义歇后语数量居多，它不用谐音手段，但前后两段在意义上保持着紧密的内在勾连。

关于歇后语的书写格式，以歇后语前一部分"甲鱼的臀部"为例，在后一部分的括号内，是写对前一部分的字面解释（"龟腚"），还是写利用音同或音近现象所表达作者（说话人）的真意（"规定"）呢？笔者认为：谐音歇后语的后一部分应写对前一部分的字面解释，而真正要表达的意思应写在括号里。例如天津人常用的"甲鱼拿大顶——上边有龟腚（规定）""屁股后边挂暖壶——有一腚（定）的水瓶（平）""姐俩儿买鞋——对试（四）""刘备的夫人——糜氏（没事）"等。

歇后语后一部分所表示的意义，有本义和别义之分。有的歇后语只有本义，如"大热天穿棉袄——不是时候""狗拿耗子——多管闲事""寿星老插草标——倚老卖老""叫花子要黄连——自讨苦吃"等。有的歇后语除本义外还有别义，别义多属引申义或比喻义，例如"水仙不开花——装蒜（本义：假装成大蒜，实义：装腔作势），"柳树开花——没结果"（本义：没结出果实，实义：没达到预期目的），"屎壳郎搬家——滚蛋（本义：翻滚屎蛋，实义：让人滚开），"水里的油——浮在上面"（本义：油浮于水面，实义：工作不深入），"好茶叶——不在壶"（"不在壶"谐音"不在乎"），"自行车下坡——不睬"（"不睬"谐音"不睬"，即不理睬），"皮尺量王八——较圆"（"较圆"谐音"教员"），等等。通常，别义成为歇后语的真实意义，而本义不过是个引子，但二者的语义关联却充溢着睿智和谐趣。任何一条歇后语都不能没有前一部分，没有它，就失却了形式标志，更谈不到诙谐的语义表达了。因此可见，歇后语在形式上得以成立、在语义上决定优劣的关键是前一部分——这与创作或欣赏"谜语"时重在"谜面"为同一道理。

另外，同一歇后语存在着不同的语形，有的体现在歇后语的后一部分，例如"萝卜就热茶——气得大夫满地爬"，其后一部分，又分别作"气得大夫手脚麻""气得大夫满地找牙"等；有的体现在歇后语的前一部分，例如"张飞穿针——大眼瞪小眼",其前一部分,又分别作"张飞玩刺猬"或"张飞拿耗子"等。

<h2 style="text-align:center">二</h2>

俏皮话来自民间,活跃在老百姓的口头上。天津城市的风土人情、生活百态、民间习俗、掌故传说、五行八作等,均能从俏皮话中反映出来。我们可以从俏皮话里了解天津历史文化的方方面面。俏皮话不仅是民间文化宝贵的财富,也是天津城市文化珍贵的历史记忆,具有重要的人文价值。

从内容上看,一些俏皮话真实反映了天津的新事物或抒发百姓的爱憎感情。如"绕城转——白牌儿",源自《天津地理买卖杂字》:"四马路,安电线,白牌电车围城转。"1906年6月,第一条公交线路——环城有轨电车正式开通运行。其线路从北大关起,分别驶向东、西两面,沿围城马路环行。"日本轮船——满丸(完)",日本船只命名,不称某某号而称某某丸,如"满洲丸",因谐音"满洲玩",而遭国人耻笑。旧时天津海河码头常有日轮"某某丸"停靠。这个俏皮话体现天津百姓对日本侵略者的仇视和嘲弄,表达恨不得侵略者早日完蛋的心境。"大光明摆渡——快!"赞扬速度快或催促加快速度。旧时海河有多处摆渡,其中大光明摆渡最先使用机器渡船,渡河速度显然提高。"拜佛进了玉皇阁——找错了门儿",拜佛应去佛教寺庙,结果去了道教的玉皇阁,所以说是"找错了门儿"。这些都反映了天津各类庙宇林立的历史状况。"大老俄卖毯子——扔脖子后头",旧时天津租界里,贫穷的白俄人在卖毯子时,常将毯子搭在肩头。"扔脖子后头",指把过去答应的事儿置之脑后,抛在一边。"五分钱的羊杂碎——有点儿肚(堵)",羊杂碎主要包括心、肝、肺、肚、肠、头肉等。顾客买时现切,其中肝儿、肚儿相比质优价高,所以给得少。"有点儿肚"谐音"有点儿堵",指堵心或道路拥堵。"缝穷的尿尿——抽冷子"缝穷的,旧时街头为人缝补衣物的贫穷妇女。其抽空子如厕,以免影响生意。以上这些俏皮话都再现了历史社会生活画面。

俏皮话生生不息地活跃在百姓日常的口语中。天津是戏曲码头、曲艺之乡、相声窝子,这些深厚的文化积淀是俏皮话大量涌现的催化剂和永动机。俏皮话年画已成为少年儿童启蒙教育的活灵活现的教材。吴峰《老天津的俏皮话年画》写道:"有些图画以文学名著人物为题材。如:周瑜当当——穷都督(嘟嘟)。画面上周瑜穿着戏服,头插锦鸡翎,抱着一个包袱,站在当铺高高的柜台前。该俏皮话儿巧妙地联想了周瑜穷困潦倒的窘况,又利用谐音,将穷都督,化为说话时的穷嘟嘟,诙谐幽默。再如:张飞纫针——大眼瞪小眼儿。都知道张飞是豹头环眼,让他纫针,当然是大眼睛瞪着小针眼儿了。图中的张飞瞪着大眼睛纫针,滑稽可笑……拾茅蓝的溜河边——剟鱼(多余)。画面上一个衣着破旧的大男孩,手里拿着个竹竿和钩针制作的剟子,背着个竹筐,在河边溜达……拾茅蓝的所用的剟子,本来是剟取破布头儿、废纸屑用的,用它去剟河里的鱼,不过是脱离实际的妄想。挑水的看大河——净是钱啦!画面上的挑水人,敞胸露怀,汗流满面;头顶草帽,颈围毛巾,看上去非常辛苦。因为以前没有自来水,市民吃水依靠挑水人从河里或井里打水挑来卖,对于卖水者来说河水就是钱,这句话用来讽刺满脑子只惦记钱的人。剃头挑子——一头儿热,是指办事时一厢情愿。画面上剃头师傅的扁担挑子,一头是方凳子,凉的;一头是小火炉上放置铜盆,盆里的水保持热度,十分形象。"(刊于《今晚报·副刊》2022年2月16日)

活跃在天津现当代文坛的作家,如刘云若、李燃犀、冯骥才、蒋子龙、林希、肖克凡、雪屏、吕抒怀、扈其震、王松、郁子等,在他们创作的津味小说里,歇后语的运用不仅数量多而且出神入化,恰到好处。天津老市长李瑞环写文章或作报告,就喜欢使用歇后语。1985年,他在《务实为本》一文中写道:"现在是百业待兴,百事待举……(如果)不加选择,眉毛胡子一把抓,核桃栗子一齐数,其结果必然是'螃蟹吃豆腐——吃得不多,抓得挺乱'。"这条歇后语说明:干实事,必须从客观实际出发,分清轻重缓急,排出先后主次;否则就会把事办歪、办砸。1986年,李瑞环谈道:"(下基层)要防止两种倾向:一种是'葫芦掉进井里——到下边漂着',等于没下去;一种是'瘫子进茅房——蹲下起不来'。"(李瑞环:《辩证法随谈》,中国人民大学出版社,2007年)这两句歇后语概括了深入基层的两种不良倾向,含义深刻,颇耐咀嚼。

谷正义先生坚持在沉重繁杂的工作之余,痴迷于歇后语研究的热情数十年未减,从收集、整理到求证、研究,日积月累,由浅入深,苦中求乐,乐此不疲。1978年。他搜集汇辑1000多条歇后语,自印一本小册子,深受欢迎。2000年前后,分别在市级报刊上开辟专栏,发表有关歇后语的文章60余篇,又先后出版歇后语专著两部,产生了一定影响。2000年,天津人民出版社出版了谷正义30多万字的专著《歇后语趣谈》。著名作家蒋子龙为之作序说："此书有趣，有味儿，有价值。资料翔实，可作工具书使用。也可消闲解闷，增长见识。"在这篇序言里，蒋子龙先后用了7条表褒义的歇后语："五齿钩挠痒痒——一把硬手""豆腐坊里的石磨——道道儿多""大姑娘绣花——这可是个细致活儿""文火炖猪蹄儿——要的就是这个工夫""寿星老儿的脑袋——宝贝疙瘩""蝎子㞎㞎——独一份儿""和尚成道——神了"，来称赞谷正义深入钻研歇后语的自强不息的精神。另外，作为行文陪衬或对应，还引用了4条贬义或中性的歇后语，如"雨天拔豆子——拖泥带水""灶王爷卷门神——画（话）里有画（话）""和尚打伞——无法（发）无天""懒婆娘的裹脚布——又臭又长"等，真是妙趣横生。

三

俏皮话产生并流传于日常生活，历代民众基于生活情境和内心感受，不断创造出鲜活灵动的俏皮话，闪烁着智慧和情趣的光华，令人赞叹不已。可以说，只要是有日常生活的地方，就必然有大量的俏皮话不断产生并广泛流传。有些俏皮话是历史上流传下来的，承载着传统文化信息；有些俏皮话是新近形成的，反映新时代的民间生活和社会风尚。俏皮话在日常生活不断产生的同时，也有数量不少的部分在悄然消失，或因社会变迁、语境流失而晦涩难解。因而，从日常生活中、从人们交谈的口头上搜集俏皮话，在富于地域特色和时代气息的背景上进行注解诠释，既是一项民间文学搜集工作，也是一项民间文学遗产保护工作，十分必要。即将由天津人民出版社出版的《天津俏皮话大全》，就是一部带有词典性质的著述，对于天津俏皮话的采集和研究具有开创之功。

这部书令人赞叹的是：各种类型的俏皮话业已形成多个系列，例如"二小"系列、"老太太"系列、"张飞"系列、"武大郎"系列、"孙猴儿"系列、"猪八戒"系列，以及动物"狗""马""牛""猴""老虎""麻雀""黄鼠狼""夜猫子""屎壳郎"等系列，少的有数十条，多的有上百条。仅以对类型人物进行评价的"属……"系列的俏皮话就有60条之多，例如"属八哥的——净玩儿嘴皮子""属刺猬的——谁碰谁扎手""属对虾的——拴一块儿了""属疯狗的——见人就咬""属公鸡的——光打鸣不下蛋""属蛤蟆秧子的——没眼眉""属泥鳅的——滑不呲溜""属螃蟹的——到处横着走""属耗子的——撂爪儿就忘""属狗的——记吃不记打""属画眉的——就是嘴能耐""属毛驴的——牵着不走打着倒退""属面鱼的——没骨头""属乌龟的——缩头缩脑""属喜鹊的——专拣高枝飞""属鸭子的——会吃不会拿""属外国鸡的——说变就变""属鹦鹉的——有时也说两句人话""属王八的——咬住就不撒嘴""属灶王爷的——谁家锅台都上""属石榴的——点子多""属玫瑰的——刺儿多""属核桃的——砸着吃""属麻花的——拧着劲儿""属暖水瓶的——外头冷，里头热""属炮筒子的——直来直去""属爆竹的——一点儿就响""属扁担的——直来直去""属窗户纸的——一点儿就透""属手电筒的——只照别人""属算盘的——不拨拉不动"……由此可见，这部书冠名"大全"，诚非虚言。但从另一个角度看，所谓"大全"，只是相对而言；因为津沽文化博大精深，俏皮话浩如烟海，欲将其尽收无遗，一条不漏，是无法办到的。

《天津俏皮话大全》这部书，资料性、知识性、趣味性三者兼具。其突出的特点是：

第一，内容丰富。近年来，天津民俗文化学者对天津俏皮话的研究很为重视，但成果多以报刊文章或小册子形式呈现。谷正义先生积数十年之功，广泛搜集了3万余条俏皮话，从中精选出3400多条，数量相当可观。这些富有地方特色的俏皮话生动简练，诙谐幽默，犹如一幅幅生动的民俗"风情画"，形成多元文化的历史长卷。

第二，资料翔实。这部书稿写作的重心是释义、求证、举例，但必以翔实资料为支撑。"读书破万卷，下笔如有神"，编著者先后阅读各类小说、散文、戏曲、曲艺等著述上万种，并从报刊文章中收集了宏富的语料；然后从民俗语言学角度，索隐探微，破题明理，颇具说服力。

第三，注释精当。多数俏皮话除本义外，还有引申义或比喻义，这是注释的重点和难点之所在。编著者对每一个条目都说明来源，解释语义，力求言之成理，持之有故。

第四，运笔得体。本书的语言运用，既坚守词典编纂的规范及原则，又尽量使用通俗易懂的语言，对每一条俏皮话的考证诠释，深入浅出，庄谐相济，使读者通过读赏获新知，识情趣，受教化。

总之，《天津俏皮话大全》是一部很有价值的汉语俗语研究专著兼工具书。无论研究民俗语言学的学者,或是喜爱天津地域文化的读者;无论是从事文艺创作的作者,还是新闻出版业的编辑记者——如将这部著述置于案头,阅读备查或随时翻检,皆大有裨益。

随着时代发展,许多原汁原味的俏皮话距离我们渐行渐远了。对其及时加以抢救性的保护,翔实而准确地将其记录在案,意义重大。谷正义先生积数十年的努力,为保护乡梓文化做了一件很有意义的工作,让我们为他点赞吧!

谭汝为

2023年5月11日写于天津华苑碧华里寓所

前　言

　　俏皮话有广、狭二义,这里所取的是狭义,专指歇后语,在天津民间叫俏皮话。作家王松说过:"天津人说的俏皮话其实就是歇后语。"俏皮话是我们民族语言百花园中的一朵奇葩,以新颖独特的结构、生动活泼的表现形式和妙趣横生的表达效果而为人民群众喜闻乐见。俏皮话一般由两部分组成,两部分之间稍有间歇:前一部分起"引子"作用,或是形象的比喻,像谜面;后一部分起"后衬"作用,是本意的解释和说明,像谜底,别具一格,自然贴切。在一定的语言环境中,有时只说出前半截,"歇"去后半截,让人猜想和玩味,也可以领会它的意思。俏皮话想象独特、比喻不凡、表意丰富、内涵隽永,简洁、鲜活、通俗、幽默、生动、风趣、极富生命力。

　　俏皮话来自民间,活跃在老百姓的口头上。素有"卫嘴子"之称的天津人性格豪爽、豁达、机智、诙谐,又能说会道,这在语言上体现得淋漓尽致。可谓凡有人群处,皆传俏皮话,在日常生活中,天津人说话时总爱掺杂一两句俏皮话,丰富多彩,随时可闻。俏皮话不仅能精练地表达思想感情,而且它本身正如高尔基所说的,是"典型地表达劳动人民全部的生活经验和社会历史经验"的语言。天津卫的风土人情、生活百态、民间习俗、掌故传说、五行八作……都能从众多的俏皮话中反映出来,简直就像一幅幅奇妙的"风情画"。从俏皮话中了解过去的天津,我感觉比从地方志、编年史中了解还要丰富和生动。因为语汇是反映社会的镜子,时代过去了,社会变迁了,但是它的影子却留在浩如烟海的俏皮话中。它不仅成为一笔难得的文化财富,而且是天津地域珍贵的历史记忆,具有特殊而重要的人文价值。

　　但是在很长的一段时间里,俏皮话被视为巷谈鄙俚、村言野语,不能登大雅之堂,不为文人雅士所关注。随着时代的发展和社会的进步,俏皮话越来越多地受到作家、学者的重视。天津现当代作家刘云若、李燃犀、梁斌、鲍昌、蒋子龙、冯骥才、林希、肖克凡、王松、天下霸唱、由国庆等，在他们的作品中都出色地运用了大量的俏皮话。他们把俏皮话作为言情达意的重要手段之一，用来表现主题、叙事说理、刻画人物、展开情节、表达思想感情，大大增强了作品的表现力和感染力。在天津俏皮话的辑录、整理和研究方面，成就斐然且具有开创之功的当属著名学者、语言学家李世瑜先生和谭汝为先生。他们学养深厚、博采众长、筚路蓝缕、坚持不懈地深入生活，进行采风问俗、田野调查，采集、挖掘和整理了一大批民间俏皮话，使许多已经消失或正在消失的俏皮话得以保存下来。在李世瑜先生编著的《天津的方言俚语》（天津古籍出版社，2004年）和谭汝为先生主编的《天津方言词典》（天津人民出版社，2014年）中，就辑录了很多生活气息浓郁、地域特色鲜明的天津俏皮话，保留了原汁原味的第一手语料，有力地推动了天津俏皮话的传承和发展。

我喜欢俏皮话由来已久。1968年，作为知识青年，下乡到天津郊区。一天到晚跟农民打交道，发现他们当中不乏语言天才，男女老少都能说上几句俏皮话，有几个老农的肚子里好像装着一部俏皮话词典，几乎是信手拈来、脱口而出，讲起来一串一串的，妙语连珠，趣味盎然。其间有机敏的对话、诙谐的调侃、幽默的赞誉、善意的讥讽、辛辣的鞭挞，他们在生动活泼的俏皮话中感受快乐，品味生活，明晓哲理，充分展现了创造语言的智慧。我听之入耳，嚼之有味，记之有乐，从此对俏皮话产生了浓厚的兴趣。随身带个小本本（或卡片），凡在言谈话语中听到或在报纸书刊中看到，都及时记录下来，一一积攒起来，语海拾贝，乐此不疲。后来，我选调进城当上机关干部，在沉重繁杂的工作之余，痴迷俏皮话的热情一直未减，从收集、整理到求证、研究，日积月累，由浅入深，一发而不可收，真正是上瘾了。1978年，我自己编印了一本收录汇辑1000多条俏皮话的小册子，分送给亲朋好友，深受大家喜爱。2000年，我撰写出版了一本30万字的俏皮话专著，产生了一定影响，著名作家蒋子龙先生在序言中说："此书有趣，有味儿，有价值。资料翔实，可作工具书使用。也可消闲解闷，增长见识。"

曾经或眼下仍在天津广为流传的俏皮话，有许多就是由天津百姓创造的，富有浓厚的地方色彩，地域性特强，津味儿极浓，如果不作适当注释，外地人很难明白是什么意思。也有一些俏皮话，虽然"产地"不在天津，但却在津沽民间久传不衰，使用频率非常高。因此，把它们列入天津俏皮话之中也无可非议。因为俏皮话是人民群众的口头创作，又是无名的集体创作，主要是靠口耳相传，经过很多年月且很多人的加工润色，所以对绝大多数的俏皮话来说，谁也无法确定其真正作者、来源和时间。全国现有文字记载的俏皮话已在10万条左右，谁也不能肯定哪一条就是某个地区的专利。本书对俏皮话的取舍，就坚持了这一原则。有些俏皮话虽然是天津原创的，但只在个别地区流行，适用范围极小，因此没有收录其中。

本书遵循语言学工具书的编写规范，注重资料性。所收条目均有例句，又尽可能采用书证，即取材于已形成文字的书面作品，主要选自天津籍或长期在天津生活、工作的作者和反映天津内容的作品，以及天津地区报刊上的有关文章。有一部分俏皮话是从民间的口头传承采集而来，并没有文字表述和记载，所以这些条目的例句是自己创作的。在本书编写的过程中，参阅、借鉴了先贤时贤的一些研究成果及著述，恕不一一注明，在此表示衷心的感谢！

在这部著作即将付梓面世之际，个中艰辛，难以言表，我的心情既喜悦又惶恐。喜悦的是，自己几十年的心血终于有了结果，夙愿得以实现。惶恐的是，天津俏皮话不计其数、纷繁复杂，本人才疏学浅，凭一己之力，遗漏、瑕疵乃至错误肯定在所难免，唯恐以讹传讹，贻笑大方。我真诚地向诸位前辈、专家、学者和读者深深鞠躬，拱手相拜了。

谷正义

2022年3月26日

凡 例

1.条目。本书收录天津俏皮话约 3400 条(包括副条)。条目前后两个部分之间一律用破折号"——"隔开,引例依照原文。条目的结构形式和语义基本相同,仅说法略有不同的,以出现较早或较通用者为主条,其他为副条或变体,按"也作"处理。

2.排列。条目按汉语拼音音序排列,首字同音的,按笔画、笔顺排列。首字相同的,按第二字的音序、笔画、笔顺等顺序排列。依此类推。

3.释义。力求简明、准确、易懂。对需要注释的字、词,先行注释。为节省篇幅,排在一起的条目,如有相同的需要注释的字、词,一般只注于第一个条目下,以后各条不再重复注释。副条一般不释义,确需解释的词语,适当加注。条目中有谐音关系的都予说明,谐音包括同音和近音。对整条俏皮话的释义,主要是解释它在使用中的实际意义,包括引申义和比喻义。

4.例句。主条下的例句最多不超过两个,例句之间用单竖线分隔,副条下只列一个例句。所有例句都注明作者、作品名称,凡未标明出处的,均为作者自造的例句。

目　录

A

【挨着月亮的星星——跟着沾光】指占便宜,凭借别人或某种事物而得到利益、好处。[例]当年,大队合作医疗的诊病地点在保健站,看病应该先找公家,可他家的人流超过保健站,用堂子爹的话说,那家伙,少不得把人累傻了才能歇下——贼货们! 气不过人们非要在一棵树上吊死,心疼梦爷常年太累。可他家呢,也像同街的小六爹说的那样,挨着月亮的星星——跟着沾光的贼货!(赵广建《后脸》)

【案板上的黄瓜——挨拍的货】案板:做面食、切菜用的木板、塑料板等。指不能自主,由人摆布,等着被对方训斥、捉弄或打击。[例]你还叫板,长脾气了? 给我放老实点儿,案板上的黄瓜——挨拍的货!

【案板上的面团儿——想怎么捏就怎么捏】比喻自己的命运或行动,由别人安排、摆布。[例]我说大姐,你把孩子当成案板上的面团儿——想怎么捏就怎么捏,这种家庭教育方法不会收到好的结果。

【案板上的肉——挨刀的货】指失去抵抗能力,成了任人宰割的对象。[例]你这个狗汉奸,案板上的肉——挨刀的货! 今天让我们逮住了,你的末日到了!

【案板上撒泼——滚刀肉】撒泼:蛮横,耍赖,无理取闹。讥讽或斥责不通情理,软硬不吃,胡搅蛮缠,不知好歹。[例]黄黑子就是一个地痞无赖,案板上撒泼——滚刀肉,我们必须找个机会,给他点儿颜色,好好地教训一顿!

B

【八百斤的大寿桃——废物点心】寿桃:祝寿时所用的桃子,一般用面粉做成。废物:不再具有使用价值而被弃用的东西。点心:糕点之类的食品,或正餐之前的小食品。比喻智能低下,外强中干,没有什么用,干不成什么事。[例]这点儿事都搞砸了,你说你还能够干什么? 纯粹是个八百斤的大寿桃——废物点心!

【八百年的老狐狸——成精了】比喻

成熟、老练到极致，多含讥讽意。[例]戴志武停薪留职后到社会上闯荡，十几年过去了，我突然在大街上碰见他，就像换了一个人，八百年的老狐狸——成精了。

【八大碗不带凉菜——直跑】八大碗：天津传统酒席的一种形式，以八个大碗盛装菜肴为主，分粗、细、高三个档次，按四季时节调配菜品，可配有凉菜，也可没有。直跑：指没有凉菜，直接上热菜。比喻性格率真，直来直去，不拐弯抹角，或做事持续不断，一个劲儿，不间歇。[例]他就是那么个脾气，八大碗不带凉菜——直跑，如果有说的做的不妥当，请您看在我的面子多担待。｜这项工程时间紧，任务重，我们要在保证质量的前提下，八大碗不带凉菜——直跑，抢进度，往前赶。

【八旗子弟快扛刀——没饭吃了】八旗子弟：清代旗人子弟，清军入关后，八旗贵族享有种种政治、经济特权，他们的子弟坐享其成，逐渐腐化堕落。扛刀：挨饿。形容穷困潦倒，吃了上顿没下顿。[例]"架秧子"的"架"，动词，就是支撑、高抬的意思。下面讲一个"架秧子"的典型案例——清室覆灭后，八旗子弟快扛刀——没饭吃

了，只好变卖家里那么点值钱东西。（谭汝为《这是天津话》）

【八十的老头儿转磨磨儿——晕斗儿】转磨磨儿：漫无目的地转圈。指头脑发昏，失去辨别能力，不知所措。[例]刚才，大家捧你几句，那是顺情说好话，你还当真了，岂不是八十的老头儿转磨磨儿——晕斗儿了？

【八十妈妈嫁到菜园里——只图吃菜，不图养孩子】指某种行为或做法，只为得到一口吃的，没有别的所求。[例]婆曰："不瞒老翁说，我新嫁者，也是种园之老头儿。俗语云：'八十妈妈嫁到菜园里——只图吃菜，不图养孩子。'这些话，都是老头儿与孙辈所念诵，我耳熟焉，故能详见。"（李光庭《乡言解颐》）

【八仙过海——各显神通】民间传说故事，八仙为汉钟离、张果老、韩湘子、铁拐李、吕洞宾、曹国舅、蓝采和、何仙姑，他们渡海赶往蓬莱山赴蟠桃会，一路上能行风的行风，能下雨的下雨，各自施展法力，很快到达目的地。指各自施展自己的才能和本领。[例]昨天，在庆祝"五四"青年节的文艺晚会上，同学们八仙过海——各显神通，呈现了一场精彩的表演。

【八仙桌面盖井口——随方就圆】八仙桌：大的方桌，每边可坐两个人，共坐八个人。方、圆：事物发展的情势。比喻处事能顺应形势和情况的变化，或待人随和而不固执。也指性格软弱，没骨气。[例]你们的队伍第一次到外地施工，要特别注意和当地群众搞好关系，有句俏皮话说的好，"八仙桌面盖井口——随方就圆"，待人处世既要灵活，又不失原则。｜你看人家新媳妇申小玉，脾气多好，八仙桌面盖井口——随方就圆。提起她，街坊邻居都挑大拇指。

又作"八仙桌上盖井口——随的方就的圆"。[例]这类人性格往往比较内向且绵软，遇事、遇管束好似"八仙桌上盖井口——随的方就的圆"，像面团，咋捏咋成，显得有点儿没血性、没骨气。

【八仙桌上摆夜壶——不是个家巴什儿】夜壶：男子夜间用来小便的器具。家巴什儿：用具、器物。讥讽或斥责他人人性、人格不好，或不正经。也指不是正经的东西。[例]黄皮子整天游手好闲，偷鸡摸狗，八仙桌上摆夜壶——就不是个家巴什儿！｜什么老古董？拿一块破石头来糊弄我，八仙桌上摆夜壶——它根本不是个家巴什儿！

【八仙桌子盖酒坛子——随你圆就你方】指依照别人的意思行动，接受并服从，怎么办都行。[例]我已经跟你说好几遍了，你听不进去，照样我行我素。好，从今往后，八仙桌子盖酒坛子——随你圆就你方，撞了南墙看你回不回头？

【八仙桌子缺根腿儿——摆不平】指事情不能得到妥善、公平处理，造成各方面不平衡。[例]他没想到这件事情如此棘手，看来凭自己这两下子，是八仙桌子缺根腿儿——摆不平了。

【八月的石榴——咧了嘴儿了】指人遇到高兴、开心的事情，笑得合不拢嘴。[例]七十多岁的靳大娘又得了一个大胖孙子，高兴得就像八月的石榴——咧了嘴儿了。

【八月十五的月亮——正大光明】形容胸怀坦荡无私，行为光明磊落。[例]作为党员领导干部，就要像八月十五的月亮——正大光明，不能藏着掖着，要个人小心眼，打自己小算盘。

【八字才写了一撇——差一半】指事情没有完成，差的还远，或相比之下，差距很大。[例]大伙儿还得加把劲儿，咱小队的土方任务是八字才写了一撇——差一半,不能拖了全村的后腿。

【巴豆喂牲口——不是那料儿】巴豆:一种植物,可作泻药用。指不够条件,不能胜任某项工作,不是合适的人选。[例]你让小山当突击队队长?我看够呛,巴豆喂牲口——他不是那料儿。

【扒房逮蛐蛐——玩儿呗】蛐蛐:蟋蟀。指不务正业,宁可造成经济损失,也醉心于玩耍嬉戏。[例]大少爷整天游手好闲,不干正经事,常把家里一些贵重的东西当了,招呼狐朋狗友吃喝玩乐,他的口头禅是"扒房逮蛐蛐——玩儿呗"!

【扒了老房盖大楼——小屋(巫)建(见)大屋(巫)】小屋建大屋与小巫见大巫谐音。比喻相形之下,一个远远比不上另一个,相差悬殊,无法相提并论。[例]这几年,咱们村变化确实很大,但是跟人家先进标杆比,还是扒了老房盖大楼——小屋(巫)建(见)大屋(巫)。我们要撸起袖子干,拼命往前赶!

【疤瘌脖子戴围脖——满遮】疤瘌:疤痕。满:全部、完全。遮:掩盖、掩蔽。讥讽想方设法掩盖真实的情况或自己的缺点、错误。[例]你自己做错了事,就要勇于承认,坚决改正,可不能疤瘌脖子戴围脖——满遮啊!

【疤瘌眼儿长疮——坏到一块儿了】疤瘌眼儿:眼皮有疤痕的眼睛。指两个人或几个人同样坏,臭味相投,沆瀣一气。[例]这几个小混混在社会上整天胡作非为,算是疤瘌眼儿长疮——坏到一块儿了,早晚得进局子里去。

【疤瘌眼儿照镜子——自找难看】指自寻难堪,自己让自己出丑。[例]真怪!一遇我俩有矛盾,有争论,群众都站在他一边。唉!何必跟郭根全闹这个别扭,这不是"疤瘌眼儿照镜子——自找难看"么?(袁静《伏虎记》)

【拔锅起灶——一干二净】指人或物丧失殆尽,一点儿什么也没留下。[例]你家的三间房子堆在水里成了一摊薄泥,你家的四亩地也叫白家大院给收了去,你家的小丫头冬儿进了静海县天主堂……这叫拔锅起灶——一干二净。(鲍昌《庚子风云》)

【拔出萝卜带出泥——谁也跑不掉】比喻都难以逃脱。[例]老尤,昨天领导找我谈话,我的事儿恐怕瞒不住了,你可得想方设法帮我、保我。否则,拔出萝卜带出泥——

谁也跑不掉。

【拔了萝卜栽上姜——一茬比一茬辣】茬:在同一块地上,作物种植或生长的次数,一次叫一茬。辣:毒辣。比喻一伙人比另一伙人更加凶狠或毒辣。[例]大奶奶切齿道,拔了萝卜栽上姜,一茬比一茬辣。小鬼子们就是打铁的拎个钳子,欠捶(锤)!说着,突然一拍大腿,叫声不好,下炕就往外跑,一边跑一边喊,我那亲人呀!我那亲人呀!(宋安娜《十城记》)

【把倒霉放在小车上——忒倒霉了】忒:太、特别、非常。指运气坏极了,遇事非常不利,或遭遇特别不好。[例]孙小臭儿思量了整整一宿,想出一个坏主意,转天一早,又来到张家大宅,跪在门前磕头如捣蒜,一把鼻涕一把泪地诉苦,前五百年后五百载的委屈全想起来了,先说自己前半辈子怎么怎么不容易,真好比是横垄地拉车,一步一个坎儿,把倒霉放在小车上——忒倒霉了,说罢又一边抽自己大嘴巴,一边给张三爷赔罪……(天下霸唱《火神》)

【把寒碜搁小车上推着走——忒寒碜了】搁:放置。形容非常不体面,不光彩,使人丢尽脸面。也指丑陋、难看。[例]在这条大街上,咱们也算豪门大户,可你办的这些事,是把寒碜搁小车上推着走——忒寒碜了,叫老爷怎么有脸见人?▏这哥俩儿的长相那叫"把寒碜搁小车上推着走——忒寒碜了",都是五短身材,冬瓜脑袋,小眼子巴嚓,皮糙肉厚,一人剃了一个高平头,四四方方见棱见线,平常无论在家还是出门,都穿得破破烂烂。(天下霸唱《大耍儿》)

【把疖子当奶子——好赖不懂】疖子:一种皮肤病,症状为局部出现充血硬块,化脓,红肿。奶子:乳房。指不明是非,不知好歹,或不知事情的轻重,不领别人的好意。[例]老楚为你这事儿,可没少在领导面前说好话,你不领情也罢,还一个劲儿地埋怨人家,这叫什么?把疖子当奶子——好赖不懂!

【把煤块当汉玉——颠倒黑白】汉玉:汉代的玉器。形容歪曲事实,混淆是非,把黑的说成白的,把白的说成黑的。[例]再比如,张三明知是假货,偏偏要蒙人,待顾客回来退货,他却混淆是非,如同"把煤块当汉玉——颠倒黑白"。(由国庆《煤与炉:温暖的岁月之六》)

【白布做棉袄——反正都是里(理)

儿]里儿与理儿谐音，旧时棉衣里子一般用白布制作，面料没有用白布的。讥讽强词夺理，不管怎么说自己都有道理。[例]你呀，嘴巴咋这么硬，白布做棉袄——反正都是里儿，这件事情确实是你做得不对，认个错有那么难吗？

【白萝卜扎眼儿——穷藕（沤）】藕与沤谐音。形容玩世不恭，故意拿人开玩笑，找乐儿。[例]这种世态情状，就是"白萝卜扎眼儿——穷沤（藕）"。"穷沤"的"穷"，就是"穷讲究""穷折腾""穷开心"的"穷"。这个"穷"，并不指生活贫困，而是副词，表示不应这样做却还要这样做的意思。（谭汝为《这是天津话》）

又作"白萝卜扎眼——穷藕（怄）"。[例]铁柱自讨没趣，偏还要逗吵，旁边的老同学发话了："别在这'白萝卜扎眼——穷藕（怄，怄逗）'了，快老实回家去吧。"（点子《俏皮俗话》）

【白牌儿电车——围城转】清光绪三十二年（1906），比利时人在天津创办了有轨电车。为让人们便于识别，电车分别以几种颜色作为标志，最早开通的是白牌电车，后又相继开通了红牌、蓝牌、黄牌、绿牌等电车。唯独白牌电车围绕天津旧城马路环行，不进租界，其他标牌的电车都要经过租界。指一些闲人整天没事干，到处瞎逛悠。也专指艺术被封闭，不为世所重，只能在相对小的圈子里被承认。[例]他就是蜜罐儿里长大的公子哥，一天到晚无所事事，游手好闲，像白牌儿电车——围城转，老爷拿他一点办法也没有。

┃"白牌儿车——围城转"：这是天津已故老画家陆辛农自嘲的一句话，是说艺术成就不为世所重，只能在天津的小圈子里被承认。因为天津的白牌电车，只在东、西、南、北四条马路上绕行，周而复始，不出天津老城旧城基。其意在于被封闭，出不了圈子。此语无任何恶意。（张仲《天津早年的衣食住行》）

又作"白牌儿电车——转去吧"。[例]20世纪30年代，坐电车逛劝业场在天津已成生活时尚，并由此产生了几条歇后语："绕城转——白牌儿"，"白牌儿"系非党团员群众的戏称；"白牌儿电车——转去吧"，"转去吧"表示上街逛商场的意思。（谭汝为《谭谈天津话》）

【白牌儿电车进租界——岔道儿】租界：近代历史上帝国主义列强通过不平等条约，在中国强行获得

的拥有行政自治权和治外法权的外国人居住区。岔道儿:岔路,主干道通向旁边的路。比喻人走错、走歪了路,步入歧途,或不按规矩办事,行为不端。[例]"白牌儿电车进租界——岔道儿。"当时红、黄、蓝牌等电车线路都经过租界,唯独白牌电车只能绕着老城厢环行,不进租界,故言"岔道儿",比喻不按规矩办事或行为不端。(谭汝为《谭谈天津话》)| 我说侄儿小子,君子爱财,取之有道,你的买卖做歪了,这是白牌儿电车进租界——岔道儿,必须立即刹车!

【白面饼裹手指头——自己咬自己】指自己损害自己,或自己人损害自己人。[例]朱老明挺起脖颈,冷不丁地从椅子上站起来,说:"我吃了酒席呀!俗话说,'吃一个席,饱一集'。晚晌饭可以不吃了!咳!白面饼裹手指头——自己咬自己,谁痛谁知道。我们一定要起来斗争,脱了裤子押了袄也得干!"(梁斌《烽烟图》)

【百灵遇八哥——会唱的碰上会说的】百灵:百灵鸟,鸣声悦耳。八哥:一种鸟,能模仿人说话。指双方各有所长,能力、水平不相上下。[例]大家都说你们俩是百灵遇八哥——会唱的碰上会说的,要不哪天拉个场子,真刀真枪地比试一下?

【拜佛进了玉皇阁——找错了门儿】玉皇阁:道教道院。指人走错了路子,找错了对象,或进错了地方。[例]如玉听妈一席话觉得有道理,于是慢慢疏远了石头。其实说到底,傻小子纯属"拜佛进了玉皇阁(道教)——找错了门儿"了。(点子《俏皮俗话》)| 他们几个人费了九牛二虎之力,才寻摸到了洞口,进去一看都傻了眼,原来是拜佛进了玉皇阁——找错了门儿,这可怎么办?

【拜年不磕头——干什么来的】采用反问句,质问对方来了要干什么。[例]真急死人,你倒是快说呀,拜年不磕头——干什么来的?

【拜年踩高跷——什么脚(角)儿】踩高跷:一种民间技艺,人踩着有脚踏装置的木棍,边走边表演。脚与角谐音。采用反向语气,指充当了不光彩的角色。[例]大家正热烈地讨论着任务如何分配时,贾三突然闯进屋,队长一见就急了,说:"快点滚!成事不足败事有余的家伙,拜年踩高跷——你算什么脚(角)儿?"

【拜年叩头——老礼儿】指流传已久

传统的礼仪、礼节、规矩、讲究等。[例]咱天津人好面子，拜年叩头——爱讲老礼儿，但有的时候是死要面子活受罪。

【扳不倒打算盘——不识数】扳不倒：又称扳扳倒，玩具，不倒翁的俗称。数：情势，事理。讥讽看不清形势或情势，不明事理，不懂规矩，不识时务。[例]三爷，您大人有大量，千万别生气，狗蛋那小子是扳不倒打算盘——不识数，看在我的面子，就饶过他这一回。

【扳不倒骑兔子——没个稳当劲儿】指做事轻浮急躁，不踏实，不稳重，不可靠。[例]我正想得出神，我堂姐白玉打外边回来。几年不见，出落得愈发标致，刘海儿仍是刀切得那么齐，她说："你怎么还那么没正形？扳不倒骑兔子——没个稳当劲儿，刚到家就上房。"（天下霸唱《殃神 鬼家怪谈》）

又作"扳扳倒儿骑兔子——不稳当"。[例]你啊，大小是个领导，得绷着点儿。别扳扳倒儿骑兔子——不稳当，没正文。弄得小青年没大没小，都跟你瞎俚嬉，这工作怎么搞？（谭汝为《这是天津话》）

【扳倒葫芦洒了油——豁出去了】指为了达到某种目的，而不惜付出一切代价。[例]此贼心下惊骇万状，却寻思也不过多挨上几枪，何不能忍此须臾？因此仍在嘴上逞强，他是为了给自己壮胆，扳倒葫芦洒了油——豁出去了，梗着脖子骂道："敢不敢给钻爷我来个快当的？"（天下霸唱《火神》）

【扳着驴屁股亲嘴——不知道香臭】亲嘴：接吻的俗称。讥讽或责骂不明事理，不识时务，辨不清是非，分不清好歹。[例]你这个没良心的玩意儿，我崔家有哪一点儿亏待了你？你却到处抹黑我们家，真是扳着驴屁股亲嘴——不知道香臭，不晓得好歹！

【搬着梯子上天——没门】指没有门路，没有办法，事情绝对行不通或办不成。[例]天长日久，难怪有人说，老人若要得到尊重，首先得知道自重，老是岁数不是本钱，爱人才能被人爱，指着恶吃恶打要尊重，就是骆驼进鸡窝、墙上挂帘子、搬着梯子上天——没门！（周莲娣《天津日报·莲娣脱口秀》）

【板凳上睡觉——翻不了身】比喻很难改变不利处境或穷困命运。[例]马大姑：别这么说，你们爷儿俩这么能划拉钱，还能娶不上媳妇？二子：挣嘛钱，这世道挣钱多难。我们是板凳上睡觉——翻不

了身了。(郭文杰《催嫁礼》)

【板上钉钉——没跑】指事情已成定局，很有把握，不会落空，或无法改变。[例]包产到户这件大事，已经由村民大会讨论通过，是板上钉钉——没跑了，谁也无权改变这个决定。|这个工程，我们已经拿下，合同刚刚签订，白纸黑字，是板上钉钉——没跑了。

【半道儿上捡个喇叭——有的吹了】半道儿：中途、半路。讥讽人有了吹嘘、夸耀自己的资本。[例]冯小葵进城做买卖，挣了一些小钱，回到村里就到处显摆，算是半道儿上捡个喇叭——有的吹了。

【半道儿捡了个棒槌——有的玩儿了】棒槌：捶打用的木棒（多用来洗衣服）。指有事情可做了，或有了玩耍的时间和机会。[例]"小泉哥你有空儿吗？咱们到海边钓鱼去。""好！我正在家里闲着没事儿，这回可是半道儿捡了棒槌——有的玩儿了。"

【半吊子的一半——二百五】半吊子：旧时铜钱，一千钱叫一吊，半吊为五百钱。五百钱的一半是二百五。讥讽憨头傻脑，缺心眼儿，言行举止莽撞、离谱，尽做一些不着调的事情。[例]被人称为"半吊子"的人，与"二百五"同义，其人

或不通事理，说话随便，举止失当；或知识浅薄，技术粗糙；或做事马虎，有始无终。而"半吊子的一半——二百五"那就更差劲，等而下之，更上不了台面了。(谭汝为《这是天津话》)

【半空中数手指头——算得高】指精于算计，有高明的手段。[例]您就放心吧！老薛是会计专业出身，又干了十几年，半空中数手指头——算得高，不会出错的。

【半拉瓜子儿——不算个仁（人）儿】半拉：半个、一半。仁与人谐音。讥讽或责骂品行恶劣，不道德，不正派，丧失了做人的品格。[例]看看你在这条街上干的缺德事儿，简直就是半拉瓜子儿——不算个仁（人）！

【半拉花生——一个仁（人）儿】指孤身一人。[例]前文书咱提过，他这后院也是三间正房。王宝儿是"半拉花生——一个仁儿"，住不过来这么多房，有就没怎么拾掇，扫了扫土，刷了边浆，其余的一概没置办，屋里只有几件旧家具。(天下霸唱《崔老道传奇　三探无底洞》)

【半瓶醋——瞎晃荡】指无所事事，没有目的地转悠。[例]工友们都在热火朝天地大干，你却半瓶

醋——瞎晃荡,难道良心让狗吃了?

【半天空中吊口袋——装风(疯)】吊:悬挂。装:假装。风与疯谐音。讥讽故意装疯卖傻。[例]他深知自己是特工,不能让外人看出一点儿破绽,有时候迫不得已,只能在众人面前来个半天空中吊口袋——装疯。

【半桶水——好溅(贱)】溅:液体受冲击向四处射出,与贱谐音。形容价格很便宜。也指人轻浮下贱,不自爱。[例]你问今天市场上蔬菜的价格,那叫半桶水——好溅(贱)。▎这种人眼睛竟往上瞅,遇到芝麻大的官儿也点头哈腰,那叫个半桶水——好溅(贱)。

【半夜唱大戏——想起一出儿是一出儿】形容做事不经过认真、仔细考虑,心血来潮,朝令夕改,随意而为。[例]姚妈刚到姥爷家没几天,就发现大小姐真不好伺候,半夜唱大戏——想起一出儿是一出儿,可得多长点儿眼力见。

【半夜吹箫——引来了鬼】箫:也叫洞箫,一种管乐器,发音清幽。比喻把坏人引入内部,招来麻烦或灾祸。[例]不知消息怎么透露出去了,营地周围出现了许多陌生人,原来的作战计划只能作废。

首先要在我们内部深查,是不是半夜吹箫——引来了鬼?

【半夜喝面汤——不知道是烫的还是浪的】讥讽不明事理,不知深浅,说话或做事没正文,不着调。[例]老边坐在家里揣度说:"老曲啊,你是半夜喝面汤——不知道是烫的还是浪的?"天津流行的歇后语,那内容是很损的。(肖克凡《人生赌局》)

又作"半夜喝面汤——不是浪的就是烫的"。[例]我不问你和小斌是怎么想的,都给我坐下来摆在桌面上讲明白了,也甭谁占了理谁吃了亏,都是你妈半夜喝面汤——不是浪的就是烫的!(天下霸唱《大耍儿》)

【半夜叫城门——自找碰钉子】旧时天津城门的门扇上布满门钉。比喻由于自身的原因,招致冷遇、拒绝,或遭到斥责,落得难堪,没趣儿。[例]尤小栗本想在老爷面前讨个好,说了一些恭维的话,结果老爷不但不领情,还把他训了一顿,这就叫"半夜叫城门——自找碰钉子"。

【半夜里打哆嗦——浪得难受】詈语,责骂人对自己没有约束,作风不检点,淫荡无耻。[例]杜傻子立即反唇相讥,他的骂风飘逸洒脱,

骨子里透着机巧：我看你是半夜里打哆嗦——浑身浪得难受啊！（肖克凡《天津杂事》）

【半夜里抢大斧——瞎砍（侃）一通】瞎：随便、任意。一通：一阵。砍与侃谐音。指漫无边际地随意闲聊，或不负责地发表议论、意见。[例]赶上下雨天，没法儿出工下地，哥儿个就挤在知青宿舍闲聊，天南海北，荤的素的，半夜里抢大斧——瞎砍（侃）一通。

【半夜里撒癔症——迷迷瞪瞪】撒癔症：言行反常，胡乱讲话。指头脑混乱，神态迷糊的样子。[例]家里发生这么大的变故，对老爷子的打击太大了，难怪这些天，他就像半夜里撒癔症——迷迷瞪瞪的。

【半夜里抓虱子——瞎摸】指没有准则，不懂章法，盲目莽撞，胡乱行事。[例]你们这种干法，就像半夜里抓虱子——瞎摸，怎么能按时按质完成任务呢？简直是胡闹！

【半夜下饭馆——要嘛没嘛】嘛：什么。比喻要什么没什么。也指人很落魄，或能力不足、财力不够等。[例]到地方王五问饭，还真是"半夜下饭馆——要嘛没嘛"，只有炒饼、焖饼、大饼炒鸡蛋。王五说："这里油乎乎、脏兮兮，要不再找个好点儿的地方吧？"（点子《俏皮俗话》）

【半夜下饭馆——有嘛算嘛】比喻在没有条件或办法的情况下，只能不计结果，有什么算什么。[例]华人龙喝口饺子汤，不热，吃个饺子，凉的。他有些恼火，但一想到出门避难，忍了，半夜下饭馆，有嘛算嘛吧。（姚宗瑛《跤坛汉子》）｜张三、李四、王武、赵六加班完事已过午夜时分，可都还饿着肚子呢，于是想在单位门口随便找一家开门的小饭铺赶紧吃点饭，大伙商量图快捷，就"半夜下饭馆——有嘛算（是）嘛"。（点子《俏皮俗话》）

又作（1）"半夜下饭馆——有嘛是嘛"。[例]不是咱口冷，"闪者"说好听点，是半夜下饭馆的人——有嘛是嘛；说难听点，就是嘛事不动脑子——爱咋地咋地。（周莲娣《天津日报·莲娣脱口秀》）（2）"半夜下馆子——有嘛是嘛"。[例]贾老四等人见小宝儿脑袋上滴滴答答地流下的鲜血，不觉怒火中烧。贾老四大骂一声："暗里下手背后捅刀玩赖是吗？哥儿几个甭渗透了，今儿个咱半夜下馆子——有嘛是嘛了！比画吧！"（天下霸唱《大耍儿之西城风云》）（3）"半夜下饭馆——有什么算什么"。[例]

"咳,这有嘛办法啊?"混丢把酱碗又夺回来,而且从墙上挂着的葱捆里撕下两棵葱来:"这叫半夜下饭馆——有什么算什么。大葱蘸虾酱,兄弟我将就点吧。"(鲍昌《庚子风云》)(4)"半夜下馆子——有什么是什么"。[例]这下完了,惊动了镇殿的将军,下次再进来势比登天,最后一锤子买卖,说什么也得带点东西出去。半夜下馆子——有什么是什么吧!(天下霸唱《崔老道捉妖　夜闯董妃坟》)(5)"半夜下馆——有什么是什么"。[例]再后来老伴儿同事送她一张自行车条儿,我又把旧车卖了买了一辆新飞鸽自行车。那是买车不准挑,半夜下馆——有什么是什么,回到家一看车子瓦圈电镀不好,又不能换只能修。(王永杰《我的"三大件"》)

【半夜摘茄子——不分老嫩了】比喻昏头昏脑,对事物缺乏分辨能力。[例]我一歪脑袋,一脸苦笑地说:"你还不知道吗?你也真够可以的,来者不拒是吗?半夜摘茄子——不分老嫩了?你眼里还有我们哥几个吗?……"(天下霸唱《大耍儿》)

【半夜摘茄子——有一个是一个】指没有其他的挑选余地,有什么就是什么,或赶上什么就是什么。[例]老三一看分家的抽签结果,就傻了眼,他抽到最后一个,值点钱的东西都被兄弟姐妹挑走了,他只能半夜摘茄子——有一个是一个,认命呗!

【帮腔的——上不了台】帮腔:帮人说话,支持别人。比喻派不上用场,或不宜在公众场合出头露面。[例]事是你个人的,帮腔的上不了台,有事还得你自己出头。(李燃犀《津门艳迹》)

【棒打鸳鸯——两分离】鸳鸯:一种鸟,多雌雄成对生活在水边,常用来比喻夫妻。指夫妻或情侣被拆散。[例]咱得给他们助点劲儿,别学了运涛和春兰那个,棒打鸳鸯两分离!(梁斌《红旗谱》)

【棒子地里栽葱——矮了一大截儿】棒子:玉米。指身份、地位或人品、才能等不及他人,差距很大。也指低人一等。[例]你和清明相比,在作学问上是棒子地里栽葱——矮了一大截儿,得下苦功向他学习。|咱们农民也是人,比城里人不缺胳膊不少腿儿,难道就棒子地里栽葱——矮了一大截儿?

【棒子面儿倒在茶壶里——不好和(活)】和与活谐音。比喻生活困苦,日子难过。[例]您看这天气一天凉似一天了,不怕您笑话,我们这一家人晚上睡觉的时候,还盖着口罩儿那么大的被褥呢,连一件棉衣服都没有,大人好凑合,孩子可受不了啊!我这叫什么呢?棒子面儿倒在茶壶里——不好活呀!(天下霸唱《崔老道捉妖 夜闯董妃坟》)

【包公办案——公事公办】包公:即包拯,北宋名臣,曾任开封府知府,秉性刚直,为官清廉,不徇私情。比喻坚持原则,秉公办事,不讲私人情面。[例]"今天叫你来,就是想把你那个建加油站的事整个利索,咱们是包公办案——公事公办。因为他们跟你谈了几轮了,你都是爆炒石头蛋儿——油盐不进,眼下这几个方案,你自己选择。"陈村不怒自威,让油耗子今天真正领教了这位村主任的威严。(王雅鸣《远村》)

【包公的儿子——绕麻】俗谓包拯之子名绕麻,性格乖僻,从来不听人言。形容言行与常人相左,不合常情常理。[例]新来的车间主任艾波文有点怪,有时说话做事不按常理出牌,包公的儿子——绕麻,叫人琢磨不透。

【包饺子不搁馅——玩剂(劲)儿】剂儿:包饺子时,面揉好后分成的若干小面团,用来擀饺子皮;与劲儿谐音。指说话或做事爱摆谱,端架子,装模作样,装腔作势。也指对人不服气或不满意。[例]你小子才出师几天,就跟我包饺子不搁馅——玩劲儿,走!咱们回车间真枪实刀地比试比试! ┃你想怎么着? 我就是包饺子不搁馅——跟你玩劲儿,谁怕谁呀?!

【包子没褶儿——肉馒头】褶儿:包子顶部由面片捏成的面褶。比喻人性子慢,反应迟钝,行动迟缓,办事不果断,拖拖拉拉。[例]老伙计,你还不服老?已经成了包子没褶儿——肉馒头,快把公司的大权交给儿子吧!

【包子铺的包子——一屉儿顶一屉儿】一屉儿:蒸包子的笼屉是一层一层的,一层叫一屉儿。比喻事情一个接着一个,相继而来,没完没了的。[例]眼下正是我们厂的销售旺季,需要做的事情很多,如同"包子铺的包子——一屉儿顶一屉儿",大家都要精心安排,做到忙而不乱。

【包子长嘴儿——露馅了】指暴露了事情的真相,或泄露了机密、隐私等。[例]大钱哥,你跟巧梅的那种关系谁不知道,还有什么秘密可保？包子长嘴儿——早就露馅了。

【剥了皮的蛤蟆——临死还跳呢】讥讽不甘心失败或灭亡，即使已没有了抵抗的能力，还要做最后的挣扎。[例]敌人是不会甘心这次战役失败的，犹如剥了皮的蛤蟆——临死还跳呢，我们必须一鼓作气，穷追猛打，不获全胜，决不收兵。

【保险公司着火——赔到家啦】比喻经济上的损失极其惨重。[例]这么一大批货压在手里，真的愁死人，这回算是保险公司着火——赔到家啦。

【抱着铁耙子亲嘴儿——找钉子碰】铁耙子：用来归拢或散开柴草、谷物等或平整土地的农具，柄长，一端装有铁齿。亲嘴儿：接吻。指人自寻遭受拒绝或斥责。也指明知要遭到拒绝，还去恳求人家。[例]老丁头看着胡晓桩硬着头皮走进曹家的大门，心想：这不是抱着铁耙子亲嘴儿——找钉子碰吗？但他没有上前劝阻。

【抱着元宝跳井——舍命不舍财】元宝：古时的一种货币，即较大的金银锭，两头翘起中间凹下。讥讽极端吝啬，过分贪财，宁肯舍弃性命也要顾及钱财。[例]只见黑老三"啪"的一下把刀拍在桌子上，瞪着眼大声喝道："我看你是抱着元宝跳井——舍命不舍财了，最后再问一句，你是要钱，还是要全家老小？"

【爆炒石头蛋儿——油盐不进】形容固执、倔强，听不进劝告，或不通情达理。[例]老大哥，我掰开揉碎跟你说了多少回，你怎么就爆炒石头蛋儿——油盐不进呢？让我也太伤心失望了。

【背着门扇取布——没有这么大的牌子】门扇：门扉，门的可自由开关的部分。指没有那么高的地位、名气，或没有那么大的架子、台面等。[例]张嘉庆冷笑一声说："嘿！给我站岗？背着门扇取布，我没有那么大的牌子！"说着，他瞪起眼睛，头发直想乍起来。（梁斌《红旗谱》）

【背着手摇扇子——装什么大尾巴鹰】讥讽或斥责本是小人物，却假装成大人物。[例]丁大少说话的时候成心提高了嗓门儿，好让那位少东家听听，这是天津卫，吃过见过的主多了，你背着手摇扇子——装什么大尾巴鹰！（天下霸唱《火神》）

【北京的萝卜——心里美】比喻内心非常高兴、得意。也指心地善良，

品德高尚。[例]蓦地,她涨红了脸,举起手佯怒道:你再胡说八道,我撕烂你的嘴。我跳到一边,讥笑她:你别装,你是北京的萝卜——心里美。(吕舒怀《鸟市大街》)|老张头起早贪黑虽然累点儿,但那叫"北京的萝卜——心里美"。(点子《俏皮俗话》)

【被窝儿里出汗——自个儿热】自个儿:自己。指只有自己这一方积极主动,而另一方则消极冷淡。[例]严哥看上了灵灵,一个劲儿地献殷勤,可人家半点儿意思也没有,他只能是被窝儿里出汗——自个儿热。

【被窝儿里捣皮拳儿——登跶不开】捣皮拳儿:拳击运动的俗称。登跶:手脚并用,不停地乱动。指条件所限,人的本领或才能难以施展出来。[例]我们的企业是个小门户,你在这里屈才了,被窝儿里捣皮拳儿——登跶不开,明天就到财会室把薪水结清,另请高就吧!

【被窝儿里放屁——独吞】指独自占有财物或好处,不顾及他人。[例]辛大了,大家都知道你是个嘛玩意儿,心又黑,手又毒,捞到一点好处都是被窝儿里放屁——独吞!

【被窝儿里放屁——能闻(文)能捂(武)】闻与文谐音,捂与武谐音。指人文武双全,具有多种才能,含谐谑或讥讽意。[例]真不是吹,领导把我放在哪个岗位都行,咱被窝儿放屁——能闻(文)能捂(武),大家就擎好吧。

【锛、凿、斧、锯都不吃——就吃钻(赚)】锛、凿、斧、锯、钻:都是木匠日常所用的工具。钻与赚谐音。指不听良言规劝,甘心情愿地受人欺骗。[例]崔大爷,他们这伙人就是搞传销的,专门蒙骗老年人,您老这是锛、凿、斧、锯都不吃——就吃钻(赚),怎么能行?到头来连养老金都得赔进去!

【锛凿木死在树窟窿里——吃了嘴的亏】锛凿木:啄木鸟。讥讽人嘴巴不谨慎,说话随便或不当,而身受其害,吃亏或惹来是非。[例]老头子,出门可别给我闯祸。嘴头上要有个把门的,别三两猫尿儿喝下肚,瞎胡沁!要记住,锛凿木死在树窟窿里——全是吃了嘴的亏。你要学会顺情说好话,别说犯忌的话,你就当个锯了嘴的葫芦不行吗?(柳溪《窦老乐赶会》)

【笨鸭子——上不了架】比喻人没有本事,成就不了大事。[例]小梅也愁蹙蹙地说:"谁说不是呀!咱们

两个笨鸭子上不了架;受一回训,就装了一肚子小米饭,回去怎么见人哪?"(袁静等《新儿女英雄传》)

【崩豆张的崩豆——各有各味】崩豆张:天津专营干果炒货的企业,为中华老字号。崩豆:用干的蚕豆炒制的一种小食品。形容事物形形色色,各有异同,或风格多样,各具千秋。[例]参加扶贫地区农产品展销会,真是长了见识,饱了口福,西北特色浓郁,好像崩豆张的崩豆——各有各味,又物美价廉,深受人们欢迎。

【鼻孔眼儿喝水——够呛】形容情况到达相当严重的程度,使人受不了,或事情难度大,没把握,有风险。也指对事物有一种不敢肯定或否定的判断。[例]你的要求过分了,上班子会研究,恐怕也是鼻孔眼儿喝水——够呛,你不要报什么希望。

【鼻眼儿插大葱——装象(相)】象与相谐音。讥讽装模作样,欺骗别人,或以壮门面。[例]解释个屁,我看你就不是真正在这儿干事业,占着茅坑不拉屎,鼻眼儿插大葱——装什么象(相)?

【鼻子底下有嘴——问啊】指有什么情况或问题,尽管问,随便说。

[例]刚子,鼻子底下有嘴——你问啊!不用发愁,我们大家集思广益,问题一定会妥善解决。

【闭眼坐二等——到哪站算哪站】二等:用自行车后衣架载客。形容听天由命,听任事态自然发展变化,不做主观努力。[例]"闭眼坐二等——到哪站算哪站":"二等",就是坐在自行车后衣架上,也算"乘客"。假如你坐上这种车,又闭上眼睛,这可不像火车或公共汽车,到时候乘务员向乘客报站名。只会落得个骑车人说了算。这是对一些听天由命的人的形象写照。讽刺的含义不大,自己说这话时,是表明自己的"没把握"。(张仲《天津早年的衣食住行》)

【闭着眼睛破闷儿——瞎猜】破闷儿:猜谜语。比喻无根据地胡乱猜测。[例]你有什么证据这样说我?简直是捕风捉影,闭着眼睛破闷儿——瞎猜!

【闭着眼睛走路——瞎摸】指对情况满足于一知半解,盲目莽撞,胡乱行事。[例]没有调查就没有发言权。你们到了农村,首要的就是要深入调研,做到心中有数,扶贫才能精准有效,千万不能"闭着眼睛走路——瞎摸"。

【变魔术的过生日——要嘛有嘛】指要什么有什么。[例]当天命好！一盒大前门、半盒墨菊，在那半盒墨菊里掏出几根搁在口袋里，在关上抽屉的那一刹那，猛然间我眼前一亮，踏破铁鞋无觅处，得来全不费工夫，想吃冰下雹子，变魔术的过生日——要嘛有嘛啊！那抽屉里明明白白地躺着一把明晃晃的匕首！（天下霸唱《大耍儿之西城风云》）

又作"变魔术的过生日——要什么有什么"。[例]我老爹自己并不抽烟，但他抽屉里却总有几盒烟，那是没收他们学校学生的。运气真不错，一盒没开封的大前门、半盒墨菊，从哪半盒墨菊里掏出几根搁在口袋里，在关上抽屉的一刹那，我眼前突然一亮，踏破铁鞋无觅处，得来全不费工夫，想吃冰下雹子，变魔术的过生日——要什么有什么，抽屉深处安安稳稳地躺着一把明晃的匕首。（天下霸唱《大耍儿》）

【变戏法的玩蛤蟆——耍活宝】变戏法：变魔术的俗称。指人的言行表现滑稽可笑，出洋相或出乖露丑。[例]我家老爷子的性格就是乐观、开朗，别看已经70多岁了，玩儿心不减，有的时候还来个变戏法的玩蛤蟆——耍活宝。

【别扭他妈哭了——别扭死了】指极其不顺心，委屈，难受，或彼此意见很不相投，闹起争执。也指人说话、作文等很不通顺、很不流畅。[例]这两三年，邻居大曲的家里接二连三地出事儿，简直是别扭他妈哭了——别扭死了。｜看着自己年轻时写的一些文章，脸都感到发烧，有的连语法都不通，好像别扭他妈哭了——别扭死了。

【冰窖着火——甭救了】冰窖：在结冰季节用坚实冰筑成的冷藏窖。指对一些人事实上没有必要给予帮助，使之脱离困境或危险。也指有些事情可听之任之，自然平息。[例]你已把事情闹到这个地步，让我怎么办？实在无法收拾，冰窖着火——甭救了，顺其自然吧！

【冰糖扔井里——来点甜头儿】比喻给予很少、很小的利益、好处或实惠。[例]我知道这小子特抠门儿，爱占小便宜，咱们就冰糖扔井里——先给他来点甜头儿，慢慢地引他上钩。

【拨浪鼓别腰里——没货了】拨浪鼓：旧时货郎儿为招揽顾客而拿的带把儿小鼓，来回摇动时两边系的小槌击鼓发声,也用作玩具。指东西卖或用完了,也指没有东西了。[例]老兄,实在对不起,你的电话打晚了,那批进口彩电早就拨浪鼓别腰里——没货了,等下次吧。

【玻璃瓶里盛糨子——装糊涂】盛:把东西放在容器里。糨子:糨糊。指故意装作不知道,不明白。[例]快说吧,这事儿是不是你干的?不要再给我玻璃瓶里盛糨子——装糊涂了。

【玻璃瓶里装开水——三分钟热度】指做事缺少恒心,没有毅力,坚持不了多长时间,很快就会失去热情。[例]干什么事情,都应该看准了目标,就下定决心,持之以恒,坚持到底,决不能"玻璃瓶里装开水——三分钟热度"。

【脖子后生疮——不理会】疮:皮肤上长出的发红的肿块。指不值得重视,没留意,不经心,或不理睬,不去处理。[例]你竟大模大样,脖子后生疮,不理会。(手抄本《于公案》)

【脖子上安轴承——滑头】轴承:机械中一种常用的部件,主要功能是支撑机械旋转。讥讽为人处世油滑,不老实。[例]工友们说你是脖子上安轴承——滑头,你要用

实际行动改变大家的看法,老老实实做人,踏踏实实干活儿。

【不会拉胡琴——吱咕吱(自顾自)】指只管自己的事,不顾及他人。[例]有的人则另个样,公共事务啥都不理,比如开会讨论如何提高产量,大家都踊跃发言,唯独王姐两眼望天一言不发。车间主任高声对她说:"你别整天'不会拉胡琴——自顾自(象声,吱咕吱)'啊,到时候效益不好第一个下岗的就是你!"(点子《俏皮俗话》)

【不看天华景的《西厢记》——白活】天华景:戏院,1928年开业,以演出京剧为主。《西厢记》:专指古典小说改编的京剧。比喻人生活得没什么意义,或没有享受到什么幸福。[例]那时天华景每天演出日夜两场,日场(下午)演传统折子戏,晚场演新排的连台本戏。《西厢记》自1933年开始编演,连演半年,愈演愈火爆;1934年至1936年仍断续演出,每次演出,均卖座不衰,因此在群众中流传着"不看天华景的《西厢记》——白活"的歇后语。(许标《天华景看〈西厢记〉》)

【不要鸡不要鸭——要鹅(讹)】鹅与讹谐音。指敲诈,假借某种理由向人强行索取财物或其他权利。

[例]马老娃子对我诉苦,他说他干儿子贪心捡宝,在洞中下落不明,扔下他这个一走一拐的老汉,还有马栓这个愣娃,家中没别人了,盆无一粒米,袋无一元钱,往后没了活路,实指望多捡几件明器。我一看可倒好,他不要鸡不要鸭——要鹅,讹上我了!(天下霸唱《摸金校尉之九幽将军》)

C

【搽粉上吊——死要面子】粉:粉末,用于化妆。上吊:用绳子等吊在高处套着脖子自尽。讥讽极端爱虚荣,怕损害自己的体面、尊严。[例]大奶奶忙说喜兴话,听说吉田满叫人给枪崩了。那小子搽粉上吊——死要面子,说好了剖腹,临到头上拿不起刀来,吓成个大长虫在地上固秋。(宋安娜《十城记》)

【擦屁股瓦——用的时候抓起来,用过就丢】擦屁股瓦:旧时农村穷人代替手纸使用的瓦片,用完就扔了。指用得着时被人使唤,用不着就被遗弃。[例]老常说:"谁也别想。谁怎么着就怎么着吧,别看叫我跟着,用不着了,也就叫我回来,要不我就多带上一双鞋?咱们就是擦屁股瓦,用的时候抓起来,用过就丢了。"(孙犁《风云初记》)

【财神爷逗叫花子——拿穷人开心】财神爷:迷信称可给人带来财富的神。叫花子:乞丐的俗称。形容以捉弄身处困境的人而取乐、解闷。[例]翻译官,你是财神爷逗叫花子——拿穷人开心呀!晌午我才吃了俩三合面窝头,早就饿得前心贴后心了。你们想拿乏龙?真想跟我们切磋,咱定个日子,一对一的赌个输赢。(姚宗瑛《赌跤》)

【财神爷叫门——钱来了】指运气好,财富顺利来临。[例]堂大叔今天炒股又赚了一大笔,高兴得手舞足蹈,逢人便说:"财神爷叫门——钱来了!"

【裁缝不带尺——存心不量(良)】量与良谐音。形容心眼不好,怀着某种不善良的念头做事情。[例]你小子这是"裁缝不带尺——存心不量(良)"!君子爱钱,取之有道。你想赚钱可以,但不能打小孩子们的主意。

【菜刀哄孩子——不是玩儿的】指不能把危险的事情当儿戏,不可轻忽,更不能胡来、乱来。[例]天津已有俏皮话:菜刀哄孩子——不是玩儿的。况盒子炮乎。祝家大院的人们轮番上前劝阻,没用。祝显驰亲自上阵,搂起坐在石头台阶上的祝大金说,好儿子,我这有一杆大烟枪你拿着玩儿吧,盒子炮那玩意儿是军火,弄不好就是罪过。(肖克凡《天津少爷》)

【菜瓜打驴——去了一半儿】菜瓜:细而脆,用它来打驴,很容易断掉半截。比喻财富、情绪等减少了一半。也指人走了一半。[例]生产队紧催着收公粮,他不得已又交了两麻袋,仅存的那点稻谷"菜瓜打驴——去了一半儿",明春缺粮一家老小还吃什么?┃天渐渐暗下来,批判大会仍在进行,台上的"造反派"声嘶力竭,大吼大叫,台下的很多人早已溜之乎也,稀稀拉拉的,菜瓜打驴——去了一半儿。

【菜瓜打驴——有去无回】指人一走再不回来,或回不来了。也指东西拿出去再也收不回来。[例]柳条子就是个没良心的玩意儿,到深圳打工两三年,菜瓜打驴——有去无回,连爹娘都忘了啊!┃大伯,您把这么多钱借给他,恐怕是菜瓜打驴——有去无回了。

【苍蝇放屁——吓唬谁】采用反问语气,讥讽说的话或做的事没有威慑力,吓不了人。也指玩弄小的手段来威胁、恐吓,虚张声势,没有人会害怕。[例]就你这两下子,还口口声声什么"威震四方",苍蝇放屁——吓唬谁?┃快闭上你的臭嘴,苍蝇放屁——吓唬谁?咱们明儿个摔跤场上见。

【苍蝇尥蹶子——小踢蹬】尥蹶子:骡马等牲畜跳起来用后腿往后踢。踢蹬:用脚乱踩、乱动。比喻小打小闹,有限的、很小的举动,或耍小花招,搞小动作。[例]要早知道这穷老头,有朝一日能"抖"起来,送这么些东西,咱也施舍给他点吃的呀!小王这回多少得发个小财儿,苍蝇尥蹶子——够他小踢蹬……啦!(柳溪《大盗燕子李三传奇》)
又作"苍蝇尥蹶子——小踢打"。[例]我一眼就看穿了他们的小把戏,却故意不点透,调侃道:"你们这是苍蝇尥蹶子——小踢打,还想蒙我?"

【苍蝇落在马勺上——混饭吃】讥讽缺少理想追求,只求温饱度日,或敷衍了事,苟且过日子。[例]你年纪轻轻的,就整天苍蝇落在马勺上——混饭吃,也不想一想什么时候是个头?

【曹县人过年——要了狗命了】曹县:山东省菏泽市曹县,该县有过年吃狗肉的习俗。比喻非常痛苦难奈,生不如死。也指夺取人的性命,使人死亡。[例]撂下远的,咱先说近的,且说二黑他爹那老哥儿几个,就在马路边,围着我是一顿拳打脚踢。好在我的脑袋还在人家胳膊里夹着,也等于替我护住了头部。对方两条腿一绕过我的脖子,双手相握结成死扣,我整个人动弹不得,简直就是"曹县人过年——要了我的狗命了"!(天下霸唱《大耍儿》)

【草帽戴在拨拉盖儿——不对头】拨拉盖儿:膝盖。指有问题或出了差错,不正常,不正确。也指彼此之间关系不好,不和睦,不合拍。[例]咱们这样做,是和厂里的决定精神背道而驰,草帽戴在拨拉盖儿——不对头呀!｜前些年,他们俩有过一次很深的误会,从此就草帽戴在拨拉盖儿——不对头了。

【草帽当锣敲——响(想)不起来】锣:用金属制成的响器,球形或扁圆形。草帽的形状似锣。响与想谐音。指对某人某事已经忘记,或回想不起来,没有了印象。[例]

刁爷,这件事情已经过去了很多年,草帽当锣敲——我实在响(想)不起来了,您老赐教!

【草帽烂边儿——顶好】常用来赞誉某人或事物是最好的。[例]我到现场一看,眼睛就亮了,真是不怕不识货,就怕货比货,全区的大棚有机蔬菜,还要数杨大伯家种植的,那是"草帽烂边儿——顶好"!

【草上说话——路上听】比喻自己说的话被他人听到了,或把一方的话传给另一方。[例]草上说话路上听,谁没有佀好的俩厚的,保不定别人把话传过去。(李燃犀《津门艳迹》)

【草窝里抓刺猬——不好下手】指事情非常棘手,很难着手进行。[例]这小子是个老江湖,我们蹲了一星期,也没寻到机会,有点儿草窝里抓刺猬——不好下手呀。

【草鞋——没号】比喻没有这一类的,或没有时间、机会等。也指编外人员,或尚无字号、不在册的小货摊儿。[例]大鹏心里想:我是草鞋——没号,这样的好事落不到我头上,认命呗!｜你们这几个水产摊儿,全是草鞋——没号的,明天再摆出来,可别说我不客气了。

【厕所里摔罐子——臭瓷(词)儿乱

飞】形容人胡言乱语，尽说些不好听的话或废话，让人感到厌恶。［例］我见胖子唠叨个没完，急忙暗中扯了他一把，低声说："厕所里摔罐子，就数你臭词儿乱飞。……甭废话，赶紧抄上家伙上路。"（天下霸唱《鬼吹灯》）

【茶馆搬家——另起炉灶】比喻放弃原来的，重新做起。也指另立门户或另搞一套。［例］我们不能在这个地方死熬下去了，看不到一点儿前景，赶快茶馆搬家——另起炉灶。｜三个大学生进公司一年多了，干得好好的，昨天不知什么原因，一拍屁股走了，据说是茶馆搬家——另起炉灶。

【茶壶里搁盐——讨人咸（嫌）】搁：放入。咸与嫌谐音。指言语或行为招人厌烦。［例］你整天游手好闲，在大街上瞎逛悠，有的时候还惹是生非，真是茶壶里搁盐——讨人咸（嫌）啊！

【茶壶里煮饺子——倒（道）不出来】倒与道谐音。比喻口才差，或一时着急乱了方寸，心里有话说不出来。也指有难言之苦，有顾虑或难处，无法说出口。［例］我和厚脸皮是茶壶里煮饺子——倒不出来，那叫一个急，当时就想跳下去跟黄佛爷拼命，下到殿中被乱枪打死，也好过让土制炸药崩到天上去。（天下霸唱《傩神 崔老道和打神鞭》）

【茶壶里煮饺子——心里有数】比喻虽然嘴上不说，但心里却清楚、明白，对实际情况有整体了解和把握。［例］是的，天生的木头疙瘩多与遗传基因或自幼孤独的内向性格相关。天津卫叫"闷罐儿"，"茶壶里煮饺子——心里有数"。他们既不傻也不茶，凡事"三思而后行"，往往一句话能摔你一溜跟头。（薛宝琨《津门笑谭"白话蛋"跟"木疙瘩"》）

又作（1）"茶壶煮饺子——心中有数"。［例］这位副队长不着急，不上火，稳稳当当，可是不好斗，茶壶煮饺子——心里有数。（蒋子龙《赤橙黄绿青蓝紫》）（2）"水壶里煮饺子——心里有数"。［例］人和植物不一样，老蔫儿，只是性格内向，老蔫儿们活得欢欢儿的呢。歇后语说，水壶里煮饺子——心里有数，大凡老蔫儿们，都有个蔫主意。（林希《天津话逗你玩》）

【茶壶里煮面条儿——捞不着】讥讽得不到自己想要的东西或利益、好处。［例］这个月你旷工好几天，还想拿奖金？哼！茶壶里煮面条儿——捞不着了。

【茶壶煮元宵——肚子里有吐不出来】比喻有才学表达不出来，或心里有话说不出来。[例]徐小梅嘴笨，茶壶煮元宵——肚子里有吐不出来，但她内秀聪明，心灵手巧，无论放在哪个工作岗位，都是一把好手。

【馋鬼做梦——净想好吃的】比喻盲目乐观，不切实际的空想。[例]从明个儿起，你就正式步入社会了，一定要脚踏实地，扎扎实实地做好每一件小事，切勿像馋鬼做梦——净想好吃的。

【馋嘴啃过的梨核——没剩下多少肉】核：果实中坚硬并含果仁的部分。指已经没有多少好处，或多大价值。也用来形容人很瘦。[例]你来晚了，值点儿钱的东西早被别人挑走了。你再仔细看看，凡是就这堆儿这块儿，馋嘴啃过的梨核——没剩下多少肉了。┃我瞅他一眼。他瘦得暴出筋来的细脖子，支撑着梨核似的小脑袋，还是馋嘴啃过的梨核没剩下多少肉。厚厚的眼镜片，好比汽水瓶的瓶底，把她的眼睛放大得像马眼。(冯骥才《临街的窗》)

【铲不掉的锅嘎巴——好硬】锅嘎巴：焖米饭时黏结在锅底的焦了的一层饭。形容态度恶劣、顽固，或不通情理。[例]我真想不明白，你和萍姐平时关系那么亲密，怎么今天是这样的态度，铲不掉的锅嘎巴——好硬，到底为什么呀？

【长虫吃耗子——慢慢儿来】长虫：蛇的俗称。耗子：老鼠的俗称。形容办事不急不慌，慢条斯理，一步步地去做。[例]这可是个细活儿，大家千万不要着急，长虫吃耗子——慢慢来。

【长虫吃了筷子——直脖子不会拐弯儿】比喻很固执，不能适应新的情况随机而变，坚持己见，不肯变通。[例]你这孩子真随你妈妈，都是聪明过分，又都是小聪明！叶太太大半夜来咱家，这汤药就是她喝呀？我看你是长虫吃了筷子——直脖子不会拐弯儿!(肖克凡《租界》)

【长虫戴草帽——愣充细高挑儿】愣充：冒充。细高挑儿：形容人的身材又高又瘦。指人假装成傻头傻脑的样子。[例]这孩子是我们耿家的种，合当进耿家大院！你少跟这长虫戴草帽，愣充细高挑儿。这孩子我们留下了，我们是刀剁自己的脚，自觉(自脚)自愿!(宋安娜《十城记》)

又作"长虫戴草帽——细高挑儿"。[例]"大小姐，你的身材真好,长虫戴草帽——细高挑儿!"
春娟听了这句俏皮话,心想:这是
夸我还是损我呢?

【长虫钻鸡笼——奔(笨)蛋】鸡笼:
用柳条或荆条编制的笼子,用来
畜养鸡。奔与笨谐音。詈语,责
骂人愚笨。[例]跟你这种人打交
道好费劲,我说了大半天,你的脑
子根本不开窍,长虫钻鸡笼——
奔(笨)蛋!

【长线放远风筝——下过大功夫的】
指为实现某个目标,付出过艰苦
的努力。[例]这回轻易不说人好
的冯老总竟也夸赞了几句:"你们
操练得不错,我很满意。这不是
三天两天的功夫能抓得出来的,
是长线放远风筝,下过大功夫的。
你们不光军事操练好,而且对部
队的性质和目的都认识得很清
楚,算得起是目标明确。"(周骥良
《吉鸿昌》)

【长元和的蜡——干碗的】长元和:
专门生产和销售蜡的企业,因产
品质量高而驰名天津。该厂的蜡
点然后,能保持蜡碗里的蜡油不
积存,不流淌。讥讽舍不得花钱
的吝啬人。[例]染料厂的冯老板
向来抠门小气,工人们送他一句
老天津卫的俏皮话:"长元和的
蜡——干碗的"。

【唱戏的吹胡子——假生气】胡子:
传统戏曲中,男演员演出时佩戴
的胡须,也叫髯口。他们表演生
气神态时多用吹胡子的动作。指
假装生气,不高兴,故意做给别人
看。[例]这时,女儿说了一句话
"爸爸,妈妈,我看你们是唱戏的
吹胡子——假生气,都别装样子
了。"说得我们俩不禁笑起来,气
儿也烟消云散了。(谷正义《歇后
语趣谈》)

【唱戏的腿抽筋儿——下不来台】抽
筋:肌肉痉挛。比喻身处尴尬局
面而无法收场,难以摆脱困窘的
境况。[例]我以为今天是唱戏的
腿抽筋儿——下不来台了,真感
谢两位老兄的帮忙、捧场,咱有情
后补。

【唱戏的摇鞭子——走人】指自行离
开,或斥人离开。[例]麒瑞看大家
都不愿搭理他,感到实在是没趣
儿,只好唱戏的摇鞭子——走人
啦。|你还有什么脸赖在这儿?
快,唱戏的摇鞭子——给我走人!

【炒咸菜不搁盐——有盐(言)在先】
盐与言谐音。指事先把可能出现
的情况或结果说清楚。[例]虽然
你是熟人介绍来的,但咱们也要
炒咸菜不搁盐——有盐(言)在
先,这里不养闲人,如果吊儿郎

当,出工不出力,我可就不客气了。

【车把式扔鞭子——谁赶(敢)】赶与敢谐音。采用反问语气,表示没有人敢做某事。[例]您老是爷,没有不服气的,在您面前造次,那是车把式扔鞭子——谁赶(敢)?

【车沟里的泥鳅——掀不起大浪】车沟:车轮碾压在道路上凹下去的低洼处。讥讽能力有限,引不起大麻烦,或不会惹出大麻烦。[例]老洪被几个学生揪到台上批斗,大吼大叫,连踢带打,他咬着牙心里想:我是从枪林弹雨里走出来的,就你们几个毛孩子,哼!车沟里的泥鳅——掀不起大浪!

【车轱辘儿打气儿——兴进不兴出】车轱辘:可充气的轮胎。兴:兴许,准许。讥讽私心重,十分吝啬,只知道捞取好处,从不肯付出,给予别人。也指只有进来的,没有出去的行为或情形。[例]我和倪来兵打过几回交道,还不知道他,就是个小气鬼,从来都是车轱辘儿打气儿——兴进不兴出。▍舒会计,最近这段时间咱公司的流动资金太紧张,您可要严把死卡,车轱辘儿打气儿——兴进不兴出。

【车轱辘崴了轴——玩儿不转】崴:俗作歪,崴泥的省略说法。轴:贯穿车轮中间的圆柱形长杆。形容被某事所牵连或纠缠,没有办法,无法摆脱,应付不了。[例]这些年,车辆厂一直没有甩掉老大难的帽子,先后换了几任厂长,都是车轱辘崴了轴——玩儿不转,看来非得彻底改革不可了。

【车后拴小牛——带犊子】旧时陋习,既歧视改嫁的妇女,也歧视她所带过来的孩子。指随娘改嫁的孩子。有时也用于骂人的话。[例]这孩子是个车后拴小牛——带犊子,好可怜,父亲在外地打工时摔死了,我们都要好好待他。▍你小子,混账透顶,真是车后拴小牛——带犊子,在长辈面前竟敢这般放肆!

【车老板摇鞭子——快赶(感)】赶与感谐音。指愉快或舒服的感觉。[例]看这档娱乐节目,确实是享受,可谓车老板摇鞭子——有一种快赶(感)。

【撑一钩子,拖一挽子——两活着说儿】撑一钩子:打一下屁股。拖一挽子:拉一下裤腿儿。指一件事情两面说,含糊不清,结果难测,叫人不知如何是好。[例]你这叫么话嘛?撑一钩子,拖一挽子,两活着说儿。到底是么事,怎么叫

好办,哪叫不好办?亦得说出条道儿来呀!(李燃犀《津门艳迹》)

【城隍出巡——小鬼当家】城隍:迷信传说中主管一方城池的神,其部属皆为小鬼。比喻主事的人不在,下属趁机弄权,自己说了算,或瞎闹腾。[例]城隍会在每年的农历四月初一到初八举行。"城隍出巡,小鬼当家"这句老俗话源于初八夜间城隍庙的那次出巡活动,如今人们将此话引申,是说主人外出小人在家瞎闹腾。(章用秀《天津老俗话》)┃天津方言俏皮话以"城隍"为主角的,都很诙谐幽默。例如"城隍出巡——小鬼当家",城隍为冥界地方长官,其部属皆为小鬼。城隍出巡不在家,小鬼临时掌权执法。"小鬼当家",比喻下属弄权。(谭汝为《城隍乃是护国神》)

【城隍老爷掷骰子——净是鬼点子】骰子:即色子,立体小方块赌具,六个正方形面上,分别刻有一、二、三、四、五、六点。掷骰子是一种赌博方式,以骰子点数的大小决定输赢。比喻都是坏主意、坏方法。也指巧妙的或古怪的主意、方法。[例]别听孟老三的话,谁听谁上当,他是城隍老爷掷骰子——净是鬼点子。┃小天天年纪不大,长着一对忽闪忽闪的大眼睛,调皮中透着聪明和机灵,城隍老爷掷骰子——净是鬼点子。

【城隍庙的大匾——你可来了】大匾:城隍庙有匾额上书写"你可来了"四个大字,以震慑行恶之人。指你终于来了。[例]天津方言俏皮话以"城隍"为主角的,都很诙谐幽默。……"城隍庙的大匾——你可来了。"城隍庙大殿匾额上书"你可来了",以震慑行恶之人。此外尚有黑、白无常塑像,各执"勾魂牌",一书"你可来了",另一"正要拿你"。"你可来了"意为"你终于来了"。(谭汝为《城隍乃护国神》)

【城隍庙的后殿——卧像(饿相)】后殿:天津旧城西北角城隍庙供奉府、县二城隍。后殿即寝殿,塑府城隍卧像。卧像与饿相谐音。讥讽或斥责形象、行为猥琐,令人感到厌恶。也指食相不佳。[例]儿子推门进到屋里,老爷见他那无精打采的样子,就知道在外边又没干什么好事儿,怒喝道:"看看你,城隍庙的后殿——一副卧像(饿相),这个家早晚败在你手里!"

【城隍娘娘害喜——怀的鬼胎】害喜:妇女怀孕。责骂心术不正,居心不良,怀有不可告人的目的或念头。[例]大奶奶耿何氏在窗根下听了个满耳,此时挑门帘进来,手指头点着吉田满说,城隍娘娘害喜,你怀的是鬼胎呀!(宋安娜《十城记》)

【城墙上拉屄屄——现了高眼了】屄屄:屎,粪便。讥讽极为出丑,或很是丢脸。[例]就你这种雕虫小技,还自我标榜什么"高科技",真是城墙上拉屄屄——现了高眼了!

【城头上出大恭——高眼】出大恭:解大便。戏谐十分聪慧,眼光高,视野宽,见识广。[例]请大家相信,我是墙头上出大恭——高眼,你们跟着我干,不会有亏吃。

【程咬金的斧子——就这么三下】程咬金:唐朝开国大将,《隋唐演义》《说唐》中的人物,传说惯用两把很重的板斧,打仗时,遇到不强的对手,头三板斧就能奏效,遇到强手,要完三十六道板斧,仍无法取胜,便拍马逃去。比喻本领有限,几招过后再使不出新的招数。也指人做事情开始劲头很足,但缺乏耐力,虎头蛇尾。[例]你们别听他瞎吹,他才干过几天钳工,程咬金的斧子——就这么三下!┃李德欣轻轻地把石锁放在地上,红着脸说:"献丑,献丑,我这是程咬金的斧子——就这么三下!"(张孟良《血溅津门》)

【称二两棉花——纺纺(访访)去】纺与访谐音,指走访、了解一下。[例]这位爷不屑一顾地一歪脑袋:"那当然啦!称二两棉花——你访访去,周周围围能百步穿杨举枪不留活物儿的也就是你孙二伯了,不是我吹,别人还真没有这么大的道行,不信你问问去,有一个不服的吗?"(天下霸唱《大耍儿》)

【秤杆插在粪堆上——过粪(分)】粪与分谐音。指说话、做事超过了一定的程度或限度。[例]这件事情,他做得确实很离谱,秤杆插在粪堆上——过粪(分)了,回去后一定严肃处理。

【秤砣掉鸡窝——鸡飞蛋打】秤砣:也叫秤锤,杆秤中的秤砣,相当于砝码。比喻两头都落空,一无所获。也指彻底失败。[例]这哥几个儿合伙到南方做买卖,两年下来落了个秤砣掉鸡窝——鸡飞蛋打,不但赔了钱,最后连朋友也做不成了。

【秤砣掉在橱柜里——打人家的饭碗】指说出或做出对他人不利的言行,使他人失业。[例]几个大姐年纪都不小了,能有个活儿干不容易,你却昧着良心在领导那儿说她们坏话,这不是秤砣掉在橱柜里——打人家饭碗吗?

【秤砣掉在鸡窝里——捣蛋】形容故意借端生事,制造麻烦,无理取闹。[例]崔依然,你这是秤砣掉在鸡窝里——捣蛋,再不老实点儿,我可要不客气了,让你吃不了兜着走!

【秤砣过河——不浮(服)】浮与服谐音。指对某人的言行从心底里不相信,不佩服。[例]别看你官不小,但做的那些事,叫人秤砣过河——不浮(服)!

【吃饱了灯草芯子——放轻巧屁】灯草芯子:灯芯草的茎的中心部分,质地很轻,可做油灯的灯芯。讥讽把本来很严重、很复杂的事情说得很轻,很简单,或把不易做到的事情说得很容易。[例]武二:"嘿,你可真是吃饱了灯草芯子啦,放这轻巧屁,借钱不还,有这种道理吗?"(来新夏等《火烧望海楼》)

【吃冰棍拉冰棍——没化(话)】拉:排泄。化与话谐音。形容无话可说,或不说话。也指理屈词穷,无言以对。[例]刚才我问小石榴到底是什么原因,他却低头不吭声。二哥你说我能闷在心里稀里糊涂地对付过去吗?事儿有事儿在,到底怎么着你倒是给句话,他倒好,给我来个吃冰棍拉冰棍——没话!(天下霸唱《大耍儿》)|在一个个证据面前,他终于吃冰棍拉冰棍——没化(话)了,不再百般抵赖,开始交代自己的问题。

【吃地瓜拉土豆——改肠子了】地瓜:一般指红薯。比喻心肠变坏了。[例]袁老板,最近从你这儿进的材料,回家一称都缺斤少两,难道是吃土豆拉地瓜——改肠子了?

【吃饭没带筷子——下手吧】指令人动手,开始某种行动。[例]今天落到你们手里,我认倒霉,是刀是剐,吃饭没带筷子——快下手吧!

【吃馃子喝肉汤——油腔滑调】馃子:油条。指说话轻浮油滑,不严肃,无诚意。[例]他在社会上混了这些年,沾染了不少坏习气,总是吃馃子喝肉汤——油腔滑调的。

【吃核桃——非砸不可】砸:"砸锅"的省略说法,失败,办坏。比喻事情失败,注定不能成功。[例]这项工作按照他们的思路干,我看是行不通,吃核桃——非砸不可。

【吃黄豆喝凉水——攒屁】攒:积聚,凑集。比喻非常贫穷,没有什么可存的钱财。也指存不住东西。

[例]找我借钱？您老还真瞧得起小弟，我早就只剩下吃黄豆喝凉水——攒屁了。

又作(1)"吃黄豆喝凉水——存屁"。[例]再说，词典里好多文辞跟"存"有关，比如劫后余生叫"幸存"，家传珍品叫"保存"，有嘛想法叫"心存"等，而且老百姓也常拿"存"说事，有和没有都能把"存"字用上："存的海去了"意思是富得流油，"吃黄豆喝凉水——存屁"意思是穷掉底儿了。(周莲娣《嘛有嘛不存》)(2)"吃黄豆喝凉水——存个屁"。[例]猜他说啥？"别提了，我是'二闺女带钥匙——当家不主事'，再说媳妇管得紧，儿子老大不小还啃老呢，还不是像'吃黄豆喝凉水——存个屁'。"(点子《俏皮俗话》)

【吃了秤砣——铁了心】指拿定了主意，下定了决心，绝不动摇和改变。[例]她起身要去叫香莲起床，却见香莲已好好坐在前厅。又不知早早起了，还是一夜没回屋。神气好比吃了秤砣铁了心，沉静非常。(冯骥才《三寸金莲》)｜留下来的全是吃了秤砣——铁了心的！咱们挽起袖子干吧，干出个样来，争口气！(柳溪《一颗锲而不舍的铆钉》)

【吃了对门谢界壁儿——搞错了】界壁儿：隔壁。指估计、理解错误，或做法不正确。[例]老兄，你先别发火，回去让会计再好好查查账，这笔款我们早付了，是不是吃了对门谢界壁儿——搞错了？

【吃了耗子药——光搬家】指频繁地搬家，或总是迁移地点，挪动位置。[例]我在这城市已经"漂了"整整两年，居无定所，就像吃了耗子药——光搬家了，真是不易呀！

【吃了葫芦籽儿——屁股坐不稳】比喻心绪不定，坐立不安，或作风漂浮，不扎实。[例]文物管理是个冷部门，既然你进来了，就要做好思想准备，必须甘于寂寞，吃了葫芦籽儿——屁股坐不稳，那可不行。

【吃了算盘珠儿——心里有数】指嘴上不说，但心里对实际情况或结果已经非常清楚，很有把握。[例]你们双方都不要再争论了，谁是谁非，吃了算盘珠儿——我心里有数。

【吃煤球饽饽长大的——嘴头子那么黑】饽饽：又叫饽饽头儿，饽头儿，以玉米面为主(也可添加豆面、小米面等)做的充当主食的食物。形容说话十分尖刻，不管不顾，挖苦人、损人，惹人生气、讨厌。[例]小石榴抢着说："你还没想好干什么，就先把地方拿下来了？你这属于人没死先打棺材，擎等着埋啊！"我骂他："你是吃煤球馇馇长大的吗？嘴头子怎么那么黑，就不能说几句好听的吗？"（天下霸唱《大耍儿》）

【吃煤球拉煤球——一肚子实（食）火】实火：旧时家庭用烧煤球的炉子取暖做饭，点燃的煤球称"实火"，与食火谐音，指因进食过多，消化不良而上火。讥讽满脑子都是不合常理，或荒唐离奇的想法。[例]他呀，有点神经质，吃煤球拉煤球——一肚子实（食）火，大家都见怪不怪了。

【吃面不浇卤——白条】浇卤：在煮好的面条上浇上卤汁。指开具非正式的收据，来代替应该付给的现款。[例]靳大哥这小饭馆开得好不容易，一年下来没挣几个钱，倒是吃面不浇卤——留下一堆白条。

【吃枪药长大的——火气冲天】枪药：指火药。形容脾气暴躁，或愤怒的情绪十分激烈，要把一腔怒气发泄出来。[例]今天你是怎么了？好像吃枪药长大的——火气冲天的，谁招你惹你了？跟老哥说一说。

【吃剩饭长大的——净出馊主意】指想出的都是坏主意、坏点子，或愚蠢的办法。[例]老爹，你千万不能听老二说的，他是吃剩饭长大的——净出馊主意。

【吃铁丝拉笊篱——肚里编的】笊篱：用竹篾、柳条或金属丝等编制的能漏水、用来捞取水中东西的用具。编：编造、捏造。形容故意捏造事实，或凭想象随意编故事。[例]熊丙岗谈了一大通谣言干什么？那些话污言秽语武耕新听到的也不少，都是吃铁丝拉笊篱——肚里编的。一点不贴谱儿，谁信那个！（蒋子龙《燕赵悲歌》）

又作(1)"吃铁丝拉笊篱——在肚子里现编"。[例]别的书他说不了，但会说一部《岳飞传》。当然这其中有不少内容他不知道，很多部分只能是吃铁丝拉笊篱——在肚子里现编。可崔老道有这个能耐，别管吹得如何如何，扣子扣得多大，把听书的胃口吊起来多高，最后他总能给圆上，说得还挺热闹，因此听他说书的人也不少。（天下霸唱《崔老道捉妖 夜闯董妃坟》）(2)"吃铁丝拉笊篱——在肚子里瞎编"。[例]胡同里的孩子们平时就爱听郭师傅讲段子，挺平常的一件事，从他嘴里讲出来就变得特别勾腮帮子,让人听不够,那叫吃铁丝拉笊篱——能在肚子里瞎编,胡吹胡编也有意思。(天下霸唱《河神 鬼水怪谈》)(3)"吃柳条拉大筐——在肚里编的"。[例]王淑敏咯咯地笑着,用口是心非的语气说:"你净瞎编,你是吃柳条拉大筐——全是在肚里编的。"(柳溪《功与罪》)

【吃完饭就砸锅——不干了】比喻撂挑子,对某事感到厌烦,生气再也不做了。[例]小邱,做人要讲良心,你不能吃完饭就砸锅——不干了。

【吃咸菜疙瘩长大的——爱管咸(闲)事】咸菜疙瘩:一般指腌制的芥菜。咸与闲谐音。指喜欢超越权限干预他人的事务,遇见什么事都要过问一下。[例]你别在意,老辛不是专门针对你的,他是吃咸菜疙瘩长大的——爱管咸(闲)事。

【抽风掷骰子——没有准点儿】抽风:惊厥,发病时手脚痉挛、口眼歪斜。骰子:即色子,立体小方块赌具,六个正方形面上,分别刻有一、二、三、四、五、六点。掷骰子是一种赌博方式,以骰子点数的大小决定输赢。比喻人的言行或事物的发展没有准则规范。[例]

经济的发展带来商业的繁荣,如今茶叶的品种多得让人记不住,而且一律都冠以名茶,那价格更是"抽风掷骰子——没有准点儿"。(张映勤《流年碎物》)

【抽风掷骰子——赚的是没准儿的钱】指收入不稳定,说不定。[例]耿叔下岗后,就在路边揽活儿干,有今个儿没明个儿的,抽风掷骰子——赚的是没准儿的钱。

【臭豆腐——闻着臭,吃着香】臭豆腐:一种特色小吃,经过发酵具有特殊气味的小块豆腐。指某些人或物名声不太好,但实际上还是受到人们的喜欢和欢迎,或很时兴很流行。[例]唐玉森戴着"臭老九"的帽子被赶到村里劳动改造,没过几天就跟农民打成一片。老村主任说:"人家老唐可是有大学问的人,臭豆腐——闻着臭,吃着香,谁要敢欺负他,就是和我们贫下中农过不去!"

【臭鸽子——穷嘟嘟】臭鸽子:又称臭娄,一种作为食用、不值钱的劣质肉鸽。嘟嘟:自言自语,小声说话。指没完没了地说话,唠叨不休,令人生厌。也用于责怪人对不大了解的事情乱发议论。[例]这几天,鲁大爷蹲在家里,从早到晚就像臭鸽子——穷嘟嘟,老伴

快要烦死了。|这件事情的来龙去脉，你根本不清楚，不要像臭鸽子——穷嘟嘟，那是不负责任的。

【臭鲶鱼——蓝眼了】鲶鱼：一种海鱼，民间说法，这种鱼不新鲜或死后，眼睛泛蓝色。讥讽人十分着急，或急切盼望的样子。[例]等啊等，大半天过去了，援军也没来，一群伪军成了臭鲶鱼——全都蓝眼了。

【出殡的把打幡的埋了——祸惹大了】出殡：办丧事时，将灵柩移到埋葬或安厝的地方。打幡的：旧俗中，迷信称出殡时举着为死者招魂的旗帜的人。指因行为不当而引起事端，招致祸患，造成损失，后果十分严重。[例]这回打群架，是小彬子领的头，好几个人折胳膊断腿，出殡的把打幡的埋了——祸惹大了，非进局子不可，谁也说不了情！

【出殡的把抬杠的埋了——哪儿跟哪儿】抬杠的：出殡时用木杠抬运棺材的人。指对毫无关联，风马牛不相及的人和事硬往一起扯的否定或感叹。[例]同志，你的车确实不是我碰的，让我来赔偿，出殡的把抬杠的埋了——这是哪儿跟哪儿呀！

【出殡的遇上娶媳妇的——哭的哭，笑的笑】指不同人的不同心态或情绪，有的痛苦忧伤，有的欢乐高兴。[例]真是冤家路窄，今个儿东城的混混与西城的混混碰到了一块儿，几句话说岔就动手打了起来，结果是出殡的遇上娶媳妇的——哭的哭，笑的笑。

【出东门往西走——糊涂东西】讥讽不明事理，糊里糊涂，或南辕北辙，迷失方向。[例]他先来到了现场，打开了交接班的记录本，看看工人是怎么交班的。上面没有写生产情况，也没有设备运转情况，却赫然用大一号的字写着一句俏皮话：华胜贵是出东门往西走——糊涂东西！他的气立刻泄了，敲着自己的脑袋自问："这是何苦呢？你又为了谁？"（蒋子龙《招风耳，招风耳！》）

【出来进去爬窗户——没门儿】形容没有门路或办法。也指事情根本办不到或行不通。[例]事情已经到了这个份儿上，再找谁恐怕也是出来进去爬窗户——没门儿了。|这里是我窦爷管辖的地盘，你们想插一脚，出来进去爬窗户——没门儿！

【出了茶馆儿又进澡堂子——里外涮】涮：洗涤，冲洗。指做事进退两难，无论怎么做都要受指责。

[例]我们现在是出了茶馆又进澡堂子——里外涮，如此下去可不行，要千方百计找出突破口，打开局面。

【出了棺材铺又去药房——死活都要钱】棺材铺：旧时卖棺材的店铺。指十分贪婪，为攫取钱财不择手段。[例]这些贪官鬼迷心窍，出了棺材铺又去药房——死活都要钱，令人不齿！

【出南门奔西沽——转向了】西沽：地名，位于天津老城厢西北部子牙河入北运河处。比喻南辕北辙，迷失方向，行动和目的相反了。[例]天津人逛大街迷了路，找不着北了，就说："我是出南门奔西沽——转向了！"西沽在老城厢的北部，出了北门还得向北边走四五里。你出了南门奔西沽，可不是南辕北辙，转了向吗？（张炳学、刘志永主编《中国地域文化通览 天津卷》）

【厨子拍屁股——坏了菜】厨子：厨师。比喻把事情搞砸了，弄糟了，办坏了。[例]曹麻子看到这种状况，顿时傻了眼，惊呼道："厨子拍屁股——坏了菜，我们快撤！"

【穿坎肩作揖——露两手】坎肩：无袖无领的上衣。作揖：向人行礼，两手抱拳高拱，身子略弯，以示敬意。指在众人面前显示自己在某些方面或某些事情上有超强的本领和特长。[例]大家如此热情，非让我上台唱一段不可，恭敬不如从命，那就不客气了，穿坎肩作揖——露两手。

【穿小绸褂儿赶上大风天——抖起来了】绸褂：多指用丝绸制作的上衣。讥讽人因为突然有了地位或钱财而洋洋得意起来。[例]那个年头，小老百姓看见巡警，谁不躲得远远的？乍看之下，费二爷这是穿小绸褂儿赶上大风天——抖起来了。其实呢？咱们这九河下梢天津卫，乃潜龙伏虎之地，南来北往的交通要道，英法列强的通商口岸，外国人都觉得咱这地方风水好，抢过来当租界盖洋房，多大的人物没有？在地方做一个小小的警察所巡官，连个芝麻绿豆都不如。（天下霸唱《崔老道传奇三探无底洞》）

【穿衣戴帽——各有所好】指各自有各自的爱好。[例]俗话说，穿衣戴帽——各有所好，你喜欢跳广场舞，还能叫我们也跟着一块去疯？

【穿着别人的鞋走自己的路——让他找去吧】指损人利己，只顾自己合适，不管他人怎样。[例]核桃王危险之中重托于他，这小子却昧

着良心趁机侵吞藏匿,连人都不见了,不管他人如何,穿着别人的鞋走自己的路——让他找去吧,您说损不损?(王晔《核桃王》)

【穿着大裤衩串门——不拿自己当外人】大裤衩:宽松的短裤。串门:到别人家做客。讥讽自来熟或脸皮厚,为人处世很随意,不注重礼仪,不顾及他人的感受。[例]这款化妆品是丽姐刚买来的,你也不问一问,拿起来就用,真是穿着大裤衩串门——不拿自己当外人。

【船不翻河里跳——自找倒霉】讥讽刚愎自用,不顾危险,自找麻烦或自招祸患。[例]本来这桩买卖就有陷阱,当时大家怎么劝你,你也不听,非要赌一把不可,现在后悔了吧?这是船不翻河里跳——自找倒霉,自食苦果。

【船上的烟囱——杆(赶)上啦】杆上:木船上的烟囱多绑在桅杆上。杆与赶谐音,指碰巧遇到,有了偶然的机会或结果;又与干谐音,指干上了,下决心做某事或刻意纠缠某人。[例]反正一言抄百总,你们俩的色全走对了劲啦,这叫船上的烟囱杆上啦。(李燃犀《津门艳迹》)|好!今儿就把话撂这儿,我跟你算是船上的烟囱——

杆(干)上了,大家走着瞧吧!

【窗户纸——一捅就破】窗户纸:旧时糊在窗格子上用来挡风的薄纸。指只要稍加指点,就会明白。[例]他们俩的事儿,我来负责处理,就是一层窗户纸——一捅就破,没有什么大不了的。
又作"窗户纸——一点就透了"。[例]江涛怔了一会,忽地笑了说:"像窗户纸一样,你这一点,我就透了。老套子大伯是个老雇工,既不使债,又不养猪,他是吃现成饭的,不管盐价贵贱。……当然觉悟得慢。"(梁斌《红旗谱》)

【吹鼓手抱公鸡——嘀嘀咕咕】吹鼓手:旧式婚礼或丧礼中吹奏乐器的人。嘀嘀:吹奏唢呐的声音。咕咕:公鸡的打鸣声。形容做事拿不定主意或没有把握,顾虑重重,犹豫不决。也指小声说话,窃窃私语。[例]刘铁嘴拍了一下桌子,红头涨脸地说:"老董啊,你可别吹鼓手抱公鸡——嘀嘀咕咕。老碱疙瘩长不出半棵苗儿来,光凭岳勇一句话就来个一风吹?"(冯育楠《银沙滩》)|你哪回听过我的话,你要是听了我的话,那七千块钱你早拿到手了。你这个人,吹鼓手抱公鸡——嘀嘀咕咕。现在倒好,那个买主儿出国了。

别的买主都不认这东西。我给你找下家吧,不行咱就卖给吴老板,不过,吴老板黑,可给不了那个数了。(管淑珍《市井英雄》)

【吹鼓手喝面汤——有了根啦】指做事有把握,有底气。[例]平时听到的有关吹鼓手的天津方言有两条:一是遇事犹豫、拿不定主意的人,常以"吹鼓手抱公鸡——嘀嘀咕咕"来讽刺。另一条则是与"饱吃饿唱"一说有关,具体说来则是"吹鼓手喝面汤——有了根啦",便是指"喝了面汤"吹起来则底气更足了。(李炳德《吹鼓手》)

【吹口哨过坟地——壮胆】坟地:埋葬死人或坟墓所在的地方。指使用某种方式,使自己的胆子大起来。也指内心害怕,表面却装作镇定,胆子很大的样子。[例]天完全黑了下来,到的又是个陌生的地方,我心里开始发毛,但没有办法,只能吹口哨过坟地——壮胆,硬着头皮往前走。

【吹破了牛皮往脸上贴——好大的面子】讥讽不自量力,自以为情面很大。[例]时间长了他也不在乎,他就是在乎,人家也照样不拿他当人。莫如把心里的憋恨藏起来,也用相同的办法对别人也嘻嘻哈哈:有饭不就是叫人吃的吗?

我去吃喜酒是给他邢家的面子。当街一阵哄笑:你吹破了牛皮往脸上贴——好大的面子!(蒋子龙《空洞》)

【吹糖人儿的出身——好大口气】吹糖人儿:用糖稀作原料,吹成各种人物或动物出售的小贩。讥讽说大话,吹牛皮。[例]你还敢在这里耍胳膊头儿,吹糖人儿的出身——好大口气,真是不知天高地厚!

【吹糖人儿的盖高楼——熬着吧】比喻为实现某种愿望,很不容易,忍受着痛苦磨炼,或慢慢等待。也指在困苦的境况中愁闷无奈,消极等待。[例]咱扛大个儿的,什么苦没吃过,什么罪没受过,我看天快亮了,咱们就吹糖人儿的盖高楼——熬着吧!▎这日子过得好苦,全家七八口人吃了上顿没下顿,但又有啥法子呢?只能是吹糖人儿的盖高楼——慢慢地熬着吧!

【春雨落地——草苗一块儿长】比喻众人情绪高涨。[例]"高疤的队伍怎么样?"秋分不知道怎么回答……人们全笑了说:"不要紧。这叫春雨落地,草苗一块儿长,广大人民的抗日要求是很高的。"(孙犁《风云初记》)

【瓷公鸡铁仙鹤——一毛不拔】瓷公鸡：陶瓷制作的公鸡。铁仙鹤：铁铸的仙鹤。形容非常吝啬，一点儿钱财都舍不得拿出来。[例]这次支援灾区，人人都动员起来了，连严宇泉这个平时就像瓷公鸡铁仙鹤——一毛不拔的小气鬼，也慷慨解囊了。

【刺猬吃枣——快滚吧】指逐人赶快离开，走开。[例]这里不是你待的地方，刺猬吃枣儿——快滚吧！

【搓澡的认错人——岔了背（辈）了】搓澡的：洗澡时帮人擦洗身体除去垢腻的人。岔：错开，出错。背与辈谐音。指把辈分搞错了。[例]你们都说志明和大亮是哥俩？搓澡的认错人——差了背（辈）了，虽然岁数不相上下，但他们确实是叔侄关系。

【矬地瓜愣憋出毛豆角——什么玩意儿】矬：短小。地瓜：番薯的俗称，又叫甘薯、红薯、白薯。憋：抑制住不让出来。毛豆角：专门鲜食嫩荚的蔬菜用大豆，其茎和荚上都有细毛。詈语，与"什么东西"义同，指对人、事、物的鄙称，斥责不是什么好人、好事、好物。[例]你小子就是矬地瓜愣憋出毛豆角——什么玩意儿，还想脚踩两只船，欺骗我的感情，快死了这个心吧！

D

【搭起戏台买虾米——买卖不大，架子不小】虾米：小虾。讥讽没有什么本事，却装腔作势，端架子，讲排场，摆出一副自高自大的样子。[例]你在我面前还讲什么派头？打起戏台买虾米——买卖不大，架子不小。年轻人切忌图虚名，要扑下身子扎实苦干，多锤炼，长本领。

【打饱嗝儿带放屁——两头没好气】饱嗝儿：因饮食或消化不良，胃里的气体从口中排出时发出的声音。指两方面都受到指责或欺压。[例]大成，你们办公室正副主任整天闹得不可开交，我夹在中间是打饱嗝儿带放屁——两头没好气，你说这咋办呢？

【打狗棍绑菜刀——穷横穷横的】形容态度生硬、粗暴，蛮横无理。[例]当时金桐倒没说什么，但阿庆嫂在旁边气坏了。看着他们走了，就对金桐说，这才叫打狗棍绑菜刀，穷横穷横的，你这么做就对了，咱们猪仔也不是大风刮来的，

况且咱开的是猪场,又不是粥棚,他要是想要,就先拿钱来。(王松《暖夏》)

【打开窗户——说亮话】指毫不隐瞒,无须规避,公开或直截了当地把事情说清楚,讲明白。[例]话音未落,二唤一步踏出暗影。沈一啸不禁大吃一惊,她身上只穿了件绣花红布兜兜。"沈先生,我二唤性子直,不会拐弯抹角。咱们今儿个打开窗户——说亮话。你是个挣光洋的记者,怎么会喜欢我一个卖水的穷丫头。挑明了吧,你想占我的便宜,要我的身子……"(吕舒怀《水铺》)│今儿,咱打开窗户说亮话,郑玉侠犯的不是我们,她犯的是教堂。刚不久,她把河楼教堂烧了!还带着刀想谋害神甫。(冯骥才《神灯前传》)

【打了盘子对缸沿儿——不对茬儿】形容不合情理,不合时宜,或两者别扭,有矛盾,合不来。[例]大哥,看你这事做的,可有点儿打了盘子对缸沿儿——不对茬儿,让爸奶知道了,非打死你不可。│他的两个发小都各色,碰到一起就吵就闹,如同打了盘子对缸沿儿——不对茬儿。

【打破砂锅——璺(问)到底】砂锅:一种用黏土等为原料烧制成的炊具,质地很脆。璺:陶瓷、玻璃等器具上的裂纹,与问谐音。指对事情追问到底。[例]这可是一个原则问题,它触碰了纪律的底线,我们必须打破砂锅——璺(问)到底。│沈义生笑起来:"别紧张,没情况。我问你,家父为我找的这家寓公,长什么样?"沈琪警觉地环顾四周,说:"报告少爷,我不清楚。""你追随家父多年,没见过这位姓徐的寓公?透露一点儿此人的身世。"越这样,沈义生越想打破砂锅问到底,"他原是家父的下属,还是上司?"(吕舒怀《天津大寓公》)

【打铁的拎个钳子——欠锤(捶)】拎:用手提。锤与捶谐音。指应该挨打、挨揍。[例]大奶奶切齿道,拔了萝卜栽上姜,一茬比一茬辣。小鬼子们就是打铁的拎个钳子——欠锤(捶)!说着,突然一拍大腿,叫声不好,下炕就往外跑,一边跑一边喊,我那亲人呀!我那亲人呀!(宋安娜《十城记》)

【打窝子的鲤鱼——捞偏门】打窝子:钓鱼过程中,在某处水域投放饵料,用来集中鱼群,以方便垂钓。指用不正当的手段、途径,来谋取利益或好处。[例]看守无非子的卫士迎上去,从小伙计手提过提盒,打开盒盖,四菜一汤。饭菜摆好,无非子缓缓从内室走出来,无心地向送饭的伙计看了一眼,然后指着饭菜说:"打窝子的鲤鱼捞偏门,玄机子招于哪有那么肥的猪?不拆哈哈爷的老庙,放不出那么多的油,饭香,吃的要趁个热。"(林希《相士无非子》)

【打鱼的撒网——抢起来看】形容漫无边际地胡说,乱侃。[例]老哥俩坐在公园里,闲着没事儿,你一言我一语,天南海北地对着侃,应了那句俏皮话,打鱼的撒网——抢起来看。

【打着灯笼拾粪——找屎(死)】讥讽不知死活,自找倒霉,自寻死路,[例]天津方言歇后语很多,天津人把歇后语叫俏皮话。天津地域文化造就了天津人的性格——乐观幽默点子多、嘴皮子利索脑子活。这体现在顺手拈来现挂现编的谐音俏皮话上。例如"打着灯笼拾粪——找屎(死)",天津话表示粪便的"屎"和死亡的"死"同音。(谭汝为《这是天津话》)|大哥,快溜吧,人家七八个人,我们就咱哥俩儿,不要打着灯笼拾粪——找死(屎)!

【打着鸭子上架——不行】指强人所难,逼人去做力所不能及的事是行不通的。[例]严知孝说:"咳!你净装些个糊涂……孩子们自然会选择自己的路,打着鸭子上架不行,强拧的瓜儿不甜!"(梁斌《红旗谱》)

【打肿脸充胖子——死撑一天是一天】讥讽处于艰难又无力摆脱,却要面子,装好汉,宁可付出代价,也硬着头皮忍下去。[例]做小本生意的老板常说一句话,"买卖是熬出来的",张哥也明白这个道理,总想着坚持坚持或许就能生存下去,反正已经干了那么久了,开弓没有回头箭,本钱全扔在里边了,不可能再改行干别的,只能东拼西凑,拆了东墙补西墙,赶上青黄不接还得到处借钱补窟窿,典型的打肿脸充胖子——死撑一天是一天。(天下霸唱《天坑宝藏》)

【打竹板的念三音——想起一出是一出】竹板:快板,一种传统的说唱艺术。念三音:拐弯抹角、旁敲侧击地说一些弦外之音的话,用来挖苦、刺激或讽刺人。形容做事不经过认真仔细的考虑和谋划,随心所欲,任意而为,想干什么干什么。[例]我总觉得这么安葬老羊皮很不妥当,他那老头肯定是病糊涂了,把脑子烧坏了,他是打竹板的念三音——想起一出是一出啊。可咱们都有理智，具有高度的阶级斗争理论和丰富的斗争实际经验，老羊皮糊涂了，老胡咱俩可不能也跟着他一块犯糊涂。(天下霸唱《鬼吹灯》)

【打字员皱眉头——稿(搞)不清】稿与搞谐音。指不清楚，不明确。[例]厂长，这件事闹到这个地步，我也是打字员皱眉头——稿(搞)不清什么原因，等我回去好好了解一下，再向您做详细汇报。

【打足气的皮球——一蹦八个高儿】形容心情特别激动或愤怒时的动作。[例]听到儿子考上北大的消息，老邓是打足气的皮球——一蹦八个儿高。｜早晨处长一进办公室，就不知哪来的一股无名火，像打足气的皮球——一蹦八个儿高，给我们哥几个儿狠狠地训了一顿。

【大白菜倒了秧——打根上坏】倒了秧：植物幼苗因病虫害等而枯萎。比喻从根本上变坏了，不可救药。[例]罗媛悌用眼一扫，见是郭运起。她虽然没跟他说过话，可是认识他，目睹耳闻，知道这小子从小就不吃正经粮食，大白菜倒了秧，打根上坏。(张孟良《血溅津门》)

【大白天的猫头鹰——睁眼儿瞎】指不认识字的人。有时也指两眼表面似正常人，却不能视物的盲人。[例]别看蹲在地上的那老头是个大白天的猫头鹰——睁眼儿瞎，正如他自己所说："我可称得上老江湖，见多识广，整条街道的什么事儿也瞒不了我。"

【大白天诈尸——活见鬼了】诈尸：死人在入殓前突然站起来的奇怪现象。比喻事情离奇古怪或无中生有，不可理解。[例]姚总一进到办公室里，就发现桌子上笔记本电脑不见了。吃午饭才一袋烟的工夫，电脑能不翼而飞？大白天诈尸——活见鬼了，难道是……想到这儿，他不寒而栗。

【大白天做梦娶媳妇——想美事儿】讥讽不切实际，异想天开，根本不能实现。[例]"怎么着？大白天就做梦娶媳妇——想美事儿？"李小帅冷笑了两声，"我说你，也该收敛点儿了吧？别净想着冒坏水儿，你就不积点儿德吗？"(王传林《故上风云》)

【大伯子背兄弟媳妇——费力不讨好】大伯子：丈夫的哥哥。指耗费很大力气，却没有得到好的回报，属于没事找事，自寻麻烦。[例]我知道你是好心，但这纯属人家的家务事,你说得太多了,管得太宽了,结果就是大伯子背兄弟媳妇——费力不讨好。

又作"大伯子背兄弟媳妇过河——受累不讨好"。[例]洪根柱可急了:"路凯,你这不是吃饱了撑的!管它合格不合格,有我们的嘛?怎么你还愿意替别人挨打?这是大伯子背兄弟媳妇过河——受累不讨好,闹不好连这个月的奖金都得被扣了。"(蒋子龙《弧光》)

【大背心,小裤衩——哪也不挨哪】形容说话办事没规矩,不靠谱,不着边儿,或没关联地跑了题,甚至胡说乱来。[例]三伏天居家休息时穿宽松点儿、穿少点儿图凉快,无可厚非,如穿件大背心、小短裤,前者肥大,后者窄小,背心在腰间晃晃荡荡当然碰不到短裤,津人诙谐,缘此也编出俏皮话"大背心,小裤衩——哪也不挨哪"。(点子《俏皮俗话》)

【大殡——绕一圈】大殡:旧时富家大户排场很大的丧葬仪式。比喻爱讲排场,喜好豪华、阔气、热闹。也指说话或办事不直截了当,爱兜圈子。[例]少东家把一句俏皮话当成了口头禅:"大殡——咱绕一圈",他接人待物从来都不惜花

银子,越有声势越好,越有面子越好。∣她这个人就这样儿,说话总是留半截,像那俏皮话说的"大殡——绕一圈",让人捉摸不透。

【大饼卷蚂蚱——夹(家)吃去】大饼卷蚂蚱:天津民间传统小吃,把活蚂蚱(即蝗虫)投入滚开的油锅里,掌握火候,适时捞出,再把炸好的蚂蚱和葱花等佐料往刚出锅的热饼里一卷,吃起来别具风味。夹与家谐音。表示已经失业,没人管饭,只能回自己家里去吃。[例]秋季前后,蚂蚱产子之前肉肥味美。这时节,天津街头售卖炸蚂蚱的食摊极多,人们将它们夹着大饼食用,味道非常鲜美。因此,天津卫留下一句歇后语:"大饼夹蚂蚱——夹(家)吃吧。"(罗文华《七十二沽花共水》)又作(1)"大饼卷蚂蚱——夹(家)吃了"。[例]"大饼卷蚂蚱——夹(家)吃了"。天津管蝗虫叫"蚂蚱",可以炸着吃或炒熟了吃。把蚂蚱卷进大饼,其动机是夹着吃,用夹与家的谐音,表示失去职业,没人管饭,而回到家里吃饭了。这是无人管饭、失业的意思。(张仲《天津早年的衣食住行》)(2)"烙饼卷蚂蚱——夹(家)吃去"。[例]人言,吃尽穿绝天津卫,此话

不假。天津人爱吃的油炸蚂蚱堪称独一份,用热饼夹着吃尤香。难怪老话说,烙饼卷蚂蚱——夹(家)吃去吧。(由国庆《津沽旧事相》)

【大饼卷手指头——自个儿吃自个儿】自个儿:自己。指自己伤害自己,或自己人之间互相伤害。也指自食其力,靠自己的劳动维生。[例]你们俩是发小,如同亲兄弟,不能因为这么丁点儿的事儿就闹掰了,大饼卷手指头——自个儿吃自个儿。｜我也有双手,不能再待在家里靠父母,明天就到外地去闯荡,大饼卷手指头——自个儿吃自个儿!

【大车拉煎饼——摊(贪)大了】摊与贪谐音。比喻非常贪心,特别贪婪。[例]人们早就说过,胡同里那个在食品厂当厂长的不干净,最近这些年大车拉煎饼——摊(贪)大了,听说昨个儿进去了。

【大车拉王八——载(在)你了】载与在谐音。指事情该怎么办完全取决于对方,你说了算,由你做主。[例]但别忘了"前有车后有辙""有车就有辙,有树就有影"这般老话,时间长了,职工怨声载道,消极怠工就像"老牛拉破车",还明里暗里与厂长唱对台戏,总想

法给他来个"大车拉王八——载(在)你了"。(由国庆《在老天津行走》)

【大龇牙啃西瓜皮——头头是道】龇牙:咧嘴露出牙齿。形容说话、做事很有条理或很有主意和想法。含戏谑意味。[例]看着小孙子连比画带白话,爷爷哈哈大笑:"小小的年纪,你还大龇牙啃西瓜——头头是道呀!

【大葱蘸虾酱——酱(将)就】酱与将谐音。指无可奈何,勉强凑合着办。[例]"咳,这有嘛办法啊!"混丢丢把酱碗又夺回来,而且从墙上挂着的葱捆里撕下两棵葱来:"这叫半夜下饭馆——有什么算什么。大葱蘸虾酱——兄弟我就将就点吧。"(鲍昌《庚子风云》)

【大德祥改祥记——缺了大德了】大德祥:店铺名号,以经营糕点干货为主。"大德祥"改为"祥记",新字号没有了"大德"二字。讥讽或责骂那些品行极差、道德败坏、坏事做绝的人。有时也指恶作剧开玩笑,使人难堪等。[例]在天津店铺俗语里,流传最广的俏皮话,就是"大德祥改祥记——缺了大德了"。天津人眼里不揉沙子,随时运用诙谐的言语,对那些道德缺失的人,进行公允的道德评判和

绵里藏针的抨击。(张炳学、刘志永主编《中国地域文化通览 天津卷》)|听书的都是低头不见抬头见的半熟脸儿,全在兴头上,拽上崔老道不让走,那真是大德祥改祥记——缺了大德了!我回去这一晚上甭想睡踏实了,哪有这么勾人腮帮子的?李四海这一刀砍得硬啊?干脆我们再给您凑点儿,您一口气给我们说完得了。(天下霸唱《崔老道捉妖》)

【大佛升殿——有一句说一句】大佛:一丈六尺以上的巨大佛像。升殿:登殿。指把话全部照实说出来,毫无保留和隐瞒。[例]好在这事不怪自己,吕连仲亦有一多半罪辜,到了不可开交的时候,给他来个大佛升殿,灶王爷上天,有一句说一句。(李燃犀《津门艳迹》)

【大风里吃炒面——不好张口】比喻有为难之处,有话不便说。有时也指张不开嘴吃东西。[例]大姐,你就别再三番五次地追问了,这件事实在是大风里吃炒面——不好开口。

【大伏天的蝈蝈儿——叫得欢】大伏天:三伏季节,一年最热的时候。蝈蝈:一种昆虫,雄虫的前翅互相摩擦,能发出"括括括"的声音,清脆响亮。形容非常喜悦、高兴。也指人吹嘘或折腾得很厉害。[例]我们几个小伙伴放了学,就飞奔到河边,脱了衣服跳下去,在水里又打又闹,像那大伏天的蝈蝈——一个比一个叫得欢。|他的嘴上功夫行,什么事儿都能说得天花乱坠,那是大伏天的蝈蝈——叫得欢。

【大缸里掷色子——没跑儿】色子:即骰子,用骨头、木头等制成的立体小方块,六面分刻一、二、三、四、五、六点,常作为赌博或游戏之用。指无处可去,跑不了或逃不掉。[例]叶拐子回城的当天夜里,就被大瓜一伙人把他的房间围住,成了瓮中之鳖,大缸里掷色子——没跑儿了。

【大哥别说二哥——两个差不多】指两人情况相同或类似,不要相互挑剔指责。[例]这会儿双喜和大水你看看我,我看看你。大水说:"大哥别说二哥,两个差不多!"说着都笑了起来,嘻嘻哈哈地回村公所去了。(袁静等《新儿女英雄传》)

【大公鸡闹嗓子——别啼(提)了】闹嗓子:嗓子有疾。啼与提谐音。指难以言表,不必说,不能说或没法说。[例]大奶奶连珠炮赛地说,不吃零蛋也别吃炸弹呀。这真是大公鸡闹嗓子——别啼(提)了。那天不知道这小爷哪根筋搭错了,就听他那小南屋"轰"的一声,窗棂子竟飞了出来。这小爷黑头土脑跑出来,连眉毛都舔了去了。这不是刀刃上踩高跷——玩悬(玄)吗?(宋安娜《十城记》)

【大姑娘拜天地——头一回】大姑娘:年轻未婚的女子,也叫大闺女。拜天地:旧式婚礼仪式之一,又称"拜堂"。指第一次经历某事。[例]老娘看完话剧回到家里,逢人边讲:"大姑娘拜天地——头一回,我可开眼了!"

【大姑娘订婚——有主儿】指姑娘有了对象,有了婆家。也指货物有其所属,已定下买家。[例]你喜欢桂英? 甭想了,人家是大姑娘订婚——早就有主儿了。▎这把红木椅子,你给多少钱也不能拿走,大姑娘订婚——已经有主儿,人家定金早交了,咱不能见利忘义。

【大姑娘放屁——蔫不溜出来了】蔫不溜:又说蔫溜儿,指悄悄地,不动声色地。形容人悄悄地或偷偷地不声不响、不动声色地出来。[例]天津人幽默,很大一种表现就是俏皮话、歇后语张嘴就来。上高中时,奶奶和郑大圣住在一

起。有一天,大圣回家时已是夜里3点——本想谁也不惊动就溜回房间。没开灯,大圣同学脱了鞋,蹑手蹑脚刚走了两步,黑暗中就传来老太太哼的一声,奶奶等着我呢,她也不说"你回来了",突然来一句:"大姑娘放屁……"黑暗的一头,大圣同学有点纳闷:"您嘛意思?"黑暗的另一头,下半句:"蔫不溜就出来了。"(单炜炜《戏剧世家的天津情缘》)

【大姑娘怀孕——甭问】指不必问,不需问,或不宜问。[例]你们打听的事儿,那是我们闺蜜之间的隐私,大姑娘怀孕——甭问。

【大姑娘绣花——是个细致活儿】比喻做事认真仔细,一丝不苟,不敷衍了事。[例]他考证了中国最早的歇后语及其形成过程,伟人们是怎样使用歇后语的,作家们都引用了哪些歇后语,不同民族的歇后语,跟动物有关的歇后语,跟植物有关的歇后语,古代歇后语,现代歇后语,跟歇后语有关的趣闻轶事……大姑娘绣花——这可是个细致活儿;文火炖猪蹄儿——要的就是这个功夫!(蒋子龙《〈歇后语趣谈〉序》)

【大姑娘养活孩子——费力不讨好】养活:生育。指耗费很大力气,却

没有得到好的回报,属于没事找事,自寻麻烦。[例]她满以为这样做能让上司欢喜,得到表扬和奖励,结果是适得其反,大姑娘养活孩子——费力不讨好。

又作"大姑娘养活孩子——费劲不讨彩"。[例]有的是从人们的生活习惯、社会意识来的。比如人白费了力气,没有得到称赞,便说:"大姑娘养活孩子,费劲不讨彩。"(孙犁《文艺学习》)

【大姑娘做媒——先人后己】做媒:当媒人,为人介绍婚姻。指首先考虑别人,然后才想到自己。[例]居委会主任小罗威信很高,因为她无私,心里总是装着群众,李大娘笑言:"她是大姑娘做媒——先人后己。"

【大褂儿改坎肩儿——大材小用】大褂儿:一种过膝的中式单衣。坎肩儿:不带袖子的上衣。比喻人才使用不当,屈才。[例]这姑娘是名牌大学毕业,又很踏实肯干,你们一直让人家做这种差事,大褂儿改坎肩儿——是不是有点儿大材小用?

【大褂儿没贴边儿——怎么做的】贴边儿:缝在衣服里子边上的窄条儿。采用反问语气,詈语,用来责骂品行卑劣之人。[例]你呀,狗改不了吃屎,尽干缺德事儿,大褂儿没贴边儿——怎么做的?

【大光明摆渡——快】摆渡:用船运载过河,渡船。旧时,大光明摆渡最先使用机器渡船,渡河速度明显提高。指速度很快,或催促加快进度,赶快。[例]还有两个月就到"十一"了,咱们这项工程是向国庆献礼,在保证质量的前提下,大光明摆渡——要快!

【大闺女裁褯子——闲事备忙时用】大闺女:年轻的未婚女子。褯子:婴儿的尿布。指空闲时或事先提前做好准备,以防来日急用,有未雨绸缪之意。[例]说着从包里也掏出一摞小册子,在手里摇着。"这可是宝贝,那位说了写的是嘛?都是金玉良言,您要是遇到上吊的、投井的、水淹的、吃了不对付东西的,怎么办?这里都有,这叫大闺女裁褯子——闲事备忙时用。"(《今晚报·我记忆中的老南市》)

又作(1)"大姑娘裁尿布——闲时预备忙时用"。[例]朱老星说:"在反制头税的时候,我早就说过了,大贵学会放机关枪,是大姑娘裁尿布,闲时预备忙时用,光自这咱就用上了。"(梁斌《播火记》)(2)"大姑娘裁尿布——闲时做下忙时用"。[例]朱老星笑了说:"着啊！这放机关枪,对咱穷人本来没有好处。可是大姑娘裁尿布,闲时做下忙时用。将来咱要用着这机关枪了,拿起来就能放。"(梁斌《红旗谱》)

【大闺女入洞房——动真格的了】指采取有力措施,真正落实到行动上,绝不是动嘴说说而已。[例]这是我真正意义上头一次干自己的买卖,之前赊销大鸡葛厂里的货,卖出去直接退货,不动自己的本钱,由于有了后路,确实不怎么上心。这一次可是"大闺女入洞房——动真格的了"何况还背着债呢,心里的想法不一样了,一定的尽心尽力。(天下霸唱《大耍儿》)

【大闺女上轿——为难哩】指难办、难应付,或故意刁难、作对。[例]真难请啊,你比大闺女上轿还为难哩！快上炕去吧!(孙犁《风云初记》)

【大闺女坐轿——头一模儿】轿:旧时的一种交通工具,由人抬着走。按民间风俗,女青年结婚时乘坐花轿。头一模儿:第一回。指第一次的经历,所做的是以前没有做过的事儿。[例]现如今,人们常把第一次做的、没经历过的事儿

叫大闺女坐轿——头一模儿。轿子离开我们的生活已经超过半个世纪了。那个时代,女人结婚盼着坐轿,倒不是说坐轿子有多美,因为这是一种标志:姑娘嫁人了。在这句话里有两个标志性的词,大闺女和坐轿,这是约定第一模儿的必要条件。要是二婚坐轿子,就叫作抬了,这是有区别的。虽然这样的生活离开我们很久远了,但这样的话我们依旧还能听得明白,听得亲切。(郭文杰《天津俏皮话句句有故事》)

又作(1)"大姑娘坐轿——头一模"。[例]门前的空场上,万盛祥特意请来了天津卫的"马连良"周鸣天唱京戏,这可新鲜,茶叶铺前唱京戏,可真应了那句话了,大闺女坐轿——头一模啊!(王传林《鬼亲》)(2)"大姑娘坐轿——头一遭"。[例]论起闹群众运动,我倒是天不怕地不怕的。闹起暴动,咱还是大姑娘坐轿——头一遭。(梁斌《播火记》)(3)"大姑娘上轿——头一回"。[例]这事儿整得多透明啊！在前几届的电视歌手大奖赛上,咱老百姓可从来未享受过如此礼遇,大姑娘上轿头一回呢。(周凡恺《越侃越无聊》)

【大海的潮水——有涨有落】指任何

事物都存在自身发展变化的规律，有高潮就会有低谷。[例]大叔，您既然迷上了股票，就要做好充分的思想准备，像大海的潮水——有涨有落，这可是铁律啊。

【大海里腌咸菜疙瘩——白忙活】咸菜疙瘩：即咸菜，用芥菜等为原料腌制而成。指白白耗费力气，徒劳无益，没有什么用处，没有任何结果。[例]白糖愤愤不平地抱怨："明明是咱们最早卖的砂锅炖，怎么让别人抢去了？这倒好，大海里腌咸菜疙瘩——白忙活！"（天下霸唱《天坑宝藏》）

【大海飘来的木了鱼儿——闯荡江湖老梆（帮）子】木了鱼：木鱼，一种打击乐器，多为僧尼念经、化缘时敲打，用木头做成，中间镂空。老帮子：对老年男人的戏称或蔑称。指奔走四方，见多识广，经历丰富的老年男人。[例]"二饽饽"已经是个老江湖，用他自己的话说，是"大海飘来的木了鱼儿，闯荡江湖老梆（帮）子"，买卖上的事也就比黑还黑，吃肉不光不吐骨头，连骨头渣子都能嚼着咽了。（王松《烟火》）

又作"木鱼儿漂大海——闯荡江湖的老梆（帮）子"。[例]老先生经多识广，是木鱼儿漂大海——闯荡江湖的老梆（帮）子了！（谭汝为主编《天津方言词典》）

【大河里的一泡尿——有你不多，没你不少】指无关紧要，可有可无。[例]什么，你提出辞职？我们公司是养不起呀，但和你一般高的人才还有的是，大河里的一泡尿——有你不多，没你不少。

又作"大树趟里的叶子——有你不多，没你不少"。大树趟：成排成行的树木。[例]你还想摆挑子拿一把？靠一边儿去，打错算盘了，这次外出巡演是大树趟里的叶子——有你不多，没你不少。

【大花子捏小幺儿——硬掐脖颈儿】大花子：乞丐。小幺儿：旧称官府中供奔走的小差役。也指小孩子。脖颈儿：脖子。形容能够把握事情的关键、重点或要害。也指能够抓住他人某些方面的缺点或把柄。[例]别啦，铁四老爷的事还有个说头儿？哪回不是大花子捏小幺儿，硬掐脖颈儿。（李燃犀《津门艳迹》）

【大火烧冰窖——该着】指理应如此，无法避免或逃脱，迷信认为是命里注定的。[例]听说咱经理昨个儿被"双规"，大火烧冰窖——该着，这家伙太贪了。

【大鸡子儿——摆附头儿】鸡子儿：

鸡蛋。附头儿:表面,最上层。比喻追求形式主义,做表面文章,不切实际,或以大充小,以次充好。也用来讥讽爱出风头的人。[例]搞社会主义新农村建设,要扎扎实实,一步一个脚印,不能像大鸡子儿——摆附头儿,尽做那些表面文章。你刚做出点事儿,就向人们显摆,大鸡子儿——摆附头儿,这种风气可要不得!

【大脚穿小鞋——进不去】指没有办法使人或物品进去。[例]老伴,你买的新床铺太大了,咱们屋这么窄的门,大脚穿小鞋——根本进不去呀。

【大脚穿小鞋——受不了】指忍受不下去。[例]小黄,咱们是十多年的哥们儿,我得劝你一句,官不大脾气可不小,必须好好改一改,不然的话,大脚穿小鞋——谁也受不了。

【大脚豆儿抠脚心——差得远】大脚豆儿:大脚趾。抠:挖。指差距很大。[例]这叫催嫁礼,人家是大宅门,要说我们家以前也不会含糊,虽然现在落魄了,可聘闺女一点也不能含糊。宝贝儿,你还是眼窝子浅,那点东西算嘛!想当初……我告诉你吧,大脚豆儿抠脚心——差得远。(郭文杰《催嫁礼》)

【大街拣烟头——找抽】比喻做出招致挨打的事情,或说别人找挨打。也专指抽耳光。[例]老大这几天做买卖赔了一大笔,整天心烦意乱,你快躲得远远的,可别大街拣烟头——找抽啊。

【大街上卖笛子——自吹】讥讽自我吹嘘。[例]你懂的那点儿武术,只是个皮毛,不要大街上卖笛子——自吹。

【大裤衩子溜肩膀儿——哪儿也不挨哪儿】大裤衩子:短裤。溜肩膀儿:向下倾斜的双肩。指不明事理,不负责任,不像样子,或一无是处。也表示对把根本没有关联的事物硬扯到一起的否定。[例]不是我说你,连摆个会场座位牌都乱七八糟,大裤衩溜肩膀儿——哪儿也不挨哪儿,你还能干什么?|由此可见,三傻子真是一朵奇葩,用一句天津卫的俗语来讲,就是"大裤衩溜肩膀儿——哪儿也不挨哪儿",我等身为吃五谷杂粮的凡人,根本无法揣摩他这一系列的行为方式!(天下霸唱《大耍儿》)

又作"大裤衩溜肩膀儿——哪也不挨着"。[例]类似贬义的话还有"大裤衩(与)溜肩膀儿——哪也

不挨着",本是说二者在身上离得远。(点子《俏皮俗话》)

【大懒支小懒——一支一瞪眼】支：指使。指双方对某件事情谁也不愿意干，互相推诿，无可奈何。[例]得罪人的事儿，谁也不愿意上前，两个人你推我推你，大懒支小懒——一支一瞪眼。

【大老俄卖毯子——给价儿就卖】大老俄：1917年，俄国十月革命后，大批俄国的贵族和富商纷纷外逃至中国，统称"白俄"。流亡到天津的白俄人，除落脚在租界外，大多聚集在小白楼一带。白俄人长得又高又壮，故称"大老俄"。时间一长，他们的钱财消耗殆尽，穷困潦倒，只能以推销兜售地毯、肥皂、面包等为生。指人不会做生意，尽做亏本的买卖。[例]……俄罗斯贵族也不会做生意，出价就卖，一条重达5公斤的俄罗斯毛毯卖到一篮子面包的价钱。自此，天津有了一句俗语："大老俄卖毛毯——给价儿就卖。"(林希《没落人家》)｜一些落魄的白俄人弄来他们当地出产的毛毯、香皂等在街头售卖，一来二去在天津民间衍生出俏皮话，如"大佬俄卖毯子——给价儿(给钱)就卖"，或"没法子"，以及"扔脖子后边"一

说等，此话有的形容商品便宜，有的暗喻生活所迫，有的则说动作，形容忘记事情。(点子《俏皮俗话》)

【大老俄卖毯子——扔脖子后头了】白俄人兜售毛毯时，经常把毯子搭在肩头。指不负责任，不守信用，把已经答应人家的事情置之脑后，抛到一边。[例]当年小白楼一带，住着许多"十月革命"后从苏俄境内逃亡的沙皇贵族和富农、商人。他们的财产已消耗殆尽，有些妇女表演舞蹈；有的男子在汽车行当修理工，一些人有生意头脑，就到街头摆摊卖毯子或胰子。胰子在天津话里即肥皂。他们一边卖，一边用中国话喊："卖胰子，卖胰子"，所以在天津留下两句歇后语，一句："大老俄卖毯子——扔脖子后头了!"比喻不负责任的人；另一句是："大老俄卖胰子——没法子了。"比喻穷途末路。(张仲《北方市井民俗图说》)

【大老俄卖胰子——没法子】胰子：肥皂。白俄人上门兜售胰子时，常用生硬的汉语说"没法子"。形容穷途末路，日子难过，无可奈何，没有什么办法。[例]天津曾有相当数目的白俄人寄居。他们生

活无着，男的常常靠兜售推销肥皂来度日。他们抱着这种日用商品上门来求售，因居留年久，也能说几句汉语，所以当上门求售时，口中常说的一句话是"没法子"。于是乎，津沽一带，便又出现了一句歇后语："大老俄卖胰子——没法子!"每当说自己到了无可奈何之际，便引用这句话来解嘲，让人听起来又好笑，又带着苦味，甚至令人难过。（周汝昌《少年书剑在津门》）

又作"大老俄卖胰子——没法子了"。[例]当年小白楼一带住着许多十月革命后从苏俄境内逃亡的沙皇贵族和富商。天长日久，他们的财产已消耗殆尽。于是，有些妇女在小舞场里以表演舞蹈为生；有的男人在汽车行里当修理工；还有人就到街头摆摊卖毯子或卖胰子。胰子即肥皂。他们一边卖，一边用中国话喊："卖胰子，卖胰子。"后来，在天津留下一句歇后语："大老俄卖胰子——没法子了。"（杜明岑《津沽三百六十行 大老俄卖胰子》）

【大老俄卖胰子——香】比喻物品质量好，价格又便宜。[例]头一批毛毯卖完了，再卖什么呢？肥皂。俄国人好像会做肥皂，他们也有香水，俄国贵族做的肥皂，比中国香皂厂出的香皂便宜，从此天津又多了一句话："大老俄卖胰子，香。"（林希《没落人家》）┃除了卖毯子，他们还卖香皂（也称胰子）、大列巴面包，品质还可以，所以又说有"大佬俄卖胰子（或面包）——香"。（点子《俏皮俗话》）

【大笼屉蒸王八——一屉不如一屉】笼屉：炊具，以竹、木、铁皮等制成。王八：乌龟或鳖的俗称。一屉：笼屉是一层层的，"一屉"即一层。指一个不如一个，或一代不如一代。[例]第三天，炮台庄黑市上的人造丝降价了，三块八。跑街的伙计飞速来报。雅各布一边派人急急禀告天麟，一边走到上房，来与耿秀山商议。耿秀山叹道，警察署是没指望的。大奶奶在一旁骂道，大笼屉蒸王八，一屉不如一屉。（宋安娜《十城记》）

【大路朝天——各走一边】指各人走各自的路，互不干涉。[例]你既然把话说到这个份儿上，我再说什么也没用了。好吧，从此咱们大路朝天——各走一边!

【大萝卜进菜窖——没缨（影）儿】缨儿：像穗状饰物的萝卜叶子。缨与影谐音。比喻无影无踪，没有头绪和迹象。也指根本不存在或十分遥远的事物。[例]在抗疫的关键时刻，我们每一个居民都要保持清醒头脑，一切信息以政府发布的为准，对那些大萝卜进菜窖——没缨(影)的事儿，坚决不信、不传。

【大萝卜坐飞机——愣充进口大苹果】讥讽自以为了不起，装模作样，装腔作势，冒充有能力或有实力的人。[例]白糖从后视镜看到老枪气急败坏的样子，讥笑道："就这么个货，拿个破烧火棍子就以为自己是特种部队了，他妈的大萝卜坐飞机——愣充进口大苹果!"(天下霸唱《天坑宝藏》)

【大门板改棺材——屈财(才)】财与才谐音。形容用人不当，大材小用，使人的才能得不到充分发挥。[例]你先在基层岗上多磨炼几年，对长远发展有好处，不要以为现在是大门板改棺材——屈财(才)。

【大门上的春联——一对红】比喻两个人互相帮助，共同进步，多指先进的帮助后进的。[例]一年多来，在孙凯的帮助下，丁平有了长足的进步，各科的学习成绩都提高了一大截。这小哥俩真是大门上的春联——一对红呀!

【大米饭不熟——欠焖(闷)】欠：不够，缺乏。焖与闷谐音，闷：密闭，不透气，不舒畅。比喻德性不正，缺乏教养，应该受到惩治。[例]这话惹恼了一旁的罗大舌头，撸胳膊挽袖子上前就要动手："找抽是不是？我看你是'大米饭不熟——欠闷'啊!"(天下霸唱《地底世界之楼兰妖耳》)

【大拇哥卷煎饼——各人吃各人的】大拇哥：大拇指。指每个人只顾自己的事情。[例]我们在这儿打工，都是一个村的，要抱成一团，互相关照，不能大拇哥卷煎饼——各人吃各人的。

【大拇指抠痒痒——随着】抠：挠，搔，轻抓。比喻缺乏主见，随声附和跟着他人说话或行事。[例]我就是这酒楼一个跑堂的，大拇指抠痒痒——随着，当不了家做不了主，您想优惠，那得找老板说去。

【大年初一拜年——你好我也好】传统习俗，农历正月初一大家互相拜年、问好。指大家各自都有优点，可亲可爱，令人满意。也指人与人之间保持一团和气，不讲原则，互不得罪。[例]咱一个村就是一家人，一家人不说两家话，要互敬互爱，互相帮衬，大年初一拜年——你好我也好。┃民主生活会要开出"辣味儿",不能是大年初一拜年——你好我也好。

【大年初一不上供——没了神儿】上供:用物品祭祖或敬神。形容无精打采,萎靡不振,没有精气神。[例]吕记者看了家里拍的加急电报,知道母亲病危,立马就大年初一不上供——没了神儿,瘫坐在地上,眼泪哗哗流下来。

【大年初一吃饺子——都一样】传统习俗,农历正月初一家家户户都要吃饺子。指彼此情况相同,没有什么差别。[例]几个村我们已经走了一遍,情况基本清楚了,大年初一吃饺子——都一样,领导就决策吧!

【大年初一见面——都说吉利话】指说的全是吉祥、顺利让人高兴和开心的话。也指为了讨好对方,光说一些恭维、赞扬、喜欢听的话。[例]今晚,咱们兵团的老战友聚会,你小子的嘴可别太损了,就像大年初一见面——都说吉利话。

又作"大年初一见面——只说吉利话"。[例]常晓鹏善于拍马屁,领导来了,他就像大年初一见面——一个劲儿地只说吉利话。

【大年三十吃饺子——没外人】大年三十:农历十二月的最后一天,又叫除夕。民间习俗,除夕夜全家人聚在一起吃饺子,象征团圆。指都是自家人,彼此十分亲近和熟悉。[例]天津有句歇后语:大年三十吃饺子——没外人。说明年夜饭是亲人团聚的象征,而一顿热气腾腾的饺子更是年夜饭里的重要角色,既寓意团圆,又象征更新。(马宇彤《画说天津》)|在大年三十这个夜晚,有不成文的规矩:对"家鞑子"之外的人,一律拒绝(当然邻居孩子在家吃完饺子后呼朋引类、互相串门、相约打灯笼的除外)。天津歇后语:"大年三十吃饺子——没外人。"(谭汝为《春节饺子与民俗》)

又作(1)"大年初一吃饺子——没外人"。[例]陈金波说"我吗? 咱哥俩是大年初一吃饺子——没外人! 我呀! 冬夏长青,俩肩膀扛着一个嘴,走到哪儿,吃到哪! 别说日本鬼子,美国鬼子我也不怕!"(梁斌《烽烟图》)(2)"大年初一吃饺子——没外人儿"。[例]他们来到田大瞎子家里,田大瞎子的老婆正看着做饭,好几筐帘饺子放在锅台上,一听说军队住房,慌手慌脚又把饺子端回里间去了,出来说:"真是,过个年也不叫人安生! 大年初一吃饺子没外人

儿,怎么能住兵呀,这有多么背兴吧,你说!"(孙犁《风云初记》)

【大年三十的福字——倒贴】民间习俗,春节时的福字常倒着贴,倒与到谐音,寓意福气、福运到来。比喻该收的一方反向该付的一方提供财物或费用等,得不偿失。有时专指女子将财务馈赠给关系暧昧的男子。[例]这生意做的,一分钱没赚到,还要赔上千八百的,大年三十的福字——倒贴,真是倒霉到家了。老海看着相片上这一对偷情男女一脸喜气洋溢的样子,气得浑身上下直打哆嗦,终于明白了,白丽整个一"大年三十的福字——倒贴"!怒火几乎把天灵盖儿撞破了,他咬紧后槽牙,大喊一声:"白丽!你给我过来!"(天下霸唱《大耍儿》)

【大年三十的凉菜——有它不多,没它不少】指某人或某物无关紧要,有没有都不会影响大局,因此可有可无。[例]由于轮回庙的佛堂中少了一根柱子,众人不敢冒险进入殿堂,在外边试探了一番,发现这座庙堂其余的几根巨柱都极为坚固,那根倒塌的柱子,是由于下边是洞窟的一部分,为了布局工整而安置的一根虚柱,属于大年三十的凉菜——有它不多,没

它不少,并不影响整座建筑的安全。(天下霸唱《鬼吹灯》)

【大年三十买门神——最后一拨了】门神:旧俗门上贴的神像,迷信说法用来驱逐鬼怪。一拨:一批,组。指时间上或次序上的最后一群人、一批人。也指仅有的唯一的机会。[例]你们几位可是大年三十买门神——最后一拨了,要加把劲儿,往前赶,不然就落后太多了。|这几个名额是专门给你们预留的,大年三十买门神——最后一拨了,赶快签合同吧,不会吃亏的。

【大年午夜的鞭炮——一阵儿接一阵儿】指事情频繁地出现或产生,一个接着一个而不间歇,不止息。[例]最近正是我厂的生产旺季,工人们的竞赛活动也此起彼伏,就像大年午夜的鞭炮——一阵儿接一阵儿。

【大炮上刺刀——远的近的都能对付】指任何地方出现的状况都能应付。[例]大哥,你手下可全是精兵强将,大炮上刺刀——远的近的都能对付,还怕他们不成?

【大笸箩扣王八——跑不了】笸箩:用柳条或篾条等编制的盛器。王八:乌龟或鳖的俗称。指不会逃跑,或无处逃跑。也指稳操胜券,

有充分的把握取得胜利。[例]站住！偷了东西就想溜儿？没门儿！大笸箩扣王八——你跑不了了！｜老金，你不要着急，今天的擂台赛，我们肯定拿第一，大笸箩扣王八——跑不了。

【大热天穿棉鞋——不脚（觉）闷】脚与觉谐音。讥讽缺乏自知之明，脸皮厚，对自己的言行举止欠妥而又不自觉，不识趣，使人生厌。[例]有一天局长实在看不下去了，悄悄把他叫到办公室，说："你以为我看不见你天天吊儿郎当？你以为人家处长管不了你？你真是'大热天穿棉鞋——不脚（觉）闷'！"这里的"脚闷"是谐音，是觉得、觉着的意思，此语批评不自觉，不觉知。（点子《俏皮俗话》）｜就他那个书法水平，还自称什么大师，又花钱请人写文章吹捧，真是大热天穿棉鞋——不脚（觉）闷！

【大撒把骑车——不扶（服）】大撒把：双手离开自行车车把。扶与服谐音。比喻不承认，不服从；不相信，不甘心；不习惯，不适应。[例]这次比赛我们是输了，但大撒把骑车——不扶（服），我觉得有猫腻，裁判不公正。

【大舌头吃炖肉——肥（谁）也别说肥（谁）了】大舌头：一种口语病，舌头不灵活，说话不清楚。肥与谁谐音。比喻彼此之间的状况差不多，都好不到哪里去，谁也不要说谁了。[例]榛子说："那还不是你们俩自己说的。"我和胖子一脸茫然："奇了怪了，我们怎么不记得跟你说过？我们什么时候说的？"榛子说："之前你俩不是打死一条偷鸡蛋的土皮子吗？四舅爷不是老高兴了吗？他们是把苞米酒都搬出来给你俩喝了吗？你俩不是全喝大了吗？不就是那会儿说的吗？我们两个人一听这话全傻了眼，那是大舌头吃炖肉——谁也别说谁了。"（天下霸唱《摸金玦之鬼门天师》）

【大师傅和面——搋（揣）上了】搋：以手掌用力压、揉搓，使搀入的东西和匀，与揣谐音。指开始动手，厮打起来了。[例]这两人没说几句话，就谈崩了，拉开架势，大师傅和面——搋（揣）上了。

【大师傅扣勺——不炒（吵）了】扣：倒过来。勺：炒菜的一种用具。炒与吵谐音。指互相不再争执和吵闹。[例]这是怎么了，你们俩还越闹越来劲儿，尽是些鸡毛蒜皮的小事，各让一步，大师傅扣勺——不炒（吵）啦，行不行？

【大水冲了龙王庙——自家人不认自家人】龙王：神话传说中统领水族、掌管兴云布雨的神，形象是龙。指自己人不能相认，或自己人之间发生误会，产生矛盾、冲突。[例]人造黑劳模？人造还是黑的，发明这词儿的人太损了。白鸣岐心里颇为王金炳抱不平。我是旧社会资本家你们批斗我，王金炳是新中国劳动模范你们批斗他，这是大水冲了龙王庙——自家人不认自家人。（肖克凡《机器》）

又作(1)"大水冲了龙王庙——一家人不认识一家人"。[例]怎么着哥儿俩，这不大水冲了龙王庙，一家人不认识一家人了吗？我还以为跟谁呢，这里面要是有你们俩，我可得给咱西边说道说道了，没有什么大不了的事儿，冤仇易解不宜结，都抬抬手就过去得了！（天下霸唱《大耍儿之西城风云》）

(2)"大水冲了龙王庙——自己人跟自己人干起来了"。[例]吉兴闻言大怒，当场就要发作。小老七急忙过来劝解："哎哎哎，这怎么话说的，大水冲了龙王庙，怎么自己人跟自己人干起来了？都是误会都是误会……"（天下霸唱《大耍儿》）

【大糖不吃——拿着】大糖：旧时祭灶用的很黏的饴糖，半尺长，一把粗，拿在手里不吃。形容自高自大，装腔作势，端架子，摆谱儿。[例]天津人嫌"拿大"二字说着麻烦，索性说成是"拿着"，说得形象些，"拿劲儿"，某某人总"拿着"，就是脱离群众，拿什么呢？拿劲儿，天津人说："大糖不吃，拿着。"（林希《天津话逗你玩》）

【大腿上挂灯笼——步步走不开】比喻陷入窘境，无力摆脱，或开展某项工作困难重重。[例]我们厂是出了名的"老大难"，新厂长刚刚上任，也是有点儿大腿上挂灯笼——步步走不开，不少人想看他的笑话。

【大腿贴邮票——走人】指人离开，或出走，既用于调侃，也表示愤怒。[例]也可以反过来说，女人不喜欢他，男人嫌恶他，即使还没等他把别人都得罪遍，别人却都在说他的坏话，做人做到人见人烦的地步，自然就该他大腿贴邮票——走人了。（蒋子龙《农民帝国》）｜没等商人反应过来，华人龙已将钱包打开，从一叠钱里抽出四块钱，抖了抖说："这年头，穿这么好衣裳、抽这么好的烟，一看就是个有钱主。你在这儿看跤，

看一场一块钱，多一分不要，少一分也不行！要不，你大腿贴邮票——走人，给好人腾地界儿！"（姚宗瑛《跤坛汉子》）

又作"脚底下贴邮票——走人"。[例]"又是你们俩，瞧瞧，整个一对丧门星！"老鸹一撇嘴，"这儿没人听你们穷掰乎，给我脚底下贴邮票——走人！"（刘连群《马三立别传》）

【大虾米炒鸡爪子——抽筋带弯腰】虾米：干虾仁，与弯腰相对应。鸡爪子：与抽筋相对应。形容卑躬屈膝，低三下四的丑态，或奋力挣扎、痛苦难受的样子。[例]咱们都要有骨气，把腰板挺直了，在这帮家伙面前，决不能像大虾米炒鸡爪子——抽筋带弯腰！

【大象逮老鼠——有劲使不上】形容因环境和条件所限，人的能力、才干无法发挥出来。[例]他刚走出校门进入公司，各方面还不太适应，觉得大象逮老鼠——有劲使不上，这也可以理解。

【大眼贼办蛤蟆——水饱】大眼贼：田鼠的俗称。指靠喝水达到饱腹的状态。[例]小石榴躲过我那我一脚，嚷嚷道："你们家水壶放哪了？"我往外屋一指："客厅桌子上，自己拿去。"这货还是那个习惯，进了屋先找水壶，灌一个大眼贼办蛤蟆——水饱。（天下霸唱《大耍儿》）

【大眼贼打哆嗦——灌（惯）的】田鼠偷食农作物，旧时农村，人们用水灌入田鼠洞，把田鼠淹死。灌与惯谐音。指对人过分地娇惯、宠爱或纵容、迁就，使之养成不良习惯或作风。[例]现在，有些小孩子身上的坏毛病，是大眼贼打哆嗦——灌（惯）的，作为家长需要反思。

【大眼贼下耗子——一窝不如一窝】下：禽畜生育。比喻每况愈下，一代不如一代。[例]老财主面对几个不争气的儿子，唉声叹气："大眼贼下耗子——一窝不如一窝，家算败了，没有了一点儿指望。"

又作"大眼贼下兔子——一窝不如一窝"[例]话说郭某当上了厂长，接下来立马剔掉原来的中层干部，又暗暗卖起官来……工人们私下议论，真是"大眼贼下（生）兔子——一窝不如一窝"。（点子《俏皮俗话》）

【大爷的㞎㞎——阔屎（死）】大爷：旧时对富人的尊称。㞎㞎：大便，屎。屎与死谐音。讥讽人十分阔绰，富得流油。也指事物好到极致。[例]人家祖上是珠宝商，在天津卫数得着,大爷的屄屄——阔屎(死)。

【大衣柜没拉手——抠门儿】大衣柜:存放衣服用的立式柜子。拉手:安装在柜门上便于开关的木条等用具。讥讽吝啬、小气。[例]元儿他妈对他说:"办喜事讲究个热闹,就是拉饥荒也要办得像个样子,不能叫人们说咱是大衣柜没拉手——抠门儿。"

【大姨让二姨——一让(样)一】天津人说话大都有齿音字,将"让"读为"yàng",让与样谐音。指彼此表示客气,互相谦让。也指同样或相似,没有什么差别。[例]我们都是老同学,还客气什么,大姨让二姨——一让(样)一。|不要争论了,你们俩说得都有道理,大姨让二姨——一让(样)一。

【戴恭喜帽——不大露脸】恭喜帽:旧式暖帽,自头至脖除了眼睛外全部蒙上。指很少出头露面,或某事做的不光彩,被人诟病。[例]你还靦着脸说什么?这缺德事儿做的,戴恭喜帽——不大露脸!

【戴着草帽亲嘴——差远了】指双方相差很远或差距太大。[例]从此,偶子爹就没了翻身之日,完全在强子爹面前矮了半截——高中没考上,大学没想上,后来他在村里修理地球,二货爹在乡里做小买卖,强子爹大学毕业回县政府找上了工作,再后来是强子爹开小汽车回村,把全家老少接进城里,当局长、当县长,以至于偶子爹和二货爹在一起喝酒时,再也不提要对比了,他怕二爹货说风凉话:"比啥呀比,你那叫戴着草帽亲嘴——差远了!"(赵广建《败兵》)

【戴着木头眼睛——只看一寸远】指目光短浅,缺乏远见。[例]冯贵堂……又赶过去,咬牙切齿,指手划脚地说:"你们是戴着木头眼睛,只看一寸远,从不往长处着想!"(梁斌《播火记》)

又作"戴着木头眼睛——只看见一寸远"。[例]咱不能戴着木头眼睛,只看见一寸远。老辈人们付下点辛苦,江涛要是念书念好了,运涛再做着革命的官儿,将来咱子子孙孙就永远不受压迫,不受欺辱了。(梁斌《红旗谱》)

【待业青年去劳务市场——没事儿找事儿】待业青年:指城镇中暂时未解决劳动就业问题的知识青年。劳务市场:也称劳动力市场,是求职者与用人单位直接商谈的场所。比喻故意找借口滋事,惹是生非,或自找麻烦。[例]请看天津话顺口溜——"没有事儿,一惹

惹就生事儿;出了事儿,一惹惹就坏事儿;少一事儿,反成了多一事儿"结果是:待业青年去劳动市场——没事儿找事儿。(谭汝为《天津话 惹惹》)|人家批评你一句,你就起诉一次,这不是待业青年去劳务市场——没事儿找事儿吗?(谭汝为主编《天津方言词典》)

【旦旦钩戴笔帽儿——双料尖头】旦旦钩:一种昆虫,学名中华剑角蝗,又名中华蚱蜢,头部为锥形。双料:加倍。形容非常刁钻,尖刻,滑头,又极其吝啬,从不吃亏。[例]这小子是旦旦钩戴笔帽儿——双料尖头。(谭汝为主编《天津方言词典》)

【旦旦钩戴笔帽儿——尖(奸)上加尖(奸)】尖与奸谐音。形容极坏奸诈无比。[例]这个王八蛋投靠日本人以后,变得更坏了,旦旦钩戴笔帽儿——尖(奸)上加尖(奸),我们一定尽快要除掉他!

【弹弓子打石头——碰上硬茬了】弹弓子:用弹力发射弹丸等的弓,多为儿童玩耍时使用。指遇到不轻易服软、难以对付的厉害角色,或遇到强硬的挑战者。[例]走上擂台一交手,我的心就"咯噔"一下:好家伙,这回算是弹弓子打石头——碰上硬茬了,恐怕很难对付。

【弹弓子打蚊子——那叫个准儿】指做事有规范,有把握,绝不会落空。[例]这项任务按时按质完成一点问题也没有,弹弓子打蚊子——那叫个准儿,您就赌好吧!

【当和尚不敲钟——白吃干饭】比喻光吃饭不干活,或没有一点儿本事。[例]你已经三十多岁了,还在家里啃老,当和尚不敲钟——白吃干饭,什么时候是个头啊?

【当了衣裳买酒喝——顾嘴不顾身】当:抵押,用实物抵押向当铺借钱。讥讽因贪吃或图利,而不计后果。[例]过去在很长一段时间里,官场上大吃大喝成风,真是愁死人!有的领导干部"当了衣裳买酒喝——顾嘴不顾身",造成恶劣影响。

【刀剁自己的脚——自脚(觉)自愿】剁:用刀向下砍。脚与觉谐音。指自己认识到应该如此,而心甘情愿地照样行事。[例]这孩子是我们耿家的种,合当进耿家的大院!你少跟这长虫戴草帽,愣充细高挑儿。这孩子我们留下了,我们是刀剁自己的脚——自觉(脚)自愿!(宋安娜《十城记》)

【刀刃上骑车——不是玩儿的】比喻

事情的后果很严重，不能当儿戏。[例]昨天我亲眼所见，一个小青年硬闯红灯，差一点儿被疾驶的汽车撞到。请记住：刀刃上骑车——不是玩的！

【刀尖上翻跟头——不要命】翻跟头：身体向下翻转而后恢复原状。形容不顾性命，不怕死。[例]对门孟家老二讲义气，为朋友两肋插刀，打起架来刀尖上翻跟头——不要命，结果是被抓蹲了大狱，判了二十来年。

【刀刃上踩高跷——玩玄（悬）】高跷：民间舞蹈，表演者脚踩在有脚踏装置的木棍上，边走边表演。悬与玄谐音。指人不顾性命，也要干冒险的事情。[例]那天不知道，这小爷哪根筋搭错了，就听他那小南屋"轰"的一声，窗棂子竟飞了出来。这小爷黑头土脸跑出来，连眉毛都叫火舔了去了。这不是刀刃上踩高跷——玩玄（悬）吗？（宋安娜《十城记》）

【到茅房门口了——奔屎（死）去的】茅房：厕所的俗称。屎与死谐音。指自己主动去寻死，或不知轻重，不顾危险。[例]我说："都到这儿了，不看明白不是白来了吗，再说你怎么知道会有人发现咱俩，咱俩又不显眼。"石榴说："你非要今

天奔这儿不可是吗？你这是到茅房门口了——奔死去的，真没见过你这是哪路损鸟外国鸡，要不咱想想办法再过去。"（天下霸唱《大耍之西城风云》）

【倒摆窝窝头——现眼儿的事】倒摆：使上下或前后的位置颠倒。窝窝头：用玉米面等做成的食物，略呈圆锥形，底部有个圆窝。指丢脸、出丑的事情。[例]邱大妈看着大闺女的肚子一天天鼓起来，愁的要死，这未婚先孕可是倒摆窝窝头——现眼儿的事，这可怎么办呢？

【倒背手尿尿——不扶（服）】扶：把持，与服谐音。指不服气，不服输。[例]河里八郎又说话了："你的，服啦？跪下，磕头……""服？我倒背手尿尿，不扶（服）你！"面对河里八郎的蔑视和侮辱，华人龙回答了一句江湖荤话，终于铁了心：中国这么大的地面都被日本人占了，我还在乎这小小的跤场吗？人活一口气，佛拿一炉香。今天就今天吧，豁出去了啦！（姚宗瑛《跤坛汉子》）

【倒兜齿亲嘴儿——费点劲儿】倒兜齿：又称兜齿儿，牙颌畸形的一种，即反咬合。指事情棘手、难办，劳神又费力。[例]您孙子上幼

儿园的事儿，倒兜齿亲嘴儿——费点劲儿，多给我点时间，慢慢办。

【倒了油瓶都不扶——懒到家了】形容非常懒惰。[例]你老妈身体不太好，还要操持这一大家的吃喝拉撒，你却倒了油瓶都不扶——懒到家了，不觉得脸红吗？

【倒驴不倒架——硬撑着】架：即架子，用于支撑或放置物件的棚架。比喻硬挺，勉强地支撑。[例]你这盘棋没戏了，快认输吧，不要再倒驴不倒架——硬撑着了。

【稻草绳子拔河——禁不住拉扯】禁不住：不能承受或不能控制。指难以承受不必要的纠缠。[例]你们俩之间的矛盾关我屁事儿？千万不要把我也搅进去，稻草绳子拔河——我可禁不住拉扯啊！

【灯泡上抹糨糊——沾沾光】糨糊：用面粉所煮制而成的黏糊状物。比喻占便宜，凭借别人或某种事物而得到好处、利益。[例]费通天生的奴才命，见了比自己强的就往上贴，恨不得灯泡上抹糨糊——沾沾光，当下讨好地问道："那大鱼拿虾米？"（天下霸唱《崔老道传奇 三探无底洞》）

【地葫芦不叫地葫芦——小藕（怄）儿】地葫芦：何首乌的一种，为唇形科植物的地下茎，形体小而多节，状似莲藕。藕与怄谐音。指开小玩笑。[例]金姐，刚才我是地葫芦不叫地葫芦——小藕（怄）儿，只想逗您一乐儿。

【地球插把——大梨】大梨儿：吹牛皮的人。讥讽吹牛皮，说大话，自我吹嘘，言过其实。[例]先说这"大梨"，老天津人把吹牛皮叫作吹大梨，而大梨则特指吹牛皮的人！这大梨究竟能吹多大呢？天津还有一句俏皮话夸张地形容了大梨大，"地球插把！一大梨！"（张希《大梨嫌财迷》）

又作（1）"地球插把儿——大梨"。[例]爱占便宜的往往都财迷，这又应了天津人的那句俗语："大梨赚财迷。"大梨是啥？老天津人有句俏皮话叫"地球插把儿——大梨"，夸张而又贴切地把吹牛皮叫作大梨，转指特别能吹牛的人。（李子健《便宜就是当》）（2）"地球安把儿——大梨"。[例]老同学们又一次聚会，大家叙叙旧挺开心。刚子属于"人来疯"且沾酒话多的主儿，还特能吹牛，一会儿说他入股在哪哪拿下一块地皮，准备开发，一会儿又说看好某股票，投进去了多少钱……其实发小和同学都知道他老毛病又犯了，叫"地球安把儿——大梨"。(点子《俏皮俗话》)(3)"地球安把儿——好大的梨"。[例]崔弟你快打住吧，天都要吹爆了，咱俩是发小，别人不知道我还不晓得，你就是个地球安把儿——好大的梨！

【地摊上的膏药——找病】比喻没事找事，自寻苦恼、麻烦甚至祸殃。[例]实际这种膏药贴上后，不仅不能治病，而且它随处"跑"，贴在肩上能"跑"到腰上，结果又黑又脏的膏药油弄得满身都是。所以，人们风趣地说："地摊上的膏药——找病。"此语常用来比喻没事找事，自寻麻烦和痛苦。(谷正义《歇后语趣谈》)

【电车出轨——没辙了】电车：有轨电车。辙：车轮碾出的痕迹。指没有了主意、办法和门路，或无计可施，无可奈何。[例]大奶奶忙说喜兴话，听说吉田满叫人给枪崩了。那小子擦粉上吊——死要面子，说好了剖腹，临到头上拿不起刀来，吓成个大长虫在地上固秋。这下电车出轨——没辙了，叫旁人给了他一枪。(宋安娜《十城记》)｜旧时天津下层百姓，或码头上扛大个儿，或街面上拉胶皮，或是走街串巷收破烂儿，都是汗珠子砸脚面，为的是养家糊口。

男人在外辛苦挣命，老婆孩子在窝棚里等米下锅，吃个水饱儿或揭不开锅，忍饥挨饿，那是常事。清早迈出家门，两眼一抹黑，晌午的还没辙呢！天津方言歇后语说："电车出轨——没辙了。"(谭汝为《这是天津话》)又作"电车进胡同——没辙了"。[例]你们愿意等就继续等吧，家里来了几次电话让我回去，我是电车进了胡同——没辙了，对不住先撤啦。

【电车上马路——找辙】指想办法，寻门路。也指找借口。[例]这里是待不下去了，我们赶紧离开，电车上马路——找辙吧。｜这完全是你的问题，不要推卸责任，电车上马路——硬找辙。

【电车下土道儿——一点儿辙也没有】指对某事没有一点儿主意或办法。[例]几个人想投机取巧，结果把事情办砸了，你看看我，我瞅瞅你，大眼瞪小眼，电车下土道儿——一点儿辙也没有。

【电灯泡上蹭痒痒——磨灯(摩登)】磨灯与摩登谐音。形容时髦，时尚，合乎流行的潮流。[例]刚才，我遇见老年模特队队长，和他开玩笑："你们可是电灯泡上蹭痒痒——真磨灯(摩登)啊！"

【电驴子不着火——欠踹】电驴子：摩托车。不着火：没有发动起来。踹：用脚底使劲儿蹬、踏。用于斥责人说了不该说的话，做了不该做的事，理应受到批评或惩罚。[例]过来过来，你小子好好看看，这些天你干的缺德事儿，电驴子不着火——欠踹了！

【电脑的鼠标——一点就通】比喻稍加指点就心领神会，彻底明了。[例]这小子脑瓜灵，转得快，不用做太多的思想工作，电脑的鼠标——一点就通。

【电线杆上的风筝——缠上了】指被麻烦的人或事所纠缠，难以脱身。[例]最近，我们厂长有些烦，几个上访的工人天天堵他的门口，电线杆上的风筝——被缠上了。

【电线杆子绑鸡毛——好大的掸（胆）子】掸子：一种用鸡毛绑成的清除灰尘的用具。掸与胆谐音。形容胆子非常大，常用来表示惊叹或指责。[例]大黑塔一跺脚说："哼！电线杆上绑鸡毛——他好大的胆子！这小子眼眶子大，不拿咱当神仙供，得好好教训教训他，不能让他这个土鳖破坏了咱的规矩！"（柳溪《大盗燕子李三传奇》）

又作(1)"电线杆子绑鸡毛——好大掸（胆）子"。[例]话说马二哈无才无德，靠买官爬到了厂长职位上，他压根没想如何发展生产，如何给大家谋福祉，天天吃拿卡要的同时还一门心思把单位值钱的东西偷摸往外折腾，可谓"裁缝不带尺——存心不量（良）"，实属"电线杆子绑鸡毛——好大掸（胆）子"。(点子《俏皮俗话》)(2)"电线杆子绑鸡毛——掸（胆）子够大"。[例]杨参谋长尽管放心，我这人没别的优点，就是电线杆子绑鸡毛——胆子够大。(天下霸唱《鬼吹灯》)(3)"电线杆子上插鸡毛——好大的掸（胆）子"。[例]俺在天津的邻居二伯说，好么！连国家奖也敢骗，真是"电线杆子上插鸡毛——好大的掸（胆）子"！(《天津日报·学术造假就是作孽》)

【电线杆子当筷子——没法下手】比喻事情棘手难办，不知从何处做起，找不到解决办法。[例]这件事情很复杂，解决起来是电线杆子当筷子——没法下手，你们先把它的来龙去脉搞清楚，回来再详细研究办法。

【电线杆子和面——大拌（办）】和：搅拌，揉弄。拌与办谐音。指花费大力气，投入大资金，操持办理某件事。[例]我的好儿子，你也不看看眼下是啥形势，结婚还想电线杆子和面——大拌（办），那不是给老子我找病吗？

又作"电线杆子和捞面——大办一场"。[例]我一想德禄干的是急活儿，指不定几点才能回来，就说："咱们还不如十五那天把人聚齐了，在您这儿过元宵节，痛痛快快地喝个大的，今天我们就先回了。"德禄给我后脑勺来个脖溜儿："定准了，十五那天我等你们，咱电线杆子和捞面——大办一场！"（天下霸唱《大耍儿》）

【电线杆子刻手戳——大材小用】比喻人才使用不当，屈才。[例]你作为新毕业的大学生，在基层多摔打几年没坏处，塌下心来，经受磨炼，不要以为是电线杆子刻手戳——大材小用。

又作"电线杆子做牙签——大材小用"。[例]你以为自己是电线杆子做牙签——大材小用，说透了吧，现在这个岗位都不合格，要不是看侯处长的面子，我早把你撸下来了。

【吊死鬼当账房——爱打鬼算盘】吊死鬼：迷信指上吊死亡的人变成的鬼魂，形象丑陋恐怖。账房："账房先生"的简称，旧时店铺或富足人家管理钱财、货物出入的人。指奸猾，心眼儿多，精于算计，总在暗地使坏儿。[例]明亮观察了好几天，感到新来的这小子有点儿不地道，吊死鬼当账房——爱打鬼算盘，今后可要多加小心。

【吊死鬼抹胭脂粉——死不要脸】詈语，指为了保全面子，不知羞耻，什么也不顾了。[例]赵工忙正色道："别乱说，现在可不是以前的沙皇俄国，小心别人回去告你一状。"大腮帮子"喊"了一声，说道："一个样儿，该缺德冒烟还是冒烟，吊死鬼抹胭脂粉——死不要脸的东西。"（天下霸唱《天坑追匪》）

【吊死鬼耍大刀——穷横】形容态度生硬，言行粗暴，蛮横不讲理。[例]天津歇后语"吊死鬼耍大刀——穷横""要饭的打狗——穷横"。但"穷横"也有克星，遇到比他更横的，就偃旗息鼓，逃之夭夭了。（谭汝为《逗哏儿天津话穷横》）

又作"吊死鬼耍大刀——死横"。[例]你披上租界巡警那张皮才几天，就翻脸不认人，吊死鬼耍大刀——死横。

【掉了毛的刷子——有板有眼】指说话做事有条不紊，富有章法和条理。也指人唱歌、唱戏很有节奏感。[例]林大哥虽然文化水平不高,但说起话来就像掉了毛的刷子——有板有眼,干起事情也是头头是道。

【爹死娘家人——各人顾各人】指自己照顾自己,或各人走各人的路,不管别人怎么样。[例]天下乱套了,共产党乱套了,现在是爹死娘家人——各人顾各人。老佟,你也不能一味地穷横。别说你,就是国家领导人和那些元帅、将军们又该如何?(蒋子龙《蛇神》)|现在要说也简单,没别的辙,就两个字——外漂!人多目标大,咱是爹死娘嫁人——各人顾各人吧,一旦风声过了,如果大家安然无恙,在互相通知一下,但是你们谁要去哪儿,谁也别和谁说,免得一个出事连累别人,这可不是讲哥儿们义气的时候!(天下霸唱《大耍儿》)

又作(1)"爹死娘家人——个人顾个人"。[例]三人心灰意懒,商议定了去向,就爹死娘家人——个人顾个人吧,一旦风声过去,如果大伙还在,再互相通知一下,但是你们谁要在哪儿,谁也别和谁说,免得一个人出事儿了连累别人,这可不是讲哥们儿义气的时候!

(天下霸唱《大耍指西城风云》)(2)"爹死娘嫁人——各人管各人"。[例]朱老星瞪起眼睛愣了一下说:"我为什么不去?"武老拔说:"你家里吃累多!"这时朱老星也意会到武老拔看见他和庆儿娘打架,嘴头上唔哝笑着说:"爹死娘嫁人,各人管各人!"(3)"爹走了娘嫁人——各人管各人"。[例]我是你们使一辈子的丫头?我早想过了,你要是不回来,我就嫁人,爹走了娘嫁人,各人管各人,看孩子怎么办?(梁斌《红旗谱》)

【碟子里的开水——三分钟热乎劲儿】碟子:一种盛食品或调味品的小而浅的器皿。指做事只图新鲜,没有长久性,短暂的热情过后就不去做了。[例]体育锻炼必须坚持经常,有的人就像碟子里的水——只有三分钟热乎劲儿,怎么能取得效果呢?

【丁大少的糖堆儿——一尘不染】丁大少:本名振声,字伯钰,家住天津老城北门里。他出身名门,偏爱吃糖堆儿,便四处拜师学艺,掌握了蘸糖堆儿的一手绝活。后家道败落,他操起旧好,专门以卖糖堆儿养家糊口。他的糖堆儿用料地道,做工精细,质量上乘,吃着不粘牙,拿着不粘手,掉地不粘土,一时名冠津城。形容为官清廉,或品行纯正,丝毫没有沾染坏习气。也指环境非常清洁或物体格外干净。[例]我们的老书记真是个好干部,心里总是装着百姓,唯独没有自己,他当官做事都干干净净,称得上"丁大少的糖堆儿——一尘不染"。

【钉耙挠痒痒——是把硬手】钉耙:一种碎土、平地等的农具,用铁钉做齿的耙子。挠痒痒:用手搔身上痒处,使人发笑。比喻人有真本领,很能干,在某方面能力突出。[例]老许在机关干文字工作二十年,各种文体样样精通,钉耙挠痒痒——是把硬手,没有人不服气的。

【顶着石臼做戏——费力没讨好】石臼:用石凿成的舂米谷等物的器具。指花费了很大力气,却没有落下好的结果。[例]他在心中责备自己:杨老二啊,杨老二! 你是顶着石臼做戏——费力没讨好。是你,把他们娘四个离乡背井,流落外县,如今他家遭了横祸……唉! 这里面有你的一份责任,有你的一份担待呀!(鲍昌《庚子风云》)

【顶针上的坑儿——真格(针硌)的】顶针:做针线活时戴在手指上的工具,用金属或其他材料制成,上面有许多小凹坑,用来抵住针鼻儿,使针容易穿过活计而手指不至于受伤。硌:被坚硬物垫磨、损伤。针硌与真格谐音。指实在的,当真的,正式的或正经的。[例]天津有句俏皮话叫"顶针上的坑儿——真格(针硌)的"。我们的顶针是一个环,就像是戒指,只是比戒指宽,上面布满了小凹坑。人们在说比较正式的话时爱说"我跟你说真格的",表示以下的话是比较认真正式。当然,顶针上的"坑"不是针硌出来的,是制作时铆出来的。(一墨《说顶针》)

【丢脸他妈给丢脸开门——丢脸到家了】比喻非常丢人,出丑。[例]天拖厂有小一万人,天拖南这一带是天拖的地盘,如今师傅的儿子被一个外来的野小子一脚踹尿了血,等于间接打了他们的脸,丢脸他妈给丢脸开门——丢脸到家了,这口恶气怎么可能不出?(天下霸唱《大耍儿》)

【丢下西瓜捡芝麻——因小失大】指为了小的利益,造成大的损失,或由于小事疏误了大事。[例]此事你可要慎重考虑,着眼长远,分清利弊,不能丢下西瓜捡芝麻——

因小失大。

【东南一指——玩儿去】指责令人走开,离去。[例]石榴小声说:"让咱俩给他擦车。""我去!我在家里连我的车都没管擦过,跑这个鸟都不拉屎的地方给他擦车?更何况我从心里憎恨这大徐,我才不伺候他呢!"我一梗脖子一摇脑袋,小爷不伺候,东南一指——让他玩儿去!(天下霸唱《大耍儿之西城风云》)

【冬天逮蛐蛐——没影儿】蛐蛐:蟋蟀。指不见踪影或没有根据。[例]如今就连李菊五本人也消失了,好比竹篮打水一场空。人愈老心愈狭窄,王丰池一拨一拨派出小混混,非要逮着李菊五不可。这应了天津那句俗话:冬天逮蛐蛐——没影儿。(肖克凡《天津俗人》)

【冬天的蝈蝈——怀上了】冬季寒冷,养蝈蝈的人常把蝈蝈葫芦揣在怀里,以保温取暖。指妇女怀孕。[例]您瞧小凤那肚子,刚过门不到半年,就冬天的蝈蝈——怀上了。

【冻豆腐——难拌(办)】冻豆腐:一种传统豆制品,由新鲜豆腐冷冻而成。拌与办谐音。指事情棘手,不容易办成,或问题难处理,

束手无策。[例]天津人遇到麻烦事,或事情难办,或谈判陷入僵局,程度轻一点儿的,就是"冻豆腐——难拌(办)";程度严重的,就说"崴泥了"。(谭汝为《这是天津话》)|他那颗心像是关在铁锁里,不和槽的钥匙是打不开的;他那颗心像闷在葫芦里,不掰开瓢是看不见的。哎呀,他可真是块冻豆腐——难拌(办)啊!(鲍昌《庚子风云》)

【洞房的动静——慢慢听吧】比喻神态镇静,不动声色,仔细地观察,根据事情发展的不同情况采取相应措施。[例]这件事情十分复杂,你下去主要是把情况调查清楚,先不要表态,洞房的动静——慢慢听吧。

【洞箫当笛子——横吹】洞箫:简称箫,单管乐器,正面五孔,背面一孔,竖着吹。笛子:也称横笛,用竹子制成,上面有一排蒙笛膜的孔以调节发音,横着吹。讥讽胡乱吹牛,说大话。[例]样儿大爷说:"……嗳,大山,我给月娇抓了服药,你把它拿去给煎了,不要什么药引子,大夫说它挺管事,谁知道呢,这年头就讲究洞箫当笛子——横吹。"(鲍昌《庚子风云》)

【兜儿里没钱——穷横】兜儿:衣服

上的口袋。形容态度生硬,言行粗暴,蛮横不讲理。[例]好! 赵心软忍不住大声喝彩起来。我活了这么多年,今天明白咱天津卫那句俗语:兜儿里没钱——穷横。(肖克凡《蟋蟀本纪》)

【斗蛐蛐儿——你咬我,我咬你】蛐蛐:蟋蟀。指相互之间不能相容,来回地争斗。[例]李蔚说:"整党就是斗蛐蛐儿,你咬我,我咬你,咬来咬去,张三还是张三,李四还是李四,谁都是全身的毛病。"(梁斌《翻身记》)

【斗蛐蛐放进油葫芦——嘛虫都有】油葫芦:一种昆虫,像蟋蟀,体型稍大。嘛:什么。比喻社会上的人形形色色,各种各样,什么人都有。[例]"真是斗蛐蛐放进油葫芦——嘛人都有!"人们心里都狠狠地骂着,可谁也不敢当着面惹他们这帮混混。

【豆儿干饭——焖(闷)着】豆儿干饭:带有豆子的米饭。豆子不易煮熟,需盖紧锅盖,用慢火焖着。焖与闷谐音。指沉默不语,或不善言词。[例]车间主任见大家伙都豆儿干饭——焖(闷)着,就着急起来,说:"到底行不行?你们也都表个态啊!"

【豆腐不叫豆腐——白肺(费)】肺与费谐音。指无益地耗费力气,徒劳而没有成效和收获。[例]你不知道他的脾气,什么事儿他要是不想干,你就是说出大天来,也是豆腐不叫豆腐——白肺(费)。

【豆腐垫床脚——白搭】形容白费力气,没有用处,见不到效果。[例]你自己不努力,不吃苦,别人给你再大的舞台,也是豆腐垫床脚——白搭。

【豆腐掉到灰里头——吹不得,打不得】灰:草木等燃烧后的剩余物,形成粉尘状。形容毫无办法,这也不行那也不行,不知怎么做才好。[例]袁世凯重重坐在椅子上,又说道:"哎,我也就是说说罢了。这几个家伙还真成了豆腐掉到灰里头——吹不得,打不得!"(周振天《小站风云》)

【豆腐掉在灰堆里——没法收拾】比喻事情弄得很糟,没有办法妥善处理、整治或收场。[例]对于老百姓急难愁盼的问题,我们街道干部必须抓小抓早,切不可熟视无睹,拖拖拉拉,否则就像豆腐掉在灰堆里——没法收拾了。

【豆腐掉在灰堆里——洗不净了】指难以解释清事实真相,或无法洗涮冤屈等。[例]你们造反派就是胡编乱造,还说这些问题是豆腐掉在灰堆里——洗不净了，我就不信这个邪，看谁笑到最后吧！

【豆腐坊里的石磨——道道儿多】豆腐坊：做豆腐的作坊。石磨：一种石制磨粉工具，表面刻有很多沟槽。指人的主意、点子和办法很多。[例]原来他还喜欢歇后语，几乎读遍天下所有版本的歇后语辞典和专门研究歇后语的书，这家伙真是豆腐坊里的石磨——道道儿多。（蒋子龙《〈歇后语趣谈〉序》）

【豆腐房的茶壶——没嘴（准）儿】旧时，豆腐房也是百姓吃早点的地方，店主把一些旧茶壶改为筷笼的代用品。嘴与准谐音。指不一定，说不定，做事没有把握。[例]"豆腐房的茶壶——没嘴儿"，这和"老太太上电车——先别吹""水铺锅盖——两拿着"都属于含有历史时代特征的社会生活景象……（齐雅亭《豆腐房的茶壶——没嘴儿》）

【豆腐里吃出铁钉来——算你嘴硬】斥责人明知自己错了，仍然坚持强硬的态度，不改口，不服软。[例]"我就问你一句，这件事搞砸了，是不是你的责任？""不是！""呸！豆腐里吃出铁钉来——算你嘴硬！"

【豆腐脑摔在地上——糊涂啦】豆腐脑：传统小吃，豆浆煮开后，加入石膏或盐卤而凝结成半固体，吃时配以花椒油、韭菜花等佐料。指头脑不清，不明事理，对事物的认识模糊或混乱。[例]头两天，在公园遇到老驾长两口子，我聊起打虾、吃虾的往事，老驾长光咧嘴笑，只没头没脑地冒出一句："……人们没白干啊！"其老伴歉意地对我说："老啦，不会说话了，'豆腐脑摔在地上——糊涂啦'！"（董志勇《吃对虾》）

【豆秸子擦屁股——沥沥拉拉】豆秸子：豆类植物的茎干。形容连续不断或断断续续的样子。也指拖沓，不利索。[例]三夏时节，这连天雨下的就像豆秸子擦屁股——沥沥拉拉，急死人啊。｜这种作风你可得下决心改呀，豆秸子擦屁股——沥沥拉拉，有时会误大事的。

【豆芽菜当椽子——老的可以了】豆芽菜：一般指黄豆芽和绿豆芽，用豆类浸水而发，芽长二三寸，可食用。椽子：房椽，即放在檩上架着屋面板和瓦的木条。形容年老体衰，行动不灵活，抵抗能力差。也指物品经年日久，已很老旧。[例]常言道，好汉不提当年勇，如今我是豆芽菜当橡子——老的可以了，喝酒怎么还能跟你们年轻人比？｜你们看，这间土房还是我爷爷盖的，后来我们一家人住了许多年，现在是豆芽菜当橡子——老的可以了。

【豆芽儿长上天——也是棵小菜】豆芽儿：豆芽菜。讥讽人本质差，不管如何努力也不会改变现状，成不了什么气候。也指平庸之辈。[例]你才种过几年庄稼？不要在这里指手画脚，豆芽儿长上天——也是棵小菜！｜不要怕，他没什么了不起的，豆芽儿长上天——也是棵小菜。

【都统衙门的——管得宽】都统衙门：1900年八国联军攻陷天津后，即在天津成立都统衙门，全称"暂行管理津郡城厢内外地方事务都统衙门"。讥讽管的事太多，不该管的也管。[例]这个都统衙门上马管军，下马管民，按老百姓话讲：土地爷、灶王爷管不着的事，都统衙门都能管。于是一旦大街上再遇到爱多管闲事见面好打镲的天津人，人们往往这么形容他："您了兴许是都统衙门的——管得宽。"（郁子、立民《大盐商》）

【毒瘤开花——没治啦】毒瘤：恶性肿瘤。开花：扩散。比喻事情坏得无法挽救，束手无策，没有一点办法。[例]他这是第几次进局子？几乎无人说得清，毒瘤开花——没治啦！

【独木桥上打筋斗——要栽】比喻失败或丢丑。[例]若"独木桥上打筋斗，要栽"；"王胖子跳井，下不去"；"顶着风儿撒河灯，回来的快"。虽亦有因，然而俚矣。（李光庭《乡言解颐》）

【读三国掉眼泪——替古人担忧】三国：古典名著《三国演义》。指多余的或不必要的担心和忧虑。[例]电视剧《三国演义》播出时，平时很少看电视的穆凌飞表现出异乎寻常的热情，不仅每集必看，还邀家人一起欣赏，边看边为他们讲解，也不时落泪。正如穆老自己所说："有句歇后语'读三国掉眼泪——替古人担忧'，我就是这样啊！"（谷正义《歇后语趣谈》）

【赌场的筹码——那可是钱呀】筹码：用来代替现金，在赌场作为投注的替代品。指某物很重要，不可小觑。[例]别看这块木头又破又旧，专家鉴定过，是纯正的黄花梨，赌场的筹码——那可是钱呀！

【肚里没病——死不了人】指只要人品行正直，光明磊落，就无所畏惧。[例]碍不着你，大群！肚里没

病死不了人,爱什么时候来就什么时候来;人要走得正,站得直,谁也管不着!(方纪《让生活变得更美好罢》)

【肚子里揣漏勺——心眼儿太多】揣:藏在怀里。漏勺:一种炊具,有许多小孔眼的金属勺子,用来捞东西。讥讽或斥责人不正派,心机重,计谋多,善于算计别人或打小算盘。[例]飞过山、占金山两人掏出牛筋绳索,给他捆了个结结实实,又找件破衣裳让他穿上。穿云山嘱咐道:"这小子肚子里揣漏勺——心眼儿太多,多留点儿神,别让他跑了!"(天下霸唱《天坑宝藏》)

【断了线的风筝——不知道飞向哪里去】指不知道要找的人或物的行踪、去处。[例]打死的是一只雄鸽,那只雌的像断了线的风筝一样,在高高的天空里,翻腾号叫,然后不知道飞向哪里去了。(孙犁《风云初记》)

【断了线的风筝——飞不起来】比喻失去依靠,无法行动,做不成事情。[例]谁说咱贫困户是断了线的风筝——飞不起来?现在有党的好政策,只要自己不趴下,拼命干,就一定能够翻身致富。

【断了线的风筝——由不得自己】比喻由别人来掌控,无法自主,自己说了不算。[例]清秋在心里反复提醒自己:来到这人生地不熟的地方,就像断了线的风筝——由不得自己,凡事要学会容忍,千万不能犯那倔脾气的老毛病。

【兑水的老白干儿——没了冲劲儿】兑:掺和。老白干儿:指白酒。形容缺乏无所畏惧、敢闯敢干的精神,胆小怕事,畏首畏尾。[例]现在,改革进入深水区,我们必须胆子更大一点,继续发扬敢闯敢试、敢为人先的精神,不能像兑水的老白干儿——没了冲劲儿。

【对照镜子扮鬼脸——自己吓唬自己】鬼脸:丑陋的面孔。指自己恐吓自己,或自相惊扰。[例]最后一场的比赛决斗还没有开始,他就说起了泄气话,这不是对照镜子扮鬼脸——自己吓唬自己吗?

【对着镜子作揖——自己恭维自己】作揖:向人行礼,两手抱拳高拱,身子略弯,以示敬意。恭维:为讨好而赞扬。形容自己夸耀或吹捧自己。[例]你说这话时,一点儿也不觉得脸红,对着镜子作揖——自己恭维自己,我们都替你害臊。

【蹲在茅房不拉屎——白占着坑儿】茅房:厕所。比喻占着位置而不尽职责,不干工作,不做该做的事情。[例]你呀,蹲在茅房不拉屎——白占着坑儿,我们这里不需要,赶快卷铺盖走人!

【多年的旧被絮——老套子】被絮:衬在棉被中的棉絮。比喻沿袭陈旧的经验、办法或习俗,毫无变化,没有创新。[例]我们虽然是一个小小的基层单位,但也要跟上改革的步伐,多年的旧被絮——老套子早已不灵了,赶快把它们扔到海河里去吧!

【多年的师傅——老把式】指专精于某种技能的行家里手。[例]在全市的铸造行业,老高的技术也是拔尖的,算得上多年的师傅——老把式,可不能小瞧他呀。

E

【恶心妈给恶心开门——恶心到家了】指某人或某件事让人感到极其厌恶。[例]看你干的这种丑事,摆不上桌面,见不得人,真是恶心妈给恶心开门——恶心到家了!

【饿死鬼投胎——见了肉就咬】投胎:迷信说人或动物死后,灵魂投入母胎,转生世间。形容饥不择食,或有好处就上,有便宜就占。[例]这到底是个什么孩子呢?兴许是饿死鬼投胎——见了肉就咬。(肖克凡《天津小爷》)

【摁住葫芦抠籽儿——一个也跑不了】摁:扣住,阻止。抠:用手指或细小的东西挖。指一网打尽,谁也逃不脱。[例]游击队已经把一个连的伪军团团包围,摁葫芦抠籽儿——他们一个也跑不了了。

【儿媳妇怀孩子——装孙子】詈语,责骂故作姿态,假装正经、糊涂或低三下四的可怜相,以讨人同情。也指用虚假的手段欺骗人。[例]天津有两句俏皮话:"儿媳妇怀孩子——装孙子""老头戴围嘴——装孙子"。"装孙子",是骂人的话,就是揭露批评某人装糊涂,假装正经,故作姿态的意思。例如:"你别演戏了,装什么孙子?"(谭汝为《这是天津话》)

【儿媳妇骂公公——老不正经】詈语,责骂人品质恶劣,或不严、不实在、不着调。[例]你也不想想,都多大岁数了,还干这种见不得人的事,真是儿媳妇骂公公——老不正经!

【儿媳妇骂婆婆——老货儿】表示对年长者的蔑称。也指陈旧的东西,老物件,或过去出售的货物。[例]你这个"儿媳妇骂婆婆——

老货儿"，从此咱们井水不犯河水，谁也不再认识谁！｜别看这块石头其貌不扬，它可是我太爷传下来的，儿媳妇骂婆婆——老货儿。

【耳朵里塞鸡毛——装聋作哑】形容假装没听见，或故意装作不知道。[例]这老家伙太狡猾了，眼看着手下的两个小弟在不远处连骂带打，他却耳朵里塞鸡毛——装聋作哑，打的什么鬼主意？

【耳朵眼儿炸糕——烫舌头】耳朵眼儿炸糕：天津三绝食品之一，由刘万春创立于清光绪十八年（1892年）。"刘记炸糕铺"坐落在天津北门外大街东侧的耳朵眼胡同口，故得名"耳朵眼炸糕"。其炸糕选料精，做工细，风味独特，物美价廉，在津城独树一帜，深受老百姓的喜爱。赞誉语，形容接人待物十分热情。[例]俗话"耳朵眼儿炸糕——烫舌头"，说的是北门外大街路东有条细窄的胡同，如人的耳朵眼儿状，故称"耳朵眼胡同"，胡同中有一家刘记炸糕铺，出售的炸糕外焦里嫩，香味浓郁，口感醇厚，皮酥脆而不艮，馅儿细甜而不粘牙，在津门众多的炸糕中独树一帜，津人称"耳朵眼儿炸糕"。（章用秀《天津老俗语》）｜大金姐走到哪儿都像一团火，热情洋溢，乐于助人，好比耳朵眼儿炸糕——烫舌头。

【耳挖勺儿炒芝麻——小鼓捣油】耳挖勺：一种掏耳垢的小勺。鼓捣：拨弄。比喻做的事情规模很小，零打碎敲，或微不足道，不值一提。[例]天津人说话幽默，喜用夸张手段。例如相声"我大爷倒是有个买卖，就是买卖不大。""嘛买卖？""卖耳朵勺的。"天津俏皮话："耳朵勺儿炒芝麻——小鼓捣油。"（谭汝为《鸟食罐儿》）

【二百喝酒——走您了】二百喝酒：旧时津城饭馆收小费，无论顾客给钱多少，临走时跑堂的都喊"二百喝酒"，以表示谢意。指送客或下逐客令。[例]老先生吃好了，喝足了，二百喝酒——走您了！｜我跟你苦口婆心谈了多少回，也不管用，你还是胡搅蛮缠，今天又跑到家里来了，真的不欢迎，二百喝酒——走您了！

【二百年的窑花子——倒了八辈子煤（霉）】窑花子：旧时指在煤窑里挖煤的工人。煤与霉谐音。形容运气极坏，遇事非常不利或遭遇特别不好。[例]刚一出门不小心，我就摔了个大马趴，脑瓜门直冒血，算是二百年的窑花子——倒了八辈子煤(霉)了。

【二百五着急——尽冒傻气】二百
五:泛指傻头傻脑,不很懂事,而
又倔强莽撞的人。讥讽说话做事
莽撞,不靠谱,有时还出洋相,幼
稚可笑。[例]跟你说无数回了,多
长点心眼,多动点脑子,刚才当着
厂长的面又瞎说八道,这是二百
五着急——尽冒傻气。

【二不愣当家——有嘛好主意】二不
愣:泛指言行不合常情、粗鲁莽撞
或有些痴傻的人。嘛:什么。采
用反问语气,讥讽没有好的主意、
办法。[例]不用听他瞎白话,二不
愣当家——有嘛好主意?

【二齿钉耙——有两下子】二齿钉
耙:一种用于碎土、平地等的农
具,用生铁钉制作,前端安有两个
齿的耙子。比喻人有能力,有本
事,有独到之处。[例]真不是吹,
大平的电焊技术,在咱们厂属得
上第一,二齿钉耙——有两下子。

【二大爷娶媳妇——没咱的事儿】二
大爷:泛指老年男子。指与自己
无关的事情,就不需要费心费力
去管、去做。[例]这里是二大爷娶
媳妇——没咱的事儿,你可要谨
言慎行,少发议论,别没事找事,
无事生非。

【二分钱的瓜子——嗑起(客气)起

来了】嗑起与客气谐音。戏指彬
彬有礼,以谦恭的态度待人处事。
也指说客套话,不吐真言。[例]大
小姐在我们面前,总是摆出一副
神气的样子,但是她每逢遇到姑
奶奶,就像二分钱的瓜子——嗑
起(客气)起来了。｜我是让你说
几句掏心窝子的话,怎么还二分
钱的瓜子——嗑起(客气)起
来了?

【二分钱的小酒——就好这一口儿】
二分钱:指极少的。小酒:旧时嗜
酒的人为了解馋,经常用很少的
钱买少许的散装酒喝。口儿:味
道。比喻人因对某事或某物特别
的喜欢,而成为癖好。[例]有一个
老头在公园的小亭子里,每天下
午都拉着一把破旧的二胡,风雨
无阻,悠然自得,他说:"有钱难买
我愿意,二分钱的小酒——就好
这一口儿。"

【二分钱的羊杂碎——有点儿肚
(堵)儿】羊杂碎:煮熟切碎供食用
的羊的内脏。肚儿与堵儿谐音。
形容人不开心,憋屈,别扭,或觉
得窝囊、懊恼。也专指道路拥堵。
[例]看出来了,白姐今天心情不
好,二分钱的羊杂碎——有点儿
肚(堵)儿,大家都离她远远的,谁
也别招惹她。｜对不起,我迟到

了,今儿路上开车是二分钱的羊杂碎——有点儿肚(堵)儿。

【二分钱买个鸡屁眼子——不是个物件儿】屁眼子:肛门。物件儿:东西,物品。形容根本不是个好的东西或正经的玩意儿。[例]司马灰看玉飞燕见了这挖耳铜勺,满脸都是鄙夷不屑的神气,就假意冷笑一声,对她说:"打头的你不识货了吧,是不是以为咱哥儿手里的这件东西,是二分钱买个鸡屁眼子?贵贱暂且不论,它根本不是个物件儿。其实你是有所不知,这可是清末民初的时候,由打皇宫大内带出来的,多少年来,它都是罗大舌头家里压箱底儿的宝贝,要不是为了送给你这种有身份的人物,我们是死活也不肯拿出来的。"(天下霸唱《地底世界之雾隐占婆》)

【二分钱小店——支不起多大的门面】指没有能力或财力,不能支撑、维持较大的活动和场面等。[例]我劝你千万别跟着街东头的老由干,他的底细我知道,没什么实力,二分钱小店——支不起多大的门面。

【二分钱一斤的水萝卜——拿一把】比喻凭借某种条件或优势,对人故作矜持,摆架子,或故意刁难、

要挟。[例]陆军愁眉苦脸地说:"兄弟是看过几本杂书,可在北大荒呆了快一年,你们天天让我讲,我肚子里那些零碎儿早掏光了,实在没的可讲的了,现编也编不出来呀!"胖子一龇牙花子:"陆军儿你小子别不识抬举,二分钱一斤的水萝卜——你还想拿一把是不是?"(天下霸唱《摸金玦之鬼门天师》)

【二姑娘的棒槌——点儿来啦】二姑娘:泛指妇女。棒槌:洗衣服时捶打用的木棒。点儿:有节奏的类似鼓点儿的声音。指天上开始掉雨点儿,大雨即将来临。[例]黑云密布,雨势将临,突然觉得有水滴浇到头上身上,那么语妙之人并不是干巴巴地说什么"哎呀,大雨即将开始进行啦,我的皮肤已然有所感受啦"等八股调,而是说:"嘿,二姑娘的棒槌——点儿来啦!"(周汝昌《少年书剑在津门》)

【二猴赶眼子——真憋火儿】二猴、眼子:赌博掷骰子要以大点胜小点。对方掷出"二猴",即二点,本是很容易被超过的,但自己偏偏掷出"眼子",也叫眼儿猴,即一点。形容人气愤、恼怒,憋在心里生闷气。[例]这事儿干的,费力不讨好,二猴赶眼子——真憋火儿!

【二胡挂墙上——不拉了】二胡：胡琴的一种，两根弦，声音柔和优美。形容把事情或问题暂时搁置起来，不做处理和解决。[例]你说什么，二胡挂墙上——不拉了？绝对不行！今个儿不拿出解决问题的具体办法，谁也甭想走！

【二郎神缝褂子——神缭（聊）】二郎神：神话传说中的水神，生有三只眼，神通广大。缭：用针斜着缝，与聊谐音。指毫无边际地闲谈，或天南海北地议论。[例]大家坐在地上，围着安白话，听他二郎神缝褂子——神缭（聊）。

【二郎神——长着三只眼】形容人本领高强，神通广大。[例]"怎么？你小瞧人？这一回呀，你趁早承认甘拜下风吧！""什么甘拜下风，去你的吧！你又不是二郎神，长着三只眼，这一辈子别想在我手里抢上风头儿。"（雪克《战斗的青春》）

【二两切糕——少来豆（逗）儿】切糕：用糯米或黄米加入红枣、糖等蒸制成的糕，用刀切下来吃。来：添、加。豆与逗谐音。指不要挑逗人、耍弄人。[例]刘国柱在旁边数落着张满轴："穷逗啥嘴儿？逗急眼了吧？我就告诉你了，二两切糕——你少来豆（逗）儿！"（石

磅《混血》）

【二奶奶当家——不主事】二奶奶：旧时指小老婆、妾。比喻没有主持处理事务或事情的权力。[例]我是二奶奶当家——不主事，想价钱便宜点儿呢，找我们老板去！

【二奶奶拿钥匙——当家不主事】形容有职无权，自己不能做主，事事都听别人的。[例]我只是个副职，二奶奶拿钥匙——当家不主事，有意见找一把手去！

又作"二闺女带钥匙——当家不主事"。[例]猜他说啥？"别提了，我是二闺女带钥匙——当家不主事'，再说媳妇管得紧，儿子老大不小还啃老呢，还不是像'吃黄豆喝凉水——存个屁'。"（点子《俏皮俗话》）

【二三四五六七八九——缺一（衣）少十（食）】一与衣谐音。十与食谐音。形容人非常贫困，缺少吃穿。[例]你们这些孩子要懂得感恩，改革开放以前过的苦日子，那可是"二三四五六七八九——缺一（衣）少十（食）"。

【二十里不换肩——抬杠能手】抬杠：办丧事出殡时抬运棺材的人。比喻与人争论不休，固执己见，不肯改变。[例]他无理也能搅三分，二十里不换肩——是个抬杠能手。

【二十五只耗子上蹿下跳——百抓挠心】形容心情错综复杂,心神不定。[例]闲是一种生活状态,更呼唤一种境界,做好了是超尘脱俗,做不好那就叫"二十五只耗子上蹿下跳——百抓挠心"。(姜维群《老姜闲聊》)

【二十一天不出鸡崽儿——坏蛋】一般在正常情况下,鸡蛋孵出小鸡的时间需要21天。在孵化期内没有孵出小鸡,鸡蛋可能已经坏掉。詈语,责骂人品质恶劣,心肠很坏。[例]看看他干的这些缺德事儿,就是二十一天不出鸡崽儿——坏蛋一个,早晚得进局子。

【二他爸钓鱼——赶上这一拨了】出自高英培、范振钰的相声《钓鱼》,由其中的人物话语演化为俏皮话。一拨:一群、一批。指人运气好,凑巧遇上了某种机会。[例]董婶听邻居说超市搞活动促销鸡蛋倍儿便宜,急忙连跑带颠买去,气喘吁吁地说:"这真有点像'二他爸爸钓鱼——赶上这拨儿了'。"此话源自早年高英培、范振钰和说的相声名段《钓鱼》。(点子《俏皮俗话》)
又作"二他爸爸钓鱼——赶上这一拨了"。[例]你们这一年级的高中毕业生没有上山下乡的任务,全部留城当工人,算是二他爸爸钓鱼——赶上这一拨了。

【二他妈哭孩子——二死了】二:泛指人愚笨、傻气、缺心眼儿。形容说话、做事非常不明事理,不分轻重,不合常情。[例]老三说:"是是……还是二哥主意多,别听我的,我是二他妈哭孩子——二死了。"(天下霸唱《河神 鬼水怪谈》)

【二他妈妈骑摩托——没挡了】挡:摩托车用于隔热、隔风或装饰的装具。形容很富有,没有人能赶得上,或事情进展顺畅,没有人能拦得住。[例]老胡,也就是你土老帽儿,听大金牙那孙子说这飌屃专门有人收藏。不是有那么句老话嘛,摸摸飌屃头,黄金着地捡,摸摸飌屃尾,活到九十九。这是最吉祥的东西,宅子里摆上这么一只,那真是二他妈妈骑摩托——没挡了。(天下霸唱《鬼吹灯》)

【二他妈数孩子——丢三落四】指因为马虎或健忘,而顾此失彼,不是丢了这个,就是忘了那个。[例]你呀,干什么事情都粗心大意,二他妈数孩子——丢三落四,这个坏毛病真的要好好改一改了。

【二踢脚——俩响】二踢脚:双响的爆竹,点燃药捻以后响一声,升到空中爆炸又响一声。指一种想法或一件事情，可以收到两种结果。[例]让我说这次到南方考察的收获，就一句话："既解放了思想，又推销了产品，正如咱天津卫的俏皮话，二踢脚——俩响！"

【二踢脚上天——空响（想）】响与想谐音。形容不切实际的凭空想象，根本不可能实现。[例]散会以后，每一位中层干部都要认真研究、谋划明年的生产指标，既要高标准，跳一跳才能摘果子，又要脚踏实地，不能二踢脚上天——空响（想）。

【二小拔麦子——俩算一个】二小：泛指呆头呆脑的男青年。比喻马虎粗心，糊里糊涂。也指身小力薄，只顶半个劳动力。[例]你作为大队会计，在账目的计算上可要精准再精准，不能二小拔麦子——俩算一个。｜小乔是二小拔麦子——俩算一个，就看他那身板，也进不了我们突击队。

【二小踩高跷——瞧这几步走】踩高跷：民间舞蹈，表演者脚踩在有踏脚板装置的木棍，边走边表演。讥讽人状态不好，或步态不佳。[例]你就服老吧，二小踩高跷——瞧这几步走，还想和年轻人比？

又作"二小儿踩高跷——瞧这几步走"。[例]话说亮子悄悄外出一年多，回来时穿得溜光水滑，一走三晃像个大老板。在胡同里正闲聊的赵四爷对刘二爷说："看这小子也许'猴儿穿马褂——人了'"，刘二爷接茬："也许吧，不过这孩子像'二小儿踩高跷'。"（瞧这几步走）（点子《俏皮俗话》）

【二小穿缎儿鞋——满不掸】缎儿鞋：缎子面做的鞋。满：完全。掸：拂，拂拭。比喻对他人的言行或要求表示轻视，完全不予理睬。[例]天津人爱找乐儿，不仅善于在生活中发觉许多各色各样现实性的"活宝"，并且在想象世界也虚拟创造着情采各异让你开心的喜剧形象。比如，我们小时候的"二小"就成为宣泄一时快乐的"箭垛"人物："二小穿缎儿鞋——满不掸（不打理）""二小穿大褂——规规矩矩（僵硬可笑）"等歇后语，便讥诮了这类或许由"小二"（店小二）转化而成的性格类型。（薛宝琨《哏都说哏 多元的戏剧箭垛》）

【二小穿大褂——规规矩矩】大褂：身长过膝的中式单衣，为旧时正装。指人品行方正，遵纪守法，安分守己，或事情做得好，合乎规范合情理。也指人言行举止拘谨，一本正经的样子。[例]大奶奶一拍巴掌道，这俩不懂事的孩子，二小穿大褂——规规矩矩的，都快给我闭嘴吧！（宋安娜《十城记》）▎天津卫的大商号学买卖的学徒，就不称"小力巴儿"，而称"小徒弟"。这种学徒，在严格的店规、严密的专业技能的历练下，是"二小穿大褂——规规矩矩"。（谭汝为《天津方言研究》）

又作（1）"二小穿马褂——规规矩矩"。马褂：旧时男子穿在长袍外面的对襟短褂。[例]老天津是曲艺之乡，相声窝子，大师多，懂行的观众也多……说相声都得毕恭毕敬，演出、接人待物得"二小穿马褂——规规矩矩"的。（点子《俏皮俗话》）（2）"二小穿军装——规规矩矩"。[例]那兵接过钱来，装着胆战心惊的样子说："冯总司令回来了，往后咱们可是二小穿军装，给人家规规矩矩的吧。你蹲你的班房，我站我的岗，只这一回！"（周骥良《吉鸿昌》）

【二小穿马褂——假充圣人】讥讽无德无才的人冒充有文化、有修养或有地位的人。[例]你们是二小穿马褂——假充圣人，满嘴仁义道德，一肚子男盗女娼。你们砸

了樊老总的办公室，砸了"永利"办事处，又砸樊老总的家，我还没有跟你们算账呐！（蒋子龙《九大行星的流光》）

【二小穿马褂——假正经】讥讽表里不一，虚伪地装出一副正派的样子。[例]最早想出这个主意的"孙大圣"，却用轻蔑的口吻打断了同伙的想入非非："你们这群色鬼！真想调戏女犯人？这件丑闻要是传出去，让对立面知道了，破坏了革命大业，李鹏万、黄烈全还不把你们的脑袋揪下来！""你小子别卖狗皮膏药，出坏主意的是你，充好人的还是你。""二小穿马褂——假正经！"（蒋子龙《蛇神》）

【二小儿吃烩饼——不叫（觉）焖（闷）】烩饼：又称焖饼，以饼丝、肉丝、菜丝为主要食材，加入适量的汤汁制成。叫与觉谐音。焖与闷谐音。讥讽缺乏自知之明，自己的言行举止不妥当，而又不自觉，不知趣，使人生厌。[例]深夜的露天扑克牌局，常搅得四邻难以入睡……这几位浑小子深夜大打扑克的扰民行为，用天津话里的歇后语说，就是"二小儿吃焖饼——不叫（觉）焖（闷）"。（谭汝为《这是天津话》）

又作"二小吃烩饼——不觉闷（叫

焖)"。[例]比如某人不自觉，除了上篇说的"热天穿棉鞋"之外，老天津还有趣话，比如"二小吃烩饼——不觉闷(叫焖)"，这又咋说？津味油盐大饼堪称北方面食的一大特色，即便烙多剩下了也不要紧，它可以做烩饼、焖饼吃。或焖或烩，以加汤汁多少来定。(点子《俏皮俗话》)

【二小放鸽子——又回来了】指去而复返，又回到原来的地方，或某种情景回归，又呈现出以前的样子。[例]在我们仨和小石榴他们分开两个小时之后，这二位终于"二小放鸽子——又回来了"，见到他俩一脸嘻嘻哈哈的样子，我就知道应该没出什么意外。(天下霸唱《大耍儿》)|到了60年代，尼龙丝袜子兴起，线袜逐渐消失。袜楦已无用之地。若不是因为念旧，绝大多数木袜楦早就扔进了炉膛。如今，纯棉线袜大有回归之势，津人俗话叫"二小放鸽子——又回来了"。(由国庆《袜楦补袜子》)

又作"二小儿放鸽子——又回来了"。[例]"二小儿"是天津歇后语的重要主角之一，如"二小儿穿大褂——规规矩矩""二小儿放鸽子——又回来了"，等等。(谭汝为《这是天津话》)

【二小儿的喷壶——碎嘴子】喷壶：用于浇花等的水壶，水嘴上有很多小孔，出水时呈分散状。形容喜欢多说话，唠叨、啰唆，使人生厌。[例]邻居万奶奶整天嘟嘟囔囔，唠叨起来没个完，二小儿的喷壶——是个碎嘴子。

【二小儿丢钱包——傻眼了】比喻因出现某种意外，而目瞪口呆，手足无措。[例]他知道这件事情搞砸了，已经没有挽回的余地，苦果子得自己吃，立马就二小丢钱包——傻眼了。

【二小儿赶集——步撵儿回去】赶集：到集市上买卖货物或玩耍。步撵儿：徒步，步行。指走路不急不慌，步行从别处到原来的地方。[例]时间来得及，不坐车了，我溜达溜达，二小儿赶集——步撵儿回去。

【二小儿开店——看人下菜碟儿】看人：根据不同的人。下菜：把做好的菜端来放在桌子上。比喻势利眼，善于察言观色，看人行事，不同的人给予不同的对待，不能一视同仁。[例]民工也是堂堂的城市建设者，该得到的必须一分不少地给我们，老板，你可不能二小儿开店——看人下菜碟！

【二小儿拉胡琴——吱咕吱（自顾自）】胡琴:弦乐器,指京胡、二胡等。吱咕吱:拉奏胡琴时发出的不成调的声响,与自顾自谐音。比喻自私,自己只管自己的事,不顾及他人。[例]胡琴演奏,行家高手拉出来的曲子,如高山流水,似彩云追月,犹如步步登高。您听那旋律,令人陶醉——"如听仙乐耳暂鸣",是艺术享受。而"二把刀""二五眼"拉出来的曲子,犹如杀鸡宰鹅,吱吱扭扭,噪音刺耳——就是"呕哑嘲哳难为听"了。天津方言歇后语"二小儿拉胡琴——自顾自(吱咕吱)",就是对"二五眼"的绝妙讽刺。(谭汝为《这是天津话》)

【二小买菜——全去】指全部清理干净,什么也没有了。[例]连我都知道,一旦烧到楼顶上的储油罐,那可是一场灭顶之灾,起火的储油罐无异于一颗高高悬挂在头顶上的大炸弹啊,方圆几百里之内那是二小儿买菜——全去! 黄鼠狼子烤火——毛干爪儿净喽!(天下霸唱《大耍儿》)

【二小逛商场——光看不买】比喻无所事事地闲逛,或只是说说看看,不付诸行动。[例]在劝业场门口,我碰到了千里叔,问:"大叔,干什么去呀?"答:"歇大礼拜,没啥事儿,随便转转,我是二小逛商场——光看不买。"

【二小过年——一年不如一年】形容情况越来越坏,每况愈下。[例]唉! 这点鸡零狗碎的玩意儿,也算是外快! 比起大清在宫里,真是不顶九牛一毛啊! 唉唉,这年月,真是二小过年——一年不如一年哪!(柳溪《功与罪》)

【二小和面——揣三揣】揣:用力往下压、揉搓;打,捶击。指动手打人。[例]你这个记吃不记打的家伙,又想炸刺儿? 过来,让我二小和面——揣三揣!

【二小嗑瓜子——专咬心上仁(人)儿】嗑瓜子:用牙齿将瓜子壳咬开,吃里面的肉果。仁儿与人儿谐音。指专门责难、打击或伤害与自己最亲近的人。[例]看三子这事儿干的,二小嗑瓜子——专咬心上仁(人)儿,他是想众叛亲离不成?

【二小买甘蔗——找大头憨的去】大头憨:泛指呆呆傻傻之人。指去寻找呆呆傻傻,容易吃亏上当的人。[例]我实在听不下去了,一下子站起身来,对杜铁说道:"您别费心了,我打小就这样,不识抬举,烂泥糊不上墙,狗肉上不了宴席，您了不是要找作报告的吗？二小买甘蔗——找大头憨的去吧！"

【二小买年画儿——一样一张】形容同样的东西品种繁多，样式不同，新颖而不重样儿。[例]大娘，快过年了，我店新进了一大批老年服装，二小买年画儿——一样一张，您多看看多挑挑，保准有满意的。

【二小买香瓜——弹弹（谈谈）】香瓜：甜瓜。弹：用手弹击，与谈谐音。指谈话，谈一谈。[例]我知道你心里有话要说，咱们坐下来，二小买香瓜——好好地弹弹（谈谈）。

【二小掷骰子——不识局】骰子：即色子，掷骰子是一种赌博方式，以骰子的点数大小决定输赢。比喻对某种行业或事情外行，不懂道儿，不知路数。[例]怎么？打个针吃个药的，你就懵了。那针我也打过，比抓服汤药吃强百倍了，人家西洋国里的医道就是强，你别二小掷骰子——不识局了。（鲍昌《庚子风云》）

【二一添作五——均分】二一添作五：珠算除法口诀，即用二去除十位上的一，得五。指双方平均分配利益，各自获得一半。也指双方平均承担任务和责任。[例]这

些东西，你不能一个人独吞，咱俩要二一添作五——均分。| 修建这条路时间紧，任务重，你们两个队二一添作五——均分，来一个竞赛，看谁干得又快又好，公司有重奖。

【二姨夫——甩货】姨夫：姐姐或妹妹的丈夫。甩货：零售商业术语，商家以贱价抛售商品。比喻无足轻重，可有可无，不受人待见和欢迎。[例]著名相声演员高英培在其名作《不正之风》中，塑造了"万能胶"的艺术形象。……捧哏演员问："那二姨夫呢？""万能胶"回答："别提他，二姨夫——甩货！"这个包袱抖得很响，在天津家喻户晓。于是"二姨夫——甩货"这个俏皮话就产生了。（谭汝为《这是天津话》）| 经过娟子家门口，我推门进屋，刘丽正在擀面条，笑嘻嘻地嘲笑我:甭乱踅摸，娟子今儿加班。你心里光有她哈？姐姐我成二姨夫——甩货啦。我嗔怪她：姐，你净瞎猜乱说，我与娟子的关系一样，是姐弟。（吕舒怀《鸟市大街》）

【二爷的裤腰——缅（免）】二爷：泛指年纪大的男子。裤腰：裤子最上端，系腰带的地方。旧时中式衣服的裤腰肥大，穿时需将裤腰

缅(折叠)起来。缅与免谐音。指去掉,除掉,或不可,不要。[例]他在车间主任的位置上,屁股还没坐热,结果就二爷的裤腰——被缅(免)了。|我们的小剧场有规矩,无论任何人也不赠票,你想不花钱蹭戏看,二爷的裤腰——缅(免)!

【二月二的饭——焖(闷)子】农历二月初二,天津家家户户有吃焖子的传统习俗。焖子:以淀粉作原料加水熬熟后,晾凉凝成块状,吃时切成小块用油煎,并加上芝麻酱等佐料。焖子与闷着谐音。形容心情不畅,沉默不语,或少言寡语,不吭声,不声张。也指某件事的内情暂不公开。[例]两个人就面对面干坐着,谁也不说话,二月二的饭——焖(闷)子。|你哥和对门儿大凤搞对象的事儿,你们先别张扬出去,二月二的饭——焖(闷)子。

【二闸翻船——浪催的】二闸:旧时为解决地势落差,保证漕运船畅通,在河上修建了若干处船闸,二闸即第二道闸。讥讽说话或做事张扬,放荡,矫揉造作。[例]曾经有高人说过,如果演员要当教师,观众要当专家,那就离死不远了。其实两者之间,无非是卖票与买

票的关系。你能把票卖了就是好演员。您能买票看戏就是好观众。再说别的那就是二闸翻船——浪催的了。(郭德纲《过得刚好》)

F

【发面饽饽——喧货】发面饽饽:玉米面发酵后蒸成的饽饽,内部空隙多,松软而有弹性。讥讽空有虚名,有名无实。[例]他就是这样的人儿,到处吹牛,自称“大师”,实际上是发面饽饽——喧货。

【发面馒头——搁不住一咬】发面馒头:面粉发酵后蒸成的馒头,内部空隙多,松软而有弹性。搁不住:经受不住。比喻承受不住打击。[例]城墙上的人一个个高兴地说:“闻名不要见面,陈诚的十一师原来也是发面馒头,搁不住一咬!”(周骥良《吉鸿昌》)

【法国人吃元宵——白玩儿】指白费力气,不起作用,没有好处。[例]台主本想让台子替他挣钱,没想到这小子落了一个“法国人吃元宵——白玩儿”,也是窝火带憋气,一张脸涨成了酱茄子皮。(天

下霸唱《大耍儿》）

【法海的兄弟——尿海】法海：《白蛇传》里的一个人物。尿：服输，惧怕。比喻意志薄弱，没有骨头，丧失气节的人。[例]我解开衣服袒露胸怀，冲另外两个人说："二位不是带家伙来的吗？你们大哥发话了，今天想要我的命，来吧，往心窝子上捅，我皱一下眉头就不是人生父母养的！"不知是我的文身起了震慑作用，还是马军叫来这俩人原来就是"法海的兄弟——尿海"，站在当场眼巴巴地看着，居然一动不动，几乎跟吃了灵吉菩萨的定风丹一样。（天下霸唱《大耍儿》）

【翻倒了五味瓶——啥滋味都有】五味：甜、酸、苦、辣、咸，泛指各种味道。比喻人心情复杂，各种感受混杂在一起，有百感交集之意。[例]我一直混迹于新闻界，其实小崔原来吃的也是这碗饭，因而他说这话时，我的心情就犹如翻倒了五味瓶，啥滋味都有，暗想俺们也真是吃饱了撑的，太贱，你愿退不退，跟俺们有啥关系，俺们干的就是营生，有事问问你，你实话实说不就得了，用不着来这些咸的淡的。（周凡恺《越侃越无聊》）

【翻斗车倒沙子——不用卸（谢）】翻斗车：一种短途输运物料的车辆，其料斗可自动倾翻。倒：从一个地方运送到另外一个地方。卸与谢谐音。礼貌用语，戏指不用感谢。[例]您老客气了，这点儿小事是举手之劳，翻斗车倒沙子——不用卸（谢）。

【反穿皮袄——装羊】羊与洋、样谐音。讥讽假装糊涂，或装模作样，冒充好的行为。也指装成滑稽、可笑的样子。[例]"反穿皮袄——装羊（洋）。"皮袄若反穿，羊毛冲外，人好似白羊。讽刺那种装相（与装蒜义近）的人。不一定指装洋人，而是讽刺那种以外加成分，冒充某种好东西的行为，即"装相""装蒜"。（张仲《天津早年的衣食住行》）｜俗话说，来者不善，善者不来。从徐天烈的一席话中，我不得不怀疑这小子是在反穿皮袄——装羊（样）。

【反粘门神——左右难】门神：旧俗贴在两扇大门上的神像，迷信说法可以驱鬼辟邪，通常是唐代秦琼和尉迟恭的画像。贴时两神的脸相对，民间代代效仿。指事情不好办，无论怎么做都有难处。也指这也不行那也不行，难于对付。[例]郭运起对袁文会收冯老辛做徒弟非常吃醋。他想，如果今天不见面，那就等于把事情挑明了，袁文会非跟他翻脸不可；如果来了，那就等于自己往下坡子辘辘，绝不能吃这个哑巴亏。他反粘门神左右难。（张孟良《血溅津门》）

【饭店里卖服装——有吃有穿】指人衣食无忧，对生活感到满足。[例]我的要求不高，饭店里卖服装——有吃有穿就行，不图什么大富大贵。

【饭馆老板上灶火——自我炒作】灶火：即厨房，炒菜做饭的地方。形容为扩大影响，吸引大众的眼球，通过一些手段或技巧，刻意对自己进行反复宣传。[例]某食品厂最近推出了十几个糕点新品种，为了提高知名度，迅速打开销路，线上线下组织了各种各样的活动，不外乎饭馆老板上灶火——自我炒作。

【饭馆里的家什——有油水的货】家什：一般指家庭用具、器物，可以用来代替某种或某类物品。指人很富有，别人可以从这里得到好处。[例]张万财仗着自己手里有几个贴己，主意来得快，赶快递过去十块现大洋，算是顶了差。谁知马富贵见张万财手里的钱来得轻巧，看出他是饭馆里的家什，有油水的货，便掖起了十块大洋，一板脸，有叫人把大唤拉走了。（邢凤藻《德子外传》）

【房顶开门——六亲不认】形容不通人情世故，不重情义，或不讲情面。[例]我就问你一句，乡亲们这个忙你帮还是不帮？当了官，就可以房顶开门——六亲不认！｜你想找老洪走后门，根本行不通，他是房顶开门——六亲不认。

又作(1)"房顶子开窗户——六亲不认"。[例]对于你来说，墨斗和李斌他们俩哪个是外人？不都是一起光屁溜儿长起来的？如今他俩有过节，你躲在一边看热闹是吗？房顶子开天窗——六亲不认了？（天下霸唱《大耍儿》）(2)"房顶开窗户——六亲不认"。[例]你仔细瞧瞧，我是谁？咳！在外边闯荡久了，有钱了，难道就房顶开门——六亲不认了。

【房梁挂鸡子——悬蛋】房梁：用于支撑房屋顶部结构的结实横木。鸡子：鸡蛋。指某种行为某件事情十分危险，或不保险。[例]许西杰的小白脸红了："你是房梁挂鸡子——悬蛋。我一听门响，扭头走人，连我的影子也没摸着啊！"（姚宗瑛《天时》）

又作"房梁挂鸡子儿——悬"。

[例]瓦匠王大山论手艺虽然也是精益求精，可总是觉得抹一天灰，身上一个灰点儿也没有，这事儿吹得有点邪乎。因而王大山经常挂在嘴边的一句话就是："这山说话那山听，房梁挂鸡子儿——悬。"言语中颇有不屑之意。(《今晚报》王和平文)

【房檐上的野草——刮来的种儿】房檐：房顶伸出墙外的部分。詈语，责骂人无教养，放荡不羁，粗野无礼。也用以责骂外国人、外地人或外姓人。[例]杨二爷叹了一口气，对李大山说道："房檐上的野草——刮来的种儿。大清国要是净进来些红毛妖怪们，可就要遭殃了。"(鲍昌《庚子风云》)

又作"房檐上的草——刮来的野种"。[例]他来到大江面前，一手就掐住了大江的脖梗子，从鼻子眼里冷笑一声："我当是谁了，原来是房檐上的草——刮来的野种儿。"(鲍昌《庚子风云》)

【放屁崩脚后跟儿——寸劲儿】崩：被弹射的物体击中。脚后跟：脚跟。比喻凑巧，意想不到的巧合或机会。[例]实在对不起，我的电驴子把您的小汽车划了一下，真不是故意的，放屁崩脚后跟儿——寸劲儿。您说怎么办，我都认头。

【放屁揪别人——揍(就)是你】天津话有时把"就"说成"揍"。指做了窘事、错事或坏事，难以掩盖和逃脱。[例]别看成人们凑一块儿，个个都像圣人君子似的，其实真正满世界祸祸的，甭放屁揪别人——揍(就)是你！(周莲娣《天津日报·莲娣脱口秀》)

【放屁踩着药捻子——赶在点儿上了】药捻子：带药的纱布条或纸捻。比喻事情凑巧，正好赶上了。[例]今天值夜班，两点多钟时躺床上眯瞪了一会儿，谁料公司经理来查岗，挨了一顿训，还要扣奖金，正是放屁踩着药捻子——赶在点儿上了，自认倒霉吧。

【放屁吹灯——各练一功】形容各自有各自的本领或技能，各有所长，互不相同。[例]虽然都算武术这一行，但你舞的是剑，我耍的是刀，正如俏皮话所说，放屁吹灯——各练一功。

【放屁打呼噜——响(想)法不一样】响与想谐音。指彼此的观念、想法、意见不同，考虑问题的角度不一样。[例]咱俩就不要再争论了，放屁打呼噜——响(想)法不一样，待会儿还是让领导决定吧！

【放屁打冷战——臭哆嗦】冷战：因

寒冷或害怕浑身突然发抖。嘚瑟：因得意而向人显摆。形容做成很小的一件事情或取得很小的一点成绩，就得意忘形，向人显示、炫耀。有时也指为了显摆、炫耀自己富有，毫无目的地胡乱花钱。[例]小黔刚学了几年的油画，参加了几次展览，就在外边胡吹乱嗙，有点儿放屁打冷战——臭嘚瑟。

【放屁拉抽屉——遮羞脸】抽屉：桌子、柜子等家具中放东西用的匣子，有底没盖，可以抽出来拉出去。讥讽做了丢脸、羞耻的事情，想办法进行掩饰或遮盖，避免有失体面。[例]她知道是自己做错了，误会了同事们，但又怕丢面子，只能放屁拉抽屉——遮羞脸。

【放屁拿手抓——连个热乎气也赶不上】形容运气不佳，什么好事也碰不上，挨不到自己头上。[例]唉，我这是放屁拿手抓——连个热气也赶不上，人的运气就是这么回事，一步赶不上，步步赶不上！(柳溪《警世奇案》)

【放屁扭腰——寸劲儿】比喻凑巧，意想不到的巧合或机会。[例]丁卯说："二哥你不说我不觉得，你一说我也觉得真寸，放屁扭腰——寸劲儿。"(天下霸唱《河神鬼水怪谈》)

【放屁拍巴掌——遮臊儿】讥讽用言语、行动来掩饰或遮盖尴尬、羞耻的境况，避免有失体面。[例]师傅一把夺过瓦刀，给我做起示范，笑着说："你看这墙砌的，不说自己笨，还放屁拍巴掌——遮臊儿，赶快推倒重来吧！"

【放下糕点吃黄连——自找苦吃】指自己讨苦吃，找罪受，或招麻烦，惹灾祸。[例]谁叫你不听老人言，天天跟几个地痞流氓混，这回跌了大跟头，是放下糕点吃黄连——自找苦吃，赖不得别人。

【放下棍子打花子——忘本了】棍子：乞丐用的讨饭棍。花子：乞丐。比喻境遇好了以后，忘掉了自己原先的状况和变好的原因。[例]咱们都是从农村出来的，对民工要好一点，能照顾就照顾一下，放下棍子打花子——忘本了可不行。

【飞蛾投火——自来送死】飞蛾：蛾子，有扑火的习性。指自招祸害，自投罗网或自寻死路。[例]你算是漏网余生，就当远走高飞才是，竟不知利害，反找上门来，分明是飞蛾投火——自来送死。(清代手抄本《于公案》|你是飞蛾投火，自来送死，欲要逃出我府，比登天

还难!(清代手抄本《八贤传》)

又作(1)"飞蛾投火——自送其死"。[例]我不去,分明教我飞蛾投火——自送其死。(清代手抄本《双龙传》)(2)"飞蛾投火——自取灭亡"。[例]"你是飞蛾投火——自取灭亡!"赵六晃着头冷笑着说:"不错,你的闺女我们卖了!你的丈夫被我们送到法院,判了徒刑!"(张孟良《儿女风尘记》)

【飞过鸟儿能看出公母——真有眼力见儿】公母:雄雌的俗称。眼力见儿:指能够看到应该做什么并及时见机行事以讨人喜欢的能力。比喻能够审时度势,并及时见机行事,讨人喜欢。[例]这小子是个精豆子,聪明,机灵,整天跟在老板屁股后面,飞过鸟儿能看出公母——真有眼力见儿,谁能不喜欢?

【飞机离跑道——没辙了】辙:车轮碾出的痕迹。形容没有了办法和主意。[例]看着爆胎的小汽车,在这个前不着村后不着店的地方,找谁去修呢?我们几个人就像飞机离跑道——没辙了。

【飞机上挂暖壶——高水瓶(平)】暖壶:热水瓶的俗称。瓶与平谐音。形容人在思想、学识、能力、技艺等方面达到了一定的高度,非同一般。[例]天津开放因为接触新生事物早,从天津的老俏皮话里面就能看到,譬如飞机上挂暖壶——高水平,还有飞机上招小手、飞机上绑鸡毛掸子,等等。但是那时候许许多多的人只是看过飞机在天上飞,真正坐过飞机的人可谓凤毛麟角。(姜维群《"打飞的"和未来不是梦》)

又作(1)"飞机上的暖壶——高水瓶(平)"。[例]你可千万别这么想,你们这种首都培养出来的人才就是不一样,物探、化探没有不懂的,都是"飞机上的暖壶——高水平",将来埋葬"帝修反"的重担还要靠你们来完成呢!(天下霸唱《地底世界之楼兰妖耳》)(2)"飞机上挂暖壶——水瓶(平)相当高了"。[例]张巨娃心服口服:"还得说道长水平高啊!"二老道大言不惭:"那是飞机上挂暖壶——水平(瓶)相当高了。"(天下霸唱《傩神崔老道和打神鞭》)

【非标产品——没定型儿】非标:非标准化的、没有国家标准或行业标准可依据。形容行为处事有悖常规常理,不正经。[例]您瞧,他都这么大的人了,还跟个孩子似的,非标产品——没定型儿。

【肥皂刻手戳——不是那块料儿】手

戳:私人的姓名图章。比喻不适合从事某种职业或做某些事情。[例]快下决心换人吧,他在这个岗位上耽误事,肥皂刻手戳——不是那块料儿。

【费德功的打手——歪嘴斜眼儿】费德功:京剧《八蜡庙》中的恶霸,其手下的打手均丑扮。讥讽或责骂心术不正,行为不端。也指其貌不扬,难看。[例]人们望着那个混蛋的背影,纷纷骂道:"费德功的打手——歪嘴斜眼儿,不会有好下场!"

【坟地改为菜园子——拉平】坟地:埋葬死人或坟墓所在的地方。菜园子:种菜的地方。指有高低差别的关系变为平等关系。[例]外祖母回过神儿来:"您说的好! 一点儿都不乱! 鞋帮子改做帽檐儿——高升! 坟地改为菜园子——拉平!""这就对啦! 但凡遇见不遂心的事儿,你说说俏皮话儿开心解闷,九河下梢天津卫嘛。"传递室老高头乐了,露出两颗茶蚀的门牙。(肖克凡《旧租界》)

又作(1)"好坟地改菜园子——都给拉平了"。[例]当时那个青年僵到那儿了,不知所措。不知谁喊了一句:"哪儿的事情,管师爷叫师哥,这好坟地改菜园子,你都给拉平了!"(田立禾《笑林新语 都拉平了》)(2)"坟头改菜园子——拉平了"。[例]他善于发现可塑之材,一经发现,立即悉心培养,像小徒弟张千,大徒弟董君威都是被于先生慧眼看中的。当年的张千不过是一个二十出头的业余相声演员。收他的时候,反对声一片,有人规劝说:"于爷,他太小了,这'坟头改菜园子——拉平了'。"(孙福海《不用偷着乐》)

【坟地里的夜猫子——不是个好鸟儿】夜猫子:猫头鹰,本来是一种益鸟,因其外形与叫声不雅,人们习惯把它看成不祥之鸟。讥讽或责骂不是好人,或缺乏自知之明,不知自己是个什么东西。[例]街东头的小黑子,昨个儿晚上被公安从家里掏走了,活该!坟地里的夜猫子——他就不是个好鸟儿!

【坟地里讲鬼话——就不信这个邪】邪:迷信认为是鬼神给予的灾祸。形容面对厄运或邪恶也不惧怕,不退缩,勇敢而坚定。[例]听到对方放出的狠话,胡冰火冒三丈,把拳头一挥,对几个兄弟说:"谁怕谁呀?走!坟地里讲鬼话——咱就不信这个邪,今儿跟他们拼了!"

【坟头儿插烟卷儿——缺德带冒烟儿】詈语,责骂人品质恶劣,极不道德,所作所为阴损毒坏。[例]你小子是坟头插烟卷儿——缺德带冒烟儿。(谭汝为主编《天津方言词典》)

又作(1)"坟头儿插文明棍儿——缺德带拐弯儿"。[例]结果没几年企业就黄了,工人没了工作朝不保夕,人们指着鼻子数落那厂长是"'大德祥'改'祥记'——缺了大德了"。这里的"大德祥"是商号名,改称"祥记",当然前面缺了俩字。此乃天津民间广为人知的贬人的话,类似嘲讽的还有"坟头儿插文明棍儿(拐棍)——缺德带拐弯儿",以及"坟头儿插烟卷儿——缺德带冒烟儿"等。(点子《俏皮俗话》)(2)"坟头插冰棍——缺德冒凉气"。[例]李大楞也认识鱼四儿,骂道:"你这个坟头插冰棍——缺德冒凉气的玩意儿,到这个儿偷什么来了?"(天下霸唱《河神 鬼水怪谈》)

【坟头上耍大刀——吓唬鬼呢】比喻一些人的手段并不高明,虽然虚张声势,但谁也不会害怕,或也吓唬不了谁。[例]敌人放出风来,近日要对根据地大举进攻,团长在大会上把拳头一挥,大声说:"坟头上耍大刀——吓唬鬼呢,我们要做好一切战斗准备,让他们有来无回,全部消灭干净!"

【粪叉子抠屁眼儿——硬手】粪叉子:一种拾粪的工具,多为铁制。抠:用手或细小的东西从里往外挖。形容强硬,厉害,是难以对付的角色。[例]小嘎鱼说道:"看来这小子来者不善,粪叉子抠屁眼儿——硬手一把呀。"一下子把大家逗乐了。(刘国华《秧田轶事》)

【粪车掉链子——只剩下臭架子】形容妄自尊大,态度傲慢,装腔作势而令人厌恶。[例]厂来了一个新领导,下车伊始就乌里哇啦地品头论足,把老厂长说得一无是处,一老工人说:"他是粪车掉链子——只剩下臭架子了。"

【粪坑的砖头儿——又臭又硬】讥讽或斥责人名声很坏,又态度强硬,顽固不化。[例]马拐子这人老奸巨猾,是粪坑的砖头儿——又臭又硬,要想办法先把他的嚣张气焰打下去!

【粪坑里的蛆——没骨头】蛆:苍蝇的幼虫,体柔软,多生于粪便等污物中。讥讽或责骂人品行不好,没人格,软弱怯弱,没骨气。[例]乔治和马莉都瞧不起她,说她粗野,管她叫"没福气的野孩子"。小红薇一点不示弱,她歪着头,翘着小鼻子,跺着小脚丫,称呼乔治和马莉是"粪坑里的蛆——没骨头"!(柳溪《功与罪》)

【风吹云彩——全散】指问题全部解决,或人群都散去了。[例]行了,不要再互相埋怨,难题已经解决,风吹云彩——全散。‖我急忙赶到影院,电影早已放完,观众也是风吹云彩——全散了,到哪里去找小春呢?

【风筝落到屋顶上——一头栽到家】形容失败很惨重,倒霉、出丑、丢面子到了极点。[例]他痴呆呆傻怔片刻,猛然用手捶打着胸,我这是风筝落到屋顶上——一头栽到家啦,往后还怎么在天津地面上混呢? 罢罢,今夜就干脆做个了断,追随爹娘去吧!(扈其震《糖堆儿》)

【疯狗的脾气——见人就咬】指不分好坏,对人胡乱发脾气。[例]这些天,晶恺好像吃错了药,怎么变成了疯狗的脾气——见人就咬?

【疯狗咬太阳——不晓得天高地厚】比喻狂妄无知,不自量力。也指不了解事物的复杂性,盲目乐观。[例]民进党当局"倚美谋独",妄想倚靠外部势力分裂国家,这是彻底打错了算盘,正如咱天津卫一句俏皮话所言:"疯狗咬太阳——不晓得天高地厚!"

【缝麻袋的弯针——大鼻子大眼】弯针:缝制麻袋用的一种铁针,较粗而长,针眼较大。形容厚着脸皮,不顾及面子。[例]老爷实在没有办法了,只能是缝麻袋的弯针——大鼻子大脸地到屈家登门,恳求人家放大公子一马。

【缝穷甬拿锥子——还是针(真)好】缝穷:旧时贫苦妇女代人缝衣服,一般不用锥子。甬:不用。针与真谐音。赞语,指真好,非常好,确实不错。[例]看着大孙子的一张张学习奖状,薛奶奶心里乐开了花,不禁冒出一句老天津卫的俏皮话:"缝穷甬拿锥子——还是针(真)好!"

【缝穷的尿尿——抽冷子】形容突然,猛然,突如其来,或趁人不备。也指寻机行动。[例]有矛盾有问题不怕,咱们摆在桌面上,当面锣对面鼓,不能缝穷的尿尿——抽冷子,玩阴的。‖他们人多,咱就哥俩,不能硬碰硬,缝穷的尿尿——抽冷子,打它个措手不及。

【佛爷的眼珠儿——动不得】佛爷:佛教徒对释迦牟尼的尊称,泛称佛教的神。比喻对某物或某事不能触犯或更动。也指不能走动或行动。[例]你们几个可要记住了，这件瓷器是东家最珍爱的宝贝，佛爷的眼珠儿——动不得！｜大小姐，我不能走，太爷发话了，让我死守住大门口，在这儿我是佛爷的眼珠儿——动不得。

【佛爷放屁——神气】形容得意傲慢的样子。[例]看着大理叔奔放、优美的舞姿，我跟他开玩笑说："都50多岁的人了，还那么佛爷放屁——好神气啊。"

【佛爷眼珠——抠不得】抠：吝啬。指人要大气、大方，不能吝啬。[例]今儿是老同学雅聚，请大家酒挑最好的，菜点最贵的，统统由我买单，佛爷眼珠——抠不得！

G

【嘎鱼的脑袋——刺头儿】嘎鱼：一种淡水鱼，刺多而尖利。形容刁钻顽固，不好对付的人。[例]大叔，甭跟这种人置气，他呀，嘎鱼的脑袋——刺头儿，离得远点就是了。

【嘎小子买烧鸡——闹了个大窝脖】嘎小子：泛指调皮淘气的男孩子。

窝脖：炖煮卤鸡时，为保持鸡身完整，便把鸡脖子弯过来，将鸡头窝到翅膀下面，使鸡头弯如U形，故称"窝脖"。比喻遭拒绝，受顶撞，碰钉子，不给面子而难堪、没趣。[例]这哥俩不知什么原因，有一个来月别别扭扭，我把他们叫到一起想说和说和，结果呢？当着面动起手来，嘎小子买烧鸡——给我闹了个大窝脖。

【垓下困霸王——四面楚歌】垓下：古地名，在今安徽省灵璧县东南。困霸王：当年楚汉相争，楚霸王项羽被刘邦的军队围困在垓下，一天夜里听到汉军军营唱起楚地歌谣，疑心楚地已被汉军占领，于是仓促突围，后自刎于乌江边。比喻陷入孤立无援，四面受敌的困境。[例]刘树圃叹口气说："现在的形势是垓下困霸王——四面楚歌，逼人跳乌江了！"（冯育楠《银沙滩》）

【干饽饽——裂(例)儿多】饽饽：一种面食，多用玉米、高粱等杂粮面制成。饽饽因干燥而裂开，上面出现细碎裂纹。裂与例谐音。比喻按民间习俗，在某特定的时间和场合要遵守的成例、规矩及禁忌过多过繁，过于讲究。[例]轿子送到门口，夫家这边不出来迎接，反而把大门关上。这些旧婚俗的规矩讲究实在太多，繁文缛节，干饬饬——例儿多，正因为太多了，很少有哪家都做齐全了。(天下霸唱《河神 鬼水怪谈》)

【干柴烈火——一点就着】形容稍加点拨，情绪就能高涨起来或事情就能办成。[例]院长的话音刚落，大家就像干柴烈火——一点就着了，纷纷主动请缨，都要求到抗击新冠肺炎疫情的最前线去。

【干草把上戴草帽——吓唬雀儿】比喻制造假象，使人害怕。[例]你说这些话就没意思了，干草把上戴草帽——吓唬雀儿？我也算个老江湖啦，什么人没见识过，快收起这套把戏吧。

【干饭就茄泥——嘛也甭提】干饭：米饭。茄泥：以茄子为原料，上锅蒸熟而成，再放入一些佐料，即可食用，清淡可口。指没问题，没说的，或什么意见、要求也不要提。[例]除此之外，还有较为清淡的蒸茄泥，缘此还引出俏皮话"干饭（就）茄泥——嘛也甭提"，啥意思？旧年日子穷，吃"伤耗大"的茄泥最好在夏末，那时茄子又大又足，切片或切块蒸熟，待半温，拌上提前预备好的芝麻酱、蒜泥，再淋点儿香油，各种香气复合、飘

散开来，就上一碗稻米饭，清清爽爽不油腻，老天津人比喻说"给个县长都不换"。(由国庆《"卫嘴子"说吃》)

【干姜——断了辣气儿】指随着年龄的增长，性情不再泼辣或厉害。[例]你大爷年轻的时候，也是个点火就着的暴脾气，现在老了，成了干姜——早断了辣气儿。

【赶牛上鸡架——门路不对】指做事的途径、办法不正确，不适合。[例]你们再好好合计合计，我总觉得现在这么干法哪别扭，有点儿赶牛上鸡架——门路不对。

【赶鸭子上架——难】比喻强人所难，逼着人去做力所不能及的事。[例]这一大摊子事儿太杂乱，我实在是干不了，赶鸭子上架——难啊！

【赶鸭子上架——硬逼】形容勉强或逼迫别人做某事。[例]今个儿晚上的应酬去不去，让她自己决定，你不要赶鸭子上架——硬逼。

【擀面杖吹火——一窍不通】擀面杖：擀面用的木棍儿，实心的。指对某项工作或某件事情完全不懂，毫无经验。[例]"要不说你们书生气呢？"秦秘书很得意地说："看来你对关系学是擀面杖吹火——一窍不通呀！您想想，不

给发电厂这个关系户批煤,发电厂就不给你送电,你生产个屁呀!"(申文钟《幽思长相随》)|后来用"棒槌"喻指外行。"棒槌"和"外行"之间,在语义上有什么必然的联系呢?天津人爱说一句歇后语:"擀面杖吹火——一窍不通",这就是一个形象的诠释。(谭汝为《这是天津话》)

又作"擀面棍儿吹火——一窍儿不通"。[例]乔老板是初涉物流行业,可谓擀面棍儿吹火——一窍儿不通,再加上人生地不熟,我们政府各有关部门都要竭尽全力地给予支持和帮助。

【擀面杖对刀——不是对手】形容双方的力量或能力相差太远,不能匹敌。[例]他们在侠馆里的卫队,没超过一百人。他们在大沽口外,倒是有一些军舰,军舰上的兵能凑上千把人。要拿这一千多人跟咱义和团对敌,我看那是擀面杖对刀,不是对手。(鲍昌《庚子风云》)

【刚出屉的饽饽——带着气来的】指人来时就带着怒气。[例]刚才,处长在局长办公室里挨了一顿臭批,可是刚出屉的饽饽——带着气来的,诸位都加点儿小心。

【刚出窑的砖——定型了】指事情已经形成并固定下来,不能改变。也指人的性格、习惯等已经形成,不易改变。[例]好,如果双方都没有意见,我们就签字,这份合同是刚出窑的砖——定型了。|我已经七十多岁了,这倔脾气是很难改了,刚出窑的砖——早就定型了。

【刚烤好的山芋——又吹又拍】山芋:又称地瓜、红薯、甘薯等,为食、药兼用。讥讽善于阿谀逢迎,恭维吹捧,拍马屁,讨好别人。[例]我们要在全区营造风清气正的好环境,让那些刚烤好的山芋——又吹又拍的人没有市场。

【刚摘的柿子——涩(赊)的】涩:麻木难受的滋味。比喻人态度冷漠,或苛刻吝啬。涩又与赊谐音,指赊购的物品。[例]看着姑娘一张冰冷的脸,像刚摘的柿子——涩的。我心里想,怎样才能把这颗冷漠的心焐热呢?|"老爸,你不说兜里没钱了吗,这瓶酒哪来的?"刚摘的柿子——涩(赊)的。"

【钢锤砸铁板——硬碰硬】指强手遇到强手,在对抗、较量中互不相让,没有回旋的余地。也指人意志坚强,作风过硬,经得起考验。[例]在这次摔跤决赛中,韩志强与卢新锐相遇,那可是钢锤砸铁板——硬碰硬,大家就等着瞧精彩的吧。┃我提议突击队由冯石头担任队长,无论干嘛工作他都是钢锤砸铁板——硬碰硬,在困难面前从不退缩。

【缸里电灯——照里不照外】指只顾自己或自己人,而不管别人。[例]曹军面对几个人的质问,提高了声调,说:"你们有什么根据说我是缸里电灯——照里不照外?"

【缸里捉王八——没跑儿】形容无处可逃,跑不了。[例]小王你们两个把住前门,小张和大武堵住后门,我带几个人冲上去,缸里捉王八——这小子是没跑儿了。

【缸里捉王八——十拿九稳】比喻很有把握。[例]这次比赛,我们实力上强一些,但也不是缸里捉王八——十拿九稳,不能有一点松懈。

【高丽国进贡——送铜】高丽国:是朝鲜半岛古代国家之一,相传当年高丽国多以铜向中国进贡,钱币也多为铜铸。指赌博时输钱。[例]我今儿的手真臭,麻将打了七八圈,把把输,成了个"高丽国进贡——送铜"。

【高粱地里套绿豆——高低不齐】套:套种。指人的层次、水平不一致,有的高有的低。[例]这种成人培训班不好教,学员之间水平差距大,有的没一点儿基础,有的能够弹奏整个曲子,高粱地里套绿豆——高低不齐呀。

【高粱秆儿剥皮——光棍一条】指独身一人。[例]告诉你,不要在我面前耍胳膊根头儿,我是高粱秆儿剥皮——光棍一条,什么也不怕!

【高粱秆儿戳月亮——够不着】戳:用硬物尖端触击。比喻攀不上或达不到某个高度。[例]孩子才小学二年级,你们就给提了那么多要求,高粱秆儿戳月亮——他也够不着呀。

【高粱秆儿挑水——承担不起】指胜任不了或担当不起责任或义务。[例]经理,您高看我了,自己吃几两干饭还不知道,这任务我真的难以接受,高粱秆儿挑水——承担不起呀。

【高粱秆儿推磨——玩儿不转】指因能力不够而指挥不了,对付不了,解决不了,或耍弄不了。[例]泉辉本以为自己有两下子,可到了这个陌生的地方,要人没人,要钱没钱,高粱秆儿推磨——玩儿不转了,开始后悔当初主动申请牵头来干这项目。

【高粱秸做鞭杆儿——经不起摔打】比喻人没有韧性,经受不住艰苦环境的考验。也指经受不住折腾和打击。[例]你大学毕业主动要求到西部地区去干事业,我双手赞成,青年人嘛,就是要肯吃苦,多磨炼,不能高粱秸做鞭杆儿——经不起摔打。

【高跷卸腿子——地秧歌(递央个)了】天津民间传统花会主要有高跷会和秧歌会两种,化妆和表演均相似,只是高跷会演员要踩着有脚踏板装置的木棍,俗称腿子;而秧歌会演员都是平地表演,俗称地秧歌,与递央个谐音。指服输求饶,不停地哀求,讨饶。[例]你们几个真没出息,才打一个回合,就高跷卸腿子——地秧歌(递央个)了,今后在江湖上还怎么混?

【高射炮打蚊子——大材小用】比喻把有才能的人安排在不重要的岗位,以致使用不当,造成人才浪费。[例]"文革"期间,让一个大学教授去当饲养员,高射炮打蚊子——大材小用,这种事情比比皆是,荒唐得很啊!

【疙瘩头拌豆腐——少掺盐(参言)】疙瘩头:芥菜头,可当咸菜腌着吃。掺盐与参言谐音。比喻让人少说话,或不要在别人的交谈中乱插话。[例]这是我们的家务事,疙瘩头拌豆腐——你少掺盐(参言),别瞎搅和。

【哥俩铲地——对耧(搂)】耧:一种播种用的农具,前边牵引,后边人扶,可同时完成开沟和下种两项农活。耧与搂谐音。形容两人臭气相投,贪婪地搜刮、攫取钱财。[例]报载,夫妻两人一个局长,一个处长,搞贪腐也比着赛着,好像哥俩铲地——对耧(搂),结果全被"双规"了。

【哥儿俩种庄稼——各人收各人的麦子】形容自己管自己,各人顾各人的事情,互不相干。[例]我不说。你就睁大眼睛看着吧,反正大少爷不闲着,大少奶奶也不会闲着。这就叫哥儿俩种庄稼——各人收各人的麦子。(肖克凡《天津大码头》)

【胳膊肘儿钉铁掌——离题了】胳膊肘儿:人身体的上臂和下臂相接处向外凸起的部分。钉铁掌:在马、驴、骡等的蹄子下钉上铁片或铁块儿,使蹄子耐磨。蹄与题谐音。比喻说话做事偏离了目标、主题和中心。[例]你简直快成诗人了! 先来一通农村新气象。这跟今天的会议有什么关系呢? 这不是胳膊肘儿钉铁掌——离题了吗? 我工作太忙,这是抽空儿来

的,只想知道一下你的调查结果是不是符合我的汇报?(柳溪《静悄悄的原野》)

又作"格拉半上钉掌——离了蹄(题)了"。格拉半:膝盖。[例]有的同志却能把旧日的成语,和今天的生活联系起来,于是趣味横生。一天,正在开会,一个人大发言论,絮絮叨叨。一个同志当时制止他说:"喂,同志,你这叫'格拉半(膝盖)上钉掌'。"那人说:"这话怎讲?"他说:"离了蹄(题)了。"(孙犁《文艺学习》)

【胳膊肘子往外拐——吃里扒外】形容接受着这一方的好处,暗地里却为另一方尽力。[例]听说设计科的何工栽了,他偷偷地把我们的产品图纸给了别的厂子,这不是胳膊肘子往外拐——吃里扒外吗?

【胳肢窝插鸡毛——假充外国鸟】胳肢窝:腋窝,人体腋下部位。讥讽崇洋媚外或装腔作势。[例]看看你,出了几天国,回来就胳肢窝插鸡毛——假充外国鸟,干点正经事行不行?

【胳肢窝揣马勺——盛(成)心】盛与成谐音。指故意或有意做某事。[例]你解释也没用,你就是想在众人面前出我的丑,胳肢窝揣马勺——盛(成)心的。

【胳肢窝夹柿子——没那么溇(懒)的】溇:将柿子放入热水或石灰水中浸泡,以去掉涩味儿。溇与懒谐音。形容人非常懒惰,没有他那么懒的。[例]任达牛,眼下国家的扶贫政策这么好,你还是胳肢窝夹柿子——没那么溇(懒)的,怎么能行呢?赶紧打起精神,甩开膀子干。

【割草拾到大南瓜——捞外快】比喻获取额外的或不正当的收入。[例]前些年,家里穷,孩子又多,父亲经常利用下班的时间打各种零工,割草拾到大南瓜——捞点儿外快,勉强度日。

【隔靴挠痒痒——抓不到实处】比喻作风漂浮,抓不住问题的实质或工作的关键环节,收不到实际效果。[例]咱镇机关转变作风,就从抓落实入手,隔靴挠痒痒——抓不到实处的坏作风,要坚决改掉。

【隔着玻璃亲嘴儿——挨不上】亲嘴儿:接吻。指不沾边,靠近不得,或二者没有关系。[例]这事儿您找材料科去,跟我们销售科是隔着玻璃亲嘴儿——挨不上。

【隔着门缝儿吹喇叭——鸣(名)声在外】鸣与名谐音。比喻名气很大,声名远扬,为众人所知。[例]

于小海原来想让"文武高跷"别再有名无实，广耍不唱"单腿蹦"，没想到，崭新面貌一亮相，便引起媒体关注，先是市、区登报纸、上电视，外加电台广播，隔着门缝儿吹喇叭——名声在外了。(刘虎臣《文武高跷》)

又作"隔着大门吹号——名声在外"。[例]皮大嘴给他的金店起名字，就是满堂金。金满堂，满堂金。金店没开门，已经是隔着大门吹号——名声在外。(冯骥才《俗世奇人新篇》)

【隔着门缝瞧人——把人看扁了】形容轻视人，小看人，瞧不起人。[例]世情就更复杂了。无论是上司下属、街坊邻居、八竿子打不着的亲戚，天津卫人总是全力以赴不敢怠慢。为嘛？不能隔着门缝瞧人——把人看扁了。谁知道谁日后怎么样啊，总有人求人、人靠人、人帮人的时候。(薛宝琨《哏都说哏》)

又作(1)"隔着门缝看人——把人看扁了"。[例]天津旧时大杂院穷人居多，没有固定职业所谓"打八岔"者尤甚。都是挣多多花，挣少少花，没活儿干就干瞪眼挨着。但并不因此灰心丧气，"三十年河东三十年河西"么，在这个平民化城市保不齐谁有一天就撞上钱柜，来个"妈儿坐飞机——抖起来了"。所以天津卫老话常说："别隔着门缝看人——把人看扁了！"(薛宝琨《窗帘里外人情冷暖——大杂院杂记》)(2)"隔着门缝儿看人——瞧扁了"。[例]你这叫隔着门缝儿看人，瞧扁了我啦。李四爷前门都不走，走你的后门？(李燃犀《津门艳迹》)(3)"隔着门缝瞅人——把人看扁啦"。[例]你到底往哪里去呀，也不跟我说明白？四鹏，你还怕我给你们泄露秘密吗？"是隔着门缝瞅人——把人看扁啦。"(王林《腹地》)(4)"门缝儿里看人——瞧扁了"。[例]咱儿子不傻不茶，又没干过缺德的事儿，哪里娶不上一个媳妇？你真是门缝儿里看人——瞧扁了我儿啦。"(5)"门缝里瞧人——把人看扁了"。[例]大管家，烦你回禀"十三爷"，就说他们门缝里瞧人——把人看扁了。我们义和团、红灯照不是敛小钱的要饭花子，我们干的是亮堂堂的事儿：扶清灭洋。(鲍昌《庚子风云》)

【跟老虎亲嘴儿——玩悬】形容干非常危险的事情，或以玩耍的心态涉身险境。[例]袁万卿一边歪脑袋一边皱眉头："这个保做的，好

比跟老虎亲嘴儿,玩悬啊。"说着擦了把脑门上的虚汗。(杨伯良《酒坊风云》)

【哏儿他妈不给哏儿娶媳妇儿——哏儿急(极)了】哏儿:滑稽、有趣的言语和行动。急与极谐音。形容人的言行举止相悖于常情、常理、常态,滑稽、有趣至极。[例]天津人说的"哏儿",指的是和常情、常理、常态相悖的语言和行为。例如:"二子他妈妈,快把大木盆拿出来啊!""妈妈他拿咱家的裤子了!谁啊?逗你玩!"——天津人就说"哏儿"!少年时听小伙伴说过这样的歇后语:"哏儿他妈不给哏儿娶媳妇儿——哏儿急(极)了";"哏儿他妈给哏儿买棺材——哏儿死了"。(谭汝为《这是天津话》)

又作"哏儿他妈给哏儿买棺材——哏儿死了"。[例]今儿我在小剧场听相声,碰上两位坐高铁来的北京人,问他们对天津相声的印象,给我的回答是:"说得太逗乐,听得太上瘾,用刚学会的一句天津俏皮话,就是哏儿他妈给哏儿买棺材——哏儿死了!

【公公背着儿媳走——白挨压还落不是】落不是:不讨好,受到埋怨或指责。指费力不讨好,没事找事,自寻麻烦,受到埋怨或责备。[例]偏有混惧人说不好,好心当了驴肝肺,我这才叫公公背着儿媳走,白挨压还落不是。(李燃犀《津门艳迹》)。

又作"公公背儿媳妇过河——受累不讨好"。[例]我们可要吸取教训,这种公公背儿媳妇过河——受累不讨好的事儿,今后说什么也不能再干了。

【公鸡打鸣——抻脖子瞪眼】抻:拉,扯。指生气、发怒的样子。[例]今个儿你爸爸可能吃错药了,一进家就像公鸡打鸣——抻脖子瞪眼,你小心点儿吧。

【公鸡脑袋上的肉——大小是个冠(官)儿】冠儿:鸡冠,公鸡头上突起的红色肉片。冠与官谐音。指不论大小,好歹也算是个官儿。[例]电视上说了,别拿村主任不当干部,公鸡脑袋上的肉——大小是个冠(官),我说的话你们可得听啊!

【公鸡站在笤帚上——硬充大尾巴鹰】笤帚:除去尘土、垃圾的用具,多用已脱粒的高粱穗或黍子穗扎成。讥讽人缺乏自知之明,过分夸大自己的财力或能力,目中无人,好大喜功,招摇过市。[例]谁还不知道他的底细,什么"著名书法家""国际大奖获得者",全是吹牛皮,公鸡站在笤帚上——硬充大尾巴鹰。｜平民之间呢,最让人瞧不起的也是贪大、壮大、浮夸的主儿,那叫"公鸡站在笤帚上——硬充大尾巴鹰"。(点子《俏皮俗话》)

【公交车进站——靠边儿】比喻让人退居一边,表示不满意,不待见或不重用。也指近乎情理,挨边儿,或专指靠到路边。[例]就你这德性还想进班子,做梦去吧,快点公共汽车进站——靠边儿去!｜一向蛮不讲理的牛大姐,今天好像变了个人,说的一席话是公共汽车进站——挺靠边儿的。

【宫北帽铺——德兴(行)】宫北帽铺:宫北即宫北大街,在天津娘娘宫附近,此处旧时有一家"德兴帽店",德兴与德行谐音。詈语,指看不起某人,对其品行、作风、仪容、举止等的讥讽或责骂。[例]天津人历来生性幽默,老天津人曾编了个歇后语:"宫北帽铺——德行!"原来娘娘宫附近的宫北大街有一家帽子专营店,名"德兴帽店"。这个歇后语是拐着弯儿损人的。(谭汝为《这是天津话》)

又作"宫北的帽铺——德兴(行)"。[例]宫北有两家帽铺德兴与连升斋,以德兴较有名。德兴与德行谐音。当地百姓骂人时常说:"你是宫北的帽铺'德兴'(意思是德行不好)"。(《天津文史资料选辑》总第80辑)

【狗安个犄角——装羊】犄角:动物头上长出的坚硬的东西,上端较尖。指人装模作样,出洋相,闹笑话。[例]这么多年,九大爷是看着你长起来的,虽说没有个准是由,可到底是老实本分,不做亏人的事。可是常言说得好,嘛东西一变了本色,准是想糊弄人。狗安个犄角,装羊,没安好心,准是想偷肉吃;猪安个鼻子,装羊,也不本分,准是想逃过八月节这一刀。(林希《丑末寅初》)

又作(1)"狗长犄角——洋式"。[例]这么一打岔,就没提夜里闹鬼的事。杨方见赵东主等人已换了猎装,从头到脚全是英国货,心说:"这叫狗长犄角——洋式啊!"(天下霸唱《傩神 崔老道和打神鞭》)(2)"狗安犄角——洋(羊)的"。[例]小王一笑说:"嚯,太阳从西边出来了,还整那'狗安犄角——洋(羊)的'呢,快的了,门口早有人等着接姑奶奶呢。"(点子《俏皮俗话》)

【狗不理包子——独一份】狗不理包

子：清代武清人高贵友，乳名狗子，于咸丰八年（1858）在天津侯家后开办包子铺。他做的包子选料精，质量好，满口鲜香，物美价廉，所以生意异常红火。狗子边做边卖，顾不上理顾客搭讪，时间一长，有人说："狗子卖包子——谁都不理。"久而久之，他的包子就被叫作"狗不理"。指独一无二，绝无仅有，没有与之相同或类似的。[例]全国各地一提到天津，往往会想到狗不理包子。天津俗话"狗不理包子独一份""狗不理包子一屉顶一屉"，也都与"狗不理"挂上钩。（章用秀《天津老俗话》）｜你们尽管看，不是吹的，钟大娘的剪纸艺术在咱天津卫那是狗不理包子——独一份。

【狗不理包子——全是褶儿】褶儿：包子顶部由面片捏成的面褶。狗不理包子的褶多且均匀，每个包子一般不少于18个褶。比喻表面美观，好看。[例]这面彩绘墙，设计得好，美工很有水平，用一句俏皮话来形容，那就是"狗不理包子——全是褶儿"。

【狗不理的包子——一屉顶一屉】一屉：蒸包子的笼屉是一层一层的，一层叫一屉。比喻一个接着一个，相继而来，没完没了。也指新旧交替，连绵不断。[例]天津歇后语云："狗不理的包子——一屉顶一屉。"一方面是说"狗不理"买卖兴隆，另一方面说明天津包子有讲究，趁热吃，不回笼。（赵永强《津味儿》）｜春节之前，家里家外的事情太多，好像狗不理的包子——一屉顶一屉，真有点儿忙乎不过来了。

【狗不理着火——烧包儿】着火：失火。形容人因发财或得失而头脑发热，忘乎所以，任意挥霍并炫耀。也指贪图享受，不计后果。[例]老爹要告你，无论什么时候都要做人低调，做事谨慎，不能当了个官，有了一点儿成绩，听了几句赞扬声话，就狗不理着火——烧包儿。

【狗吃草——有驴心思】讥讽心肠坏，心地不好。[例]别看他平时说话轻言细语的，那是狗吃草——有驴心思，可得提防点儿，不要上当。

【狗打哈欠——瞎胡呲】呲：指猫狗等畜类呕吐。詈语，斥责人满嘴胡说八道。[例]你真信那些撒呀挣说出来的梦话吗？东沙河大队那小子，是个顺杆爬的山哨儿！胡说他们村不久就要发明"苤蓝树""大葱杆"，摘苤蓝要上树，吃

大葱用锯拉！真是狗打哈欠——瞎胡吣！(柳溪《窦老乐救盟弟》)

【狗戴嚼子——胡勒】嚼子：横放在马、狗等嘴里的小铁链，两端连在笼头上。勒：用力拉紧，系紧。指胡说，瞎说。也指不负责任，不切实际，胡乱行事。[例]街坊们没料到，王大褂儿忽然雷霆震怒，可着嗓子大声喊叫，连脖子上的青筋都暴立出来："你是狗戴嚼子——胡勒！我某人光棍一条，怕嘛！你们说我是窑姐养的私孩子，我都没跟你们急，可你们叫叫人家巧玲，毁坏良家妇女的清白名节，我断不答应！……"(许瑞生《大褂儿王吉》)｜天津歇后语"狗戴嚼子——胡勒"，也是对"满嘴食火"胡说八道者的嘲讽。"满嘴食火"，也可以说成"满嘴跑火车"，"满嘴跑舌头"，就是谎话连篇的意思。

又作(1)"狗带嚼子——胡勒"。[例]"放肆！这是真理。不信科学，理应批斗。"邵南孙仍然如和尚打坐，念念有词，"世界上寿命最长的动物就是乌龟。《史记》上记载了一个故事，有个人在孩子时代拿乌龟垫床，待他老死以后家人移床，乌龟仍然活着。证明它不吃不喝，在床脚下委屈求生，

仍旧活了四五十年。"你是狗带嚼子——胡勒！"另外几个人都对邵南孙的话发生了兴趣，吴性清问："乌龟是不是就以空气为食？"(蒋子龙《蛇神》)(2)"狗戴嚼子——胡搐一气"。[例]"那你师傅呢？"张德诚问刘小猴子："一样啊！"刘小猴子自嘲地一笑，"我那拳，也是狗戴嚼子——胡搐一气。"(鲍昌《庚子风云》)

【狗戴帽子——装人】形容装模作样，假装正经。也指坏人硬要装扮成好人。[例]海叔看着这个日本的狗腿子脸上堆着笑，还点头哈腰的，回头就对大家说："咱不能被他的假象所蒙蔽，心狠手辣的家伙，刚才是狗戴帽子——装人哩！"

【狗肚里的蛔虫——没有多大分量】比喻没有什么本事、能力、价值、影响等。[例]邱傻子终于被小报记者姚壮阳给煽动起来。他目光紧盯着一街之隔的对手，突然咧开大嘴说，你姓杜的就是狗肚里的蛔虫——没有多大分量！(肖克凡《天津杂事》)

【狗肚子——装不了二两香油】指心里有事有话就放不下，总是要告诉别人。[例]这个人你还不知道，你越问她越拿着个劲儿不说，狗

肚子——装不了二两香油，等一会儿就全都秃噜了。

【狗吠太阳——紧一阵慢一阵】形容气氛不热烈，声音散乱，零落，不齐。[例]除去几个头目喽啰和不懂事的小孩儿，谁也不拍手，稀稀拉拉，锣齐鼓不齐，好像狗吠太阳，紧一阵慢一阵。(张孟良《儿女风尘记》)

【狗赶鸭子——呱呱叫】呱呱：鸭子的叫声。赞语，比喻某人、某事或某物是极好的、上等的。[例]客人吃饱喝足之后，伸出大拇指对酒楼老板说："掌柜的，你们这个小师傅，真是狗赶鸭子——呱呱叫，可得加薪喽！"

又作"狗撵鸭子——呱呱叫"。[例]陶师傅是八级钳工，论技术狗撵鸭子——呱呱叫，就是脾气有点古怪。

【狗喝凉水——净耍舌头】讥讽夸夸其谈，卖弄口才，光动口不动手，只说不做。[例]刘横顺站定了身形，斜眼看了看净街王："趁早别跟我这儿狗喝凉水——净耍舌头，明人面前不说暗话，你心里清楚、我肚子里明白，你不就是想灭掉我手上的灯笼吗？想动手就亮家伙，看是你死还是我亡。"(天下霸唱《火神》)

【狗拉匼匼——乱转悠】拉匼匼：大便，排泄。指遇事沉不住气，焦急忙乱的样子。[例]小石榴终于沉不住气了，问道："你这狗拉匼匼——乱转悠什么呢？出什么事了你倒是说啊？"

又作"狗找尾巴——乱转悠"。[例]想打电话吧，又怕人家姑娘起不了这么早，搅扰了人家好梦；不打电话吧，这时间一分一秒的太难熬了！急得他在屋里狗找尾巴——乱转悠，盯着墙上的挂钟，感觉时间停止了一样。(天下霸唱《大耍儿》)

【狗拿耗子——多管闲事】拿：抓。讥讽做了不该做的、管了不该管的事情。[例]"等等，"方月萱上前一步挡住了花露婵，她向崔明送着媚眼，"麻烦你向杨队长报告一声，我有情况要向他坦白交待，请他现在就接见我。"崔明不解："杨头叫我提花露婵，你这不是狗拿耗子——多管闲事吗？"(蒋子龙《蛇神》)|他的话刺激人，加上酒精的作用，江波和熊津生挺身而起，冲"梆子头"叫号："你管得着吗？咸吃萝卜——淡操心，狗拿耗子——多管闲事。想打架怎么着？"(吕舒怀《鸟市大街》)

又作(1)"狗逮耗子——多管闲

事"。[例]"慢走!"另一个便衣又叫住我们,然后走到那个麻子跟前小声嘀咕说:"冷队长,你不知道团长见了漂亮的妞儿,就……""你别狗逮耗子,多管闲事。"那个麻子向我们打招呼说:"走你们的好了。"(申文钟《幽思长相随》)(2)"狗咬耗子——多管闲事"。[例]行政干部嘛,主要是管行政、管人事;技术干部嘛,主要是管技术、管生产。啊!啊?各行其政,各干其事嘛!不然乱了套了?技术干部连一车煤都管,这不是狗咬耗子——多管闲事嘛!(申文钟《幽思长相随》)

【狗尿苔长在金銮殿上——占了块好地方】狗尿苔:一种生长在潮湿地方的真菌,形似蘑菇。民间认为它是狗尿生成的。金銮殿:皇帝朝见官员等人的大殿。讥讽人虽不怎么样,但所处的环境优越;或交上好运,占据了与自己身份不配的优越位置。[例]棍儿,真想不到你这个狗尿苔长在金銮殿上,占了块好地方。老子腿脚不灵,让你小子抢了个"第老的"去。(张孟良《血溅津门》)

【狗皮膏药——贴上了】狗皮膏药:把药膏涂在小块狗皮上的一种膏药。比喻不顾对方意愿,硬性地跟上、靠近或缠住,使其难以摆脱。[例]她这回算是狗皮膏药——贴上你啦!(谭汝为主编《天津方言词典》)

【狗皮帽子——没反正】比喻分不清是非、好坏。也指关系密切,不分彼此,说话随便。[例]这是原则问题,你要有明确的态度,不能狗皮帽子——没反正。▎这俩闺蜜一天到晚嘻嘻哈哈,打打闹闹,狗皮帽子——没反正。

【狗皮上贴膏药——不粘】指事情做不成,或行不通。[例]双喜给她鼓劲儿,笑着说:"能拔出脓来,才是好膏药呢。"小梅说:"狗皮上贴膏药,怕不粘哩!我说试试看吧。"(袁静等《新儿女英雄传》)

【狗肉——上不了席】席:成桌的饭菜,酒席。讥讽一些人素质太差,扶持不上去。也指某人或某物档次太低,难以在正式或重要的场合出现。[例]我知道你们有些人瞧不起我,背地里说我是狗肉——上不了席,不蒸馒头争口气,我一定干出个样子,给大家看!

又作(1)"狗肉——上不了宴席"。[例]二哥别生气,这个李斌是狗肉上不了宴席,你那么抬举他,他都不识路子,接二连三撅你的面子。没办法,谁让他不像我们呢,你说什么我们都听!(天下霸唱《大耍儿》)(2)"狗肉包子——上不了席"。[例]"俺、俺一九五〇年就入党哩。"他卷起一支"小喇叭",叼上点着,"俺是狗肉包子上不了席。他找俺谈了几次话,问俺:'你就认这个样子,你就不想进步啦?'俺就说干翻砂呗……"(肖克凡《黑色王国》)(3)"狗肉包子——上不了宴席"。[例]茶馆轰的一声炸了锅,初遭败绩的赌徒们一致认为汤公雨这人又臭又硬,用天津的俏皮话来说,是狗肉包子——上不了宴席。(肖克凡《赌者》)(4)"狗肉丸子——上不了台面"。[例]往年间,琵琶虾不过是海货下来津城普通百姓家常的吃食之一。天津有个歇后语,"狗肉丸子——上不了台面"。很俏皮地形容对一个人一件事的评说。现今的琵琶虾,已然游进了海鲜酒楼,还登上豪华间的大台面。这很好,方便了客人享受美食。(白爷《津门老食客》)

【狗撒尿——翘肥的】狗撒尿:小狗不分公母,尿尿都采取下蹲方式,到性成熟时,公狗就开始抬起一条腿撒尿。讥讽傲慢或造次,瞧不起别人。[例]他呀,就是这德行,改不了,在老同学面前也是那个劲儿,狗撒尿——翘肥的。

【狗舔碾子——干着急】碾子:轧碎谷物或去掉谷物皮的工具。讥讽想要得到某人或某物却得不到,焦躁不安又没有办法。[例]她是特别机关长米之一少将的翻译官邱维德保荐到《东亚晨报》做记者的,《东亚晨报》又有米之一老鬼子做后盾,所以吓死袁文会也不敢欺辱李园丽,他只是狗舔碾子干着急。(张孟良《血溅津门》)

【狗屎——扶不上墙】讥讽能力、水平太差,没有出息,不会成才,或别人也无法栽培、扶持。[例]志同学,实话跟你说吧,你侄子实在是狗屎——扶不上墙,我对他已经毫无办法。

【狗掀门帘——光拿嘴对付】对付:应付。讥讽人没有真本事,只凭嘴上的功夫,能说会道,光说不做,没有实际行动。[例]有人帮腔,没人帮钱。明理火了:"你们别狗掀门帘——光拿嘴对付。大家都捐点钱,不能让汉忠吃亏!"(蒋子龙《燕赵悲歌》)

又作(1)"狗掀帘子——拿嘴对付"。[例]"白话蛋"又名"嘴把式",就是"光说不练""狗掀帘子——拿嘴对付"的意思。(谭汝为《这是天津话》)(2)"狗掀帘子——全凭嘴拱"。[例]青草陀的王大麻子更不够揍儿,愣说他们村的稻子马上让它长成芦苇子,不用插秧,年年割稻!嘿嘿!这真是嘴行千里屁股在家,狗掀帘子——全凭嘴拱!(柳溪《窦老乐救盟弟》)(3)"狗掀帘子——嘴支着"。[例]当然这指的是"真格的"语妙,而不是指那花言巧语,不是指那"嘴是两扇皮""狗掀帘子——嘴支着"。光要嘴皮子、贫嘴、贱舌,俗不可耐,怎么认作是语妙?那可是太"不妙"了。(周汝昌《少年书剑在津门》)

【狗掀门帘子——想露一手】比喻本事不大,也要显示或卖弄一下给人看。[例]但今天他也多多少少看出了一点苗头,郑乡长仗着自己年轻的优势,是狗掀门帘子——想露一手。(王雅鸣《合乡并镇》)

【狗熊掰棒子——掰一个丢一个】狗熊:黑熊。棒子:玉米。狗熊掰棒子,掰下一个夹在腋下,再抬手掰第二个时,头一个已掉在地下,掰来掰去,最后只有一个。比喻得到了新的,就忘记或抛弃旧的。[例]你们问大力至今为什么还没有对象,就是花心呗,见一个爱一

个,像狗熊掰棒子——掰一个丢一个。

【狗熊掰棒子——撂爪就忘】撂:放下。形容健忘,记性很差;或总是不接受教训。[例]俗话说,吃饱了不认大铁勺。驯兽人刚喂过黑熊,但一转眼的空儿,刚教的一个礼儿就忘了,来个狗熊掰棒子撂爪就忘。(由国庆《津沽市相》)

【狗熊包饺子——不是人揍的】詈语,责骂根本不是人,或不是人干的事情。[例]邱傻子的"骂风"平实无华,往往直陈其事。他哈哈大笑率先发难:姓杜的,这一大早儿我看你是狗熊包饺子——不是人揍的!(肖克凡《天津杂事》)

【狗熊穿袍子——人啦】袍子:中式长衣服。指装模作样,拚想方设法地伪装或冒充,使恶人变成了好人,下流的人变成了体面的人。[例]朱七是个体面汉子,这件长衫穿在身上还是真长成色。从家里出来,老家门口子认识朱七,也认识胡九爷这件长衫,大人孩子全跟他找乐:"行呀,朱七,狗熊穿袍子,人啦!"(林希《丑末寅初》)▏看人家今天穿出一件好衣服,关你什么事?他就是要念山音:"行呀,电影明星,真是人配衣服马配鞍,扫帚疙瘩打扮打扮也三

分样,咱这是狗熊穿袍子,人啦。"(林希《天津话逗你玩》)

又作(1)"狗熊穿袍子——往人上变"。[例]"哟,稽察?"瞎老范嬉皮涎脸地反问刘尚文,"虽说我眼神儿不好可我一眼就认出来了朱七,狗熊穿袍子,他要往人上变。刘副官,您老好眼力,拉这么个人出来挂幌子,白使唤,他敢跟您伸手吗?"(林希《丑末寅初》)(2)"狗熊穿大褂——人了"。[例]过去进了估衣街这样的买卖家学徒,就赛现在进了MBA,出来就是狗熊穿大褂——人了。(王晔《杨掌柜》)(3)"狗熊穿马褂——人啦"。[例]"狗熊穿马褂——人啦!"这是一句讽刺性歇后语,天津人常说。马褂为礼服,即使没有"人模样"的人,穿上这种高贵的服装,也会变成高贵的人。(张仲《天津早年的衣食住行》)(4)"狗熊穿马褂儿——成人了"。[例]看来,他如今是狗熊穿马褂儿——要成人了。(谭汝为主编《天津方言词典》)

【狗熊戴花——没个人样】指无论如何打扮或伪装,也不成人形,没有人模样。[例]窝囊废本就是五短身材,竖起来不宽,横起来挺宽,圆脑袋,圆肚子,赘肉囊膪真是不

少,穿上这么身花红柳绿的衣裳得什么样?真应了那句话叫"狗熊戴花——没个人样"。(天下霸唱《崔老道传奇 三探无底洞》)

又作"狗熊戴花儿——还有人样吗"。[例]巡警用警棍指着孙小臭儿骂:"少往自己脸上贴金,也不撒泡尿照照你自己是什么东西,狗熊戴花儿——你还有个人样吗?飞毛腿刘横顺要是你大哥,巡警局长就是我儿子!"(天下霸唱《火神》)

【狗咬包子——露了馅】指暴露了实情、真相,或泄露了秘密、隐私等。[例]白玉兰忽然意识到自己刚才说的话,屋里的人肯定听到了,这样可就狗咬包子——露馅了,必须马上采取补救措施。

【狗咬秤砣——好硬的嘴】秤砣:也叫秤锤,杆秤中的秤砣,相当于砝码,一般用铁铸造,很坚硬。讥讽说话强硬,执拗,尖刻。也指嘴巴厉害,善于狡辩,对错误或过失不肯承认。[例]他呀,记吃不记打,狗咬秤砣——好硬的嘴,尽给身子惹祸了。|事实就摆在这里,你还狡辩?真是狗咬秤砣——好硬的嘴!

【狗咬刺猬——无处下嘴】刺猬:哺乳动物,浑身长满硬刺。指问题

复杂或事情难办,不知从何处下手。也指谈话过程中插不上嘴,或有难以启齿的话一时不知从哪里说起。[例]老经理的意图他明白,老经理的难处他也知道,可到目前为止,所谓牛宏的那些问题,全是鸡毛蒜皮,哪一条也够不上。他有天大的本事,也是狗咬刺猬——无处下嘴!(蒋子龙《锅碗瓢盆交响曲》)

又作(1)"狗咬刺猬——无从下嘴"。[例]他用整整一天的时间思索,然后把摘录的情节用交叉法串联,垒筑起一座迷宫。无论如何都缺乏有力的推进和证据。真是"狗咬刺猬,无从下嘴"!(桂雨清《血雨》)(2)"狗咬刺猬——下不去嘴"。[例]他想,要是到了武汉,查出谎报军情,当场被扣怎么办?蒋介石狗咬刺猬,朝吉大胆下不去嘴,可要咬他参谋长却容易得多。(周骥良《吉鸿昌》)(3)"狗咬刺猬——不知从哪儿下嘴"。[例]胡天雷这一问,张少山才把最近发生的事,一样一样都跟师傅说了。最后叹口气,又摇头说,我现在是狗咬刺猬,真不知从哪儿下嘴了。(王松《暖夏》)

【狗咬狗——一嘴毛】指坏人之间互相争斗,双方都受到损伤,都没有好下场。[例]哪料到"来者不善,善者不来",人家是有准备的,马上动开了枪。村正急了,雇来了文安县的团练,带头的叫"滚刀肉",说是和"抓儿鱼"过去还换过帖呢。这不,从今儿清早打到现在,一点不见起色,村正白叫他们给掳去了。咳,狗咬狗,一嘴毛,苦可苦在咱老百姓身上了。(鲍昌《庚子风云》)|何愣子不耐烦听我们一来一往地打嘴架:"行行行啦!狗咬狗一嘴毛,赶紧干活儿!再折腾让你们灯杆底下撅着去!"说完扭头就走了。(天下霸唱《大耍儿》)

又作"狗咬狗——两嘴毛"。[例]为了这件事情,严萍也为他不平过,甚至是气愤。可是后来才觉得,这场官司打来打去,不过是两家地主为个女人争风吃醋,不由得暗笑,心想:"狗咬狗两嘴毛罢了!"(梁斌《红旗谱》)

【狗咬吕洞宾——不识好人心】吕洞宾:神话传说中的八仙之一,常济世救人。指责人缺乏判断力,不识好歹,分不清好坏。[例]其实,麻子李当众充好人是专门给高雪华她妈看的,结果讨好不成反遭嘲笑,他从地上爬起来,拍拍身上的灰土,话里有话地嘟囔道"狗咬吕洞宾——不识好人心"。(吕舒

怀《鸟市大街》）

又作(1)"狗咬吕洞宾——不识好歹人"。[例]一看见是小黄梨，他喊："啊！你干什么？……你想偷我的红绫子！"大顺义站起来说："你这个兔子！狗咬吕洞宾，不识好歹人！我们给你解决困难来了！"（孙犁《村歌》）(2)"狗咬吕洞宾——分不出好歹来"。[例]"三百姐"不住地冷笑："不用赶！我自己走。老娘好心好意，怕你们老许家丢人现眼，你小子是狗咬吕洞宾，分不出好歹来！"（王传林《鬼亲》）

【狗咬尿泡——白喜欢】尿泡：膀胱。讥讽白高兴一场，什么好处也没得到。[例]老天不遂人心愿，二哥呀！狗咬尿泡白喜欢。（清代手抄本《双龙传》）

【狗咬尿泡——扑个空】讥讽所做的努力，或所抱的希望完全落空。[例]厚脸皮说："最好抢在那伙人头里开棺取宝，让他们狗咬尿泡——扑个空，那他奶奶的才叫解气。"（天下霸唱《傩神 崔老道和打神鞭》）

【狗咬石头——一顿胡嚼乱啃】指胡说乱说一气。[例]……戏法有时被遭殃军看穿，那时再要吉大胆的招牌也镇不住了，哪怕是狗咬石头一顿胡嚼乱啃，咱们也吃不了得兜着走！再不能这样大海里飘舟了。（周骥良《吉鸿昌》）

【狗咬月亮——不知道高低】指说话或做事自不量力，不懂得深浅轻重，掌握不好分寸。[例]大伯说这些话是为你好，你倒耍起了脾气，真是狗咬月亮——不知道高低！

【狗咬粽子——解不开扣儿】粽子：一种食品，用苇叶等把江米、小枣或豆馅包住，捆扎成三角锥体或其他形状，煮熟后食用。扣儿：绳结。粽子包好后，外面要用棉绳儿捆扎，结绳系扣，防止散落。比喻双方存在较深的矛盾，有打不开的心结、解决不了的问题，或消释不掉的嫌隙等。[例]王、李两家的矛盾由来已久，狗咬粽子——有解不开的扣儿，需要我们多花心思，用大力气，做好深入细致的思想工作。

【狗嘴里的骨头——没多大油水】比喻得到的或捞到的好处不多。[例]咱几个人没黑没白，辛苦地干了一个月，每个人才分了千来块钱，狗嘴里的骨头——没多大油水，这买卖别做了。

【狗坐轿子——不识抬举】轿子：旧时的交通工具，由人抬着或由骡马驮着走。抬举：看重某人而加以赞赏或推崇。指责不懂得、不接受或不珍惜别人对自己的好意。[例]我心说，去你的！让我当汉奸呀？！赶紧摇头，说："我笨，就是个站柜台的伙计，别的怕也干不了，再说，我是掌柜的伙计，不能离开'恒雅斋'的。"小野身后的一个骂道："狗坐轿子——不识抬举！你到底干还是不干？"（周振天《玉碎》）

【古玩店的赝品——不是正经东西】赝品：伪造、仿制的东西，多指文物和艺术品。讥讽或斥责不是正派的人。[例]这家伙心眼儿太多，向来只占便宜不吃亏，古玩店的赝品——不是正经东西！

【鼓楼上的灯笼——高见】鼓楼：旧时天津城中心的标志性建筑，明代天津"三宗宝"之一，四面各有拱形的门洞，分别与东西南北四个城门相对应。形容高明的见解、主意、想法等。[例]小肖刚演示完自己的规划设计，钟经理就高兴地拍了板："好，鼓楼上的灯笼——高见，不愧是清华毕业的高才生！"

【鼓楼底下跺脚——四门乱颤】形容权势强悍，威严可畏，影响力很大。[例]众位，我先给你们引见引见，这位是西头穆西楼穆大爷，河东水西有名的人物，鼓楼底下跺脚四门乱颤。（李燃犀《津门艳迹》）|"鼓楼底下跺脚——四门乱颤"，天津鼓楼建于辽金，系瞭望屯兵之所，后为指示方向的地方了，如鼓楼东、鼓楼西等都是。到清咸丰年间，楼已经历七八百年，年久失修，天津知府谭廷襄邀请地方绅士梁宝常、张锦文即海张五来到鼓楼，海张五以为楼还挺结实，用力在楼底下跺了几脚，楼中空，上边呈锅状，有回音。仿佛鼓楼有抖动的感觉。后世夸张，传说在鼓楼底下跺脚，四城门乱颤，其言有财势之一，在鼓楼底下跺脚，直使四城门都颤抖了。（王翁如《天津地名与语言》）又作"鼓楼一跺脚——四门皆乱颤"。[例]在天津，他是个跺脚乱颤的人物：鼓楼一跺脚，四门皆乱颤。（谭汝为主编《天津方言词典》）

【瓜地里的稻草人——样子货】讥讽人或物徒有其表，华而不实，中看不中用。[例]这些制度是我们大家共同研究制定的，必须一条一条地落到实处，不能让它称为瓜地里的稻草人——样子货。

【瓜地里读书——念秧】形容人用自言自语、旁敲侧击的方式，来说出自己的要求或想法、意见。[例]费二奶奶原以为嫁给巡警可以过上好日子，老百姓见了巡警必定尊称一声"巡警老爷"，自己都嫁了"姑爷"了，怎么不得是个"姥姥"？过了门才知道，满不是那么回事儿，爷们儿在外边净装孙子，把自己连累成"孙媳妇"了。费二奶奶心里边有了怨气，嘴上就不闲着了，整天在费通耳边"瓜地里读书——念秧"，劲儿一上来，鼻子不是鼻子脸不是脸，把费通挤对得没处躲没处藏，上吊的心都有。（天下霸唱《崔老道传奇 三探无底洞》）

【瓜子里出臭虫——啥仁儿都有】仁儿与人儿谐音。指形形色色、各种各样的人都有。[例]走出屋的高俊松对正在摆弄摩托的赵英男说："伙计，瓜子里出臭虫，啥仁儿都有。那'眼镜'你猜是谁？"（桂雨清《血雨》）

【寡妇不改嫁——老守（手）】寡妇：死了丈夫的女人。守与手谐音。指人在某一方面资历深广，经验丰富，精于此道。[例]别看他年岁不算大，在赌场已经混了好多年了，寡妇不改嫁——算是个老守（手）。

【寡妇当当——要人没人，要钱没钱】当当：旧时用实物作抵押向当铺借钱。形容处境十分困难，生活穷苦，无依无靠。[例]你们都进屋看看，我就是一个穷老婆子，寡妇当当——要人没人，要钱没钱，还拿什么给你们呀？

【寡妇过日子——要嘛没嘛】嘛：什么。比喻生活十分贫困，什么都没有，或哪方面也不行。[例]一个中年工人大声反驳说，你站着说话不腰疼，饱婆娘不知饿汉子饥！你是工会主席享受副厂级待遇，我们工人呢？要权没权，要钱没钱，要房没房，我们好比寡妇过日子——要嘛没嘛！我们是彻头彻尾的无产阶级！（肖克凡《生铁开花》）

【寡妇养孩子——有老底子】指家底厚实，有存货或有祖产。也指对事物的内情、底细有了解和认识。[例]"看人家姚秀兰……不单没挨饿还整出个全套现代化来了！""那是抽了八个'小伙计儿'的骨髓熬的！""你不服，你也抽一个呀？""咱不行，没那套设备！人家那叫'寡妇养孩子——有老底子'啊……！"（石磅《混血》）

【挂着蚊帐点蚊香——多此一举】指做不必要的、多余的事情。[例]人家这堵墙按照设计已经垒好，你偏自作主张多加一层，真是挂着蚊帐点蚊香——多此一举！

【挂着羊头卖狗肉——假货】比喻为欺骗人而伪造、假冒的物、人或事。[例]老娘，今天逛了逛五金商城，发现挂羊头卖狗肉——假货还不少，你告诉我爸，以后再去买东西多加点小心。

【乖娃娃拔气门芯——蔫儿淘】气门芯：作为一种汽车零件，主要用于轮胎的进气和防止轮胎漏气。形容小孩子调皮、贪玩，不声不响地做些让大人意想不到或哭笑不得的事情。[例]刚刚被粉刷一新的一面墙，就被两个小家伙画了个乱七八糟，真是乖娃娃拔气门芯——蔫儿淘。

【关东烟——够呛】关东烟：早年关东人抽的旱烟，劲儿很大。形容某件事情做起来难度大，没把握，有风险，或受不了，吃不消，担当不起。也指对事物的一种不敢肯定甚至否定的判断。[例]咱们要人没人，要钱没钱，干这么大一桩买卖，我看是关东烟——够呛，放弃吧，别再赔了夫人又折兵。｜这事儿干不干？怎么说呢？我看是关东烟——够呛，还是再研究一下吧。

【关公的刀——扛着】关公：对三国蜀名将关羽的尊称。形容强忍着某种痛苦或困苦。也指硬强着承担某种责任。[例]虽然我们带着贫困户的帽子，但现在还要关公的刀——扛着，时间不会太久了，好日子马上到就会来到。｜行了，别吵了，既然出了问题，关公的刀——我们一起扛着，当然我是第一责任人。

【关公面前耍大刀——不自量力】大刀：关羽擅长使用青龙偃月刀。讥讽过高地估计自己的能力，在高人面前显示或炫耀自己。[例]你们这帮小混混，胆敢在我金爷的地盘上玩儿轮子，真是关公面前耍大刀——不自量力，好，就让你们尝尝我的厉害吧！

【关公战秦琼——不挨边儿】关公：三国时期蜀的大将。秦琼：隋末唐初的大将。比喻把毫无关系的两个人或两件事随意联系起来，荒诞无稽，不符合事实和事理。[例]你们不要乱猜疑，瞎议论，这件事跟我们厂长根本没嘛关系，关公战秦琼——不挨边儿。

【关老爷卖豆腐——人硬货软】关老爷：对三国时期蜀名将关羽的尊称。讥讽人外表强硬，却没有真本事。[例]你们是关老爷卖豆腐——人硬货软，凭什么跟我拍胸脯？说出大天来，这项工程也不能给你们干。

【关老爷磨刀——快了】指事情即将发生，或进展速度快，短时间内就有结果。[例]唉，真不容易，我们辛辛苦苦大半年，这艘大船终于组装成型，离下海是关老爷磨刀——快了！

【关老爷长鼠疮——脸红脖子粗】鼠疮：俗称"老鼠疮"，一种颈部淋巴结核病。《三国演义》中描写，关羽"面如重枣"，是个红脸汉子。形容人发急、动怒或情绪激动时，面部、颈部都红胀的样子。[例]两个人为一点儿鸡毛蒜皮的事儿争吵不休，互不相让，闹了个"关老爷长鼠疮——脸红脖子粗"，值得吗？

【关门打瞎子——没跑】形容跑不掉，或事情会如自己的所愿发展。[例]水力越大，它越牢稳，你们看，不是这个理吗？好，咱们东坝这么斜着抛过去，他们西坝也这么斜着抛过来，合龙啊，那是关门打瞎子，没跑！(袁静《淮上人家》)

【关门炸辣子——够呛】形容某件事情做起来难度大，使人受不了，忙不过来，或担当不起。[例]真有机会上台了，寿舅爷为难了，就自己这两下子，那真是关门炸辣子——够呛。(王传林《鬼市》)

【关起门来逮鸡——跑不了】逮：捉、捕。指无路可走，肯定逃不掉。或事情会如自己的所愿发展。[例]我奉劝你们快投降吧，否则死路一条，关起门来逮鸡——跑不了了！

又作"关起门来逮鸡——没得跑了"。[例]小鬼子已经陷入我们的重重包围之中，关起门来逮鸡——没得跑了，我们要一鼓作气，把他们彻底消灭干净！

【关上门打要饭的——拿着穷人开心】要饭的：向人乞讨食物或财物。比喻戏弄处于困境中的人，拿他们取乐，使自己高兴。[例]众位听见了没有？萧先生这是关上门打要饭的，拿着穷人开心。我这个买卖值不了一壶醋钱，他愣说是一等的买卖，别叫人家大买卖听见笑话啦。(李燃犀《津门艳迹》)

又作"关上门打要饭的——拿着穷小子开心"。[例]孙爷，别呀，你老这叫关上门打要饭的，拿着穷小子开心。拿我改个嘛劲？我这个脑袋不能发财。(李燃犀《津门艳迹》)

【棺材当马槽——用材不当】棺材：盛载尸体以备埋葬的箱匣。马槽：供马食用、饮水的器具。比喻材料选用的不合适。材又与才谐音，指选用人才不得当。[例]老于头，我怎么看，都觉得这根木头做房子的大梁有点问题，棺材当马槽——用材不当，你再琢磨琢磨？｜你总说你们公司缺人才，来了大学生多分配几个，可给了你们又棺材当马槽——用才不当，这怎么能行？

【棺材里打枪——吓死人】指受到极度的惊吓，感觉非常害怕。[例]那个纸人的一举一动，尤其是纸糊的大脸，让张保庆感到说不出的厌恶，他心下惶惑不安："纸狼狐上了白糖的身？那成什么了，纸白糖？"而白糖一看张保庆，也同样吓得够呛："我靠！这他妈棺材里打枪——吓死人啊！你怎么变成纸人了？"（天下霸唱《天坑宝藏》)

【棺材里伸手——死要钱】讥讽财迷心窍，唯利是图，贪财而不顾一切。[例]他是个财迷心窍的主儿，就像一句俏皮话说的，棺材里伸手——死要钱，我们千万不能和他合作。

【棺材铺掌柜的咬牙——恨人不死】掌柜的：旧时称商店老板或负责管理商店的人。形容畸形的仇恨心理，为了自己的利益失去了起码的同情心，盼着别人死。[例]大少爷，今儿我也不怕跟你撕破脸皮了，棺材铺掌柜的咬牙——你恨人不死，到底安的什么心？

【管菜疙瘩不叫菜疙瘩——太笋（损）】菜疙瘩：即芥菜疙瘩，与菜笋的形状类似。笋与损谐音。讥讽或责骂人品德低下，待人刻薄，心地不善良。也指用尖刻的言语嘲笑、讽刺、挖苦人。[例]艾大强看着儿子满脸是血了家门，知道他是被小坂天野打了，跺着脚骂开了："这小日本真他妈的坏，管菜疙瘩不叫菜疙瘩——太损（笋）了！"｜大家听听他这话说的，菜疙瘩不叫菜疙瘩——太损（笋）了，是不是嘴巴子痒痒了？

【管丈母娘叫大嫂子——没话搭咯话】搭咯：搭讪、闲聊。形容本来无话可说，硬要找些话来说。[例]李婶托董婶给自家儿子"搭咯"个对象，董婶挺上心，很快就给介绍成了。俩小青年情投意合，处了一段时间就结婚了。人无完人，那小伙平常说话有点着三不着两，爱逗乐，话说婚后"回四"头趟拜丈母娘，他怕冷场便主动"搭咯"，但欠分寸，玩笑中竟称丈母娘为大嫂子，这不是胡来嘛。类似糗事衍生出俏皮话"管丈母娘

叫大嫂子——没话搭咯话",形容闲日无聊没话乱找话、瞎白话。（点子《俏皮俗话》）

【管丈母娘叫妈——自个儿愿意】自个儿：自己。指心甘情愿地做某事，不需或没有任何人强迫。[例]好，我马上到操场上跑十圈，错了就认罚，管丈母娘叫妈——自个儿愿意。

【罐儿里逮王八——没跑了】逮：捉，捕。王八：乌龟或鳖的俗称。形容某事非常容易，或很有把握。也指无路可走，逃脱不掉。[例]这场歼灭战打得漂亮，我们已经胜利在望，罐儿里逮王八——没跑了！｜你们现在已经被我们团团包围，罐儿里逮王八——没跑了，举手投降是唯一的出路。

【罐儿里养王八——越养越抽抽儿】抽抽儿：收缩，缩小，变得干瘪，萎缩。形容在某个环境里受到约束，没有长进，每况愈下。也指胆小怯懦，萎靡不振。[例]可是一号楼那边，一户挨一户住得那么挤，空间那么窄憋，却都习惯于在各自的屋里闷着，从来不到胡同里坐坐，各家之间也很少来往。所以，我们这帮小孩子就说他们楼里的人是"罐儿里养王八——越养越抽抽儿"。（侯军《那些小人物》）

又作"罐儿里养王八——越养越抽抽"。[例]"殷汝耕？这个狗娘养的，"车夫吐一口唾沫，鄙夷地说，"他是罐儿里养王八——只能在通州缩缩着，越养越抽抽。当了大汉奸，连村里的小孩都骂他。"（柳溪《功与罪》）

【罐里养王八——成心憋人】形容故意难为人、限制人，使人心里难受却无法发泄。[例]我劝你还是到那边去。在这边永远吃苦受限制，在那边，武装带一披，是要什么有什么。千里做官，为的是吃和穿，何苦自己找罪受？当了半辈子团长，又叫去当兵受训，那不是罐里养王八，成心憋人吗？（孙犁《风云初记》）

【罐子掉了把儿——别提了】指对于某些人和事不愿意或不能说起，以及不值得谈起，没有说的必要。[例]大哥，打人不打脸，从今往后这件事儿咱就罐子掉了把儿——别提了。｜老奶奶，您说的这些张家长李家短，都是陈芝麻烂谷子，罐子掉了把儿——咱就别提了。

【光棍儿打光棍儿——一顿是一顿】光棍儿：单身汉。一顿：一次，一回。指识时务，依照规矩办，不吃眼前亏。[例]烙铁头心里"咯噔"一下,崔老道这可不是挨打的架势,挨打的怎么躺?侧身夹裆、双手抱头,缩成元宝壳,护住各要害处,这叫光棍儿打光棍儿——一顿是一顿,拳脚相加打出人命。(天下霸唱《崔老道传奇 三探无底洞》)

又作"光棍打光棍——一顿还一顿"。[例]这话更不对啦。光棍打光棍,一顿还一顿。暗含着使劲儿还露脸吗?(李燃犀《津门艳迹》)

【光脚的不怕穿鞋的——穷横】形容态度生硬,言行粗暴,非常蛮横无礼。[例]"穷横"的"横"不是一般的横,是很横,极端蛮横。比如无视交通法规硬闯红灯、横过马路随意跨越护栏等现象比比皆是,那违规者还满不在乎,有时交警纠正违章时,还蛮不讲理。坊间戏言,这是"光脚的不怕穿鞋的——穷横"。(谭汝为《逗哏儿天津话 穷横》)

【光叫唤不下蛋——废物鸡】废物鸡:无能之辈。比喻那些无能之辈没有本事,不会办事,办不成事。[例]天津歇后语"光叫唤不下蛋——废物鸡",比喻吃嘛嘛不够、干嘛嘛不行的人,或讽刺占着茅坑不拉屎的人。(谭汝为《天津方言与民间笑话》)

【光屁股系围裙——顾前不顾后】形容办事、考虑问题不全面,顾此失彼,或只图眼前利益,不计将来的短视行为。[例]我提醒你,做任何一件事情,都必须既要认真仔细,抓好当前,又要考虑全面,从长计议,不能光屁股系围裙——顾前不顾后。

【光屁股烧香——这算哪一道】烧香:拜神佛时点着香插在香炉中。采用反问语气,表示蔑视,看不起,指不算什么好人或好汉。[例]"呸!"一口浓痰,从二愣的嘴里喷向董江湖。刚才还鸦雀无声的跤场内外,一片哗然,骂声四起:"摔大跤的也有孬种,光屁股烧香——这算哪一道?"(姚宗瑛《赌跤》)

【光屁股上吊——一不要脸、二不要命】上吊:用绳子等吊在高处套着脖子自杀。讥讽为了达到某种目的不顾一切,既不怕失脸面,又不怕丢性命。[例]罗大舌头你是光屁股上吊的主儿——一不要脸、二不要命,旁人哪有你的胆识?所以你就别吓唬他了,赶紧把行军水壶都灌满了,咱们等会儿还得接着走。(天下霸唱《地底世界之幽潜重泉》)

【光屁股坐板凳——板是板，眼是眼】板、眼：民族音乐和戏曲的节拍，每小节中最强音叫板，其余的叫眼。比喻有主意，有办法，或言行合乎情理。[例]郭师傅和丁卯这才明白老梁的意思，二人说道："只要梁大人信得过我们，今后凡是用得着我们哥俩的地方，尽管言语一声，到时候就看我们够不够板，必是光屁股坐板凳——板是板，眼是眼。"（天下霸唱《河神鬼水怪谈》）

又作（1）"光屁股坐凳子——有板有眼"。[例]墨斗你是不知道，我们哥儿仨在厂里绝对是摽着膀子摇的铁三角，关系绝对是牢不可破的死莫儿，你在里面这几年全靠他们俩在厂里照顾我，我这白丁一个，进了厂俩眼一抹黑，谁也不认识，好在时间不长就跟他们俩磕上板槽儿了，这哥儿俩绝对是光屁股坐凳子——有板有眼！（天下霸唱《大耍儿》）（2）"光着屁股坐凳子——有板有眼"。[例]司马灰见玉飞燕布置有方算得上是光着屁股坐凳子——有板有眼了，换作自己也没有更好的策略，于是就没再多说什么。（天下霸唱《地底世界之雾隐占婆》）

【光着屁股唱戏——胆大不害臊】讥讽脸皮厚，不知羞耻，不顾及面子。[例]你搞对象就老实地处呗，跟姑娘睡了又不要人家了，这事闹得满城风雨，光着屁股唱戏——胆大不害臊。

【光着屁股唱戏——丢人现眼】讥讽在众人面前丢脸、出丑。[例]我和你老爸都是要脸儿要面儿的人，你怎么能干出这种事儿，光着屁股唱戏——丢人现眼。

【光着屁股打幡儿——丢人丢到祖坟里去了】打幡儿：迷信说法，送葬中为死者打起招魂的旗帜。祖坟：祖宗的坟墓。讥讽颜面尽失，丢脸、出丑到了极点。[例]东边台上的戏越热闹，纪大肚子和崔老道就越丢人，真可以说是"光着屁股打幡儿——丢人丢到祖坟里去了"。他们那台戏怎么跟人家比？不由得红头涨脸，臊得恨不得一头撞死。（天下霸唱《崔老道传奇三探无底洞》）

【光着屁股推磨——转着圈儿地丢人】磨：把粮食弄碎的工具，通常是用两个圆石盘做成。讥讽颜面尽失，到处丢人现眼。[例]可就是这些最基本的东西，歌手们一而再再而三地闹出许多国际笑话，参加这么高规格的大赛，所犯的错误又是如此低级，全国的观众

捏着把汗看你现眼,这不是光着屁股推磨,转着圈儿地丢人么。你还有什么好说的呢?(周凡恺《越侃越无聊》)

又作(1)"光屁股推磨——转圈儿丢人"。[例]他本想借阚三刀的势力报仇,却连败三阵,光屁股推磨——转圈儿丢人,自然怒不可遏,心说:"我饶了蝎子他妈也饶不了他俩。"(天下霸唱《崔老道传奇 三探无底洞》)(2)"光着屁股拉磨——转着圈地丢人"。[例]要么就是个没文化的白痴,将这么贵重的东西挂错了地方。其结果呢?却是大摆乌龙,可谓光着屁股拉磨——转着圈地丢人。(周凡恺《千万别听"专家"的》)(3)"光着腚推磨——转着圈儿地丢人"。[例]造假的事,因为见得多了,胸中的义愤也平静了许多。但是教授造假,却让俺无法按捺住心中的怒火,非要呐喊一声不可!以俺村里人的话儿,此等丑行是"光着腚推磨——转着圈儿地丢人"!(《天津日报·学术造假就是作孽》)(4)"光屁股推碾子——转着圈丢人"。[例]问题是"哥"不满足于网上,时不时地满城窜,弄得路堵道塞,商家做不了买卖,行人走不了道,怎么说也已扰乱了社会

秩序,那就该咋地咋地,让他知道锅是铁打的,人是有底线的:自己在家吃药上吊随便,上街"光屁股推碾子——转着圈丢人"不行。(周莲娣《不是"妖娆"是"妖蛾"》)

【锅里忘了搁醋——不够口儿】搁:加进去。口儿:食物的味道。指缺乏味道,没有达到要求。[例]院里弥散着熬鱼的味道。腥,像是锅里忘了搁醋——不够口儿。(肖克凡《都是人间城郭》)

【锅台后面下夹子——打蛐蛐(曲曲)】蛐与曲谐音。比喻小声说话、传话,悄悄地议论。[例]咱们开会就要集中精力,保持会场安静,这边的几位大姐不要锅台后面下夹子——打蛐蛐(曲曲)。

【锅台上吃饭——受气的小媳妇】形容遭受欺辱和压迫。[例]如今妇女顶起半边天,新中国成立前咱有啥地位,还不都是锅台上吃饭——受气的小媳妇。

【锅台上种地——能有几分】分:丈量土地的单位。采用反问语气,形容很少,没有多少。[例]既然你们哥俩下决心不和我们一起过了,那咱就分家吧,这点儿家底都摆在这儿,锅台上种地——能有几分?

【锅沿儿上的小米——熬出来的】锅

沿儿:饭锅的边沿。指经历艰难困苦后,境况终于变好了,有了新的出路。[例]老奶奶想想过去的苦日子,看看今天的好生活,经常嘱咐小辈人:"这是锅沿儿上的小米——熬出来的,你们可不能忘本啊!"

【过门儿的媳妇回娘家——熟门熟路】过门儿:女子出嫁。指对情况或路径十分熟悉和了解,富有经验。[例]这件事情就让邱姐去办吧,过门儿的媳妇回娘家——她熟门熟路。

【过年吃豆腐渣——没啥了】形容家里什么也没有了。[例]你的岁数也不小了,还在家里啃老,这些年已经给你搭了多少,现在我和你爸也是过年吃豆腐渣——没啥了。

【过冬的咸菜缸——泡着吧】咸菜缸:腌制的陶制容器。比喻故意消磨、拖延时间,或纠缠不休。也指长久地待在某个地方。[例]他知道回家就会挨一顿臭打,放学后在大街上的一棵树下坐下来,心想:躲一会儿是一会儿,过冬的咸菜缸——先在这儿泡着吧。

【过年的肥猪——等死的货】詈语,责骂人必死无疑,保不住性命,再做任何的抵抗或挣扎都是徒劳

的。[例]这帮可恶的鬼子兵,已被我们团团围住,成了"过年的肥猪——等死的货"!

【过年娶媳妇——双喜临门】指两件好事同时到来。[例]昨天曲大姐的丈夫评上了高级工程师,今天儿子的录取通知书又送来,考上了南开大学,真是过年娶媳妇——双喜临门啊!

【过小年买糖瓜——祭灶(急躁)】小年:农历腊月二十三。糖瓜:用麦芽糖等制成的瓜状食品以做祭灶神的供品。祭灶:按民间习俗,在小年这一天,家家户户都要祭祀灶神。祭灶与急躁谐音。形容性急,不冷静,没耐心,容易冲动、发怒。[例]小郭,刚才在工地冲你发火有点儿过分,不要计较。这些日子烦心事多一些,我是过小年买糖瓜——祭灶(急躁)了。

H

【蛤蟆不长毛——天生的一路种】蛤蟆:青蛙。指天生就是那样一种人,谁也无法将其改变。也用于责骂人的某种缺德行为是上代遗传的。[例]大歪子自从当上造反

司令,在每次批斗会上都张牙舞爪,对老同志拳打脚踢,百姓对他恨得牙根疼,有的说:"这坏蛋是蛤蟆不长毛——天生的一路种,早晚会被打五雷轰!"

【蛤蟆打喷嚏——好大的口气】讥讽人喜欢虚夸,说大话,吹牛皮。[例]我一听这黑七个说话简直是"蛤蟆打喷嚏——好大的口气",当下微微一笑,蹲在他身边跟他说:"这不是自由市场吗?你是有地契还是有合同。自由市场自由摆卖,谁来得早谁占地方,来晚了大不了再找个地方,你可倒好,一上来就动手,是不是也老狂了?"(天下霸唱《大耍儿》)

【蛤蟆垫桌腿儿——鼓起肚子硬上】垫:支撑、铺衬或填充。形容在承受巨大压力下,勉强去做本不愿意和难以胜任的事情;或仍然不泄气,执着地坚持干下去。[例]接下来吴大宝该吆喝"叩头",可他是蛤蟆垫桌腿儿,鼓起肚子硬上,眼前灵堂上下那么多人都瞧着自己,不免有些怯场。(天下霸唱《河神 鬼水怪谈》)|翻跟头?他怕担不孝的骂名,不会翻也得翻,反正是蛤蟆垫桌腿儿,鼓起肚子硬上吧。(天下霸唱《河神 鬼水怪谈》)又作(1)"蛤蟆垫桌腿儿——鼓着肚子干"。[例]妹夫!大兄弟!给!这是你穷大哥的一点心意,寒碜,不成敬意,拿回去吧!说实话,你嫂子就是折腾出这点卷子和麻糖,来让我走亲,也是蛤蟆垫桌腿儿——鼓着肚子干的哩!(柳溪《窦老乐赶会》)(2)"蛤蟆垫着桌子腿——鼓着肚子干"。[例]"我说你不用搬,你非要搬!他的饭食你怎么吃得下!"又扭头对他家里的说:"快给他摊个鸡蛋!"李蔚说:"别的甭用说了,蛤蟆垫着桌子腿——鼓着肚子干呗!"(梁斌《翻身纪事》)

【蛤蟆鼓肚子——干生气】比喻心里有怒气,而无处发泄,又没有办法,无可奈何。[例]"哼,管她哩!"王淑敏冲着北房努努嘴,歪着头说:"她不乐意算什么?吃着她的饭了吗?她还吃我爸爸的哩!走,咱们就吃去,甭理她那一套,让她蛤蟆鼓肚子——干生气!"(柳溪《功与罪》)

【蛤蟆屁股上插鸡毛——不是个好鸟】讥讽或责骂行为不端,不正派,不是一个好人。[例]这小子从小就好吃懒做,偷鸡摸狗,街坊邻居都说他"蛤蟆屁股上插鸡毛——不是个好鸟"。又作"蛤蟆屁眼儿插鸡毛——不是正经鸟"。[例]你问他？大名鼎鼎的二愣子，坑蒙拐骗样样沾边儿，蛤蟆屁眼儿插鸡毛——不是正经鸟！

【蛤蟆上菜墩——愣充那大块肉】菜墩：供切菜等的木制用具。讥讽没有什么本事的人，硬要冒充大能人或大人物。[例]今天占这个频道，明天占那个频道，东一榔头西一棒槌，磨磨叽叽，着三不着两的，也不顾一点儿大家的情绪，只管把自己的美好感觉强加给大伙儿，一路地胡诌下去，连表情也有点儿像日本影片《追捕》中的那个横路敬二呢！若是照着民间的说法，就有些损了，这叫嘛？这叫"蛤蟆上菜墩——愣充那大块肉"!(周凡恺《越侃越无聊》)

【蛤蟆跳井——扑通(不懂)】扑通：青蛙跳入水中的响声。扑通与不懂谐音。指不懂得，不了解，不知道，或不明白。[例]其余的几个盗墓贼一齐摇头："我们是蛤蟆跳井——不懂(扑通)。难道吴老大你竟然懂得寻龙点穴？莫非平日里都是深藏不露？"(天下霸唱《鬼吹灯》)

又作"蛤蟆跳井——卜咚(不懂)"。[例]冯狗子是小名，大号叫安邦，在萃华街起码住了五代了。

由于他是冯治安将军八竿子够不上的亲戚，"文革"中挨了整。眼下大讲统一战线，他又成了文史馆注意的人物，不过要他回忆冯治安将军什么的，那可是蛤蟆跳井——卜咚(不懂)了。(鲍昌《萃华街记事》)

【哈巴狗戴铃铛——冒充大牲口】哈巴狗：也叫巴儿狗，体小，腿短，毛长。大牲口：指骡、马、牛等大型家畜。讥讽地位卑微的小人物，冒充有身份、有气派的大人物。[例]谁不知道你是嘛变的？骗子一个，哈巴狗带铃铛——冒充大牲口。

又作"哈巴狗戴串铃——充什么大牲口"。[例]小丘子在一旁不时插嘴，打哈哈凑热闹，老钟头踹了他一脚："你哈巴狗戴串铃——充什么大牲口？快滚蛋！"

【哈巴狗蹲墙头——硬装坐地虎】坐地虎：泛指地方的恶霸。为了恫吓人或欺骗人，偏要装成恶人、地痞或恶霸。[例]小莘子刚从大牢里回到村里才一年，又恶习不改，哈巴狗蹲墙头——硬装坐地虎，等着"二进宫"吧！

【哈巴狗过门坎——又锼鼻子又锼脸】锼：又作戗，力度较大的摩擦、碰撞。讥讽人既遭受打击又伤害面子。[例]桩子怒冲冲地来到河西，本想是为手下的小弟拔闯，结果人家人多势众，对他们连骂带打，哈巴狗过门坎——又锢鼻子又锢脸，只能灰溜溜地回来了。

【哈巴狗叫猫——错当一家人】比喻分辨不清，认错了人或认敌为友。[例]笑面虎老奸巨猾，大家要时刻提高警惕，千万不能哈巴狗叫猫——错当一家人。

【哈巴狗舔脚后跟——亲的不是地方】形容说话、办事没有找准对象。也指溜须拍马很过分。[例]在这件事情上，你确实费劲儿不小，最后为什么没有干成？哈巴狗舔脚后跟——亲的不是地方，深入找找原因吧。｜花姐今天在会上对店长好一顿捧，听着太肉麻，哈巴狗舔后脚跟——亲的不是地方，叫人背后戳脊梁骨。

【哈巴狗咬月亮——不知天高地厚】比喻不自量力，脱离实际，痴迷、幻想一些不可能实现的事情。[例]近日，台湾当局有人又大放厥词，对我们解放军进行挑衅，真是哈巴狗咬月亮——不知天高地厚！

【孩儿脸——一天三变】形容变化很快，变化多端。[例]现在市场的行情是孩儿脸——一天三变，买卖越来越不好做了。

【海光寺当家的——衡（横）宽】海光寺：原为佛教寺庙，坐落在天津旧城南门外，清康熙四十四年（1705）由一位法名叫成衡的高僧修建，清光绪二十六年（1900）毁于八国联军的炮火。当家的：寺院住持，唯一负责人。衡与横谐音。比喻面积大，范围广。也戏指人体形矮胖。[例]这个小区是海光寺当家的——横宽，在绿化设计上，我们要开动脑筋，敢于创新，突出特色，形成精品。｜你小子天天说减肥，大半年过去了，这身材也没啥变化，还是海光寺当家的——衡（横）宽，到底什么原因？

【海边的盐碱地——咸（闲）白儿太多】咸与闲谐音。形容无用的、无关的话、事以及多余的东西很多。[例]老爹实在看不下去了，大声呵斥他：“你成天竟鼓捣这些没用的玩意儿，海边的盐碱地——闲白儿太多，干点正事行不行？”

【海河里撒尿——随大流】海河：华北地区的最大水系，位于京津冀地区，由潮白河、永定河、大清河、子牙河、卫河在天津汇聚合流后的下游称海河，是天津的摇篮，名副其实的“母亲河”。指缺乏主见，跟着大多数人的主意、想法，来说话或行事。[例]不用浪费时间讨论了，快拿主意拍板吧，你们咋说我咋办，我是海河水里撒尿——随大流。

【海河水——闲流（遛）】流与遛谐音。指游手好闲，无所事事，无目的随意地闲逛或散步。[例]老六子："二哥，吃了吗？"大头："吃完了。"老六子："您了这是去一号？"大头："我直肠子呀！"老六子："哦，海河水——闲流（闲遛）。"（《今晚报·天津话情景剧〈饭后闲聊〉》）

又作"海河水——咸流儿"。[例]一大早，胡同里的刘爷瞧见赵爷，"早啊赵爷，您老拎着鸟笼子干嘛去？""哦，爷爷爷（回敬话）。我这不是'海河水——咸流儿'嘛，没嘛事，到河边树林里转转，锻炼锻炼。"（一民　博克）

【海里的水——到哪儿哪儿咸（闲）】咸与闲谐音，形容人缘不好，处处受嫌弃，惹人厌烦。[例]你还觍着脸埋怨大家躲着你，看你干的那些臭事儿，海里的水——到哪儿哪儿咸（闲）。

【海螃蟹值钱——顶盖儿肥】比喻封闭的器物、设施里面，装得满满当当，物品丰厚。[例]再往死尸四周看，陪葬的珍宝极为丰厚，黄的是金子、白的是银子、红的是珊瑚、绿的是翡翠，和田的羊脂玉、湖北的绿松石、抚顺的净水珀、保山的南红玛瑙应有尽有，精雕细刻成各种各样的祥花瑞兽，堆得满满当当。天津卫讲话，海螃蟹值钱——顶盖儿肥！（天下霸唱《崔老道传奇 三探无底洞》）

【海张五出殡——动静大了】海张五：张锦文，字绣岩，清末大盐商，天津"八大家"之一。相传他曾在盛京将军海仁家当过厨房总管，被收为义子，排行第五，人送绰号"海张五"。出殡：把灵柩运到安葬或安厝的地方。形容规模大，影响广。[例]天津歇后语"海张五出殡——动静大了""动静"在这里指规模、影响。海张五，清末大盐商张锦文，天津"八大家"之一，人称"益照临张家"。相传他曾在盛京将军海仁家当过总管，被收为义子，排行第五，故人称海张五。他业盐致富后，斥资于文化教育、慈善救济等公益事业。其葬礼出殡操办极尽奢侈，故曰"动静大了"。（谭汝为《天津话里的"小人物"》）

【海张五修炮台——小事一段】修炮台：清咸丰三年（1853），为了加强军事防御，急征修筑工事。海张五出资雇工，在很短的时间内就建成炮台六座，并表示"此微末之举，实小事一桩"。形容某件事微不足道，不值一提，或轻而易举就能解决，不费吹灰之力。[例]海边有大片盐场，装盐的草袋与麻袋有的是，他令人将草袋和麻袋装上盐，运到建炮台的位置，按炮台的形状垒盐包，边垒边泼水，最后冻成一个冰坨。这样建起的炮台不但比砖垒的坚固，而且速度还快，防御功能比用砖垒的有过之而无不及，由此天津卫流传下"海张五修炮台——小事一段"这句老俗话。（章用秀《天津老俗话》）｜记得我小时候读过上海著名学者郑逸梅先生的文集，在序言中称赞郑先生是"补白大王"，我想今天的由国庆可称得上咱天津卫的"补白大王"。因为很多津门掌故在他笔下是"海张五修炮台——小事一段"，信手拈来，妙笔生花。（侣童强《津门补白王》）

【海水淡化——消咸（闲）】咸与闲谐音，指悠闲，清闲，或消磨空闲的时间。[例]你问我退休以后主要干什么？套用一句俏皮话："海水淡化——消咸（闲）呗。"

【韩信用兵——多多益善】韩信：汉初淮阴人，初属项羽，后归刘邦，被任命为大将，后被封为楚王。《史记》记载，刘邦问韩信："像我这样能带多少兵？"韩信回答："陛下不过能带十万。"又问："你能带多少？"韩信说："臣多多而益善耳。"形容越多越好。[例]老童打电话问，周日参加义务植树活动，县直机关来多少人好，镇长说："我们这儿树苗和工具准备充足，人嘛，当然是韩信用兵——多多益善。"

又作"韩信点兵——多多益善"。[例]"你就想要两吊制钱，你见过白花花的银子吗？""那是韩信点兵——多多益善。"（鲍昌《庚子风云》）

【寒冬腊月吃冰棍——心里凉透了】比喻十分伤心和失望。[例]当她得知网上造谣的帖子，是自己的闺蜜一手在背后操弄的，就像寒冬腊月吃冰棍——心里凉透了。

【旱香瓜——俩味儿的】香瓜：又称甜瓜，果实有香气，味儿甜。比喻意味或感受独特，与众不同，别具一格。也指与同类食物的味道不一样，有自己的特色。[例]乡妹子彩霞读了作家刘绍棠的乡土小说，给了一句评价："旱香瓜——俩味儿的"，一语中的。｜在扶贫产品展销会上，我尝了尝西北地区生产的瓜果，真是好吃，用咱天津一句俏皮话来说，就是"旱香瓜——俩味儿的"。

【旱烟袋打鸟——不是真枪(腔)】旱烟袋：一种吸旱烟的用具。枪与腔谐音。比喻说话的语气、腔调做作，不对劲儿，或说的不是真心话。[例]菜包子去广州打工一年多，回家来过年，口音全变了，说话难听死，梁大伯对他说："你这是旱烟袋打鸟——不是真枪(腔)。"

【号里的马——驴也能当差】号：养马的处所。比喻没有选择余地，只能挑选一些相对能干的人，来勉强地凑合、将就。[例]大哥，咱们现在就这么几个人，属于号里的马——驴也能当差，只能让猴子去抵挡一下了。

【好叫的家雀——没有二两肉】家雀：麻雀。讥讽人只会夸夸其谈，没有什么真本事。[例]大家别听他在那儿瞎白话，好叫的家雀——没有二两肉。

【耗子不叫耗子——老鼠(输)】耗子：老鼠的俗称。鼠与输谐音。讥讽那些本领不强，屡遭失败的人。[例]老兄我奉劝你，不要再较量了，耗子不叫耗子——老鼠

(输)，你确实技不如人，认头吧。

【耗子搬家——穷折腾】形容盲目地翻来覆去做某事，没有任何实际效果。[例]"文革"中，咱们村的村长几乎一年换一茬，耗子搬家——穷折腾，把生产、生活搞得一塌糊涂。

【耗子戴眼镜——鼠目寸光】讥讽目光短线，看不到长远。[例]眼下，各乡镇都在研究制定三年规划，告诉大家，一定要立足当前，放眼长远，不能耗子戴眼镜——鼠目寸光。

【耗子掉面缸——白眼相看】形容对人蔑视，不屑一顾或不满意，不礼貌。[例]两个人刚交谈不一会儿，就谈崩了，谁也不再理谁，来了个耗子掉面缸——白眼相看。

【耗子动刀——窝里反】指家族或团体内部发生内讧，出现冲突、争斗或残杀。[例]连化青心里也不免有些吃惊，却故作镇定地说道："他们俩小要饭的，耗子动刀——窝里反，为了争口剩饭，致使二人互动身亡，与我何干？"(天下霸唱《河神 鬼水怪谈》)｜咱就事儿论事儿地说，也是我老猫今个儿摆桌的意思，在座的有一位是一位，都听好了，如果你们都给我老猫几分薄面，今后咱就兵和一处将

打一家一致对外,四面城以后甭管是谁,一旦有什么事儿发生,都得互相照应并帮衬着,你们在不在一块我不管,一旦有事儿必须抱团,也甭论什么东北角西北角了,不都是老城里的吗?别再闹出什么内讧了,耗子扛枪——窝里反,那不是让外区的看笑话吗?(天下霸唱《大耍儿》)

【耗子逗猫——没事找事】比喻自找麻烦,自寻烦恼,或自找罪受。[例]人家的自行车放在自个儿的家门口,你路过那儿非得闲得踹一脚,这不是耗子逗猫——没事找事吗?

【耗子给猫捋胡子——溜须不要命】捋:用手顺着物体表面抹过去,使之顺溜、干净。讥讽不顾一切,极力巴结、奉承他人。[例]这个狗汉奸,见着小鬼子就低头哈腰,献媚取宠,那叫耗子给猫捋胡子——溜须不要命。

【耗子扛枪——窝里横】指只会对自家人或在内部发脾气,耍威风,横行霸道,到外边就变得怯懦无能了。[例]中国有那么一些人,就是整自己人劲足,有本事,"耗子扛枪——窝里横"。(《李瑞环同志在听取天津市体委工作时的讲话》)｜好哇!惹不起小日本,拿中国

学生打着玩呀?真是耗子扛枪——窝里横!再有游行,我们也参加啦!人多了,看他们还打得过来不!(柳溪《功与罪》)

【耗子扛枪——窝里反了】指家族或团体内部发生矛盾和斗争。[例]"咋不碍事?"钱小军从凳子上站起来,走到小夏跟前,"现在村里谁不知道,咱老钱家耗子扛枪——窝里反了,自家唱起了对台戏。"(王雅鸣《荒海》)

【耗子啃皮球——嗑(客)气】嗑与客谐音。比喻对人谦让,有礼貌。[例]"不用不用,还是留着大哥自己消受吧!"侉子一本正经地说。"嗬——跟我还来耗子啃皮球——客(嗑)气起来了。"洪海心情一好,忍不住那他开起了玩笑。(王雅鸣《兄弟》)

【耗子拿花椒——麻爪了】形容在忙乱或惊慌之中,手足无策、无计可施的样子。[例]费通也是耗子拿花椒——麻爪了,棺椁抬不上来,后边的活儿也就没法干,只得求在场看热闹的闲人帮帮忙。可他求告了半天,谁也不愿意伸手,怕沾上晦气。(天下霸唱《崔老道传奇 三探无底洞》)

【耗子爬脚面——老实巴脚(交)的】脚与交谐音。指人品性好,憨厚

本分,规规矩矩,稳重谨慎,与人无争。[例]崔大脚:"是呀! 还是上岁数的人儿明白,您拿我们秃子说吧,那真是耗子爬脚面——老实巴脚的,我不管谁管哪!"(来新夏等《火烧望海楼》)

【耗子爬香炉——碰了一鼻子灰】香炉:烧香所用的器具。指想讨好别人,却遭到冷漠、拒绝或斥责,落得个没趣儿。[例]几个人在厂长面前各说各的理,都想落个干净,结果全被一顿臭骂,耗子爬香炉——碰了一鼻子灰。

【耗子陪猫睡觉——好大的胆子】指胆子太大。[例]这个歹徒竟然在光天化日下当街行抢,真是耗子陪猫睡觉——好大的胆子!

【耗子娶媳妇——小打小闹】指规模、范围、声势、威力都不大。[例]我有言在先,就你们那几个人几杆枪,还想和人家对着干,只不过是"耗子娶媳妇——小打小闹",早晚死无葬身之地。

【耗子算卦——撂爪儿就忘】算卦:迷信的说法按照卦象推算事情凶吉。形容健忘,记性很差。也指不接受教训或不听别人劝导。[例]今年咱们镇的植树造林任务没有完成,要深入分析原因,认真总结教训,采取有力措施,争取明年不但补回来,而且要在全县夺红旗。

【耗子舔猫鼻梁骨——找死】鼻梁骨:鼻子隆起的部分。讥讽不知死活,自找倒霉,自寻死路。[例]知道这儿是谁的地盘吗? 我,我陶爷的! 光天化日之下,你们跑来要横儿,真是耗子舔猫鼻梁骨——找死!

又作(1)"耗子舔猫爪——找死"。[例]你他妈的买二两棉花纺纺,火车站一带,哪个不认识我胡大爷? 大爷吃馆子逛窑子从来不花钱,你这是耗子舔猫爪——找死!(姚宗瑛《赌跤》)(2)"耗子舔猫屁股——找屎(死)"。[例]哼! 这个混账刚骂了我的弟兄,又找上门来叫号,简直是耗子舔猫屁股——找死(屎)! (3)"耗子舔猫鼻子——找死"。[例]大舟突然得了喘息的空儿,急忙转身抄起家伙,目光灼灼地望着对方:"你这不是耗子舔猫鼻子——找死吗?"

【耗子舔猫屁股——自讨没味儿】讥讽自寻烦恼,自找倒霉,使自己陷入尴尬甚至危险的境地。[例]马奇对田宝起说:"你呀,耗子舔猫屁股,自讨没味儿……"田宝起无可奈何地耸耸肩,又隔着眼镜片,睁大一双眼,撅了撅小嘴,嘴嘟成

小花骨朵,他说:"对不起,宋小姐,我服输了……"(王富杰《黄飘带》)

【耗子尾巴抠骰子——小贫骨头儿】骰子:即色子,一种赌博或游戏用具。讥讽油嘴滑舌,喋喋不休,说话多得令人生厌。也指吝啬鬼。[例]小曼那张巧嘴,能把死人说活了,真是耗子尾巴抠骰子——小贫骨头儿,可烦人哩。∣你想找鲁之花借钱?试试吧,她可是耗子尾巴抠骰子——小贫骨头儿,手紧着呢。

【耗子尾巴上的疖子——没多大脓(能)水】疖子:一种化脓性的皮肤病。脓与能谐音。比喻钱财不多,挤不出什么油水。也指没有多大能耐,或胆量很小。[例]那是您有所不知,水固然能够克火,可也得分多大的水和多大的火。钻天豹这个淫贼是耗子尾巴上的疖子——没多大脓水,挤出来还没有几口唾沫多,撞上火神爷能有好下场吗?(天下霸唱《火神》)又作(1)"耗子尾巴上长疖子——没多大脓水"。[例]李斌赔笑道:"哪有啊,我们全是小打小闹儿,耗子尾巴上长疖子——没多大脓水。"(2)"耗子尾巴长疮——有能也不多"。[例]老齐一边给自己的

胸口顺气,一边对我说道:"哎哟老弟,从没听过老鼠长出人脸,哪有这邪行的事?你是不是做噩梦了?老哥我这胆子……那是耗子尾巴上的疖子——有能也不多,可经不住你这么吓唬……"(天下霸唱《门岭怪谈》)

【耗子钻风箱——两头受气儿】指两方面均不讨好都遭到埋怨、责备或欺侮。[例]路雄飞无奈地说:"我能怎么着?日本人惹不起呀。"掌柜的反问:"东北军咱就惹得起了?"路雄飞涨红着脸叫:"我现在是耗子钻风箱,两头受气,有什么办法?"(周振天《玉碎》)

【耗子钻牛角尖——死路一条】形容陷入绝境,无路可走或没有前途。[例]这一年来你的几次入户盗窃,我们都记录在案,铁证如山,快老实交代吧,否则只能是耗子钻牛角尖——死路一条。

【喝酒不用盅子——壶(胡)来】盅子:饮酒等用的没有把儿的杯子。壶与胡谐音。讥讽不经考虑,不按规章随意行事,或瞎闹乱来,胡作非为。[例]我劝你再好好考虑考虑,三思而后行,千万不要喝酒不用盅子——壶(胡)来!∣谁叫你这么干的?简直是喝酒不用盅子——壶(胡)来,违法最终是要

付出代价的!

【喝了蜜——嘴倒真甜】讥讽心口不一,嘴上说得动听,但心里想的并不是那么回事。[例]惹惹说:"还不是因为闹鬼,怕你害怕!"说着,大胳膊一张就去抱。精豆儿"啪"使劲打他大手一下,说:"你喝了蜜,嘴倒真甜呀,你心里想着嘛,别人不知,我知!"(冯骥才《阴阳八卦》)

【喝盐水聊大天——尽说咸(闲)话】咸与闲谐音,比喻光说没意义、无聊的话,或带有讽刺意味的风凉话。[例]你呀,吃亏就吃在这张嘴上,整天不干什么正经事儿,却喝盐水聊大天——尽说咸(闲)话。

【何家闺女嫁郑家——郑何氏(正合适)】古代女子出嫁后,要在自己的姓前加上夫姓,称某某氏。郑何氏与正合适谐音。指正好符合实际情况和客观要求,或相匹配,刚合适。[例]小潘能歌善舞,又喜欢运动,让她当文体委员是何家闺女嫁郑家——郑何氏(正合适)。

【和尚成道——神了】成道:领会佛道而修得正果。形容聪明、机灵,做出的事情有时不可思议,令人惊讶。[例]今天的诗人谷正义,前途顺畅,区长当得口碑不错,竟也挤出三十年的业余时间编出这部《歇后语趣谈》,和尚成道——神了!(蒋子龙《〈歇后语趣谈〉序》)

【和尚打伞——无发(法)无天】发与法谐音。斥责目无法纪或天理,肆无忌惮地做坏事。[例]"遮了天"这个绰号大概取自"和尚打伞——无发(法)无天"的意思。民间风传他早年当和尚的时候救过黄大仙,一辈子都有黄皮子保着,谁也动不了他。(天下霸唱《鬼吹灯》)‖这些贪官的犯罪事实触目惊心,他们忘记初心,肆意践踏党纪国法,简直到了"和尚打伞——无发(法)无天"的地步!

【和尚的木鱼——天生挨敲打的货】木鱼:僧尼念经、化缘时敲打的响器,用木头镂空制成。讥讽生来就是被欺辱和打击的对象,或言行不得体,自取其辱,招致麻烦或惩罚。[例]三番五次地让你离开这是非之地,你当耳旁风,窝在这里就是不动劲儿,现在傻眼了吧?你呀,和尚的木鱼——天生挨敲打的货。

【和尚席——满素】和尚席:和尚吃的成桌的饭菜、酒筵。指菜肴不含肉类食品,完全是素食,与荤食相对。[例]邻居大娘娶大儿媳妇,是我帮着操持的。大娘让我和大师傅商量,能不能把咕咾肉和爆两样改成独面筋和家常豆腐,这样就能省出点肉。大小子听了,心里虽别扭,嘴上却没说。二小子插话:"这叫和尚席——满素。"(郭文杰《四十年代我忙乎过的喜事儿》)

【和阎王爷拜把子——生死帖子】阎王爷:又称阎王、阎罗,迷信认为是主管地狱的神。拜把子:雅称义结金兰,朋友结为异姓兄弟。生死帖子:即生死文书。形容跟极严厉或凶恶的人结为朋友,生死难料。[例]咱们几个跟着范大炮上山"挖宝",就是和阎王爷拜把子——生死帖子,眼下谁打退堂鼓还来得及。

【河北关——下罢】河北关:地名,位于天津老城厢北门外,南运河畔浮桥北端,旧时水陆出入货物的银税均在此征收。指劝说人赶快离开,一走了事。[例]这是怎么说的?人家好交情,咱这不是多事么?咱这还丁着个嘛劲儿?河北关——下罢。(李燃犀《津门艳迹》)

【河边没草——不要多嘴驴】讥讽或斥责不该说话的时候,不要随意从旁插话,多嘴多舌。[例]大江先开腔:"别看天旱,这块车辆地并不难干,翻上来的土还带潮气哪!""地势洼呗!"大江很自信地来作解释。大山瞪了他一眼,说道:"我不知道这个?跟你说,河边没青草,不要多嘴驴。"(鲍昌《庚子风云》)

【河边儿娶媳妇——给王八们看乐】比喻捉弄人,开玩笑,寻开心,多用于调侃、挖苦或嘲讽。[例]工人们就时不时故意藏了她的小物件儿,弄她怒,听她骂。因为没有别的节目。翻砂工似苦行僧。"偷老娘骑马布你去当口罩呀?小心掉了满嘴的牙……"她骂得十分辉煌,极诱众人听着,就热烈地鼓掌拍疼了手。她做惊讶状:"咦?我这是河边儿娶媳妇——给王八们找乐啦!"(肖克凡《黑色王国》)

【河里没鱼——市(事)儿上见】市:集市,集中进行交易的场所,与事谐音。指在具体的事情上见分晓,看结果。也指这里见不到的事情,在别的地方却比比皆是。[例]借着今天这个日子,我再喊你一句老哥,咱俩把话说破了吧,眼看你的日子也浅了,咱俩谁也别装王八蛋了,你老哥如果还有心气儿,我墨斗在社会上等你,咱俩是河里没鱼——市(事)儿上见,我随时恭候!(天下霸唱《大耍儿》）｜我敢与不敢,咱河里没鱼——市儿上见,在场的有一位是一位,都是证人！一会儿谁尿了谁自己砸手指头,不都牛掰哄哄的吗?(天下霸唱《大耍儿》)

又作(1)"河里没鱼——市上见"。[例]唉,静庵大哥,我真想不到这帝王故城,竟然有这么许多寻花问柳的秦楼楚馆,真是河里没鱼市上见呀!(柳溪《大盗燕子李三传奇》)

(2)"河里没鱼——市上看"。[例]心里有事,俞喜明象征性地喊了喊嗓子,就告辞了。既然组织不跟我联系,我主动到秦记铁铺附近走两圈。河里没鱼——市上看。(肖克凡《喜荣归》)

【河里摸鱼——光溜溜的】形容物体表面十分光滑。[例]被子上面积了一层尿碱,恶臭呛人,虱子在棉花里滚成蛋……大家睡下,臀对臀,脸对脸,肉皮磨床板,就好像河里摸鱼——光溜溜的。(张孟良《儿女风尘记》)

【河里扔叉子——剁鱼(多余)】叉子:捕鱼的铁制工具。剁鱼与多余谐音。指超过需要的,不必要的,或过度的、过分的。[例]孩子大了,这点儿小事您还管,操不完的心,我看是河里扔叉子——剁鱼(多余)的。

又作"河里扔粪叉子——多余"。[例]他也不睡觉了,坐在我的铺位上,一路上变换着各种造型,口若悬河地跟人家吹嘘他的"光辉业绩",听得那个姑娘神魂颠倒,一脸的崇拜,而坐在一旁的我,倒成了河里扔粪叉子——多余的了!(天下霸唱《大耍儿》)

【河鱼下海——不知咸淡】比喻不懂得事情的利害,言行冒失,有失分寸。[例]老董大哥家这些年对咱们真不错,没少帮衬,你竟然说这种不中听的话,河鱼下海——不知咸淡啊。

【贺仁杰的锤——短链(练)】贺仁杰:字宽甫,元代国公世家,从世相忽必烈南征北战,善使用短链锤。链与练谐音。指人缺乏实际的锻炼、磨炼。[例]亲眼看着大徒弟从跤场上败下阵来,师傅心里针扎一样难受,只说了一句俏皮话:"还是贺仁杰的锤——短链(练)呀!"

【黑鬼掉进面杠——白鬼了】讥讽装模作样,坏人伪装成好人。也指白费心机,白算计了。[例]日本鬼子滚蛋以后,狗汉奸秦大棍也望风而逃,躲到外地想黑鬼掉进面缸——变白鬼了,但群众的眼睛是雪亮的,他还是被揪了出来,受到了严厉处罚。┃合子算计来算计去,也没斗过那南方老板,还是钻进了人家的圈套,把一年的利润全搭进去了,落了个黑鬼掉进面杠——白鬼了。

【恨虮子烧棉袄——不值当的】比喻得不偿失,不值得这样做或不应该这样做。[例]你们说我这样做是"恨虮子烧棉袄——不值当的",我真的不在乎,只要能让花花回心转意,什么都可以舍得。

【横垄地拉车——一步一个坎儿】垄:在田地上培起的一行行土埂,两侧是一道道小沟。坎:低洼的地方。比喻事业和生活不顺利,经历的艰辛或遭受的挫折很多。[例]孙小臭儿思量了整整一宿,想出一个坏主意,转天一早,又来到孙家大宅,跪在门前磕头如捣蒜,一把鼻涕一把泪地诉苦,前五百年后五百载的委屈全想起来了,先说自己前半辈子怎么怎么不容易,真好比横垄地拉车——一步一个坎儿,把倒霉放在小车上——忒倒霉了,说罢又一边抽自己大嘴巴,一边给张三爷赔罪……(天下霸唱《火神》)
又作"横垄沟拉碾子——一步一个坎"。碾子:轧碎谷物或去除谷物皮的石制工具,由碾磙子和碾

盘组成。[例]祁家的老少爷们儿也是"横垄沟拉碾子——一步一个坎"。拉杆要饭到了关外,人生地不熟,两眼一抹黑,不知该在何处落脚。(天下霸唱《天坑宝藏》)

【横着扁担走路——霸道】指对人对事专横,蛮不讲理,为非作歹,多用于责骂。[例]车匪姚拐子这些年在柳林一带张牙舞爪,横着扁担走路——太霸道了,终于被绳之以法,真是大快人心!

【红蓝铅笔——两头挨削】削:用刀切去或割去。比喻受到两方面的批评、责难或打击。[例]这俩团伙对栓子都不放心,怕他是对方的奸细,栓子时不时地受到责骂,红蓝铅笔——两头挨削。

【红牌儿电车——下河东】红牌儿电车:旧时天津红牌儿电车线路,由北大关经东北角,过金汤桥沿今建国道至东站。建国道在海河以东,故曰"下河东"。泛指天津人从某一地方到河东去办事。[例]"大伯,您这是去呢?""我呀,红牌儿电车——下河东,去探望一位老朋友。"

【猴吃芥末——净剩瞪眼了】芥末:调味品,以芥菜的种子研制而成,有很强的辛辣气味。形容遇事着急而没有办法的样子。[例]我闻

听此言也凑上前看个究竟,只见碑上刻有三个篆字,笔画繁多,又相了半天面,结果是它认识我,我不认识它,臭鱼的文化底子远不如我,而阿豪也辨认不出,我仨算是"猴吃芥末——净剩瞪眼了"。(天下霸唱《绝对循环》)

【猴吃芥末——傻眼了】形容因事出意外而目瞪口呆,不知所措。[例]外国人太羡慕天津的老少爷们儿了,这么好的东西遍地都是,不用栽培,不用管,不花钱。他们是猴吃芥末——傻眼了。(孙福海《嘛叫天津人》)

【猴吃麻花——满拧】麻花:天津著名小吃,把几股条状的面拧在一起,用油炸熟。十八街麻花为天津食品"三绝"之一。指完全相反,根本不一致;或完全弄颠倒,都搞错了。[例]不过,无论以往刮的"中国风"多大,也没现在席卷全球的"中国疯"来势凶猛。此"风"彼"疯"虽一个读音,但意思差十万八千里——"猴吃麻花满拧"。(周莲娣《天津日报·莲娣脱口秀》)▎天津人多半大大咧咧,歇后语里有"近视眼看天益斋——大盖齐"就行了。"天益斋"是个字号,看成"大盖齐"是"猴吃麻花——满拧",但在天津人眼里

也只是一笑了之。认为倒也"差不离儿"。(薛宝琨《"大盖齐"和"天益斋"——天津人的思维习惯》)

又作"猴子吃麻花——满拧"。[例]按此解释,看戳腿就是看拳脚。错,猴子吃麻花——满拧。我这里的看戳腿,是看"蹭"戏即不花钱白看戏的意思。(王行《看戳退》)

【猴打电话——说是说听是听】比喻说话的和听话的毫不相关,无法沟通。[例]他们俩人刚一见面就顶起来了,猴打电话——说是说听是听,根本不在一个频道上。

【猴儿吃核桃——满砸】指事情完全被搞糟,或彻底失败。[例]明迪一看傻了眼,这事办的,猴儿吃核桃——满砸,怎么跟亲人们交代呢?

【猴儿吃芥末——翻白眼儿】形容为难、失望、不满或愤恨的样子。有时也指人病情危急的生理现象。[例]老容看到事情办砸了,不知如何收场,瘫坐在地上,像猴儿吃芥末——翻白眼儿。

【猴儿吃辣椒——抓耳挠腮】形容慌乱、忙乱或烦躁,干着急没有办法。[例]顾老板听完电话,站在那儿像猴儿吃辣椒——抓耳挠腮,

知道这笔买卖被骗,肠子都快悔青了。

【猴儿穿缎儿鞋——不掸那一缎(段)儿】缎儿鞋:缎子面做的鞋。掸:轻轻地抽或拂,去掉灰尘等。缎与段谐音。比喻对他人的言行或要求表示轻视,完全不理睬。[例]老爹老娘苦口婆心说了大半天,他还是我行我素,猴儿穿缎儿鞋——不掸那一缎(段)儿。

【猴儿穿马褂——人了】马褂:旧时男子穿在长袍外面的对襟短褂。指装模作样,想方设法地伪装或冒充,使恶人变成了好人,下流的人变成了体面的人。[例]话说亮子悄悄外出一年多,回来时穿的溜光水滑,一走三晃像个大老板。在胡同里正闲聊的赵四爷对刘二爷说:"看这小子也许猴儿穿马褂——人了。"刘二爷接茬:"也许吧,不过这孩子像'二小儿踩高跷'(瞧这几步走)。"(点子《俏皮俗话》)|你小子进城闯荡才几年,回到村里就猴儿穿马褂——人了,呸,躲一边凉快去!

【猴儿戴帽子——装人】讥讽或责骂装模作样,品行低下的人冒充正人君子或英雄人物。[例]快给我滚得远远的,猴儿戴帽子——装人,你这完全是打着慈善的旗号变着法子赚钱!

【猴儿进冰窖——满凉】冰窖:贮藏冰块的地窖。比喻人因受挫折或打击,情绪低落到极点,希望完全落空。[例]田雨亭算是猴儿进冰窖——满凉,只顾一时痛快,伸手就把人打了,赔了几千元医药费不说,还在局子里蹲了十几天。
又作"猴子进冰窖——满凉"。[例]这么一来他靠山山倒,依墙墙塌,猴子进冰窖,满凉。(张孟良《袁文会与刘广海》)

【猴儿拉车——说翻就翻】指人脾气不好,变化无常,捉摸不定,说翻脸就翻脸。也指友谊经不住考验,说变就变。[例]这个人的脾气太差,像猴儿拉车——说翻就翻,真不好相处。|大冲和小汝原来好得穿一条裤子,俩人合开公司才不到一年,关系是猴儿拉车——说变就变,现在形同路人。

【猴儿拉稀——坏了肠子】责骂坏了良心,或存心不良。[例]陈大爷发怒地骂了几句:"你这没有心肝的东西,猴儿拉稀——坏了肠子,还有脸来见我?"

【猴儿排队——满不挨着】满:全部,完全。指说话、办事离题太远,完全不着边际,或不符合事实和道理。也指双方相互游离,各不相关。[例]看你这事办的，猴儿排队——满不挨着，脑子是不是进水了？┃这两个公司的法人是一个老板，但从来都是各干各的，猴儿排队——满不挨着，不知咋回事？

【猴儿屁股——自来红】指天生的、与生俱来的红颜色，为"根红苗正"的俗说。在极"左"的年代，指出身好的人。[例]咱祖宗三代都是一无所有的贫农，猴儿屁股——自来红。

【猴儿屁股插鸡毛——算是哪国鸟】采用反问语气，指人来路不明，身份不明，没有资格参与其中，或言行怪异，不合习俗。[例]老马和老周在金元宝商场门前呛起来，路过的一位行人插了句："在这儿瞎吵吵，不嫌丢人现眼？"老马不愿意听了："你猴儿屁股插鸡毛——算是哪国鸟儿？"┃他这一身打扮，土不土洋不洋，就像猴儿屁股插鸡毛——算是哪国鸟儿？

【猴儿拳——小架势】比喻干事的规模、局面不大，属于小打小闹。[例]儿子想扩大施工队的规模，老爹思想保守，说："咱就是小小的个体户，猴儿拳——小架势，小摊子，小买卖，一摊大准跌跟头。"

【猴儿推磨——玩儿不转】指没办法，应付不了，行不通，维持不住。也指人的能力和经验不足，难以胜任某方面的工作。[例]萧俊原来想得挺好，可到现场一看，满不是那么回事儿，成了猴儿推磨——玩儿不转。┃亮子四处白话他学会了买卖道儿，忽悠街坊四邻一起凑钱进货做生意，岂料他徒有虚名，好赛"猴儿推磨——玩儿不转"，没过多久就把大伙的本钱赔得一干二净，落得"窝头翻跟头——有多大眼现多大眼"。（点子《俏皮俗话》）

【猴儿洗澡——不等毛干】讥讽做事毛躁，急不可耐，不稳重，没耐性。[例]你整天猴儿洗澡——不等毛干，是办不好事情的，这个毛病必须改！

又作（1）"猴儿洗孩子——不等毛干儿"。[例]姑娘，绣花可是个细活儿，必须稳得住，有耐心，切记猴儿洗澡——不等毛干儿。（2）"猴儿养活孩子——不等毛干儿"。[例]别着急，一遍不成再来一遍，熟能生巧嘛，猴儿养活孩子——不等毛干儿可不行。

【猴子举棒子——胡抡】比喻做事不讲规矩，没有章法，胡干，乱来。[例]倒并非是什么"盗亦有道"，而是土匪这一行自古留下的规矩，毕竟土匪也是人，免不了遇上三灾六难，有个马高蹬短的时候，不能真把事情做绝了。但是常青龙不管这套，整个一个"猴子举棒子——胡抡"，而且残忍成性，砸窑抢钱不说，还杀人成瘾，经常平白无故下山抓人……（天下霸唱《天坑追匪》）

又作"猴儿拿棒槌——胡抡"。[例]小鑫你在这儿猴儿拿棒槌——胡抡什么？本月的奖金不想要了？赶快回车间里干活儿去！

【猴子拉屎——猿粪（缘分）】猿粪与缘分谐音。指人与人或人与物之间发生联系的可能性，有某种必然存在的相遇的机会。[例]吴帮子越说越激动，嘴上的假牙差点儿没掉盖碗儿里。他一把攥住李宗宅的手，恳切地说："二爷，这样的珍品如今让咱爷儿们儿撞上了，那是猴子拉屎——猿粪（缘分）啊。"（王筠《老季家往事》）

【猴拿虱子——瞎掰】拿：捉。掰：用手把东西分开或折断。指毫无根据地胡说，瞎扯，或不合事理规矩，盲目乱来。[例]不为你为谁？你的定额不合理，为什么锻工赚了十来元，我们一天赚不着？农村实行包产到户，你工厂也能实行包产到户？这不是猴拿虱子——瞎掰嘛！（蒋子龙《招风耳，招风耳！》）｜你们瞎嚷嚷啥呀？真是猴拿虱子——瞎掰！你们甭光听一面之词！自古家有家规，国有国法，平白无故地在大街上拿刀子捅死人，这能算对呀？（王传林《故上风云》）

【猴骑自行车——玩轮子】比喻爱动心眼，耍花招，糊弄人，蒙骗人，什么事情也办不成。[例]再有，工人们遇到实际困难，那厂长也是百般狡猾耍花腔，就像"猴骑自行车——玩轮子"。（由国庆《在老天津行走》）

【猴子嘴里的枣儿——抠不出来】讥讽小气，吝啬，想从他手里要出点儿东西或得到点儿好处，很难办到。[例]你想让他把剩下的鱼给哥儿几个分分？没门儿，那是猴子嘴里的枣儿——抠不出来。

【后锅的水——温起来】后锅：农村有的锅灶上安着大小两口锅，靠前的大锅烧火，靠后的小锅不接触火，用大锅做饭，小锅温水。指人说话做事不干脆，不爽快。[例]钱大哥！这方法使得也不，你到说话呀？别后锅的水——温起来，老太太吃柿子——你咋闷口啦？（柳溪《大盗燕子李三传奇》）

【后脑勺留胡子——随辫（便）】后脑

勺:脑袋的后部。辫:发辫,把长发分股编成的条状物。指没有限制和要求,任意行事。[例]这几天给你们彻底放个假,只要不出圈儿,想干什么干什么,后脑勺留胡子——随辫(便)。

【后娘打孩子——蔫使劲儿】旧时的观念认为后娘偏心,总是殴打自己非亲生的孩子。指颇有心计,表面上不露声色,暗地里做损害他人的事情。[例]我观察好几天了,她这个人咬人不露齿,后娘打孩子——蔫使劲儿,不能不提防。

【狐狸的尾巴——夹不住】指坏人的恶行掩藏不住。[例]我开着玩笑说:"你在学校挨了老师批评,还不想让妈妈知道,那可是狐狸的尾巴——夹不住呀。"

【狐狸看鸡——越看越稀】比喻因用人不当,造成的损失越来越大。[例]咳,全赖我呀,当初瞎了眼,让他当库管,结果是狐狸看鸡——越看越稀。

【胡萝卜当楔子——像个橛(角)儿】楔子:短而尖的小木桩。橛儿:可以挂物的较小的钉状物,与"角儿"谐音。讥讽徒有其名,从外表看像个人物,实际根本不是那么回事。[例]他口口声声说自己是"大画家",那纯属骗人的,胡萝卜当楔子——只是像个橛(角)儿。

【胡萝卜钉帐篷——不是橛(角)儿】橛儿与角儿谐音。讥讽徒有其名,光有好看的外表,实际根本不是那块料。[例]别听他瞎吹,什么"武林高手",胡萝卜钉帐篷——不是橛(角)儿。

【胡萝卜就酒——嘎嘣脆】就酒:一边是胡萝卜,一边是酒,两者搭配着吃喝。嘎嘣:牙齿咬胡萝卜时发出的声音。形容说话做事简洁爽快,干脆利落,不拖泥带水。[例]天津人说话,简明爽快,干脆利索,不拖泥带水,不吭哧憋嘟,不冗长拖沓。用俏皮话说,那是:胡萝卜就酒——嘎嘣脆!(张炳学、刘志永主编《中国地域文化通览 天津卷》)|不,大掌柜的,我是个急三枪。你就来个痛快的吧,胡萝卜就酒——嘎嘣脆。(鲍昌《庚子风云》)

又作(1)"胡萝卜就烧酒——嘎嘣脆"。[例]嘴上拌蒜,多指播音员播音或演员说台词时出现的毛病。例如,播音员要做到胡萝卜就烧酒——嘎嘣脆,播音之前,就得对外国人名、地名多了解一下,省得到时卡壳拌蒜。(谭汝为《这是天津话》)(2)"水萝卜就酒——嘎嘣脆"。[例]在性格上,我也不太像天津人，我内向、温和，不像真正的天津大姐"嘴一份，手一份"，说出话来都是"水萝卜就酒——嘎嘣脆"。(泥絮阁《寻根》)

【胡同发大水——浪到家了】浪：放纵。讥讽没有约束，轻佻放荡，矫揉造作达到了极点。[例]曹府少东家养成了一身坏毛病，从早到晚在社会上鬼混，那是胡同发大水——浪到家了。

【胡同里扛房檩——直来直去】房檩：架在屋架或山墙上面最高的一根横木。形容性格直爽，说话做事直截了当，不拐弯抹角，不绕圈子。有时也指方式简单，方法粗疏。[例]我们处长就是这个性格，和人打交道，从来都是胡同里扛房檩——直来直去。｜咱们做工人的思想工作，也要讲究方式方法，不能胡同里扛房檩——直来直去。

又作"胡同里赶猪——直来直去"。[例]老贾头可是个爽快人，说话办事就像胡同里赶猪——直来直去，从不拐弯抹角绕圈子。

【胡子上的米粒——吃不饱人】指东西太少，不顶用。[例]记得1958年村里搞"大呼隆""大锅饭"，导致饥肠辘辘，经常饿肚子，胡子上的米粒——吃不饱人。

【胡子贴膏药——毛病】膏药：一种中药外用药，用植物油等加药熬炼成膏，涂在布、纸或皮的一面，贴在患处。指缺陷、失误或坏习惯。也指器物发生的故障或损伤。[例]你这样做就是胡子贴膏药——毛病，不能因小失大，今后可要注意啊！｜这件老瓷器总体不错，但有个小裂缝，也算是胡子贴膏药——毛病，价钱还得稍便宜一些。

【葫芦掉在井里——到下边浮着】葫芦：一年生本草植物，其果实质轻中空。浮着：停留或悬浮在水面。形容作风漂浮，不深入实际，做表面文章。[例]要防止两种倾向：一种是葫芦掉在井里——到下边浮着，等于没下去；一种是瘫子进茅房——蹲下起不来，只看到局部，不能站在全局的高度研究问题。(李瑞环《辩证法随谈》)

又作"葫芦掉进井里——看着下去了其实漂着呢"。[例]退了休，给全厂青年工人作了一场报告。他语速不快却鲜活生动，大白话里掺着俏皮话儿和顺口溜，令人耳目一新。进入信息时代，社会上出现了"股市反弹""预售楼花""汽车按揭""信息爆炸"等无数新生词汇，王金炳作报告依然引用

"葫芦掉进井里——看着下去了其实漂着呢""借钱买藕吃——口口都是债窟窿""阴天半夜看勺子星——找不着北"这一系列老话儿，反而充满新意，当场赢得一次次热烈掌声。(肖克凡《机器》)

【葫芦掉在水井里——不沉(成)】沉与成谐音。比喻没有成功，或办不到，不可以。[例]我们这是在野外作业，如果还按照常规的法子干，那可真是葫芦掉在水井里——不沉(成)呀。

【葫芦瓢捞饺子——汤水不漏】葫芦瓢：把葫芦一劈两半，制成的盛水用具。形容说话办事十分严密周到，没有丝毫漏洞，或利益不外流。也指人吝啬小气，一点儿也不肯破费。[例]明天发动全校教职员工搞清洁卫生，各个角落都要彻底扫除，来个葫芦瓢捞饺子——汤水不漏，任有关部门怎样检查。

【糊涂庙里的糊涂神——糊涂到一块儿了】形容头脑不清、不明事理的人碰到了一起。[例]你们姐俩忘性真大，说的都不对，糊涂庙里的糊涂神——糊涂到一块儿。

【花果山打雷——击(急)猴儿了】花果山：古典小说《西游记》中孕育孙悟空的地方。击与急谐音。比喻性情急躁，或容易翻脸、发怒。有时也指恼羞成怒的样子。[例]老兄你怎么这样不禁逗呢？说着说着就翻脸，花果山打雷——急猴儿了。

【花椒大料——俩味儿】形容与众不同，味道独特。也指给人一种不好的感觉。[例]你好好看一看，用心品一品，这首诗花椒大料——俩味儿，有点儿意思。｜小剑，我看你和大家有点不合群儿，花椒大料——俩味儿，找一找什么原因。

【花椒树下睡觉——麻(嘛)人】麻与嘛谐音。采用反问语气，指什么人，常用来表示怀疑或不满。[例]这件事本来是你决定和许诺的，一眨眼的工夫就翻车，让我怎么向大家交代，花椒树下睡觉——嘛(麻)人呀？

【花椒水洗屁股——麻了眼儿】形容人目迷五色，眼花缭乱，不知如何是好。有时专指天刚刚黑的一段时间。[例]小霖第一次进迪厅里玩，还真有点儿不适应，花椒水洗屁股——麻了眼儿。｜看天渐渐暗下来，像花椒水洗屁股——麻了眼儿，我便招呼大家赶快下山，不能再在这里久留。

【花子牵猴儿——玩儿心没退】花

子:乞丐的俗称。比喻人玩忽之心没有减退，不能严肃认真地对待工作，或做好事情。[例]你都入职半年多了，怎么还花子牵猴儿——玩儿心没退，这样下去可不行啊！

【华世奎写字——全匾（扁）】华世奎：近代天津著名书法家，善于题写商号匾额，手书"天津劝业场"五字巨匾，苍劲有力，为其代表作。匾与扁谐音。指一个不落地全被打了一顿，无一幸免。[例]租界巡警把几个带头闹事儿的地痞混混逮住了，来了个华世奎写字——全匾（扁），打得他们屁滚尿流。

【怀里揣了二十五只耗子——百爪挠心】耗子：老鼠的俗称。百爪：二十五只老鼠共一百个爪子。挠：轻轻地搔或抓。形容心烦意乱，不知如何是好。[例]虞云隆叩到他老人家门下只要提起找卢振天报仇雪恨的事儿，江湖式微的苗六爷只是哼哈而已，从来不动真格的。虞云隆好生烦恼，怀里仿佛揣了二十五只耗子，百抓挠心。（肖克凡《天津大码头》）

又作"肚子里装了二十五个小耗子——百爪挠心"。[例]来之前张三太爷嘱咐了，让他只拿九枚冥钱，千万不可惊动了墓主，孙小臭

儿此时这个贼心一起，把张三太爷的话忘到爪哇国去了，肚子里好似装了二十五个小耗子——百爪挠心，当时就使出"鲤鱼打挺"，对头顶上的棺材下了手。（天下霸唱《火神》）

【怀里揣马勺——盛（成）心】马勺：木制的大勺，用来盛饭等。盛与成谐音，指故意，有意。盛又与诚谐音，指诚心实意。[例]不要再找借口，你把事情搞成这样，是怀里揣马勺——盛（成）心的，不能原谅。｜我是怀里揣马勺——盛（诚）心的，说的都是实话，绝不忽悠您。

【换房员办过户——手托两家】形容从中撮合、协调或调解的人员公平合理、不偏不倚地对待有关双方。[例]当着你们俩的面，咱们把所需的费用算清楚，讲明白，我可是换房员办过户——一手托两家，绝不会偏向哪一方。

【皇帝的闺女——不愁嫁】比喻自身条件好的人或物，一定会有人接受，受到赏识。[例]第二喜，化工厂的头一批产品已经卖出去了，后边要货的还多的是，我们出多少外贸就收多少，没想到我们村办企业的产品一问世就是皇帝的闺女——不愁嫁。（蒋子龙《农民

帝国》）

【皇会——走着瞧】皇会：天津独有
　　的民俗花会，届时进行盛大的巡
　　街文艺表演，群众一路跟随表演
　　队伍观看。比喻等着瞧，等过一
　　段时间再下结论，再见分晓。[例]
　　怎么有人告诉我，你说这次竞赛
　　你们车间手拿把掐赢定了，为时
　　过早吧？那就皇会——走着瞧。

【皇上出殡——大发啦】皇上：即皇
　　帝。出殡：把灵柩运送到安葬或
　　寄放的地点。指超出应有的限度
　　和原来的想象，太过度或过分了。
　　[例]我说过多少遍，一定要把装
　　修的预算卡死，可你们就是不听，
　　现在是"皇帝出殡——大发啦"，
　　让我往哪儿给你们找钱去！

【皇上的颜色——没人敢用】指某人
　　身价太高或某物特别贵重，一般
　　都不敢聘用或使用，消受不了。
　　[例]老天津人乐观的生活语言中
　　有不少关于颜色的歇后语、俏皮
　　话。比如"皇上的颜色——没人
　　敢用"，您想，那是天子御用宝物，
　　庶民怎得消受呢？这话对人也对
　　物。（由国庆《老歇后语中的天津
　　颜色》）

【皇上卖包子——御驾亲蒸（征）】御
　　驾：皇帝的马车，也用作皇帝的身
　　份。蒸与征谐音。比喻有身份、

有名气的人物亲自出面做某事。
　　[例]太姥爷发话了，他要主动到
　　曹府登门拜访，皇上卖包子——
　　御驾亲蒸（征）'，看他们给不给面
　　子？｜总工程师风尘仆仆赶到，
　　看了看，问了问，结果三下五除二
　　就解决了问题，小技术员们兴高
　　采烈地说："幸亏您'皇上卖包
　　子——御驾亲蒸（征），不然我们
　　怎向公司交代啊。"

【皇上他妈妈——太后】后与厚谐
　　音。讥讽人不知羞耻，脸皮很厚。
　　也指眼镜片、饺子皮之类的厚度
　　过于厚了。[例]你小子真的不要
　　脸了，皇上他妈妈——太后（厚），
　　给我滚一边去！｜看他这饺子皮
　　擀的，皇上他妈妈——太后（厚）
　　了，没有一个合格的。

【黄瓜打鼓——一锤子买卖】形容做
　　事不留后路，不留余地，或不管成
　　功与否，只此一举。也指只是一
　　次性的交易、交往。[例]谈老板，
　　咱们之间可是十几年的老客户，
　　不能只图眼前的一点儿蝇头小
　　利，就黄瓜打鼓——搞一锤子
　　买卖。

【黄瓜地插竹竿——架秧子】比喻通
　　过挑动、怂恿、哄骗等使人上当。
　　也指吵闹，起哄。[例]我早就看出
　　来了，你们几个存心不良，是黄瓜

地里插竹竿——架秧子,合起伙儿专门欺负我一个。

【黄瓜拉秧——塌了架子】拉秧:瓜类或某些蔬菜过了收获期,将其秧子拔掉。比喻劳累过度,瘫软无力。也指垮台或失去往日的派头。[例]看着这一帮大小伙子从水利工地下来,一个个黄瓜拉秧——谈塌架子,谁不心疼呢?晚上好好犒劳他们。┃这小子自从大牢里出来,算是黄瓜拉秧——塌了架子,比过去老实多了。

【黄瓜敲锣——越打越短】比喻越用力或越坚持,反而事态的发展越糟,损失越大。[例]市场已经发生了变化,我们赶快收手吧,一分钱也不能再投了,不然的话黄瓜敲锣——越打越短。

【黄瓜上案板——找拍】案板:切菜用的木板、塑料板等。拍:击打。指自寻麻烦,或自惹祸殃。[例]麻三还主动上门来了,七爷正在屋里等着他,真是黄瓜上案板——找拍!

【黄花鱼——溜边儿】黄花鱼:又名黄鱼,分为大黄花和小黄花,渤海主产小黄花。小黄花鱼有洄游习性,一般喜欢顺着岸边活动。指不得志,不受宠,或胆小怕事,躲在一边儿不敢出头。也专指人靠路边儿站着或行走。[例]杨翼德绰号杨邦子,进了我们侯姓家的大门,他不敢走七方砖砌的大路中央,乖乖地,他得给咱来个黄花鱼,溜边儿。(林希《"小的儿"》)又作(1)"属黄花鱼——溜边儿"。[例]拉上客还罢,堵的是乘客时间;拉不上客,一堵就是个半小时,谁受得了?怕塞车,吴富能便在滨海外围开,属黄花鱼——溜边儿。(王富杰《黄飘带》)(2)"属黄花鱼的——溜边儿走"。[例]转天他随急四爷出门去相亲。穿过南市往西,路过菜桥子,只见从锅伙里走出一群"来人儿"的混星子。龙二低头随着四爷,属黄花鱼的,溜边儿走。(肖克凡《天津杂事》)

【黄连上吊苦胆——苦上加苦】黄连:多年生草本植物,根状茎味苦,可入药。苦胆:胆囊的通称。形容非常痛苦、难过,或生活极其艰难。[例]他知道:小伙子的身上正在上刑,疼啊!自己原以为,咬咬牙,瞪瞪眼,强逼着大山把黄连吞下去,一打机灵就过去了。谁想到这是黄连上吊苦胆——苦上加苦啊!(鲍昌《庚子风云》)

【黄连树下弹弦子——苦中作乐】弦

子:一种弹拨乐器,即三弦。比喻在艰难困苦中寻求欢乐,自得其乐,或强作欢乐。[例]"弹弦子"的本意是弹奏乐器,如琵琶、三弦等。云南永德小调《哥弹弦子妹来听》的民间歌曲。天津俏皮话有"猪八戒弹弦子——自鸣得意""黄连树下弹弦子——苦中作乐"等。(谭汝为《这是天津话》)

又作"黄连树下弹琵琶——苦中作乐"。[例]找乐儿,也是弱者的快活林,依赖它可使自己保持轻松惬意的心境。穷不怕,苦不怕,就怕耷拉脑袋,嗑牙花子,愁眉不展,郁闷难排。天津有个歇后语:"黄连树下弹琵琶——苦中作乐。"(谭汝为《这是天津话》)

【黄连水洗头——苦脑(恼)】脑与恼谐音。形容痛苦烦恼,不顺心,不畅快。[例]今年以来,家里家外遇到这么多倒霉的事儿,我是黄连水洗头——真苦恼啊!

又作"黄连抹猪头——苦脑"。[例]大姐夫你就别黄连抹猪头——苦恼了,大姐已经消了气,抱着孩子回家了,以后再也不要动手动脚了。

【黄泥巴掉在裤裆里——不是屎也是屎】裤裆:两条裤腿相连的地方,裤子最顶端到中间部分底端。

屎与死、事谐音。指人性命不保,难逃一死,或蒙受冤屈而洗雪不清。[例]不过参帮的人常年放山,眼观六路、耳听八方,岂容外人尾随偷窥?转过一个山口,突然掉头围住这二人,为首的把头问马殿臣和赵义:"你俩想抢棒柜不成?凭你们这怂样。真是吃了熊心,咽了豹胆!"马殿臣跟赵义一看这可坏了,黄泥巴掉在裤裆里——不是屎也是屎了。深山老林之中没有王法,让人家打死也是白死,尸体往老山沟里一扔,半天的功夫就被豺狼虎豹啃成白骨,我们哥仨一路要饭,千里迢迢跑到关外干什么来了,敢情是来送死来了!(天下霸唱《天坑鹰猎》)

【黄泥烧成砖——化不开】形容分化瓦解不了。也指想不通,思想转变不过来。[例]鸿昌倒一摆手,又说:"……他冷头冷脑一刀插进咱们这里来,无非双手打拳,一拳在咱们内部挑拨是非,分化瓦解;一拳擂着咱们屁股,逼咱们……这咱们都不怕,咱们是筷子绑成把,让他拆不开;黄泥烧成砖,让他化不开的。"(周骥良《吉鸿昌》)｜大闺女想到南方去闯荡,老娘就是不同意,她嚷嚷道:"你老真是黄泥烧成砖——化不开,快憋死我啦!"

【黄皮子拖鸡——越拖越稀】黄皮子:黄鼠狼。指境况越来越坏,或损失越来越重。[例]罗大舌头在前不住叫苦道:"这么跑下去可真是黄皮子拖鸡——越拖越稀。即使精神上不滑坡,肚子里也扛不住了……"话说一半就没了声音。(天下霸唱《地底世界之神农天甗》)

【黄鼠狼扒窗户——露一小脸儿】扒:用手搔、抓。比喻本事不大,也要显示或卖弄给人看。也指人有一技之长,关键的时候起作用。[例]二学生认为探照灯的故障是接触不良,他有把握可以修复,于是拿过来进行调试。罗大舌头气哼哼地说:"连我都鼓捣不好它,你黄鼠狼扒窗户——还想露一小手?"(天下霸唱《地底世界之幽潜重泉》)

又作"黄鼠狼子扒窗户——露一小脸儿"。[例]要不是你小子有这么个特长,咱们全得不明不白地屈死在此了。真想不到你黄鼠狼子扒窗户——还有机会露一小脸儿。就凭这一点,今后我罗大舌头混成了领导,无论如何也得把你提拔进考古队,可只会抽筋也

不成,看来我还得再传你个一技之长。(天下霸唱《地底世界之幽潜重泉》)

【黄鼠狼放救命屁——还有最后这么一下】救命屁:黄鼠狼的肛门旁有一对皮脂臭腺,遇到危机险情时,常放出一股极难闻的臭气来抵挡对方。指只有这一种保护自己,解决危难的招法了。[例]尸怪已然跃进庙中,张臂来扑,一人一尸围绕泥胎塑像兜圈子,转的两三个来回,王苦娃已是腿脚发软,喘作一团。两下离得越来越近,王苦娃见大势已去,怕只怕小命难保,逼到这个地步,也是狗急跳墙人急生智,他一眼瞥见殿顶塌了个窟窿,心说:黄鼠狼放救命屁——还有最后这么一下!(天下霸唱《河神 鬼水怪谈》)

【黄鼠狼赶集——家里外头一层皮】比喻不管在什么场合,总是那一身穿着。[例]晚上老同学聚会,我看到大轫还是穿着一身厂里工装,便跟他逗乐子:"黄鼠狼赶集——家里外头一层皮,攒那么多钱干啥,你还想包个二奶呀?"

【黄鼠狼给鸡拜年——没安好心】形容表面伪装善良,实则用心险恶。[例]见鲁大克对宋晓曼这么好,平时爱吃醋的小白鲢气呼呼地对

鲁大克说:"大克,我知道你是黄鼠狼给鸡拜年——没安好心。我告诉你,宋晓曼可不是个好虫子,你看她那眼,带钩的,甭说像你这样的色罐,就是个好男人,也泄了魂!你打算过,就安分点;不打算过,给我滚蛋!"│一个农民又接着说:"狐狸跟獾通气,是花狸豹领来的,还有什么好人哪!这真是黄鼠狼给鸡拜年——没安好心哪!"(柳溪《功与罪》)

又作(1)"黄鼠狼给鸡拜年——不会安什么好心"。[例]余大将军死了,说是还有人想起老娘吴氏的名分,那是不可能的了,大夫人更不会发什么善心,派三个儿子来传什么话,想来想去还是断定他们三人是黄鼠狼给鸡拜年,不会安什么好心,可是也不怕他们有什么坏心,这些年吴氏和之诚的日子过得不错,他们已经再不只是靠余家花园的施舍度日活命了。(林希《蛐蛐四爷》)(2)"黄鼠狼给小鸡拜年——没安什么好心"。[例]他觉得这事儿来得蹊跷,来得可疑……他真的有事去不了?未必。哼,黄鼠狼给小鸡拜年——他没安什么好心。(鲍昌《庚子风云》)(3)"黄鼬给鸡拜年——没安着好心"。[例]保年这家伙跟着白五往敌区转过,这回敌人在咱村安据点以后,他又一直不跟大伙坚持反"扫荡",今天突然来找咱们,一定是黄鼬给鸡拜年——没安着好心!(王林《腹地》)

【黄鼠狼拉小鸡——有去无回】指人一去不复返或丢了性命,永远也回不来了。也指物品失去了,不会再得到。[例]你小子掰着手指头算算,这都几年了,黄鼠狼拉小鸡——有去无回?你爷爷奶奶岁数越来越大,天天念叨你呀。

【黄鼠狼抹墙头——小手小脚】比喻做事放不开手脚,没有胆量和气魄。[例]这人做事向来是黄鼠狼抹墙头——小手小脚,没有担当,怎么能把这么大的工程交给他?

【黄鼠狼跑熟道了——净往挺尸的地方走】挺尸:停放尸体。指人经常爱去阴森、恐怖,或不安全、不吉利的地方。[例]走了没几步踩在一泡野狗屎上,窝囊废脚底下打滑,摔了一个屁股蹲儿,手往下一撑,又按了一手烂泥,多亏没把灯笼扔了,心下叫苦不迭:"我这是黄鼠狼跑熟道了——净往挺尸的地方走,南天门冲哪边开都不知道!"(天下霸唱《崔老道传奇 三探无底洞》)

【黄鼠狼扑鸡毛掸子——空欢喜一场】鸡毛掸子:用鸡毛扎成的除尘工具。讥讽什么好处也没得到,白高兴一场。[例]罗大舌头连称妙计,让"绿色坟墓"黄鼠狼扑鸡毛掸子——空欢喜一场,只是想想也觉得挺可恨。(天下霸唱《地底世界之楼兰妖耳》)

【黄鼠狼上鸡窝——有空儿就钻】形容不放过任何可以获得利益和好处的机会或漏洞。[例]这些年趁着市场不完善,有些人黄鼠狼上鸡窝——有空儿就钻,买卖越做越大了,但这样是不会长久的。

【黄鼠狼下耗子——一窝不如一窝】下:指禽、兽生育。比喻每况愈下,一代比一代差劲。[例]现在,大家讲究个性化了,追求与别人的不同,可那种"凑热闹"的心态却一直潜藏着,不是一天两天就能消除的,其表现在艺术创作上,就是你搞得好我怎么就搞不好?搞是可以搞,但结果多半是黄鼠狼下耗子,一窝不如一窝。(周凡恺《谍战:别跟了风声越来越紧》)▎随着玉衣散落剥离,尸体头颅以下的躯干,也开始暴露在火中。我本还奇怪为什么封师古的尸体如此高大魁梧,与他的后人孙九爷差得太多了,难道真是"黄鼠狼

下耗子——一窝不如一窝"吗?(天下霸唱《鬼吹灯》)又作"黄鼠狼下耗子——一代不如一代"。[例]假孝子郭纯为骗得"孝"名,还懂得动点脑筋,并舍得掏腰包洒放饼食,而假孝子小吴竟根毛不拔,连冥币都是顺手牵羊的,送他个"黄鼠狼下耗子——一代不如一代"不为过吧?(王行《黄鼠狼下耗子》)

【黄鼠狼偷鸭子——无鸡可食(无计可施)】鸡与计谐音。食与施谐音。指没有什么办法可用。[例]玉飞燕和阿脆都觉不解,奇问:"弹性思维是指什么?"罗大舌头替司马灰解释道:"这个词挺唬人,都把话说颠了。其实讲明白了,他现在是黄鼠狼偷鸭子——无鸡可食(无计可施)了。只好把复杂的问题简单化,给它来个见怪不怪也就是了。咱用不着自己跟自己过不去,否则把脑袋想破了,吃亏倒霉的又不是别人。"(天下霸唱《地底世界之雾隐占婆》)

【黄鼠狼子等食儿——见鸡(机)行事】食儿:吃的东西。鸡与机谐音。形容审时度势,灵活应对,看准时机立即行动。[例]罗大海若有所悟,点了点头说:"原来是这么回事,看来那架蛇式特种运输

机装载的货物,肯定不是一般的牛逼,要是真能给它找着,咱就黄鼠狼子等食——见鸡(机)行事了。"(天下霸唱《地底世界之雾隐占婆》)

【黄鼠狼子剁了尾巴尖儿——再没半根值钱的毛】形容人穷困潦倒,什么值钱的东西也没有了。[例]罗大海哈哈一笑:"老赵啊老赵,不瞒你说,我们兄弟现在可真是'黄鼠狼子剁了尾巴尖——周身上下再没半根值钱的毛',只要你不嫌弃我们棚屋这堆破烂,看什么东西合适就尽管拿走。"(天下霸唱《地底世界之雾隐占婆》)

【黄鼠狼子烤火——毛干爪儿净】比喻东西完全耗尽,一点儿也没有了。[例]连我都知道,一旦烧到楼顶上的储油罐,那可是一场灭顶之灾,起火的储油罐无异于一颗高高悬挂在头顶的大炸弹啊,方圆几百里之内那是二小儿买菜——全去!黄鼠狼烤火——毛干爪儿净喽!(天下霸唱《大耍儿》)

又作(1)"黄鼠狼烤火——毛干爪净"。[例]找我借钱?我也是黄鼠狼烤火——毛干爪净。(谭汝为主编《天津方言词典》)(2)"黄鼠狼子烤火——爪干毛净"。[例]司马

灰手臂伤势流血虽多,却没伤到筋骨,也算是不幸中的万幸了,让高思扬做了应急的包扎,便可以行动自如。罗大舌头说:"这点儿小伤顶多算被蚊子咬了一口,你刚才要是掉到水里,那可真是黄鼠狼子烤火——爪干毛净了!"(天下霸唱《地底世界之幽潜重泉》)

【黄鼠狼子啃茶壶——满嘴都是词儿】形容善于言辞表达,能说会道,讲起话来天花乱坠。[例]罗大海算是对他没脾气了,摇头说:"你小子真是黄鼠狼子啃茶壶——满嘴都是词儿啊!"(天下霸唱《地底世界之雾隐占婆》)

【黄鼠狼子趴在鸡窝上——有理也说不清】指本来自己是正确的,可是对方不理解或不认同,很难沟通,无法申辩。[例]玉飞燕怎肯吃这一套,冷笑道:"三张纸糊个驴头,你好大的面子。"罗大海一听更是不忿,怒道:"我罗大舌头遇上你这路土贼,真是黄鼠狼趴在鸡窝上——有理也说不清……"(天下霸唱《地底世界之雾隐占婆》)

【黄鼠狼子跑熟道儿——吃过甜头了】比喻得到过好处或利益。[例]可我也没多想什么,转过天来我

又把那一缸让他洗脏了的污水淘出来，再次将清水备好，刚忙活完，大队已经进了院儿。老貔貅是黄鼠狼跑熟道儿——吃过甜头了，有一次要扎在大缸里洗澡。我看不下去了，伸手拽住他的裤腰把他拽开。（天下霸唱《大耍儿》）

【黄天霸的帽子——戴歪缨儿的】黄天霸：清代武侠小说《施公案》中的主要人物，为绿林中人。缨儿：红色绒球儿。戏曲舞台上的黄霸天头戴缀满绒球的花罗帽，帽侧贴近左耳处缀一大个儿的绒球，谑称"歪缨儿"。天津丧葬习俗，亡者孙辈在孝帽子正中缀红缨儿一枚，曾孙辈缀红缨儿两枚，玄孙以下或外孙辈缀于帽侧，也叫"外缨儿"。指差得很远，没有可比性。[例]俞家祖上是大盐商，家底厚着哩，跟人家比，黄天霸的帽子——咱就是个戴歪缨儿的。

【回锅的菜——不香】回锅的菜：给已熟的菜肴重新加温。指陈旧、不新鲜的东西不顶用。[例]得啦，回锅的菜不香。今天不见出头，明儿还有劲么？（李燃犀《津门艳迹》

【回屉的包子——不香】回屉：将已熟的食物放回笼屉蒸第二次。指

不能走回头路，重复过去的做法。[例]他想，好马不吃回头草，回屉的包子不香，我就信，挺头竖脑的大小伙子，就不能凭着自己的毅力闯荡江山！（柳溪《一颗锲而不舍的铆钉》）

【豁拉嘴儿吹灯——肥（谁）也别说肥（谁）】豁拉嘴：兔唇，说话时发不出齿唇音，常把"谁"说成"肥"。肥与谁谐音。比喻双方都有短处、毛病，半斤八两，不必互相埋怨、嘲笑或指责。[例]既然你们两个人在这项工作中都有失误，就要眼睛向内，反思自己，豁拉嘴儿吹灯——肥（谁）也别说肥（谁）了。

又作（1）"豁拉嘴吹灯——肥（谁）亦别说肥（谁）"。[例]不，你老，亦别管谁家管教严不严，两下里一个八两，一个半斤，俩人是豁拉嘴吹灯，肥亦别说肥。（李燃犀《津门艳迹》）（2）"豁了嘴吹灯——肥（谁）也别说肥（谁）"。[例]老吴和尹阿妮今天算是彻底翻脸了，翻得这叫一个彻底，新仇加上旧恨，闹翻是注定的，对这俩人来说，"豁了嘴儿吹灯——谁也别说谁"！（天下霸唱《大耍儿》）（3）"豁牙子吃肥肉——肥（谁）也别说肥（谁）"。[例]哎呀，张正阶的脸一下子成

了猪肝色，"那可不行，我出身地主……""我出身富农！"阎秀兰没等他说完就接上去，"咱俩是豁牙子吃肥肉——谁(肥)也别说谁(肥)了！半斤对八两——谁也不该谁，谁也不欠谁。就这么定了！"(石磅《混血》)

【豁嘴骡子卖了个驴价钱——全坏在了那张嘴上】豁嘴：兔唇。骡子：哺乳动物，驴和马交配所生的杂交种。驴：哺乳动物，其价格一般比骡子贱。形容人因说话不谨慎，招致吃亏、麻烦甚至祸患。[例]我的一位朋友跟我讲你这个人就这点不好，豁嘴骡子卖了个驴价钱，全坏在了那张嘴上，人家好与不好，碍着你什么了？我得承认，我这个人说话是有些损。专爱戳人家的心肝肺管子，哪壶不开提哪壶。(周凡恺《越侃越无聊》)

【火柴棍儿上绑鸡毛——掸(胆)子很小】掸与胆谐音。形容胆量很小，为人处事发怵、顾忌、怯懦。[例]罗大海笑道："阿脆你可别吓唬我，你还不知道我罗大舌头是火柴棍上绑鸡毛——掸(胆)子很小啊！"(天下霸唱《地底世界之雾隐古婆》)

【火车拉鼻儿——哼儿哼儿的】拉鼻儿：火车鸣笛。形容干劲十足，气势旺盛。[例]共青团员们成立了突击队，拉到工地上干得热火朝天，那劲头如火车拉鼻儿——哼儿哼儿的。

【火里加烟——更加麻烦】形容使事情更复杂，更难以解决。[例]世五这才叫空抱着火罐子，算是找不到了。即使找到了又当如何，远水也能解得了近渴？究竟怎样才能解渴，也许找到他宣侠公，火力加烟，更加麻烦。(周骥良《吉鸿昌》)

【火轮出海——外航(行)】火轮：轮船的俗称。航与行谐音。比喻人对某种技能、事务或工作不熟悉，没有经验。[例]说实在话，对陶瓷行业，我是火轮出海——外航(行)，厂子怎么建就听你们专家的。

【火盆里放泥鳅——看你往哪儿钻】采用反问语气，形容无处可逃，所有的出路都已经没有了。[例]"老肥！火盆里放泥鳅——看你往哪儿钻？欠债还钱天经地义，你躲到天涯海角也能逮到你！"说了几句，我就气愤地摔了手机。

【火盆里栽花——不知死活】形容冒昧行事，不知利害。[例]哼哼，今天你栽到我们手里了，嘴还如此硬,真是火盆里栽花——不知死活!

【火烧冰窖——天意该着】冰窖:贮藏冰块的地窖。指按民间说法,某种遭遇或某件事情,是上天或命运的安排,或不可能发生的事情,竟也离奇发生。指发生某种事情是命里注定,理应如此。[例]冰窖里,把冰条一条条严密地排实,大的冰窖可以码20多层,一直码到窖顶,再苫上厚厚的一层稻草,最后再铺上一层土。冰窖上的稻草经常湿漉漉的,后来也由冰窖稻草之湿,而伸引出一句歇后语:"火烧冰窖——天意该着!"寓意不可能发生的事,竟也会离奇发生。(张嘉琦《消失了的冰窖》)

【火烧眉毛——顾眼前】比喻事情急迫,先行救济。也指人目光短浅缺乏远见。[例]昨天晚上那场大雨,把好几个村的庄稼都淹了,火烧眉毛——顾眼前,咱们要把全乡上下发动起来,投入抗涝救灾的战斗。

【火烧屁股——慌了手脚】指遇到急事或棘手的事情,心慌意乱、惊慌失措的样子。[例]在进军陕西途中,他们到处贴布告,要长安守将快快献城,威胁着说:"莫谓阿房三月烽火,定叫长安一旦尘烟。"袁世凯这下子火烧屁股——慌了手脚,赶紧抛出他的王牌"京卫军"。(周骥良《吉鸿昌》)

【火烧屁股——坐不住】比喻性情浮躁,没有耐心,沉静不下来。[例]小弟,你一进办公室里就来回转磨磨儿,火烧屁股——坐不住,咋回事?跟老哥说说。

【火蝇脑袋——沾枕头就着】火蝇:旧时引火用的物品,一般将艾草用硝液浸泡后晾干制成。指人非常困乏,上床躺下就入睡了。[例]老梅奶子,你怎么火蝇脑袋,沾枕头就着?咱说话儿不好吗?(李燃犀《津门艳迹》)

J

【机关枪伸腿——两岔子去了】比喻是两回事,相左不一致。也指闹误会。[例]我在河西等了老潘一个多小时,结果他跑到河东,弄了个机关枪伸腿——两岔子去了。

【机器包饺子——不是人做(揍)的】做与揍谐音。晋语,极难听的骂人话,斥骂人品行极差,不是人是禽兽。[例]呸!别提他,机器包饺子——不是人做（揍）的，早晚我要找人把他给废了！

【鸡抱鸭崽儿——枉操这份心】指白费心和力气，没有结果，一无所获。[例]好，好，算我多嘴多舌，鸡抱鸭崽儿——枉操这份心，你们愿意怎么干就怎么干，行了吧？

【鸡蛋掉醋缸——酸蛋】形容心里嫉妒或难过的状态。[例]我见芯广有点儿不高兴，马上知道了什么原因，故意逗了他一句："你想当鸡蛋掉醋缸——酸蛋吗？"

【鸡蛋壳擦屁股——嘁哩咔嚓】形容说话做事干脆利索，不拖泥带水。[例]这样的小事儿还用开会讨论吗？鸡蛋壳擦屁股——嘁哩咔嚓，您拍板就定了。

【鸡蛋画红道——充熟的】旧时人们习惯把生鸡蛋画上红道，作为记号，以防止跟煮熟的鸡蛋混淆。指本来与他人并不熟悉，却自来熟或假装很熟的样子。[例]这大徐是那种跟谁都倍儿熟，可就是鸡蛋画红道——充熟的那种人，对什么事都"嫉恶如仇"，一脑门子阶级斗争，看谁都不像好人那种，而且这人说话办事都显得混劲儿十足。（天下霸唱《大耍之西城风云》）｜宝杰送我们俩出门，还不忘喊上一句："你稳当住了

啊，老大不小了，多走点儿脑子，别净办孩子事儿！"我转头冲他一笑，说道："你是鸡蛋画红道——净跟我充熟的。"

【鸡蛋磕在石头上——碰不碎也叫它腥一大片】比喻以弱对强，即使赢不了，也要对方受些损失。[例]高黑子尽管给兵们推着揉着，踢着打着，他心里可是很得意："哈，说我是个鸡蛋么？鸡蛋磕在石头上，碰不碎也叫它腥一大片！"（袁静《淮上人家》）

【鸡蛋里挑骨头——找碴儿】比喻无中生有，没事找事，故意挑剔别人的毛病。[例]让大家都来评评理，在这件事情上我有什么错？他这纯粹是鸡蛋里挑骨头——找碴儿。

又作"鸡蛋里挑骨头——没碴儿找碴儿"。[例]别听他在那吹凉风，敲铲子，站着说话不腰疼，鸡蛋里挑骨头——没碴儿找碴儿。

【鸡蛋碰石头——不堪一击】形容力量十分薄弱，经不起任何打击。[例]我团把一小股国民党伪军已经团团围住，他们是鸡蛋碰石头——不堪一击了。

【鸡蛋碰骨头——粉身碎骨】形容为了某种利益或目的而宁可丧失生命。[例]大卫侄儿，掏心窝子跟你

说,干挖墓这一行,幸运的话可能发财或暴富,但是弄不好就是鸡蛋碰石头——粉身碎骨,我都想丢刀洗手了,劝你还是离得远远的。

【鸡蛋碰石头——没有好下场】形容不自量力,过高估计自己的能力或力量,做无谓的牺牲,不会有好的结果。[例]零零散散的二十几个日本兵早已溃不成军,还在负隅顽抗,鸡蛋碰石头——从来没有好下场。

【鸡蛋碰石头——自取灭亡】形容自己找死,自己的所作所为把自己引上绝路。[例]"台独"势力挟洋自重,在错误的道路上越走越远,只能是鸡蛋碰石头——自取灭亡,任何力量都不能阻挡祖国统一的历史大势。

【鸡飞蛋打——不可收拾了】指完全失败,或彻底毁灭。[例]只要他一进关抄了咱们的后路,那就鸡飞蛋打,不可收拾了。(周骥良《吉鸿昌》)

【鸡飞蛋打窝也塌——满完儿】指完全搞糟,彻底失败或毁灭。[例]一小股伪军被民兵大队追得屁滚尿流,无处躲藏,鸡飞蛋打窝也塌——满完儿了!

【鸡孵鸭子——白忙活】孵:鸡伏在卵上,用体温使卵内的胚胎发育成雏鸡。指白白地耗费力气,做一些不切实际的事,徒劳无益。[例]王莹头也不抬说道,唐局长老奸巨猾,申报国家项目北方电机厂排第一位,他催咱们申报材料,这不是鸡孵鸭子——白忙活嘛。(肖克凡《机器》)

又作"鸡孵鸭子——白忙乎"。[例]像金城也算是咱们公司的头面人物,应该这边退团,那边入党。忙乎了好几年要是入不了党,那不成了鸡孵鸭子——白忙乎!(蒋子龙《开拓者》)

【鸡骨头熬汤——油水不大】比喻可得到或捞到的利益、好处不多。[例]仲景你是大老板,这点儿利润还计较?鸡骨头熬汤——油水不大,留给我们算了。

又作"鸡爪子烩豆腐——油水不大"。[例]范老板瞅了瞅这堆破铜烂铁,只说了一句话:"哼,鸡爪子烩豆腐——油水不大。"他看不上眼,把我们乐坏了,又可以有一笔钱入账了。

【鸡冠花——老来红】鸡冠花:一年生本草植物,叶子披叶状,穗状花序,形状像鸡冠,通常红色。比喻人年纪大,精神境界高。[例]这几位老同志退休不忘初心,力所能及地发挥余热,志愿者活动搞得有声有色,不愧是鸡冠花——老来红。

【鸡屁股拴绳子——扯蛋(淡)】淡与蛋谐音。责骂或讥讽人没有根据地胡说八道,或漫无边际地闲聊。[例]司马灰暗觉奇怪,骂道:"鸡蛋拴绳子——净他妈的扯淡,我何曾动过他一个手指头?"他说着话,猛然闪过一个念头,难道是拜蛇人石碑上有什么东西在动?(天下霸唱《地底世界之幽潜重泉》)

【鸡毛性子——点火就着】形容性情急躁,沉不住气,容易被激怒、发火。[例]他就是这么个脾气,鸡毛性子——点火就着,刚才他说的话你别往心里去,过会儿就没事了。

【鸡腿豆腐——一勺烩】比喻不分青红皂白,对一切人或事都同样对待和处理。[例]主任,你如此武断下这样的结论,对手下的弟兄不加区别,不分好坏,鸡腿豆腐——一勺烩,也太让大家寒心了。

【鸡窝里打拳——小架势】指干事的规模或局面不大,小打小闹。[例]咱家的这个小作坊,干了也四五年了,但还是鸡窝里打拳——小架势,该琢磨一下扩大规模,上一个台阶了。

又作"轿子里打拳——小架势"。[例]儿子,咱们的企业的是轿子里打拳——小架势,小买卖,底子太薄,上个新项目投这么多钱可得慎重啊!

【鸡窝里捉鸡——手拿把攥】形容有十足的把握,轻而易举,没有问题。[例]您放心地回家睡觉吧,剩下这点活儿难不倒我们,鸡窝里捉鸡——手拿把攥,保证按时按质完成。

【鸡啄米——不住地点头】形容人没有主见,一味盲从或胆怯地驯从的样子。[例]是,是,好极啦!嗬,嗬,哈哈!伪军大队长张木康谄媚地笑着,张书声鸡啄米一样不住地点着头,用发抖的手指竭力装作自然地摸着小八字胡子。(雪克《战斗的青春》)

【鸡子打眼儿——钻(赚)蛋】鸡子:鸡蛋。钻与赚谐音,詈语,指骗人,责骂那些欺骗人的骗子。[例]你们就是一伙搞传销的,专门鸡子打眼儿——钻(赚)蛋,休想骗我!

【鸡子儿掉到油锅里——滑透了】形容极为油滑,狡诈。[例]他在社会上混了这么多年,就像鸡子儿掉到油锅里——滑透了,和他打交道必须多加小心。

【几个歪脖儿坐一桌——谁也不正脸儿看谁】歪脖儿:脖子弯曲向旁歪斜的人。指互相看不起,彼此都不给情面。[例]这个领导班子很不团结,成员之间好像几个歪脖坐一桌——谁也不正脸儿看谁,需要下决心调整了。

【加馅丝糕——一层围一层】丝糕:一种食品,用玉米面或小米面等加水搅拌发酵后蒸熟,轻软层多。指层层地包围着。[例]鸿昌想得还多呢,他说:"振山,杞县县城要是被贴身围住,援军上来,他们也打得吃力,弄不好就成了加馅丝糕,一层围一层了。"(周骥良《吉鸿昌》)

【夹道儿里推车——直来直去】夹道儿:两边都有墙壁的狭窄道路。形容性格直爽,说话做事直截了当,不拐弯抹角。有时也指言行简单、粗暴。[例]咱们哥俩合作也不是一天两天了,今个儿就来个夹道儿推车——直来直去,这合同到底签不签?听你一句话。

【夹子上的老鼠——跑不了】夹子:用来捕捉老鼠的工具。形容无处可去,逃脱不掉。[例]儿子,你既然已经做了错事,就应该认头,夹子上的老鼠——跑不了,赶快去自首吧!

【家里没别人——就他吗】就:仅仅,只有。采用反问语气,指因没有其他选择,只能将就,凑合。[例]科长,换个人行不行? 这项工作真的不适应小昭,难道家里没人——就他吗?

【家雀儿抱鹅蛋——想干大事儿】家雀儿:麻雀。抱:孵。讥讽不切实际地追求过高、过远的目标。[例]先把我交给你的本周需要完成的工作,一件一件地抓紧、干好,落到实处,不要家雀儿抱鹅蛋——尽想干大事儿。

【家雀儿不离房檐——家门口转悠】形容思想保守,胆量小,不敢远走高飞,到外面去打拼。[例]老伴,你要看远点儿,想开点儿,总不能让孩子像家雀儿不离房檐——只在家门口转悠,那会耽误他们一辈子的。

【家雀儿的胆子——大不了】形容胆量小,没魄力。[例]你们别劝了,津子打小就这样,家雀儿的胆子——大不了,这种活儿再挣钱,他也不会动心。

【家雀儿跟着夜猫子飞——吃食的吃食,熬夜的熬夜】夜猫子:猫头鹰。比喻分工不公平,有的辛苦,有的悠闲。[例]我们都在同一个办公室,我天天加班,他们几个却闲着没事干，家雀儿跟着夜猫子飞——吃食的吃食，熬夜的熬夜，这公平吗？

【家雀儿落在牌楼上——鸟小架子大】牌楼：与街坊类似，旧时为恪守忠孝节义等封建礼教的人树立的高大建筑。讥讽缺乏自知之明，身份或水平不高，却摆出一副自高自大、装腔作势的姿态。[例]陈志桦两次登门，顾文久都避而不见，他心想：哼，敬酒不吃吃罚酒，家雀儿落在牌楼上——鸟小架子大，我非给你点儿颜色瞧瞧不可！

【家雀儿落在墩布上——愣充大尾巴鹰】墩布：拖把。讥讽缺乏自知之明，过分夸大自己的财力或能力，目中无人，好大喜功，招摇过市。[例]中午在家附近的狗食馆吃饭，见识了一位"家雀儿落在墩布上——愣充大尾巴鹰"的主儿，口若悬河，大吹大擂，唾沫星子满天飞，丢尽了天津卫的脸。

【家雀儿脑袋包饺子——净是嘴儿】形容人多嘴杂，到处是嘈杂声。也指光耍嘴皮子，说大话、空话、漂亮话。[例]对奖金的分配大家意见不一，屋子里就像家雀儿脑袋包饺子——净是嘴儿，吵得不可开交，工段长坐在那儿只笑不

说话。｜光亭请你打住，说的太多了，云里雾罩的，不要家雀儿脑袋包饺子——净是嘴儿，回去做一个扎扎实实的具体方案，咱们再议。

【家雀学老鹰——想得太远】讥讽不自量力或不从实际出发，想做当前无法实现的事情。[例]白杨林的农业简直是个阿斗，扶得起来吗？笨蛋啊，你是家雀学老鹰——想得太远。（冯育楠《银沙滩》）

【甲鱼吃煤块——黑了心】形容居心不正，没有良知，阴险毒辣，做损人、骗人、坑人、害人的坏事。[例]昨天在央视"3·15"晚会上，又揭露了一批制假造假的企业和产品，他们的江湖骗术令人发指，真是甲鱼吃煤块——黑了心！

【甲鱼的脑袋——能伸能缩】指人在得意时能施展才干，在失意时也能忍耐。[例]你既然犯了错误，必须敢于面对，到了偏远的基层单位不要泄气，甲鱼的脑袋——能伸能缩，从哪里跌倒再从哪里爬起来，还是一条好汉。

【甲鱼的肉——藏在肚子里】比喻人有真才实学，但性格内敛，不张扬，不外露。[例]姑娘你真有眼力，看人准，这小伙子是甲鱼的

肉——藏在肚子里，将来一定会有出息。

【甲鱼拿大顶——上边有龟腚（规定）】拿大顶：倒立的动作。龟腚与规定谐音。谴指上级制定的相关约束形条文。[例]您请回吧，这个章不能盖，甲鱼拿大顶——上边有龟腚（规定）。

【甲鱼伸脑袋——王八头】王八：甲鱼或鳖的俗称。詈语，与王八蛋义同，指被骂对象是杂种、畜生，不是人生养的。也指妻子有外遇的男人。[例]马大炮"打砸抢"有功，当上了街道的造反派总司令，街坊邻居都不买账，背地里说他是甲鱼伸脑袋——王八头一个！┃马大炮一天到晚忙着造反的事儿，自己的女人却和他手下的勾搭上了，成了名副其实的甲鱼伸脑袋——王八头。

【甲鱼咬人——死不松口】形容咬紧牙关，缄口不言，怎么也不开口说话。[例]"快说！竹筒倒豆子，你们东家派你整天盯着我干什么？不然没有好果子吃！"老爷一个劲儿地恫吓，那小子还是甲鱼咬人——死不松口。

【贾宝玉看《西厢记》——戏中有戏】贾宝玉看《西厢记》：出自《红楼梦》第二十三回。比喻干某件事并非本意，是故意做给别人看的。[例]纪大肚子忙伸双手拦住，故意提高嗓门儿："不敢不敢，崔道爷与我有救命之恩，恩同再造，要拜也该我拜道爷才对！这里不是说话之处，且随我到府中，摆上酒宴叙谈。"这也是让周围人听听，显得他纪大肚子不忘旧恩，传出去就是一段佳话。今天摆下这么大阵仗，也是贾宝玉看《西厢记》——戏中有戏。（天下霸唱《崔老道传奇 三探无底洞》）

【贾家的闺女嫁贾家——贾（假）门贾（假）氏（事）】旧时女子出嫁后，夫姓放在前面，父姓放在后面，称某门某氏或某某氏。贾门的贾与假谐音。氏与事谐音。讥讽人装模作样，行为举止十分虚假。[例]吃完饭后，早有朋友刷了卡，他却装着没看见，还非要抢着买单，其实兜里镚子儿没有，纯属是贾家的闺女嫁贾家——贾（假）门贾（假）氏（事）。

【驾驶员撂挑子——想不开】指把心中不如意、烦恼的事情看得很重，放不下，摆脱不了。[例]这些陈芝麻乱谷子的小事情，您老赶快把它们丢掉，不能总像驾驶员撂挑子——想不开，那样会伤害身体的。

【驾辕的马驹尥蹶子——乱了套】驾辕:拉车时驾着车辕。马驹:马的幼畜,尤指一岁以下的小马。尥蹶子:骡马等跳起来往后踢。比喻乱了次序或秩序。[例]老爷一死,家里成了一锅粥,驾辕的马驹尥蹶子——全乱了套,老太太的话根本没人听。这可咋办呀?

【煎饼馃子——一套一套的】煎饼馃子:天津特色小吃,多作为早点,由绿豆面薄饼、鸡蛋、馃子(油条)或薄脆的馃篦儿制成,再配以面酱、葱末、腐乳等佐料,即可食用。一般论套出售。佐料:烹调时用来增加滋味的油、盐、酱、醋、和葱蒜、生姜、花椒、大料等。形容人富有学识,善于言辞,口才好,说起话来头头是道。也指人油嘴滑舌,善于讲官话、套话,或只会说不会做。[例]20世纪30年代初,天津人已经和煎饼馃子有了密切的关系。每一热闹街道口大都有煎饼馃子摊子。煎饼的主要原料是绿豆、小米、虾米(虾皮)及香料、水,磨成浆。煎饼要用平锅现摊现卖,每张煎好(可以加摊鸡蛋)裹一"棒槌馃子"成卷,煎锅涂油少许,再煎片刻,稍焦,抹面酱,撒葱花儿,折起,称为"一套"。天津人赞美善于言词的人,往往说此话"煎饼馃子——一套一套的",即此之谓。(章用秀《天津老俗话》)|煎饼馃子是津门小吃,用于它的量词,有言道"煎饼馃子——一套一套的"。此一语,似可归入方言俗语,钤上津字印记。煎饼馃子为嘛论套?铛上摊饼成形,放上馃子,饼先一叠,抹了酱,撒了葱末,再卷起来,不是馃子、煎饼两拿着,而是卷成套。这一卷,便卷出了可口的味道、快餐式的便捷。(吴裕成《煎饼·煎饼馃子·北京烤鸭》)

又作"煎饼馃子带佐料——一套一套的"。[例]北方谣谚有"京油子、卫嘴子"之说,是说天津人能说会道,妙语连珠,言语诙谐,长评短论,滔滔不绝,而且是"煎饼馃子带佐料——一套一套的"。(谭汝为《这是天津话》)

【煎饼馃子翻车——乱了套】比喻乱了次序或秩序。[例]接下来的一路上,刘二姐"往前走,往前颠",唱词还特别提到她在老字号范永和绒线店买了五彩线,准备拴娃娃用。刘二姐走在街上,引起了一阵阵骚动,真好似"煎饼馃子翻车——乱了套",且看下文。(由国庆《拴娃娃》)

又作(1)"卖煎饼馃子的翻车——

乱套了"。[例]这场活动组织得不够严密，有点儿卖煎饼馃子的翻车——乱套了，要好好总结并吸取教训，下不为例。(2)"卖煎饼馃子的摔跤——乱套了"。[例]本来会议按程序进行得有条不紊，让他这么一闹，瞎搅和，卖煎饼馃子的摔跤——乱套了。

【煎饼馃子就面茶——好吃不好拿】面茶：传统小吃，用黍子面或小米面熬成糊状物，表面淋上芝麻酱（芝麻盐）。形容知道某种事物能带来好处或实惠，但又有麻烦不易处理，因此左右为难。[例]最后说一句，吃煎饼馃子要双手捧着吃，以保持煎饼与馃子包裹紧密，不松不散。这与天津另一名吃——面茶，有的一讲。喝面茶，也要使双手，一手托碗，一手捧棒槌馃子。由此，天津流行一句歇后语——"煎饼馃子就面茶——好吃不好拿"。(赵永强《津味儿》) ▍你们可想好了，跟着老大上山"挖宝"，弄好了可以发大财，但风险也很大，就像咱天津卫的俏皮话说的"煎饼馃子就面茶——好吃不好拿"。

【煎饼馃子抹毒药——别来这一套】斥责人城府深，有心计，令人反感，根本不能接受。[例]你小子一撅屁股，我就知道拉什么屎，还想打我的算盘？煎饼馃子抹毒药——别来这一套！

【拣别人吃剩下的——不解馋】指私欲大，不能得到满足。[例]我说吴老大我有个表弟就在军阀部队里混饭吃，听他说到湘西老熊山岭盗墓的，都是成群结队的大批人马。咱就这几个兄弟，能济得甚事？再者说，拣别人吃下的——那也不解馋啊！(天下霸唱《鬼吹灯》)

【捡烟头的骂大街——全是嘴儿了】嘴儿：纸烟吸完剩下的过滤嘴。比喻舆论影响大，人多嘴杂，众口同声，也可以混淆视听。[例]打开当天的天津卫大报小报，头版消息的标题几乎一个样："昨晚袁文会通宵大闹紫竹林饭店"，他看后不禁摇头叹息，"捡烟头的骂大街——全是嘴儿，有何办法呢？"

【见了火的蜡烛——软了】比喻态度由硬变软，逐渐缓和下来。[例]平日里蒲凌师好威风，有点儿不可一世，可每逢遇到孔大少爷，他就像见了火的蜡烛——软了，低三下四，又磕头又作揖。

【见了生人叫爷爷——装孙子】形容故作姿态，假装不懂、不会、不知情，或不敢做。也指假装服从、老实、可怜的样子。[例]这个问题必须说清楚，见了生人叫爷爷——装孙子可不行！｜狠狠地揍，这小子就爱见了生人叫爷爷——装孙子，不值得可怜！

【见了土地爷不磕头——没拿当嘛儿】土地爷：神话传说中掌管一方土地的神。嘛：什么。指对某人或某物的轻视，根本不当一回事儿。[例]高全宝自以为有后台，觉得了不起，但工人们却是见了土地爷不磕头——没拿他当嘛儿。

【见了丈母娘招呼大嫂——没话搭咯话】丈母娘：岳母。搭咯：搭讪，闲聊。指主动搭讪，本来无话可说，硬要找些话来说。[例]天津俏皮话"见了丈母娘招呼大嫂——没话搭咯话"。有时，您在大街上，看见俩人，聊得火热。结果一打听，您瞧怎么着，俩人认识还不到十分钟，刚才等车时搭咯上的。怎么样，天津人够能搭咯的吧！每次坐火车出远门儿，我都能遇上"没话搭咯话儿"的主儿。一开聊就是半天，滔滔不绝。（谭汝为《这是天津话》）

【将军不下马——各自奔前程】比喻各走各的路，各干各的事，向着自己确定的目标前进。[例]你看见东方发亮，再迟一刻走之不便，咱二人是将军不下马，各自奔前程罢。（清代手抄本《满汉斗》）

【姜太公钓鱼——愿者上钩】姜子牙：周朝时期的宰相。相传在渭水河边，姜子牙用无饵的直钩钓鱼，并在嘴里振振有词道："负命者上钩来！"比喻完全自愿地去做某件事，不加任何勉强。也指自己心甘情愿地落入圈套。[例]读中学时，每天下午放学回家，总要走东马路，从东南方向走过来，才走到东南角。就在东马路边上，总蹲着一位老人，老在旁边的墙壁上挂着一个大人头像，人脸上画着许多雀斑，俗称痦子。老人不说话，俗称直钩钓鱼，或者是姜太公钓鱼——愿者上钩。（林希《你不知道的旧社会》）｜刘杰："好哇，借银二两，历时不过三年，本利竟高达十六两，你可真算得起是把铁算盘哪！"王三："民间借银早有惯例，非我所创，况且当初借银之时早经谈妥，这也是姜子牙钓鱼——愿者上钩哇！"（来新夏等《火烧望海楼》）

【姜子牙的媳妇——扫帚星】扫帚星：彗星，迷信认为出现扫帚星就会发生灾祸。民间传说，姜子牙的媳妇被称为"扫帚星"。詈语，指被骂对象倒霉、晦气、不吉利，会给人带来灾祸和厄运。[例]你这个死丫头，姜子牙的媳妇——扫帚星，赶快滚蛋，我永远不想再见到你！

【姜子牙卖白面——连个问价儿的都没有】相传姜子牙为谋生上街卖白面，却偏偏遇上大风，无人过问。比喻运气坏，碰不到好的机遇。[例]直到过晌午了，一担苇子还没开张，不免有些焦躁，心里暗说："妈的，姜子牙卖白面，偏遇上刮大风，今日真邪行了，怎么连个问价儿的都没有呢？"（张孟良《袁文会与刘广海》）

又作"姜太公卖面——连个叫主都没有"。[例]崔大脚："哪么样？麻子，开张啦吗？"于麻子："开张？我今天是姜太公卖面，由清早到这会儿，连个叫主都没有。"（来新夏等《火烧望海楼》）

【蒋干看诸葛亮下棋——看不出棋步瞎支嘴】蒋干：曹操手下的谋士。诸葛亮：著名政治家、军事家，他的棋艺一流。形容自己都没有思路和办法，却从旁给人出主意，乱指点。[例]"刘副官！"瞎老范追上去还继续说着，"我这是蒋干看诸葛亮下棋，看不出棋步瞎支嘴，屎壳郎开膛，又是一肚子臭下水。您老若是还没想出高招

来，不妨听听我的馊主意。"（林希《丑末寅初》）

【蒋介石的兄弟——蒋（讲）介（这）劲儿】讲与蒋谐音。这与介谐音。指故作姿态，装模作样，骄傲自大，与众不同，非要独出心裁这样做。[例]天津某人性情与众不同，很有个性，譬如言谈举止带着"凡人不理的骄傲劲儿"，或"满不在乎的散漫劲儿"，或"一脑门官司的严肃劲儿"，或"人死架子不倒的㾗劲儿"等，天津人就说"这小子是蒋介石的兄弟——就讲这劲儿"。（谭汝为《这是天津话》）｜天津前辈文人李世瑜先生毕业于辅仁大学，是著名的历史学家，同时还是研究天津话的开拓者……您老先生对我讲述"蒋介石的兄弟——讲（蒋）介劲儿"这句俏皮话的情景，时至今日仍历历在目。（佴童强《津门补白》）

又作(1)"蒋介石的弟弟——蒋（讲）介（这）劲儿"。[例]退一万步说，假如人家压根儿没指三本两本台历对自己有多大帮助，也没打算区区台历能去占领市场份额，白糟蹋钱要的是"蒋介石的弟弟——讲介劲儿"，咱没意见。（周凡恺《台里也疯狂》)(2)"蒋介石的儿子——蒋（讲）介（这）劲"。

[例]当然,有人说甭管虫草有没有神奇疗效,有钱难买乐意,咱是"蒋介石的儿子——蒋(讲)介(这)劲",不吃虫草吃有钱。(周莲娣《天津日报·莲娣脱口秀》)

【酱菜店里的伙计——管咸(闲)事儿】咸与闲谐音。讥讽没事找事,去做那些无关紧要或与自己没有关系的事情。[例]大家的小区大家建大家管,我就是酱菜店里的伙计——专管咸(闲)事,你必须把随便倒的垃圾清理干净,否则咱们就要找个地方去评评理。

【酱菜缸里的秤砣——油盐不进】秤砣:称物品时用来使秤杆平衡的金属锤。形容十分固执,听不进劝告或不通情达理。也指外表虽不引人注目,但能抵得住外界诱惑。[例]龚宇飞此时怒火交加,站起来说:"掰开揉碎了给你讲道理,谈利害,整整一下午还是酱菜缸里的秤砣——油盐不进,怎么就不开窍呢?"

【糨子不叫糨子——糊粥(胡诌)】糨子:用面粉和水调成的糊状物,用以粘贴。糊粥与胡诌谐音。形容没有事实根据地瞎编,乱扯,胡说八道。[例]你在网上发的那个帖子,完全是子虚乌有,糨子不叫糨子——胡诌,限你一天时间删个

干干净净,否则咱们就法庭上见。

【胶皮上便道——没辙儿了】胶皮:人力车。辙儿:车轮压出的痕迹。比喻没有了主意、办法、门路等,无计可施,无可奈何。[例]看着如此惨状,老姜双手一摊说:"咱们散伙吧,胶皮上便道——没辙儿了。"

【饺子不吃馅——挑(调)皮儿】挑与调谐音。形容人机灵,淘气,不受约束,喜玩儿爱闹。也指不驯顺,不易管教或对付。[例]没关系,您千万别过意不去,小孩子是饺子不吃馅——都调(挑)皮儿。∣高师傅,我这小孙子是饺子不吃馅——太调(挑)皮,您得好好地调教调教他。

【饺子皮——擀(赶)上了】擀与赶谐音。比喻人幸运,适逢其时,恰巧碰上某种机遇。[例]我那时上大学,没有经过严格的考试,是靠贫下中农推荐的,什么劲儿也没费,饺子皮——赶(擀)上了。

【饺子破了皮——漏(露)馅了】漏与露谐音。比喻不肯让人知道的隐秘事物暴露出来。[例]科里小金库不知被谁捅了出去,这回饺子破了皮——算是露馅了,够喝一壶的。

【脚板上长草——荒(慌)丫子】丫

子:脚丫子,即脚。荒与慌谐音。形容因惊慌而手无足措的样子。[例]杜宇新知道自己克扣工人奖金的事,被人捅到上边去了,这些天脚板上长草——慌丫子了。

【脚板子绑大锣——走一处响一处】脚板子:脚掌。绑:用绳、草等缠绕或捆扎。赞语,指人无论到哪里、在什么岗位上,因本领过硬都能干得非常出色,很有名气,引人注目。[例]二下济南,由于跟着女鼓王林红玉,吃住条件都比以往优越。他上次来又闯出了一定名气,在哪儿演出都挺火爆,他说的多是马家独有的段子,真是脚板子绑大锣——走一处"响"一处。(郑连群《马三立传》)

【脚踩西瓜皮——滑到哪里算哪里】比喻做事心中无数,走一步算一步,能办成什么样就是什么样。也指人没有主见,随波逐流。[例]车间主任这副担子很重,你今后凡事都要深思熟虑,做到心中有数,切不可脚踩西瓜皮——滑到哪里算哪里。|咱们既然跟着老大,从天津卫到这么远的地方,不是想发大财吗?那就不要顾及太多了,脚踩西瓜皮——滑到哪里算哪里啦。

【脚底下的泡——自己走的】泡:因为走路过多而在脚掌上形成的水泡。形容不良后果是由自己的原因造成的,只能自作自受,怨不得别人。[例]他落得如此悲惨下场,完全是咎由自取,脚底下的泡——自己走的。又作(1)"脚上的泡——自己走的"。[例]你自小跟你那个妈一样,就是任性,一条道走到底,一头撞南墙不带拐弯的,能不受罪吗?哼!脚底下的泡——是自己走的!(柳溪《四姊妹》)(2)"脚上的燎泡——自己走的"。[例]跟你说多少回,乔秒这个人不地道,你非得跟他瞎勾搭,让他给骗了吧?脚上的燎泡——自己走的。(3)"脚上的泡——自己走出来的"。[例]像他这样一个郭家店的大掌柜,说句不谦虚的话,就是这个时代的领潮人物,把他这么一抓起来,岂不是宣布一个时代要结束了?莫不是又要搞什么大运动?不管怎么说,这也是脚上的泡——自己走出来的。(蒋子龙《农民帝国》)

【脚底下抹白灰——白跑】比喻白费力气或白忙活,毫无成果、收获。也指空走一趟,无功而返。[例]今天哥俩上山打兔子,整整一天累得臭死,结果连个毛儿也没见着,脚底下抹白灰——白跑了。

【脚底下抹油——溜了】形容偷偷地离开,或悄悄地跑掉。[例]马头娘娘和几个童男童女的塑像,在月影中黑蒙蒙的,白天虽然看习惯了不觉得怎么样,夜里一看,真让人毛骨悚然。老师傅也不免心里几分发憷,心说:可能偷东西的贼听到我从外面进来,已然脚底下抹油——溜了。(天下霸唱《天坑鹰猎》)┃李占魁笑着介绍:"人家可是当逃兵的祖宗,情况不妙,他肯定脚底下抹油——溜了。"(周振天《小站风云》)

又作(1)"脚底下抹油——溜号了"。[例]与接站的"人蛇"一见面,女孩要预付五千至八千美元的"食宿费",有钱的跟着"人蛇"走了,没钱的只有一条路:靠打工或被迫卖淫维持生活。而她们的"保护者"将其送到目的地,也就脚底下抹油——溜号了。(杜仲华《指光的彩虹》)(2)"脚底抹油——溜之大吉"。[例]赵老憨贪生怕死,也对"绿色坟墓"深怀恐惧,明白事成之后,自己不是当场被弄死灭口,也得被胁迫进入地底深渊,所以来了个脚底抹油——溜之大吉,经人指点,一路由缅甸窜入印度,又逃亡至尼泊尔边境。(天下霸唱《地底世界之幽潜重泉》)(3)"脚底板抹油——溜了"。[例]胖子自作聪明地猜到:"老羊皮可能害怕他的说理斗争大会,结果是脚底板抹油——溜了,我看最有可能逃过国境线投靠苏修吃奶油面包去了。"(天下霸唱《鬼吹灯》)(4)"脚板抹香油——溜了"。[例]"小解,刚才老田觉得心脏不得劲儿,回去了,叫我告诉你一声。"司机群里有人小声议论:"姜还是老的辣,一看事不好,脚板抹香油——溜了!"(蒋子龙《赤橙黄绿青蓝紫》)(5)"脚底抹油——开溜"。[例]只要骗的钱一到手,他立马就脚底抹油开溜了。(谭汝为主编《天津方言词典》)(6)"脚底下抹油——哧地就走"。[例]干个把小时,脚底下抹油,哧地就走,或没完,第二天接着,反正日子有的是。(冯骥才《临街的窗》)

【脚底下使绊子——暗中害人】使绊子:暗中耍弄手段陷害别人。比喻采用阴谋手段,乘人不备,暗地里攻击或伤害别人。[例]师傅反复告诉我,摔跤场上既要拼血性,也要讲德行,赢要赢得光彩,输要输得体面,不能脚底下使绊子——暗中害人。

【脚底下贴邮票——走人】指离开，或出走。[例]"又是你们俩，瞧瞧，整个一对丧门星！"老鸹一撇嘴，"这儿没人听你们穷掰乎，给我脚底下贴邮票——走人！"(郑连群《马三立传》)

【脚后跟拴绳子——拉倒】脚后跟：脚跟。指算了，作罢。[例]你既然不愿意入伙，我们也不勉强，那就脚后跟拴绳子——拉倒吧！

【脚面水——平蹚】蹚：从浅水走过去。比喻困难少，阻力小，事情办起来不费劲，很顺利，轻松地解决了矛盾和问题。[例]齐大少一笑："信不过？ 日本人一进来，您啦拿着这名片横着走，脚面水——平蹚！ 连日本兵都得让你三分！"(王传林《鬼市》)

又作(1)"脚面上的水——平蹚"。[例]凤姐之所以在贾母面前得宠，吃得开，能够"脚面上的水——平蹚"，十分重要的原因，在于她善于揣摩老祖宗的心里，每次在节日喜寿聚会上，都由凤姐导演兼主演，进行"耍贫嘴"的表演秀，把老太太逗得开怀大笑，获得满堂彩！(谭汝为《这是天津话》)(2)"齐脚面的水——平蹚"。[例]但凡顶上这个头衔，在天津卫那就是齐脚面的水——平蹚，

走到哪儿都得被人高看一眼。(天下霸唱《崔老道传奇 三探无底洞》)

【脚上扎刺儿——离心大老远的】大老远：很远。形容事情无关紧要，不必去操心。[例]这件事情无关大局，脚上扎刺儿——离心大老远的，您不要花费精力了，由我来处理。

【脚心长痦子——点儿低】痦子：隆起的痣。指人运气太差，或地位低下。[例]天津有俏皮话比喻遇事运气差、处世没地位，曰"脚心长痦子——点儿低"。皮肤上生的黑褐色、青色或红色的斑点或小疙瘩称痣，俗谓"痦子"。不过，特别是脸上、手上的小痦点，却是相士们眼里的"大文章"。(由国庆《津沽旧事相》)｜又来活儿了？我这阵子手风不顺，昨天愣让人家一杆收了，脚心长痦子——点儿低啊。(天下霸唱《大耍儿》)

又作"脚心长痦子——点儿太低了"。[例]我崴了！ 他们银(人)太多，一帮一伙，我打不过他们呀！我今儿个是脚心长痦子——我点儿太低了！(刘文亨相声)

【搅屎棍子——闻(文)不得舞(武)不得】闻与文谐音。舞与武谐音。形容没多大本事，缺乏突出的能

力和才干，文的不行，武的也不行，什么事都做不来。[例]见小石先撕破了脸皮，我也无所顾忌了，对他说："我这个科长是实干出来的，没有靠吃吃喝喝，溜须拍马，你就是个搅屎棍——闻（文）不得舞（武）不得。"

【搅屎棍支桌子——臭架子】形容妄自尊大，装模作样，态度傲慢而令人厌恶。[例]这都什么年代了，你一个小小的基层干部成天还搅屎棍支桌子——摆个臭架子，我也不多费口舌，让群众选举时用票说话吧！

【叫花子剥蒜——穷有穷打算】叫花子：乞丐的俗称。形容穷人虽然条件差，也有自己相应的考虑和安排。[例]胖子是叫花子剥蒜——穷有穷打算，别等以后了，搂上一个是一个，捡起鎏金铁盒塞进背包，他还有理："摸金校尉在一座古墓中仅取一件明器，包装可不算在内，好比你买鞋，没鞋盒子是一双鞋，有鞋盒子不也是一双鞋？"（天下霸唱《摸金校尉之九幽将军》）

【叫花子簸簸箕——穷嘚瑟】簸：用簸箕上下颤动，扬去粮食中的糠秕、尘土等杂物。簸箕：用来簸粮食等的一种器具。形容人生活贫困，还要装腔作势，摆谱、张扬、招摇，得意忘形。[例]大凯，你爹妈在家里过着紧巴巴的苦日子，你却在外边叫花子簸簸箕——穷嘚瑟，难道心让狗吃了？

【叫花子搽胭粉——穷打扮】搽：涂抹。胭粉：一种化妆品。形容贪图虚荣，没有条件却勉强去做华而不实的事。[例]我们全乡还没有完全脱贫，搞文明村庄建设必须从实际出发，围绕农民反映最强烈的问题，集中财力，突破重点，防止叫花子搽胭粉——穷打扮。

【叫花子唱莲花落——穷开心】莲花落：评剧的旧称。讥讽或斥责人生活贫困，或境况很糟，却故作乐观，自寻快乐。也用于自嘲，指穷而不愁，苦中作乐，自寻快活的乐观精神。[例]你们全家人都在为二哥结婚买房的事儿发愁，急得火上房了，你倒像个没事儿人似的，还在这儿又蹦又跳，真是叫花子唱莲花落——穷开心！｜小曲在工厂的流水线上做工，一天下来累得筋疲力尽，但却坚持吃完晚饭就到市民广场学跳街舞，风雨无阻，乐此不疲，他常说："我这是叫花子唱莲花落——穷开心！"又作（1）"叫花子挠脚豆儿——穷开心"。[例]大家看到志文一上班就笑得好开心,纷纷问他家里有啥喜事,他说:"咳,我这是叫花子挠脚豆儿——穷开心!"(2)"叫花子蹲墙根儿——穷乐呵心"。[例]蹲墙根儿的"资格"虽没有严格规定,但也并不是谁都可以"心安理得"地享受蹲墙根儿之乐。"叫花子蹲墙根儿——穷乐呵心儿"这句歇后语不仅是蹲墙根儿老头的自嘲,也从一个侧面告诉人们"叫花子"没这"资格"。(薄献忠《蹲墙根儿》)(3)"大花子蹲墙根儿——穷乐心儿"。[例]我认为"踢蹬罐儿",应该是"踢灯笼挂儿"这几个字。为什么这么说呢?咱华北平原津沽大地的老百姓,不论生活多么艰难,多么缺吃少穿,唯独不缺少幽默,最善于苦中作乐。正所谓,大花子蹲墙根儿——总有个穷乐心儿。(刘兴民《杂议天津话 也说"踢蹬罐儿"》)

【叫花子吃葡萄——穷酸】讥讽贫穷寒酸,穷而迂腐,不合时宜。[例]小伙子记住,人穷志不短,在任何时候都要挺直腰杆,不能叫花子吃葡萄——一副穷酸样儿。

【叫花子打狗——穷横】形容态度粗暴,生硬,蛮不讲理。[例]是你的车追尾,撞了我的车,你还叫花子打狗——穷横,想私了?死心吧,门儿都没有!

【叫花子打算盘——穷有穷打算】比喻穷人虽然生活条件差,但也有自己的安排和计划。[例]乐志叔家人口多,收入又不高,但是日子过得有滋有味,他常常自嘲道:"我这叫花子打算盘——穷有穷打算。"

【叫花子打野鸡——来菜了】菜与彩或财谐音。形容穷人遇到了喜事、好事,感觉很惬意,带劲儿。[例]魏光棍又穷又懒在全村出了名,夜晚睡觉做了一个梦:叫花子打野鸡——来彩了,醒后望着家徒四壁的破屋子,依然是唉声叹气。

【叫花子翻跟头——穷折腾】形容总是没事找事,无事生非。[例]你踏踏实实地干点儿正经事儿,不要整天叫花子翻跟头——穷折腾,行不行?

【叫花子卖布——穷扯】扯:撕,撕下。比喻漫无边际或没完没了地说闲话。[例]你们爷俩别在屋里叫花子买布——穷扯了,亲家的汽车响了,快到外面迎接贵客。

【叫花子挠胳肢窝——自己胳肢自己】胳肢窝:腋窝。胳肢:抓挠腋窝使之发痒。比喻自己逗自己开心、高兴、快乐。[例]八十多岁的金大爷，突然对养热带鱼产生浓厚兴趣，结果是养一拨儿死一拨儿，死一拨儿又养一拨儿，邻居们笑说："您老这是叫花子挠胳肢窝——自己胳肢自己呗！"

【叫花子碰到要饭的——穷对穷】要饭的：乞丐。指不富裕、条件差或没有能力的人凑到了一起。[例]我们几个是叫花子碰到要饭的——穷对穷，谁也别嫌弃谁，团结起来拧成一股绳，拼命干出个样子，让全村的人看看。

【叫花子起五更——穷忙活】起五更：天不亮即起床干活。指事情繁杂，没有计划和章法地忙碌，常含忙而无功之意。[例]几个人一到工地，就急匆匆甩掉衣服，东一榔头西一棒子，叫花子起五更——穷忙活起来。

【叫花子请客——穷大方】形容人经济条件很差，却对财物不计较，不吝啬。也指手头很不富裕，却花钱大手大脚。[例]刚才你给我的这个月的工资，怎么少了百十块钱？准又是应酬乱花了，叫花子请客——穷大方。

【叫花子娶媳妇——穷张罗】形容图热闹，瞎折腾，或忙忙碌碌，疲于应酬。[例]咱后勤处干的活就是叫花子娶媳妇——穷张罗，一天到晚不失闲，但还不一定能落个好。

【叫花子耍猴——玩心没退】形容人对玩耍嬉戏的兴趣仍然很大。[例]还别说，淘孩子聪明，京戏学得挺好，梅派青衣唱得不次于科班，长大上班赚钱也知道孝敬奶奶了，没事就找核桃王唱戏，其实是惦着核桃，这叫叫花子耍猴——玩心没退。（王晔《核桃王》）

【叫花子同龙王爷比宝——不是一个级别的】龙王爷：对龙王的尊称，神话传说中统领水族的王，掌管兴云降雨。比喻人与人或物与物的等级差别很大，根本不在一个档次和水平上。[例]除了过于匆忙之外，我们还有一些劣势，比如我们得在短时间内购买装备，跟那些有背景的专业潜水打捞公司相比，这无疑是叫花子同龙王爷比宝——根本不是一个级别的，难以相提并论。（天下霸唱《鬼吹灯》）

【叫花子下雨天放火——想穷骚也穷骚不起来】讥讽人因环境和条件的限制，想得意也得意不起来，想向人显摆、炫耀自己也难以实现。[例]罗大舌头说："甭管多大

的鱼,它只要是离开了水,那就是叫花子下雨天放火——想穷骚也骚不起来了。"(天下霸唱《地底世界之楼兰妖耳》)

【叫花子摇铃铛——穷得叮当响】形容非常贫穷,一无所有的样子。[例]早先那些年,生产队没有实行包产到户,家里一贫如洗,吃了上顿没下顿,老父亲经常说,那真是叫花子摇铃铛——穷得叮当响。

【叫花子照镜子——看那儿穷样儿】比喻本来很贫困,却故作不在意,安于现状,令人发笑或讨厌。[例]我作为长辈要说你几句,眼下国家的政策多好,缺什么都送到家门口,可你还是叫花子照镜子——看那穷样儿,一点精气神也没有,这样怎能甩掉贫困的帽子?

【教把式的学说相声——练胳膊练腿儿不如练嘴儿】教把式的:武术教练。形容踏踏实实、埋头苦干的人不如耍嘴皮子、能说会道的人吃香,受重视,受欢迎。[例]谁说"教把式的学说相声——练胳膊练腿儿不如练嘴儿"?在我这儿就行不通!不干,半点马列主义也没有!

【姐儿俩出阁——各顾各】出阁:女子出嫁。指每个人只顾自己,不顾别人。[例]大家伙儿再也找不出什么可说得了。他们白白喊喳了一阵,找不出半点办法来。于是,他们只好是"姐儿俩出阁——各顾各"了。(鲍昌《庚子风云》)

【姐俩儿买鞋——对试(事)】试与事谐音。指彼此条件相称,合适。[例]大壮和小丽谈恋爱,大家都说他们是姐儿俩买鞋——对试(事),脾气互补,发展得错不了。

【姐妹俩想丈夫——害的一样病】比喻有同样的缺点、毛病,或不幸遭遇、痛苦的人。[例]杨柳青年画上刻有一句俏皮话"姐妹俩想丈夫——害的一样病",虽然不太中听,但搁在大英子和小英子身上很合适:都整天想着做梦拾元宝,都喜欢占小便宜,都爱串瞎话……

【借钱买藕吃——口口都有窟窿】借钱:欠债。窟窿:亏空。比喻欠债太多,原来的债还未还清,又出现新的债务。[例]坐在电车里,虞云隆心里愈来愈不是滋味。他毕竟是一个极好脸面的男人。如今虞金城当上了英商天津煤行经理,混出了人样儿。可自己虽说开着正昌商行,却是几个人的股份,而且还拉着一屁股债。这就叫借钱买藕吃——口口都是窟窿。这样想着,虞云隆挺堵心。(肖克凡《天津大码头》)｜唐本旺维持着这座工厂,银根日见吃紧。有一句歇后语这样形容厂里的经济形势:"借钱买藕吃——口口都有窟窿。"(肖克凡《原址》)

又作"借钱买藕吃——口口都是债窟窿"。[例]进入信息时代社会上出现了"股市反弹""预售楼花""汽车按揭""信息爆炸"无数新生词汇,王金炳作报告依然引用"葫芦掉进井里——看着下去了其实漂着呢""借钱买藕吃——口口都是债窟窿""阴天半夜看勺子星——找不着北"这一系列老话儿,反而充满新意,当场赢得一次次热烈掌声。(肖克凡《机器》)

【金刚钻儿包饺子——热闹得钻心】金刚钻:既指头上镶有金刚石的钻头,专门用于修复破损瓷器的工具,又指早年河北梆子名旦王莹仙,戏名"金刚钻",其唱腔高亢激扬。形容场面繁盛喧嚣,活跃闹腾,使人感到难以忍受。[例]我们楼下的小公园,广场舞从早到晚跳个不停,真是金刚钻儿包饺子——热闹得钻心儿啊!

【金簪儿落在井里头——还能丢的了】金簪:用金属制成的别发髻用的条状物,一端略尖。采用反问语气,指人或物不会丢失、丢弃,无须担心。[例]吕三儿呀,这孩子怎么那么性急呢,早晚还不是这回事吗?金簪儿落在井里头,还能丢的了嘛?(李燃犀《津门艳迹》)

【进棺材擦粉——死要面子】擦粉:把脂粉涂抹在脸上。讥讽人虚荣心极强,为了爱惜自己的颜面,可以不顾一切。[例]你是进棺材擦粉——死要面子。你要怕死,干脆就别喝,喝完了你还吐的出来?而且喝完水都过去这么久了,不是也没事儿吗?反正我感觉良好。(天下霸唱《摸金校尉之九幽将军》)

【进门叫大嫂——没话儿找话儿】形容主动与人寒暄、搭讪,说些没必要或是敷衍的话。[例]大塔在半路上碰上嘉熙,就紧紧地拉着手,进门叫大嫂——没话儿找话儿说,叫人烦得不得了。

【进门走窗户——没门儿】指没门路,没办法;没希望,没指望;不同意,不可能。[例]我明人不说暗话,这件事违反政策,突破了底线,你想让我行个方便,进屋走窗户——没门儿!

【近视眼看天益斋——大盖齐(概其)】天益斋:商店名,繁体的"天益斋"和"大盖齐"字体相似,近视眼有时会读错。大盖齐与大概其谐音。比喻差不多,大致的内容或情况一样。[例]天津人性格豪爽嬉戏谑,看事论事不像北京人那样循规蹈矩执礼周到,也不像上海人那样具体入微的,为一分钱能跑出二里地去追个究竟。天津人多半大大咧咧,歇后语里有"近视眼看天益斋——大盖齐"就行了。(薛宝琨《"大盖齐"和"天益斋"——天津人的思维习惯》)

【近视眼配镜子——解决目前问题】比喻先把面临最急迫的矛盾、难题解决掉,其他的以后再说。[例]现在就别考虑什么方向了,这阵冰雹一过,沙洞里的怪物恐怕又要出来了,咱近视眼配镜子——得先解决目前问题不是?(天下霸唱《地底世界之楼兰妖耳》)|咱们近视眼配镜子——必须解决目前问题。现在也没别的辙,不是我个人英雄主义,我看这事到如今唯有冒险一试。(天下霸唱《鬼吹灯》)

【井底之蛙——没见过世面】讥讽眼界狭窄,见识短浅。[例]老房赶紧缓和气氛说:"克俭呀,别见怪!俺是井底之蛙,没见过世面。就算俺露怯吧!都不是外人,俺就直说吧!甭说五万块,就是五十万,五百万,俺砸锅卖铁,也坚持!

克俭呀,只要你把事情可得替俺办圆满了。听见没?"(王传林《鬼亲》)

【井底的蛤蟆——没见过大的天】蛤蟆:青蛙。讥讽见识短浅,孤陋寡闻,没有见过大的世面。[例]现在都什么年代了,你还抱着老观念不放,井底的蛤蟆——没见过大的天,快到深圳、上海去看看吧!又作"井里的蛤蟆——没见过天"。[例]在这里胡吹什么?你就是个土包子,井里的蛤蟆——没见过天,还是好好听教授讲课吧。

【井水河水——两不来往】指彼此不接触,不联系,不交流。[例]可这军界势力惹不得,这个系那个系,有兵马有地盘有插杆儿靠山有洋爸爸,就算我有青帮洪帮,可这是井水河水两不来往呀。(林希《相士无非子》)

【景德镇的大窑——净瓷(词)儿】景德镇:位于江西,著名瓷都,以盛产瓷器闻名中外。瓷与词谐音。形容人有学识,说话或写文章词汇丰富。[例]真不愧是我们连的小秀才啊,说出话来真是景德镇的大窑——净瓷儿(词儿)。(袁静《伏虎记》)

【警察打爹——公事公办】形容讲原则,秉公办事,不徇私情。[例]大伯，您不要再说了，我是政府的执法人员，必须一碗水端平，警察打爹——公事公办！

又作"警察打他爸爸——公事公办"。[例]高个子法警把脖子伸得更长了，瞪着两只贼溜溜的大眼珠子，冷笑一声，变了脸色："那，我可不客气了，我是警察打他爸爸——公事公办，概不由己，走！"（柳溪《功与罪》）

【揪着胡子过河——牵须（谦虚）过渡（度）】揪：用手抓住并拉。牵须与谦虚谐音。渡与度谐音。戏指人过分地谦虚谨慎，常用于开玩笑。[例]快，把你舍己救人的事迹跟我们具体讲一讲，不要揪着胡子过河——谦虚过度了。

【九十九点六——差点四（事）】九十九点六：指距离100还差0.4。比喻事情不够圆满，有些缺憾。也指存在差距，水平略低，或不合标准。[例]天津方言歇后语很多，天津人把歇后语叫俏皮话。天津地域文化造就了天津人的性格——乐观幽默点子多，嘴皮子利索脑子活。这体现在顺手拈来现挂现编谐音俏皮话上。例如"打着灯笼拾粪——找屎（死）"，天津话表示粪便的"屎"与"死亡"的"死"同义。再如"九十九点四——差点

四（事）"，天津话把"事情"的"事"读为"四"。（谭汝为《这是天津话》｜萧萧，这项工作的收尾你有些着急了，九十九点六——差点事（四），今后可要注意啊！

【九丸搭一丸——十丸（实完）】搭：凑上，加上。十丸与实完谐音。形容完全搞糟，彻底失败或毁灭。[例]他到现场一看，立马傻了眼，这工程搞得是九丸搭一丸——实完，瘫坐在地半天说不出话来。

【韭菜——割了一茬又一茬】比喻有思路，主意多，一个又一个新的想法不断地冒出来。[例]他历来都是主观的，从不会没有主意，脑子里各种各样的想法就像韭菜，割了一茬又一茬，随时都在向外钻新芽长成新叶。（蒋子龙《农民帝国》）

【韭菜包子——往外臭】指把不愿意让外人知道的事情或问题抖搂出来。[例]别说还没有那么回事，就是有那么回事，亦不能韭菜包子往外臭啊。（李燃犀《津门艳迹》）

【韭菜地——割了一茬起一茬】比喻一批人受到打击、失败甚至倒下去了，而又有一批人挺身而出，继续战斗。[例]俺朱灯是抓得起来、摞不下去的人，俺不承认永远就失败了。按下葫芦起来瓢，山东

是韭菜地,割了一茬起一茬。(鲍昌《庚子风云》)

【剧场里的折子戏——一出接一出】折子戏:一种戏曲形式,将全剧中相对独自成戏的段落截取出来,进行专场演出。一出:戏曲剧本结构上的一个段落。[例]这俩年,倒霉的事儿都让对门的老陈家碰上了,就像剧场里的折子戏——一出接一出,我们街坊邻居都得帮帮他们。

【锔了嘴儿的葫芦——瞎小心】锔:用锔子(铜或铁制成的两脚钉)连合破裂的瓷器等器物。指没有根据和来由地过分谨慎、留神,没有头绪,以致误事或坏事。[例]白糖说:"那可没准儿,万一出了什么岔子,咱俩砸锅卖铁可也赔不起,再加上一把锁,我住到宾馆里才睡得踏实。"张保庆无可奈何地摇了摇头:"你可真是锔了嘴儿的葫芦——瞎小心。"(天下霸唱《天坑宝藏》)

【锔碗的戴眼镜——找碴儿】形容故意挑剔他人的差错、缺点或毛病,甚至找借口,寻衅滋事。[例]天津人常说的"俏皮话"与"俗(熟)语"中,有:"锔碗的戴眼镜——找碴儿""没有金刚钻,别揽那么大的瓷器活儿"。这表明,"锔碗的"与人们生活关系很密切,所以才"就

近比喻"。(张仲《北方市井民俗图说》)|咱们赶紧躲开这是非之地,也省得他有事没事就锔碗的戴眼镜——找碴儿。

又作"锔碗的戴眼镜——找碴儿"。[例]他还戴上看火眼镜,仔细地窥视了炉膛内的熔炼情况。"小上海"知道,这位洋师傅是锔碗的戴眼镜——向自己找碴儿。(鲍昌《庚子风云》)

【举着鸟笼进树林——找雀(巧)儿】雀儿:麻雀。雀儿与巧儿谐音。形容寻找做事的捷径,想不费力气又达到目的。[例]川儿,你既然拜到我门下,下决心学相声,从今个儿起就要塌下心来,做好吃大苦的准备,千万别指着举着鸟笼进树林——找巧儿。

【举着烧饼照镜子——里外通吃】指贪心太重,无论什么地方都想攫取好处,不管多少钱财都要归自己所有。[例]人们都说,金鳞久太贪婪了,连大学同学找他办点事儿也要送礼,那真是举着烧饼照镜子——里外通吃,早晚会跌大跟头!

【圈里的肥猪——坐吃等死】形容非常懒惰,不去劳作,坐吃山空。[例]即使国家的政策再好,有更多的人帮助,你还是圈里的

猪——坐吃等死，这贫困的帽子会戴一辈子的。

【噘嘴儿骡子卖驴价儿——倒霉就倒在嘴上了】噘嘴：嘴唇圆合而上翘，表示生气。骡子、驴：哺乳动物，骡子是驴和马交配所生的杂种，一般比驴值钱。指管不住自己的嘴巴，说话不谨慎，从而招致吃亏、麻烦甚至祸患。［例］你呀，噘嘴儿骡子买个驴价儿——倒霉就倒在嘴上了，以后嘴巴得安个把门儿的，说话要过过脑子，掂掂分量。

【决赛弃权——不争啦】指不争夺，不计较，或不要紧，没关系。［例］经理，领导甭发愁了，这面尖刀突击队的红旗就给二队吧，我们决赛弃权——不争啦。

【军火库着火——炸营了】着火：失火。炸营：旧指部队因某种误会或莫名其妙的原因引起大乱，也泛指其他场合的类似情况。形容秩序和安宁突然被打乱，人群骚动，乱成一团。［例］解放天津的枪炮声"轰隆隆"响起。驻守在市府的国民党兵一时大乱，如同军火库着火——炸营了。

又作"军火库着火——炸了营"。［例］且说前段时间某相声社来天津开了分社，他们虽在外地有多家分社，但在津城还是头一家，为啥？天津这地方藏龙卧虎。相声社开门红爆了棚，一时间剧场门口天天像"军火库着火——炸了营"。（点子《俏皮俗话》）

K

【开弓的箭——决不回头】比喻事情既然已经决定或开始，认准方向，就要继续进行下去，决不反悔和退缩。也指坚决不改过、悔过。［例］我厂的全面改革方案已经公布，下一步要集中精力抓落实，开工的箭——决不回头，不管遇到多大的困难和阻力，必须无所畏惧，勇往直前，不达目的，决不罢休！

【开水浇坟——沏（欺）了祖了】坟：埋葬死后筑起的土堆。沏：用开水冲泡，与欺谐音。指违背祖训，欺辱祖先。旧时也指在生活享受等方面超过逝去的家族先人，为不孝行为。［例］大混混覃二黑干尽缺德事儿，街坊邻居惹不起，都躲得远远的，却在背后咬牙切齿，骂他："开水浇坟——欺了祖了！"

【开拖拉机撵兔子——有劲儿使不

上】撵:驱逐,追赶。形容由于环境或条件的限制,人的才干、能力无法充分发挥出来。[例]没想到今天来这么多人,可植树的工具准备的不够数,一些同志开拖拉机撵兔子——有劲使不上,赶快派几个小伙子回城里去拉。

【开压道机的拍胸脯——哪里不平哪儿有我】压道机:用来平整或压实地面的机具。指面对不公平的人和事,敢于挺身而出,伸张正义。[例]你就出去大胆地去闯吧,师傅永远是你坚强的后盾,开压道机的拍胸脯——哪里不平哪儿有我。

【开业剪彩——剪子活儿】剪子活儿:指一些办公室"笔杆子"的所谓工作,剪报粘贴,拼凑成文。比喻坐在办公室里,脱离实际,照抄照转,搞文字游戏和形式主义。[例]你们这些"笔杆子"必须拿出更多的时间,深入基层,贴近群众,调查研究,获得真知,再也不能干那"开业剪彩——剪子活儿"了!

【坎肩改马褂——小不能变大】坎肩:不带袖子的上衣。马褂:旧时男子穿在长袍外面的对襟短褂。指事情已有定论,不可改变了。[例]按理说,有大嫂的亲笔信,以妯娌间情分说,二奶奶应该点个

头才是。可这位二奶奶却来了个"坎肩改马褂——小不能变大",迎头给了克俭一盆冷水。这事搁谁身上也受不了。(王传林《鬼亲》)

【坎肩上袄袖——变褂(卦)啦】袄袖:有衬里的上衣袖子。褂与卦谐音。比喻突然改变原来的主张或已定的事情。[例]你还算个爷们吗,昨天刚定的事儿,今个儿就坎肩上袄袖——变卦啦?

【看人下菜碟——势利眼】形容趋炎附势的恶劣行径,对有钱有权有势的趋奉,反之则歧视。[例]你小子对我们工人这是什么态度?平时见着当官的就点头哈腰,恨不得把屁股舔干净,看人下菜碟——也太势利眼了。

【糠里挤油——小抠儿】糠:稻、谷子等作物脱下来的皮或壳。比喻为人吝啬,小气,不大方。[例]世乐,工友聚餐一到买单时你就溜号,几年也没见你请大伙吃顿饭,成了名副其实的糠里挤油——小抠儿。

【扛大个儿的摔跤——砸了自己】扛大个儿的:旧指在码头、车站用体力搬运重物的工人。形容自作自受,自己做了错事,只能由自己承担不好的后果。[例]他一直偷偷

摸摸地靠卖野药为生,打一枪换一个地方,今儿被一个曾经受过骗的人逮了个正着,这应了那句俏皮话:"扛大个儿的摔跤——砸了自己!"

【扛着牌坊卖肉——好大的架子】牌坊:形状像牌楼的建筑物。形容妄自尊大,装腔作势,态度傲慢,盛气凌人。[例]一些年轻干部走上领导岗位后,有一种很坏的作风,就是扛着牌坊卖肉——摆着好大的架子,老百姓最讨厌,也根本不买账。

【炕上安锅——改灶(造)了】安:安装。灶:用砖石砌成的生火做饭的设备。灶与造谐音。指改变事物的原有状况,使适合需要,或从根本上变旧为新。[例]厂长,快去看看我们铸造车间的设备,早已今非昔比,炕上安灶——改造了,生产效率提高了一大截。

【炕头上的娃娃大哥——顶头老大】娃娃大哥:已婚妇女为求子嗣,到娘娘宫烧香祈祷,顺便请回一个泥娃娃,摆在家里,即为大哥,俗称娃娃大哥。形容非常大。[例]也许,此兄在家确实是亲娘的头生子,可家里曾在天后宫拴过娃娃,泥娃娃大哥好似真人一直在家坐着呢,所以即便是头生子也

一律行二。"炕头上的娃娃大哥——顶头老大"就是这个意思。(由国庆《七十三虚拴娃娃》)|你可别瞎说,刚才过去的那人可是咱单位"炕头上的娃娃大哥——顶头老大"。此话有来由。(点子《俏皮俗话》)

【蝌蚪撵鸭子——作死】撵:驱逐,追赶。讥讽或责骂人主动找死,或自己促使事情往绝路上发展。[例]闯子为了赚钱开始卖假货,这可是蝌蚪撵鸭子——作死呀,大家伙一齐劝劝,不能让他在邪路上越走越远。

【客厅里挂狗皮——那是什么画(话)】画与话谐音。采用反问语气,形容说话办事不合情理或太不像样子。[例]大侄子,我要批评你两句,平日里你节俭出名,我给点个大赞,听说对爹娘也抠抠唆唆,客厅里挂狗皮——那是什么话?
又作"客厅里挂磨盘——简直不像画(话)"。[例]物业的大叔不小心把你的车碰了一下,又不是故意的,看你骂街倒巷,客厅里挂磨盘——简直不像话!

【嗑瓜子嗑出个臭虫来——啥仁(人)都有】仁与人谐音。指社会上形形色色、各种各样的人都存

173

在,什么样的人都会碰上。[例]唉,如今咋就有的教授、专家这般不自爱呢?竟也造假骗人,干出猫儿狗儿的勾当,叫俺等怎能不伤心?"天使"交窃贼,上帝也发怒! 真是嗑瓜子嗑出个臭虫来——啥仁(人)都有!(《天津日报·学术造假就是作孽》)

又作"瓜子里嗑出臭虫来——什么仁(人)都有"。[例]原来,这者烈人不坏,就是脾气怪,大事小情从不讲理,一律自个儿说了算,隔三差五就打街上溜达去,嘛事都问,嘛事都管,还特别爱"鸡蛋里挑骨头",把找碴当成乐儿。这可真应了那句话了,叫"瓜子嗑出臭虫来——什么仁(人)都有"呀!(解辉《天津故事(2)》)

【空口袋——立不起来】形容缺乏担当意识,撑不起身上的责任或重担。也指人站立不起来。[例]田云远经过几年的基层锻炼和考察,结果还是空口袋——立不起来,只能从局级领导班子后备名单中把他抹去了。

【空心暖水瓶——没胆儿】胆儿:暖水瓶内胆,盛水的器皿。讥讽胆小怕事,缺乏大无畏的勇气和担当。[例]在这次企业改革中,我希望中层干部都要敢于碰硬,勇于担当,不能做空心暖水瓶——没胆儿。

【空心墙——不实在】指人虚假,不老实,不诚实。[例]处长从外单位新调来一个人,接触几天发现油嘴滑舌的,空心墙——不太实在,今后还真得加点儿小心。

【空心娃娃——肚子里没嘛】空心娃娃:一种儿童玩具,中间是空的。指知识贫乏,没有什么真才实学。[例]你就是个空心娃娃——肚子里没嘛,在老师傅面前还翘尾巴,太不像话了。

【空中挂灯笼——悬了】悬:又作玄,危险。比喻没有着落,没有结果,或没把握,靠不住,有危险,不保险。[例]这大雨一连哗哗下了半个月,太平路大修按原计划要在9月底前完工,看来是空中挂灯笼——悬了。

【孔夫子搬家——净是书(输)】孔夫子:孔子。书与输谐音。形容在较量中总是失败。[例]说起中国足球,用一句俏皮话打比方最恰当,那就是"孔夫子搬家——净是输",何时才能冲出亚洲,走向世界啊?

又作"圣人搬家——全是书(输)"。听了师父的话,陈默龙有了底,再与董江湖交手,一连六跤

没让董江湖开张。董江湖主动进招是输，被动防守还是输，圣人搬家——全是书（输）。（姚宗瑛《赌跤》）

【孔夫子的弟子——贤（闲）人】贤与闲谐音。指闲着没事干的人。[例]老邢自打从领导岗位退下来以后，整天轻松自在，乐乐呵呵，他说："我现在是孔夫子的弟子——闲（贤）人一个。"

【孔夫子挎刀——文不文武不武】挎：把东西挂在肩上或腰间。比喻人没有什么本事，文、武都不精通。也指不规范，不像样，或不伦不类。[例]儿子，你都快30岁了，该塌下心来学一门手艺了，孔夫子挎刀——文不文武不武，这样下去可不行啊。▎这个小区的设计是你做的？我看不行，有点儿孔夫子挎刀——文不文武不武，恐怕需要推倒重来。

【孔夫子门前卖三字经——竟敢在圣人这里逞能】形容人不自量力，过高的估计自己的才学。[例]师傅实在听不下去了，打断了徒弟的话："你孔夫子门前卖三字经——竟敢在圣人这里逞能，赶快跪下给前辈赔礼。"

【孔雀翘尾巴——玩儿花屁眼儿】比喻喜卖弄，爱显摆，招摇过市，或

耍花招，施诡计，掩人耳目。[例]你耍的小把戏，老头子早就看出来了，孔雀翘尾巴——玩儿花屁眼儿，还没揭穿那是给你留面子，彻底改掉这坏毛病吧。

【孔圣人奔咸水沽——回头见】孔圣人：孔子。相传，孔子周游列国，来到今大港区（滨海新区）一村落，名叫"甜水井"，尝其水却苦而咸。问村民前面是何地？答曰："咸水沽。"孔子听后对弟子们说："甜水井的水都这么咸，那咸水沽的水就更没法喝了！"于是，师徒转头返回鲁国。指希望以后再见面，常用于人们分别时的客气语。[例]老兄，请你不要再送了，咱们孔圣人奔咸水沽——回头见！

【抠屁眼儿咬了手指头——财迷到家】抠：用手或细小的东西从里面往外挖。财迷：贪求、迷恋钱财而吝啬的人。讥讽人贪心太重，迷恋钱财，极其吝啬、小气。[例]这个人抠屁眼儿咬了手指头——财迷到家，想让她出点血儿，门儿都没有。

【抠着屁股上墙——自己托自己】抠着：提挈，撩起。托：用手掌或器物承举。讥讽人自吹自擂，自我夸耀，自抬身价。[例]没办法，农民自己管理自己，不拿国家一分

钱,每年还得给国家上缴好几个亿的税,有点架子是正常的,抠着屁股上墙——自己托自己。(蒋子龙《农民帝国》)

【裤裆里放屁——两岔了】岔:两条裤腿分开。比喻彼此考虑问题或说的话题不一致。也指俩人走路刚好错开,没有相遇。[例]海哥听了一会儿,不禁打断了小五的话儿:"我说的是一回事,你说的是另一回事,裤裆里放屁——两岔了。‖大海和小五相约,中午在彩虹桥上见面,结果一个去了河东,一个到了河西,正应了那句俏皮话"裤裆里放屁——两岔了"。

【裤裆里放蝎子——爱咋蛰(着)咋蛰(着)】蛰与着谐音。指随便,怎么办都行。[例]"凭这几句话就把我打发了?这就扯了?转不了了?"秦玉田木不拉叽地站在那,好半天没回过神来。半天,他把烟头往地上狠劲一碾,说:"还当啥大事?裤裆里放蝎子——爱咋蛰(着)咋蛰(着)去!"(王雅鸣《玉嘴》)‖没事!郎书记说了,县纪委来人,让我火速往回赶,指名道姓要跟我谈话,正等找我呢。他脸色凝重地说。再有两三天就要选举了,现在搞这个……我表示出极大的忧虑。兵来将挡,水来

土屯。裤裆里放蝎子——爱咋蛰(着)咋蛰(着)。(王雅鸣《合乡并镇》)

【裤裆里拉胡琴——扯蛋(淡)】裤裆:裤子两腿相连的地方。胡琴:弦乐器,指京胡、二胡等。蛋与淡谐音。比喻毫无根据地胡说,或漫无边际地闲聊。[例]大金牙原本听我说瞎子算命就是裤裆里拉胡琴——扯淡,但刚才在凉亭中,见到瞎子神机百出,批数如神,便不由得刮目相看,也想请瞎子帮着算算财路。(天下霸唱《鬼吹灯》)

【裤裆里抹黄油——不是屎也是屎】形容情况比较复杂,是非难辨,好坏难分。[例]她心里很清楚,这是有人陷害她,把贵重的化妆品偷偷放进了自己的包里,裤裆里抹黄油——不是屎也是屎,这可咋办呀?

又作(1)"裤裆里抹黄油——是屎不是屎说不清楚"。[例]你已在收审站里待了两个月,以你现在顽固而狡猾的态度,还要继续在这里面待下去,想想看,谁还相信你会没罪?正像你们犯人自己说的,裤裆里抹黄油——是屎不是屎说不清楚。(蒋子龙《收审记》)(2)"卡巴裆里抹黄泥——是屎不

- 176 -

是屎说不清楚"。卡巴裆:裤裆。[例]你不想想,我还用得着你这么个二百五去替我拔创,给我撑腰吗?装的就好像真是我在他后边挑唆似的,这叫卡巴裆抹黄泥——是屎不是屎说不清楚。(蒋子龙《农民帝国》)

【裤腰带当围脖儿——记(系)错了】裤腰带:腰间用于系裤的带子。围脖儿:围住脖子用来防止寒风从脖子钻进去的保暖物。系与记谐音。指记忆有误,出现了差错。[例]那秀才怔在天上,像是听不懂人们的喊叫。地上又喊:"裤腰带当围脖儿——你记(系)错了!尿憋子打酒——你差了壶!鞋帮子变帽檐儿——你戴错了!"密不透风的俏皮话儿使天上的秀才完全懵了顶。一步踩空,他从天上坠落下来。(肖克凡《黑砂》)

又作"裤腰带当围脖儿——系错了地方"。[例]雅茗茶社开张纳客之初,雅茗茶社经理贾立久不知深浅,花大价钱从杏花村请来唱玩意儿的小玉环,专门伺候雅间的三位少爷。没承想这招儿不灵,好比"裤腰带当围脖儿——系错了地方"。小玉环颇受冷落,第三天便哭哭啼啼辞工而去。(肖克凡《赌局》)

【侉木匠——就这一锯(句)】侉:指口音与本地人不同。锯与句谐音。形容人本事不大,就有那么两下子。也指嘴巴笨拙,口才欠佳。[例]他自命不凡,小事不愿干,大事又干不成,是个侉木匠——就这一锯。│他是侉木匠——就这一句,让他上台演讲,怕比登天还难。

【快刀打豆腐——两面光】打:切。比喻两方面都不得罪,两边做好人。[例]吴锐这番话说得滴水不漏,快刀打豆腐——两面光,双方听了都很高兴。

【快刀劈竹筒——一破两开】劈:用刀、斧等向下破开,砍开。指人明辨是非,黑白分明,或使问题得到很快解决。[例]刘老迫说:"嘿!咱二合的思想真是黑白分明,真是快刀劈竹筒,一破两开!"(梁斌《翻身记事》)

【快刀切豆腐——两面光】比喻处事圆滑,两面讨好,对当事双方都不得罪。[例]黄欣朗这件事做的真叫圆满,快刀切豆腐——两面光,既让车间主任眉开眼笑,工友们也没有得罪。

【快刀切西瓜——喊哩咔嚓】形容说话做事干脆利索,不拖泥带水。[例]肖可可性格泼辣、豪爽,干工作从不磨磨叽叽,有一股子"快刀切西瓜——嘁哩咔嚓"的劲儿。

又作"快刀砍萝卜——嘁哧咔嚓"。[例]彭彭的做事风格跟我对把子,快刀砍萝卜——嘁哧咔嚓,就放在我身边,先当个跑腿的。

【快刀斩乱麻——干净利落】指处理复杂、棘手的问题迅速果断,有魄力。[例]新厂长有思路,魄力大,快刀斩乱麻——干净利落,使老大难问题一个个得到解决,全厂的面貌焕然一新。

【筷子绑成把——拆不开】绑:捆扎,缠绕。比喻紧密地团结在一起,不能分开,或难以分裂。[例]鸿昌倒一摆手,又说:"……他冷头冷脑一刀插进咱们这里来,无非双手打拳,一拳在咱们内部挑拨是非,分化瓦解;一拳搔着咱们屁股,逼咱们……这咱们都不怕,咱们是筷子绑成把,让他拆不开;黄泥烧成砖,让他化不开。"(周骧良《吉鸿昌》)

【筷子搭桥——难过】形容生活困难,日子不容易过。也指心里不痛快,伤心,难受。[例]你们让我说说脱贫之前的日子,俺没啥文化,就一句话:"筷子搭桥——难过呀。"│见女儿因失恋郁郁寡欢的样子,当妈的更是筷子搭桥——难过极了。

【筷子当大梁——不是那块料儿】大梁:架在山墙或屋架上最高的一根横梁。指不是做某种事情的人才。[例]硬要大普去挑这副重担,还欠火候,筷子当大梁——不是那块料儿。

【筷子钻针眼儿——过不去】针眼儿:针鼻儿,针尾供穿线的孔。比喻有阻碍,通不过,或心里过意不去。也指相互之间有怨恨,耿耿于怀,故意为难,作梗。还专指无法生活下去。[例]关于机关科室合并精简的方案,已经在局领导班子会议上研究两次,仍然分歧很大,筷子钻针眼儿——通不过。

【葵花籽发霉——没好仁(人)儿】葵花籽:向日葵的果实。仁与人谐音。比喻都是坏人。[例]你们几个的老底,我全知道,葵花籽发霉——没好人,都给我老实点儿,别惹是生非。

【阔小姐开窑子——不为钱,就为图个乐和】指无耻地追求淫乐享受。[例]"这您老就外行了吧?"花小云冷笑道:"您上三不管儿打听打听去,哪个吟小班儿没有自混的呀?这是自混的姑娘,有的是为了赚钱养家,有的是阔小姐开窑子——不为钱,就为图个乐和……"(王传林

《御河怨》）

L

【拉胶皮到了地方——打住】胶皮：人力车。指打断，或停止，止住。[例]你已经啰里啰唆地讲了大半天，烦死人，拉胶皮到了地方——快打住吧！｜莫老师真逗，课讲到最后还跟同学们开了个玩笑："拉胶皮到了地方——打住，今儿就讲到这儿了，明天见！"

【拉胶皮的蹬三轮——改行了】拉胶皮的：以拉人力车为业的人。三轮：安装三个轮子的脚踏车，用来载人或运货。指放弃原来的行业，从事新的行业。[例]进入20世纪30年代，天津街面上的载客人力三轮车逐渐多起来。蹬三轮得以二三十岁的小伙子居多。开始，车夫因车技不熟练，人仰车翻之事时有发生，所以乘客较少。但由于三轮车又快又平稳，后来逐渐取代了胶皮车。随之，"拉胶皮的蹬三轮——改行了"之类的俏皮话也出现了。(由国庆《老天津行走》）

又作"拉胶皮的赶大车——改行了"。[例]时间长了，职工怨声载道，消极怠工就像"老牛拉破车"，还明里暗里与厂长唱对台戏，总想法给他来个"大车拉王八——载（在）你了"。如此一来二去人心涣散，有人离厂，那叫"拉胶皮的赶大车——改行了"；有人调到外单位成为技术骨干或升职，也似"屎壳郎坐飞机——一步登天"。(由国庆《老天津行走》）

【拉拉蛄穿长衫——一下子成了土绅士】拉拉蛄：蝼蛄。长衫：长袍的一种，多指男子穿的大褂。绅士：旧时地方上有势力、有功名的人。讥讽冒充大人物或本领很强的人，假装很有实力和功名。[例]好在他是个聪明人，脑筋转得快，趁着还有些诗名改成写字儿了。其实依我看，他的那字儿，比小学生描红也好不到哪儿去。但他的腰包却由此鼓起来了，拉拉蛄穿长衫——一下子成了个大绅士了。(周凡恺《越侃越无聊》）

【拉了秧的黄瓜——耷拉着脑袋】拉了秧：爬蔓蔬菜的秧子在收获后期被从架子上拔掉。耷拉：垂下，低垂。形容情绪低落、萎靡不振的样子。[例]小诗大学一年级期末考试就挂了两科，回到家挨了父母好一顿训，这几天就像拉了秧的黄瓜——耷拉着脑袋。

【拉了秧的茄子——瘪瓢儿】瓢儿：茄子的内心儿。瘪瓢儿，茄子失去水分，瓢儿干瘪了。形容人因失势或遭受挫折后情绪低落，精神不振。[例]不过你岁数不到，知一不知二，知情不知底。你见过咱们大清国的兵没有？一个个跟拉了秧的茄子似的，瘪瓢儿。谁带的？还不是一帮子奸臣卖国官儿们！(鲍昌《庚子风云》)

【拉磨的驴——团团转】形容十分焦急，坐立不安，手足无措。也指人非常忙碌的样子。[例]马庄善执着地摇着脑袋，不肯割爱这贴身小棉袄。仿佛它已经成了他的皮而不可剥离了。吴大队长急得似拉磨的驴，团团转。(肖克凡《黑枣树》)｜小饭馆生意兴隆，最近又招了好几个伙计，仍然像拉磨的驴——忙得团团转。

【拉屎敲镗锣——臭美一当当】镗锣：小铜锣。当当：撞击金属等发出的声音。讥讽人自鸣得意，卖弄、夸耀自己的能力或漂亮。[例]皮豁子进城打工不到一年，就领着一个媳妇回了村，见人就显摆，那真是拉屎敲镗锣——臭美一当当。

【拉屎攥拳——暗里使劲】攥：握。指人不露声色地暗地里较劲，或悄悄地用力，下功夫。[例]李铁抿着嘴笑了好一会才说："老朱，咱们先别嚷，来个拉屎攥拳——暗里使劲，争取成为全分区的模范小队，行吗？"(雪克《战斗的青春》)

【拉稀吃补药——白费劲儿】拉稀：腹泻。补药：滋补身体的药物。比喻白白地耗费力气，起不到作用，没有什么结果。[例]神尾急得直蹦高。他自然不会低声下气去求李济安，就异想天开地派部分士兵去海边晒盐。他的部下多来自本州岛的关东平原，哪懂得什么叫晒盐？当时已至西历十一月，早过了晒盐的最佳季节，这种努力无疑是拉稀吃补药——白费劲儿。(郁子、立民《大盐商》)

【拉弦唱戏——有板有眼】拉弦：通常指拉二胡、拉板胡等。板、眼：戏曲或音乐的节拍。形容人说话做事有条不紊，富有章法和节奏。[例]那兵接过钱来，装着胆战心惊的样子说："冯总司令回来了，往后咱们可是二小穿军装，给人家规规矩矩的吧。你蹲你的班房，我站我的我的门岗，只这一回！""只这一回，往后咱们都拉弦唱戏，有板有眼的。"(周骥良《吉

鸿昌》)

【蝲蝲蛄钻棒子秸——不是那虫子】
蝲蝲蛄:也叫拉拉蛄,即蝼蛄,一般生活在泥土中。棒子秸:玉米的秸秆。讥讽人所做的事情与自己的身份、能力不相称,不合适,或不具备某种才干,不能胜任某项工作。[例]你在咱们村也算是个文化人,可看你做的那一件件事,蝲蝲蛄钻棒子秸——不是那虫子,有点儿丢人。‖这项任务交给你?你真没那本事,蝲蝲蛄钻棒子秸——不是那虫子。

【腊月吃冰棍——里外都凉】指人遭受挫折或打击后,完全丧失了信心。[例]傻柱儿急匆匆赶回家,一看满屋狼藉,才确信媳妇真的跟木匠跑了,顿时瘫坐炕上,好比腊月吃冰棍——里外都凉了。

【腊月的萝卜——冻(动)了心】冻与动谐音。比喻思想、感情起了波动,萌生了某种想法、念头。[例]看见几个同学下海经商,都赚了钱,杨光也是腊月的萝卜——动了心。回家一商量,老婆坚决不同意:"你不是那块料!"

【腊月二十三的灶神——要上天了】
灶神:又称灶王爷。民间习俗,每年腊月二十三,灶神都要上天向玉皇大帝禀报这家人的善恶,让上天赏罚。因此当天,家家户户都要举行祭灶活动。讥讽人缺乏自知之明,觉得自己了不起,忘乎所以,飘飘然。[例]她听了几句奉承的话,就翘起了尾巴,像腊月二十三的灶神——要上天了。

【腊月生的——动(冻)手动(冻)脚的】腊月:农历十二月,一般是一年里天气最冷的时候。冻与动谐音。指人不安分,喜欢折腾。也指对异性做出不庄重、不雅观的举动。[例]就是这样,他爹还给他找词呢,我儿子是腊月生的——天生就该是动(冻)手动(冻)脚的。他爱折腾,就让他折腾去呗。(武歆《天津少爷》)
又作(1)"腊月生的孩子——冻(动)手冻(动)脚的"。[例]赛金花的脸微微一红,故意用鼻音撒娇地说:"瞧你!'腊月生的孩子——冻(动)手冻(动)脚的',就不怕别人看见?"(鲍昌《庚子风云》)(2)"腊八的孩子——冻(动)手冻(动)脚的"。[例]腊八那天,天气特别冷,冻裂了地面,冻裂了人手。天津卫歇后语说,腊八的孩子——冻(动)手冻(动)脚的。(肖克凡《天津大码头》)

【腊月天卖凉粉——也不赶个时候】
凉粉:一种豆制食品,一般用佐料

凉拌着吃。指某种事物或现象的出现不合时宜。[例]你说你，早不来晚不来，老总正跳着脚地发火儿找他签字，腊月天卖凉粉——也不赶个时候？

【辣椒面进鼻孔——够你呛】指情况达到很严重的程度，受不了，或难度大，没把握，有风险。也指不像话，不像样子。[例]我有话在先，也不藏着掖着，在这件事上你闯大祸了，恐怕谁讲情也不行，辣椒面进鼻孔——够你呛！

【癞蛤蟆不长毛——没法治】癞蛤蟆：蟾蜍的通称。比喻情况非常棘手，找不到办法，难以处理，或人品十分糟糕，无法挽救。[例]这小子已经从局子里"三进三出"，听说最近又犯了事儿，癞蛤蟆不长毛——没法治了，真愁死爹妈呀！

【癞蛤蟆不长毛——天生这路货】形容向来就是这种模样或德行，多含贬义。[例]老路头看到儿子又到外面瞎混，心想文的武的软的硬的，该使的法儿也都使了，难道他是癞蛤蟆不长毛——天生这路货？

【癞蛤蟆吃花骨朵——心里美】花骨朵：花蕾的通称。指心里想得美好，难以成为现实。[例]小昭盘算了好几天，想把这辆车卖了，换个宝马，跟老爸一说，得到的回答是："癞蛤蟆吃花骨朵——你想得美！"

【癞蛤蟆穿盔甲——踢腾不开】踢腾：又踢又蹬。形容因环境或条件限制，工作难以开展，才能无法发挥。[例]我刚到这个偏僻的小山村挂职，就听有人说风凉话，什么"癞蛤蟆穿盔甲——他踢腾不开"，解释也没用，还是让大家看我的实际行动吧。

【癞蛤蟆打苍蝇——将供嘴儿】将：刚。供：供给。指收入勉强刚够吃饭，没有多余的。[例]这块地是不错，可你看姚秀兰和姚政、童来娣夫妇俩还有他们刚上高小的儿子姚卫东，哪一个是正经的庄稼人？所以一连三年地里的收成都不怎么样，勉强能养活这一家人——"癞蛤蟆打苍蝇——将供嘴儿"。(石磅《混血》)

【癞蛤蟆垫床脚——硬充硬货】讥讽人面对某种巨大压力，假装不在乎，冒充坚韧、强硬的样子。[例]这一手真够厉害的。如果他把这些话原封不动地捅出去，这几个人就会遭受一连串的批斗，挨几顿毒打。轻则身上蜕层皮，闹不好还会惹出更大的麻烦！他嘴上说不怕是假的,心里却在打鼓,懊悔不迭。邵南孙是祸头,大家可以不吭声,他则不能癞蛤蟆垫床脚——硬充硬货。(蒋子龙《蛇神》)

【癞蛤蟆过门槛——又戗鼻子又戗脸】戗:力度很大的摩擦。形容事业或生活不顺利,遭受严重挫折和打击。[例]这个月晓辉被公司炒了鱿鱼,谈了七年的女朋友也分了手,他懊恼地说:"我这是癞蛤蟆过门槛——又戗鼻子又戗脸哩!"

【癞蛤蟆挎腰刀——邋遢兵】邋遢:不修边幅,穿戴不整洁。指不干净,不利落,或做事不谨慎。[例]看你们四个臭小子,把宿舍搞成了什么样?到处乱七八糟,真是癞蛤蟆挎腰刀——邋遢兵。

【癞蛤蟆爬到脚面上——添堵】指给人增加烦恼,使人心中不畅快,不舒服。[例]卢振天立即摆了摆手说,虞云隆?这是一败军之将,咱别搭理他!罗九眨了眨眼睛说,您不搭理他那是您的大度,可这癞蛤蟆爬到脚面上——他给您添堵啊!(肖克凡《天津大码头》)

【癞蛤蟆爬香炉——硬装大肚弥勒佛】弥勒佛:佛教中八大菩萨之一,长得慈眉善目,最突出的特点是有个大肚子,为大度、慈祥的化身。比喻装模作样,冒充乐观豁达、能容事、不计较的虚伪之人。[例]是你有错在先,胡搅蛮缠,现在又卖起乖来,说什么自己并非小肚鸡肠之人,真是癞蛤蟆爬香炉——硬装大肚弥勒佛!

【癞蛤蟆爬脚面——不咬人,膈应人】膈应:讨厌,烦人,因外界刺激而产生的厌恶心理。比喻虽未受到伤害或损失,却使人十分讨厌,恶心,甚至呕吐。[例]因为芝麻点儿的小事,二秃子就把一盆大粪泼在了郝家的门口,癞蛤蟆爬脚面——不咬人,膈应人,这事干得太缺德了!

又作(1)"癞蛤蟆蹦到脚面上——不咬人膈应人"。[例]司机让张保庆留在车上,由他下去处理。下车一交涉,对方要的钱倒不多,只能说这一次出门没看皇历,碰上这档子事儿说大不大,说小也不小,如同"癞蛤蟆蹦到脚面上——不咬人膈应人"(天下霸唱《天坑宝藏》)(2)"癞蛤蟆爬脚面——不咬人恶心人"。[例]癞蛤蟆爬脚面——不咬人恶心人。古董行里出了这么一个人,可真是大煞风景!最倒霉的是玉壶春大茶楼。(尚仑《戴茶叶》)(3)"癞蛤蟆蹦到

183

脚面上——不咬人，恶心人"。
[例]真是不敢想象，中央电视台要么是被钱搞昏了头，要么就是脑子出了问题，死活非把这两头放在一起来播，就像俗话说的，癞蛤蟆蹦到脚面上，不咬人，可它恶心人啊！（周凡恺《越侃越无聊》）
(4)"癞蛤蟆趴在脚面上——不咬人恶心人"。[例]熊冠三的做人处事就像他当兵的背包一样，四角四方，八面见先，调查不出什么问题，但癞蛤蟆趴在脚面上——不咬人恶心人。（蒋子龙《人间世笔记》）

【癞蛤蟆上菜板儿——生装大块儿肉】比喻装模作样，无能之辈冒充大能人，或小人物冒充大人物。[例]他靠造反夺权，当上剧团的革委会主任，第一次排练就在舞台吆五喝六，指手画脚，老团长说了一句俏皮话："癞蛤蟆上菜板儿——生装大肚弥勒佛"，一语中的。

【癞蛤蟆上供桌——硬充大肚弥勒佛】供桌：摆放神佛塑像的地方。比喻善于伪装，装模作样，假装正经，小人物冒充大人物，小肚鸡肠之辈冒充宽厚大度之人。[例]别在这儿癞蛤蟆上供桌——硬充大肚弥勒佛，谁不知道你是嘛变的，

还不赶快滚蛋，找抽啊！

【癞蛤蟆上金殿——一步登天】金殿：金饰的殿堂，指帝王的宫殿。形容人突然得志或发迹，生活水平及地位一下子大大提升。[例]再朝费通脸上看，一点儿表情也没有，分寸拿捏十分到位，朝众人摆了摆手，示意大伙儿坐下接着忙乎，带上崔老道进了里屋。分宾主坐定，又命人沏来一壶茶，这才告诉崔老道，他窝囊废不比从前，癞蛤蟆坐金殿——一步登天，已然当上了蓄水池警察所的巡官。（天下霸唱《崔老道传奇 三探无底洞》）

【癞蛤蟆上楼梯——连蹦带跳】形容兴高采烈或得意忘形的样子，多含讽刺意味。[例]看她高兴得那个劲儿，好像捡了个金元宝，癞蛤蟆上楼梯——连蹦带跳的。

【癞蛤蟆上蒸笼——气鼓气胀】指非常恼怒而又无处发泄。[例]这人感到很不是滋味，进不得退不得，窘得肉皮嘟噜着的四方脸一青一白，犹如癞蛤蟆上蒸笼——气鼓气胀的。（王林《腹地》）

【癞蛤蟆想吃天鹅肉——不自量力】讥讽过高地估计自己，去做力不能及或不可实现的事情。[例]我后悔自己冒失。天津市那么多大

专院校、科研机构想在《天津日报》发表文章,有能力在《天津日报》发表文章的车载斗量。我一个区的宣传干部竟然也想在《天津日报》发表文章,岂不是癞蛤蟆想吃天鹅肉——痴心妄想、不自量力吗?(赵殿奎《难忘第一篇文章发表》)

【癞蛤蟆想吃天鹅肉——痴心妄想】讥讽脱离实际,一心想做不可能实现的事情。也指想法过高或离奇荒诞,不可能实现。[例]我后悔自己太冒失。天津市那么多大专院校、科研机构想在《天津日报》发表文章,有能力在《天津日报》发表文章的车载斗量。我一个区的宣传干部竟然也想在《天津日报》发表文章,岂不是癞蛤蟆想吃天鹅肉——痴心妄想、不自量力吗?(赵殿奎《难忘第一篇文章发表》)

【癞蛤蟆长毛——奇了怪了】比喻跟一般情况很不一样,或意想不到,难以理解。[例]只不过我确实小看老貔貅了,还当他是大苏庄那个孤立无援的老狐狸,多少有点轻敌,既然单枪匹马一个人到棉六寻访老貔貅,几天下来也没摸着他的影子,真是癞蛤蟆长毛——奇了怪了!(天下霸唱《大

耍儿》)

【癞蛤蟆钻篱笆——显你小白屁股】篱笆:用竹、苇、树枝等编成的障蔽物。讥讽没有多大本事,也要卖弄或显示给人看。[例]廖占泉一惊一乍地反击:"你不在那边搂畦,跑这儿来干嘛? 癞蛤蟆钻篱笆——显你小白屁股呀?"(姚宗瑛《天时》)

【懒驴不上磨——欠抽】上磨:套上要拉的磨。欠:该当遭受。指做了错事,应该受到惩治或处罚。也指该打。[例]你小子学坏了,尽在外边给我惹是生非,懒驴不上磨——欠抽了。|他三番五次到我们的地盘胡闹,懒驴不上磨——欠抽,要让他尝尝咱拳头的滋味儿!

【懒驴上磨——屎尿多】讥讽人懒惰,做事前磨磨蹭蹭,找各种借口耽误时间或逃避。也指讲究多,爱整事儿,使人心烦。[例]你怎么又抽烟歇盹儿,真是懒驴上磨——屎尿多,快起来割麦子吧!|别说了,你这是没事儿找事儿,懒驴上磨——屎尿多,烦死人了。

【懒婆娘的裹脚——又臭又长】裹脚:指裹脚布,旧时女子用来缠脚的长布条。讥讽文章或讲话的内容冗长又空洞无物。[例]开始一

段时间,写了不少稿子,也通不过,全让领导"枪毙"了。一位"老笔杆"笑着说:"你写的文章,就像毛主席说的'懒婆娘的裹脚——又臭又长'。"说者无心,听者有意,对我触动很大,用"懒婆娘的裹脚"来形容我写的文章,确实一针见血,击中要害。(谷正义《歇后语趣谈》)

【懒婆娘墩地——拖拖拉拉】墩地:拖地,使用拖布、拖把等工具把地面打扫干净。指做事慢吞吞,迟缓,拖延,不干净利落。[例]你这个稿子都写了一个礼拜了,怎么还不交给科长,懒婆娘墩地——拖拖拉拉的。

【烂萝卜——没有头儿】指群体中没有领头的人。[例]白如信站起身问洪根柱:"小洪,你们组的人哪?""在工房聊大天呢!""这都几点了!还要工资吗?""人无头不走,鸟无头不飞。我们组现在是烂萝卜——没有头儿!"(蒋子龙《弧光》)

【烂麻绳绑豆腐——提不起来】比喻人素质差,水平低,扶持、提携不起来,或不值一提。[例]听说这次对干部进行了较大面积的调整,他又是烂麻绳绑豆腐——提不起来,不从自身找原因,还怨天尤人。

【烂泥巴——糊不上墙】糊:用较稠的糊状物抹缝儿、窟窿或平面。形容人素质太差,难以成器,或没有办法扶植、教育。[例]刁小六已经从拘留所三进三出,爹妈拿他也毫无办法,说他是烂泥巴——糊不上墙。

又作"烂泥——上不了墙"。[例]他爹得知此事,觉得老蔫儿根本不可雕,烂泥上不了墙,对他失去了信心,但又不能不管他,只好帮他在邮电局找了一份工作。(天下霸唱《大耍儿》)

【烂土豆——不禁刳(夸)】刳:从中间剖开后再挖空。刳与夸谐音。比喻人禁不住表扬、夸奖,陶醉其中或得意忘形。[例]大家看她,尾巴快要翘到天上去了,就是烂土豆——不禁刳(夸)。

【浪子回头——金不换】指弃恶从善、改邪归正的人,其精神非常可贵。[例]一时间毁誉参半,老职工都认得我老娘,碍于面子对我还说的过去,也有说我浪子回头金不换的,我到现在也不明白这句话到底算不算好呢,因为这句话无论用在谁身上,都等于是把这个人不光彩的历史写了脑门子上。(天下霸唱《大耍儿》)

【老白灵——上台了】百灵：即百灵鸟，喜欢站在笼子中间的高台上叫唤。比喻出任某种官职或开始掌权。也指出席一定的场合或登台演出。[例]50多岁的孙盛，昨天被任命为公司副总裁，总算是老白灵——上台了。｜你们看，老白灵——上台了，梅姐第一次登台唱歌，就大大方方，一点儿也不怯场。

【老菜帮子——没人吃了】菜帮子：白菜一类的蔬菜外层叶子离根近而较厚的部分，人们不愿吃。比喻人因年龄大而不受重视。[例]反正我们这些人是老菜帮子——没人吃了，你们爱怎么发配就怎么发配吧！

【老草鸡趴窝——没精神】老草鸡：老母鸡。趴窝：在窝里孵小鸡。[例]形容情绪低落，精神萎靡，没有生气。[例]别看他咋呼的凶，只要一跟他动真格的，立马就老母鸡趴窝——没精神了。

【老道吃虾米——活多蘖】老道：民间对道士的称呼。讥讽或斥责人不守本分和规矩，尽做坏事、恶事。[例]依我看，那叫老道吃虾米，活多蘖。既打算出家修行，何必又造蘖呢？（李燃犀《津门艳迹》）

【老儿子娶媳妇——大事完毕】老儿子：排行最小的儿子。旧俗认为给儿子娶媳妇，是父母和家庭的一件大事。指大事圆满完成。[例]今天大桥合龙的任务干得非常漂亮，老儿子娶媳妇——大事完毕，我给大伙儿鞠个躬，谢谢了！

【老坟地——动不得】坟地：埋葬死人的地方。形容不能更动或触犯。也指行动受到限制，没有活动余地。[例]乡村改造我赞成，文明建设我支持，但这棵百年老树如同老坟地——谁也动不得，你们的规划改一改吧。

【老风寒——腿（忒）凉了】风寒：中医术语，冷风和寒气结合的一种病。腿与忒谐音。比喻灰心失望到了极点。也指天气太冷了。[例]看到自己的儿子如此不争气，老爷的心就像老风寒——忒凉了。｜大闺女，出门一定要多穿衣服，今天的天气真是老风寒——忒凉了。

【老鸹落在猪身上——光瞅见别人黑，瞅不见自己黑】老鸹：乌鸦。瞅：看。讥讽只看到别人的缺点、错误，看不到自己的缺点、错误。[例]你净说左邻右舍没有人情味儿，也不看看自己干得那些缺德事儿,还有脸说三道四? 真是老鸹落在猪身上——光瞅见别人黑,瞅不见自己黑呀!┃听了这话,黑脸姑娘气不打一处来,立马回了几句:"还觍着脸说我,你长得也白不到哪里去,有句俏皮话说得好:'老鸹落在猪身上——光瞅见别人黑,瞅不见自己黑。'"

又作"老鸹站在猪身上——光看见人家黑,看不见自己黑"。[例]老婆儿后退两步,惊呼着:"娘哎……老天皇爷! 当年的小傅咋成了烧煳的卷子啦?""你是老鸹站在猪身上,光看见别人黑,看不见自己黑,"老傅还像当年那样开玩笑地说,"你不也是老白毛了吗? 想当年,你还是才下轿刚揭盖头的媳妇哩!"(柳溪《九月的风》)

【老鸹头上插鸡毛——假装凤凰】讥讽装模作样,自我抬高身价,冒充体面的或优秀的人物。[例]她就是一个跳大神的,竟自我标榜"能医百病,手到病除",老鸹头上插鸡毛——假装凤凰,真不知羞耻!

【老和尚搬家——吹灯拔蜡】和尚:出家修行的男佛教徒。和尚讲道结束后,常吹灭灯火拔去蜡烛。比喻收起摊子,停止工作,或解散团体,结束活动。也指人死亡。[例]咱们的合资公司已经连续亏损两年多,从下月起就老和尚搬家——吹灯拔蜡吧,实在干不下去了。┃昨天,赖侉子老和尚搬家——吹灯拔蜡,死了,这是缺德事干得太多,报应啊。

【老和尚的木鱼——挨敲打的货】木鱼:僧尼念经或化缘时敲打的响器,用木头制成,中间镂空。责骂软弱无能,应该受到批评或训斥。[例]这算咋回事呢? 我刚进屋还没说上两句话,你们就乱批一通,难道我成了老和尚的木鱼——挨敲打的货?

【老和尚放屁——京(经)调的】京与经谐音。京调:北京话发音的声调。戏指人说话时刻意带有北京口音的腔调。[例]小白楼地区从前是美租界,后来转给英国人。社会主义新中国了,住在天津旧租界里的市民,文化教育方面相比天津老城厢还是有所不同的。旧租界的天津人说话较少齿音字,不少人还讲普通话,被老城厢人讥笑为"老和尚放屁——京(经)调的"。(肖克凡《租界》)

【老和尚看嫁妆——下辈子见】比喻对做成某件事情毫无希望,根本不可能,这辈子也办不到。[例]玲玲昨天结婚,已经成了人家的媳妇,你这辈子就甭惦记了,老和尚看嫁妆——下辈子见吧!

【老和尚帽子——平塌塌】和尚帽子顶部是平的。指成绩或水平很一般,平平淡淡,没有突出和出彩的地方。[例]只讲连续性,不讲阶段性,就是否认事物发展的相对稳定性。从工作上讲,也否认了一定时间内的具体目标,这样做必然是没有波澜,没有起伏,没有必要的集中突出,也没有应有的间歇和调整,平平淡淡,"老和尚帽子平塌塌"。(李瑞环《看法与说法》)

【老鹤龄——别晃悠了】鹤龄:旧时出殡的仪仗里,有一队骑仙鹤的童子,名叫鹤龄,走起路来摇摇晃晃。讥讽那些整天闲散游荡,不努力,不干事的人。[例]小少爷,你也老大不小了,该找个正经的事儿干干,老鹤龄——别晃悠了。

【老虎搬山——挪不动】指人不愿意或不能出来活动。[例]多大岁数?不知道,没身份证,有嘛用?你看我多大?嘛玩,八十?九十九啦!我是老虎搬山——挪不动。要不是我这俩兄弟,谁也叫不来我。(张建《口述津沽:民间语境下的堤头与铃铛阁》)

【老虎吃草——装驴】比喻装模作样,恶人冒充成好人。[例]刚才我

们抓了你一个现行,到了派出所就一问三不知,老虎吃草——装驴呢!

【老虎吃刺猬——无从下口】刺猬:哺乳动物,身上有硬刺,遇敌害时身体缩成一团,用长而尖的刺保护自己。比喻事情棘手、复杂、难办,不知从哪里着手去处理。也指谈话过程中插不上嘴。[例]三车间历来是全厂的"老大难"单位,让我来当车间主任,面对一团乱麻,还真有些为难,老虎吃刺猬——无从下口呀。∣那个洋鬼子指着一篓子螃蟹,问是谁拿这些虫子来恶心他的!有人告诉他,这是下酒的好菜。他半信半疑,让人做了,端上来,好家伙,老虎吃刺猬,无从下口。(周振天《小站风云》)

【老虎吃豆腐——口素(述)】形容说话文雅、干净,没有低级、庸俗或下流的语言。素又与述谐音,指用嘴说,口头叙述。[例]你们看老柳,来我们村下放劳动已经快两年,早和咱农民打成一片了,但人家说话,嘴里从不带荤味儿,老虎吃豆腐——口素,不愧是大教授!∣好,那就不客气了,老虎吃豆腐——我口素(述),你们记录,然后整理一下,可能是一篇好文章。

【老虎吃耗子——小拾掇】拾掇:整理,收拾。指小事情、小问题,很容易办到或不费力气就能解决。[例]那一大垛不忙,那是种在官地上的庄稼。每年,都要等大官家下来查看了地亩收成之后才能动手打的。眼下要打的,就是二亩豆子,那还不是老虎吃耗子——小拾掇吗?我们爷仨,两后晌就干完了。(鲍昌《庚子风云》)

【老虎吃蚂蚱——不经嚼】嚼:用牙齿磨碎食物。形容东西太少,不能满足需要。[例]今年国家政策好,农民种粮的积极性高,我看了看你库存的化肥,到销售旺季恐怕是老虎吃蚂蚱——不经嚼。

【老虎吃人丹——小丸(玩)儿】人丹:一种中成药,颗粒很小。丸与玩谐音。比喻不费力气就能解决的小问题、轻轻松松就能干好的小事情,或无足轻重的小动作、不屑一顾的小把戏。[例]请您放心,这项任务对于我们小组来说,就是老虎吃人丹——小玩儿,保证打一个漂亮仗。┃就你们那两下子,还敢跟我们团队较量?来吧,老虎吃人丹——小玩儿!

又作"老虎吃铁球——小丸(小玩)"。[例]遗憾的是每次卖糖堆时,前面的伙计扛着叫卖,他在后边溜达,丁大少常说"贱年饿不死手艺人,我这是'老虎吃铁球——小丸(小玩)'。"(马金鹏《红果儿风味各有千秋》)

【老虎吃蚊子——不够塞牙缝儿的】形容东西太少,远远不能满足需求。[例]你说,这么多人这么点儿东西,老虎吃蚊子——不够塞牙缝儿的,让我怎么分?

又作"老虎吃苍蝇——不够塞牙缝儿的"。[例]最近,员工们对年底的奖金数额议论纷纷,普遍嫌太少,有的说:"老虎吃苍蝇——不够塞牙缝儿的。"

【老虎戴念珠——假充善人】念珠:也叫佛珠、素珠、数珠等,佛教徒诵经时用来计算次数的成串珠子。指恶人冒充善人,假仁假义,内心阴险歹毒。[例]当他走出了邓维廉的房门,当他使劲向地上啐一口唾沫以后,他就心里恶毒地骂开了:"你妈的是什么神甫?纯粹是个羊肉幌子狗杂碎!老虎戴念珠——假充善人。"(鲍昌《庚子风云》)

又作(1)"老虎戴念珠——混充善人"。[例]朱上四笑道:"你又老虎戴念珠,来混充善人了,你又是什么善人。"(刘云若《红杏出墙》)

（2）"老虎戴佛珠——假善人"。[例]西霸天这时望着众穷汉说风凉话："好了，好了，来年能种上好退水麦，泡个十年八年没关系。""老虎戴佛珠——假善人！"穷汉们恨得咬牙切齿。(张孟良《儿女风尘记》)(3)"老虎戴素珠——假充善人"。[例]马宏亮："是吓，他们到底为了什么呢？"刘父："还不是邀买人心。"干麻子："对！老虎戴素珠假充善人。"(来新夏等《火烧望海楼》)(4)"老虎戴数珠——假充善人"。[例]"时者，势也。"是非标准与潮流导向密切相关。曾几何时，在那特殊年代，"和事佬"变成了"老虎戴数珠——假充善人"，"和事憨厚"被歪解成"合自己之势才装憨厚"，如此等等。(薛宝琨《"了事儿"与挑事儿》)

【老虎掉在山涧里——伤人太众（重）】山涧：山间的水沟。重与众谐音。指伤害或得罪的人过多，从而陷入孤立无援的境地。[例]六子，咱爷们儿是老虎掉在山涧里——伤人太众（重）了！仇人越来越多，想来陷害咱爷们儿的人也不少。今后可要处处小心，步步留神呀！(张孟良《儿女风尘记》)

【老虎捡蚂蚱墩儿——碎拾掇】墩儿：堆儿。碎：零星地。拾掇：收拾，消灭。指零星地收拾、处理或消灭。[理]高庆山说明：目前的形势，还是敌强我弱。我们只能选择有利的时机，打击敌人，在斗争的锻炼里，壮大自己的力量，用逐渐的由小到大的胜利，来保持和发扬军民的战斗情绪。他说："拿句地方的土话做比方，我们的战略是：'老虎捡蚂蚱墩儿，碎拾掇！'"(孙犁《风云初记》)

【老虎拉碾子——不听那一套】碾子：一种轧碎谷物或去掉谷物皮的石制工具。形容不理睬别人的说法，不服从别人的安排，或不接受别人的意见。[例]杨柳青年画中画的虎，大都配有恰当的款题，与画面相得益彰，文化色彩鲜明浓厚……《俏皮话》说老虎不服驯化，则题："老虎拉碾子，不听那一套。"《巧语俏词》题老虎狡诈则写道："老虎戴素珠，假充善人。"这些款题都丰富了画面，强化了主题，引申了读者的理解，画虎象征画人。(陈子茹《年画里观虎》)

又作"老虎上枷板——不听那一套"。枷板：旧时套在罪犯脖子上的木制刑具。[例]"你干吗推推搡搡的？神不大，气可不小！""这不是衙门口。想跟我们动横的，哼，

告诉你：咱是老虎上枷板——不听那一套。"（鲍昌《庚子风云》）

【老虎屁股——摸不得】讥讽自以为了不起，听不得别人的批评意见。也指专横跋扈，冒犯不得。[例]一些领导干部官升脾气长，老虎屁股——摸不得，老百姓从来是看不惯，不买账。｜忠明，要谦虚一点儿，像你这样老虎屁股——摸不得，早晚要跌大跟头！

【老虎鞋还没做好了——哪儿去】老虎鞋：一种形状似老虎的童鞋，寓意驱鬼辟邪。采用反问语气，指到什么地方去，或干什么去。也形容陷入被动局面，已无法改变，没有了回旋的余地。[例]服饰及服饰形象，多姿多彩，在人们口语中，常用这种生活中靠近自己的词语来"赋比兴"，非常简明有力。上述只是天津人语言中的一部分，还有很多，如"老虎鞋还没做好了——哪儿去？"（老虎鞋是婴儿服装，回姥姥家时要穿），就不再多举了。（张仲《天津早年的衣食住行》）｜大伯，天刚蒙蒙亮，这么早，老虎鞋还没做好了——您老哪儿去？

【老虎嘴里掏食儿——闯祸】掏食儿：伸进去取食物。指事情没办成，反倒引起事端，或招来祸患。

[例]老房东说："为了一只鸽子，我敢老虎嘴里掏食儿去？我不敢闯那个祸。"（孙犁《风云初记》）

【老皇历——不值一提】皇历：也称黄历，即历书。比喻陈旧过时的制度、经验或事物等，已不合时宜，不能再用了。也指过去的事情，不用再提了。[例]这些过去的规章制度，我们要认真清理一下，有的是老皇历——不值一提，已经很不适应改革开放的形势，必须坚决废除。｜"我听说你当过市粮食局副局长？""那是老皇历，不值一提。"（王富杰《黄飘带》）

【老黄瓜刷绿漆——装嫩】戏谑或讥讽人年龄已经大了，却还要在言行、举止或相貌上装作年轻、时髦。[例]那位是女经理，别看都五十多岁了，还时不时地老黄瓜刷绿漆——装嫩一把，成为大家的笑料。

【老荤油渣子——炼（练）不出来了】荤油渣子：用肥猪肉炸油所剩下来的肉渣。猪油。炼与练谐音。比喻人条件太差，在实践中很难锻炼出来了，或没有了培养、扶植的价值。[例]你想让老大接班？别说梦话了，他是老荤油渣子——练不出来了。

【老家贼攒鸡毛——想充大尾巴鹰】

老家贼：麻雀的俗称。攒：积聚，凑集。讥讽或责骂缺乏自知之明，过分夸大自己的力量，装模作样，目中无人，好大喜功，招摇过市。[例]你怎么又跟我们来这一套，老家贼攒鸡毛——想充大尾巴鹰？我看你是活腻了，作死啊！

【老将出马——一个顶俩】出马：将士上阵作战。形容经验丰富的人出面做事，能够事半功倍，起到很大作用。[例]"好是好，这个任务重不用说，村里正在耩地时节，还得进行反'扫荡'，看谁留下吧？"周大钟不等冯文光说完，就说："那个不要紧，有你老冯留下，老将出马，一个顶俩！"（梁斌《翻身纪事》）

【老九的弟弟——老十（实）】十与实谐音。指人忠厚诚实、规矩、听话、安分。[例]你问小马吗？这孩子大家都喜欢，老九的弟弟——老实，又聪明伶俐。

【老侉吃糖罐儿——不认柿（式）子】侉：口音与本地不同或衣着打扮不时髦的人，也指乡下人。糖罐儿：绵软的内瓤为流质的柿子。柿与式谐音，讥讽不开窍，不懂事，不明事理，或不识抬举。柿又与势谐音，讥讽不识路子，看不清形势。[例]你都多大了，快三十了，还干几岁小孩子的事，真是老侉吃糖罐儿——不认式子。｜他把我的车碰了，还理直气壮倒打一耙，老侉吃糖罐儿——不认势子，对这种人就不能客气！

又作"乡巴佬吃糖罐儿——不认式（柿）子"。乡巴佬：乡下人。[例]看不出事儿来，大多和眼有关，像"看不出式子""不认式子"，也是这个意思。天津人说话爱引申，有时引得人晕头转向，有时候还说，乡巴佬吃糖罐儿——不认式（柿）子，常说看不出眉眼高低，也说得是"识会"这事。（郭文杰《趣说识会和许会》）

【老两口喝酒——对撇子】指心思、想法相同，合适，合意。[例]你搞对象，爸爸绝不干涉，但有一点提醒，就是首先看人品，要志同道合，就像我和你妈妈那叫老两口喝酒——对撇子，一辈子恩恩爱爱，没红过脸。

【老倭瓜长手——自夸（挎）】倭瓜：南瓜。挎与夸谐音。讥讽人缺乏自知之明，自我吹嘘，自我夸耀。[例]凤娟笑着，故意撇着嘴说："嘿！你看人家多能，还要学着认字哪！斗大的字，认不了八升，你别老倭瓜长手——自夸（挎）啦！"（柳溪《功与罪》）

【老妈儿抱孩子——人家的】老妈儿：保姆的旧称。指不是或不属于自己的。[例]与"老妈儿"有关的方言歇后语有几条，一是"老妈儿抱孩子——人家的"。为什么说会这样呢？老妈儿对所喂养的孩子爱护备至，关心、呵护，视如己子，但自己的孩子却放在家里没奶吃。于是便有上述之感叹。这句歇后语也常在其他方面用作自嘲或嘲讽他人之用。（李炳德《老妈儿》）┃女佣岁数或大或小，往往需要为主家带孩子，有时抱着小娃在胡同、街边玩玩，不熟悉的人也许会夸："瞧您这大孙子虎头虎脑真好看！"佣人笑了，赶忙说："哪啊，俺这是'老妈儿抱孩子——人家的'。"这话通常形容眼前的、手里的东西不是自己的。（点子《俏皮俗话》）

又作"大妈抱孩子——人家的"。[例]"他？"林美霞冷笑，"他要是那样，也就不会有今天了……那位女的，是他的？大妈抱孩子——人家的……"（王富杰《黄飘带》）

【老妈儿拿钥匙——当家不主事儿】比喻虽然管事，但没有实权。[例]虽然掌管钥匙，但倘若有外人来家敛什么钱，或让决定什么事，保姆常会说："我可是'老妈儿拿钥匙——当家不主事儿'，您还得等晚上俺家老爷回来再说。"

又作"老妈子拿钥匙——当家不做主"。[例]既然这样，吴宇平作为文联的一把手，自己只是主持工作的秘书长，时时处处应该多请示，自己是老妈子拿钥匙——当家不主事，凡是由吴宇平拍板，倒落个清闲。（张映勤《漩涡》）

【老妈儿坐飞机——抖起来了】讥讽人因为突然有了钱财或地位而洋洋得意起来。[例]天津旧时大杂院穷人居多，没有固定职业所谓"打八岔"者尤甚。都是挣多多花，挣少少花，没活儿就干瞪眼挨着。但并不因此灰心丧气，"三十年河东三十年河西"么，在这平民化城市保不会谁有一天就撞上钱柜，来个"老妈儿坐飞机——抖起来了"。（薛宝琨《窗帘里外人情冷暖——大杂院杂忆》）

【老妈儿坐飞艇——一步登天】飞艇：一种飞行工具。讥讽人因为突然发财或得势而平步青云，境况有了大大改善。[例]老妈儿在主人家的等级是不同的，那些备受重用，被倚为左右手的，便又傲视同辈之人。人们称之为"老妈儿坐飞艇——一步登天"。这句

歇后语也可用来讽刺社会上那些撞大运而一步登天的人。(李炳德《老妈儿》)

【老猫房上睡——一辈传一辈】指人的某种德行、习惯，是上一代或祖祖辈辈相传下来的。[例]打从皮匠迁了祖坟，他算是走了大运，干什么都发财，不单走财运，他还官运亨通，真的说是平步青云。到后来，他儿子也当了官，大请大受，飞黄腾达。可是俗话说的好——"老猫房上睡——一辈传一辈"，他这份贪心也往下传，他儿子比他还贪，钱越多越贪，心也越黑。(天下霸唱《摸金校尉之九幽将军》)

【老毛子的照片——洋相】老毛子：旧称俄国人。形容滑稽、逗人发笑的怪样子。也指令人可笑、可恶的丑态。[例]平时一本正经的先生，进了家门竟然扮了个鬼脸，老毛子的照片——洋相，把家人都逗笑了。┃老公喝得酩酊大醉，在饭桌上又吼又闹，真是老毛子的照片——洋相，使我非常难堪。

【老毛子看戏——傻了眼】指因不懂、不熟悉而目瞪口呆，不知所措。[例]他火速赶到现场，老毛子看戏——傻了眼，矿井塌方连井口都堵死，鸡飞蛋打没命了，这就是忽视安全生产的恶果。

【老棉花做被套——絮絮(叙叙)旧】被套：被里和被角缝在一起而成的袋状物。絮与叙谐音。指谈论过去彼此交往的旧事。[例]老伙计，你这到海南一走就是两年多，快坐下，咱哥俩老棉花做被套——叙叙旧，真叫人想啊。

【老母鸡趴窝——没精神】趴窝：母鸡下蛋或孵小鸡趴在鸡窝里。形容精神不振，无精打采。[例]国庆假期一过，几个青年人上班好似在梦游，整日恍惚，懒洋洋的，就像老母鸡趴窝——没精神。

【老母猪吃碗碴子——肚里挺有词(瓷)】碗碴子：瓷碗破裂后的小碎片。瓷与词谐音。指人能说会道，振振有词。[例]你小子是"老母猪吃碗碴子——肚里还挺有词(瓷)！"就算我失言了，可你也寻思寻思你满仓大哥在矿底下闷屈拉烘地抠出这点砂子来容易吗？(石磅《混血》)

【老母猪吃鞋子——心里有底了】比喻心中知道底细或内情而有把握。[例]大哥，就冲你这句话，再远的地方我也去，老母猪吃鞋子——心里有底了，什么苦呀累呀危险呀，那都不是事儿。

【老母猪——一肚子花花肠子】比喻奸诈或心眼多，有计谋。有时专指好色之人。[例]雷哥，你什么时候变成老母猪了——肚子花花肠子？这样不会有朋友，恐怕连对象都搞不上。

又作"老母猪吃芍药——一肚子花儿"。[例]他呀，也紧跟雷哥，老母猪吃芍药——一肚子花儿，梅姐可得离他远点儿。

【老娘儿们当家——房倒屋塌】指体现封建社会"男尊女卑"的旧思想、旧观念，如果女人在家庭决策中说了算，就会造成家破人亡的局面。[例]烀地瓜激动了，大脸蛋子憋得通红，觉得必须趁热打铁定下来，一把攥住架不住的小手："我说媳妇儿啊，咱家以后都听你的，你就是当家的！"架不住娇声答道："哎哟，那可不成，你没听过那句话吗？老娘儿们当家——房倒屋塌，过日子还是得听老爷们儿的，你才是咱家的顶梁柱！"（天下霸唱《天坑宝藏》）

【老娘抠屁股——外行】老娘：接生婆的旧称。形容对某种技能、事务或工作根本不熟悉，没有经验。[例]从事老娘工作之妇女必须技术娴熟、经验丰富，如此才能保证产妇与婴儿的安全。正因为人们佩服有经验的老娘，才从反面以"老娘抠屁股——外行"之语来讽刺那些不懂装懂、愣充能耐梗的人。（李炳德《老娘》）

【老娘们儿架——没完没了】架：打架、争斗。指没有终结的时候。[例]要个鸡毛，也就是个鸟儿屁，不过这个人能量挺大，活动面儿挺广，蔫孙坏占全了，我忙完了这阵子就得找他去，不把这个人挖出来，我和李斌的事永远是老娘们儿架——没玩没了！（天下霸唱《大耍儿》）

【老娘娘搬家——有多大眼，现多大眼】老娘娘：对妈祖的尊称。传说，老娘娘安坐海眼，如果搬动移位，那海眼必会现出，大水就会淹没天津城。比喻丢尽了人，出尽了丑。[例]民间另有传闻，说日寇侵占天津时欲扳倒娘娘像，结果没动几下便听到波涛浪涌的声音，吓得赶紧作罢。类似的故事被天津人还付会上"老娘娘搬家——有多大眼，现多大眼"或"现大眼了"一说。（点子《俏皮俗话》）

【老娘挽袖子——这就要动手】指人开始去做某件事情，或马上动手打人。[例]天津方言中有关"老娘"的词语有三条，其一是"老娘挽袖子——这就要动手"。说的是老娘到了产妇家，挽袖子。洗手，意味着就要接生了。当然，这一条也可以用于他处。(李炳德《老娘》)｜我看见俩人摆开了架势，老娘挽袖子——这就要动手，立马上前进行劝阻。

【老牛吃嫩草——想得倒美】指光想好事，到头来难以实现。[例]听说这次厂里调资，你还找领导要一个名额？干活不积极，吃饭总第一，老牛吃嫩草——想得倒美！

【老牛跌到井里头——有劲儿没处使】形容人因身处困境或条件所限，而无法施展才能和本领。[例]咱们车间的机器设备太陈旧，快成了一堆破铜烂铁，怎么搞技术革新？老牛跌到井里头——有劲儿没处使呀。

【老牛换毛驴——太快不了】毛驴：身体矮小的驴。指行动或进展缓慢，速度不快，效率很低。[例]在对外开放上眼界小、胆子小、本事小、招法小、步子小，"五小"办"洋务"，不会有大起色，最多是老牛换毛驴，太快不了。(李瑞环《学哲学 用哲学》)

【老牛驾辕——朝后捎】驾辕：拉车时架着车辕。捎：后退，退缩。比喻碰到困难畏缩不前，或遇事退缩，不主动上前。[例]眼下在改革的关键时期，你作为年轻干部要敢于担当，主动作为，不能老牛驾辕——朝后捎。

【老牛拉破车——慢慢腾腾】形容行动非常缓慢。[例]我把汉北路工地全线走了一遍，就你们四队这一段任务落下一截，老牛拉破车——慢慢腾腾可不行，当然质量必须保证。

又作"老牛拉破车——慢慢来"。[例]黄文会忽然灵机一动，想道："我买官花了二百两银子，那地方丢了这地方找回来，咱们老牛拉破车——慢慢来吧！"(鲍昌《庚子风云》)

【老牛拉破车——松松垮垮】形容懒散，松懈，不紧张，或不稳固，不牢靠。[例]记住：民兵也是兵，训练必须真刀真枪，实打实，不能老牛拉破车——松松垮垮的！

【老牛尿尿——走一路撒一路】指随便到处散失。[例]乔光朴挖苦地说："真不愧是鬼怪式操作法的发明者，拉水泥也像老牛尿尿似的，走一路撒一路。"(蒋子龙《维持会长》)

【老农吃青果——回味在后头】青果：橄榄。比喻越老越有意思，在回忆中细细体会、品味。[例]老张头逢人便说兴农富农政策好，日子真正俏皮话所说"老农(乡巴佬)吃青果——回味在后头"。青果,即橄榄。它是一味中药材,可利咽生津、清热解毒,含在嘴里开始有些发涩,但慢慢嚼愈发清甜,滋味绵绵,所以有"回味在后头"一说。(点子《俏皮俗话》)

【老婆儿脸儿——褶子了】褶子:脸上的皱纹。形容把事情办砸,坏了,完了,不行了或惹麻烦了。[例]你这事儿是咋办? 老婆儿脸儿——褶子了,弄不好要吃官司,提前有个思想准备吧!

【老婆们斗牌——一张一张地来】斗牌:玩纸牌,比输赢。比喻事情一步一步地做,不急于求成。[例]别在这里瞎吵吵一通,及早回去,先犒劳——请来的义和团。你们的心思我都懂。不吃馒头还得蒸(争)口气哪! 不过急不得,老婆们斗牌,一张一张地来。(鲍昌《庚子风云》)

【老鼠变蝙蝠——要飞】蝙蝠:哺乳动物,长的样子酷似老鼠,只是多了一对翅膀。比喻人想离开原来的环境,另谋发展。也指好高骛远,想入非非。[例]公司花钱费力,好不容易把你培养出来,翅膀硬了,就老鼠变蝙蝠——要飞,还有点儿良心没有? ┃她这个人好高骛远,整天想着老鼠变蝙蝠——要飞。

【老鼠吃高粱——顺秆(杆)儿爬】秆与杆谐音。比喻迎合别人的心思或旨意来说话做事,以达到某种目的。[例]小条子接老爹的班进厂也两三年了,学习不上心,技术没长进,偏喜好老鼠吃高粱——顺杆爬,不会有啥出息。

【老鼠打架——小抓挠】抓挠:手指连续地乱抓,用指甲扣。比喻小动作、小规模地做事情,小打小闹。[例]最近我们的财力吃紧,这次线下的宣传活动只能是老鼠打架——小抓挠了。

【老鼠给猫拜年——送死】指自找麻烦,自寻死路,或自取灭亡。[例]这时,天完全黑了下来,一群日本兵从村子里出来,正好钻进了我们的包围圈,这不是老鼠给猫拜年——送死吗?

【老鼠给猫捋胡子——溜须不要命】捋:梳理,用手指顺着抹过去。形容极力讨好、拼命巴结有权势的人。[例]瞎龟这个狗汉奸为了捞个一官半职,想方设法巴结日本人伊藤二郎,老鼠给猫捋胡子——溜须不要命,无耻至极!

【老鼠跟猫睡觉——练胆儿】指故意做危险的事情,来锻炼自己的胆量。[例]这次他和老马赴东北跑一趟买卖,知道没有什么大钱可赚,心想反正在家也没啥事儿,就当老鼠跟猫睡觉——练胆儿吧。

【老鼠过街——人人喊打】指坏人坏事引起公愤,群起而攻之,到处都遭到人们的厌弃和打击。[例]耗子就是老鼠,是对人有害的小动物,所以俗谚说:"老鼠过街——人人喊打!"(张仲《北方市井民俗图说》)|虚假的药品广告害死人,必须狠狠惩治,毫不留情,让它成为老鼠过街——人人喊打!

【老鼠见了猫——大气都不敢出】比喻因害怕或紧张而小心翼翼,不敢闹出什么声音和动作。[例]这些家门口的小玩闹,唯独对强哥,一个外来户,一个看着也是在街面混过的场面人,不仅不欺负,反而像老鼠见了猫,大气都不敢出。(张映勤《浮生似水》)

【老鼠见猫——骨头酥】酥:软弱无力。形容胆子小,见了所害怕的人或物吓得浑身发软。[例]白志刚又故意激他说:"其实,这也得有点胆子。老鼠见猫骨头酥的主儿,想干还是干不了。"(鲍昌《庚子风云》)

【老鼠进书箱——咬文嚼字】指认真地斟酌字句,或玩弄辞藻,显示自己的学识。[例]佩琪在他人起草的慰问信上涂来改去,拿出了老学究的劲儿,像老鼠进书箱——咬文嚼字。|你在这儿显摆什么?谁不知道你那两下子,就别老鼠进书箱——咬文嚼字了。

【老鼠扛枪——窝里反】指家族或团体发生内讧,出现矛盾、争斗,甚至互相残杀。[例]黄府的老爷死后,几个儿子为争夺财产,老鼠扛枪——窝里反,大打出手,差点儿出了人命。

【老鼠拉木锨——大头在后边】木锨:用以扬场的一种木制农具,形似铁锨,柄长头大。比喻更重要的人或事物将出现在后面。[例]那时候,父亲拉家带口生活并不富裕,熬条"拐子"就是大改善。他知道母亲爱吃鱼,专拣中段儿往老娘碗里夹。奶奶高兴地对人说:"我是老鼠拉木锨,大头在后边,真是越老越有福。"(孙晓玲《布衣:我的父亲孙犁》)又作(1)"老鼠拉木锨——大头在后面"。[例]这时,程府的管家求见,先递上五根黄鱼,继而恳请释放程昊功。戴寿光知道这对程家来说不过是毛毛雨而已,老鼠拉木锨——大头在后面。(郁子、立民《黑金石》)(2)"老鼠拉木锹——大头还在后头"。[例]李福云趁机说："他骂吧！吃鸡的顺嘴流油，骂街的满嘴流血。贴蒙头帖子不过是个小意思，老鼠拉木锹，大头还在后头呢！"（梁斌《翻身纪事》）(3)"老鼠拉木锹——大头儿在后头"。[例]今天一场事，这是小玩儿。老鼠拉木锹，大头儿在后头啦。（李燃犀《津门艳迹》）(4)"老鼠拉木锹——大头在后头儿"。[例]这个事件只是个帽儿戏，老鼠拉木锹——大头在后头儿了。（谭汝为主编《天津方言词典》）

【老鼠上秤钩——自称自】秤钩：系于杆秤一端的铁钩，用来悬挂欲秤的物品。形容自己夸自己。[例]张金龙，你别老鼠上秤钩——自称自！你在斜柳村吃喝嫖赌，破坏八路军的纪律，损害八路军的威信，调你回来，你倒敢违抗命令，你还想抵赖吗？（袁静等《新儿女英雄传》）

【老鼠上供板——充什么神仙】供板：供奉神明时用于摆放供品的木板。采用反问语气，指装模作样，不道德、不正派的人伪装成正经人。[例]从小就偷鸡摸狗的尹蝎子，"文革"挑头造反，一夜之间当了"官"，对门的常大爷说："这个混混儿就是老鼠上供板——充什么神仙？"

【老鼠舔猫鼻子——找死】讥讽招惹是非，自找倒霉，自寻死路。[例]后面的人也都不吭声，却全用眼睛在焦安国身上剜了那么两下子，表达了他们此时的情感：这小子竟敢在这个节骨眼儿闯上门来，真是老鼠舔猫鼻子——找死啊！（蒋子龙《空洞》）

【老鼠跳火坑——毛儿干爪儿净】指因干冒险的事情而遭受惨重损失，或完全耗尽，没有剩余，一无所有。[例]老耀一时头脑发热，盲目跟风，拿出十几年积累的资金上个新项目，结果赔了个底儿掉，老鼠跳火坑——毛儿干爪儿净了。

【老鼠偷芝麻——吃香的】谐喻被人尊重，受人欢迎，也戏指生活富足，吃喝不愁。[例]老曲退休以后，依然开朗乐观，经常帮老伴忙家务，还当上街道居委会的志愿者，他自嘲道："我现在家里家外都是老鼠偷芝麻——很吃香的。"

【老鼠尾巴熬汤——没有多大油水】熬汤：煮物制汤。比喻得到的或捞到的好处、利益不多。[例]老板到现场一看，这小小的工程是老鼠尾巴熬汤——没有多大油水，转身扬长而去。我望着他的背影，恨恨地吐了一口唾沫："要饭还嫌馊，你爱干不干！"

【老鼠钻风箱——两头受气】风箱：将空气压缩而产生气流的装置，用来鼓风，使炉火旺盛。指两边不讨好，两方面都受到埋怨、指责或欺压。[例]陈透舍是老鼠钻风箱——两头受气。他惹不起四姨，就跟房辛欣结上梁子，开始琢磨房辛欣。(肖秋生《放心大哥》)又作(1)"老鼠钻进风匣里——两头受气"。[例]二小姐说："那怎么办呢？你打死郝明，八路不饶你；你不打死郝明，日本人、袁文会不饶你。这不是老鼠钻进风匣里，两头受气吗！"(张孟良《血溅津门》)(2)"耗子钻风箱——两头受气儿"。[例]陆雄飞胀红着脸叫："我现在是耗子钻风箱，两头受气儿，有什么办法？"(周振天《玉碎》)

【老鼠钻烟囱——够呛】形容事情达到很严重的程度，使人受不了，或难度大，没把握，有风险。也指不像话，不像样子。[例]邱工放下电话，火速赶到工地上，看见上午新垒的一面墙发生严重倾斜，老鼠钻烟囱——够呛，只能推倒重来了。

【老太太搬家——什么都要】比喻十分贪婪，什么东西都想得到和拥有。也指不加选择，所有东西都要。[例]你想得可够美，公司是你们家呀？老太太搬家——什么都要，呸！做梦去吧！

【老太太吃豆腐——正合口】比喻相吻合，相符合，也指是合口味，可口。[例]谢谢啦，你们支援我厂的大型机械零件已安装好，并一次试车成功，老太太吃豆腐——正合适。

【老太太吃黄连——苦口婆心】黄连：多年生草本植物，可入药，味苦。指以善意诚恳的态度，不厌其烦，反复地规劝与开导人。[例]我这可是老太太吃黄连——苦口婆心，你不能当耳旁风，要往心里去呀！

【老太太吃山芋——闷口了】山芋：旋花科一年生植物，又叫红薯、白薯、地瓜等。指默不作声，不说话或说不出话来。[例]棋盘摆好，没想到，刚下了一会儿，将军就输了。他心里不服：是不是自己轻敌啊？"再下一盘！"结果他又输了。下第三盘，局势还不如前两盘，他越输越惨。围观的将士一个个也都老太太吃山芋——闷口了。(孙福田《津沽趣谭之二十七》）｜刘铁嘴背着岳勇的面咋呼地挺厉害，一口一个找岳勇去，可是一当着岳勇的面，却是老太太吃山芋——闷口了。(冯育楠《银沙滩》)

又作(1)"老太太吃山芋——闷口啦"。[例]我坐在这儿审案子，问你一句，你就答一句。你说有人存心谋害你，你有理就争净呀！你怎么老太太吃山芋——闷口啦?(肖克凡《天津大码头》)(2)"老太太吃热山芋——闷口啦"。[例]你可说啊，怎么老太太吃热山芋——闷口啦?(谭汝为主编《天津方言词典》)(3)"老太太吃山芋——闷住口了"。[例]亮子听出了话外之意，又见李斌要翻脸，不容他说个不字，他真是骑虎难下，老太太吃山芋——闷住口了!(天下霸唱《大耍儿》)(4)"老太太吃柿子——闷口啦"。[例]钱大哥！这方法使得也不，你倒是说话呀！别后锅的水——温起来，老太太吃柿子——你咋闷口啦?(柳溪《大盗燕子李三传奇》)(5)"老太太吃柿子——闷了口了"。[例]二胖本来还在院里有说有笑，一听见老崔推自行车进楼道的声音，立刻像老太太吃柿子——闷了口了。(6)"老太太吃崩豆——闷口

了"。[例]有好事的人就给先生做思想工作，就给先生保大媒，真可谓淋漓尽致，苦口婆心。每逢此时，平时说话像万里滔滔长江水的先生就成了老太太吃崩豆——闷口了。(《今晚报》王和平文)(7)"老太太吃黏糕——闷了口"。[例]没想到一张嘴就让李园丽给噎回来了，弄得老头子哭笑不得，只好不笑强笑地说:"对对，还是园丽小姐心里豁亮。"李园丽见袁文会老太太吃黏糕，闷了口，不由得心中暗笑。(张孟良《血溅津门》)(8)"老太太吃糖球——闷起口"。[例]哎，同志们，你们打起仗来，都是个顶个的英雄好汉，怎么到了开会的时候，都成了"老太太吃糖球——闷起口"来了?(袁静《伏虎记》)

【老太太吃柿子——专拣软的捏】指专门欺负软弱的人，或专门拿软弱的开刀。[例]你凭什么要扣我的工资？这是老太太吃柿子——专拣软的捏，我不是吓大的，走，咱们找厂长说理去！｜你欺软怕硬，这是老太太吃柿子——专拣软的捏，他们几个有后台，你惹不起，就拿我开刀。

【老太太吃柿子——嘬瘪子】嘬:吮吸。瘪子:指被吮吸后的柿子表

面凹下去。形容人遇到困难或挫折，以致陷入窘境，非常为难。[例]贾老板眼下是老太太吃柿子——嘬瘪子了，靠着借钱给工人开工资。

又作"老太太吃柿子——嘬瘪着"。[例]老张家娶了新儿媳妇，婆婆看儿媳妇横针不识拿竖针，心里别扭就有意难为她，正赶上过年要杀鸡，婆婆就发下话，让儿媳妇等人家把鸡杀完，把鸡得拎出来。这下媳妇傻了眼，真是老太太吃柿子——嘬瘪着。（郭文杰《天津话的"秃噜"》）

【老太太的包袱——鼓鼓囊囊】指满满当当，没有空余的地方。[例]为了赶这个月的生产任务，车间里到处堆满零部件，成了老太太的包袱——鼓鼓囊囊的，连个人插脚的地儿都没有，这是很不安全的。

【老太太的被卧——盖有年矣】被卧：睡觉用的被子、褥子等。盖：文言虚词，大概。有年：有了许多年。矣：文言助词，相当于"了""阿""呢"等。比喻某种东西或某件事情经历了很长时间。[例]这把红木拐杖虽然看似破旧，但它确实是个老物件，老太太的被卧——盖有年矣，有点儿收藏

价值。

【老太太的鼻涕——甩了】指抛弃了。[例]甄世熊也煽风点火地说："是嘛，郭队长哪一样不如冯志辛？甭用说别的，就说跟着袁文会这些年，马前马后的也不易，可没想到临到节骨眼上，老太太的鼻涕——让人家给甩了。"（张孟良《血溅津门》）

【老太太的裹脚布，老头子撒出的尿——絮絮叨叨，没完没了】裹脚布：旧时女子缠足用的长布条。撒：排泄。形容人说话啰唆，唠叨，没有完结的时候，令人生厌。[例]肖婶婶的特点是爱说话，像个活蹦乱跳的小鸟成天叽叽喳喳说个没完。爱说话总得找诉说的对象，所以她爱串门子，在家里待不住，没事就到邻居家坐坐，谁家的事都打听，谁家的事都议论，谁家的事都掺和。院子里每一家人的大事小情没有她不知道的，张家长李家短，三个蛤蟆六只眼，说起来就像老太太的裹脚布，老头子撒出的尿——絮絮叨叨，没完没了。（张映勤《浮生似水》）

【老太太的脚指头——窝囊一辈子】窝囊：指旧时女子缠足，脚趾弯曲，特别憋屈难受。比喻怯弱无能，长期受尽委屈。[例]"那我花

了这钱,你怎么办?""我在偷!不偷这些骑在别人脖子上作威作福的阔佬,便宜这些三孙子们,我不甘心!""好,你比我有本事,我是老太太的脚指头,窝囊一辈子啦!"(柳溪《大盗燕子李三传奇》)

【老太太的尿盆——端起来了】尿盆:用于小便的卧室器皿。端:用上手拿东西。讥讽自高自大,装腔作势,摆架子。[例]大家看他,小破官儿刚当上才几天,就老太太的尿盆——端起来了。

【老太太的眼睛——花大发了】花:眼花。形容人花钱大手大脚,超过应有的限度或超出原来的想象。[例]在保证质量的前提下,这条道路的大修资金一定要卡死,绝不能老太太的眼睛——花大发了。

【老太太的夜壶——挨呲的货】夜壶:便壶,多在夜间使用。呲:斥责,申斥。詈语,形容经常受到责备、批评或训斥的人。[例]我眼珠子一转说:"那就让大金牙先上,这个吃里扒外的东西!"胖子说:"对!老太太的夜壶——挨呲的货!他不去谁去!"(天下霸唱《摸金校尉之九幽将军》)

【老太太赶集——紧赶慢赶】赶集:到集市上去买卖货物。指不停地追赶。[例]头儿,这时间也忒紧了,老太太赶集——紧赶慢赶,恐怕也来不及了。

【老太太拐杖——扶人儿】比喻让人有所扶持,或对人进行帮助、援助。扶又与福谐音,指有福之人。[例]石大姐心眼好,见街坊邻居谁家有困难,都是热情地帮一把,老太太拐杖——扶人儿呀!┃甄大娘辛勤操劳大半辈子,现在是儿孙满堂,吃喝不愁,老太太拐杖——福人儿啊!

【老太太裹脚布——又臭又长】裹脚布:旧时女子用来缠足的长布条。讥讽文章或讲话内容冗长又空洞无物。[例]前几天,我在地摊上买了几张"文革"时期的旧报纸,翻开仔细一看,上面几乎全是充满火药味的大块文章,真是老太太的裹脚布——又臭又长,不可卒读。

【老太太过年——一年不如一年】形容每况愈下,境况越来越糟糕,或日子越过越艰难。[例]中央电视台的春节晚会,是老太太过年,一年不如一年。可他们自己嚷嚷得却凶得很,就像王婆卖瓜。(周凡恺《越侃越无聊》)┃对于知识问答这个问题,我本不想再说什么,因为前两届的青歌赛,我均就此发表了看法,说的不少了。可如

今正应了那句话:老太太过年,一年不如一年。(周凡恺《青歌赛知识问答 态度决定一切》)

【老太太喝面汤——无齿(耻)下流】齿与耻谐音。詈语,责骂那些卑鄙龌龊,不知羞耻的人。[例]谭大爷望着贾三的背影,咬牙切齿地骂道:"这个混蛋! 干尽缺德事儿,老太太喝面汤——无耻下流,不得好死!"

【老太太看画——一件一个样儿】形容事物种类繁多,各式各样,风格迥异,丰富多彩。[例]游览芝加哥,就像参观建筑艺术的展览会,又好像读了一部生动的、活的建筑史,从18世纪到20世纪,这里有各个不同时期的不同特色的建筑。有钱人要显示自己与众不同,标新立异,惹人注目;设计师要独出心裁,一鸣惊人。这就使芝加哥的楼房应了中国的一句俗话:老太太看画——一件一个样儿。(蒋子龙《芝加哥——建筑艺术的博览会》)

【老太太摸电门——抖起来了】讥讽人因突然发迹有了钱财或地位而洋洋得意起来。[例]他这小科长刚当上没几个月,就摆架子,耍脾气,老太太摸电门——抖起来了,群众有谁会买账?

【老太太抹口红——整出点颜色瞧瞧】整:做、搞、弄。比喻采取一些办法、手段,让人看看厉害,尝尝苦头,常用来表示威胁和恐吓。[例]这种酷刑连金刚罗汉都承受不住,可又不至于将人痛晕过去,只能杀猪般惨呼狂号,至今还没有见过任何人能熬得住几分钟。不如就拿着这办法收拾赵老憨,这叫"老太太抹口红——给他整出点颜色瞧瞧"。(天下霸唱《地底世界之楼兰妖耳》)

【老太太上不去炕——掀一把】掀:从一侧或一端托起重物。指对人进行扶持、帮助。[例]最近,我那孙女有病没去上学,功课落下不少,请老师多费点心,也让同学们帮帮她,老太太上不去炕——掀一把呀,哈哈!

【老太太上电车——您先别吹】旧时,有轨电车售票员吹哨子或小喇叭,作为开车的信号。缠足老太太行动迟缓,怕车启动赶不上,常常一边走一边大声喊:"您先别吹! 先别吹呀!"指劝阻人不要自我吹嘘,说大话。吹又与催谐音,指请求暂缓催促。[例]原来天津最早的电车为"房子式",每个车厢有一人售票,脖子上挂一口哨,人上齐了,关上门,才能吹哨;司机闻声后，才能开车。车启动时，司机踩铃示警，后来踩成"鼓点"声，很有节奏感。从前，老太太是缠足的小脚，行动不便，见电车来了，一边走一边摇着手："别吹呀！"等被人架上电车后，车才慢慢开动。"老太太上电车——您先别吹"便是这么来的。（章用秀《天津老俗话》）｜同志，你说得太多了，老太太上电车——您先别吹，最重要的是干出点实事儿给群众看。

又作（1）"老太太上电车——您了先别吹"。［例］天津人对付"大梨"也有妙招，就是在他开始吹大梨之前，煞一煞他的威风——用天津方言歇后语"老太太上电车——您了先别吹呗！"（谭汝为《这是天津话》）（2）"老太太上电车——你先别吹"。［例］"老太太上电车——你先别吹"：天津市的电车、令点车开动的，全凭售票员一声小喇叭。有时，老太太赶来上电车，因小脚举步维艰，怕售票员吹喇叭，让点车开走，往往老远向售票员喊："劳驾，你先别吹（吹喇叭）。"这句话，是针对某些人在吹牛、说大话时才说的。（张仲《天津早年的衣食住行》）（3）"老太太上电车——你老先别吹"。［例］

"老太太上电车——你老先别吹"，就是有轨电车的售票员以吹小铜喇叭的方式通知司机，作为开车信号。当年缠足老太太赶电车，动作慢，怕车开动，往往边跑边大声嘱咐卖票的："你老先别吹，先别吹！"这条俏皮话多用于阻止某人吹牛；"吹"又谐音"催"，请求暂缓催促亦用此语，颇具幽默色彩。（谭汝为《谭谈天津话》）

【老太太上鸡窝——奔（笨）蛋】奔与笨谐音。指愚笨的人。［例］我今天来主要是站脚助威，对于书法，我是老太太上鸡窝——笨蛋，不敢班门弄斧，没有什么可说的。

【老太太烧纸——拿钱来吧】烧纸：又称烧纸钱。旧俗，每逢祭日，家家户户都要给过世的亲人烧纸（刻或印上钱形的较大纸片），老大娘们一边焚纸还一边反复念叨亲人的名字："×××，拿钱来吧！……"指用钱来办事或解决问题。［例］你们可要有个心理准备，这次交通事故不算小，如果想私了的话，那就老太太烧纸——拿钱来吧！

【老太太数鸡蛋——倒腾半天】倒腾：折腾。比喻很长时间，翻过来倒过去地反复做某事。［例］那两辆火车倒退走了不远……"咣当"

又停下来,"呜呜"一叫唤,"嗒嗒嗒嗒"退回来,想逃回天津卫——就这样,开了退,退了开,跟老太太数鸡蛋一样,倒腾半天,也没逃出去。(张士杰《义和团战落》)

【老太太送殡——后头跟着】老太太送殡:旧时丧俗,出殡时孝子孝孙居前列,老太太们都被安排在后边。指跟着走,随大流。[例]别问她们干什么去,咱姐儿几个就老太太送殡——后头跟着,到时再见机行事。

【老太太摊鸡蛋——一勺一个】摊:一种烹调方法,把糊状的食物原料倒在锅里做成薄片。形容做事很有把握。[例]放你一百二十个心,下回跟我去,看谁吃了熊心豹子胆敢动我兄弟,不是你哥哥我在挑水胡同里说大话,不信你出去打听打听——咱这两下子,对付几个老毛子还不绰绰有余?那是老太太摊鸡蛋——一勺一个!(天下霸唱《殃神——鬼家怪谈》试读版)
又作"老太太卧鸡蛋——一勺一个"。卧鸡蛋:也叫卧果儿,把鸡蛋去壳,整个儿放在开水里煮。[例]我听队里的老娘们儿告诉我,说白石砬子上的水冬瓜树上寄生着一种"不老草",治你这个病是"老太太卧鸡蛋——一勺一个"!(石磅《混血》)

【老太太擤鼻涕——手拿把攥】擤:按住鼻孔出气,使鼻涕排出。攥:握。比喻事情很有把握,稳操胜券。[例]你让我预测这场比赛谁赢谁输,那肯定是老王胜出,正如一句俏皮话说的:"老太太擤鼻涕——手拿把攥。"

【老太太择韭菜——掐头去尾】择:选取,挑选。形容事物没头没尾,看不清脉络。也指去掉没用的或不重要的部分。[例]他引用那篇文章时,就像老太太择韭菜——掐头去尾,断章取义,造成很坏的影响。

【老太太坐牛车——稳稳当当】形容顺利,有把握,或安稳、可靠。[例]今年,我县的植树造林任务,经过全县上下的共同努力,是老太太坐牛车——稳稳当当,确保超额完成了。

【老太太做被卧——连勾带引】被卧:睡觉用的被子、褥子等。勾、引:缝纫的方法。比喻想方设法,引诱人做不好的事情。[例]这家伙为了拿下这项工程,不仅给处长送钱,还到歌厅给找小姐,真是不择手段,老太太做被卧——连勾带引。

【老坦儿打电话——拿起来就说】老坦儿：从农村到城市来的乡下人。形容说话不加思考，不计后果，就脱口而出。[例]大高个一脸不屑："嚯！话茬子还挺硬，你可咬住喽，别一会儿你嘴里说出服软的话来！"我斜眼看了看他："你想什么呢？老坦儿打电话——你拿起来就说！"(天下霸唱《大耍儿》)

【老塘的芦苇——根儿上连着】指双方利害一致，相互依存，息息相关。[例]全看女婿够份儿不够份儿。女婿开大洋行，老岳父准坐小汽车；女婿开杂货铺，老岳父准穿布头；女婿卖鱼，老岳父准一身腥。这就叫老塘的芦苇，根儿上连着哪。(林希《丑末寅初》)

【老头儿戴围嘴——装孙子】围嘴：儿童用的围在胸部的布，常系于脖子周围以保持衣服的干净。讥讽或责骂故作姿态，装模作样，假装老实、正经、可怜或糊涂的样子。也指用伪装的手段欺骗人。[例]天津有两句俏皮话："儿媳妇怀孩子——装孙子""老头儿戴围嘴——装孙子"。"装孙子"是骂人的话，就是揭露批评某人装糊涂，假装正经，故作姿态的意思。例如："你别演戏了，装什么孙子？"(谭汝为《这是天津话》)

【老头儿拉胡琴——吱咕吱(自顾自)】胡琴：弦乐器，指京胡、二胡等。吱咕吱：拉奏胡琴时发出的不成调的声响。吱咕吱与自顾自谐音。比喻自己只管自己的事，不顾及他人。[例]原来王宝儿落魄之后，下人们各奔前程，用句文言词叫"老头儿拉胡琴——自顾自"。(天下霸唱《崔老道传奇 三探无底洞》)

【老头儿捅马蜂窝——找蛰(辙)】蛰与辙谐音。指想办法，找门路。有时也指找借口。[例]我看这里不是久留之地，咱哥几个分头快撤，老头儿捅马蜂窝——各自找辙吧。

【老王卖瓜——自卖自夸】形容没有自知之明，自我吹嘘，自己夸耀自己。[例]我认为吆喝就是一种"心声"，目的在于招徕客人、推销自己的商品，所以天津人把吆喝说成是"吆货"，也就是吆喝自己要卖的货物。我们大家都知道有句俗语，叫"老王卖瓜，自卖自夸"，或说"王婆卖瓜，自卖自夸"。其实这源于最原始的吆喝。(王和平《津生津世就是这么哏》)｜这话从我嘴里讲出来是有些不太合适，很容易被人误解为老王卖瓜——自卖自夸。(天下霸唱《绝

对循环》)

又作"王婆卖瓜——自卖自夸"。
[例]我们大家都知道有句俗语，
叫"老王卖瓜，自卖自夸"，或说
"王婆卖瓜，自卖自夸"。其实源
于最原始的吆喝。(王和平《津生
津世就是这么唱》)

【老西儿跺脚——坏了酸】老西儿:
山西人。跺脚:表示着急。酸:指
山西特产——醋。比喻坏了事,
闹出乱子,或招来祸害。[例]这后
门是轻易不开的,你们的人出去
也好,可得立刻把门锁上。这钥
匙你带着,可不许交给别人。如
果让不三不四的人从后门进来,
那可是"老西儿跺脚,坏了酸"!
(张孟良《血溅津门》)

【老西儿拉胡琴儿——吱咕吱(自顾
自)】比喻自己只管自己的事,不
顾及他人。[例]她这个人做事不
讲究,光想沾别人的便宜,老西儿
拉胡琴儿——自顾自。

【老西儿掏出酸瓶瓶儿——吃醋】酸
瓶瓶:醋瓶子。形容产生嫉妒心
理或情绪,常指在男女关系上。
[例]姜德力抠煞着一双黑手拦住
了丁大铆,笑嘻嘻地说:"丁头儿,
这阵子杨实强可总往仓库里跑。
你可别老西儿掏出酸瓶瓶儿——
吃醋呀。"(肖克凡《黑砂》)

【老爷庙的旗杆——风来了自己挡,
雨来了自己淋】老爷庙:供奉关羽
的庙宇。比喻人孤单得很,无依
无靠,什么事情都由自己来扛。
[例]我好像那老爷庙的旗杆——
风来了自己挡,雨来了自己淋,六
亲不靠,身边连个遮风挡雨的人
都没有,只能自己跌倒自己爬起
来。(天下霸唱《绝对循环》)

【老爷庙里拴娃娃——认错门儿了】
拴娃娃:旧俗,过去天津结了婚而
不孕的妇女,到娘娘宫抱一个泥
制的娃娃回家,抱时要用红丝绳
把娃娃系住,故称拴娃娃。指没
有找到该去的地方,或找错了对
象。[例]老哥,这是我的房间,你
喝多了,你住306房间,老爷庙里
拴娃娃——认错门儿了。

【老爷庙旗杆——独一根】比喻独生
子女,或孤身一人。也指是唯一
的,独一无二。[例]乙:叫什么
……老三? 你们那孩子行三?
甲:不,就这么一个,我们是千顷
地一根苗儿,昆仑山上一棵草,老
爷庙旗杆独一根。用我爱人的话
说,"我们那是独生子儿"。(王鸣
录《教训》)

【姥姥家的狗——吃饱了就走】形容
人不讲情义,不知感恩,得到了好
处就离开。[例]平日里,全车间的

工友都对你百般呵护,你却干出伤害大家伙的事儿,姥姥家的狗——吃饱了就走,真是没良心!又作(1)"姥姥家的狗——吃饱就走"。[例]老天津有逗趣的话形容小外孙好赛"姥姥(舅舅)家的狗——吃饱就走",这话大致与"白眼狼"一说有关,似乎让人想到《东郭先生和狼》的故事。(2)"舅舅家的狗——吃饱就走"。[例]我是在舅舅家长大的,小时候听到这就俏皮话"舅舅家的狗——吃饱就走",格外反感,怎么能说我是狗呢?长大以后才懂得里面蕴含的道理。

【姥姥家没儿——欠舅(迁就)】欠舅与迁就谐音。指降低要求,将就别人。[例]这可是一个原则问题,你不能姥姥家没儿——随便迁就啊!

【烙饼卷蚂蚱——家(夹)吃去】烙饼卷蚂蚱:天津一种传统的风味小吃,将蚂蚱的翅膀和小腿去掉,投入油锅炸得焦黄,捞出后在有葱花、酱油等的佐料中浸一下,再控干,放在刚刚烙熟的热饼上卷起来吃,酥鲜香脆,味道独特。夹与家谐音。表示失去职业,没人管饭,只好回到自己家里去吃。[例]中秋季节,蚂蚱吃了新鲜粮谷,日益肥满,正是美食蚂蚱最受吃之时。过早,蚂蚱不肥没子;过晚,蚂蚱老了,皮厚不好吃。天津人每逢其时则大量捕捉,即可现吃现炸,大快朵颐;也可用开水煮焯后晾透,存储至冬季食用。尤其是油炸满子的青头愣,用热大饼一卷,更是其香无比,咬一口,感觉那蚂蚱子儿都在齿间跳动。难怪津门百姓留下一句歇后语:"烙饼卷蚂蚱——家(夹)吃去。"(赵永强《津味儿》)

又作"烙饼炸蚂蚱——家(夹)着吃"。[例]炸蚂蚱的制作方法是,将蚂蚱去掉翅膀,用油炸至黄褐色,捞出后,在有酱油、醋、香油、葱、蒜的佐料中浸一下,再控干。吃到嘴里,酥、脆、香、鲜,味道甚佳,如夹在热饼中吃,更是别有滋味。天津早有一句俗话:"烙饼炸蚂蚱——家(夹)着吃。"(章用秀《天津老俗话》)

【烙大饼的燎了眉毛——火儿够大的】燎:火焰烧。指人脾气暴躁,或怒气很大。[例]媳妇,今天你怎么看哪儿都不顺眼,烙大饼的燎了眉毛——火儿够大的,谁又招惹你了?

【雷公打豆腐——专拣软的欺】雷公:神话传说中专管打雷的神。

比喻专门欺负软弱的人,或专挑容易的事情做。[例]待会儿我们见熊长根的时候,都要硬气一点,他是雷公打豆腐——专拣软的欺,先在势头上给他个下马威。┃我们现在还是雷公打豆腐——专拣软的欺,先从劳动纪律的整顿做起,其他问题逐步解决。

【垒墙的砖——后来居上】指后来的胜过先前的,或晚辈超过长辈。[例]茗茗虽然学围棋起步较晚,但通过艰苦努力,进步很快,已经是垒墙的砖——后来居上了。┃在技术创新上,你们几个是垒墙的砖——后来居上,师傅我自愧不如啊!

【冷锅里冒热气儿——不可能】指事情不会发生,一点希望都没有。[例]他根本不相信阎老福的话,而且他也看出来了:今后落在了仇家手里,要想活着逃出去,大概是冷锅里冒热气儿,不可能的了。(鲍昌《庚子风云》)

【冷水沏茶——等着吧】指耐心等待。[例]柴工,会议一时半会儿散不了,如果你非找盛总不可,那只能是冷水沏茶——等着吧。

【冷水沏茶——没起色】比喻没有好转或进步的样子。[例]好,我给你半年的时间,如果再搞不上,冷水沏菜——没起色,也怨不得谁,只能卷着铺盖走人了。

【冷水沏茶——泡起来看】比喻故意把事情搁置起来,拖延时间。[例]咱们哥几个抱成团,光脚的还穿鞋的,和这老家伙冷水沏茶——泡起来看。┃因为在占地补偿上谈不拢,当地农民跟我们冷水沏茶——泡起来看,不知道这条铁路何时才能修。

【冷油炸丸子——蔫溜儿】蔫:悄悄,不声不响。溜:走开,离去。指偷偷地走掉,或悄悄地离开。[例]小陈知道自己错了,不好意思见大家,冷油炸丸子——早就蔫溜了。┃不要怕,咱们整好材料,冷油炸丸子——蔫溜儿地往上告他。

【离了地的菩萨——坐不住】比喻人失去了根基或依靠,就无法立足。[例]小诸葛浮出一点微笑:"军人要以服从为天职,那是说给扛枪杆子的大兵听的。咱们都是耍枪杆子的,谁不是阳奉阴违啊?何况离了地的菩萨坐不住,不管谁来接任,总还得靠你这参谋长呢!"(周骥良《吉鸿昌》)

【里手赶车——没外人】里手:内行。指都是自己人。[例]没关系,你就敞开了说,什么也别藏着掖着,在座的都是里手赶车——没外人。

【李逵卖煤——人黑货也黑】李逵：绰号"黑旋风"，性格暴烈，武艺高强。形容狠毒狡诈，尽干一些坑人害人的事。也指以狠毒对付狠毒。[例]商人无不以趋利为本，但赚钱的同时应该讲信誉，万不可以以次充好，坑人害人。百姓对黑心的买卖人深恶痛绝，常说他们好似"李逵卖煤——人黑货也黑"，简直是"煤铺的掌柜——赚黑钱"。(由国庆《煤与炉》)

【立秋的石榴——点子多】形容主意或办法很多。[例]行，这件事办得够漂亮，你小子立秋的石榴——点子还挺多。

【俩胳膊拎俩爪子——空着手去】拎：提。指不带任何东西(包括礼物)，去拜访某人。[例]刘横顺打缉拿队出来没直接去城隍庙，为什么呢？见师叔不能俩胳膊拎俩爪子——空着手去，说什么也得给师叔买点好吃的，一早到鲜货行买了两蒲包果品，又在诚兴茶庄买了一斤上好的茶叶，这些东西拎在手里直奔南货铺，什么好吃买什么，熏对虾、醉螃蟹、腊肉、叉烧，再来上几盒南路点心，和北方的不一样，样式精致，东西也讲究。(天下霸唱《火神》)

【俩横一竖——干】干：由两个横加一个竖组成。形容看准了的或决定了的事情，就坚决果断去做，不要犹豫和顾虑。[例]胖子说："卖出一个够吃半年，那还说什么？俩横一竖——干!"(天下霸唱《摸金校尉之九幽将军》)

【俩肩膀扛一个脑袋——无牵无挂】指没有什么可挂念的。[例]爹娘死后，国清就俩肩膀扛一个脑袋——无牵无挂了，独自一人到了南方闯荡，从此再没一点儿音信。

【俩六一个幺——眼儿猴了】六、幺：骰子的点数。眼儿猴：掷骰子赌博，共有三个骰子，当掷出两个是六点、一个是一点时，无论对方掷出什么点数，自己都只输不赢，这种情况称为"眼儿猴"。比喻倒霉，不走运，输定了，或死定了。也指人地位低下。[例]过去了，下世了，咽气了，无常了，亡故了，不在了，没了，没有了，完了，完事了，完事大吉了，吹了，吹灯了，吹灯拔蜡了，嗝儿，嗝儿屁了，嗝儿屁朝(着)凉了，撂了，撂挑子了，无常到了，万事休了，俩六一个幺——眼儿猴了!(马三立相声《白事会》)

【俩木匠拉大锯——对着干】比喻专门采取相对或相反的做法。也指

跟对方做同样的工作,比着赛干。[例]最近一段时间,我说东你往西,我叫打狗你偏打鸡,这不是俩木匠拉大锯——对着干吗?|哥几个儿打起精神来,盯死二组的进度,俩木匠拉大锯——对着干,非把第一的红旗拿到手不可!

【俩山摞一块——请出】出:由两个山字组成。指逐客,请求或责令人离开。[例]齐大少哈哈大笑,觉得他接得有趣。宝禄火了:"别笑啦,你给我俩山摞一块——请出!"(王传林《鬼市》)

【俩瞎子逮蛐蛐——你听听】比喻对某人或某事斤斤计较,进行争辩。也指提醒对某人或某事引起注意。[例]佟大人,俩瞎子逮蛐蛐——你听听,这事儿做的就是你们佟府的不对了,没有什么可说的。|铁哥,有这么一件事儿挺新鲜的,俩瞎子逮蛐蛐——你听听吗?

【俩瞎子挤眼——看不出来】指观察不出什么内情来。[例]你问我,我也真的不知道,那是人家的家务事,俩瞎子挤眼——咱看不出来。

【俩鸭子加一鸭子——撒(仨)丫(鸭)子】仨与撒谐音。鸭与丫谐音。指放开脚步快跑或快走。[例]阿豪说:"对付亡灵咱们只有一招可用,就是俩鸭子加一鸭子——撒(仨)丫(鸭)子。"(天下霸唱《绝对循环》)|他见几个人拎着木棒闯进门来,自觉不妙,心想光棍不吃眼前亏,蹭的一下就从窗户跳了出去,俩鸭子加一鸭子——撒丫子了。

【俩哑巴见面——没说的】形容无话可说。也指很满意,没有什么可挑剔的。[例]你问他?这个人非常讨厌,俩哑巴见面——我没说的。|行,这件事干得漂亮,多花点钱也值得,俩哑巴见面——没说的!

【莲蓬子不叫莲蓬子——藕豆(沤逗)】莲蓬子:又称莲子肉,莲花中心的果实。藕豆:莲的根部为藕,故称莲蓬子为藕豆。藕豆与沤逗谐音。形容开玩笑,找乐子。也指一些令人生厌的言行使人不快。[例]你沤我逗,你嘎我坏,有来有往,这才叫热闹!所以"沤",又叫"沤逗",用天津歇后语来说,就是"莲蓬子不叫莲蓬子——沤逗(藕豆)"。(谭汝为《这是天津话》)|你又搞什么鬼名堂?少跟我莲蓬子不叫莲蓬子——沤逗,别自找没趣儿。

【廉价买水货——便宜就是当】水货:非正常渠道的质量低劣、名不副实的物品。比喻看似占了便宜,实际上是上当受骗。[例]三番五次地跟你说,这单买卖不能签,怎么样?赔了吧,记住廉价买水货——便宜就是当。

【帘子脸——吧嗒下来了】帘子:用布、竹子等做成的门窗遮挡物。吧嗒:拟声词,物体掉下的声音。指人突然生气变脸。[例]大事不好,教授一进教室就帘子脸——吧嗒下来了,他们知道昨天的恶作剧玩儿大啦。

又作"帘子脸——撂下来了"。[例]在会上,他说着说着就帘子脸——撂下来了,把手下的一个个臭批了一顿。

【脸盆生豆芽——知根知底】指非常了解底细、内情。[例]这孩子是在我眼皮子底下长大的,脸盆生豆芽——知根知底,准保错不了。

【脸盆里扎猛子——不知深浅】扎猛子:游泳时头朝下钻入水中。比喻说话做事不知轻重,没有分寸。[例]他从小没爹没娘,脸盆里扎猛子——不知深浅,大家就多包涵一点吧。

【凉白开沏茶——没味儿】凉白开:放凉了的开水。比喻没有趣味,很枯燥。也指没什么意思,很无聊或尴尬。[例]听了几个人的评书小段,老先生连连摇头:"凉白开沏茶——没味儿。"|四个人坐在一起喝茶,看人家仨人聊得热火朝天,玄凯被晾在一边儿,感到凉白开沏茶——没味儿,只好一走了之。

【凉拌黄瓜——嘎巴脆】指说话做事干脆利索,不拖泥带水。[例]干还是不干?大家都表个态,别磨叽,凉拌黄瓜——嘎巴脆!

【凉锅贴饼子——蔫溜】贴饼子:用玉米面等做的小饼,贴在铁锅的周围烤熟。指人偷偷地走掉,或悄悄地离开。[例]怎么样,李大山!听清了没有?你欠咱爷们纹银六十两,这银子不过手,你休想来个凉锅贴饼子——蔫溜。(鲍昌《庚子风云》)|三元和宝杰刚从里边出来没多久,瞧见二老虎都撤了,他们俩也不敢久留,使了一招凉锅贴饼子——蔫溜!(天下霸唱《大耍儿》)

又作(1)"凉锅贴饼子——蔫溜儿"。[例]一到开大会之前,他就凉锅贴饼子——蔫溜儿了。(谭汝为主编《天津方言词典》)(2)"凉锅贴饼子——蔫溜了"。[例]张炽、李火山来之前煽风点火,真到了地方,他们俩也发怵,看见杜大彪进去了,从外边把门一带。来个凉锅贴饼子——蔫溜了。(天下霸唱《火神》)(3)"凉锅贴饽饽——溜了"。[例]话说马大哈一向是厂里偷奸耍滑的主儿,那天全车间都在加班加点忙生产,可他却"凉锅贴饽饽——溜了"。(点子《俏皮俗话》)(4)"冷锅贴饼子——溜了"。[例]不大的工夫都知道了,有交情不厚的,毫不客气,真个冷锅贴饼子溜了。(李燃犀《津门艳迹》)(5)"冷锅贴饼子——溜之乎也"。[例]到了紧关要节的接骨眼上,他先来个冷锅贴饼子,溜之乎也。(李燃犀《津门艳迹》)

【凉水和面——就劲儿】指顺势,借力。[例]徒弟,你上来我歇会儿,凉水和面——就劲儿,多抡几下子,这把大刀就算打好了。

【凉水沏茶——泡上了】比喻故意把事情搁置起来,拖延时间。也指纠缠不休,寻惹是非。[例]因为在占地补偿上谈不拢,当地农民跟我们凉水沏茶——泡上了,真不知道这条路何时能开工。|你不解决我就不走,今儿个咱是凉水沏茶——泡上了。(谭汝为主编《天津方言词典》)

【凉鞋没带儿——不跟趟儿】形容追赶不上,来不及,或不合适。[例]

车间搞了几回生产劳动竞赛,咱们小组都是凉鞋没带儿——不跟趟儿,总排在后头,大家不脸红吗?

又作"凉鞋没带儿——不跟脚儿"。[例]咱们这套新模具,感觉有点儿问题,如民间俏皮话所说"凉鞋没带儿——不跟脚儿",不太合适,需要认真改进一下。

【梁嘴过河——照(赵)常(场)办事】梁嘴:地名,即梁家嘴。赵场:地名,即赵家场。1918年南运河裁弯取直后,河道北移,梁家嘴的地理位置从原来的北岸变成了南岸,而赵家场仍处在南运河北岸。所以,人们去赵家场办事,必须从梁家嘴过河。赵场与照常谐音。指没有什么变动,跟平常一样,依照通常情形干事。也指不被外界干扰,坚定不移地干某件事情。[例]在天津卫,"两头"是个不能不提的老地方。由于临近南运河,早年间这里修船的,运粮的,打铁的,糊鱼篓的,分蛐蛐的,捞纸张的……以及饭馆、粉房、糖房、旅店、栈房、澡堂、杂货店、中药店等应有尽有。旧时天津人口头流传的"老老店,新老店,怡和斗店粮食栈","水套子,赵家窑,邢家胡同南头窑",还有"梁嘴过

河,照(赵)常(场)办事"之类的歇后语,也都是与"两头"有关。(章用秀《天津老俗话》)|最有趣的是把地名镶嵌在俏皮话中。如早年梁家嘴和赵家场分别是南运河两岸的村落(坐落在今红桥区),而赵家场又是较大的集市,两处的百姓往常通过渡船往来。于是利用天津话往往将中间字"吃"掉的毛病。人们创造的歇后语是"梁嘴过河——赵场(照常)办事"。(孙维正《分水剑的传说》)又作"梁家嘴过河——照常(赵场)办事"。[例]"梁家嘴过河——照常(赵场)办事"。这是红桥区地名,隔着南运河,由梁家嘴过河可到赵场。此语巧用谐音,后来运河改道,此语与实际不符。(王翁如《天津地名与语言》)

【粮店搬家——斗(都)是你的】斗:一种量粮食的器具。斗与都谐音。指全部物品或好处归某人。[例]老三,虽然是分家,但你们还是亲兄弟,打断骨头连着筋,什么粮店搬家——都是你的,姿态高点儿行不行?

【粮库玉米发霉——水分太大】他们在大报登的这篇文章,完全是捕风捉影,粮库玉米发霉——水分太大,我们不能吃哑巴亏,要走法律程序,坚决打官司。

【两分钱的韭菜——一小撮】形容数量极少。有时专指坏人。[例]不要怕,他们从河西过来的人没有几个,也就两分钱的韭菜——一小撮,根本不够咱们收拾的。

【两分钱请客——瞎张罗】张罗:办理,筹划;应酬,招待。比喻毫无意义地忙碌、操劳或应酬。[例]我这个后勤科长当的,一天到晚不失闲,两分钱请客——瞎张罗,还费力不讨好,总受夹板气。

【两个肩膀扛张嘴——净等吃】形容不愿或不会干活,只想坐享其成。[例]慧慧虽然是"富二代",但她不愿过那种"两个肩膀扛张嘴——净等吃"的生活,自食其力,艰苦奋斗,干出了自己的一番事业。

【两个叫花子结婚——穷凑合】比喻将就现状,勉强过得去。[例]这批零部件的质量,客户要求非常高,必须下大功夫,精益求精,两个叫花子结婚——穷凑合的想法一点不能有。

【两个聋子说话——谁都听不进去】比喻双方性格都十分倔强,不听任何人的劝说。[例]一个巴掌拍不响,你们要多从自身找问题,刀刃向内,两个聋子说话——谁都

- 216 -

听不进去怎么行?

【两个麻子结婚——点子不少】形容主意或办法很多。[例]这次让大方牵头搞的线上商品展销活动,形式和内容都丰富多彩,效果也很好,订单来了不少,店长风趣地说:"两个麻子结婚——他点子不少啊!"

【两头叫驴——拴不到一个槽子上】叫驴:公驴。槽子:喂牲口时贮饲料的器具。比喻彼此思想或性格等不一致,不合拍,很难在一起共事。[例]下决心把他们俩调开吧,这些年做了多少思想工作,结果还是两头叫驴——拴不到一个槽子上。

【两个秃子打架——抓不到辫子】指双方都找不到对方的毛病或把柄。[例]你们二人整天对面桌儿坐着,还互相猜疑、找碴儿,结果是两个秃子打架——谁也抓不到辫子吧?

【两个哑巴亲嘴儿——好的没法儿说】形容某人或某物非常好,令人十分满意,没有什么可挑剔的。[例]房大娘俏皮地对街坊邻居说:"要说我那个小孙女,长相好、学习好、口才好……就是两个哑巴亲嘴——好的没法说。"

【两股道儿上跑的车——走的不是一条路】比喻人的志向、追求、兴趣等都不一样。也指不干同一个行当,或不是同一类人。[例]大瑞和小瑞是一对双胞胎,现如今一个成了响当当的航天专家,一个做了著名律师,应了那句俏皮话:两股道儿上跑的车——走的不是一条路。

又作"两股道上跑车——走的不是一条路"。[例]从心眼里,李大海深深地厌烦、憎恶这个混丢。他厌恶混丢的心术不正。两股道上跑车,走的不是一条路。(鲍昌《庚子风云》)

【两口袋翻个儿——抖搂老底儿】抖搂:揭露,暴露。老底:内情,底细。指毫不保留地揭露人的底细、隐秘等。[例]郭德纲和于谦说相声,经常是两口袋翻个儿——抖搂老底儿,什么话都敢说讲,真有点意思。

【两口子上吊——共同提高】上吊:用绳子等把自己吊在高处自杀。指双方一起努力,取得进步。[例]说着说着,他就和妻子开起了玩笑:"媳妇,现在解放了,是新社会了,咱们也要进夜校,学习文化,两口子上吊——共同提高!"

【两面穿的夹克——没里没面儿】比喻说话做事不懂规矩,不讲礼节,失去体面和尊严。[例]六子办事从来都是两面穿的夹克——没里没面儿，在街坊邻居中名声很差，没有多少人搭理他。

【两片黄连一锅煮——除了苦还是苦】形容极其痛苦。[例]此话一出，木头柱子上的钻天豹心说完了，甭问，这是有人花了钱了，不想让我死了痛快，要一点一点弄死我，这都赶上老时年间的万剐凌迟了，两片黄连一锅煮——除了苦还是苦，本以为挨上一枪一死了之，想不到不止一枪！（天下霸唱《火神》）

【两手托刺猬——扔出去舍不得，托在手里刺得痛】刺猬：哺乳动物，全身长满硬刺。比喻遇到棘手的事情，左右为难，不好决断。[例]李掌柜越来越心烦，有心将他父子赶走，又怕坑了饭店赖账；留他父子在店里，又担心欠的钱越来越多，占着一间房子；天保的病不知何年何月才愈，一旦病故，店家免不了还要受连累！真是两手托刺猬，扔了舍不得，托在手里刺得痛。（张孟良《儿女风尘记》）

【两手攥空拳——一无所有】形容非常贫穷，什么也没有。[例]整个冬天，张德成……坐吃山空把去年挣得船脚钱全花光了。眼下是两手攥空拳，一无所有。（鲍昌《庚子风云》）

【两只冻脚——哪去】采用反问语气，形容陷入被动局面，已无法改变，没有回旋余地。也指询问到什么地方去或干什么去。[例]"两只冻脚——哪去？"人的脚冻坏，走不了路，"行不得也！"喻人陷于泥坑，或遭遇被动，已没有回旋余地。这是有点贬义在内的，还有一句："老虎鞋还没做好了，你哪去？"则是中性或略带开玩笑成分。总之，这两句话，都是针对某一个人自动掉入陷阱，或处于被动局面，而无法改变局面。（张仲《天津早年的衣食住行》）

【撂下拐棍儿作揖——老兄老弟】形容关系密切，称兄道弟。[例]我和你爷爷在一个造船厂，搭帮干了几十年，后来他当书记，我任厂长，关系没得说，撂下拐棍儿作揖——老兄老弟了。

【撂下挑子聊天——歇后语】撂下挑子：休息，天津方言叫"歇着"。专指歇后语，俗称俏皮话。[例]爸爸问小明，是否晓得"狗撵鸭子——呱呱叫"这一类词语叫什么名字，小明回答不知道，爸爸说："它们就是撂下挑子聊天——歇后语呀！"

【咧嘴儿的包子——露馅儿了】指暴露出了真相或底细。[例]通过这次财务审计，查出不少问题，咧嘴儿的包子——露馅儿了，经理急得像热锅上的蚂蚁团团转。

【烈火干柴——一触即燃】触：碰。比喻事态已经发展到十分紧张的地步，稍一触动就会爆发事端。[例]几日之后，义和团将要大举入城，各国水兵也会集北京，不测之祸，将如烈火干柴，一触即燃了。(鲍昌《庚子风云》)

【临上吊还擦粉——死要面子】讥讽过分虚荣，特别爱惜自己的颜面。[例]许啸天跨出了大门，一边走一边噘着嘴嘟囔："不小的老板还抠抠搜搜，想省钱就直说呗，临上吊还擦粉——死要面子！"

【临上轿现扎耳朵眼儿——晚了】上轿：旧时指姑娘出嫁坐轿。现：马上，立刻。扎耳朵眼儿：早年习俗，姑娘在孩提时代，一般都要在两个耳垂上扎一个孔，待到出嫁时好往耳朵上戴耳环。待喻事到临头才仓促准备，为时已晚，来不及了。[例]你怎么才来？大队伍早就出发了，临上轿现扎耳朵眼儿——晚了。

【临上轿现扎耳朵眼儿——早没准备】指缺乏提前的筹划或安排。[例]这次确实是我对市场的旺销估计不足，临上轿现扎耳朵眼儿——早没准备，库存都卖光了。

【临死烧炕席——净添毛病】炕席：铺炕的席，用苇子或草编成。指人不断地增添缺点和坏习惯。[例]老司，你的宝贝儿子该好好管一管了，最近这些日子，他是临死烧炕席——净添毛病。

【临阵磨枪——不快也光】比喻事到临头才仓促准备，虽然作用不大，但也顶点事儿。[例]爸爸发了一通火后，还是识时务，从实际出发，急忙为女儿找来几名教师，突击辅导一下，临阵磨枪——不快也光嘛。

【羚羊挂角——无处可寻】羚羊挂角：传说羚羊夜眠时，角挂在树上，足不着地，猎狗寻找不到。指人或物难以寻找，或销声匿迹。[例]他把这套拳术传给曹福田之后，就又悄然地离开了天津。他到哪儿去了呢？谁也不知道。羚羊挂角，无处可寻。(鲍昌《庚子风云》)

【领着孩子拜年——要嘛来的】领着孩子拜年：旧时长辈领着晚辈上门拜年，能得到压岁钱。嘛：什么。采用反问语气，指为索取而来，希望能得到一些好处。[例]厂长刚要出门,几个工人闯了进来,他急切地问:"领着孩子拜年——要嘛来的? 快说,我还有事!"

【刘备夫人见梅娘娘——糜氏(没事)梅妃(没非)】刘备:三国时期楚汉开国皇帝,政治家。糜氏:刘备夫人之一。梅妃:唐玄宗嫔妃。糜氏与没事谐音。梅妃与没非谐音。指空闲,没有事情做。也指不计较别人的过错,宽容大度。[例]他刚一进门,老伴高兴地说:"我的大厂长终于退休了,多好啊! 从此,你就刘备夫人见梅娘娘——没事没非了。"|不要再说,这个问题已经翻篇了。我呀,刘备夫人见梅娘娘——没事没非,不是个小肚鸡肠的人。

【刘备摔孩子——收买人心】《三国演义》描写,刘备在长坂坡被曹操打败,赵云杀入重围救出刘备的儿子阿斗,刘备为收买人心,接过孩子故意摔在地上,并说:"为汝这孺子,几损我一员大将!"指要手段,假意讨好,笼络人心,使人为己所用。[例]他拍马前来,厉声斥责大海说:"你干什么? 刘备摔孩子——你要收买人心啊!"(鲍昌《庚子风云》)|按理说,我可以抬抬手,放过他们这一次;甚至可以出出血,拿出个十石二十石的赒济一下大伙。妈的,刘备摔孩子,还不懂得收买人心哪!(鲍昌《庚子风云》)

【刘备招亲——弄假成真】《三国演义》描述,孙权、刘备联合在赤壁之战中战胜曹操后,刘备借东吴荆州暂住。周瑜设计令刘备入吴招亲,打算把他当作人质以索回荆州。刘备按诸葛亮对策行事,不仅成了婚还携夫人逃出东吴回到荆州。指本来假装做的,结果成了真事。[例]你们到底怎么搞的? 这件事本来是逢场作戏,到如今却刘备招亲——弄假成亲真了。

【刘翠霞跺脚——罢了】刘翠霞:评剧名家,20世纪30年代,与李金顺、筱桂花、白玉霜并称"评剧四大名旦"。罢了:多为评剧起唱所用,如:"罢了! 娘的儿呀啊……"后面定有一段大的唱段。常用于陈述句的末尾,有"仅此而已"的意思。也指算了,表示容忍,勉强放过了,暂不追究。[例]这点儿小小的进步,有什么可夸耀的? 刘翠霞跺脚——罢了,千万别再自我感觉良好,不然会跌跟头。|在这件事情上,他已经认识到错误,作了深刻检查,刘翠霞跺脚——罢了,重要的是看以后改

正的实际行动。

【刘二姐拴娃娃——早得贵子】拴娃娃：旧时，过去天津结了婚而不孕的妇女为求子，到娘娘宫抱一个泥制的娃娃回家，抱时要用红丝绳系住，故称拴娃娃。民间传说，刘家二姐结婚六个月，没有怀孕，便来到娘娘宫拴娃娃，从闷坐不语，到愁眉舒展，再到兴高采烈，把娃娃捧在手爱不够。后有人将这一故事编成了唱本，广为流传。指希望孩子早日出生，多用于男女新婚之时，亲朋好友的美好祝愿。[例]在这大喜的日子，我想起一句老天津卫的俏皮话，送给你们："刘二姐拴娃娃——早得贵子，哈哈！"

【刘二爷剥蒜——两耽误】民间传说，刘二爷孤身一人住在大杂院，平时街坊邻居对他多有照顾，谁家做了饺子、包子、捞面之类的饭，都给他送一碗。某日，他听到剁肉剁菜的声音，心想又有好吃的了，连忙剥蒜以备。结果因左邻右舍两家误会，谁也没给送，两耽误了。比喻因双方误会，两边都拖延或错过了时机，以致误事、坏事。[例]我猜，独具津门特色的"刘二爷剥蒜"掌故或许就是在这种民风里创造的。它说的是：一个孤老头同时听见两家邻居剁肉，心想没跑儿，凭着平时的经验，今天不是一个肉丸饺子就是炸酱捞面啦，于是便提前剥蒜等着。结果两家都误会对方约好了，咱岂敢夺人之美呀。于是老爷子白挨了一顿俏皮饿。"刘二爷剥蒜——两耽误"便成为具有津门风情的歇后语广为流传！(薛宝琨《窗帘里外人情冷暖——大杂院杂忆》)|大姐，你说今天歇班儿，正好我有事儿，以为你会给老娘送中午饭呢，结果是刘二爷剥蒜——两耽误，看这事儿办的，以后咱们都得多注意啊！

【刘海闷葫芦——抖起来了】闷葫芦：空竹。天津修竹斋制作的"刘海戏金蟾"牌空竹，百余年来驰名津门，2009年刘海空竹制作技艺被列入天津市非物质文化遗产。形容人因突然发财或得势而洋洋得意起来。[例]你当小头头才几天，就端架子，耍威风，刘海闷葫芦——抖起来了，真不知天高地厚！

【刘姥姥进大观园——眼花缭乱】刘姥姥：《红楼梦》中的人物，农村老妇，家境贫寒，女婿是贾府的远亲。她第一次进大观园时，看见里面什么景色都新奇，感到眼睛

- 221 -

昏眩发花。形容面对纷繁复杂的东西，眼睛感到昏花迷乱。[例]金大娘是第一次参加服装展销会，一边走一边不停地问这问那，就像刘姥姥进了大观园——眼花缭乱啦。

【刘姥姥进了大观园——啥都新鲜】形容人对什么都感到新颖有趣。[例]我们老姐仨都是第一次出国旅游，回来后交流一路所见所闻，好似刘姥姥进了大观园——啥都新鲜。

【刘喜奎的洗脚水——两角钱一碗】刘喜奎：1894年生于天津，京剧名家，与鲜灵芝、金玉兰并称"女伶三杰"。戏指某人或某物声誉高，价值大，值得人们珍爱。[例]回到家乡天津后，其声誉之隆更胜昔日，津沽父老说出话来既生动幽默，又独具特色。语言之绝妙，其他各地实难以匹敌，喜奎技艺之高，扮相之美，令家乡父老太喜爱了，似乎溢美之词难伸众意，不知哪位高人竟道出一句"刘喜奎的洗脚水都值两角钱一碗"！这样的捧角语言也实在是闻所未闻，此言一出，即传遍大街小巷。（王文玉《玉洁冰心刘喜奎》）

【留种的黄瓜——挂起来】种：种子。指对某事暂时搁置起来，待以后处理。[例]这件事咱们留种的黄瓜——先挂起来，到时候跟他新账老账一起算。

【硫黄的脑袋——沾火就着】硫黄：一种可制造火药、硫酸、火柴等的非金属元素，极易燃烧。形容性格暴躁，特别容易发脾气。也指形势十分紧张，稍微触动就会爆发。[例]你爸爸年轻时，那脾气可叫爆，硫黄的脑袋——沾火就着，我没少给他擦屁股。

【柳树开花——没结果】柳树开黄绿色的花，结蒴果，从蒴果中分裂出的种子很小，外面有白色茸毛，随风飘散，人们误以为柳树只开花不结果。指做事没有成效，或达不到希望的结果。也指事情有始无终，不会得到好的结局。[例]同志，您反映的问题很复杂，我们需要调查和研究，今天是柳树开花——没结果，回家听信儿吧！┃忙活了大半天，脚手架搭了拆，拆了搭，还是不合格，柳树开花——没结果，真是急死人。

又作"柳树上开花——没结果"。[例]大水说："唉，他说命太苦，头一回说亲说了个你，闹了一回子，谁知道柳树上开花——没结果。"（袁静等《新儿女英雄传》）

【柳条穿王八——一色货】王八：乌

龟、鳖的俗称。詈语,责骂都是同一类型的坏人。[例]他感慨地说:"……一批在教的二毛子,只认洋钱不认爹,狗仗人势,欺压邻里,真是把中国人的脸,丢到爪哇国去了。"王成德说:"我们这地方的二毛子还不是一样!哼,柳条穿王八——一色货。"(鲍昌《庚子风云》)

【六月的冬瓜——毛儿嫩】指年轻,阅历少,缺乏磨炼和经验,从而显得幼稚。[例]对年轻稚嫩,缺乏阅历,经验不足的人,天津话还有一个词儿,就称之为"毛嫩儿"。例如:"你们这些年轻人啊,生活在蜜罐里,缺乏艰苦的磨炼,太毛嫩了!"再如:"你小子,是'六月的冬瓜——毛儿嫩'啊!"(谭汝为《这是天津话》)

【六月的主意——馊的】馊:食物因变质而发出酸臭味,一般六月炎热,食物易腐败发出馊味儿。比喻不高明的或坏的意见、办法。[例]你所说的出发点虽好,但脱离实际,很不靠谱,是六月的主意——馊的。

【六月里穿棉鞋——捂上了】捂:严密地遮盖住或封闭起来。比喻故意掩盖、隐藏,使得真相或实情不暴露出来。[例]调查组还没进驻公司,有的老总就开始发慌,对问题是六月里穿棉鞋——捂上了,企图蒙混过关。

【六月里的火炉——谁想着你】采用反问语气,指没有人思念、惦记。想又与向谐音,指得不到人的爱护、支持或偏袒。[例]外孙抄起背包就跨出门外,还笑说:"我是姥姥家的狗——吃饱了就走。"老爷也笑回一句:"六月里的火炉——谁想着你?"丨我和你妈可是老姐妹,这点面都不给?再得罪了我,六月里的火炉——谁还向着你?

【六月贴对子——早着半年】对子:对联,春联。每逢春节,家家户户都有贴对子的习俗。指事情比预定的时间提早发生,或计划超前,打出提前量。[例]老哥,您把时间记错了,我儿子明年才结婚,现在就要随份子,那可是六月贴对子——早着半年哩。

【六指头挠痒儿——富余着一个】指某人或某物是多余的。[例]老战,听说你们组缺人,我们这儿六指头挠痒儿——正富余着一个,待会儿就让小强过去帮忙。

【碌碡碰磨盘——实(石)打实(石)】碌碡:石制农具,用来轧谷物、平场地等。磨盘:用石头做成,托着石磨的圆形地盘。石与实谐音。

比喻说话做事实实在在,或事物是真实的,毫不掺假。[例]经济建设本来是碌碡碰碾盘——实(石)打实(石)的事,首先要着眼于实实在在的效益,丝毫不能干赔本赚吆喝的傻事。(《天津日报》1989年11月17日一版))

【碌碡砸碾子——硬碰硬】碾子:石制农具,用来轧碎谷物或去掉谷皮等。比喻用强力对付强力,用强硬的态度对待强硬的态度,互不相让。[例]我的老首长是从枪林弹雨中走过来的,对于几个毛头红卫兵的威逼恐吓,当然是碌碡砸碾子——硬碰硬。

【聋子耳朵——摆设】比喻某人或某物徒有其表,形同虚设,没有实际作用和价值。[例]高干病房窗台上,那只花瓶里插着无名氏送来的第二束鲜花——依然是洁白的百合花。王金炳心里说,这玩意儿既不解饱也不解渴,聋子耳朵——摆设。(肖克凡《机器》)|没有相关的制度做保障,单单地把学生收纳进校务委员会等组织,最后的结果可能成为"聋子耳朵——摆设"。(《今晚报·今日谈》))

又作(1)"聋子的耳朵——摆设"。[例]顾问!顾问!我的"官衔"单子上带此二字"项目"多得很。算起来,只有一二处还拿顾问当回事,还有一点联系,像有什么所,什么会,什么刊,什么园子修复管理处,实实在在只是挂上贱名三字,做个"聋子的耳朵",摆设摆设,从来不理会应让"顾问"起码知道些什么"情况",真是"若无其事"。(周汝昌《杂感谁知顾问多》)
(2)"聋子的耳朵——摆样儿的"。[例]那时候,我根本不会放枪,拿个枪也是"聋子的耳朵"摆样儿的。(袁静《淮上人家》)(3)"聋子耳朵——虚设儿"。[例]家中请着一位举人,聋子耳朵,虚设儿。十天不上书房里去一趟,一个月未作做一篇文章。(李燃犀《津门艳迹》)

【聋子耳朵——配搭】指只起陪衬或辅助作用的物或人。[例]另外,单说"人五"两字,显得单薄,得再凑上个"人六儿",才顺理成章。实际上,"人六"是聋子耳朵——配搭来的,只是为了凑足音节,并无实际含义。(谭汝为《这是天津话》)

又作"聋子的耳朵——配搭儿"。[例]有时,她们想和男同学互相交流一下,但说了好几次,水谷先生就是不让,只叫她俩自己练。

她们算什么呢？简直就是聋子的耳朵——配搭儿，成了迟早要被淘汰的编外学生。（郑荣臣《海礁石》）

【聋子杀猪——满不听哼哼】满：整个，完全。哼哼：发出鼻音，呻吟。形容对别人说的那一套，完全不相信、不理睬、不尊重，依旧心中有数，我行我素。[例]一次，他和白全福在北京吉祥戏院演出，突然闯进几个宪兵，非让他们二人说"荤"段子。心中有数的常宝霆便来个"聋子杀猪——满不听哼哼"，仍然使了正统的节目《卖布头》。这一下把那几个宪兵气坏了，等常宝霆演完了到后台，几个宪兵等着他"算账"呢！（孙福海《嘛叫天津人》）

【聋子听报告——干瞪眼儿】指干着急而无能为力，没有任何办法。[例]谁也没想到，在试车的节骨眼上，何工撂挑子不干了，车间主任一看就聋子听报告——干瞪眼儿了。

【聋子听戏——白费功夫】比喻白白耗费力气，不起作用，没有结果。[例]几个人和满格谈了大半天，他还是转不过弯子，聋子听戏——白费功夫。

【聋子玩鸟——满没听啼】啼：鸣叫。比喻完全无视别人说的那一套，充耳不闻，我行我素。啼又与提谐音，指没听别人提起。[例]练席张望，而就在这一眨眼的功夫，一个进攻和防守的机会错过了。也有的时候，任凭徐根宝如何在场外"喊破嗓子"，队员干脆给他来个"聋子玩鸟——满没听提"。（《今晚报》贾文星文）∣刚才，你说的只能是一面之词，这方面的情况，我是聋子玩鸟——满没听提（啼），所以需要调查了解一下再给你答复。

【笼子里的鸟儿——没跑】指做事有把握，一定能成功。[例]大哥，这个事儿就交给虎子去办，笼子里的鸟儿——没跑。

【笼里的鸟儿——有翅难逃】比喻身陷困境，无法逃脱。[例]大宝也变成孤儿，有时间向小马提起伤心事来，哭得抬不起头。小马总是劝他："咱们现在是笼里的鸟儿，有翅难逃呵！待过了这种年月，咱们再设法报仇！早晚要向西霸天和赵六算账的！"（张孟良《儿女风尘记》）

又作"笼子里的鸟——想飞飞不了"。[例]行凶的歹徒，已被公安干警和保安人员重重包围，成了笼子里的鸟——想飞飞不了。

【笼子里的鹦鹉——跟着人家学舌的玩意儿】鹦鹉：也叫鹦哥，一种能模仿人说话的鸟。指自己没有主见，只是跟在别人后面或看人家样子行事的人。[例]（鸿昌说）"吉鸿昌是抢大刀片的，不是笼子里的鹦鹉，跟着人家学舌的玩意儿。可有一桩，我不能对不起冯先生，他和我亮了底牌，掏了心窝子，我也当面立下誓言，板上钉了钉。"（周骥良《吉鸿昌》）

【搂草打兔子——捎带脚儿】搂：用手或工具把东西聚集到自己面前。搂草，打草，割草。指在做某件事情的过程中，又顺便做了另一件事情，很顺利，很容易。[例]冰窟窿源源不断把氧气输送到水下，很多小鱼会慢慢涌过来享受新鲜空气，渔人就可以用"捞拎"把鱼轻易捞上来。捞小鱼是搂草打兔子——捎带脚儿。（李子胜《芦苇荡钓鱼》）｜接着说马大哈，它不仅溜号，还"搂草打兔子——捎带脚儿"拿走几分加班职工吃的晚饭。其实车间主任早看出他的鬼心眼，已偷偷在厂门口堵他呢！（点子《俏皮俗话》）又作"搂草打兔子——捎带脚"。[例]当年刘安将一盆豆浆放在身边，也是因为炼丹炉温度太高，用豆浆来"清热散血"的。偏偏那一天刘安就将炼丹用的石膏粉掉在了豆浆锅里，倒把他的大名写进了历史长卷。这真是搂草打兔子，"捎带脚"的意外收获了。（林希《豆腐，应该有一本大书》）

【搂草逮个兔子——顺手来点儿外快】指在做某件事情的过程中，又顺便做了另一件事情，并获得额外的利益或好处。[例]陆大鹏这样做是假公济私，搂草逮个兔子——顺手来点儿外快，我不能答应。

【卤水当酒喝——不想活了】卤水：熬盐时剩下的盐卤，大量食用会导致中毒。指自己找死，自寻死路。[例]你好糊涂！自己从这里跳下去，卤水当酒喝——不想活了，剩下的一家老小怎么办？

【卤水点豆腐——一物降一物】卤水能使豆浆凝结成豆腐。指世界上的事物是相互制约的，无论什么人或物，都有制服他（它）的人或物存在。[例]可要是没有联系，谁能压得住义和团？卤水点豆腐——一物降一物。若没洋人出面，再容拳匪折腾下去，还不知要毁成何等样子呢？（冯育楠《总统与大侠》）｜洪根柱冷笑着说："哼，你也不撒泡尿照照自己，还想在这个地方乍刺儿!"刘民自知动嘴不是洪根柱的对手,动力气也不行,有人一劝他就收场了。这叫卤水点豆腐,一物降一物。(蒋子龙《弧光》)

【卤水煮鸭子——肉烂嘴不烂】卤水煮鸭子:一种烹饪方法,用盐水或酱油加其他佐料较长时间地炖煮。比喻自知理亏或心里已经服输,可说话还很强硬,不改口,不饶人。[例]赖雄立真是卤水煮野子——肉烂嘴不烂,他挨了一顿臭打,还趴在地上瞎嚷嚷呢。

又作"卤煮野鸭——肉烂嘴还硬"。[例]事实摆在这儿,你怎么卤煮野鸭——肉烂嘴还硬?

【鲁班门前抡大斧——自不量力】鲁班:春秋时著名工匠,后被奉为木匠祖师。讥讽缺乏自知之明,过高地估计自己的力量,在行家、能人面前卖弄本领。[例]你们要是鲁班门前抡大斧——自不量力,鸡蛋偏往石头上碰,再不老老实实的,可别怪我们不客气了。

又作"鲁班门前抡大斧——不知天高地厚"。[例]这小子真是没眉眼,鲁班门前抡大斧——不知天高地厚,我们要狠狠地教训他,让他长点儿记性。

【路边的摩托——欠踹】踹:用脚使劲踢或踩。指某人该当挨打,或用其他方式进行惩治。[例]这儿没有你说话的地方,少多嘴多舌,难道是路边的摩托——欠踹吗?

【驴粪球儿上天——真是个能豆豆】讥讽缺乏自知之明,自认为很能干,办法多。[例]今天在众人面前栽面了吧?以后记住自己吃几碗干饭,不要得意忘形,别以为驴粪球儿上天——真是个能豆豆。

【驴粪球儿——外面光】驴粪球儿:驴粪呈球形,外表光滑,里面粗糙。讥讽表里不一,长得体面却品行不好或没有真本事。也指东西外表好看,里面却十分糟糕。[例]甲:有人说你心欢喜,委屈为难在心里。你是驴粪球儿。乙:怎么讲?甲:外面光。外边挺好看,内里空虚;房子不趁一间,地也没有一垄。(马三立相声《相面》)|绣花枕头,驴粪球儿外面光。在外一看,有个豁亮新鲜的门脸,往里一走,这些破烂房子,比咱那两间小房还破。(梁斌《烽烟图》)

又作"驴粪蛋儿——外面光"。[例]小时候老人总是嘱咐你:"别到哪儿就听你一人的,少说话没人把你当哑巴!"他们甚至叮嘱好孩子:"在一群人里如果就听他一个人的,顺着嘴角冒白沫,千万别理他,十个有九个没出息!"老人乃经验之谈,他们形容此辈是"驴粪蛋儿——外面光""绣花枕头——满肚子草""嘴尖舌巧腹内空"。(薛宝琨《白话蛋犯傻 木讷者怀智——天津世俗的"聪明观"》)

【驴拉车——横挣】横挣:不往前方,往左右两边横向使劲。比喻不朝正确方向引导或主要目标用力,胡拉乱扯。[例]你听,这是散布的什么理论,什么歪词儿呀?他这不简直是驴拉车——横挣吗?(柳溪《九月的风》)|今天我们的主要任务是把这两条臭水沟清理干净,大家要心往一处想,劲往一处使,绝不允许驴拉车——横挣!

【驴脾气——难改】指不易改正。[例]你忘了年轻时的教训了?怎么到老还花心,真是驴脾气——难改呀!

【驴皮影人儿——让人牵着走】驴皮影:皮影戏,因剧中人物用驴皮做成而得名。表演时由人在幕后操纵皮影人儿。指身不由己,任人摆布或支配。[例]我明知他们在耍我们,但这是大西北,咱人生地不熟,只能驴皮影人儿——让人牵着走,走一步看一步,再见机行事了。

【驴头不叫驴头——大长脸】指人奋拉着脸,表露出很不高兴的神情。[例]这些天他遇到的糟心事太多,一进家就驴头不叫驴头——摆着一副大长脸,老婆实在忍不住了,随口骂了他几句脏话。

【吕洞宾戏牡丹——花案儿】吕洞宾:神话传说中的八仙之一,其戏牡丹的故事散见于戏曲、曲艺等。指涉及男女情事的案件。[例]王小贱当上租界巡警的第一天,就遇上了"吕洞宾戏牡丹——一件花案儿",他觉得真是有趣儿。

【绿豆蝇坐月子——抱蛆(屈)】绿豆蝇:苍蝇的一种,比家蝇大,多以腐败有机物为食。坐月子:妇女生孩子后一个月里调养身体。蛆:蝇的幼虫。蛆与屈谐音。指人蒙受冤屈,心里难受,不舒畅。[例]我刚干物业管理的时候,真不适应,个别业主蛮不讲理,鸡蛋里挑骨头,自己经常是"绿豆蝇坐月子——抱屈"啊。

【绿皮萝卜——心里美】指人心灵美好,或内心愉悦。[例]这时候,绣花枕头再也没话可说了。老头又笑呵呵地对他说:"难怪大伙待见落花生不待见你:落花生是绿皮萝卜——心里美,你是驴粪蛋——外面光呀!你还吹什么牛,卖什么乖呀!"(张士杰《箭射

山门》)

【乱葬岗子耍大刀——穷鬼剁恶鬼】
乱葬岗子:无人管理、任意埋葬死
人尸体的地方。形容穷人不惧怕
恶人,敢于与恶人斗争。也指恶
人之间的相互争斗。[例]几个长
工终于豁出去了,要和地主老财
讲讲条件,否则就摔耙子不干了,
这叫"乱葬岗子耍大刀——穷鬼
剁恶鬼"!┃东城的混混跟西城
的混混摆开架势,要打起来了,乱
葬岗子耍大刀——穷鬼剁恶鬼,
这回有好戏看了。

【轮船打摆——浪风抽的】打摆:发
疟疾,患病者浑身发抖。詈语,责骂
人对自己毫无约束,不正经,行为放
荡,制造事端。[例]问题是小八说不
知道,贾老四他们不相信啊,你带着
那么多兄弟替老古董出头挡横儿,
不惜跟贾老四等打出手,那肯定是
过得着的交情,要不然你不是轮船
打摆——浪风抽的吗?(天下霸唱
《大耍儿》)┃一晃又一个多月过去
了,挖土方的活儿干不下去了,因
为时间来到了当年的十一月份,这
里的环境较市里开阔又紧挨海边,
比市里冷得早,土方工程挖不动
了,砖窑也因为和泥脱坯后会上冻
而停工了,于是大队部决定把队伍
带回来,在我们所住的大院儿周围

开挖一条类似于护城河的沟渠,其
实这个决定也是"轮船打摆——浪
风抽的",目的仅仅是不能让队里的
工闲下来。(天下霸唱《大耍儿》)
又作"轮船打摆——浪催的"。
[例]别看这小子表面上人模狗
样,暗地里尽干男盗女娼的事儿,
轮船打摆——浪催的。

【轮胎打气——许进不许出】讥讽吝
啬、自私、小气,只想占便宜、捞好
处,不愿付出、奉献,或不能与别
人分享。[例]何一手是个自私鬼,
占起便宜来没够儿,正如一句俏
皮话所说"轮胎打气——许进不
许出",同事们谁也不愿搭理他。

【罗锅趴铁轨——死了也值(直)了】
罗锅:驼背的人。直与值谐音。
谑指为了达到某种目的,失去生
命也值得或死的有价值,有意义。
[例]既然敢跟你们混,当然是抱
定了一条走到黑的决心,只要能
挣大钱,我是罗锅趴铁轨——死
了也值(直)了。(天下霸唱《傩神
崔老道和打神鞭》)

【罗锅上山——钱(前)紧】前与钱谐
音。形容经济拮据,资金短缺,手
头不富裕,没钱花。[例]"好,有您
区长这句话,咱区的平房改造就
算拿了!"周原喝了一口水,"这些
天不光是您区长着急,我们也愁

得睡不着觉，偏巧现在哪里都是罗锅上山——钱（前）紧，而我们改造平房所需的钱又太大。"（蒋子龙《人气》）

又作(1)"罗锅子上山——前（钱）紧"。[例]我才想到"安身"这件头等大事！盖房或买房，想都别想；咬咬牙决定租房。租个房怎么还咬牙？"罗锅子上山——前（钱）紧呗！"（刘虎臣《旧貌换新颜——小镇变化记略》）(2)"罗锅上山——前（钱）短"。[例]吴剑刚临走时，给柳永福扔下几句硬邦邦的话，让他善待梅雪。柳永福并不怕吴剑刚的威胁，他有些为难：罗锅上山——前（钱）短。（姚宗瑛《江湖摔跤人》）

【罗锅子铲地——省得弯腰】指顺势，可节省力气。[例]这部零部件我已车了多一半，你拿去接着车吧，罗锅子铲地——省得弯腰。

【萝卜白菜——各有所爱】指每个人都有各自不同的爱好。[例]萝卜白菜，各有所爱，有人最喜欢老蔫儿，老蔫儿们也不乏知心朋友。（林希《天津话逗你玩》）

【萝卜不大——长在背（辈）儿上了】背与辈谐音。指人年龄或身材不大，辈分却很高。[例]经常来杠房胡同找我的人当中，有一位是我的远房亲戚，人送绰号"大烟碟儿"。要按辈分算，我该叫他表叔，实际上比我大不了多少。人家是萝卜不大——长在背（辈）儿上了。（天下霸唱《傩神 崔老道和打神鞭》）

又作"萝卜小——辈（背）儿大"。[例]你在我面前要规矩点儿，别看我年纪轻，回家问你爹，可是你叔叔，萝卜小——辈（背）大。

【骡子打滚儿——四脚朝天】比喻非常忙碌，不得休闲。也指办事失误，跌了跟头。还专指仰面跌倒。[例]大姐夫被抽到北京2022年冬奥会，参加运动员村的建设，两年来没回过天津一次，他来电话说："现在我是骡子打滚——忙得四脚朝天啊。"

【骆驼穿针眼儿——比登天还难】讥讽做事情脱离实际，或困难极大，根本不可能实现。[例]可是挖金子就是挖钱，这个行当历来被官兵、金匪死盯着不放，历尽千辛万苦挖出来的金子，要想带出关卡，无异于骆驼穿针眼儿——比登天还难。（天下霸唱《天坑追匪》）

【骆驼放屁——气儿高】讥讽人很高傲，神气十足，盛气凌人。[例]庆山爹说："叫过了，还在家里挺胸脯呢，答应一会儿就过来。好家

伙,骆驼放屁——气儿高着呢!"(赵广建《牛眼村的牛眼事儿》)

【骆驼进鸡窝——没门】比喻没门路,没办法,事情行不通或办不成,根本无指望。[例]天长日久,难怪有人说,老人若要得到尊重,首先得知道自重,老是岁数不是本钱,爱人才能被爱,指着恶吃恶打要尊重,那就是骆驼进鸡窝、墙上挂帘子、搬着梯子上天——没门!(周莲娣《天津日报·莲娣脱口秀》)

M

【麻袋里装钉子——露头儿了】比喻人在某方面已经崭露头角,展示才华。也讥讽爱出风头,显示自己。[例]你是我的好徒弟,苦没白吃,汗没白流,现在是麻袋里装钉子——终于露头儿了。┃群众的眼睛是雪亮的,我们基层干部要赢得百姓信任,就要少玩花活儿,多干实事,不能麻袋里装钉子——净想着露头儿了。

【麻袋片上绣花——底子太差】麻袋片:可以制成麻袋的粗织布。指基础太差。[例]她虽然很努力,没偷懒儿,但毕竟是麻袋片上绣花——底子太差,无法按时按质完成任务。

又作"麻袋片儿上绣花——底子不好"。[例]金尾巴这次回来很低调,没跟任何人说过自己后面的打算。当然,他不说也有自己的想法。梅姑河也有句话,麻袋片儿上绣花,底子不好。自己当初去天津,从村里是这么走的,况且在村里也整天游手好闲,在这个方圆左近都出了名。(王松《暖夏》)

【麻袋片做龙袍——不是那块料】龙袍:旧时皇帝穿的龙服,用锦绸缎做成,上绣龙形图纹。形容某人不是从事某种行业或做某件事情的合适人选。[例]人家大洪在日以继夜地搞机床的革新改造,你不搭把手,还一旁敲铲子,说什么"麻袋片做龙袍——不是那块料",还有点儿良心没有?

【麻秆儿打狼——两头害怕】麻秆儿:剥掉皮的麻秸秆儿,细脆而易断。比喻对立的双方摸不清相互底细,都提心吊胆,存有惧怕。[例]由这一点推想开去,或许我们真的并不了解这个邻近的民族,或许我们之间的误解远远大于理解,或许我们相互之间放大了对方的缺点,缩小了对方的优点,又或许我们"麻秆打狼——两

头害怕"。(龙一《美食小说家》)

小康娘又提杂货铺掌柜的闺女："瞧人家家多有钱,生出的闺女多水灵?"小康说:"哼,瘦得跟狼似的,跟我凑一块儿,倒应了一句俗话:麻秆打狼——两头害怕。"(吕舒怀《小人书铺》)

又作"麻秆儿打狼——两头害怕"。[例]山里人看我们的眼光很"复杂":友好中带着警惕。我们认为"山里人必有小农意识",跟他们交往好比"麻秆儿打狼——两头害怕"。(董秀娜《山村纪事》)

【麻秆儿挑水——担当不起】比喻承担不了某种任务或责任。[例]咱们丑话讲在头里,这事儿我可以牵头干,但出了问题,可得有人兜着,麻秆儿挑水——我可担当不起。

【麻酱拌白糖——搅和搅和】搅和:搅动,搅拌。指故意扰乱或破坏,制造麻烦。[例]这件事压根儿和你没关系,你不躲得远远去,非要麻酱拌白糖——搅和搅和,惹出麻烦了吧?

【麻雀包饺子——尽是嘴儿】比喻光会耍嘴皮子,说空话,没有实际行动和效果。[例]刚才,大家的发言都很精彩,我只说一句话,切忌麻雀包饺子——尽是嘴儿,回去在各自的岗位上抓落实,见真章儿。

【麻雀吵架——唧唧喳喳】形容嘈杂细碎的声音。[例]当头儿在台上讲到年中奖金分配时,台下立刻是麻雀吵架——唧唧喳喳,人们高兴得不得了。

【麻雀当家——七嘴八舌】形容人多口杂,你一言我一语,说个不停或议论纷纷。[例]好啦,大家有意见一个个来说,这样麻雀当家——七嘴八舌,我听谁的呀?

【麻雀飞到旗杆上——鸟不大,架子不小】讥讽自高自大,为显示身份而装腔作势,态度傲慢,目中无人。[例]天津人最讨厌的一种人,就是太"装",由此创造了一句俏皮话:"麻雀飞到旗杆上——鸟不大,架子不小。"

【麻雀嫁女儿——小打小闹】比喻小规模、小动作、小活动,小场面、小气派,零零碎碎地做事。[例]搞全县乡镇的路网建设三年规划,还是要从实际出发,高标准,来点大手笔,不能总是强调客观原因,麻雀嫁女儿——小打小闹。

【麻雀拉鸡屎——屎(事)儿大了】屎与事谐音。指事情或问题变得严重、复杂。[例]谭头儿被"双规"以后,经过一段时间的审查调查,据说麻雀拉鸡屎——事儿大了,得判个十年二十年的。

【麻雀落在墩布上——愣充大尾巴鹰】讥讽过分夸大自己的力量,装模作样,目中无人,好大喜功,招摇过市。[例]"装大尾巴鹰"是生动的比喻,比喻自高自大、目中无人、不知天高地厚、好大喜功、谎话连篇、扮酷装大、性喜招摇的人;比喻自以为是、七个不含糊、八个不在乎、事事能耐梗、处处充好汉的人。天津俏皮话说:"麻雀落在墩布上——愣充大尾巴鹰""屁股后边夹扫帚——愣充大尾巴鹰"。(谭汝为《大尾巴鹰》)

【麻雀抬轿子——怎么担当得起】采用反问语气,指承担不起某种任务或责任。[例]芦处长是好大喜功的主儿,有了成绩都是她的,出了点儿问题就把责任推到下属,麻雀抬轿子——让我们怎么承担得起?

又作"麻雀抬轿——担当不起"。[例]这条大道必须在国庆之前建成通车,这可是政治任务,咱们小队这一段砸锅卖铁也不能拖后腿,否则,麻雀抬轿——担当不起啊!

【麻雀下鹅蛋——尽说大话】形容吹牛皮,夸海口,言过其实。[例]脱贫靠的是扑下身子,真抓实干,麻雀下鹅蛋——尽说大话,一点用处也没有。

【麻雀下鸡蛋——好大的屁股】讥讽自高自大,为显示身份而装腔作势,摆架子,耍傲慢。[例]肖佳卫就是乡里的一个粮站站长,官不大,谱不小,到处招摇过市,百姓背后讽刺他:"麻雀下鸡蛋——好大的屁股!"

【麻雀站在牌坊上——好大的架子】牌坊:一种形状像牌楼的建筑物,旧时为恪守忠孝节义等封建礼教人物树立。讥讽身份低下的人故意摆出一副傲慢自大的样子。[例]他呀,接人待物就爱讲究个派儿,看似麻雀站在牌楼上——好大的架子,其实就是一个村办企业的小老板。

【麻雀住房檐——辈辈传】指一代一代传下来。[例]小云,你说傻柱懒惰不吃苦,麻雀住房檐——辈辈传,这是不对的,怎么能戴有色眼镜看人? 扶贫先扶志,多抓积极因素,发现闪光点,做好转化工作。

【麻绳拴王八——系(济)你】拴:用绳子等绕在物体上,再打上结。系与济谐音。指优先考虑或给予别人。[例]小丫头,就你争嘴儿,麻绳拴王八——济你还不行吗?

【麻绳蘸水——紧上加紧】比喻加大

力度,对事情抓得越来越紧,毫不放松。[例]指挥员看出敌人的防御可能是麻绳蘸水——紧上加紧,立即对下一步的战斗进行了周密部署,全力做好打大仗、打硬仗的准备。

【麻子不叫麻子——坑人】麻子:患天花病的人,脸上留下疤痕,麻点似一个个小洼坑。指通过欺诈等不正当手段坑害人,使人吃亏上当。[例]把我们糊弄走了,新楼又不建了,这不是麻子不叫麻子——坑人嘛!闹不好还真是一场骗局!(蒋子龙《人气》)

又作"麻脸不叫麻脸——坑人"。[例]"呸!"杉篙尖子气愤地吐口唾沫,骂骂咧咧地说,"这群屎蛋!还没听见家伙响,就先吓呲了,咱们白花了一大把银子,麻脸不叫麻脸——坑人哪!"(鲍昌《庚子风云》)

【麻子敲门——坑人到家了】指使用欺诈等不正当手段坑害人到了极点。[例]大爷大娘们,现在电话诈骗手段翻新,五花八门,那叫麻子敲门——坑人到家了,大家千万要小心,不能有丝毫放松!

【麻子跳伞——天花乱坠】讥讽说话美妙动听,但过分夸张,不切实际。[例]有的领导干部在台上讲话,那是麻子跳伞——天花乱坠,群众却在下边听得打瞌睡,不买账呗。

【马鳖叮上鹭鸶腿——咬上不撒嘴】马鳖:水蛭,俗称蚂蟥,一种软体动物,生活在池沼或水田中,吸食人畜的血液。鹭鸶:也叫白鹭,一种嘴尖、腿长、颈长的水鸟。比喻紧缠住不放松,不放过。[例]你这王八蛋不知从哪里听到点风声,到这儿来诈财了。真是马鳖叮上鹭鸶腿,咬上不撒嘴啦!(鲍昌《庚子风云》)

【马槽改棺材——盛(成)人了】马槽:喂马的食槽子,木制或石制。盛与成谐音。指改正缺点、错误,活出了人样儿。[例]猴三外出打工三五年,回村后就马槽改棺材——成人啦,再也不调皮捣蛋,一心扑在蔬菜大棚种植上发家致富。

【马后炮——来不及了】指由于某种原因而无法顾及或赶上。[例]几个糊涂蛋儿都看看几点了?大部队早走了,你们是马后炮——来不及了。

【马老显看告示——够呛】相传,旧时津城有一马大爷,名字里有个"显"字,故人称马老显,老实巴交,有些木讷。他本不识字,却喜

欢挤在人群里看告示。有人问："马大爷,这告示说嘛了?"他回答："嗬,又够呛!"那人又说："那上边还写着您呢!"他答道："我也够呛!"从此成为笑话流传开来。比喻事情达到相当紧张、严重的程度,吃不消,受不了,或忙不过来,承担不起。[例]有一调皮的,明知他不识字,偏上前问道："马大爷,您看这告示说怎么着?"马老显答道："嗬,又够呛!"那人又问:"上边还写着您老呢!"马老显答道:"我也够呛!"这番对话,传为大家苦笑的一桩话把儿。乡中常听人说这句:"马老显看告示——够呛!"总是逗人大笑一回。(周汝昌《少年书剑在津门》)|有熟人撬乎:"马大爷,告示上都说嘛了?马老显绷着脸儿答道:"又够呛!"那人笑着说:"马大爷,告示上还写着您老呢!"马老显笑曰:"我这回也够呛!"众人大笑,遂成笑柄。后来,天津人遇到为难的事儿,信心不足,就说:"我觉得这事儿,'马老显看告示——够呛'!"(谭汝为《谭谈天津话》)

【马路上的电线杆子——靠边站】指去职或失势,不再受重视。[例]你的厂长职务已经被罢免,马路上的电线杆子——靠边站,不要在这里指手画脚了。

【马尥蹶子——找抽】尥蹶子:骡、马等跳起来用后腿往后踢。抽:扇,打。指自找挨打。[例]伙计又说:"我认为您大衣柜里有问题!"那人莞尔一笑说:"有嘛问题?能大变活人!我看你是马尥蹶子——找抽呀。滚!"(魏金城《高买》)

【马奶奶碰上冯奶奶——差了两点儿】两点儿:"马"字比"冯"字少两个点。比喻事物之间有一定的差距。[例]李灿一挑大拇指:"还得说是哥哥你胆大包天,旁人跟你比,那真是王奶奶碰上玉奶奶——差了那么一点儿!"张炽说:"何此啊,依我看那是马奶奶碰上冯奶奶——差了两点儿!"(天下霸唱《火神》)

【马屁股钉掌——离蹄(题)太远】钉掌:在马、驴、骡子等的蹄子底下钉上U字形的铁,使蹄子耐用。蹄与题谐音。指说话做事远离中心,或跑题了,离开主题太远。[例]一开会,就听他东南西北瞎白话儿,马屁股钉掌——离题太远了。

【马三立拜听众为师——会说的不如会听的】马三立:著名相声表演艺术家,生于1914年,卒于2003

年,他在长期的艺术实践中潜心探索,创立了独具特色的"马氏相声",深受社会各界和广大观众的热爱和尊重。比喻说话的说得再好听再含蓄,听话的也能听出真实含义或发现其中的破绽。也指高谈阔论比不上洗耳恭听。[例]作为领导干部,必须坚持深入基层,广开言路,更多地倾听群众的呼声,有句俏皮话说得好:"马三立拜群众为师——会说的不如会听的"。

【马三立看稻子垛——火烧连营】"文革"时期,马三立被下放郊区农村劳动,一次在稻场值班时,因抽烟不慎酿成火灾。最后在群众大会上,被罚说一段相声了事儿。比喻一个事物具有连贯性,解决了一点就势如破竹了。[例]但他还是惹了一场大祸,而且属于任何朝代任何政府都不能容忍必然严办的一种——放火!同时留下一句纯粹源于生活的歇后语:马三立看稻子垛——火烧连营。(刘连群《马三立别传》)|有许多俏皮话虽然通俗,一听就明白,但却包含着深刻的哲理,比如"马三立看稻子垛——火烧连营",就是一个很好的例子。你琢磨琢磨,我说的是不是有点道理?

【马勺当锣敲——穷得叮当响】马勺:一种生活用具,盛饭等用的木制大勺。也可用作喂马的器具。形容非常贫穷。[例]我有十来年没回老家了,今年春节回去一看,天翻地覆的变化,真让人不敢相信,这还是那个原来马勺当锣敲——穷得叮当响的谷家村吗?

【马勺碰锅沿——常有的事儿】指经常发生的事情。[例]我们要克服惯性思维,不要觉得下班不关灯、剩饭随便扔是马勺碰锅沿——常有的事儿,无关大局,讲环保,抓节约,必须从一点一滴做起。

【马勺上的苍蝇——混饭吃】讥讽人胸无大志,没有本领,只是为吃穿苟且地生活或工作,敷衍了事,稀里糊涂过日子。[例]他常挖苦自己一辈子最没本事,在旧社会也好,在新社会也好,都不过是马勺上的苍蝇——混饭吃。(蒋子龙《今年第七号台风》)

又作(1)"马勺上的苍蝇——混口饭吃"。[例]你看这时局多么动荡!拿咱这地面儿说,今天花奉军票,明天花直军票,后天又花国民军票,闹得人心惶惶不安,咱这小店就像马勺上的苍蝇——只能混口饭吃,图的是别关张倒闭。(柳溪《大盗燕子李三传奇》)(2)

"马勺儿上的苍蝇——混口饭吃"。[例]难得那时候真有许多半个大字不识的闲人，愿意掏钱听这套胡说八道。虽说是马勺儿上的苍蝇——混口饭吃，但是凭一张嘴能养活一大家子人，可也不简单。(天下霸唱《殃神——鬼家怪谈》试读版)(3)"马勺上的苍蝇——混碗饭吃"。[例]苏半仙又弯了个更深的日本躬："格格圣明，我苏半仙又能扑腾到哪儿去？马勺上的苍蝇混碗饭吃罢了！"(周骥良《女间谍覆灭记》)

【马王爷——不管驴的事儿】马王爷:传说中主管天下飞禽走兽的神。指不过问与己无关或无关紧要的事情。[例]回去告诉你们当家的，这点儿破事儿还让我去出面？自己的屁股自己擦，我马王爷——不管驴的事儿。

【马王爷——三只眼】比喻特别厉害，不好惹。[例]你们知道俺团长是马王爷——三只眼，限期一个礼拜必须把应交的钱送到山上来，否则格杀勿论！

【马尾穿豆腐——提不起来】马尾:马尾巴上的长毛，纤细而光滑。比喻不愿意、不值得或不能说起、议论某事。也指人素质或条件差，扶持或提携不起来。[例]老程

问起过去赌场的事儿，继舜觉得太丢人，不愿说，只好搪塞说:咳！都是陈芝麻烂谷子，马尾穿豆腐——提不起来啦！

又作"马尾系豆腐——提不得"。[例]这两个人，算是马尾系豆腐，提不得！你说他们仇有多深？俗话说，仇再大还能不吃一个井的水唠？人家就不吃一个井里水！(方纪《不连续的故事》

【马尾巴点鞭炮——响梆利索快】形容说话做事爽快利落，解决问题果断迅速，不拖泥带水。[例]"神仙，咱俩是马尾巴点鞭炮，要的是响梆利索快。"走进相室，那莽汉只急匆匆挺身站立，却屁股都不肯坐下，便于无非子说着，"我没功夫听你细批八字，只求神仙给我个示下。"(林希《相士无非子》)

【蚂蚁戴眼镜——没那么大的脸】指以为自己面子小。[例]不，不，这个中间调解人，我可做不了，蚂蚁戴眼镜——没那么大的脸。

【蚂蚁和大象摔跤——白给】形容毫无疑问，不在话下，或不是对手，肯定被打败。[例]就你们几个二把刀，还想跟我们较量？来吧，蚂蚁和大象摔跤——白给！

又作"卖东西不要钱——白给"。[例]说点儿实话呀，就咱们这十

几个人、七八条枪，真要和八路军小分队打起来，那只能是买东西不要钱——白给。

【蚂蚱蹦进油锅里——大小也算是个荤腥儿】蚂蚱：蝗虫。荤腥儿：指鱼肉等食物。比喻某种物件虽不是价值非凡，但也算是个好的东西。[例]司马灰看玉飞燕被自己气得俏脸惨白，眼泪都在眼眶里打转了，心中难免有些恻然，就直言相告，劝她说："你就收下吧，虽然跟你在古墓里见的宝物不能比，可蚂蚱蹦进油锅里，大小也算是个荤腥儿……"（天下霸唱《地底世界之雾隐古婆》）

【蚂蚱打喷嚏——满嘴庄稼气】讥讽说话土里土气或不文明。[例]有的是从人们的生活习惯、社会意识来的。比如人白费了力气，没有得到称赞，便说："大姑娘养孩子，费劲不讨彩。"说人土气不文明，便说"满脑袋高粱花子"，"蚂蚱打喷嚏——满嘴庄稼气"，等等。（孙犁《文艺学习》）

【蚂蚱炝蹶子——小踢踏】炝蹶子：骡、马等跳起来用后腿往后踢。指小打小闹，算不了什么，成不了大事。[例]"那您能拉出多少人呢？"林黑儿又关心地问道……张德成伸直脖梗，把好大一口饼咽下去，说道："我那是说拉出来个万八千的，不费事。那是蚂蚱炝蹶子——小踢踏。"（鲍昌《庚子风云》）

【蚂蚱吞老虎——贪心不足】形容欲望过大，不知满足。[例]但不一会儿，你们在沈家老店都饿得半死啦，马老在家可怜你们，把你们叫到滩上来，白吃白干就是莫大的恩典，还想得寸进尺，别蚂蚱吞老虎——贪心不足啦！（石英《火漫银滩》）

【买麻花不吃——为的是看这股劲儿】麻花：传统著名小吃，把几股条状的面拧在一起，用油炸熟。有的品种还要加上芝麻、冰糖和各色果料。比喻看得是这种精神、劲头。也指做事情别有意图。[例]今年的全校运动会，我们班找到了赞助商，54个人统一服装，从上到下全新，没有上场参加比赛的同学调侃说："买麻花不吃——为的看这股劲儿。"‖我的心一直忐忑不安。俗话说，无利不起早，靳守业给我拉来这么一大桩买卖，难道是买麻花不吃——为的看这股劲儿？

【卖不出去的秫秸——老戳着】秫秸：高粱、玉米等的秸秆。戳：物体站立。形容受到冷遇，被晾在一边，无人理睬。[例]近年来，在天津公交车上，年轻人为老年人让座之风普及得还不够。一些年轻人二郎腿一翘，眼皮一撩，稳稳当当地坐着，目中无人；而老先生、老太太却成了"卖不出去的秫秸——老戳着"。(谭汝为《这是天津话》)｜天津俗语比北京俗语说得更直接，天津人看一个人老站着，过意不去，就常常说："你真是卖不出去的秫秸，怎么老戳着？"这意思是，别老在一边站着，大大方方，你只管坐下就是。(林希《天津话逗你玩》)

【卖不了的鸡子儿——剩蛋】鸡子儿：鸡蛋。讥讽那些没有被安排做事，或闲在那里无事可做的人。剩蛋又与圣诞谐音，表示对圣诞节的调侃。[例]最近公司人事调整，小肖成了"卖不了的鸡子儿——剩蛋"，心里憋着一股气。｜"你知道明天是个什么日子？""明知故问，不就是卖不了的鸡子儿——圣诞节嘛，这洋节过不过没啥大意思。"

【卖布不带尺——居心不量(良)】量与良谐音。指做事情的动机不纯，怀着某种不善良的念头。[例]你说出大天来我也不信了，卖布的不带尺——居心不良，明明就是设了一个圈套，让我往里面钻。

【卖布的不预备剪子——扯】比喻没有根据、漫无边际地胡说或闲聊。也指举止言行随便，超出常态。[例]李大愣不信小张半仙，说道："什么天外有天，我看张半仙是卖布的不预备剪子——扯，李善人公园荷花池下的棺材里都住进蛤蟆了，也算风水宝地？"(天下霸唱《河神 鬼水怪谈》)

又作(1)"卖布的不带剪子——扯"。[例]快走，瞎子算卦你也信？那是卖布的不带剪子——扯，不要没病找病。(2)"卖布的不带剪子——扯货"。[例]窦大娘整天闲着没事干，走东门串西门，张家长李家短，搅和得邻居不和睦，简直就是个"卖布的不带剪子——扯货"。

【卖布的丢了剪子——光剩下尺(吃)了】尺与吃谐音。指人没有什么能耐，或没有什么事干，一心想着吃。[例]你能不能找点儿正经事情干，现在整天就像卖布的丢了剪子——光剩下吃了。

【卖菜的不带秤——估摸】指估计、猜测，大致判断，或预计，设想。[例]这件事现在说不准，我卖菜的不带秤——估摸着还有戏，再等个十天半月吧。｜这项任务艰巨又复杂,卖菜的不带秤——你怎么估摸？必须制定切实可行的周密计划,做到心中有数,打有把握之仗。

【卖茶汤的下街——没面子】茶汤:小吃,用秫米面经沸水冲熟而成。下街:指街市商贩在傍晚时收摊儿。形容尽失颜面,无地自容。[例]天津方言关于小吃的系列俏皮话:"卖茶汤的下街——没面子",茶汤是用秫米面经沸水冲熟制作的,如面子没了,只好下街回家。沏茶汤秫米面的"面子"双关好面子的"面子"。"没面子"指丢尽了面子。(谭汝为《天津方言与饮食文化》)

【卖东西不带秤——论堆儿】表示对人或物的轻视,认为价值不大,或人自轻自贱。也专指不按单个或单价而对货物估堆后出售。[例]你库存里的这些零部件,我厂确实需要,但比较陈旧了,卖东西不带秤——论堆儿行不行？┃我虽然是二婚,再找对象也得挑一挑呀,总不能卖东西不带秤——论堆儿。

【卖豆腐搭戏台——生意不大,派头不小】指做的事情不大,摆的架子却不小。[例]大家看,他就一个早店铺开业,还请来这么多人,放了那么多鞭炮,真是卖豆腐搭戏台——生意不大,派头不小呀!

【卖豆腐干的掉在井里——人死架子不倒】豆腐干:传统豆制品,用布包着豆腐压紧去水,再加香料蒸制而成。架子:盛放豆制品的多层木架。讥讽人已经失势落魄或陷入绝境,却仍然硬撑着,自高自大,端架子摆谱儿,以显示自高自大的派头。[例]"哎。"解净走过来,心里说:"他到底沉不住气了。"刘思佳是卖豆腐干的掉在井里——人死架子不倒,阴沉着脸说:"你这个副队长帮这个,帮那个,为什么不帮帮我？"(蒋子龙《赤橙黄绿青蓝紫》)又作(1)"卖豆腐干的掉河里了——人死架子不倒"。[例]老天津有一句俏皮话:"卖豆腐干的掉河里了——人死架子不倒。"这是对落魄了还爱摆谱的人的讽刺。(张仲《北方市井民俗图说》)(2)"卖豆腐干的掉水沟里——人死架子不倒"。[例]不到两个小时,哥儿们几个杀气腾腾地赶了过来。这么热的天,大鸡葛仍是"卖豆腐干的掉水沟里——人死架子不倒"戴着墨镜,油亮的大背头梳得纹丝不乱,身上还穿着西装、衬衫,打着领带,我真替他热得慌。

（天下霸唱《大耍儿》）

【卖豆芽不用秤——瞎抓】指做事没计划，不认真。[例]你想早点儿完成任务，这可以理解，可也不能买豆芽不用秤——瞎抓呀！

【卖豆芽的抖搂筐——干净利索】抖搂：用力抖动，使附着的东西落下。指快速彻底，不拖泥带水。[例]这是个老大难问题，不能再拖下去了，否则无法向群众交代。我们要想方设法，采取切实可行的措施，卖豆芽的抖搂筐——干净利索地加以解决。

【卖古董的——识货】指能识别物品的好坏，或能分辨人的善恶。[例]老权，我就把小鹰交给你了，让他到公司从基层做起，你是卖古董的——识货，跟着你干错不了。

【卖棺材的咬牙——恨人不死】形容心存阴险歹毒，怨恨别人怎么还不死。[例]大北，你是买棺材的咬牙——恨人不死呀，我的马车都掉河里了，你还站在高地儿看热闹，也不搭把手，安的啥心啊？

【卖红果儿的吆喝——就这一挂了】吆喝：旧时街头巷尾摆摊的、走街串巷的小贩儿的叫卖声。一挂：旧时商贩用线将山楂串成一圈出售，一圈称为"一挂"。形容所剩余的很少，就这么多了。挂又与褂谐音，戏指人缺少替换的衣服。[例]大叔您还挑什么？卖红果儿的吆喝——就这一挂了，蔬菜不新鲜不要钱，快买吧！｜乔哥，今儿怎么又穿这件衣服出门啦，你这是卖红果儿的吆喝——就这一褂了？

【卖鸡蛋的摔跤——没一个好的】指全部都是坏的。[例]"邪"指不正当，不正常。它是绝对的贬义词，就是说带"邪"字的词语，是"买鸡蛋的摔跤——没一个好的"。（谭汝为《这是天津话》）｜你们几个小流氓，卖鸡蛋的摔跤——没一个好的，都不许乱动，跟我规规矩矩地到派出所去，快走！
又作"买鸡蛋的摔跤——一个好的也没有了"。[例]一大车鲜桃，连着几天也没卖出几斤，结果是卖鸡蛋的摔跤——一个好的也没有了，愁的人上吊的心都有。

【卖煎饼馃子的翻车——全乱套了】指次序或秩序全部乱了。[例]一个人倒上霉，别说喝口凉水都塞牙，连放个屁也能砸了脚后跟。一个家庭倒上霉，那更成了卖煎饼馃子的翻车——全乱套了。（天下霸唱《大耍儿》）

【卖糨糊的敲门——糊涂到家了】糨糊：用面粉等做成的可粘贴东西

的糊状物。形容不明事理,糊涂到了极点。[例]我一不小心把大立柜的门安坏了,师傅气得够呛,大声说道:"你跟着我这么多年,光长饭量不长手艺,真是卖糨糊的敲门——糊涂到家了!"

【卖筐的出身——会编】形容没有事实依据地胡编乱造,糊弄人、欺骗人。[例]对门的侃哥很有才,笔头子硬,写得一手好文章,只可惜在"文革"中走错了路,成了卖筐的出身——就会编。

【卖了孩子买个猴——玩儿呗】形容为了玩儿,什么也不管什么也不顾。[例]一家三口人,日子殷实而清静。赵心软的口头语是:卖了孩子买个猴——玩呗儿。(肖克凡《蟋蟀本记》)

【卖了孩子买笼屉——不蒸馒头蒸(争)口气】笼屉:用来蒸熟食物的器具,一般用竹、木等制成。蒸与争谐音。指人有志气,发奋图强,不甘示弱或不甘落后。[例]"卖了孩子买笼屉,不蒸馒头蒸口气。"您瞧瞧为了买个笼屉连孩子都不要。笼屉干什么用的?真的有这么重要吗?当然,这只是人们用来调侃戏谑之语,不可当真,但至少说明了笼屉在人们居家生活中的重要。(张映勤《流年碎物》)

巧玉,你可得好好念书,卖了孩子买笼屉——不蒸馒头争口气,让街坊邻居看看,鸡窝里也能飞出金凤凰。

【卖梨的儿子——不认式(柿)子】柿与式谐音。指人不开窍,不懂事,不明事理或不识抬举。[例]吉小楼嘿嘿笑了。虞天隆啊虞天隆,你要是卖梨的儿子,不认式(柿)子,可就甭怪我们不客气啦!说着吉小楼一挥手,来啦,给这小子活动活动筋骨!(肖克凡《天津大码头》)

【卖卤鸡的挎提盒——不吃卤鸡吃窝脖】卤鸡:一种传统禽制品。提盒:又叫提匣,一种带有提梁、盛放食品的盒子。窝脖:制作卤鸡时,为保鸡身完整和卖相好看,要把鸡头弯到翅膀下面,使鸡脖子成U形,故称"窝脖"。指遭到拒绝,碰了钉子,或受到训斥的尴尬难堪状。[例]那位吃了窝脖、碰了钉子的男子,如识时务,就偃旗息鼓,急流勇退了,但有的仍不死心,还是嬉皮笑脸地继续纠缠。那么姑娘后边的话就不好听了:"真不觉闷,哪儿凉快哪待着去!"旁观者就笑说那位男子是"剃头挑子——一头热",是"癞蛤蟆想吃天鹅肉",是"卖卤鸡的挎提盒——不吃卤鸡吃窝脖"了。(谭汝为《这是天津话》)｜我读《马三立传》中，马爷小时候，跟同学们抽签，结果中了大牌，小贩把提盒中的吃食都输了还不够，急得眼泪都快下来了，怎么呢？不是还得靠这点东西赚钱养家吗？这真应了那句俗话："卖卤鸡的挎提盒，不吃卤鸡吃窝脖。"(王和平《津声津世就是这么哏》)

【卖切糕的回家——枣（早）下街】切糕：以江米和小枣为主料制成的糕点，卖时用刀切开。下街：指街市商贩在傍晚时收摊。枣与早谐音。比喻趁早儿，或提前采取行动。也指街市商贩提前收摊儿。[例]回去？还想牵着我的鼻子走？卖切糕的回家——早下街，把你们那一套收起来吧，在我这儿行不通！｜"王大爷，还没到吃晚饭的时候，咋就收摊呢？""家里有事儿，老伴叫我，所以卖切糕的回家——早点儿下街。"

【卖肉的砸骨头——找髓（损）】髓：猪骨髓，与损谐音。指自寻挖苦、嘲笑或讥讽。[例]我说一个大老爷们尽往妇女堆里钻，卖肉的砸骨头——你想找损呀！

【卖沙锅的——论套】沙锅：也作砂锅，一种炊具，用黏土等原料烧制成的锅，旧时一般论套卖。形容人善辩，口才好，说起话来头头是道。[例]于麻子："嗬，老台，真行，一句话，就像卖沙锅似的论套的。"崔大脚："没两下子，老娘们（儿）家，这年头敢出来做买卖。"(来新夏等《火烧望海楼》)

【卖烧饼的吹喇叭——吹着烙（唠）】烙与唠谐音。戏喻在闲谈、聊天中吹嘘自己或吹捧别人。[例]几位老盐工退休后，经常坐在公园里围成一圈，卖烧饼的吹喇叭——吹着唠，成为一大乐趣。

【卖烧饼的不带干粮——吃货】烧饼：传统烤烙面食，一般指烤熟的小的发面饼，表面多有芝麻。讥讽或责骂那些无本领，没能耐，又很懒惰，只会吃不会干的人。[例]郭师傅说："你真是卖烧饼的不带干粮——吃货啊，才一口就尝出来了，这确实是祥德斋的点心。"｜索八一听就明白啦，气急败坏地说道："你们呀，五个大活人让人家当猴耍啦！全是卖烧饼的不带干粮——吃货！"

【卖水的看大河——全是钱】卖水的：旧时以卖水为生的人。形容都是钱，或钱很多。[例]老婆，我估摸着今年咱家的苹果产量得有30万斤，每斤按一块钱计算，就是

30万元呀,那真是卖水的看大河——全是钱啦!

【卖糖人的做生意——全靠嘴吹】卖糖人:以糖稀为原料,用嘴吹成各式各样的动物、人物等出售。讥讽人没有真本事,完全依靠吹嘘自己或吹捧别人混日子。[例]改革开放之前,有一段时间在我们这儿,卖糖人的做生意——全靠嘴吹,如今这种人早没有了市场。

【卖瓦盆的说话——一套一套的】瓦盆:一种陶制的敞口盛器,一般是大小成套的。形容说话有条有理,头头是道。[例]你看人家姑娘,不愧是名牌大学毕业的,开口就像卖瓦盆的说话——一套一套的,真讨人喜欢。

【卖席的不开张——卷啦】席:用芦苇或草编成的片状物,用来坐、卧或铺床、炕等,存放时一般卷起来。指因气愤或发怒而粗暴地谩骂别人。[例]老爷今天喝多了,对几个不争气的儿子大发雷霆,劈头盖脑地骂了一顿,那叫卖席的不开张——卷啦!

【卖羊头肉的回家——没有细盐(戏言)】细盐:加工而成的盐面儿,卖羊头肉的常为顾客在肉上撒些花椒盐面儿。细盐与戏言谐音。形容说话算数,没有空话或开玩笑。

[例]今天咱们签下军令状,可是卖羊头肉的回家——没有戏言,年底就按效益兑现、拿钱。

【卖药糖的吆喝——都是歌(哥)儿】药糖:传统小吃,把砂糖熬到一定火候,加进一些中药材,熬好后拉成条,再切成小块出售。吆喝:旧时街头巷尾摆摊的、走街串巷的小贩儿的叫卖声。卖药糖的吆喝有词有曲有调,很像一首广告歌曲。歌儿与哥儿谐音。形容旧时富贵人家不懂人情世故的子弟。也泛指娇生惯养的男孩子。[例]这几个人,卖药糖的吆喝——都是哥儿,整天泡在酒吧或舞厅,吃喝玩乐,不务正业。

【卖油的敲锅盖——好大的牌子】敲锅盖:旧时卖油的叫卖时,一般敲小铜锣,若似敲锅盖。讥讽人架子很大,神气十足。[例]嘿,卖油的敲锅盖——好大的牌子,还想在这块地儿上耍大牌,抖威风,我们可不吃那一套,死心吧!

【馒头不起——欠火候】不起:馒头等面食发酵不足或未蒸熟。比喻修养或造诣不够深不够高。也指时机不够成熟。[例]她的演唱功底不错,但是馒头不起——欠火候,需要多登台,多磨炼,积累经验。┃眼下这项技术不能投入批量生产,馒头不起——欠火候,还要再反复试验,摸索规律,确保有十成的把握。

【满架的葡萄——一嘟噜一串儿】一嘟噜:成串的东西集聚在一起。一串:一个个单体物依次连接。比喻某些物品集聚在一起或接连不断,非常之多。[例]秋收时节,茶淀镇的果农喜笑颜开;"今年又是大丰收,满架的葡萄——一嘟噜一串的,托共产党的福啊!"

【漫天刷糨子——糊(胡)云】糨子:糨糊,用面粉等做成的可以粘贴东西的糊状物。糊与胡谐音。讥讽或斥责胡说八道,随意乱讲话。[例]几个'造反派'轮番上台,对老局长进行批判,上纲上线,乱扣帽子,简直就是漫天刷糨子——胡云!

【盲人剥蒜——瞎扯皮】比喻不负责任地互相推诿,或无原则地争吵、争论。[例]据报载,过去有的地方,新上一个项目要盖百八十个公章,这种机关作风纯粹是盲人剥蒜——瞎扯皮,耽误了多少大事啊!

【盲人逮虱子——瞎抓挠】抓挠:手指连续地乱抓,用指甲扣。指没有目的地胡干、蛮干。[例]上个新项目,我双手赞成,但一定要进行深入的市场调研,并征求专家们的意见,盲人逮虱子——瞎抓挠可不行。

又作"盲人救火——瞎扑拉"。扑拉:拍打,抚平。[例]今年植树节义务劳动,要吸取去年的教训,提前做好充分细致的准备,不能再盲人救火——瞎扑拉。

【盲人举喇叭——瞎吹】指胡乱吹牛皮,说大话。[例]你们这些当干部的也不亲自到山上看一看,到底种了多少树,怎么能盲人举喇叭——瞎吹呢?

【猫不吃腥儿——装斯文】腥儿:指鱼、肉类等食物。讥讽人做作,装腔作势,假装斯文。[例]他本来就是个工人、大老粗,靠"造反"当上了场革委会主任,现在却猫不吃腥儿——装斯文,这真不知天下还有羞耻二字。

又作"猫不吃腥儿——假斯文"。[例]你别在我跟前摇头晃脑,说些个之乎者也,猫不吃腥儿——假斯文啦!

【猫儿眼——看时候变】猫儿眼:猫眼睛的瞳孔会随着光线强弱而缩小或放大。指看风使舵,知道什么时候说什么话,做什么事。[例]申耀宗是个猫儿眼,看时候变;他说:"咱们都是中国人,怎么不敢

说？我吃这碗饭也是好吃难消化。一个中国人，还能跟日本人一条心？"（袁静等《新儿女英雄传》）

【猫盖屎——糊弄局儿】猫盖屎：猫有一种习惯，拉屎以后用爪子挖土把屎盖住。指伪装、掩盖或敷衍，做蒙人骗人的事情。[例]大爷大娘们要格外小心，现在有些骗子专盯老年人，什么"长生不老"呀，什么"药到病除"呀，全是猫盖屎——糊弄局儿，目的是让你们花大钱卖假药。

又作"猫拉屎——盖了"。[例]一些腐败分子抱有侥幸心理，对自己的的问题总是猫拉屎——想方设法地盖了，结果必然欲盖弥彰，没有好下场。

【猫跟老鼠和平共处——邪了门儿】形容举止反常或奇怪，使人感到意外。也指行为不端，或不正常的方法和途径。[例]这猫跟老鼠和平共处，邪了门儿了！（谭汝为主编《天津方言词典》）

【猫哭耗子——假慈悲】比喻心怀叵测，假仁假义，假装同情弱者或受害者。[例]二哥把嘴一撇："你这不是猫哭耗子——假慈悲吗？你到底什么意思？当年你下狠手偷袭人家李斌，过去这么久了，你又

想和他见面，怎么着，还想再凿补一把？你还有完没完了？（王松《暖夏》）

又作(1)"老猫哭耗子——假慈悲"。[例]"玉良！不许你这样说话。你是好心劝我和你一走的，可是……""哼！老猫哭耗子——假慈悲！"（申文钟《山翠菊香》）(2)"猫哭老鼠——装假慈悲"。[例]姓林的，你别猫哭老鼠，装假慈悲，反正我既已自首，案子也快结了。（刘云若《红杏出墙记》）

【猫哭老鼠——假惺惺】指人表现出一副虚情假意的样子。[例]大家不要上当受骗，他这样做纯粹是掩人耳目，猫哭老鼠——假惺惺，专门做给别人看的。

【猫尿狗屎——一胡噜就掉】胡噜：抚摸，拂拭。指事情很容易解决，毫不费力，应付一下就可以了。[例]这是小事一桩，我全权负责处理，猫尿狗屎——一胡噜就掉。

【猫披虎皮——吓唬老家】老家：老实胆小或有点儿呆傻的人。形容摆出凶狠的样子，以恐吓胆小或呆傻的人。[例]"我的罪过大，难道还会砍两次头么？"曹福田嘴角挂着冷笑，蔑视地说："差官大老爷，你别猫披虎皮，吓唬老家。什么配军的罪过？告诉你，我曹福

田早在军营里混过多年了。"（鲍昌《庚子风云》）

【猫洗脸——一划拉】划拉：拂拭，抓取；寻找，搜罗。比喻漫不经心、不加选择地快速攫取财物或其他好处。有时也指随意涂抹、书写。[例]待会儿进了地宫，怎么打开黄金棺材，怎么抠壁画上那明月珠？要有计划，咱们就按计划来，要说走一步看一步，那就有什么是什么了，咱进去，给它来个猫洗脸儿——一划拉！（天下霸唱《摸金校尉之九幽将军》）

又作（1）"猫洗脸——划拉几下"。[例]暑假期间给你们留的实践作业，要开动脑筋，下苦功夫，不能猫洗脸——划拉几下了事交差。（2）"猫洗脸儿——一滑拉"。[例]别做梦啦，庄家要是打个九百手，还不是猫洗脸——一滑拉呀！（李燃犀《津门艳迹》）

【猫咬尿泡——空喜欢】尿泡：动物膀胱。讥讽费了心机或力气，却什么好处也没捞到，白高兴了一场。[例]我说这桩生意的合同不能签，虽然利润很丰厚，但一点儿把握也没有，弄不好就是猫咬尿泡——空喜欢。

【毛驴打滚儿——吃饱了撑的】毛驴：多指身体矮小的驴。指没事找事或做无意义的事。[例]小二子，刚才你竟替外人说话，弄得老爷很尴尬，简直是毛驴打滚儿——吃饱了撑的！

【毛驴打滚儿——翻了身】比喻改变了落后的面貌，或摆脱了困难的境况。[例]阳大爷家里养了一头小毛驴，平时说话也爱用毛驴打比方，他常笑言道："俺从贫困户走上小康路，毛驴打滚儿——翻了身，国家的政策太好啦！"

【毛驴的脾气——吃软不吃硬】指对好言好语的劝说可以听从，但对态度强硬的做法决不接受。[例]这小子就是毛驴的脾气——吃软不吃硬，先让他冷静一会儿，我再跟他谈。

【毛驴进磨道——走不出这个圈子】磨道：磨坊里人或牲口拉磨时的走道。形容不能突破固有的思维定式，难以跳出原来的旧框框，总习惯于一种工作或生活方式，[例]大学毕业时，许多同学毫无犹豫地到深圳闯荡，你们二老非得把我摁在家里，毛驴进磨道——走不出这个圈子，真是眼热人家呀。

【毛驴拉磨——原地打转儿】形容止步不前，在原来的地方转来转去，一直没有发展或进步。[例]改革开放前几年,由于思想保守,胆子太小,人家在大踏步前进,我们却毛驴拉磨——原地打转儿,落后了许多。

【毛驴推磨——兜圈子】比喻说话办事拐弯抹角,不直截了当。[例]老伙计,怎么老毛病又犯了?跟我还毛驴推车——兜圈子?

【毛窝儿踢球——蔫拱】毛窝儿:指棉鞋、毡靴等。比喻不动声色地暗中发力、使劲儿。[例]本来这是毛窝儿踢球——蔫拱的事儿,你却到处张扬,那还能不坏菜?

【茅房里搭棚子——摆起臭架子】茅房:厕所。讥讽妄自尊大,装腔作势,态度傲慢而惹人讨厌。[例]老爸嘱咐你一句,走上了领导岗位千万别忘本,要善待工人,老实做事,不能茅房里搭架子——摆起臭架子。

【茅房里打灯笼——照屎(找死)】照屎与找死谐音。讥讽或责骂人说话做事不顾危险,自寻思路或自取灭亡。[例]你小子胆量可真大,还敢到我们龚爷的地盘上叫号挑衅,这不是茅房里打灯笼——找死吗?

又作"茅房里照手电——照屎(找死)"。[例]只见小鬼子一步一步地进了我们设下的包围圈,我心

想,这不是茅房里照手电——找死吗?

【茅房里的砖头——又臭又硬】讥讽或责骂人品行很差,态度恶劣,蛮不讲理,或思想顽固不化。[例]洪根柱气坏了"嘿!你可真是茅房里的砖头,又臭又硬,人家好心好意给你东跑西颠地找对象,你倒端起架子来。"(蒋子龙《弧光》)

又作(1)"茅房的砖头——又臭又硬"。[例]在我的身后,我听见一串阴阳怪气的笑声,其中夹杂着这样的谩骂:"看那穷酸缺德样,真正是茅房的砖头——又臭又硬。"(柳溪《生涯》)(2)"茅厕的砖头——又臭又硬"。[例]最奇怪的是他还养鸟,门前种了一片蜀葵,鸡冠花,这当然是他那资本家的成分带给他的恶习!哼!这小子是茅厕的砖头——又臭又硬!(柳溪《静悄悄的原野》)(3)"屎坑里的砖——又臭又硬"。[例]严知孝自己认为是名门出身,以学者名流身份在社会上不多交往。士绅群里,说他是"屎坑里的砖,又臭又硬"!(梁斌《烽烟图》)(4)"茅房坑里的石头——又臭又硬"。[例]老BK真是"茅房坑里的石头——又臭又硬",你自己心知肚明,还跟我在这玩儿造型!(天下霸唱

《大耍儿》)

【茅房里挂表——有屎（始）有钟（终）】屎与始谐音。钟与终谐音。谑指人做事认真，能坚持到底，有好的开头，也有完美的结尾。[例]别看他年纪大，做事让人放心，那是茅房里挂表——有始有终。

【茅房里磕头——臭讲究】指过分地重视、讲求、在意而令人厌恶。[例]咱们这是在外地，跟家里条件没法比，只要不影响工作，能凑合就凑合，能将就就将就，茅房里磕头——穷讲究行不通。

【茅房里念经——你算哪道】念经：朗读或背诵宗教经文。道：指宗教的体系。采用反问语气，讥讽或斥责人品行很坏，假正经，让人唾弃或瞧不起。[例]我心说："有你什么事，我们俩儿这事儿又不归你管，你一天领八毛钱工资，还真拿自己当帽花了？茅房里念经——你算哪道?"但是人在矮檐下，不得不低头，我和石榴交换了一下眼神，无奈地撅在墙根下。（天下霸唱《大耍之西城风云》）

【茅房里敲锊锣——臭美一当当】锊锣：一种铜制的小锣，演奏时以木片敲击。一当当：耍猴儿时敲锣的声响。讥讽为夸耀、显示自己能干、漂亮，过分讲究或做作，行

为举止使人厌恶。也用于调侃。[例]这几个小伙子从深圳回来后，穿着打扮就像变了一个人，标配的喇叭裤，花恤衫，蛤蟆镜，走在胡同里，那叫茅房里敲锊锣——臭美一当当。

【茅房里扔石头——砸屎（死）坑】屎与死谐音。形容已经说定、敲定，不容反悔或以防反悔。[例]这可是白纸黑字，咱俩都签了，又按了手印，算是茅房里扔石头——砸死坑了，谁也别想要赖了。

【茅房里摔跟头——离屎（死）不远了】屎与死谐音。指即将灭亡，快要死了。[例]敌人已经被我军重重包围，茅房里摔跟头——离死不远了，但还在负隅顽抗，做最后的垂死挣扎。

【茅房里照镜子——臭美】讥讽自我感觉良好，故意显示、夸耀自己漂亮或能干，使人厌烦。[例]你在众人面前显摆什么？真是茅房里照镜子——臭美！

【茅房上面盖高楼——臭底子】底子：房屋的基础。讥讽人素质或基础太差，名声不好。[例]二嘎每看到玉花那娇小的身姿和满脸的笑容，心里就怦然一动，但一想到自己是"茅房上面盖高楼——臭底子"，连打个招呼的勇气都

没有。

又作"扒了茅房盖高楼——底子太臭"。赵七在这条街上素有恶名，扒了茅房盖高楼——底子太臭，谁见了他都躲得远远的。

【茅坑里的肉蛆——混屎吃】指别无选择，凑合着混口饭吃。[例]"别哄弄咱马队长，你这两月，手头宽裕多了，点的是正金银行的票儿，对不对？""啊，马爷，对，对。小的不过是茅坑里的肉蛆——混屎吃，才给日本人当个看门跑腿的。"(柳溪《大盗燕子李三传奇》)

【茅坑里扔炸弹——激起民粪(愤)】粪与愤谐音。指引起了众人的愤怒。[例]他作为一村之长，尽干一些损公肥私的事儿，能不茅坑里扔炸弹——激起民愤吗？

【帽子烂了边儿——顶好】形容人或物非常好、最好。[例]科长听了小薄的发言，一拍大腿说："帽子烂了边——顶好！就按他说的办法做。"

【没把的茶壶——剩下一张嘴】讥讽光有嘴上功夫，只会说不能干。[例]这小伙子有些漂浮，干工作不实诚，像没把的茶壶——就剩下一张嘴了。

【没背儿的椅子——不能靠】背儿：指物体的后面或反面。指人靠不住，依赖不上。[例]我们别等付虎了，他那个人从来说话不算数，没背儿的椅子——不能靠，还是自己动手干吧！

【没秤砣的秤杆——压不住斤两】秤砣：秤锤，称物品时用来使秤平衡的金属锤。形容说话做事不靠谱，没有准头儿。[例]这小子说话办事从来是没秤砣的秤杆——压不住斤两的，我们绝对不能相信他。

【没骨架的伞——支撑不开】比喻没有骨气，或没有本事，支撑不了局面。[例]我的意见还是把老苗换下来，他本质不坏，很老实，也不贪，但魄力小，办法少，主持这么大的一个公司确实困难，像没骨架的伞——支撑不开呀。

又作"没骨头的伞——支撑不开"。[例]你呀，我就怕你是一个没骨头的伞，支撑不开。将来闪得我没下场，倒不如趁早拉倒呢！(袁静等《新儿女英雄传》)

【没了眼睛的猪——瞎咧咧】咧咧：胡说，乱讲。讥讽或斥责胡说八道，随意乱讲话。[例]别听他东拉西扯，没了眼睛的猪——瞎咧咧，都是一些没有影儿的事儿。

【没梁的水筲——饭桶】水筲：用木头或竹子制成的水桶，中间有一根系绳用的横梁。饭桶没有系绳用的横梁。讥讽或责骂没有用的人,无能至极,只会吃饭不会干事。[例]提起整日花天酒地的大公子,老爷就气不打一处来,经常脱口而出一句俏皮话:"没梁的水筲——饭桶!"

【没笼头的马——野惯了】笼头:套在马、牛、骡等头上的东西,用皮条或绳子做成,用来系缰绳。指缺乏自我约束或没有受到管束,自由自在,散漫成性。[例]她又岔开话题说,思直你就是个没龙头的马,野惯了。你那些坛坛罐罐再不给我扔了,我可得找你爸爸说道说道了,别再惹出大祸来。(宋安娜《十城记》)

【没脑袋苍蝇——瞎撞】比喻行动盲目、鲁莽,没有明确的目标,或行为失去控制,胡乱冲撞。[例]武二:"三哥,哪儿去?"安三:"没脑袋苍蝇,瞎撞。"武二:"喝,闲在呀!"(来新夏等《火烧望海楼》)又作"没了头的苍蝇——瞎撞一气"。[例]大山,你坐在这树下等一等,我先到前边打听打听;咱俩别像没了头的苍蝇似的,瞎撞一气。(鲍昌《庚子风云》)

【没捻子的炮——炸不响】捻子:用纸、线搓成的条状物或带状物,点燃后能引起炮仗爆炸。指人有怒气或怨恨,因找不到理由或借口而无法发作。[例]要说我们的老校长,性格特别好,宽容大度,有耐心,碰上这么一位好领导,脾气再急躁的人也如没捻子的炮——炸不响了。

【没屁眼子解大手——生蹲】解大手:大便。指因爽约而使人白白等待。[例]德禄一脸怒气,大声咆哮说:"你行啊!没屁眼子解大手——你是生蹲啊!不来你倒跟我说一声你啊!我在这儿一直傻等着,都快赶上傻老婆等野汉子了,知道耽误了我多少活儿吗?"(天下霸唱《大耍儿》)

【没事嗑瓜子——闲磨牙】比喻闲着没事,说一些无意义、没有用的话。[例]冬天下大雪,几个老大娘围坐在火炉旁,东家长来李家短,没事嗑瓜子——闲磨牙。

【没牙佬靠着墙喝稀粥——背壁(卑鄙)无齿(耻)下流】没牙佬:没了牙的老人。背壁:后背靠着墙壁,与卑鄙谐音。齿与耻谐音。晋语,责骂人品行极其恶劣,厚颜无耻,粗俗下流,卑鄙龌龊。[例]一个吃喝嫖赌、无恶不作的反动文人,居然大谈起仁义道德来,真是没牙佬靠着墙喝稀粥——卑鄙无耻下流!

【没眼的猪——瞎咧咧】咧咧:乱说,乱讲。形容说没用的话,瞎说,或胡乱喊叫。[例]车大姐,你也是四十多岁的人了,还整天串老婆舌头,像没眼的猪——瞎咧咧,搅得四邻不和谐,这话有点不中听,但是为你好。

【没眼珠儿的判官——瞎鬼】判官:迷信传说中阎王手下掌管生死薄的官。詈语,斥责人不明事理,看不清事物的真相,盲目行事,胡乱作为。也指无视事实,信口胡说,不可信。[例]你不用假装明白人,没眼珠儿的判官——瞎鬼,这回非彻底揭开你的老底不可!┃让他快把嘴闭上,不要整天像没眼珠儿的判官——瞎鬼,我们早就听腻了。

【没有根儿的浮萍——无依无靠】浮萍:一年生草本植物,长在水面上,根垂在水中,随水而漂浮。形容人没有任何依靠。[例]金大娘真可怜,去年老伴病故,唯一的儿子又在不久前的生产事故中遇难,如今成了没有根儿的浮萍——无依无靠,我们大伙都伸出手帮一把,让她渡过难关。

【没嘴儿的茶壶——倒(道)不出来】倒与道谐音。指心里有话,却讲不出来。[例]蔡二妮从西北老家来北京当保姆已经六年多,我问她有没有过委屈,她说当然有,但只能憋在肚子里,像没嘴儿的茶壶——道不出来。

【眉毛上搭梯子——上脸】比喻脸上露出不悦或恼怒的神色。有时专指因喝酒而脸发红。[例]大姐,只是开个玩笑,说着说着,怎么还眉毛上搭梯子——上脸儿了呢?

【眉毛上挂剪刀——高裁(才)】裁与才谐音。形容很有才能。[例]大娘,听说闺女的对象是您亲自相中的,真有眼光,小伙子能文能武,眉毛上挂剪刀——高才!

【梅先生拔烟袋——不得已而为之】梅先生:梅殿起,清代秀才。拔:抽出,拿走。烟袋:吸烟的用具,有旱烟袋和水烟袋两种,通常指旱烟袋。前面是一个金属锅,多用铜制成,中间一段多为木制的空心作为杆,后面的烟袋嘴多为玉质。旧时吸旱烟的富人,其烟袋极为讲究,贵重的价值数百金。清同治七年(1868)秋,梅殿起生活破落,在天津金声园听蹭戏,一念之差,伸手偷取了一位绅士的烟袋,结果被对方发现捉住。问他为何如此?他回答"不得已而为之"。绅士顿生怜悯之心,不但没有追究，还聘他为自己的家塾教师。指没有办法，只能这样做。[例]天津的梅氏始祖叫梅满儿，是天津右卫的第一任指挥使，至明亡共传12世。入清以后，门庭改换，成为穷苦的读书世家，有"寒梅"之称。天津旧时有句俗语"梅先生拔烟袋，不得已而为之"，说的就"寒梅"的事，而且此事确有因由。（章用秀《天津老俗话》）

【媒婆的嘴——能说会道】媒婆：旧时以说媒为职业的妇女。形容人非常会说话。[例]她长了一张媒婆的嘴——能说会道，有的人喜欢，有的人厌烦。

【媒人婆肿嘴——说不的啦】媒人婆：媒婆。指无话可说，不能再辩解了。[例]媒人婆肿嘴，说不得啦。关上募安寺不是有个王二愣么？（李燃犀《津门艳迹》）

【煤场移垛——倒霉（煤）】移垛：移动一批货物，由原来的位置移动到另外一个位置。煤与霉谐音。指遇事不利，或遭遇不好。[例]如此这般伤了顾客，砸了饭碗，纯属倒霉。煤场储存的煤一垛一垛像小山，有时也需要挪动，"煤场移垛——倒霉（煤）"就源于此。（由国庆《煤与炉》）

【煤灰塞烟筒——不通】比喻不了解情况，不明白事理，或不通情达理。[例]有的新式房舍有烟道，要顺便检查一下是否畅通，掏出日积月累的灰土。早年有俏皮话云："煤灰塞烟筒——不通。"（由国庆《煤与炉》）|在拆迁过程中，总会碰上一两个"钉子户"，你磨破嘴儿说出大天来，他也是煤灰塞烟筒——不通。

【煤铺的掌柜——赚黑钱】掌柜：商店老板的旧称。讥讽或斥责那些昧着良心，通过不正当的手段攫取钱财或获得好处的人。[例]商人无不以趋利为本，但赚钱的同时应该讲信誉，万不可以次充好，坑人害人。百姓对黑心的买卖人深恶痛绝，常说他们好似"李逵卖煤——人黑货也黑"，简直是"煤铺的掌柜——赚黑钱"。（由国庆《煤与炉》）

【煤油瓶子打酒——差壶了】比喻搞错了，或误会了。[例]李奶奶，请您相信我，这事儿真的不是我干的，您老呀，煤油瓶子打酒——弄差壶了。

【美术学院的纸篓——尽是废画（话）】画与话谐音。指说的光是没有用的或多余的话。[例]他唾沫横飞，说了足足有一个小时，美术学院的纸篓——尽是废话，听的人几乎都打了瞌睡。

【门缝儿里看人——瞧扁了我啦】比喻看不起人或片面地看人。[例]老爸，我知道你用的是激将法，但是说得有点儿太过了，门缝儿里看人——瞧扁了我啦!

【门旮旯儿里耍拳——摆不开架势】门旮旯儿:角落，狭窄偏僻的地方。形容受环境或条件限制，难以施展自己的才能。[例]我刚到这个小山村挂职时，觉得门旮旯儿里耍拳——摆不开架势，后来的实践证明这种想法是很幼稚的。

【门槛拴鸭子——里外乱出出儿】出出儿:背后说人坏话。比喻到处在背后说别人的闲话或坏话。[例]邻居林婶有个特别不好的毛病，就是门槛拴鸭子——里外乱出出，人送绰号"破大嘴"。

【门前发大水——浪到家了】形容缺乏自我约束，非常放纵、浪荡。有时专指淫荡。[例]麦哥想想自己年轻的时候，一度门前发大水——浪到家了，感到万分羞愧，好在后来浪子回头，走上正路。 | 这老娘们儿是门前发大水——浪到家了，不管谁见了都躲得远远的，丢死人了啦。

【门框贴春联——一定成对】形容男女双方配成一对，多指情侣或夫妻。[例]我看凯威和缨子志趣相同，脾气相投，俩人是门框贴春联——一定成对，这个月老我算是当上了。

【门神爷——管不了庙里的事】门神爷:对门神的尊称，旧俗贴在门上用来驱邪逐鬼的神像。形容没有权力或能力，去管理不是自己分内的事情。也指无法参与一些内部的矛盾或纠纷。[例]血蘑菇做了这么一个怪梦，心里头没着没落，怕惹老鞑子不高兴，又去缠着干爹迟黑子，问梦见纸人是啥意思，是吉是凶? 迟黑子哈哈一笑，说门神爷管不了庙里的事，一个八竿子扒拉着的乱梦，你屁大的小孩子胡琢磨啥?(天下霸唱《天坑宝藏》) | 他们袁家的事儿，咱还真不好多插嘴儿，有句俏皮话说得好:"门神爷——管不了庙里的事。"

【门神爷绷脸——不笑出来】绷脸:板着脸，表示不高兴。指不高兴，脸上没有笑容。[例]他吉鸿昌讲话，直来直去，一向是笑浪滚滚，又欢快又热闹的，今天可是怎么啦? 鸿昌马上问了:"一听我说这话，你们心里高兴，可就是门神爷绷脸，不笑出来。不敢笑出来是不是? 不忍心笑出来是不是?"

（周骥良《吉鸿昌》）

【蒙葫芦——抖起来了】蒙葫芦：空竹的俗称。讥讽人因突然发财或得势而洋洋得意起来。[例]朱石一眼就看穿了他的小心眼，故意不露声色地说："厂里怎么样？""咱厂？嘿，蒙葫芦——抖起来了！一年任务九个月就完成了，大老杨真是铁钳子硬手狠抓挠。有他这员虎将，咱冲锋号橡胶厂的日子就甭愁了，您到公司当书记脸上也光彩。"（蒋子龙《进攻的性格》）又作（1）"小蒙葫芦——抖起来了"。[例]王二爷总想着，若是万一有那么一天，在鬼市遇上件唐三彩或哥窑、钧窑什么的，那不就小蒙葫芦——抖起来了嘛！（王传林《鬼市》）（2）"娘娘宫的蒙葫芦——抖起来了"。[例]俗话说"人配衣裳马配鞍，狗戴铃铛跑得欢"，邋遢李本就是膀阔腰圆的山东大汉，这些年挑河送水也练出来了，细腰乍背扇子面儿的身材，从头到脚一捯饬，也是人五人六的，这下更是娘娘宫的蒙葫芦——抖起来了。（天下霸唱《火神》）

【蒙上被卧放屁——独吞】蒙上：遮盖起来。被卧：指棉被、棉褥等。比喻不管别人，独自占有、享受财物或好处。[例]这些都是我们大家共同的劳动成果，你想蒙上被卧放屁——独吞，没门儿！

【孟奶奶洗脚——满盆了】孟奶奶：泛指旧时没有缠足的大脚年长女人。指收获大，成果多。[例]王姐看着旅游归来的小李咯咯笑着，逗趣地说："嗨，大包小包的采购了这么多东西，真是孟奶奶洗脚——满盆了。"

【米店里卖盐——多管咸（闲）事】咸与闲谐音。比喻干涉、过问与己无关或无关紧要的事，指没有必要。[例]方春阳无奈地耸耸肩，的确自己是米店里卖盐——多管闲事，别人又没叫你帮忙，那又凭什么要人家和你一起承担责任呢。

【米粒掉进针眼里——就这么巧】指恰好，正遇上某种机会。[例]老婆，这次我去哈佛讲学，竟然在校园里碰上了多年失去联系的芸韵，米粒掉进针眼里——就这么巧。

【棉花槌打鼓——没音儿】指没有回音，或没有音讯。[例]你再打电话催催，怎么这么长的时间，对方还是棉花槌打鼓——没音儿？

【棉花店打烊——不弹（谈）】打烊：商店关门停止营业。指不谈话，或不谈论。弹与谈谐音。[例]你正在气头上，好好冷静一下，今天咱们棉花店打烊——先不谈。

【棉花店里没棉花——空弹(谈)】弹与谈谐音。比喻只说不做，没有实际行动。[例]你们这样可不行，棉花店里没棉花——光空谈了，是要误事的！

【免费逛窑子——白干】逛窑子：旧时指嫖妓。比喻劳而无获，付出了代价，却没有回报或结果。[例]车间深处传来嘿哟嘿哟的发力声。一群赤着上身的壮汉，正在抡着大锤砸那件因跑火而报废的大泵体。砸一锤便喊一句粗糙的歇后语，大发劳而无获的感慨。"免费逛窑子——白干！"重重一锤砸下。"免费进公园——白玩儿！"沉沉地呼喊。(肖克凡《黑色部落》)

【免费进公园——白玩儿】指不付出任何代价地娱乐玩耍。[例]车间深处传来嘿哟嘿哟的发力声。一群赤着上身的壮汉，正在抡着大锤砸那件因跑火而报废的大泵件。砸一锤喊一句粗糙的歇后语，大发劳而无获的感慨。"免费逛窑子——白干！"重重一锤砸下。"免费进公园——白玩儿！"沉沉地呼喊。(肖克凡《黑色部落》)

【面茶锅里煮电灯泡儿——浑蛋带邪气】面茶：传统小吃，用糜子面等加水煮成糊状，吃时添加酱麻、椒盐等。晋语，责骂人品行极差，非常不明事理，又蛮不讲理。[例]你跟他都是面茶锅煮电灯泡儿——浑蛋带邪气，谁也不要说谁了。

又作"面茶锅里煮电灯泡儿——说你浑蛋你还一肚子邪火"。[例]你这个不懂事儿的玩意儿，面茶锅里煮电灯泡儿——说你浑蛋你还一肚子邪火，几句话就把老先生冒犯了，很难求得他的原谅。

【面茶锅里煮皮球——浑蛋还带一肚子气】晋语，指听不得别人说自己不好，骂他浑蛋，他还不满，生一肚子气。[例]你小子就是面茶锅里煮皮球——浑蛋还带一肚子气，快闭上那张臭嘴，再呛呛我打断你的腿！

又作(1)"面茶锅里煮皮球——说你浑蛋你还一肚子气"。[例]她打你是为你好，看看最近这段日子你给家里惹了多少事，面茶里煮皮球——说你浑蛋你还一肚子气，快跟老娘认个错去！(2)"面汤锅里煮皮球——说你浑蛋还有股气儿"。[例]黑砂世族中，用自己的娘开心找乐乃翻砂工大忌。便有人瞧不起李驴子,送他一句歇后语受用:"面汤锅里煮皮球——说你浑蛋还有股气儿!"翻砂工的歇后语,可印成一部大书。(肖克凡《黑色王国》)(3)"面汤锅里煮皮球——说他浑蛋他还有股气儿"。[例]袁文会真乃是面汤锅里煮皮球——说他浑蛋他还有股气儿,他一脸气恼,拱了拱手,瞅也不瞅刘广海。(张孟良《袁文会与刘广海》)

【面茶锅里煮寿桃——糊涂点心出了尖】寿桃:祝寿所用的桃,一般用面粉制成,上面有个尖头。讥讽人很不聪明,太不明事理,或对事物的认识非常模糊、混乱。[例]眼下是共产党领导的新中国,可杜昆云说过的话做的事还停留在旧社会,有些面茶锅里煮寿桃——糊涂点心出了尖,我们哥几个好好帮帮他,千万别让他掉队落伍了。

【面茶锅里煮松花——浑蛋加糟蛋】松花:也叫松花蛋、皮蛋,一种蛋制食品,用水混合石灰、黏土、食盐等包在鸭蛋或鸡蛋的壳上使凝固变味而成,因蛋清上有像松针的花纹,故称"松花"。糟蛋:一种用酒糟、盐和醋等腌制的蛋品。詈语,责骂人品行极坏,非常不明

事理,不成器或不堪造就。[例]您老不要跟他置气了,那主儿纯粹是一个面茶锅里煮松花——浑蛋带糟蛋,进局子是早晚的事儿。

【面茶锅里煮铁球——浑蛋带砸锅】砸锅:做事失败。詈语,责骂人品行极差,非常不明事理,总把事情办坏或使事业失败。[例]不能再相信涂伯量,他就是面茶锅里煮铁球——浑蛋加砸锅,刚从局子里出来才几天,又干起偷鸡摸狗的事儿。

【面茶锅里煮元宵——糊涂加浑蛋】詈语,责骂人品行极坏,头脑很不清楚,非常不明事理。[例]平日里,韩大壮总装扮成一个明白人,全都是假象,看看他做的那些缺德事儿,实际上就是一个面茶锅里煮元宵——糊涂加浑蛋。

【面肥掉在肉锅里——荤啦】面肥:发面时用来引起发酵的面块。荤与浑谐音。形容人糊涂,不明事理,不识好歹。荤又与混谐音,指人敷衍了事,糊里糊涂,得过且过地工作或生活。[例]这些日子,大奎的老毛病重犯了,家里家外尽惹事儿,面肥掉在肉锅里——又浑啦。┃我就一个返城知青,在这个街办小厂就是干出花儿来,又能有什么前途?面肥掉在肉锅

里——混啦。

【面口袋翻个儿——抖落老底儿】老底儿:内情,底细。面口袋:用布等制成的装面粉的用具。指揭露人的底细或隐秘的事情。[例]"文革"中,有些"造反派"净干缺德的事儿,搞什么什么所谓的"面口袋翻个儿——抖搂老底儿",害得多少人家破人亡!

【面汤锅里煮皮球——浑蛋一个】面汤:煮过面条的水。詈语,责骂人品行极坏,极不明事理,不讲道理。[例]在卢丽虹的掩护下,钱慧慧快步离开了这里。一路上他心里咒骂着前夫:你许诺报销医药费不兑现,难怪大伙骂你是面汤锅里煮皮球——浑蛋一个呢。(肖克凡《生铁开花》)

【妙峰山的灵光——照远不照近】北京西郊妙峰山有碧霞元君庙,供奉泰山娘娘,每年农历四月初一至十五举办庙会,天津信徒大有倾城出动之势。指厚此薄彼,只重视照顾关系疏远的人,却轻视或慢待关系亲近的人。[例]赵远天当了几十年村干部,经常把"妙峰山的灵光——照远不照近"这句俏皮话挂在嘴边,所有的家属和亲人没有一个沾光的,确实让人佩服!

【庙里长草——荒(慌)了神儿】庙:旧时供祖宗神位等的地方。荒与慌谐音。指慌神儿,心慌意乱。[例]这突如其来的意外事故,使两位老人像庙里长草——慌了神儿,坐立不安,不知所措。

【庙门口的旗杆——光棍一条】指单身一人。[例]我们的老儿子都快40岁了,到今天还是庙门口的旗杆——光棍一条,真急死人啊!

【摸着石头过河——稳扎稳打】指做事谨慎扎实,稳妥而有把握。[例]这次全区的国有企业改革力度大,情况复杂,涉及面广,我们必须摸着石头过河——稳扎稳打。

【茉莉花喂老牛——不够一口吃的】茉莉花:一种灌木植物花为伞状,花苞较小,呈锥形。比喻力量太小或东西太少,无济于事,解决不了什么问题。[例]大伙儿都是工薪阶层,凑了这点儿钱,对你来说可能是茉莉花喂老牛——不够一口吃的,但也是大家一番心意。

【磨坊的驴——听喝】磨坊:磨面粉等的作坊。喝:吆喝。形容没有主见或自主权,听从别人的命令、意见,别人怎么说就怎么做。[例]何顺在车里怪模怪样地大声回答:"这有什么办法,咱是磨坊的驴——听喝,头儿叫拉什么,咱就

- 258 -

来做这个受大累的。(蒋子龙《赤橙黄绿青蓝紫》)

又作(1)"磨坊的驴——听喝儿"。[例]"磨坊的驴——听喝儿",表现一种消极的精神状态或工作态度,当一天和尚敲一天钟,工作不用心,缺乏主动性和积极性,你说我听,你拨我转,你推我动,你给多少钱我干多少活,当面摩拳擦掌甩开膀子干,背后偷懒耍滑磨洋工。(谭汝为《这是天津话》)(2)"磨坊的驴——听喝的货"。[例]还有我说话的地方吗? 我算什么? 磨坊的驴——听喝的货!(冯育楠《银沙滩》)

【磨坊的磨——听驴的】指缺乏主见或自主权,听从别人的摆布、调遣。[例]女权威黯然,说:"张主任去了……命令我看家。你怎么不去呢?"强玉凤反问。"我是磨坊的磨——听驴的。"(肖克凡《黑色部落》)

【磨坊的驴——瞎转圈】指漫无目的地闲逛。[例]我说你闲着没事在大街上逛悠什么,像磨坊的驴——瞎转圈,还不如躺炕头歇一歇也好。

【磨剪子说梦话——快了】磨剪子:把使用久而变钝的剪子,重新磨出锋来。比喻事情进展顺利或速度很快,短时间内可见效果。[例]老总又着急了,我在电话里笑着说:"磨剪子说梦话——快了,您就放宽心吧,工程正在抓紧收尾,不会耽误进度的。

【磨眼儿里的蚂蚁——路子多】磨眼儿:磨盘上供漏粮食用的小孔。指办法或门路很多。[例]别看程泓岁数不大,古灵精怪的,在社会上朋友不少,磨眼儿里的蚂蚁——路子挺多的。

【母鸭子——跩上了】跩:指母鸭身体不灵活,走路摇晃。形容装腔作势,说话或作文好用文雅艰深的字眼儿,卖弄文采,故弄玄虚。[例]你看他,说着说着就"之乎者也"起来,母鸭子——跩上了,咱听不懂,真烦人。

【母猪掉进泔水缸——饱餐一顿】泔水:指饭馆、家庭等处废弃的剩饭剩菜,与水混合而成的混合物。谑指美美地吃了一顿。[例]我们几个从高山上下来,都饿得够呛,到了宿营地完全不顾吃相,郝杰拿了一句俏皮话打比方:"这就叫母猪掉进泔水缸——饱餐一顿。"

【木板上钉钉——牢靠】指坚固、稳固,或办事牢靠。[例]好! 这墙垒得既结实又美观,质量没问题,木板上钉钉——牢靠。▏小周办事就像木板上钉钉——牢靠,您就放心吧!

【木棍儿钉在墙上——大小是个橛(角)儿】橛儿:木橛子,短木桩。橛儿与角儿谐音。指太把自己当回事,不能摆正自己的位置。橛儿又与爵儿谐音,指不论大小,也算是个当官儿(领导)的。[例]对,就这么决定了,木棍儿钉在墙上——我大小是个角儿,这点事儿还不能自己拍板说了算? |你们别瞧不起我这个副队长,木棍儿钉在墙上——大小是个爵儿。

【木匠打老婆——有尺寸】比喻说话做事有分寸,合于一定的尺度或限度。[例]不要看冬子平时大大咧咧,还爱开个玩笑,真做起事来还是木匠打老婆——有尺寸的。

【木匠戴木枷——自作自受】木枷:旧时套在犯人脖子上的一种木制刑具。比喻自己做错了事,导致的不良后果由自己承担。[例]你呀,大瞎娘们一个,当初瞎了眼,怎么就嫁给我了?哼,木匠戴木枷——自作自受。(鲍昌《庚子风云》)

【木匠吊线——睁一眼闭一眼】吊线:木工等工作时,用线吊重物形成垂线,放在木板上,用一只眼睛瞄准,借以取直。比喻有意回避问题,看见装作没看见。也指做事不认真,敷衍了事,得过且过。[例]你这事儿咋搞的?要不是组长老柴木匠吊线——睁一眼闭一眼,追就起来够你喝一壶的。|干工作必须较真,钉是钉铆是铆,一丝不苟,不能像木匠吊线——睁一眼闭一眼。

【木匠斧子——一面砍】形容片面,只说一面之理,或处理问题偏袒一方。[例]你这篇文章的论述有点问题,注重了这一面,忽视了另一面,木匠斧子——一面砍,不符合辩证法。|梁大姐不愧是优秀的人民调解员,不忘初心,秉公办事,从不木匠斧子——一面砍。

【木匠拉大锯——有来倒去儿】有来倒去儿:来回重复。比喻人说话有头有尾,符合情理,自始至终投入其中,兴趣盎然。也指双方礼尚往来。[例]老赵从国外回来,十分兴奋,讲起自己的一路见闻,那是木匠拉大锯——有来倒去儿的。|大王和小李的家门对门,谁家做了好吃的都惦着对方,这就叫"木匠拉大锯——有来倒去儿"。

【木匠拉锯——有来有往】指对等行动,或礼尚往来。[例]我们两个厂子紧挨着,拆了墙就是一家,经常是木匠拉锯——有来有往，谁有了难处都会鼎力相助。

【木匠拉线——照直崩】线:吊线:木匠用线吊垂物形成垂线，供取直。形容说话做事直来直去，不拐弯抹角。[例]郑铁在我们单位人缘特别好，主要是因为他性格直爽，有什么事从不藏着掖着，木匠拉线——照直崩。

【木匠推刨子——直出直入】刨子:木匠推刮木料等使之平滑的工具。比喻说话做事直截了当，不拐弯抹角。[例]新来的公司经理和咱员工对把子，你看他为人处世都是木匠推刨子——直来直去，没有距离感。

【木匠摇墨斗——连轴儿转】墨斗:木匠画直线的工具。形容夜以继日的劳动或工作，或连续不断地从事某项事情。[例]实在没办法，咱电商每年的双十一都是这样，这些天只能木匠摇墨斗——连轴儿转，连个吃饭的工夫也没有。

【木匠拽大锯——拉拉扯扯】拽:用力拉。指拉拢私人关系。[例]我再强调一次，在咱机关里，绝不允许存在"木匠拽大锯——拉拉扯扯"的坏风气，要坚决营造风清气正的政治生态。

【木头心眼——钻也钻不透】指人固执，死心眼儿，别人怎么劝说、开导也没用。[例]冯老兰看冯贵堂气色言语不对，拍起大腿说:"咳!你木头心眼，钻也钻不透!你上学花的那洋钱摞起来比你人还高，白花了老爷爷的心血!"(梁斌《播火记》)

【木头眼镜——看不透】指对人或事物的真相、本质认识不清或了解不够。[例]作为律师，我给他挑大拇指，可是作为人嘛……还真是木头眼镜——有点儿看不透哩。｜那个岁数大一点的圆滑得多，还是保持一脸的不屑:"你想怎么着就怎么着？天老大你老二吧？我是木头眼镜——看不透你了!你真敢爬上去?"(天下霸唱《大耍儿》)

【木鱼儿漂大海——闯荡江湖的老梆(帮)子】木鱼儿:俗称梆子，用木头做成鱼头的形状，中间镂空，用小槌敲击出声。原本是僧尼念经使用的，后来也作为一种打击响器。梆与帮谐音。形容人是老江湖了，在外多年，阅历丰富，非常世故。也指阴险狡诈、诡计多端的人。[例]河北梆子和评戏，在天津戏迷中颇受欢迎。"梆子"是一种空心木制响器。旧时街市卖元宵的小贩就敲打梆子招徕顾客。"老梆子"是对老年人的蔑称或戏称，含有久经敲打之意，故有俏皮话"木鱼儿漂大海——闯荡江湖的老梆子"。(谭汝为《逗哏儿天津话 梆子》)｜老先生经多识广，是木鱼儿漂大海——闯荡江湖的老梆(帮)子了!(谭汝为主编《天津方言词典》)

又作"汪洋大海上漂来个木头鱼——闯荡江湖的老梆子"。[例]马老娃子钻过土窑儿，当过刀匪，汪洋大海上漂来个木头鱼——闯荡江湖的老梆子，一向心黑手辣，可他既然得了秦王玄宫的明器，为什么不去吃他一天三顿的臊子面，跑来这个寸草不生的大沙漠做什么?(天下霸唱《摸金校尉之九幽将军》)

【穆桂英打仗——阵阵到】穆桂英:《杨家将传》中的巾帼英雄，杨宗保之妻，武艺高强，英勇善战，与杨家诸将一道征战卫国，屡立奇功。比喻人热心于某项活动或事业，身先士卒，积极参加，每次都不缺席。[例]杨二爷慕名前去，听了一次觉得确实好，全是新鲜玩意儿，同样一部《岳飞传》，崔老道和别处说的都有不一样。打那开始听上了瘾，只要崔老道出摊儿，杨二爷必定是穆桂英打仗——阵阵到。一听就是大半天，听完了也不少给钱。(天下霸唱《崔老道捉妖:夜闯董妃坟》)

N

【拿棒子叶子上坟——糊弄鬼】棒子:玉米。上坟:到坟前祭奠死者。糊弄:欺骗;将就。指弄虚作假，敷衍了事或蒙人骗人。[例]看看这条马路修的，什么质量? 拿棒子叶子上坟——糊弄鬼呀!

【拿房檩当擀面杖——大材(才)小用】房檩:在木质结构房屋中，架在屋架或山墙上最高的一根横木，也叫大梁或正梁。擀面杖:擀面用的木棍。材与才谐音。比喻使用不当，造成人才或物质的浪费。[例]"文革"期间，我们厂来了几个大学教授，下放劳动做工人，真是拿房檩当擀面杖——大才小用。

【拿癞蛤蟆哄小孩——不是个东西】癞蛤蟆:蟾蜍的俗称，形体似青蛙，但比青蛙大，背部长满大小疙瘩。詈语，责骂某人品行恶劣，不是好人或不够做人的资格。[例]多年来，这个狗汉奸横行乡里，无恶不作,拿癞蛤蟆哄小孩——根本不是个东西,今天处决他大快人心!

【拿尿刷锅——假干净】形容龌龊的人虚假伪善,假装成一副正派或体面的样子。[例]谁不知道他的底细,还自称什么"正人君子",呸!纯属是拿尿刷锅——假干净!

【拿热脸去贴人家的冷屁股——犯不上】指热情待人或热心做事,却受到冷遇,实在不值得。[例]乐旺既然已经三番五次地表明对你没有一点意思,自己再往前凑,拿热脸去贴人家的冷屁股——犯不上,世上好小伙子有的是。

【拿着棒槌当针纫——没心眼儿】棒槌:捶打用的木棒。纫:引线穿过针鼻儿。比喻人不够机智,或缺乏心机。也指智力发育不够健全。[例]大虎老实巴交的,拿着棒槌当针纫——没心眼儿,你小子多狡猾,他怎么斗得过你?

【拿着棒槌缝衣服——啥都当针(真)】针与真谐音。指不加分析,盲目信任。[例]他是什么玩意儿你不清楚?他说的话你也听,拿着棒槌缝衣服——啥都当真,吃亏上当去吧!

【拿着扁担串门——直来直去】比喻性格直爽,说话做事直截了当,不兜圈子。[例]既然事情已经发生了,怎么解决?需要多少钱?都说干的,拿着扁担串门——直来直去。

【拿着菜刀哄小孩——不是好玩儿的】指事情风险很大,不可贸然行动。[例]这桩买卖利润丰厚,但风险也很大,拿着菜刀哄小孩——不是好玩儿的,你慎重考虑后,再把你的决定告诉我。

【拿着草帽当锅盖——乱扣帽子】比喻不经过调查、分析,没有根据地给人安上罪名或不好的名声。[例]你可得说清楚,要有证据,我什么时候偷工减料了?这不是拿着草帽当锅盖——乱扣帽子吗?

【拿着大炮打麻雀——大材(才)小用】材与才谐音。比喻使用不当,造成人才或物质的浪费。[例]在那极"左"的年代,我父亲虽然是大学毕业,但因出身不好,厂里一直让他当仓库保管员,拿着大炮打麻雀——大才小用。

【拿着鸡蛋碰碌碡——自找倒霉】碌碡:一种用来轧谷物、平整场地等的石制农具。倒霉:遇事不利,遭遇不好。比喻明知危险,还一味莽撞行事,以致遇事不利或遭遇不好,都是自己找的。[例]我和你说过,刁小三蛮横不讲理,惹不得,你非闲着没事跟他招欠,挨打了吧？这是拿着鸡蛋碰碌碡——自找倒霉。

【拿着鸡蛋撞石头——自取灭亡】形容明知危险,还一味莽撞行事,以弱击强,自找失败或自寻死路。[例]我们要正告"台独分子",玩火必自焚,你们若一意孤行,其下场只能是拿着鸡蛋撞石头——自取灭亡！

【拿着鸡毛当令箭——小题大做】令箭:古代军中下达命令时作为凭证的箭形物。比喻故意把小事当大事来办,不妥当,不值得。[例]赶快回去告诉你们头儿,我就不吃这一套,拿着鸡毛当令箭——小题大做,吓唬谁呢？

【拿着明珠弹麻雀——大材(才)小用】弹:用弹弓弹击。比喻对人才安排、使用不当,造成浪费。此语在下面例证中采取倒装式。[例]周大夫应该算是名医,医术如何,知道的人不多,也说不清楚。他当时开的诊所,在过去英租界的一幢小洋楼里,不仅距离稍远,诊费也太高。一般老百姓是看不起的,有些头疼脑热的小病小灾,街坊们也不敢轻易麻烦他,那不是大材小用,拿着明珠弹麻雀嘛。

(张映勤《浮生似水》)

【纳底子不用锥子——针(真)好】纳:缝纫方法,在鞋底、袜底等上面密密地缝,使它结实耐用。底子:鞋底。纳鞋底时,穿针引线前须先用锥子穿个小孔。针与真谐音。赞誉语,形容非常好、实在好。[例]这项工程,你们青年突击队干得漂亮,纳底子不用锥子——真好！

又作"绱鞋不用锥子——针(真)好"。绱鞋:也称上鞋,把鞋帮和鞋底缝在一起。[例]过去人们穿鞋多靠家中的妇女用旧、碎布打成布夹子粘好纳鞋底,再用青布剪好鞋面,送到技术好的绱鞋师傅那里,师傅用明线或暗线两种方法将鞋绱好。绱鞋时穿针引线前先用锥子扎个洞。所以有句俏皮话"绱鞋不用锥子——针(真)好"。(《今晚报》王爱茹文)

【奶妈抱孩子——人家的】奶妈:旧时受雇给人家奶孩子的妇女。指人和物属于别人,不是自己的。[例]这东西好是真好,但是奶妈抱孩子——人家的,我们只能饱个眼福了。

【奶油冰棍、薄荷凉糖——俩色俩味儿的】比喻不按常理办事,或半途发生变故,其结果出了问题。[例]

老天津人乐观的生活语言中有不少关于颜色的歇后语、俏皮话。比如"皇上的颜色——没人敢用",您想,那是天子御用宝物,庶民怎得消受呢?这话对物也对人。再比如"奶油冰棍、薄荷凉糖——俩色俩味儿的",一根冰棍、一块糖兼容多色多味,不愁卖不掉。这话也比喻不按常规路数办事,或中途生变故,其结果就出花样了,常带贬义。(由国庆《老歇后语中的天津颜色》)

【南方人喝工夫茶——慢慢品】指不要着急和浮躁,认真仔细地观察、品评、体会、辨别。[例]咱哥俩这是第一次见面,我是个什么样的人,可交不可交,您就南方人喝工夫茶——慢慢品吧。

【南蛮子憨宝——邪门儿】南蛮子:对南方人的谑称。民间传说,当年有位南蛮子来到天津,他的眼睛特别亮,似有特异功能,一眼就看出铃铛阁里有宝,于是每天在此静坐,一直坐了一年。终于在一天夜里看见,一头全身金光闪闪的黄牛从铃铛阁后面的空地里跑出来,被他牵走,发了大财。形容事情怪异或反常,出乎意料。也指邪念,坏主意。[例]嘿,真是南蛮子憨宝——邪门儿了,这屋里满地的水从哪儿来的呢?|是得好好查一查他,这小子表面黏黏糊糊,老实巴交的,实际上南蛮子憨宝——邪门儿的事儿干的不少。

【南门脸儿当差的代管八里台子——管的忒宽了】南门脸儿:老天津旧城南门一带。当差的:旧时指做小官吏或当仆人。八里台:地名,处于南开、和平、河西三区交界地带,原是天津旧城外南部坑洼苇塘中一块高地,后渐成村落,因与老城相距八里而得名。旧时从南门到八里台,除了小部分稻田就是大片开洼荒地,尽管距离很远,八里台仍由南门外警察公署管辖。忒:太。讥讽多管闲事,不该管的事也管。[例]咱家大少爷成天吃饱喝足,无所事事,就在大街上瞎逛悠,遇见什么事儿都爱插一脚,人们说他是"南门脸儿当差的代管八里台子——管的忒宽了"。又作(1)"南门外警察巡逻八里台——管得太宽"。[例]小子,你知道吗?这里是七爷的地界儿,你还来指手画脚,说三道四,真是南门外警察巡逻八里台——管得太宽!(2)"南门外的警察——管得着八里台的事儿吗"。[例]白衣

265

如意转向涂万军,不慌不忙地说:"你们是来村里打井抗旱的,俗话说南门外的警察——你管得着八里台的事儿吗?"仿佛被踹在腰眼儿上,涂万军被问蒙了。南门外和八里台是两个地名。我知道只有天津卫能够说出这种话——打井抗旱的确实管不着男女搞对象的事情。(肖克凡《吉祥如意》)(3)"南门外警察——代管八里台的事儿"。[例]俏皮话"南门外警察——代管八里台的事"。当年,除了南门外,海光寺一带就是连绵的稻田了,直到六里台、八里台,都是郊外开洼荒地。所以南门外的警察公署辖区一直延伸到八里台一带。天津人埋怨某机构或某人管得过宽过滥,就说"你是南门外的警察——代管八里台的事儿!"(张炳学、刘志永主编《中国地域文化通览 天津卷》)(4)南门外的地方——代管八里台子"。地方:也叫地保,指旧时民间为政府办差的人。[例]这件事情跟你有嘛关系?八竿子也打不着,别像南门外的地方——代管八里台,少插嘴儿,待在一旁看热闹。

【脑袋瓜上刷糨子——糊涂到顶】糨子:糨糊,用面等做成的可以粘贴东西的糊状物。形容人的认识非常模糊、混乱,或太不明事理了。[例]这可是个原则问题,来不得半点含糊,你这样做到底怎么想的?真是脑袋瓜上刷糨子——糊涂到顶了。

【脑袋上长草——发荒(慌)】荒与慌谐音。指因为害怕、着急或虚弱而心神不定。[例]伙计石鲁中知道自己今天犯了一个大错,当掌柜的从外面回来一进屋,他就脑袋上长草——发慌了。

【脑瓜顶上开天窗——眼眶子高】形容心高气盛,骄傲自大,瞧不起别人。[例]他算长能耐了,还瞧得起谁呢?脑瓜顶上开天窗——眼眶子太高了。

【脑门儿贴邮票——走人】指人离开,走开。[例]在生命的最后时刻,王振寰平静地对家人说:"这一回我是脑门儿贴邮票——该走人了!"他辞世的时候很安详。(李建新《天津二百年老漫画》)|你已经把话说到这个份儿上,既然不欢迎,那我们就脑门儿贴邮票——走人啦!

【能奶奶碰上熊奶奶——差了四点儿】四点儿:指能字比熊字少四个点。比喻还有差距。[例]李灿说:"就你小子话多,还王奶奶碰见汪奶奶呢,至少差了三点儿。"张炽

说："你要这么论,那就是能奶奶碰上熊奶奶——差了四点儿! 不是我话多,是真佩服咱哥哥!"(天下霸唱《火神》)

【泥牛入海——无消息】指一去不返,再无音信。[例]大彭究竟到哪里去了呢? 生产队派了好几拨人儿四处寻找,结果都是泥牛入海——无消息。

【泥菩萨过河——自身难保】指连自身都难以保全,更没有能力照顾或保护别人。[例]跟您说明了倒好些:我虽说在天津卫交了几个朋友,可还没有闹到手法通天的地步。眼下在洋人手下混事,也是知今天不知道明天的。泥菩萨过河——自身难保。(鲍昌《庚子风云》)┃可是昨天夜里造反派突然包围了你的住宅。你给省委打电话求救,根本找不到负责人,他们大概也是泥菩萨过河——自身难保。(蒋子龙《蛇神》)

又作"泥菩萨过江——自身难保"。[例]厚脸皮说:"话是这么说,可你、我和大烟碟儿,如今也是泥菩萨过江——自身难保。"(天下霸唱《傩神 崔老道和打神鞭》)

【泥人儿——实心眼儿】形容实实在在,心地诚实,做事踏实,不弄虚作假,不要滑头。[例]新分配咱车间的小史是个书呆子,泥人儿——实心眼儿,大伙儿不要欺负人家。

【泥人张不拜神——知道它的底细】泥人张:天津著名彩塑艺术世家,始创于清代道光年间,创始人为张明山。他"技艺高深,触手成像",18岁即得艺名"泥人张",以家族形式经营彩塑作坊塑古斋。神佛偶像都是泥塑的,对此,泥人张当然洞悉内情。比喻洞察事理,细致入微,对人或事的内情有透彻、详细的了解。[例]一个干部是好是坏,这个单位的群众心中最有数,泥人张不拜佛——知道它的底细。

【泥娃娃套火炉——毁孩子】泥娃娃:用泥制作的儿童玩具。套火炉:过去人们取暖、做饭都使用炉子(也叫火炉),用黄泥和水,黏稠即可,往炉膛里抹上一层,均匀适度,既隔热又保温防漏气,使炉火更旺。指糟蹋、伤害孩子,或断送孩子的前途。[例]对你这一套教育方法,我不敢苟同,认为极不妥当,是泥娃娃套火炉——在毁孩子呀!

【泥瓦匠不带瓦刀——捏(崴)泥】瓦刀:砍削砖瓦、涂抹泥灰的工具。

捱:舀，与崴谐音。指陷了入困境，难以解脱，或遇到棘手的事情，很难处理。[例]几个人闯进了深山老林，连东南西北都辨别不清，这可怎么办呢？泥瓦匠不带瓦刀——真是崴泥了。

【泥瓦匠出身——和稀泥】比喻缺乏原则性，处理事情总是采取调和、折中的办法。[例]在个原则问题上，我们必须旗帜鲜明，态度坚决，不能泥瓦匠出身——和稀泥，打折扣。

【泥瓦匠砌墙——两面三刀】形容居心不良，当面一套，背后一套，耍两面派手法。[例]一些贪官，在经济上狮子大开口，贪得无厌，在政治上也是与党离心离德，对组织不忠诚不老实，泥瓦匠砌墙——两面三刀。

【蔫巴萝卜——辣死人】蔫巴：蔬菜、水果等因失水分而萎缩。比喻真正厉害的人总是办事不张扬，不露痕迹。[例]你要盯住新来的这家伙，听说他是个蔫巴萝卜——能辣死人，不多加小心可不行啊！

【蔫萝卜——更辣】蔫：蔬菜、水果等因失去所含的水分而萎缩。指人的性格更泼辣，或手段更厉害。[例]大伙一边包着饺子，一边议论起来："你说咱这'八卦张'戴个二饼子，啥时候把你们阎秀华瞄上的呢？""俺们这个阎秀华也是个蔫萝卜——更辣！"（石磅《混血》）

【鲇鱼打喷嚏——吹须（嘘）】鲇鱼：一种头扁嘴阔、黏滑无鳞的鱼，普遍长有胡须。须与嘘谐音。形容夸张地宣扬或编造优点，吹牛皮，说大话。[例]儿子，你刚到公司才几天呀，干了点事儿就沾沾自喜，鲇鱼打喷嚏——吹嘘个啥？

【碾盘碰磨盘——石（实）打石（实）】碾盘：承受碾磙子的石头底盘。磨盘：托着磨的石制圆形底盘。石与实谐音。形容人说话办事实实在在，不掺一点虚假。[例]这个人已经跟了我好几年，碾盘碰磨盘——实打实，憨厚、仗义、可靠，就放在您身边当保镖吧！

【碾盘上的蘑菇——根子硬】指有很硬的后台，或很强的实力。[例]如今我给洋人办事，人家是碾盘上的蘑菇——根子硬。花钱雇你们来做工，你们就得干出个样儿来，偷懒耍滑不行！（鲍昌《庚子风云》）

【碾子里洗澡——浅得很】碾子：轧碎谷物或去掉谷物皮的石制工具，由碾磙子和碾盘组成。指学识浅薄,或见识肤浅。[例]我拜的那个师傅——义和团的五世传人赵三多,年前也这么跟我说过。看来人家那些高人,心路都差不多。评书上的话:"英雄所见略同。"不像咱们这号的,那点见识,算是碾子里洗澡——浅得很。(鲍昌《庚子风云》)

【娘儿俩守寡——谁难受谁知道】守寡:妇女死了丈夫后不再结婚。形容心里不痛快或身体不舒服,只有自己知道,谁也替不了,或跟谁说也没用。[例]你们几个都在城里打工,家里这一大摊子事儿,要说累呀苦呀,娘儿俩守寡——谁难受谁知道,老妈一个人担了,跟你们瞎叨叨有什么用?

【娘娘搬家——现大眼了】民间俗传,海神天后娘娘坐在海眼上,如果离开了原位,便现出海眼,大水就会淹没整个天津老城。讥讽颜面丧尽,极为出丑、丢脸。[例]同事们你一言我一语,老郭听了比骂他一顿还难受,心想:这事儿大家都知道了,真是娘娘搬家——现大眼了。

又作"娘娘搬家——有多大眼,现多大眼"。[例]现在有一些人素质太差,到国外旅游不讲文明,不注重形象,娘娘搬家——有多大眼,现多大眼,造成很坏影响。

【娘娘宫大殿供寿星老儿——是那个庙,不是那个神】娘娘宫:天津天后宫的俗称,是国内北方最大的妈祖庙,始建于元代,因皇帝下令建造,故名"敕建天后宫"。寿星老儿:神话传说中的长寿之神。形容做事粗心鲁莽,结果常常是阴差阳错,南辕北辙,令人啼笑皆非。也指单位还是那个单位,但里面的人员都变了。[例]老鲁,这车消毒药品是配给海天社区的,你怎么送到了富达社区?娘娘宫大殿供寿星老儿——是那个庙,不是那个神,也太粗心大意了。

【娘娘宫的娃娃——都是拴(酸)的】旧俗,过去天津结了婚而不孕的妇女,都要到娘娘宫抱一个泥制的娃娃回家,抱时要用细红绳把娃娃系住,故称"拴娃娃"。拴与酸谐音。形容人内心某种辛酸痛苦的复杂感触。[例]彩云,你问我眼下心里是什么感觉?那就套用老天津卫的一句俏皮话:"娘娘宫的娃娃——都是酸的。"

【娘娘宫的娃娃——泥(你)小子】娃娃:泥制的娃娃。泥与你谐音,常用于教训或斥责晚辈的起首语。[例]小柱儿,娘娘宫的娃娃——你小子,不要整天泡在游戏厅里,赶快把网瘾戒了吧!

【娘娘宫的小玩意——耍货儿】耍货儿:玩具,旧时天后宫周围有许多卖儿童的玩具货摊,名曰"耍货儿摊"。讥讽作风漂浮,吊儿郎当,没正形,做事不踏实。[例]旧时天后宫专卖儿童玩具的小摊儿很多,人们称它为"耍货摊"。俗话"娘娘宫的小玩意——耍货儿",批评工作不扎实,办事耍乎的年轻人。例如"这小子是'娘娘宫的小玩意——耍货儿',关键时准给你掉链子!"(张炳学、刘志永主编《中国地域文化通览 天津卷》)|娘娘宫里还有一个大宗买卖,那就是专卖"耍货"的玩具摊。老天津有句歇后语叫"娘娘宫的小玩意——耍货儿",可见这"耍货"有多大名气。小朋友们走到这里,肯定走不动路,被这里的各种玩具吸引住了。(高伟《老天津最红火的年货市场》)

【娘娘宫里抱个兔捣碓——没点儿人样儿】兔捣碓:中秋节给儿童买的一种泥制玩具,多为月宫玉兔持杵于碓(石臼)中捣药状。讥讽无论如何打扮或伪装,也不成人形,没人模样。[例]还有一种人,自从当了屁大点儿管事的就昏了头脑,酒色贪腐,无一不能,尽干些蝇营狗苟之事,甚至超出了人性的底线。天津俗话"娘娘宫里抱个兔捣碓——没点儿人样儿"便是说的这类人。(由国庆《七实三虚拴娃娃》)

【娘娘宫前大旗杆——独根苗儿】大旗杆:天后宫前有一根幡杆兀然独立。形容是唯一的,独一无二。也指独生子女或孤身一人。[例]不是吹,咱厂这一新产品科技含量高,又物美价廉,在全国也是娘娘宫前大旗杆——独根苗儿,迅速打开市场没问题。|泉舜是曹家的唯一男孩,娘娘宫前大旗杆——独根苗儿。

【娘娘宫前卖水——找挨骂】民间传说,天后娘娘是护佑漕运的海神,专事平息滔天恶浪。比喻缺乏善于观察、见机行事的能力,因而受到斥责或不讨人喜欢。[例]昔日天津水质差,又苦又咸,人们日常饮水用运河水或井泉水,因此还衍生了挑水卖水的水夫行当。话说一般在哪卖水都行,假如到娘娘宫门口卖水就不对劲了,俗称"娘娘宫前卖水——找挨骂"。细想不无道理,娘娘是海神,且座下有海眼,压根就不缺水啊。(点子《俏皮俗话》)|"你总嚷嚷什么?"大宝不耐烦地训斥小宝,"就你烦

人,没个眼力见儿,娘娘宫前卖水——找挨骂,这儿有你什么事儿?"

【鸟枪换炮——越玩儿越壮】戏指越来越强壮,或越来越壮大。[例]昨天,我们又打了一个胜仗,从敌人那里缴获一批武器弹药,咱民兵小分队是鸟枪换炮——越玩儿越壮了。

【鸟市儿的地——一块挨着一块】指一块地一块地依次接连着。[例]在鸟市儿练武术、开杂技场子的,一般都挨着。艺人们管场子叫"地"。"撂地"卖艺就是拉个场子卖艺的意思。艺人们还有句歇后语:鸟市儿的地——一块挨一块。(王传林《故上风云》)

【尿布做围嘴儿——臭一圈儿】围嘴儿:为保持清洁围在小孩胸前的用品。形容某人的名声不好,让周围的人都厌恶。[例]你要有点儿自知之明,改改坏脾气,看看街坊邻居有谁还愿意搭理你,尿布做围嘴——臭一圈儿了。

【尿罐儿打酒——差了壶】尿罐儿:又称尿壶、尿盆,用于小便的卧室器皿。指搞错了,或误会了。[例]您说什么呢?他冻掉她一根脚趾头,她打瞎他一只眼睛,仇人啊。您这是尿罐儿打酒——差了壶啊。(肖克凡《机器》)

又作"尿憋子打酒——差了壶"。尿憋子:即尿壶。[例]那秀才怔在天上,像是听不懂人们的喊叫。地上又喊:"裤腰带当围脖儿——你记(系)错了!尿憋子打酒——你差了壶!鞋帮子变帽檐儿——你戴错了!"密不透风的俏皮话儿使天上的秀才完全懵了顶。一步踩空,他从天上坠落下来。(肖克凡《黑砂》)

【尿罐子镶金边儿——嘴儿好】谑喻人口才好,能说会道。也指说得漂亮、好听,光耍嘴皮子,不实干,落实不到行动上。[例]童家小孙女从小就人来疯,说话叭叭的,一套又一套,邻居明大爷幽默,爱说笑,打趣道:"真是尿罐子镶金边儿——嘴儿好!"|老弟,"文革"过去了,时代不同了,光靠尿罐子镶金边儿——嘴儿好行不通了,赶快干点正事吧。

【尿炕不说话——渗着】尿炕:尿床。渗:液体慢慢地渗入或漏出。指磨蹭、拖延,消极等待,或静观动态。[例]张小把儿和傻宝禄闻言大骇,忙说:"我二人但求不死,全凭道长吩咐。"崔老道说道:"既然如此,咱也别尿炕不说话——光在这儿渗着了!"(天下霸唱《无终

仙境》)

【尿盆儿种花——臊根儿】尿盆:用于小便的卧室器皿。臊:尿的难闻的气味。形容某人基础或素质差,根基坏,举止轻狂放荡,名声不好。也指有作风放荡、不守妇道恶习的女人。[例]他尿盆儿种花——有臊根儿,打小儿就偷鸡摸狗,没人管教,走到今天这一步是咎由自取。‖大脸霞就是一个破货儿,尽干勾引男人,破坏他人家庭的事儿,她呀,尿盆儿种花——有臊根儿。

【牛犊子驾辕——乱套了】牛犊子:小牛,乳牛。驾辕:驾着车辕拉车前进。比喻乱了章法、次序或秩序。[例]让他这么一闹,鸦雀无声的会场,立刻就牛犊子驾辕——乱套了。

【牛犊子叫街——懵门儿了】懵门:犯迷糊,头脑不清醒,混乱。形容发愣,糊涂,昏头转向,不知所措。[例]我们几个原来想得挺好,可到山上一看,根本不是那么回事儿,立马就牛犊子叫街——懵门儿了。

【牛马拉车——各有一套】套:将牲口与车辆或犁耙等拴连起来的皮绳之类用具。指各有各的套路、办法。[例]他俩旗鼓相当,牛马拉

车——各有一套,比赛的结果现在还真不好预测,只能看临场发挥了。

【牛魔王的扇子——远点儿扇着】牛魔王:《西游记》中的人物,当火焰山挡住了唐僧取经之路,牛魔王用假芭蕉扇欺骗了孙悟空,使大火越扇越大。斥责语,离远点儿。[例]我没找你算账,你却倒打一耙找上我的门,懒得搭理你,牛魔王的扇子——远点儿扇着去!

【牛皮灯笼——肚里亮】牛皮灯笼:牛皮制作的灯笼,点上火虽不透光,但灯笼里头明亮。形容心里非常清楚、明白。[例]张金龙翻着白眼说:"他找我干吗?"双喜说:"哼,牛皮灯笼肚里亮,你心里还比明白?"(袁静等《新儿女英雄传》)这两人唇枪舌战,嘴架打得厉害,我是牛皮灯笼——肚里亮,谁是谁非,心里早就有了谱。

【牛屁股后的苍蝇——叮(盯)上不放】叮与盯谐音。指看准目标就不放弃。[例]我再一次明确地告诉你,你的要求已触碰了底线,赖在这儿如牛屁股的苍蝇——盯上不放,也没用,不会有好结果。

【牛蹄子——两瓣(半)子】牛蹄子:牛为偶蹄目动物,蹄形分为成两瓣。瓣与半谐音。比喻双方意见

不统一,各行其是,不能合作共事或和睦相处。[例]好啦,往一块儿凑;不好,牛蹄子两瓣子,谁也不认识谁。(李燃犀《津门艳迹》)

【牛蹄子上供——就显你脚(角)大】上供:用物品祭祖或敬神。脚与角谐音。讥讽人爱显摆、炫耀。[例]别争了,牛蹄子上供——就显你角大?人外有人,天外有天,这次赴京参赛根本没有你的份儿。

P

【趴着拉屎——没劲儿】比喻对人或事不满,表示否定。也指没意思,没奔头。[例]别跟我提这小子,趴着拉屎——没劲儿!┃有了成绩都是他的,出了毛病都是咱们的,跟着这种头儿干,趴着拉屎——真没劲儿!

【爬梯子上天——空想的事儿】指想法不切实际,不可能实现。[例]你们起草的小区规划,我认真看了,最大的问题是脱离实际,爬梯子上天——空想的事儿多了些,需要推倒重来。

【拍花的逛娘娘宫——白搭工夫】拍花的:对用迷魂药(迷幻药)诱拐妇女、儿童的人贩子的旧称。旧时,娘娘宫平素不准香客带12岁以下儿童进庙,故拍花的没有乘逛庙而诱拐儿童之机。形容办事路数不对,白费时间和精力,不起作用,没有结果。[例]平素不准香客带12岁以下儿童进庙。由此生成歇后语:拍花的逛娘娘庙——白搭工夫。(谭汝为主编《天津方言词典》)┃老兄,现在是民国了,不再考秀才,你就是满肚子学问,人家也不用你,还不是拍花的逛娘娘庙——白搭工夫?

【拍马屁拍上了大腿——拍的不是地方】拍马屁:奉承、讨好别人。比喻想讨好别人,却事与愿违。[例]老姚别说了,这些奉承的话让谁听了都肉麻,新领导可不吃这一套,你别拍马屁拍上了大腿——拍的不是地方,反落一身不是。

【拍马屁拍到蹄子上——让它尥了一蹶子】尥了一蹶子:骡、马得跳起来用后腿向后踢。比喻想讨好别人,却反遭冷落、责怪,讨个没趣。[例]看着白小乐垂头丧气地从老总的办公室出来,几个同事都笑了,大童拿俏皮话逗他:"是不是拍马屁拍到蹄子上——让它给尥了一蹶子?"

又作"拍马屁拍到大腿——倒挨一脚"。[例]晓龙看不出个眉眼高低,老处长正在气头上,他却说起恭维的话,结果是得到的是几句骂声,这就叫"拍马屁拍到大腿——倒挨一脚"。

【拍卖师落槌——敲定】拍卖师:主槌拍卖活动的主持人。指已经确定、决定下来。[例]这件事是我们几个人一起商量的,那就拍卖师落槌——敲定了,咱拧成一股绳,拼搏一场吧!

【迫击炮打蚊子——小题大做】迫击炮:一种从炮口装炮弹、以曲射为主的火炮。指把小事当作大事来处理,不恰当,不值得。也指虚张声势,把小事加以渲染,故意扩大事态。[例]这本来是件很容易解决的事情,你何必迫击炮打蚊子——小题大做,闹得四邻不安呢? ▏你对燕姐儿有意见可以提,但这种迫击炮打蚊子——小题大做的做法,引起了同事们的反感。

【螃蟹吃豆腐——吃得不多,抓得挺乱】指办事情杂乱无章,不加选择,不分主次,效果往往是适得其反。[例]现在是百业待兴,百事待举,要把所有的事都找出来,分分类,排排队。看看哪些该办,哪些

不该办;哪些能办,哪些不能办;哪些先办,哪些后办。排列清楚,落实下去。不加选择,眉毛胡子一齐抓,核桃栗子一齐数,其结果必然是螃蟹吃豆腐,吃得不多,抓得挺乱。(李瑞环《看法与说法》)

【螃蟹吃高粱——顺着秆往上爬】比喻迎合,随声附和,借助别人的势力获取好处或利益。[例]你这种人见得多了,螃蟹吃高粱——顺着秆往上爬,我偏偏不吃这一套!

【螃蟹的眼睛——净往上瞅】净:只,全。瞅:看。形容善于溜须拍马,阿谀奉承,总是看上级脸色行事。[例]在汉沽地区,有时说某人是"属螃蟹的",也指这个人善于溜须拍马,阿谀奉承,看上级脸色行事,一味讨好上级。为了有所区别,让表达的意思更明确,人们往往用上一句歇后语:螃蟹的眼睛——净往上瞅。(薄献忠《螃蟹俗语》)

【螃蟹的爪子——道道儿多】指办事的主意或门路多,带戏谑意味。[例]这件事好几个人都没办成,还是你小子行,螃蟹的爪子——道道儿多。

【螃蟹掉大爪——没夹(家)】夹与家谐音。指没有妻室、家庭或房舍。[例]我老头子孤身一人,螃蟹掉

大爪——没家,有啥可怕的,今天就跟你们几个小混混拼了!

【螃蟹过河沟——七手八脚】形容人多手杂,动作纷乱,没有条理,很不协调。[例]福乐哥家盖新房,来了几个毛头小伙帮工,结果是螃蟹过河沟——七手八脚,杂乱无章,叫人哭笑不得。

【螃蟹过马路——横行霸道】晋语,责骂人依仗权势,胡作非为,蛮不讲理,专横跋扈。[例]以"村霸"王独峰为首的黑恶势力,多年来把持基层政权,垄断农村资源,螃蟹过马路——横行霸道,肆意欺压残害老百姓,我们必须狠狠打击,除恶务尽!

【螃蟹夹豌豆——连滚带爬】豌豆:一年生或二年生草本植物,结荚果,种子近球形。形容在逃窜时的狼狈相。[例]我军经过缜密侦查,选准了攻城的突破口,凌晨5点发起总攻,在隆隆的枪炮声中,城里的敌人溃不成军,犹如螃蟹夹豌豆——连滚带爬。

【螃蟹进稻田——遭了秧(殃)】秧与殃谐音。指遭受困难、麻烦或灾祸。[例]我跟着你做买卖,本想发点儿小财,结果却是螃蟹进稻田——遭了殃,连本都没捞回来,真是瞎了眼!

【螃蟹吐沫儿——没完没了】沫儿:唾液。比喻说话做事啰唆、磨蹭,拖泥带水。也指事情接连不断,没有完结。[例]就这么点活儿,你们几个干了七八天,螃蟹吐沫儿——没完没了,磨磨唧唧,这个月的奖金没了。|这场官司一拖就是好几年,至今尚无结果,螃蟹吐沫儿——没完没了,烦死人了。

【跑旱船的——硬撑着】跑旱船:民间舞蹈,用竹篾或秫秸等扎成船形,外围彩布,套系在女舞者的腰间扮乘船人,另有一男舞者扮演艄公,手持木桨,作划船状。通常是两人边歌边舞,如船浮行于水面。指对难以胜任的重负硬挺着,勉强支撑,维持局面。[例]你既然知道自己的能力有限,就该知难而退,何必像个跑旱船的——硬撑着呢?

【跑马圈地——谁横谁说了算】横:粗暴、蛮横。指某人蛮横粗暴,不讲道理,在某个地方或某个场合一切都得听他的。[例]前几年这个农贸批发市场,可以说是跑马圈地——谁横谁说了算,在扫黑除恶的专项斗争中,打掉了强买强卖的犯罪团伙,净化了经营环境,深得人心,老百姓拍手称快!

【跑马射箭——玩的是个姿势】指只

注重外在形式,做表面文章,不真抓实干,没有实际效果。[例]有的干部下基层,不能真正沉下去,而是蜻蜓点水,走马观花,好像跑马射箭——玩的是个姿势。

【炮筒子脾气——沾火就着】形容脾气暴躁,难以控制,很容易发火。[例]要说大老李,真是哪儿都好,就是性情暴躁,炮筒子脾气——沾火就着。

又作"炮筒子——一点就着"。[例]听说寇巴拉是个炮筒子——一点就着,等会儿他来了,我们先把他的火拱起来,事情就好办了。

【炮筒子脾气——大大咧咧,直来直去】比喻性格爽快,说话做事直截了当,不绕圈子。[例]吴小丽虽然文化水平不高,却总是自我感觉良好,和胖刘老婆在一起她就有一种高高在上的优越感,说话的语气神态明显的有些看不起对方,嫌人家粗俗邋遢,脏了吧几,没有教养。好在胖刘老婆是个炮筒子脾气,大大咧咧,直来直去,也不往心里去,只是觉得小朱老婆清高傲慢,虚情假意,见人爱理不搭的,也就放弃了成为朋友的努力。(张映勤《伙居年代》)

【赔本赚吆喝——落个买卖人儿】指为了落个好名声,而不怕吃亏受累。[例]"知道啦!"一只虎邓亮一面向后院跑,一面回过身子答应着,"五掌柜,不用吩咐,少加不了'佐料',赔本赚吆喝,落个买卖人儿!"(张孟良《血溅津门》)

【喷壶不叫喷壶——碎嘴子】喷壶:浇水的器具,壶状。指人话多,说话絮烦,唠叨个不停,令人生厌。[例]你呀,就是一个喷壶不叫喷壶——碎嘴子,给我到一边凉快去,不要在这儿喋喋不休。

【皮带不打眼儿——系(记)不住】系与记谐音。形容对某人或某事不关心、不重视,留在脑子里的印象不深刻、不长久。也指人记性不好,健忘。[例]你问我简佳佳当年上大学的事儿,对不起,皮带没打眼儿——真的记不住了。

又作"皮带没眼儿——系(记)不住"。[例]我年纪大了,脑子不好使了,您说了半天,我也是皮带没眼儿——记不住,麻烦还是写在纸上吧。

【皮带凉鞋——空前绝后】皮带凉鞋:夏天穿的皮带凉鞋,鞋帮上有空隙,露着脚趾和脚后跟,可以通风透气。谑指从前没有过,今后也不会再有,多用来形容不寻常的成就或盛举。[例]盛家祖孙三代都考上了状元,在咱们这个小县城，也算得上皮带凉鞋——空前绝后，县志里应该留下一笔。

【皮裤套棉裤——必定有缘故】此语来自民间故事。指不合常理的事情的发生，肯定是有一定的原因。[例]"皮裤套棉裤"是歇后语、俏皮话。它的表意重心在于省略了的"必定有缘故"。这个俏皮话是怎么来的呢？有民间故事说：一年冬天，天气非常冷，一个穷人穿上一条旧棉裤，还觉得冷，就把一条破羊皮裤也穿上了。出门时，遇到老乡。那人见状感到奇怪，就问："你怎么穿棉裤还套皮裤呢？"他幽默地回答："皮裤套棉裤，必定有缘故。不是棉裤薄，就是皮裤没有毛。"大家闻听后，大笑不止。(谭汝为《皮裤套棉裤》)‖还是说那天在街边看见的事。这两个看不出年纪的年轻人正在街边摆摊儿，一边卖东西一边聊天儿，卖的什么没注意，他们前边聊的什么也没注意。当时天挺冷，满街刮着白毛风，其中一个嘟嘟囔囔地说了几句，好像是说，昨天的买卖儿还不错，怎么今天就不行了，这时另一个哼一声，就说了一句：皮裤套棉裤，必定有缘故！这是一句地道的天津俚语。(王松《"故事"的故事》)

又作"皮裤套棉裤——一定有缘故"。[例]牛小放自然明白这里面一定有事，电话响了几次他始终不接，怎么知道是骚扰电话？推销产品的会这么执着？专给他一个人打电话？电话响了几次，王大彪死活就是不接，想必是皮裤套棉裤——一定有缘故，在车上说话不方便呗。(张映勤《心事重重》)

【皮球安把儿——好大的梨】讥讽吹牛皮，说大话，自我吹嘘，言过其实。[例]过去，在娘娘宫门前有个算卦的，很爱吹牛，到处炫耀，是一个皮球安把儿——好大的梨儿。

【皮球上扎了一刀——软了下来】形容态度由强硬转为温和。[例]魏盛文听说我把证人找到了，立刻就像皮球上扎了一刀——软了下来。

【皮球上扎了一刀——泄了气】指失去了信心，或没有了劲头儿。[例]看到大家早就跑得没了影儿，只剩下自己孤身一人，他像皮球上扎了一刀——泄了气。

【皮球上扎了一刀——气消了】指怒气已经平息。[例]老爷子正要发火，大孙女说了一句俏皮话，就把他逗乐了，顿时像皮球上扎了一刀——气消了。

【皮鞋招土儿——不掸】招：接触，沾上。比喻对他人的言行或要求表示轻视，置之不理。[例]他还是个小屁孩，说的话你也当真？皮鞋招土儿——不用掸。

【皮影断线——要不了啦】皮影：对皮影戏的通称。艺人在白色幕布后，通过提线绳操纵皮影人物，或配以音乐，来进行表演。指没有条件或办法再要弄、玩弄了。[例]到了这时候，莫老大才明白，卤水点豆腐，一物降一物，在这帮浑小子面前，收起自己的小把戏，皮影断线——要不了啦。

【蚍蜉撼大树——不自量力】蚍蜉：一种大蚂蚁，撼：摇动。讥讽人过高地估计了自己的力量，去干力所不及的事情。[例]"台独分子"这样做，简直是以卵击石，蚍蜉撼大树——不自量力！

【屁股打后脑勺——忙得不可开交】形容非常忙，手头的事情应接不暇，甚至忙到焦头烂额。[例]姐你可来了，这些天全国各地的单子太多，我是屁股打后脑勺——忙得不可开交，中午请我吃什么大餐？

【屁股后边夹扫帚——愣充大尾巴鹰】讥讽自以为了不起，过高地估计自己的力量，装模作样，目中无

人，好大喜功，招摇过市。[例]民间歇后语：屎壳郎卧铁道——愣充大铆钉，麻雀落在拖布上——愣充大尾巴鹰。天津人说得更不客气，屁股后边夹扫帚——愣充大尾巴鹰。(林希《老天津画传》)┃也许有人说，人家印台历，管得着吗？没事别矫情，屁股后边夹扫帚——愣充大尾巴鹰。(周凡恺《台历也疯狂》)

又作(1)"屁股后面夹个扫帚——愣充大尾巴鹰"。[例]祥子三天两头赊欠台球费，这种人最会看人下菜碟，他见手雷不说什么，以为这个人好欺负，拿了柜台上的东西也不给钱，甚至还变本加厉，隔三差五就带着一群狐朋狗友来，"屁股后面夹个扫帚——愣充大尾巴鹰"，在台球厅白吃白喝带白玩儿。(天下霸唱《大耍儿》)(2)"鸟儿屁股插鸡毛——愣充大尾巴鹰"。[例]崔老道自称看殃看得准，怨煞之气为殃，他说他能看见，别人谁都没见过。如今的人必定认为，崔老道一个批殃的江湖术士，自称会看殃，多半是鸟儿屁股插鸡毛——愣充大尾巴鹰。(天下霸唱《无终仙境》)

【屁股后面挂铃铛——穷得叮当响】形容非常贫困。[例]儿子，老爹无

能,你看这屋里屋外还有什么?屁股后面挂铃铛——穷得叮当响,真的拿不出那么多的钱给你娶媳妇呀。

【屁股上挂镜子——照见别人照不见自己】比喻只看见别人的短处,看不见自己的短处。[例]大水好笑地说:"那会儿我是屁股上挂镜子,照见别人照不见自己,心里可是在生你的气呢。"(袁静等《新儿女英雄传》)

【屁股下面坐橛子——根儿硬】橛子:短木桩。比喻有很硬的后台或很有实力。[例]我说里面的人,你听着!机关枪就在你脑袋上瞄着呢,你屁股下面坐橛子,根儿还那么硬呀?(袁静等《新儿女英雄传》)

【屁眼儿拔罐子——嘬屎(作死)】屁眼儿:又叫屁眼子,肛门。拔罐子:一种传统的中医治疗手段。嘬:吸吮。嘬与作谐音。屎与死谐音。讥讽或斥责人不知轻重,不顾危险,胡作非为,自寻死路。[例]有一次,小伙伴的奶奶把长牌忘在家里了,她只好跑到我家来歇歇脚。老太太一见我奶奶就气哼哼地骂起工厂来。我就把老尹如何下令发牌的事情,一五一十地跟她讲了。老太太说:"他这才叫'屁股眼儿拔罐子——嘬屎(作死)'呢!"(侯军《那些小人物》)

又作"屁股眼儿上拔罐子——嘬屎(作死)"。[例]街道代表指着墙上的标语问:这是什么?曹无极:伟大领袖万寿无疆。街道代表:你是"屁股眼儿上拔罐子——嘬屎(作死)"啊;伟大领袖"万寿",你却自称给新中国推算出"二百年江山"来,还敢说没搞迷信活动?(龙一《美食小说家》)

【屁眼儿里有虫子——该吃药打打】指想办法整治、教训一下讨厌或憎恨的人。[例]刚才……杨八叉缠着我,就跟一只苍蝇赛的。你说杨八叉在老家县城卖豆腐多好啊,非跑到天津卫南市三不管儿来撞大运。哪来那么多大运让你撞呀?我看他是屁眼儿里有虫子,该吃药打打啦!(肖克凡《蟋蟀本记》)

【屁眼子太大——把良心都拉出来了】讥讽或责骂那些丧失良心、无情无义之人。[例]二哥双手一拍大腿,站起来说道:"行!就这意思吧,我今天该说的也都跟你交代了,但我可不是从中说和啊!我才懒得管你们这些小毛孩子的屁事儿,你怎么着?还能回家吗?

要不跟我上天重待着去，小谢可想你了，老跟我们说你这几年一直没去看他。我今天要不是从家里出来我就把他也带来了，看你见了他的面怎么说，屁眼子太大——把良心都拉出来了？"（天下霸唱《大耍儿》）

【片儿汤里下排骨——软中有硬】片儿汤：一种面食，把面片放在加有佐料的汤里煮熟。形容性格温柔中带有刚强，或温顺和善中含有强硬态度。[例]蓝天虽然以央求帮忙的口吻说出这番话，可是片儿汤里煮排骨——软中有硬，满地一时琢磨不出这背后的意思。

【破包子——漏（露）了馅儿】包子：一种食品，多用发面做皮，包上馅儿后蒸熟。漏与露谐音。比喻不想让人知道的底细、内情或隐秘暴露出来了。[例]她不小心把别人的车碰了一个坑，想趁天黑一走了之，结果被小区的视频监控录了个正着，破包子——露了馅儿了。

【破表——没准儿】比喻说话做事没有准头，或经常改变主意，不可靠。也指把握不住，难以估计，不一定，说不定。[例]你问这事儿，现在还真不太好说，破表——没准儿，走一步看一步吧！｜主任，

您的想法总变，破表——没准儿，让我们下边的人怎么干？

【破茶壶——没嘴儿】谑指人表达能力差，口才不好，不善辞令。[例]老童为人老实，干活儿踏实，但你要让他上台讲话非常困难，工友们笑说"他是破茶壶——没嘴儿"。

【破车——散了】指散伙或垮台。[例]很好的几个哥们儿合伙投资办了一家公司，只维持两年就破车——散了，不但亏了钱，连朋友也没得做了。

【破车——歇了】表示事情完结，终止。也指不行了，完蛋了。[例]我急急忙忙跑到黄大发的工厂，一看封条已经贴上，这是破表——歇了，欠我的一百多万上哪儿去要啊！

【破大褂——没里（理）儿】大褂：一种中式单衣，没有衬里。里与理谐音。指说话做事不讲道理。[例]你在同事之间串瞎话，造成不团结，破大褂——没理（里）儿，还狡辩什么？

【破灯笼——别点了】比喻不要去做没有意义或价值的事情。[例]咱们破灯笼——别点了，在这鬼地方挖来挖去，有什么宝呀？纯属瞎扯淡，赶快打道回府！

【破风筝——不见起】表示不见得或不一定。[例]老孟，你估计化工股过两天会大涨，我看是破风筝——不见起。

【破空竹——抖不起来了】空竹：用木头等制作的玩具，在圆柱的一端或两端安上周围有几个小孔的圆盒，用绳子抖动圆柱，圆盒迅速转动，会发出嗡嗡的声音。比喻人精神振作不起来。也指某人或某个家庭失势败落，再无往日的风光。[例]听到这个消息，对黄锦绣打击不小，使她顿时成了破空竹——抖不起来了。｜现在解放了，咱贫下中农翻身当家做了主人，你们这些地主富农都是破空竹——抖不起来了。

又作"破风筝——抖不起来了"。[例]家族企业一宣布破产，他就一蹶不振，再没了往日的神气，像破风筝——抖不起来了。

【破门帘子——挂不住】指因丢面子而难堪，脸色不好看或沉不住气。[例]说完这些话，我有点儿后悔，知道它会使曼曼姐破门帘子——挂不住，但是不说出来搁在心里又十分难受。

又作"破门帘——有点儿挂不住"。[例]在今天的全体会上，处长把大齐臭批了一顿，他破门帘——有点挂不住了，回到办公室坐在那儿大半天不说一句话。

【破面被——续絮（叙叙）】续：添加。絮：弹松的棉花。续絮与叙叙谐音。指说说，谈谈，讲讲。[例]老伙计，什么时候从三亚回来的？多日不见，可想你了，快坐下来，咱们破面被——好好叙叙。

【破瓶子——嘴儿好】形容口才好，善于表达，能说会道。也指耍嘴皮子，只会说不会干。[例]别看他手艺差，干活儿不行，但破瓶子——嘴儿好，所以车间主任喜欢。｜你呀，就是个破瓶子——嘴儿好，敢不敢真刀实枪地干一干，比一比？

【破砂锅——没底】砂锅：也称沙锅，一种炊具，用黏土等为原料烧制成的锅。形容做某件事情心中无数，没有把握和信心，也指对某种东西需求大，不能够满足欲望。[例]说实在话，这摊子事儿很棘手，领导刚交给我干的时候，也是破砂锅——没底。｜王宝儿知道崔道爷是个馋鬼，江湖人称"铁嘴霸王活子牙"，别的能耐没见识过，却有一门绝技，无论什么时候，有东西就能吃得下去，他那个肚子是破砂锅——没底！（天下霸唱《崔老道传奇 三探无底洞》）

【破手巾抹脸——不是露脸，就是现眼】手巾：毛巾。抹：揩，擦。指非此即彼，要么添光彩、增荣耀，要么出丑、丢人，二者选择其一。［例］当兵拿晌，节骨眼上就得玩命。这次阅操朝廷要来大人物，荣中堂亲自率队，咱们这一会是破手巾抹脸——不是露脸，就是现眼。演砸了，我跟大家都没得吃；演好了，人人有赏赐。（周振天《小站风云》）

【破鞋改趿拉板——甭提了】趿拉板：木制没有后帮的拖鞋。指不值得、不愿意或不能说起。［例］我和大群搞对象的事儿，从今往后破鞋改趿拉板——都甭提了，太让人糟心。

又作（1）"破鞋跟儿——提不上"。［例］索老师傅，我绝不想往武林里扎。我只会耍几下鞭子，身上的功夫就像破鞋跟儿——提不上。（冯骥才《神鞭》）（2）"破鞋跟儿——提不上的玩意儿"。［例］谁说不是呢？但凡家里趁点什么，能只看到河里捞死挣饭吃吗？巡河队的这份差事，真是破鞋跟儿——提不上的玩意儿。（天下霸唱《河神鬼水怪谈》）（3）"破鞋——提不起来"。［例］他这一问，把老山头问住。怔了一刻，把手在膝盖上一

拍，叹了口气说："咳！破鞋，提不起来了！"冯贵堂问："怎么？拉不过李霜泗来？"老山头摇摇头说："他不来。"（梁斌《播火记》）

【破蒸笼——不盛气（成器）】蒸笼：用竹篾、木片等制成的蒸食物用的器具。如果蒸笼破烂了，水蒸气会从漏洞里跑走，食物无法蒸熟。盛气与成器谐音。讥讽或斥责不学好，不上进，没有出息，成不了有用之才。［例］两个儿子刚从外面鬼混回来，老爷一见就怒火冲天，大吼道："我算看透了，破蒸笼——不成器的玩意儿，这么大的家业早晚让你们给败光！"

【扑火的飞蛾——有去无回】飞蛾：蛾子，有扑灯火的习性。讥讽自招祸患，自寻死路或自取灭亡。［例］只听一个国民党兵垂头丧气地说："长官，咱们举手投降吧，如果再硬往上冲，那肯定是扑火的飞蛾——有去无回。"

【菩萨的眼珠儿——动不得】菩萨：泛指佛和某些神。比喻自以为是，听不得批评意见。也指某物品非常珍贵或非常脆弱，不能用手去摸。［例］你自从当了一把手，有点儿忘乎所以，好像菩萨的眼珠儿——动不得，一听到批评就尥蹶子，这样下去很危险！▎阿

姨，这尊关公像是老板的心爱之物，你打扫卫生的时候要注意，菩萨的眼珠儿——动不得。

【葡萄拌豆腐——一嘟噜一块】嘟噜：累累下垂的一串或一簇。指说话口齿不清，啰唆饶舌，或办事不利索，不连贯。[例]吃完饭，张傻子一上台就说："爷，您今儿听不着口齿利落的相声了。您赏的菜里藏着个马蜂，把我的舌头给蜇肿啦！嘴里就是葡萄拌豆腐——一嘟噜一块啦！"（孙福海《不用偷着乐》）

Q

【七十二样酥崩豆——各是各味】酥崩豆：一种小食品，把蚕豆用水泡软后再炒熟，软硬适当。据说，旧时有小贩卖的崩豆有七十二种之多。比喻事物形形色色，各有异同，或风格多样，各有千秋。[例]河北地界儿也有一个赶着小毛驴卖酥崩豆的小贩，小贩子吆喝"酥崩豆呀——甜崩豆，七十二样酥——呀"，那个"呀"字带颤音儿，声音有点尖利，据说此人当年在宫里当过太监，可也只是据说

而已。如今已经没有人可以说清，老人卖的七十二样酥崩豆都是些什么品种，可天津却留下一句歇后语："七十二样酥崩豆——各是各味"。（王和平《津生津世就是那么哏》）｜参观了承德地区农副产品展销会，真让人开眼界，品种繁多，物美价廉，就如七十二样酥崩豆——各是各味。

【沏茶不喝——闷着】形容不吭声，不声张，沉默不语，寡言少语。[例]在会上，康头儿严肃地提出："这批布料出了这么大的质量问题，到底是哪个环节的错儿？"大家你看我我看你，沏茶不喝——闷着。

【齐脚面的水——平蹚】比喻做事顺利，没有困难，畅通无阻。[例]以前每逢夏季，大鸡葛必定开车陪厂领导去疗养所住些日子，久而久之跟疗养所里的人混得挺熟，他带个女的开房间，根本不要结婚证什么的，齐脚面的水——平蹚!（天下霸唱《大耍儿》）

【骑脖子拉屎——欺人太甚】甚：厉害。形容欺负人太过分了，不能容忍。[例]不要忘记你也是从农村走出来的，这样对待农民工，是骑着脖子拉屎——欺人太甚，会不得好报的。

【骑毛驴看唱本——走着瞧】唱本：曲艺或戏曲唱词的底本小册子。比喻在事情发展变化的过程中，等着看结果，见分晓。[例]大少爷，你老听我说，我杨来春没有本事有志气，我亲爹死在他姓常的手里，这笔仇不报，我誓不为人。咱骑毛驴看唱本走着瞧，今年我斗不败你，明年我也要斗败你，明年斗不败你，后年我也要斗败你，迟早有姓常的败在我手下的那一天。（林希《蛐蛐四爷》）｜崔大脚："王三那小子，嘛都干得出来，马大妹子那模样儿，那个岁数儿，别是那帮小子又在她身上打主意吧？"于麻子："这帮小子就是不办人事，咱们骑毛驴看唱本走着瞧。"（来新夏等《火烧望海楼》）

又作（1）"骑驴看唱本儿——走着瞧"。[例]合着我虞云隆辛辛苦苦给卢振天那小子修建了一座库房。这不是鸡孵鸭子白忙活吗？哼，无论虞金城还是卢振天，咱们是骑驴看唱本儿——走着瞧吧。（肖克凡《天津大码头》）（2）"骑驴看书本儿——走着瞧"。[例]好，我们俩骑驴看书本儿，走着瞧罢。（李燃犀《津门艳迹》）（3）"骑驴看账本——走着瞧"。[例]袁大屁股在岗楼上听了，哈哈大笑地回答着说："屎壳郎打哈欠——好大的口气！究竟谁正谁的法，骑驴看账本——走着瞧吧！"（王林《腹地》）

【骑马不带鞭子——拍马屁】讥讽善于阿谀奉承，为达到个人目的而拼命地巴结讨好他人。[例]这个人只要一见当官的，就凑上前，骑马不带鞭子——拍马屁，真叫人恶心！

【骑马吃豆包——撒了馅儿】比喻无意中泄露了底细、内情或机密、隐秘。[例]地点虽然知道了，咱们可别"骑马吃豆包——撒了馅儿"，要作出个不知道的样子。（袁静《淮上人家》）

又作"骑马吃豆包——露馅儿"。[例]张金龙说："咱们回去，可别骑马吃豆包——露馅儿！"（袁静等《新儿女英雄传》）

【旗杆上绑鸡毛——胆（掸）子忒大了】掸子：一种用鸡毛绑成的清除灰尘的用具。忒：很，太，特别。掸与胆谐音。讥讽或斥责人的胆量太大。[例]他苦笑一下，说，这算啥，那天我在出版社附近的一个书摊上，见有一本书是我们社出的，就拿起翻了翻，不想版权页上标的竟是外地的一家出版社。我当时就火了。把盗版书摆到出

版社的门口儿来卖，真是旗杆上绑鸡毛，这胆（掸）子也忒大了！（周凡恺《越侃越无聊》）

【汽车放炮——没跑儿】比喻无路可走，逃脱不掉了。也指很有把握，肯定无疑。[例]他躲到外地已经一个多月，思来想去，最后下了决心，还是回去自首吧，躲过十一躲不过十五，汽车放炮——没跑了。

┃大家低头算着本月的计件任务完成了多少，一个个眉开眼笑，全部超过定额，大把的奖金是汽车放炮——没跑儿了。

【汽车拉鼻儿——嘀嘀（低低）的】拉鼻儿：鸣笛。嘀与低谐音。指做人做事很低调。[例]新上任的书记很务实，一来就扎进生产车间，和咱工人打成一片，身段放得像汽车拉鼻儿——低低的，深受大家欢迎。

【汽车师傅——玩儿轮子】形容用花言巧语糊弄人、蒙骗人，实际办不成什么事，或故意搅局儿，蓄意捣乱。[例]你知道大洼是谁的地盘，在这儿跟我汽车师傅——玩儿轮子，是不是活腻了？

【汽车压罗锅——死也直（值）了】罗锅：驼背的人。直与值谐音。比喻人死得有意义，有价值，无怨无悔。[例]相山哥，他们如果实在不

同意，咱们就私奔，这辈子只要能跟你在一起，我是汽车压罗锅——死也值了。

【千里送鹅毛——礼轻人意重】指礼物虽微薄，但情义深厚。[例]俗话说："千里送鹅毛——礼轻人意重。"老师，我从国外带回十几张唱片，知道您喜欢，您就破个例收下吧！

又作"千里送鹅毛——礼薄情意重"。[例]白胖子一边打开盒盖，一边笑眯眯地说："哈，窘得很，千里送鹅毛——礼薄情意重吧！"（冯骥才《义和团》）

【千年的核桃——老仁（人）儿】仁与人谐音。指见多识广，经验丰富的老年人。[例]就你们两口子，还想和冷大爷过招？他可是千年的核桃——老人儿啊！

【牵牛花当喇叭——吹不响】牵牛花：一年生草本植物，花冠呈喇叭形，故俗称喇叭花。讥讽吹牛不会起作用，不会有好结果。[例]侄儿小子，你还是嫩呀，做人也好，干事也罢，都不能过分张扬，牵牛花当喇叭——吹不响。

【牵牛花当喇叭——闹着玩儿的】指轻率地对待人或事。[例]老哥，不要当真，你别往心里去，我这是牵牛花当喇叭——闹着玩儿的。

【钱串子脑袋——见钱眼开】钱串子：旧时的铜钱一般都用绳子穿起来。比喻人贪婪，过分看重钱财。[例]咱不要忘记，当年咱家穷的时候，是乡亲们帮助度过难关，现在口袋鼓了，怎能长个钱串子脑袋——见钱眼开？要多捐献，多做善事。

【钱铺的幌子——好大的吊（调）门儿】幌子：店铺招牌。吊：旧时的货币单位。吊与调谐音。比喻发表的论调似乎高明却脱离实际，或说得好听而不能落实，没有效果。也专指人嗓门高，说话声音大。[例]别以为咱农民傻，心里像明镜似的谁好谁孬，这次扶贫工作队就跟过去来的不一样，没有钱铺的幌子——好大的调门儿，却办了一件又一件实事好事，咱心里热乎啊！｜还没有走进厂区大门，我远远地就听见光之在喊，还是老样子，钱铺的幌子——好大的调门儿。

【强扭的瓜——不甜】指条件不成熟而勉强去做的事，或强制别人做不愿做的事，都得不到好的结果。[例]"那你和宛芬的亲事呢？"大山急切问道。他最关心的就是这件事了。"强扭的瓜——不甜，我就是这句话。"（鲍昌《庚子风云》）

行了，行了，强扭的瓜——不甜，拜把子必须心齐，哥儿几个想法一致咱就拜，但凡有一个人心气不高，咱也甭费那个事儿了。（天下霸唱《大耍儿》）
又作"强拧的瓜儿——不甜"。[例]严知孝说："咳！你净装些个糊涂……孩子们自然会选择自己的道路，打着鸭子上架不行，强拧的瓜儿不甜！"（梁斌《红旗谱》）

【墙旮旯儿电灯——明（名）角儿】旮旯：不受注意的偏僻角落。明与名谐音。指著名的演员或角色。[例]汉沽走出来的著名表演艺术家曾昭娟不简单，两度荣获"中国戏剧梅花奖"，那可真是墙旮旯儿电灯——名角啊！

【墙里的柱子——暗使劲儿】指不露声色地私底下用力。[例]他要是看你不顺眼，表面上还跟你乐乐呵呵，墙里的柱子——暗使劲儿，准给你下绊子。

【墙上的草——风吹两边倒】形容立场不坚定或没有主见，左右摇摆，哪一方面势力大就倒向哪一方面。[例]孩子，在这关键时刻，你要时刻保持清醒的头脑，站稳立场，不能被造反的嚣张气焰所吓倒，成了墙上的草——风吹两边倒。

又作(1)"墙头一棵草——风吹两边倒"。[例]刘作谦一下子笑了说:"咦!你算是想对了!如今世界,你算是墙头一棵草,风吹两边倒。保住身子骨是大事。"(梁斌《翻身纪事》)(2)"墙头上的草——哪边风硬哪边倒"。[例]现在有一类人,墙头上的草,哪边风硬哪边倒。那林秘书,就是这种人。(冯育楠《山林深处》)

【墙上挂帘子——不像画(话)】画与话谐音。形容言语行动不合乎规范或情理。也指不像样子,糟糕得没法儿形容。[例]小楚,这件事儿你是咋办的?哪儿也不挨哪儿,墙上挂帘子——不像话!┃跟你们经常讲,百年大计,质量第一,可看这活儿干的,东一榔头西一杠子,乱七八糟,墙上挂帘子——太不像话!

【墙上挂帘子——没门】比喻没有门路和办法,事情不可能办成,或表示不行,不同意。[例]咱们二排在打老蒋的时候是个功臣排。老美想要打败朝鲜,进攻新中国,那它是"墙上挂帘子——没门"!(袁静《伏虎记》)┃日久天长,难怪有人说,老人若要得到尊重,首先得知道自重,老是岁数不是本钱,爱人才能被爱,指着恶吃恶打要尊重,

就是骆驼进鸡窝、墙上挂帘子、搬着梯子上天——没门!(周莲娣《天津日报·莲娣脱口秀》)

【墙上挂棋盘——镚子儿不留】镚子儿:旧时本指小铜币,后指小面额的硬币,泛指极少的钱。形容保留或剩余的钱很少或一点儿钱也没有。[例]你们都进屋里搜搜看看,我眼下是墙上挂棋盘——镚子儿不留,要钱没有,要命有一条,爱咋办就咋办吧!

【墙上画鱼——一个眼的】形容性情固执、刻板,缺乏灵活,不会变通。有时也专指独目人。[例]大家都说行了,不用追究了,为什么偏偏你墙上画鱼——一个眼儿的,抓住不放呢?

【墙上架木框——假门】形容虚情假意,故作姿态,装出真诚的样子。[例]得了吧,郭老板,你那鬼心思谁看不出来?墙上架木框——假门,别装蒜了。

【墙头儿上种菜——难浇(交)】浇与交谐音。指与某人很不容易交往,或难以托付。[例]章飞这个人鬼心眼儿太多,墙头儿上种菜——难交啊!

又作"墙上种白菜——难浇(交)"。[例]很多人说瓢子各色,不好相处,墙上种白菜——难交,

但我和他像哥们儿似的,可能是一种缘分吧。

【劁猪割耳朵——两头遭罪】劁:阉割。比喻受到两方面的折磨、痛苦,都没有落好。[例]你们两位大人行行好,各退一小步,不要把我夹在中间,劁猪割耳朵——两头遭罪。

【敲锣卖糖——各干一行】行:行当。形容各干各的事请,不干预别人。也指各人干惯了各自的一行,精通了各自的一行。[例]这是你的专业,我不懂,也决不插手,咱们敲锣卖糖——各干一行。‖这有什么可夸的,"敲锣卖糖——各干一行",我打小儿就干这个,熟能生巧,什么事情都一样,好比你拿起笔来就能写大块文章,叫我就不行。

【巧嘴的八哥儿——说不出潼关去】八哥儿:一种鸟,经训练能模仿人的语言。潼关:关隘名,位于陕西省,自古以来就是兵家必争之地,素为险要。形容虽然能说会道,花言巧语,但也无济于事,解决不了困难和问题。[例]那武弁任他口似悬河,只是不肯让路,这正应一句俗语:"巧嘴的八哥儿说不出潼关去。"(李燃犀《津门艳迹》)

【巧姑娘绣花——针(真)功夫】针与真谐音。指名副其实,有确实让人佩服的本领。[例]她从小就拜师学艺,几十年风雨无阻,苦练不辍,巧姑娘绣花——确实有一身真功夫。

【切菜刀剃头——玩儿悬儿的事】形容做危险的事情,使之涉身险境。也指事情有太多的不确定因素,成功的可能性不大。[例]我看了李家庄那个矿井,安全隐患太多,切菜刀剃头——这是玩儿悬儿的事,赶快关了吧。

【切糕棍儿——白扔的货】切糕:一种传统小吃,用江米等作主料,配些豆类以及小枣、豆馅等蒸熟压实,卖时用刀切开。指废物,没有用的东西。[例]你们两个跟了我这么多年,眼力见儿也没涨多少,还让我给擦屁股,切糕棍儿——白扔的货。

【切糕换粽子——全是一路货】切糕、粽子:传统小食品,都是以江米、小枣、豆馅等为主要原料。比喻同属一个类型。多含贬义,用来责骂是同一类型的坏人,恶劣的性质完全一样。[例]好了,你们俩谁也别说谁了,切糕换粽子——全是一路货。‖这种官儿我见得多了。不是和长官沾亲带故从官太太裤腰带上拴过来混事

的,便是家里有几个臭钱,买官纳爵的少爷秧子。切糕换粽子,全是一路货。(鲍昌《庚子风云》)

【茄子开花——变种了】晋语,骂人是杂种。[例]弟兄们,河北地界那伙人是茄子开花——变种了,从此我们和他们一刀两断,永不来往。

【秦叔宝的黄骠马——来头儿不小】秦叔宝:即秦琼,唐初大将。《隋唐演义》记述,秦叔宝旅居潞州客店,因无力付房、饭钱,要卖坐骑黄骠马,此马虽饿得瘦弱不堪,却是"龙驹神马",是"灵兽",有一番不寻常的来历,乃"金龙飞下九天来"。指人或物有非同寻常的来历或背景。[例]"是福不是祸,是祸躲不过。"老常说,"看样子,真像秦叔宝的黄骠马,来头不小哩!"老温说。"怕什么?水来土挡,兵来将挡,"老常说,"不怕他有千条妙计,就怕我们没有一定之规!"(孙犁《风云初记》)

【青菜炖豆腐——没什么油水】指得不到什么利益或好处。[例]我到现场一看,只修一条很小的马路,预算又抠得太死,青菜炖豆腐——没什么油水,只当作公益吧。

【青蛙配对儿——玩儿漂儿】形容自命不凡,向人显示或炫耀自己。[例]你想跟着我练武术?就得准备吃苦,受累,流汗,挨打,可不是青蛙配对儿——玩儿漂儿的事儿。

【蜻蜓啃尾巴——自吃自】蜻蜓:一种昆虫,身体细长,常把尾巴弯到自己的嘴边,看起来像在啃自己的尾巴。指自己消耗自己的钱财。[例]他如今转用来买东西孝敬我,倒算是蜻蜓啃尾巴,自吃自。(刘云若《红杏出墙记》)

【穷老娘——提溜儿】老娘:接生婆的旧称。提溜儿:手中提着的极简单的接生所需物品。比喻心里惦记着,放心不下。[例]老娘身份低下,收入甚微,生活贫困,外出接生时所携之物,不过用布包一裹,持之而去。绝对比不了中西医出诊时所持之药箱或大皮包,故有"穷老娘——提溜儿"之语。(李炳德《老娘》)∣我下乡这些年,全家人的心无不像穷老娘——提溜儿着,如今回城了,一定干出个样儿,让大家以我为骄傲。

【秋后的棒子——掰了】棒子:玉米。指人与人之间的关系破裂。[例]十几年的好兄弟,因为公司的年终分红大吵一架,秋后的棒子——掰了。

【秋后的大葱——心儿不干】指不甘心，或不满足。[例]壮哥从摔跤场下来，总觉得这一跤输得太窝囊，秋后的大葱——心儿不干。

【秋后的蝈蝈——老油子】指见多识广，老于世故，善于算计，处事油滑。[例]一说起做买卖，徐光才就滔滔不绝，头头是道，一看就是秋后的蝈蝈——老油子。

【秋后的辣椒——越发老辣】比喻越来越厉害。[例]立波有出息，年纪不大，在市场上摔打了十几载，成了秋后的辣椒——越发老辣。

【秋后的蚂蚱——蹦跶不了几天了】蚂蚱：蝗虫。蹦跶：指跳跃、活动等。比喻事物发展到了尽头，离失败或灭亡已经不远了，多指坏人或恶势力已经衰败，横行不了多久了。[例]大婶，眼下别看日本鬼子闹腾得欢，他们是秋后的蚂蚱——蹦跶不了几天了，您就瞧好吧！

又作(1)"秋后的蚂蚱——没有几天蹦跶了"。[例]敌人已是秋后的蚂蚱——没有几天蹦跶了，但是不会甘心失败，必然要作垂死挣扎，我们还不能放松警惕。(2)"秋后蚂蚱——挣扎不了几天了"。[例]这是敌人的虚张声势，他们是秋后蚂蚱，挣扎不了几天了。你看，他们发射的炮弹，一会儿在这里爆炸，一会在那里爆炸。(申文钟《幽思长相随》)(3)"秋后的蚂蚱——没闹头了"。[例]这也是没法子的事。老天爷克扣人，一场大水淹过来，人人都成了秋后的蚂蚱——没闹头了。后来找他，还是没咒儿念。再说，找到侄儿，无非是让他指引个门路。(鲍昌《庚子风云》)(4)"晚秋里的蚂蚱——没有几天蹦跶啦"。[例]杜傻子也有了脾气，猛然抬起头来与大街对面的冤家对视着，说你姓邱呢就是晚秋里的蚂蚱——没有几天蹦跶啦!(肖克凡《天津杂事》)

【秋后的螃蟹——顶盖儿肥】形容十分拥挤，或饱满。也指长得很肥壮。[例]这是一个黑心司机，每次接送孩子们上下学都超员，车里挤得像秋后的螃蟹——顶盖儿肥，存在十分严重的安全隐患。▏这小孩长得像秋后的螃蟹——顶盖儿肥，应该注意饮食，加强锻炼了。

【秋后的螃蟹——看你横行几时】采用反问语气，比喻小人得志，坚持不了多久。[例]鹿大头靠造反起家，当上了厂革委会主任，大权在握，神气十足，工人们却在背地里戳他脊梁骨，说："秋后的螃蟹——看你横行几时？"

【秋后的树叶——黄了】指事情受挫，没有成功，没能达到预想的结果。有时专指商家、厂矿等倒闭。[例]真没想到，我们耗费了这么多的时间和精力，合作的协议还是没有达成，秋后的树叶——黄了。

【秋后的兔子——又撒起欢儿来了】形容因兴奋、开心而欢蹦乱跳的样子。[例]这个月公司上一个新项目，大家昼夜兼程，几乎连轴转，终于试车成功，老总下令放假一周，并亲自带员工们来北戴河休整，青年人一个个像秋后的兔子——又撒起欢儿来了。

【秋后的蚊子——嗡嗡不了几天了】嗡嗡：蚊子发出的叫声。比喻事物发展到了尽头，得意、神气不了多长时间了。[例]这一小撮土匪已经被困在山上，没吃没喝，缺医少药，他们是秋后的蚊子——嗡嗡不了几天了。

【秋后下地——专门找茬（碴）儿】茬与碴谐音。指无中生有，故意挑剔毛病，或借题发挥，蓄意挑衅。[例]局调查组来你们厂里，不是秋后下地——专门找碴儿，希望

大家端正态度，积极配合我们的工作。

【秋蚊子——死叮（盯）】蚊子在秋后开始繁衍后代，产卵需要大量营养，所以会拼命叮人吸血。叮与盯谐音。形容注意力非常集中，一点儿也不放松地看紧、盯住。[例]模特吸人眼球，一个个大姑娘大长胳膊、大长腿、大长脖子，一字走来，有些观众往肉里看，模特穿的是紧、透、露，谁家姑娘让你这么看？看模特就可以。有的人看模特是秋蚊子——死盯。（刘俊杰《我与恩师苏文茂》）
又作"秋后的蚊子——死盯"。[例]我坐下来要了二十串羊肉串、一瓶白酒，继续盯着棉六的大门，心说："不信你老貔貅不出这个门，我给你来个秋天的蚊子——死盯，看谁耗得过谁！"（天下霸唱《大耍儿》）

【蚯蚓放屁——土气味儿】指不合潮流、不时髦的样式、风格等。[例]老简头儿穿衣打扮几十年不变，保持老做派，有人说他"蚯蚓放屁——土气味儿"，他从不在乎，依旧我行我素。

【苣荬菜熬鲇鱼——苦大嘴】苣荬菜：又称苦菜，一种野菜，性味苦，可食用可入药。鲇鱼：也作鲶鱼，

分布广,种类多,一般嘴较大。形容人的命运或遭遇十分悲苦。也指人因多嘴、烦人,使自己也苦不堪言。[例]铁蛋儿三岁没娘,五岁没爹,从小儿就一个人靠乞讨为生,真是苣荬菜熬鲇鱼——苦大嘴了。

又作"苣荬菜喂鸭子——苦了大嘴"。[例]玉芬一听这话,马上耷拉下了脸,气愤地喝道:"这里有你嘛事? 也不怕嘴给身子惹祸!"说得彩凤像苣荬菜喂鸭子——苦了大嘴了。

【苣荬菜包饺子——心里苦】比喻内心非常痛苦,或把痛苦埋在心里。[例]你们知道娘是苣荬菜包饺子——心里苦就行了,都好好读书,考上名牌大学,是对我的最大关心和孝敬。

【娶媳妇打幡——添乱】幡:旧俗出殡时举得窄长的旗子,多用白纸剪成。指故意捣乱,给人增加麻烦。[例]二学生身上一阵阵发冷,胆战心惊地转头去看,但黑暗之中什么动静也没有,他紧张兮兮地说道:"我觉得这里有些看不见、摸不着,却非常可怕的东西……"罗大舌头说:"娶媳妇打幡——纯属添乱。你直接说有鬼行不行,至于绕这么大圈子

吗?"(天下霸唱《地底世界之幽潜重泉》)

【娶媳妇打幡儿——凑热闹】形容行为举止不合情理,跟着别人起哄、胡闹、乱来。[例]天津卫有句老话叫"娶媳妇打幡儿凑热闹",我这个年龄在今天的世界杯球迷中间,也就凑热闹啦。(李起厚《"凑热闹"》)|旧时老城里有位大爷名叫马老显,生性爱惹惹,喜热闹。别看他大字不识一个,却总是挤在人群里看刚贴出来的告示,想在第一时间内听到人们议论告示的内容。看到马老显如此执着,邻居讪笑曰:"娶媳妇打幡儿——凑热闹!"(谭汝为《谭谈天津话》)

又作:(1)"娶媳妇打幡儿——凑凑热闹"。[例]郝明又问道:"往海光寺日本兵营扔手榴弹,也是你干的?"李德欣不好意思地笑呵呵点点头说:"嗨,那……那也是娶媳妇打幡儿——凑凑热闹。"(张孟良《血溅津门》)(2)"娶媳妇打幡——跟着凑热闹"。[例]另一个特务说:"咳,你管这个做什么?"那个特务歪脑袋笑着说:"这不是娶媳妇打幡,跟着凑热闹吗?"(张孟良《血溅津门》)(3)"娶媳妇儿打幡儿——瞎凑热闹"。[例]嘿!

- 292 -

你们这些小孩伢子往屋里挤什么？这不是正月十五逛灯，别娶媳妇儿打幡儿——瞎凑热闹！出去！都给我出去！"(鲍昌《庚子风云》)(4)"娶媳妇打幡——白跟着凑热闹"。[例]其实未必就真值得那么忙，有些人是无事忙，甚至帮倒忙，或者做出忙的样子，还有不少的人原本就是娶媳妇打幡——白跟着忙活。(蒋子龙《农民帝国》)

【去年的皇历——看不得了】皇历：也叫黄历，历书的旧称，一年一本，排列月、日、节气等，供当年查用。比喻陈旧过时的事物、规矩或经验等，已不合时宜，失去效用。也指过时的事情不能或不用再提起了。[例]现在都进入了新世纪，您那一套老办法早已行不通，去年的皇历——看不得了。

又作"去年的皇历——不能使了"。[例]去年的皇历——不能使了。从眼下起，就得变个样儿！(孙犁《风云初记》)

【瘸拐李儿把眼挤——你糊弄我来我糊弄你】瘸拐李：李铁拐，神话传话中的八仙之一，手拄铁拐杖，随身背一大葫芦，神通广大。糊弄：欺骗、蒙混、敷衍、应付。讥讽两个人都装模作样，互相哄骗或

敷衍。[例]你们俩是一路货色，谁也别说谁了，瘸拐李儿把眼挤——你糊弄我来我糊弄你。

【瘸拐李儿的葫芦——不知装的嘛药儿】嘛：什么。指不知对方的真实意图，或看不清事实真相。[例]这事儿到底咋办？一路上我问了好几次，老徐也一言不发，瘸拐李儿的葫芦——不知装的麻药儿，真是急死人！

【瘸驴对破磨——凑合着】比喻双方条件都很差，互相勉强地将就、应付着做事情或过日子。[例]宝响光棍一条，惠英一人拉扯俩孩子，有好心人劝他们搬到一块儿，还开玩笑戏谑说："瘸驴对破磨——凑合着过吧！"

【瘸子担水——得一步步来】指做事情不急于求成，按一定顺序逐步去做。[例]双喜问明了情况，就安慰他说："你在人家别着急，咱们这些兵是什么兵呀，都是手锄把子的手，猛不乍地拿起枪就会打仗啊？这可是瘸子担水——得一步步来么！"(袁静等《新儿女英雄传》)

【瘸子脚面——绷着】讥讽自高自大，故意端架子，总是板着脸，装出一副严肃的样子。也指勉强支撑，抑制，或故意掩饰，不显示真

相。[例]天津人说话,简洁明快,干脆利索,不拖泥带水,不吭哧憋嘟,不冗长拖沓……对人物的褒贬——"这小子当官之后,狗熊穿大褂——人啦!瘸子脚面——绷着;热面汤——端着;要饭打狗棍——拿着。"用四个单音词:"人""绷""端""拿"。(张炳学、刘志永主编《中国地域文化通览 天津卷》)

【瘸子屁眼——斜(邪)门儿】斜与邪谐音。讥讽或责骂人行为不端,或使用不正当的方法、手段等。也指不正常,反常,或奇怪,意外。[例]有人说:"该咱们穷人倒霉了。这洋行比脚行更霸道,立下的规矩都是瘸子屁眼——邪门儿。"(鲍昌《庚子风云》)

【瘸子骑瞎驴——有个照应】照应:配合,照顾。比喻双方取长补短,彼此相互配合、照顾。[例]如果有人使坏,知道这位出去走阴差了,将两只鞋全扣过来,走阴差的这位可就回不了家了,非但拿不住亡魂,自己也成了死鬼。所以说干这一行的都是夫妻两口子,瘸子骑瞎驴——互相有个照应。(天下霸唱《崔老道传奇 三探无底洞》)

R

【染料坊的幌子——棍儿碰棍儿】染料坊:旧时给布、帛、衣、物染色的店铺。幌子:挂在店铺门外高处,表明店铺性质,以招揽顾客的招牌。棍儿:装饰用的木材做的棍子。指地痞流氓之间发生冲突,都蛮横无理,互不相让。[例]租界巡警的眼睛可能瞎了,在他们的大门口有两拨儿混混像染料坊的幌子——棍儿对棍儿,打得你死我活,竟然看不见似的,没人管。

【染房铺里的捶布石——经过大家伙的】捶布石:一种平面石板,用于捶打布料,使之干净、平整。大家伙:大的棒槌,染房的捶布石是经过大棒槌捶打的。比喻人是经受过磨炼,见过大世面的。[例]伍老拨说:"老忠哥倒是睡得着,一倒下头就打呼噜。"朱老星说:"他是染房铺里的捶布石,经过大家伙的。"(梁斌《播火记》)

【绕城转——白牌儿】1906年6月,天津环城有轨电车开通运行,俗称"白牌儿",其线路从北大关起,分别驶向东、西两面,沿围城马路环行。指非党非团及不担任领导职务的一般群众。[例]20世纪30年代,"坐电车逛劝业场"在天津已成生活时尚,并由此产生了几条歇后语:"绕城转——白牌儿","白牌儿"系非党团员群众的戏称。"白牌儿电车——转去吧","转去吧"表示上街逛商场的意思。(谭汝为《谭谈天津话》)

【热病出汗——有缓儿】热病:中医指急性发作、以发烧为主要特征的病症。指紧张或恶劣的状况,逐渐有些松动,有所缓解。[例]在深山老林里"挖宝",人就怕得病。大金牙见两天两夜不吃不喝的小钱手的眼睛慢慢睁开,心想:这小子是热病出汗——有缓儿了。

【热茶壶的水——滚开】指责令人走开,离开。[例]你这个小畜生,热茶壶的水——滚开! 从此不要再踏进这里一步!

【热锅上的螃蟹——紧抓挠】形容着急、慌乱的样子。[例]天已大黑,几个人饥肠辘辘,在这陌生又荒凉的地方,越往前走越觉得心慌,只能硬着头皮如热锅上的螃蟹——紧抓挠。

【热锅里的大虾——迟早会变红】变红:虾在热锅里煮,逐渐呈红色。比喻某种情况或早或晚一定会发生。[例]司马灰说:"别高兴得太早了,这里很可能是个绝户洞,进得来出不去,而且气温实在太高了,如果困在此处时间久了,热也能把人热死。"罗大舌头不免心焦:"我看咱们就像是热锅里的大虾,迟早会变红!"(天下霸唱《地底世界之幽潜重泉》)

【热锅上的蚂蚁——急得团团转】形容遭遇突发情况或陷入困境,焦急烦躁,慌张忙乱,手足无策,不知如何是好。[例]乔叔站在海边,望着被大鱼拖走的自己最心爱的鱼竿,就像热锅上的蚂蚁——急得团团转。

又作(1)"热锅上的蚂蚁——坐立不安"。[例]焦会计知道自己的账目做了手脚,听说上级要派人来公司审计,他就如热锅上的蚂蚁——坐立不安。(2)"热锅里的蚂蚁——手忙脚乱"。[例]闺女没提前打招呼,傍晚就领着新搞的对象进了家门,靳大伯两口子立马准备饭菜,有点儿像热锅里的蚂蚁——手忙脚乱。(3)"热锅里的蚂蚁——乱成一团"。[例]敌人眼看着八路军的大队人马冲了上来,知道阵地守不住了,已经走投无路,官兵上下就像热锅里的蚂蚁——乱成一团。(4)"热锅盖上的蚂蚁——乱撞头"。[例]熊熊的大火，冲天盖地，如同火海，"比比剥剥"乱响，浓厚的烟雾弥漫着"古城洼"，人们携子挈父，东奔西逃，像热锅盖上的蚂蚁——乱撞头。(张孟良《儿女风尘记》)

【热锅上的蚂蚁——麻爪了】形容忙乱之中手足无措、无计可施的样子。[例]听广播说，正是他老婆坐的那趟火车出了事故，凯哥立刻如热锅上的蚂蚁——麻爪了。

【热烙铁——挨不得】烙铁：烧热后可烫干衣服等的铁器。指不能触碰、不能靠近，或不可招惹的人和事。[例]他是西城出了名的地痞无赖，咱们都离他远点儿，热烙铁——挨不得。

【热面汤——端起来了】指人自高自大，装腔作势，故意拿架子。[例]见了熟人，他热面汤——端起来了。(谭汝为主编《天津方言词典》)

【热水泼老鼠——一窝都活不成】指全部死去，无一幸免。[例]如若不依，连小金钟杀害，给他来一个热水泼老鼠，一窝都活不成！(清代手抄本《毛公案》)

【热水瓶——外头冷，里头热】比喻外表看似冷漠，内心却很热情。[例]大家别看我们科长平时很少笑，挺严肃的，其实他是热水

瓶——外头冷,里头热着哪!

【人没死先打棺材——擎等着埋】擎：坐等，坐享。指坐等着受埋怨，挨责怪。[例]小石榴抢着说："你还没想好干什么，就先把地方拿下来了？你这属于人没死先打棺材，擎等着埋啊!"我骂他："你是吃煤饽饽长大的吗？嘴头子怎么那么黑，就不能说几句好听的吗?"(天下霸唱《大耍儿》)

【人老船破——饥荒在呀】饥荒：所欠的债务。形容经济困窘或亏空，债务无法偿还。[例]这回邵老板可摊上事儿了，摊上一个大项目投资失败，把整个家底全赔了进去，还人老船破——饥荒在呀。

【人命官司——吃上了】人命官司：指有关杀人或因故使人致死的事件的诉讼。指用一定的手段从别人或别处获得利益。也指吃老本或以某业等为长期谋生的基础。[例]他用花言巧语蒙骗了许多人，拿着划拉来的钱开始炒股，还大言不惭地说："人命官司——我吃上了!"

【人头上长角——隔路种】形容行为举止奇怪，与众不同，违背常理，不合群。[例]最近我们这栋楼，新搬进一个中年男子，怎么看都不舒服，邻居们议论，说他是"人头

上长角——隔路种"。

【日本兵逛窑子——乱营】比喻一时次序、秩序或情景异常混乱。[例]二黑他爹办我,李斌肯定的为我踢脚儿,李斌平时与三傻子私交甚好,如果说李斌站在我这边,三傻子站在二黑一边,那李斌和三傻子又成了对头。哎哟我去!这个架打的,整个"日本兵逛窑子——乱营"了!(天下霸唱《大耍儿》)

【日本船——满丸(完)】满丸:日本船只的命名都称"某某丸"。形容事情到了无可挽回的地步,全部毁坏或彻底完蛋。[例]还没开摔,观众就不约而同冲着华仁杰热烈鼓掌,有观众说:"我今天就是来看华仁杰怎么摔日本人的。"也有人说:"华爷一上场,日本跤手都成了日本船——满丸(完),瞧好吧!"(姚宗瑛《江湖摔跤人》)|你没听说啊?接收大员把给他唱堂会的都给抓起来啦,有小银牙的闺女,有高大楞的儿媳妇,他们都歇了场了。飞不动和耿傻子的相声场子也歇啦!坤书馆儿、书茶馆儿今儿个也不开啦!没人啦,这倒不错,日本船——满完(丸)!(王传林《老街》)

【日历不叫日历——白扯】比喻徒劳,白费劲儿,或没有效果地说。[例]行了,不要再跟他费口舌了,这人榆木疙瘩不开窍,说出大天来也是日历不叫日历——白扯。

【肉包子打狗——有去无回】比喻徒然付出代价,钱物拿出去就再也收不回来。也指某人一走就不再回来,或回不来了。[例]有些县政府的领导,要抓典型、树样板,把钱送到农民手里,逼着人家办养鸭场、养鸡场。鸡鸭没养好,钱却赔光了。大部分贷款是肉包子打狗——有去无回!(蒋子龙《蛇神》)又作(1)"肉包子打狗——一去不返"。[例]林美霞想,多云没答应"胡司令",要是让"胡司令"找了便宜,也是肉包子打狗——一去不返……(王富杰《黄飘带》)(2)"肉包子打狗——一去没回头"。[例]小美和母亲拌了几句嘴,就离家出走了,大半年过去,她是肉包子打狗——一去没回头,全家人都快急死了。(3)"肉包子打狗——一去不回头"。[例]要说别的男人也就罢了,老瘪在街上是出了名的老实厚道,平时连句整话也说不出来,从早到晚就知道一边干活儿一边让他老婆数落,本来门口儿的街坊都替他抱不平,说他嘴笨,窝囊。这回倒好,敢情窝囊人也能干出这种混账

事,一下子来了个肉包子打狗,一去不回头了。(王松《烟火》)

【如来佛化缘——有伤大雅】如来:佛教创始人释迦牟尼的称号之一。化缘:佛教认为能布施(把财物施舍给别人)的人,即与佛门有缘,僧人以募化乞食广结善缘,故称"化缘"。大雅:雅正,文雅大方。指对名声、形象等有不好的影响或损害。[例]认为自己是大厂子,国营牌子,搞多种经营是不务正业,放不下架子,是"如来佛化缘——有伤大雅"。(谷正义《歇后语趣谈》)

【瑞蚨祥的货——没假的】瑞蚨祥:山东孟氏在天津创办的大型绸缎庄,以诚信经营、货真价实为宗旨,产品畅销不衰,为中华老字号。形容人或物实实在在,诚信可靠,毫不掺假,无可挑剔。[例]您尽管放心,我可以拍着胸脯承诺,我们商场从来都是把质量和诚信放在第一位,就如瑞蚨祥的货——没假的。

S

【仨鼻子眼儿——多出一口气】仨:三个。鼻子眼儿:鼻孔。讥讽或斥责多嘴多舌,或多管闲事。[例]窦占龙越说越气,点指崔老道的鼻子怒骂:"仨鼻子眼儿多出一口气的玩意儿,天雷击顶、五马分尸牛鼻子老道,干出这等没皮没脸没王法的勾当,你拿什么赔我的玉鼠?"(天下霸唱《崔老道传奇 三探无底洞》)

又作(1)"仨鼻子眼——多出一口气"。[例]真是自寻烦恼,坐经理的车人多了,落下支口红有什么大不了的? 两口子拌嘴吵架解释清楚就没事了。嘉丽搞不明白,田姐有什么可紧张的,人家夫妻间有点小误会,她跟着掺和,纯属仨鼻子眼——多出一口气。(张映勤《口红与猫》)(2)"仨鼻眼儿——多喘一口气"。[例]二癞子瞪着三角眼张口就骂:哎,你仨鼻眼儿多喘一口气呀!(谭汝为主编《天津方言词典》)

【仨兔子跑儿俩——得你了】比喻正好需要他人的帮助和支持。也指便宜了他人,或他人舒服了,满意了。[例]俗话说,来得早不如来得巧,这事儿还真让你给促成了,仨兔子跑儿俩——得你了。|我们费劲巴拉地忙活了大半天,成绩归你一个人,这可真是仨兔子跑

儿俩——得你了。

【撒完尿打哆嗦——假机灵】形容耍小聪明，假装天资高，脑子快。[例]你是撒完尿打哆嗦——假机灵。你好好想想，如果是栖息在地底下的食尸鬼钻到墙隙中，还能有咱的好吗？也许等你醒过来一看，自己的脑袋已被它啃掉一半了。（天下霸唱《地底世界之幽潜重泉》）

【腮帮子没肉——占便宜没够】腮帮子：人面部颌骨两侧末端的部分，即下巴的两侧。比喻通过不正当的方法、手段，一味地去占别人的便宜，斤斤计较，贪得无厌。[例]火神庙警察所还有一位五十多岁的，外号"老油条"，往好了说是老成沉稳，其实是个蔫坏损，瘦小枯干跟个大虾米似的，尖嘴猴腮俩眼珠乱转，老话讲这叫腮帮子没肉——占便宜没够，无利不起早，专找带缝的蛋，虽说穿了官衣，胆子却很小，偶尔遇见打架斗殴动刀子的，看热闹的还没跑他先躲了。（天下霸唱《火神》）

【三不管的把式——光说不练】三不管：露天游乐场所，位于和平区，今南市食品街一带，为旧时民间艺人演出的地方，与北京的天桥、南京的夫子庙齐名。把式：靠卖艺为生的人，常摆出表演功夫的架势，有时只是耍嘴皮子，并不动真格的。比喻光说得漂亮，但不真干、实干。[例]而那些"撂挡子"卖艺的江湖艺人无一不是为了养家糊口。他们不可能从早到晚一个劲儿地连续表演，也不可能一股脑地把自己的看家本领和真玩意儿全部抖搂出去，在这种情况下，他们大多用明白活儿，说得多练得少，净让观众干等着。久而久之，常来"三不管"的老少爷们都知道了他们那一套，于是便口头流传一句话："三不管的把式——光说不练。"（章用秀《天津老俗话》）

【三岔口分手——各奔东西】三岔口：子牙河、南运河、北运河汇入海河之处，是天津城市的发祥地，素有"先有三岔口，后有天津城"之说。比喻各走各的路，互不相干。[例]从此，他们二人是三岔口分手——各奔东西，男婚女嫁，谁也不欠谁的。┃头一趟串门，铁蛋给人家留下的印象真乃"日本船（号）——满丸（完）"，翠儿的爸妈当然不同意这门婚事，二人只好"三岔口分手——各奔东西"了。南运河、子牙河合流交汇成海河，三河水路各不同，比喻分手

也算恰当。(点子《俏皮俗话》)

【三儿他妈生孩子——四(事)儿来了】四与事谐音。指麻烦来了。[例]谁叫你整天在外边惹是生非，这回是三儿他妈生孩子——事来了，我就看你咋对付？

【三伏天穿棉鞋——不脚(觉)闷】脚与觉谐音。讥讽缺乏自知之明，言行举止不妥当而又不自觉，不知趣，使人厌烦。[例]对门的李婶儿整天说瞎话，吹牛皮，许多人都不愿搭理她，她还三伏天穿棉鞋——不觉闷呢。

【三伏天没放冰箱的包子——馊了】馊：包子等食物因变质而发出酸臭味。比喻不好，不高明，或徒然无用。[例]当今全中国都在学习中国女排的"短平快"，恨不能一夜之间得到十年积累的经济效益。人人都担心自己是三伏天没放进冰箱的包子，馊了。(肖克凡《最后一座工厂》)

【三花脸儿——说翻就翻】三花脸儿：传统戏曲中丑角的俗称。指对人的态度突然变坏，不友好，发脾气。[例]小石榴吃完了这几口，见我一个劲儿拿眼剜他，也不搭理他，迷迷糊糊地问我："干嘛？你瞪我干嘛？"我没搭理他，继续坐在大床上发呆。小石榴小声嘟

囔："三花脸啊，说翻就翻！"(天下霸唱《大耍儿》)

【三九的萝卜——冻(动)了心】冻与动谐音。形容心眼活了，思想、感情等发生波动，产生某种欲望。[例]听说这趟买卖能挣很多钱，王大银不理睬父母的劝告，还是三九的萝卜——动了心，决定冒着风险一搏。

【三九天掉进冰窟窿——直打寒战】寒战：因寒冷而战栗。形容惊慌恐惧得全身发抖。[例]他们不听则已，这一听，犹如青天一声暴雷，把一家人全惊呆了！又似三九天掉进冰窟窿，直打寒战，字字像冷箭射在心尖。(张孟良《儿女风尘记》)

【三九天掉到冰窖里——浑身发抖】形容对某人或某事已经失望，感到心灰意冷。[例]于秋萍本来有心理准备，以林小姐现在的生活状态，不愿被人打扰，也在情理之中，但听了这决绝的几句话，还是有如三九天掉到冰窖里，浑身发抖。(张映勤《离婚前夜》)

【三九天儿吃冰棍——里外都凉了】比喻遇到困难或挫折，灰心失望到了极点。[例]在这件事儿上，吴广财跌了个大跟头，对他打击不小，成了三九天吃冰棍——里外

都凉了。

【三九天儿穿裤衩——抖起来了】讥讽人因突然发财或得势而洋洋得意起来。[例]罗邪眼整天绞尽脑汁，想着怎么往上爬，终于当上了个小破官儿，手下管着三五人，于是便三九天穿裤衩——抖起来了。

【三九天儿穿裙子——美丽冻（动）人】冻与动谐音。形容漂亮得让人心动。[例]郑大娘第一次看自己的孙女在舞台上走秀，眼前一亮，连连夸赞："你们看，俺小雨一上台就出彩，真是三九天儿穿裙子——美丽动人呀！"

【三九天儿送扇子——不领情】比喻不接受、不感激对方的好意、帮助或礼物。[例]我劝你姿态高点儿，退一步海阔天空，完全是为你好，可不能三九天儿送扇子——不领情啊！

【三里地外飞来的蚊子——能认出公母】比喻眼力好，识别人的能力强。[例]没有，我的眼力强着哩！不是我张禄吹牛，三里地外飞来的蚊子，我都能认出公母，他李三那粗鲁汉子，一撅屁股我就知他拉什么屎！没错儿！（柳溪《大盗燕子李三传奇》）

【三七赶集——四六不懂】讥讽人一无所知，什么也不懂。[例]书记，小楚子就是个"三七赶集——四六不懂"的主儿，讲道理没有用，扣他奖金，来点儿真格的。

【三十点炮初一响——慢信（性）子】三十：中国传统节日，除夕，农历年最后一天。初一：农历正月初一。信与性谐音。指人的性情迟缓平和。[例]桑子是个三十点炮初一响——慢性子，结婚以后你要注意这一点，好好磨合，因为你的脾气太急。

【三十六计——走为上策】此语出自《南齐书·王敬则传》："檀公三十六策，走是上计。"指已经到了无可奈何的地步，没有别的好办法，只能出走。[例]纪大肚子再怎么粗枝大叶，也能看出这是黄老太设的局，无奈此时不好发作，三十六计——走为上策，揣上荷包夺门而出，三步并作两步跑出窑子大门。（天下霸唱《崔老道传奇三探无底洞》）

又作"三十六计——走为上"。[例]他越想越怕，似有凉气打脚掌底下往上冒。俗话说，三十六计——走为上。不如见好就收，带着这两千大洋跑吧！想至此处，他草草收拾好东西，拎起皮包，拉开房门，大步跨出去。（吕舒

怀《水铺》）

【三十晚上吃团圆饭——人齐活圆】
形容大家团结一心，各方面都得
到照顾，没有什么疏漏。[例]今天
这个动员会开得好，三十晚上吃
团圆饭——人齐活圆，开出了团
结，开出了干劲。开出了信心。

【三十晚上煮稀饭——不像过年的
架势】比喻情况反常，形势或势头
不好。也指做事没有好的姿态，
或不成体统。[例]春耕春种就是
要抢时间，争速度，看你们磨磨蹭
蹭的，三十晚上煮稀饭——不像
过年的架势，这样怎么行呢？｜
你们几个人稀松二五眼，三十晚
上煮稀饭——不像过年的架势，
哪有点儿干活的样子，怎么能完
成突击任务？

【三弦改琵琶——缺根儿弦儿】三
弦：一种弹拨乐器，有三根弦。琵
琶：一种弹拨乐器，有四根弦。比
喻头脑简单，思维迟钝，遇事通常
考虑不周。[例]让你替我给由哥
送筐新鲜的樱桃，都走错了门，还
能干点儿什么？真是三弦改琵
琶——缺根儿弦儿。

【三张纸糊个驴头——好大的面子】
讥讽不自量力，自以为情面很大。
[例]罗大海说："你这句话跟没说
一样，糊弄鬼呢！让你自己说出

来，那是我罗大舌头给你个面子
知道不知道？别给脸不要脸。"玉
飞燕怎肯吃他这一套，冷笑道：
"三张纸糊个驴头——你好大的
面子。"（天下霸唱《地底世界之雾
隐占婆》）

【三种颜色开染坊——功夫不到家】
染坊：旧时将布料漂白或染色的
场所。比喻某种本领或技能掌握
不好，不能运用自如，没有达到应
有的水准。[例]从前有个小伙子
到染坊学徒。他学徒三年，即要
求出师。老板给他红、黄、蓝三种
颜色说："你回去开染坊吧！"小徒
弟回家开起染坊。可他染的布
匹，衣服颜色不是深就是浅，顾客
很不满意。小伙子回到染坊，求
师傅指点，师傅说："你不要以为
在染坊干了三年就学到了手艺，
别的不说，你知道这鹅黄、鸭绿、
鸡蛋紫、鹭白、鸦青、鹤红六种颜
色怎么配吗？"小伙子尴尬地摇摇
头。后来，他又给师傅帮工两年，
才回到自家开染坊，这时才顺利
地把染坊开了起来。由此，天津
有句歇后语："三种染色开染
坊——功夫不到家。"（杜明岑
《染坊》）

【散脚行——乱搭咯】散：零散，松
散。脚行：对搬运行业或搬运工

人的旧称。搭咯:陌生人通过交谈进行接触。形容没有约束,不加选择和节制,逢人就攀谈,没话找话说。[例]天津还有一句俏皮话"散脚行——乱搭咯"。这"乱搭咯""瞎搭咯""穷搭咯",就明显带有贬义了。(谭汝为《这是天津话》)

又作"散脚行——滥搭讪"。搭讪:为了跟人接近或把尴尬的局面敷衍过去而找话说。[例]杨八叉大声说,"赵大少! 您能跟我说句话,这就算是帮了我。赵大少! 可这南市三不管儿,没人乐意搭理我。我这是散脚行——滥搭讪。"(肖克凡《市井穷学》)

【嗓子眼安喇叭——好高的调门儿】讥讽说不切实际的漂亮话,或说得好听而不实干。[例]我一进你们小区,就感受到嗓子眼安喇叭——好高的调门儿,这样可不行,小区建设必须一步一个脚印,扎扎实实,注重成效。

【嗓子眼里吞面杖——直来直去】面杖:擀面杖。形容说话做事直截了当,不会拐弯抹角。[例]说句老实话,咱可是个一根筋,嗓子眼里吞面杖,直来直去,说直理的人。(梁斌《翻身纪事》)

【扫帚顶门——权多劲小】扫帚:除

去灰尘、垃圾的用具,多用高粱穗(将其籽粒摔净)、竹梢等扎成,分枝较多。权:植物的分枝。讥讽没有真本事,不下真功夫,热衷于搞形式主义,做表面文章。[例]有些做法看起来花花哨哨、热热闹闹,其实没有多大实际意义,扫帚顶门——权多劲小。(李瑞环《辩证法随谈》)

【扫帚顶门——尽出权(岔)子】权与岔谐音。形容总是发生问题、错误或不好的事情。[例]最近,我们车间生产的服装布料小瑕疵不少,扫帚顶门——尽出岔子,要强化管理,严格奖惩,堵塞一切漏洞。

【扫帚疙瘩倒个儿——没大没小】扫帚疙瘩:磨损了的扫帚。倒个儿:上下颠倒位置。比喻没规矩,没礼貌,不分尊卑长幼。[例]你小子整天贫嘴滑舌,跟这个逗跟那个闹,扫帚疙瘩倒个儿——没大没小,该挨大巴掌了。

【沙锅捣蒜——一锤子买卖】沙锅:又称砂锅,用黏土等为原料烧制成的锅,质地很脆。比喻成败在此一举,不管结果如何,就全靠这一次行动。也指事情只干一次,不想后路,不留余地。[例]照他的主意来个明卖暗不卖,甘吃一份

现成的,虽说进项少了一半,但留个活口,那不是沙锅捣蒜的一锤子买卖,较比是稳妥多了。(鲍昌《庚子风云》

又作(1)"沙锅儿捣蒜——一锤子买卖"。[例]待炒饼端上桌一尝,啥滋味没有,犹如嚼蜡。王五说:"怎么样,我刚才说嘛了?这纯属'沙锅儿捣蒜——一锤子买卖'。"(点子《俏皮俗话》)(2)"砂锅捣蒜——一锤子买卖"。[例]天津人形容"豁出去"的心态,可用成套的熟语来形容,例如"撒手闭眼""豁裂子捣撇子""舍不得孩子套不住狼""砂锅捣蒜——一锤子买卖",等等。(谭汝为《只是天津话》)(3)"沙锅捣蒜——一槌子买卖"。[例]退一步说,既然总督大人真的铲除了天津高买,到那时上海帮、汉口帮见到天津到处淌油,他们便会蜂拥而来,这许多人来无影去无踪,砂锅捣蒜,干的是一槌子买卖,做的是"绝户活",到那时真不知要给总督大人惹下多少麻烦,只怕总督大人连个穿线的都找不到,这推行新政,安定乡里又从何谈起呢?(林希《高买》)

【沙锅捣蒜——全砸到底】指彻底失败或全部完蛋,已无挽回的余地。[例]……听到这事,他急得双手一拍大腿,一连喊了几声:"砸了,全砸了,沙锅捣蒜全砸到底了!"(周骥良《吉鸿昌》)

【沙和尚取经——没嘛大事儿】沙和尚:又叫沙僧、沙悟净,《西游记》中的人物,最终没能封佛。嘛:什么。指没有什么重大或重要的事情。[例]你们都快走,现场这些东西我来处理,沙和尚取经——没嘛大事儿。

【沙家浜——扎下去了】此语出自现代京剧《沙家浜》,剧中有句台词:"这回来了就不走了,在沙家浜扎下去了!"指常住或躲藏在一个地方,不走了。[例]外面的情况没什么变化,我看这群恶狼把这儿当成了沙家浜——扎下去了。咱得先想个法子取暖,否则等不到半夜就要有人冻死了。(天下霸唱《摸金玦之鬼门天师》)

【沙窝儿的萝卜——嘎巴脆】沙窝萝卜:又称天津卫青萝卜,因原产于西青区辛口镇小沙窝村等周边村庄而得名,是天津农业名牌产品,色翠绿,味甘甜,脆嫩多汁,深受人们青睐。形容人性格直爽,说话做事直截了当,干脆利落,不拖泥带水。[例]二老虎大名叫张远,天生一脸虎像,真的说是虎头虎脑,虎胳膊虎腿,虎背熊腰,走路

虎虎生风,说话办事也利索,那真是沙窝儿的萝卜——嘎巴脆,决不拖泥带水。(天下霸唱《大耍儿》)

【沙窝萝卜——脆甜】形容女孩子长得甜美,说话做事又干脆爽快。也指水果既脆又甜。[例]这小姑娘就像沙窝萝卜——脆甜,真招人喜欢。

【沙窝萝卜——心儿里美】形容内心非常高兴、得意。也指心地善良,行为高尚。[例]小孙女刚上小学一年级,期末考试语文、数学得了"双百",邵奶奶就像沙窝萝卜——心儿里可美了!┃街道评选居民之星,我要投小芸姑娘一票,理由就一句话,她是沙窝萝卜——心儿里美!

【砂锅炖牛肉——不烂也得烂】炖:一种烹饪方法,把原料加水,烧开后,再用文火久煮使熟烂。比喻不管结果如何,该怎样做还是怎样做。[例]二姑脸上的天气不好,他该来就来。大自然的天气不好,他该来还是来。天津卫有句俗语:砂锅炖牛肉——(你)不烂也得烂。老宁是广东人,却深谙天津的风气。(何斌《周奶奶的广东姑爷》)

【砂锅炖鸭子——肉烂嘴不烂】比喻心里已经认输或服气,但说话仍很强硬,态度不软。[例]崔老道心说:"你这叫砂锅炖鸭子——肉烂嘴不烂,这年头,谁还不知道谁,当个巡官不就是为了多搜刮点儿民脂民膏吗?不把老百姓挤对死已经算你有良心了,还指望你保一方平安?"(天下霸唱《崔老道传奇 三探无底洞》)

【纱绷子擦屁股——露一小手儿】纱绷子:旧时用来蒙纱窗的冷布,上面布满极小的孔,现今多为化纤或金属制品。讥讽人稍微地显示、炫耀一下本领或技艺。[例]胖子一拍自己的肚子说:"进了胖爷这五脏,让它们早脱苦海。你们可有日子没尝我这手艺了吧,且看胖爷纱绷子擦屁股——给你们露一小手儿!"(天下霸唱《摸金校尉之九幽将军》)

【傻汉子等乜老婆——空等一场】傻汉子:对憨厚、愚钝的单身男子的戏称。乜老婆:对迟钝、痴呆的已婚女子的戏称。形容人的努力、等待和期望落空。也指一厢情愿,自作多情。[例]我忽然想起我来的目的,问刘丽:娟子呢?刘丽眼含嘲弄:人家加班,老晚才回来。傻汉子等乜老婆——空等一场。闻言,我顿觉失落。(吕舒怀

《鸟市大街》)

【傻老婆等茶汉子——越等越不来】
傻老婆:对憨厚、愚钝的已婚女子
的谴称。茶汉子:对迟钝、痴呆的
男子的谴称。形容人很痴情,白
白地等候,却没有结果。[例]今天
又是九号。一大早儿厂长办公室
们外聚着一堆工人,都没见到曲
和平的身影。几个老工人发牢
骚,说咱们是傻老婆等茶汉
子——越等越不来。(肖克凡《暖
冬》)|他进了胡同一拐弯,走人
啦。那位先生就像傻老婆等茶汉
子——越等越不来,只好另雇了
一辆洋车,赶到华明理发所,那位
曲大少早就拾掇完脑袋回家了。
(肖克凡《人间城郭》)

【傻老婆等死汉子——这辈子没指
望】讥讽不切实际,空想美好的
事情,不会有一点结果,只能彻底
失望。[例]你这么大岁数下海经
商,我不反对,但要提醒你,绝不
能走捷径,扑下身子踏踏实实干,
否则就是傻老婆等死汉子——这
辈子没指望了。

又作"傻老婆等死汉子——一辈
子亦等不来"。[例]尽依着要胳膊
根儿的老爷们出头挡横儿,那叫
傻老婆等死汉子,一辈子亦等不
来。(李燃犀《津门艳迹》)

【傻小子拔萝卜——愣拧】愣:鲁莽,
冒失。拧:用力扭转。傻小子:对
死心眼儿、不善变通的年轻男子
的戏称。比喻做事生硬、武断、蛮
干,不计后果。也表示强力迫使
的意思。[例]这是个历史遗留问
题,情况复杂,要细致、反复地做
好思想工作,不能傻小子拔萝
卜——愣拧。

【傻小子拜年——死乞白咧】指使尽
力气,一味地纠缠,没完没了。
[例]小安子要起了无赖,三番五
次到老董家吵闹,傻小子拜
年——死乞白咧,无理搅三分。

【傻小子背鼓上戏台——找着挨打】
讥讽不知好歹,自寻烦恼,自找苦
吃。[例]好啊,武耕新,你的怨气
来得也快,消得也快,没人给你顺
气,你自己就顺了。别忘了当个
干部最容易被群众记住的是他的
弱点,运动一来大伙把他的好处
全忘了,只记住他的缺点。领导
别人不一定比别人更聪明,也不
比别人更快乐,常常是傻小子背
鼓上戏台——找着挨打!(蒋子龙
《燕赵悲歌》)

【傻小子不认识豆腐——白肺(费)】
肺与费谐音。指没有意义地耗
费,徒劳而无收获或成效。[例]他
就一个浑球,咱们说出大天来,也

是傻小子不认识豆腐——白费，动手吧。

【傻小子不认识元宵——白丸（玩）儿】丸与玩谐音。比喻不费什么力气，不付出任何代价，轻而易举就得到好处或占到便宜。也指结果与事先所想不一样，差距很大，时间和精力都浪费了。[例]这小子欺行霸市，强行收取保护费，还恬不知耻地炫耀："我这是傻小子不认识元宵——白玩儿！"经营户们恨得咬牙切齿。｜这块地转给你？做梦去吧！你拿去一倒手赚大钱，我们这两年辛辛苦苦，东奔西跑，岂不是"傻小子不认识元宵——白玩儿"了吗？

【傻小子过年——看隔壁儿】隔壁儿：邻居。比喻自己没有主见，随波逐流，盲目地效仿别人行事。[例]我们的企业要想做大做强，决不能傻小子过年——看隔壁儿，必须加大投入，在技术创新上下功夫，闯出自己的一条新路。

【傻小子挠脚心——自己逗自己】挠：搔，轻轻地抓。形容自得其乐，自己寻找开心，或自己体会其中的乐趣。[例]别看金爷爷已年过六十了，还时不时地拿出小孙子的玩具耍一耍，这就叫傻小子挠脚心——自己逗自己。

【傻小子拾柴火——认准这块地了】柴火：又作柴禾，做燃料用的树枝、秫秸、杂草等。指认准一条路走到底，不回头。[例]阎老福急眼了，他破口大骂说："合着你自己卖给洋人，是傻子拾柴火——认准这块地了。好，今天咱们就见个分晓，不是你一枪打死我，就是我把你碎了，碎尸万段。"（鲍昌《庚子风云》）

【傻小子睡凉炕——光做热梦】炕：北方人用土坯或砖砌成的睡觉用的长方台，上面铺席子等物，下面有孔道，跟烟囱相连，可以烧火做饭或取暖。凉炕，即没有烧火的土冷炕。讥讽只是一厢情愿地想着好事。[例]钱泰芬接过信来，朦胧睡眼登时睁得足有鸡蛋那么大，骂着说："吉大胆，吉大胆，你傻小子睡凉炕，倒光做热梦，冯老总正气你气得什么似的，要军法处置呢，你还自己找上门来！"（周骥良《吉鸿昌》）

【傻小子睡凉炕——全凭火力壮】形容年轻人做事，全靠强壮的身体和豪迈的气势。有时也指无知无畏，什么也不怕。[例]清朝道光年间还有几家住户在此种高粱，后来都搬走了，荒烟衰草，时常有狐狸、刺猬出没其中，即使是白天也

307

没人住这里来。他是傻小子睡凉炕——全凭火力壮，不知什么叫怕，一个人抱着捆烧纸过了土沟，来到那片荒地上，打算在这儿烧纸。(天下霸唱《河神 鬼水怪》)又作"傻小子睡冷炕——全凭火力壮"。[例]回想三十年前在北大读书时，买的书太多，无处可放，只好堆在宿舍床上，夏天压着半边凉席，到了秋天，也没法收拾，竟倚着书睡了一冬的凉席，真应了那句歇后语"傻小子睡冷炕——全凭火力壮"。(罗文华《读书的好处》)

【傻子看电线——一溜儿胡扯】一溜儿：一行，一排。胡扯：东拉西扯地乱说，瞎说。比喻一味地闲谈、瞎说、乱讲。[例]大家都在铆足劲地干活儿，他却一旁敲铲子，傻子看电线——一溜儿胡扯，有没有人管管呀？

【筛子当笼屉——浑身都是气】筛子：用竹篾、金属丝等编制的有许多孔眼可以把细东西漏下去，粗东西留在上面的器具。笼屉：用竹、木、铁皮等制成的器具，主要用于蒸食物。比喻愤怒之极，满肚子火气。[例]还有人讲，该贪不贪是傻瓜，贪污被捉的概率比飞机从天上掉下来的概率要小多

了。最近，连诸如"跟着和坤走，什么都会有"之类的顺口溜也出来了，搞得一些好人倒没了出路。筛子当笼屉，浑身都是气。可见电视这种东西，实在是大大地厉害！(周凡恺《越侃越无聊》)

【山西老核桃——满仁(人)】仁与人谐音。形容人多而拥挤。[例]第二天上午，牛宏带领着本店的一批职工参观了天津饭店、友谊宾馆、起士林餐厅，快到中午时搭十三路公共汽车赶回饭店。乘客本来不是很多，突然增加了他们二十几个人，汽车一下子变得非常拥挤，有两个歪门邪眼的小伙子说着粗话："今儿个怎么抽风了？""山西老核桃——满仁！"(蒋子龙《锅碗瓢盆交响曲》)又作"山西的老核桃——满仁(人)"。[例]如果这些闲人闲得难受，上街没事找事；或者闲人的口袋里不多不少还装着一点钱，想买点便宜货，少花钱多办事，那就更热闹了！每一家商店里都像山西的老核桃——满仁(人)，几乎到了饱和的程度。(蒋子龙《蛇神》)

【山药蔓子立旗杆——办不了大事】山药：一种多年生蔓草植物，可供食用。蔓子：植物成细条状而不

能直立的长茎。指人没有才能，承担不了重任。[例]开始，说叫冯焕堂去，冯大奶奶说什么也不干，说他山药蔓子立旗杆，办不了大事，后来才决定冯贵堂去。(梁斌《烽烟图》)

【伤风打喷嚏——开始难受了】指身心开始不舒服，不痛快，或不好受。[例]最近还有一条啊，你们彼此之间可能有在外面就认识或者住家门口的，我不管你们在外面怎么样，关系怎么铁，到了我这个船上，谁也别惦记搞小团伙，一旦让我看出来了，你就算伤风打喷嚏——开始难受了！(天下霸唱《大耍儿》)

【伤风的鼻涕——甩了】比喻被抛弃，或受冷遇。也指以贱价出售货物。[例]我不图别的，以后你高升了，也别忘了你这个糟糠之妻，别把我当伤风的鼻涕——甩了。(柳溪《彩凤阁》)│天津人的幽默体现在方方面面，你看这儿有个小店铺，要降价出售换季的商品，就在门前拉了个条幅，上写：伤风的鼻涕——甩了！
又作"伤风的鼻涕——挨甩"。[例]田中一阵紧一阵地泛酸，他可不能总是伤风的鼻涕，在小田骏面前挨甩，甚至在驻屯军新的

司令面前还挨甩，挨甩的滋味实在太痛苦了。田中心想：我弄不到手的女人谁也别想把她弄到手。(周骥良《女间谍覆灭记》)

【晌乎吃晚饭——还早哪儿】晌乎：晌午，中午前后。指为时过早，或离事情的实现还早着呢。[例]你们怎么又来了，解决历史遗留问题总得有个过程，晌乎吃晚饭——还早哪儿，都回家等信儿去。

【上朝不带奏折——忘本】上朝：过去臣子到朝廷拜见君主奏事议事。奏折：又名本章，明清两代官员向皇帝奏事的文书。形容忘掉自己原来的历史，或境况好转后忘掉原来的艰难处境，不知恩图报。[例]过去日子苦，吃了上顿没下顿，父母把你们兄弟姐妹几个拉扯大，有多不容易，你们可不能上朝不带奏折——忘本啊！

【上坟烧报纸——糊弄鬼呢】上坟：扫墓的俗称。形容用以假充真的手段欺骗、蒙混，或将就、应付。[例]亮子他爹咧嘴一笑，说道："你是童子？我可听亮子说了，那个大公鸡还是大腿鸡的，不早把你拿下了吗？你还童子？你上坟烧报纸——糊弄鬼呢？你说我们家亮子还差不多！"(天下霸唱《大

耍儿》)

【上梁请铁匠——找错了人】上梁：建房时，安装屋顶最高一根梁木的过程，由木匠操作。形容选人、用人不当或找错了对象。[例]你们年轻人恋爱、结婚都要慎之又慎，如果上梁请铁匠——找错了人，那可是一辈子的事。

【上楼吃甘蔗——步步甜】形容生活一天比一天好，或地位越来越高。[例]深夜，白鸽躺在坑上睡不着觉，回想大学毕业十几年自己走过的路，可谓"上楼梯吃甘蔗——步步甜"，心里很是欣慰。

【上门的买卖——好做】指某件事轻而易举就能做好，不费什么劲儿，或自己愿意做、主动做某事，就很容易办到。[例]这件事情只要你们从心眼里赞成，积极主动去干，上门的买卖——好做，准能打个漂亮仗！

【上屉的包子——蒸（争）得就是这口气】屉：笼屉，用竹、木、铁皮等制成的蒸食物的器具。蒸与争谐音。形容人有志气，发奋图强，不肯示弱或不甘落后。[例]你们说我不行，我非得干出个样子给你们看，上屉的包子——争得就是这口气！
又作"上屉的包子——蒸（争）口

气"。[例]小子，有些人瞧不起咱老阚家，你要下死功夫学习，一定考个名牌大学，上屉的包子——蒸（争）口气！

【上澡堂子喝茶——里外涮】澡堂子：供人洗澡的地方。指人两头不讨好，受指责。[例]在家里，婆媳不和，我夹在中间不知怎么做才好，经常是上澡堂子喝茶——里外涮，一言难尽，有苦说不出呀！

【绱鞋不用锥子——针（真）行】绱鞋：把鞋帮和鞋底缝合在一起。锥子：尖端锐利的用来钻孔的工具。针与真谐音。赞语，形容真能干，或非常好、确实好。[例]这小伙子从城里的大机关，到咱们村当第一书记，心里装着老百姓，吃苦耐劳，干了一件又一件实事，那是绱鞋不用锥子——真行！
又作"绱鞋不用锥子——针（真）好"。[例]大孙子，你写的文章，报纸上登了，我一句一字看了个遍，好，绱鞋不用锥子——真好！

【烧饼铺的耗子——吃货】讥讽光会吃不会做事的人。[例]这事儿交给殷柱子干，那准得砸锅，他就是一个烧饼铺的耗子——吃货。

【烧红的煤球——拿不得，碰不得】比喻事情棘手，不好处置，没有办法。也指某人不好处或不好惹，离得远点儿。[例]这上访件，领导作了批示，但又涉及政策的底线，犹如烧红的煤球——拿不得，碰不得，叫我怎么办呀？┃这个人脾气太怪，说翻脸就翻脸，像烧红的煤球——拿不得，碰不得，你最好离他远点儿。

【烧煳了的米饭——凑合着吃】指将就敷衍，或应付差事。[例]我们这部门在厂里不占位置，要人不给人，要钱没有钱，所以只能是烧煳了的米饭——凑合着吃，当一天和尚撞一天钟吧。

【烧火棍当电线杆儿——材料不济】指不行，不好，或不如，不及等。[例]老兄，这场比赛我们确实输了，烧火棍当电线杆儿——材料不济，输得心服口服，下次见吧。

【烧火棍——一头热乎】烧火棍：烧灶时拨弄薪火助燃用的木棍子。比喻只有一方热情主动，另一方消极冷淡。[例]我已经三顾茅庐，请了老人家好几趟，就是不出山，烧火棍——咱一头热乎，算了吧，强扭的瓜也不甜。
又作"属烧火棍的——一头热"。[例]这件事成不了，傅总亲自找了对方几次，都吃了闭门羹，属烧火棍的——一头热，咱还是另谋

打算把。

【烧火棍扎鸡毛——什么掸（胆）子】扎：捆，缠束。掸与胆谐音。讥讽胆量不大。[例]小不点同志，你这烧火棍扎鸡毛——什么胆子，将来上了战场怎么打仗？

【舌头根儿抽筋儿——说胡话】指说糊涂的话，或不着边际的话。[例]便任着光阴过了不惑之年。不惑，于是他自以为修炼成了。有一天，他又腰往冲天炉前一站，扬了扬黑黑的长脸，眨了眨烂了睑的眼睛，公然号称"活字典"。这是黑砂文化一大奇迹。人们则认为他是舌头根儿抽筋儿——说胡话。（肖克凡《黑色王国》）

【舌头上搭戏台——就听这张嘴了】比喻只听一个人说话，或胡说、乱说、瞎白话。[例]割了一上午稻子，人们累得筋疲力尽，都想安静一会儿，坐在一起低头吃饭，唯有胡不拉不失闲，天南海北地瞎白话，舌头上搭戏台——就听他那张嘴了。

【佘太君拴娃娃——瞎凑热闹】佘太君：北宋名将杨继业之妻，生有八子。拴娃娃：旧俗，过去结了婚而不孕的妇女，为求子，到娘娘宫抱一个泥制的娃娃回家，抱时要用红绳把娃娃系住，故称拴娃娃。

讥讽行为不合情理,跟着别人瞎起哄,凑热闹。[例]大多数到天后宫拴娃娃的妇人,或是希望早一天怀上子嗣的,或是婚后长时间没有孩子的,若是谁家孩子接二连三地来,当然就没有必要再去拴什么娃娃了。老天津卫的俏皮话:"佘太君拴娃娃——瞎凑热闹"挺有意思。这其实是一种比喻:北宋名将杨继业、佘太君老夫妇拥有八子一孙,所以压根不必去拴娃娃,假如佘太君非要去不可,莫不是有起哄凑热闹之嫌了么?(由国庆《七实三虚拴娃娃》)

【身上长虱子——抖起来了】虱子:昆虫,能寄生在人身上,吸食血液,传染疾病。讥讽人因突然发财或得势而洋洋得意起来。[例]督军说:"你们找来的宝灯给太原城增辉,连我觉得有面子,改天我得上你们八仙楼坐坐。"别看就这么一句话,从此这个行会可是"身上长虱子——抖起来了"。(天下霸唱《崔老道捉妖:夜闯董妃坟》)

【生孩子不叫生孩子——下(吓)人】下人:生育。下与吓谐音。指可怕,通过某种行为或事物,使人产生恐惧感,或一惊一乍地吓唬,让人害怕。[例]妆前妆后判若两人,难怪她每天出门要在镜子前花费一个小时描眉打脸,生活中于秋萍的本来面目和过去约会时见到的不说是天壤之别,至少也是截然不同,尤其是在她生气发怒的时候,面目简直狰狞可怕,横眉立目,形象丑陋,应了那句话"生孩子不叫生孩子——叫下(吓)人!"(张映勤《离婚前夜》)|昨天夜晚,我路过河边公园,碰上两拨儿小流氓打起来了,棍棒交加,伤倒一片,生孩子不叫生孩子——吓人呗!

【生姜——断不了辣气】比喻泼辣、厉害的脾气秉性难以改变,不容易对付。[例]告诉你们几个小玩闹,别看我年纪大了,生姜——断不了辣气,对付你们还是绰绰有余。

【生疖子——硬挤】疖子:一种皮肤病,其症状多为局部出现充血硬块,时间久了就会化脓、溃烂。疮疖初起,尚未溃脓,红肿坚硬,不可用硬挤的方法弄破。形容强制、逼迫或坚决、执拗地做某事。也指在人多拥挤的环境中争先恐后。[例]我看孩子不是这块料儿,进不了娱乐圈子,咱们就不要生疖子——硬挤了。|屋子太小,里面早就坐满了人,你还生疖子——硬挤什么?

【生了个孩子没有气儿——下（吓）死人】下与吓谐音。形容使人惊怕到了极点。[例]史百子对我讲，他昨个儿深更半夜骑自行车路过老黎家坟地，看见鬼了，全身一身白，还打着白幡……那叫生个孩子没有气儿——吓死人，我说哪有这种事？你是鬼迷心窍了。

【生柿子——涩】涩：不成熟的柿子使舌头感到麻木干燥的味道。比喻态度冷漠或生性吝啬。[例]跟新来的棉纺厂的销售部长接触了几次，感觉生柿子——有点儿涩，不太好打交道。

【生鸭子儿画红道儿——愣充熟的】鸭子儿：鸭蛋。画红道儿：旧时人们习惯把生鸭蛋画上红道，作为记号，以防止与煮熟的鸭蛋相混。比喻本来不熟识却装出很熟的样子。也指冒充行家里手。[例]靳嘴子在社会上混久了，学会了自来熟的本事，恐怕只见过一面，也能搭咯上，生鸭子儿画红道儿——愣充熟的。｜你看他拿锯、推刨子的架势，哪像个木匠？纯粹是生鸭子儿画红道儿——愣充熟的。

【生猪降价——贱骨肉儿】形容有福不会享而甘愿受苦的人。也用于责骂人不知自重或不知好歹。

[例]你都快半截入土了，也该享享清福，家里家外的事少管点儿，别那么生猪降价——贱骨肉儿。｜从你们相识的那一天，他就把你当备胎，现在人家都结婚了，你还恋恋不舍，真是生猪降价——贱骨肉儿。

【牲口进磨道——兜圈子】磨道：石磨周围拉磨牲口或推磨的人走的道。比喻人说话做事拐弯抹角，不直截了当。[例]新项目的合同文本讨论了整整一个下午，也没有达成一致，看到在利润分红的问题上，对方一直牲口进磨道——兜圈子，蓝总一时还想不出好的对策。

【圣人喝卤水——明白人办糊涂事】圣人：泛指智慧、品德极高的人。卤水：盐卤，有毒性。比喻聪明人却做了愚蠢事。[例]一贯精明的老姜经不住软磨硬泡，为一个朋友担保从银行贷款五百万元，结果这小子的公司破产，跑路了，这就叫"圣人喝卤水——明白人办糊涂事"。

【湿被窝——晾着】形容把人或事撇在一边，不闻不问，不予理睬。[例]他不是敬酒不吃吃罚酒吗？那好，湿被窝——搁一边晾着去。

【十八岁的姑娘当媒人——人不说

你,你倒说人】媒人:婚姻介绍人,男女婚事的撮合者。旧时婚俗,对请人做媒,撮合婚事,称为"说媒"。十八岁的姑娘正是请人给自己说媒的最佳时候。指自己做错了事,不但不内疚、自责,反而还责怪别人。[例]你还来劲儿了,本来在这件事上,是你有错在先,十八岁的姑娘当媒人——人不说你,你倒说人,还讲不讲理呀?

【十冬腊月穿裤衩——抖起来了】讥讽人因突然发财或得势而洋洋得意起来。[例]咱再说费通三人进了这家小酒铺,挨墙角找了张桌子,俩凉俩热要了四碟儿菜,一人面前一个白瓷杯,二两老白干正好倒满,三人一起捏咕迁坟这件事。这虾没头和蟹掉爪一向狐假虎威,自打费通当上巡官,他们俩靠着溜须拍马的本事成了费通的左右手,那可真是十冬腊月穿裤衩——抖起来了。(天下霸唱《崔老道传奇 三探无底洞》)

【十冬腊月的冻豆包——又黏又硬】豆包:一种食品,多以黄米面为皮,以豆沙为馅,蒸熟后食用。形容人黏糊、纠缠且态度强硬。[例]闺女你去区里上访,我不拦着,但要通情达理,不能胡搅蛮缠,像十冬腊月的豆包——又黏又硬。

【十二时辰占三样——身子虚(申子戌)】十二时辰:旧时计时单位,把一昼夜分为十二个时段,用十二地支(子、丑、寅、卯、辰、巳、午、未、申、酉、戌、亥)命名。十二时辰相当于24小时,每个时辰等于2小时。申子戌:为三个时辰,申子戌与身子虚谐音。戏指身体虚弱多病。[例]天津人爱看笑脸,爱读短文,爱听段子,爱说笑话,爱逗闷子。如:"吹鼓手抱公鸡——嘀嘀咕咕","白萝卜扎眼——穷呕(藕)","绕城转——白牌","海光寺当家的——衡(横)宽","日本船——满完","十二时辰占三样——身子虚(申子戌)"等。(张炳学、刘志永主编《中国地域文化通览 天津卷》)

又作(1)"十二时辰占了三样儿——身子虚(申子戌)"。[例]天津俏皮话:"十二时辰占了三样儿——身子虚(申子戌)。"这是天津人对身体虚弱多病的调侃说法。十二时辰是"子、丑、寅、卯、辰、巳、午、未、申、酉、戌、亥。"所谓"十二时辰占了三样",就是"申、子、戌",谐音"身子虚"。(谭汝为《这是天津话》)(2)"十二个时辰占仨字——身子虚(申子戌)"。[例]今晚的老同志聚会,我就不参加了,最近十二个时辰占仁字——身子有点虚,请转告我对大家的问候。

【十亩地一棵高粱——独根苗】指独生子女。[例]"好啦好啦——"陆妈妈转了话锋对红薇说:"我们昭儿是十亩地一棵高粱——独根苗,没有姊妹,往后,一回生两回熟,你常来吧,咱这儿就是你的家。"(柳溪《功与罪》)

又作(1)"十亩地里长了一棵庄稼——独根独苗儿"。[例]这是十亩地里长了一棵庄稼,独根独苗儿!是朱家门里接继香火的人,大贵不回来当然不能打打骂骂的!(梁斌《烽烟图》)(2)"十八亩地里一棵谷——独根苗"。[例]根据日常生活,人们创造了不少的成语、比喻、俏皮话,等等。在比喻上,人们通常是用生活里最习见的东西来形容事物的。比如说一个独生子,人们便说"十八亩地里,一棵谷,独根苗",或是"宅神堂里的鸡子,宝贝蛋"。(孙犁《文艺学习》)

【十五个吊桶打水——七上八下】吊桶:桶梁上拴着绳子或竹竿的桶,用来从井中打水,或从高处向河中、坑中打水。比喻十分慌乱,心神不宁,忐忑不安。[例]同时,我有一种预感,我们永远都走不出这条通道,因为通道没有尽头。我心中如同十五个吊桶打水——七上八下,明知情况不对,都不得不一直向前,也许下一步就会跌进无底深渊。(天下霸唱《摸金校尉之九幽将军》)

【十一个哥们儿站两排——人五人六】形容心术不正,行为不端,却装模作样,冒充正人君子。也可作谜语猜。[例]这伙人就像十一个哥们儿站两排——人五人六的,欺行霸市,无恶不作,现在把他们抓起来,农贸市场终于安宁了。┃这里的"人五人六",只是对词语字面义的诙谐使用,很有意思。在天津还听到一则谜语:"十一个哥们站两排——谜底:人五人六。"(谭汝为《这是天津话》)

【十月的螃蟹——横行不了几天了】比喻坏人或恶势力已经衰败,离垮台、灭亡没有多长时间了。[例]企业搞得一塌糊涂,连年亏损,但"庙穷和尚富",厂长却住着别墅,开着小轿车,整天出入星级宾馆,横吃海喝,工人气愤地说:"这小子坏事做到了头,别看他现在闹腾得欢,是十月的螃蟹——横行不了几天了!"

【石头坎的包子——没肉】石头坎:

又作石头门坎（槛），老字号素食小吃，驰名津城。原为清乾隆末年在宫南大街开业的真素园，后为防夏季雨水入店而在门口垒起一道门坎，故得"石头门坎"之别号。石头坎素包选料多样，制作讲究，薄皮大馅，清香不腻，深受人们喜爱。形容没有什么值钱的东西。有时也专指人瘦弱或饭菜清淡。[例]欠钱还债，我没二话，大家都进屋里来，看喜欢什么就拿什么，反正我是石头坎的包子——没肉，那就啃点骨头喝点汤吧。

又作"石头门坎的包子——没肉儿"。[例]素包子当然没肉，老天津人挺眼儿，缘于此衍生出俏皮话"石头门坎的包子——没肉儿"，有时比喻饭菜清淡，也形容人太瘦。（由国庆《天津包子滋味多》）

【石头门坎素包——有咬劲儿】咬劲儿：指食物柔韧，耐嚼。形容文章有意味，耐咀嚼。[例]俗语"石头门坎素包有咬劲儿"说的是宫南大街的一家老字号，这家老字号本名"真素园"，创建于清朝，后来人们说的"石头门坎素包"就是出自这里。（章用秀《天津老俗话》）┃今天，《人民日报》头版发表的评论员文章，值得一读，联系当前实际，逻辑清晰，说理透彻，那是石头门坎素包——有咬劲儿。

【石头门槛的素包儿——独一个味儿】形容风格独特，别具一格。[例]三立已经开始有意识地追求这种平中见奇、含蓄逼真的风格，与火炽、爆脆的同行形成"反差"，力求像石头门槛的素包——独一个味儿。（郑连群《马三立别传》）

【实心胶轮——没气没囊】实心：物体内部没空隙。胶轮：装橡胶内外胎的车轮。比喻没志气，不上进。[例]你们几个年轻人整天吊儿郎当，又是实心胶轮——没气没囊，这样下去怎么会有出息？

【拾茅襤的带刀子——要狗命来的】拾茅襤的：旧时以捡拾废品谋生的人。晋语，指为索取坏人或恶人的性命而来。[例]我们民兵小分队已经跟踪汉奸卢麻子好几天，今天趁他在情人的家里鬼混，逮个正着，拾茅襤的带刀子——就是要他狗命来的！

【拾茅襤的河边溜达——剁鱼（多余）】剁鱼：旧时拾茅襤的常背着筐手持短竹竿，其前端装一钢针，用以扎取废品，也可从河里扎鱼。剁鱼与多余谐音。指超过需要的数量，不必要的，或太多、过度、过分的。[例]拾茅褴,旧指衣衫褴褛贫苦少年,手持前端装一钢针的短竹竿,背筐沿街捡废品以谋生。天津俏皮话"拾茅褴的河边溜达——剁鱼(多余)"即为写照。(谭汝为主编《天津方言词典》)

【食品厂的头肉——酱(犟)货】头肉:酱制的猪头肉。酱货:酱制的熟肉(杂碎)制品。酱与犟谐音。形容人固执、任性、强硬。[例]俺家老头子就是食品厂的头肉——犟货一个,他说什么,你们别在意,大半辈子这脾气改不了了。

【使狗吓唬人——嘛人】使:使用。采用反问语气,指什么人,表示轻蔑、训斥,或气愤、不满。[例]商大爷跑过去一瞧,一个邻居家的男孩儿被拽倒,脑袋撞上石头门墩,开了口子流出血来。邻居家大人赶来一看不高兴了,迎面给商大爷来了两句:"使狗吓唬人——嘛人?"(冯骥才《俗世奇人新篇》)

【屎壳郎搬家——滚蛋】屎壳郎:蜣螂的俗称,一种昆虫,主要以动物的尸体和粪尿为食,常把粪滚成球状,推行向前。詈语,责令人赶快走开、离开。[例]钟山大伯气不打一处来,随口骂了一句小鬼子听不懂的俏皮话:"屎壳郎搬家——滚蛋!"

【屎壳郎变知了——高升】知了:蝉的俗称。雄蝉的腹部有发音器,叫的声音像知了,因此而得名。讥讽通过不正当途径,突然得志或发迹,爬上高位,变得有权有势。[例]沈池魁凭着溜须拍马,阿谀奉承,终于当上副处长,屎壳郎变知了——高升了,群众在背后戳脊梁骨,说他真不要脸。

【屎壳郎变知了——一步登天】形容通过不正当途径,突然得志或发迹,职位得到大大提升,生活一下子变好,达到出人意料的程度。[例]这些造反派把老干部全打倒了,他们自己利欲熏心,封官许愿,连看大门的都捞了个科长当,真是屎壳郎打哈欠——一步登天。

又作"屎螵螂变知了——一步登天"。[例]不是我说话不好听,这叫屎螵螂变知了,一步登天。(李燃犀《津门艳迹》)

【屎壳郎打呵欠——怎么张得开臭嘴】打哈欠:困倦时嘴张开,深深吸气,然后呼出。讥讽怎么好意思讲某种话,或提某种要求。[例]祁玉仗义执言道:"老边你这话说得太大了,毛主席他老人家多忙啊,我看你是屎壳郎打呵欠——怎么张得开臭嘴呢?"(肖克凡《人

生赌局》）

【屎壳郎打架——土闹】比喻人或物土里土气，不合潮流，不时髦。[例]他站起身，摘一摘草帽，向大家行着礼，连说："见笑见笑！咱编的这些玩意儿，我把它好有一比：'屎壳郎打架——土闹'。"（柳溪《九月的风》）

【屎壳郎打冷战——臭嘚瑟】打冷战：身体因寒冷或害怕而颤动。讥讽或斥责人得意忘形，故作姿态，喜欢显摆、炫耀，不安分，瞎折腾，使人厌恶。[例]燕子说我和胖子是屎壳郎打冷战——臭嘚瑟，这才安分了没两天，又想出幺蛾子到克伦左旗的草原上去玩。（天下霸唱《鬼吹灯》）

【屎壳郎打喷嚏——满嘴喷粪】喷嚏：天津话称为"嚏喷"，指鼻黏膜受到刺激，急剧呼吸，并由鼻中急速喷出，同时发出声音的现象。詈语，责骂满口污秽，一派胡言，或出口不逊，血口喷人。[例]在场的群众越听越气愤，这念的什么经？完全是胡说八道，屎壳郎打喷嚏——满嘴喷粪！众人一起挥动起拳头，赶他下台。

又作"屎壳郎打嗝儿——满嘴喷粪"。[例]你有什么根据，对老部长出口不逊，纯属屎壳郎打嗝儿——满嘴喷粪，也不怕把舌头扇了。

【屎壳郎戴花——臭美】讥讽自我感觉良好，故意在人前卖弄、炫耀自己漂亮或能干。[例]他奶奶个熊！不用屎壳郎戴花——臭美。这爷们走过许多大粪场，还没见过你们这群白脖屎壳螂呢！（鲍昌《庚子风云》）

又作（1）"屎壳郎坐飞机——臭美"。[例]"屎壳郎坐飞机——臭美"：屎壳郎，出于污秽，当然是臭的，居然能坐上飞机，当然这种"美"（舒坦、高高在上），只能是"臭美"而不是"真美"。讽刺人的自我欣赏。（张仲《天津早年的衣食住行》）（2）"屎壳郎戴花逛大街——臭一路子美"。[例]杨二爷知道这是说他不够格了，心里骂了一句："老王八蛋，你别屎壳郎戴花逛大街——臭一路子美！"（鲍昌《庚子风云》）

【屎壳郎掉粪坑——得吃得喝】讥讽吃喝不愁，衣食无忧，贪图安逸。[例]他打小生活在土豪的家庭环境，受到过分的宠爱，那是屎壳郎掉粪坑——得吃得喝，又无人调教，放任自流，长大会有什么出息呢？

【屎壳郎飞到车道沟里——充硬骨

头】车道沟:大车轮在土路上压出的凹痕。讥讽人自不量力,硬充好汉,装作了不起。[例]和尚看了他一眼说:"你想干什么?我看你屎壳郎飞到烟袋锅上,要拱老爷的火儿。"黑的粹说:"不,他是屎壳郎飞到车道沟里,充硬骨头。"(梁斌《播火记》)

【屎壳郎飞到面簸箩里——想充小白人儿】簸箩:盛米、面等的器具,用柳条、竹篾编制。讥讽坏人伪装成好人,或糊涂人假装成明白人。[例]和尚看了他一眼说:"你想干什么?我看你屎壳郎飞到烟袋锅上,要拱老爷的火儿。"黑的粹说:"不,他是屎壳郎飞到车道沟里,充硬骨头。""大沙杆"说:"不,他是屎壳郎飞到面簸箩里,想充小白人!"(梁斌《播火记》)

【屎壳郎飞到烟袋锅上——要拱火】烟袋锅:一种吸烟的工具,装在旱烟袋一头的金属碗状物。比喻用言行惹人发火或使火气更大,以激化情绪或矛盾。[例]和尚看了他一眼说:"你想干什么?我看你是屎壳郎飞到烟袋锅上,要拱老老爷的火儿。"(梁斌《播火记》)

又作"屎壳郎钻烟袋——拱火"。[例]我早看大金牙不是个好玩意儿,可是又一想,大金牙无非就是混口饭吃,见人说人话,见鬼说鬼话,他落在马老娃子那些人手上,再不赔个笑脸,那还不让人给灭了口,这么一想,倒也有情可原。不过大金牙这孙子的一举一动,让人越看越生气,屎壳郎钻烟袋——拱火!(天下霸唱《摸金校尉之九幽将军》)

【屎壳郎过马路——愣充进口小吉普】讥讽小人物冒充大人物,或无能之辈装成有本事的人。[例]你甭在众人面前假装正经,我还不知道你是嘛变的,真是屎壳郎过马路——愣充进口小吉普!

又作"屎壳郎上马路——愣充美国进口小吉普"。[例]胖子毫不在乎,摩拳擦掌地说:"就连皇陵王墓咱爷们儿都曾大进大出了,一个地主头子能有什么大多了?在胖爷眼里,他是屎壳郎上马路——愣充美国进口小吉普啊!老胡你们把地形搞清楚了没有?那明器都放哪儿了?摆着还是埋着?咱赶紧趁黑摸进去,参观参观这地主老头子藏在阴宅里的古墓博物馆。"(天下霸唱《鬼吹灯》)

【屎壳郎驾云——美上天了】讥讽得意忘形,自我感觉好到了极点。[例]你这叫敬酒不吃吃罚酒。老

梆子!别以为少东家刚才抬举你两句,就屎壳郎驾云——美上天了。(鲍昌《庚子风云》)

【屎壳郎爬秤盘——不知道自己有多大分量】秤盘:一端系的金属盘,用以装所称之物。讥讽没有自知之明,不能正确认识自己的长处和短处。[例]就凭你说几句漂亮话,便想让我们乖乖地跟你走,糊弄鬼哪?真是屎壳郎爬秤盘——不知道自己有多大分量。

【屎壳郎敲铜锣——臭美一当当】铜锣:一种铜制的乐器。当当:撞击铜锣发出的声音。讥讽自我感觉良好,故意在人面前卖弄、炫耀自己漂亮或能干。[例]一天几次我把准备好的书包背在肩上昂着头从屋里走到院里,又从院里走到屋里。用当年的一句俏皮话就叫"屎壳郎敲铜锣——臭美一当当"。(马景雯、张宝明《我和爸爸马三立》)

【屎壳郎上桌——也成一道菜了】讥讽缺乏自知之明,过高地估计自己的能力,去做根本无法胜任的事情。[例]呀,郭志富还能作报告?屎壳郎上桌——他也成一道菜了。(蒋子龙《农民帝国》)

【屎壳郎钻进驴槽里——假充大黑豆槽】槽:盛牲畜饲料的长条形器具,多为木制。黑豆:喂牲口的饲料。讥讽小人物冒充大人物,无能的人冒充能人,或坏人冒充好人。【例】老弟,你怕我给你带落后了哇?得了吧,你还不是屎壳郎钻驴槽里——假充大黑豆哩!(袁静《淮上人家》)

又作"屎蜣螂爬到驴槽里——充起大料豆儿"。[例]原来自从袁文会拜了白云生为师父,又认了石苗为干爹,一时名噪津城,那些捧臭脚的见面就哈腰叫三爷,这一来袁文会可就不同往常了,头也抬起来了,真是屎蜣螂爬到驴槽里充起大料豆儿来了。(张孟良《袁文会与刘广海》)

【屎壳郎坐火车——臭到哪儿算一站】采用反问语气,讥讽臭名昭著,到处留下坏印象或坏名声。[例]老弟呀,听人劝吃饱饭,你赶快收手吧,不要在这条道儿上越走越远,屎壳郎坐火车——臭到哪儿算一站?

【屎壳郎打哈欠——好大的口气】讥讽不依据事实,吹牛皮,说大话。[例]袁大屁股在岗楼上听了,哈哈大笑着回答道:"屎壳郎打哈欠——好大的口气!究竟谁正谁的法,骑驴看唱本——走着瞧吧!"(王林《腹地》)

【屎壳郎掉进煤堆里——不辊辘显不出黑来】辊辘:滚动。比喻在一定的环境中,难以辨认和区分好坏、是非。也指不知道丑,非要让别人知道自己是什么东西。[例]栓柱爹说:"屎壳郎掉进煤堆里——不辊辘显不出他黑来!"(赵广建《牛眼村的牛眼事儿》)

【屎壳郎滚绣球——屎蛋一个】常用来戏谑或讥讽低能无知的人。[例]说你是屎壳郎滚绣球——屎蛋一个,还不服气,看你做的这一件件没眼眉的事,尽给老哥我丢脸了。

【屎壳郎开膛——一肚子臭下水】开膛:剖开胸、腹腔。讥讽水平低,能力差,出的主意或想的招法愚蠢笨拙,不高明,不靠谱。[例]"刘副官,"瞎老范追上去还继续说着,"我这是蒋干看诸葛亮下棋,看不出棋步瞎支嘴,屎壳郎开膛,又是一肚子臭下水。您老若是一时还没想出高招来,不妨听听我的馊主意。"(林希《丑末寅初》)

【屎壳郎爬进蛐蛐罐儿——不是这里的虫子】蛐蛐:蟋蟀。形容不是一路人,不应该在某地方出现,或不适应某地方的环境。[例]王恭右手拍着菜刀说,别弄这儿跟我说评书,现在就给我立字据。说

罢,王恭一边往左手糊着云南白药一边走上前去,说上官大少爷您怎么就不陪我玩一玩呢?你可不知道这快刀剁手的滋味有多过瘾啊。上官有金目光慌乱不敢言语,他终于明白自己是屎壳郎爬进蛐蛐罐儿——不是这里的虫子。(肖克凡《天津俗人》)

【屎壳郎上茅房——找屎(死)去了】屎与死谐音。指自己找死,自寻死路。[例]小事六紧张兮兮地说:"你们要过去是吗?你这是屎壳郎上茅房——找死去了,真没见过你这路损鸟外国鸡!要不然……咱想想办法再过去……"(天下霸唱《大耍儿》)

【屎壳郎坐飞机——一步登天】讥讽人突然得志或发迹,职务、地位或生活水平一下子大大提升,达到出人意料的程度。[例]如此一来二去人心涣散,有人离厂,那叫"拉胶皮的赶大车——改行了";有人调到外单位成为技术骨干或升职,也似"屎壳郎坐飞机——一步登天"。(由国庆《在老天津行走》)|你有多少钱,也是个下三烂,屎壳郎坐飞机——一步登天,我就瞧不起你,怎么着?

【屎坑里的砖——又臭又硬】讥讽或责骂人品行很差,态度又顽固。

[例]严知孝自以为是名门出身，以学者名流身份在社会上不多交往。士绅群里，说他是"屎坑里的砖——又臭又硬"！（梁斌《烽烟图》）

【屎蜣螂——带着臭气一路嗡嗡着】蜣螂：屎壳郎的别名。比喻到处传播谣言，留下坏名声，[例]俗儿像一个屎蜣螂，带着臭气一路嗡嗡着，她的谣言已经发生影响。（孙犁《风云初记》）

【收藏家买假货——打眼】指观察失误，没有看出毛病而上当受骗。[例]现在的古玩市场泥沙俱下，收藏家买假画——打眼的事情比比皆是，初入这一行的可得小心小心再小心。

【收音机串线——瞎呜啦】串线：指两条线路互相没有信号的偶合，使信号感应到其他的线路上了。呜啦：话语不清。形容没有根据地胡说、乱说。[例]你们三个整天闲着没事儿，东家长西家短，收音机串线——瞎呜啦，搞得四邻不安。走，咱们到居委会里好好说说去。

【手指头卷大饼——自己吃自己】指自己伤害自己，或内部的人自相伤害。[例]我们对付他，不能按常理出牌，要想点儿绝招儿、损招儿，得让他先手指头卷大饼——自己吃自己。

【手抓两把泥，脚踩西瓜皮——得抹就抹，得溜就溜】抹：调和。溜：偷偷地走开。比喻做人圆滑，遇事推诿，不敢坚持原则，回避矛盾，怕得罪人。[例]敢于坚持原则，不怕得罪人，应该是选人用人的一个标准。我说过，我们干部里边有这么几种人，一种是本来就不正派，这种人容易鉴别，群众也不会拥护；一种人老老实实，规规矩矩，就是不避邪，正确的东西有人反对他不敢坚持，错误的东西有人坚持他不敢反对，跟谁都是好好好，是是是，可以、可以、真可以，"手抓两把泥，脚踩西瓜皮，能抹就抹，得溜就溜"。这种人在关键时候就会误事。（李瑞环《看法与说法》）

【守门员失手——进啦】指前进，到了里面去。进又与近谐音，形容关系密切、亲密。[例]俗话说"不打不成交"，那次误会解除后，我和小阳的关系，就像守门员失手——近（进）啦，而且越来越好，如亲兄弟一般。

【寿星老儿的脑袋——宝贝疙瘩】寿星老儿：神话传说中的长寿之神，后用以称誉高寿的老人。在民间雕塑或绘画中,寿星老儿的额头明显隆起一块,是长寿的象征,称为"宝贝疙瘩"。形容心爱的人或珍爱的物品。[例]谷正义耗时三十年,每有闲暇便沉迷其中,常读常有所得,也常有所不满足,于是便将自己的心得和发现记录下来,三十年竟积成了沉甸甸的一大本子——对他来说这可真是寿星老儿的脑袋——宝贝疙瘩!(蒋子龙《〈歇后语趣谈〉序》)

【寿星老儿上吊——活腻歪了】腻歪:寂寞、无聊,愁苦、厌烦。讥讽或斥责人不想活了,自寻死路。[例]老油条吓了一跳,赶忙拦住杜大彪:"老话讲狐黄白柳灰,刺猬是白大仙,你寿星老儿上吊——活腻歪了,敢吃大仙爷的肉?咱见天儿在一个屋里待着,你们遭了报应我不得跟着倒霉吗?您二位瞧我了,高高手儿,饶他们一命。"(天下霸唱《火神》)
又作"寿星老上吊——嫌命长"。[例]他这一损招儿,把我们大哥气得七窍生烟,两眼喷火,立马从腰间拔出手枪,对准他的胸口大声喝道:"王八蛋,我看你是寿星老上吊——嫌命长了!"

【寿星老买砒霜——活得不耐烦了】砒霜:无机化合物,是不纯的三氧化二砷,有剧毒。讥讽或斥责人不想活了,自寻死路。[例]最近一段时间,部分"台独"势力的气焰十分嚣张,在错误的路上越走越远,我看他们是寿星老买砒霜——活得不耐烦了!

【寿星老骑狗——没鹿(路)了】鹿:哺乳动物,听觉和嗅觉十分灵敏,在古代把鹿视为神物,认为能给人们带来吉祥和长寿,神话传说中的寿星老就是以鹿当坐骑。鹿与路谐音。指处境极其困难,无路可走了。[例]眼看着自己创办的公司一天一天亏损,老黑真是寿星老骑狗——没路了,愁得都抬不起头来。

【瘦驴拉硬屎——干撑着】干:徒然。讥讽不自量力,本来没有能力或相应的条件,却硬要装样子,勉强维持某种局面。[例]对方已经是瘦驴拉硬屎——干撑着,我们咬紧牙关再顶一顶,准能取得胜利。
又作"瘦驴拉硬屎——撑着架子"。[例]行啦,别瘦驴拉硬屎——撑着架子了,我知道你们公司经营上遇到了坎儿,这几百万拿着先救个急吧。

【熟透的石榴——裂开了嘴】石榴:指石榴树的果实,成熟后果皮常裂开,合不拢。形容非常高兴的样子。[例]80多岁的老奶奶听说小孙女，以优异的成绩考上了清华大学，就像熟透的石榴——裂开了嘴，高兴得不得了。

【秫秸当门闩——经不住推，也搁不住撞】秫秸：去掉穗的高粱秆等。门闩：一般用木棍或铁棍制作，关门后把它插在门内，使门推不开。搁：禁受，承当。比喻性格脆弱，或能力很差，经受不住困难挫折的打击或考验。[例]这么一丁点儿小事，至于把你们折腾成这副样子吗？真是秫秸当门闩——经不住推，也搁不住撞。

【属八哥的——净玩儿嘴皮子】八哥：一种鸟，能模仿人说话。比喻能说会道，夸夸其谈，就是只说不干。[例]你快躲一边去，属八哥的——净玩儿嘴皮子，这里不需要这种人！

【属爆竹的——一点儿就响】形容性情急躁，沉不住气，遇事容易发火。[例]临走了，我只叮嘱你一句：出门在外，脾气必须得改一改，遇事要压住火，不能属爆竹的——一点儿就响。

【属扁担的——直来直去】指诚实坦率，说话做事直截了当，不绕弯子。[例]秋舒很好相处，她是属扁担的——直来直去，有啥说啥，从

不藏着掖着。

【属窗户纸的——一点儿就透】形容悟性高，稍加点拨就能心领神会。也指某件事情大家心里都清楚，只要提一下就挑明了。[例]你是个聪明人，属窗户纸的——一点儿就透，还用我多费口舌吗？

又作"属窗户纸的——一捅就破"。[例]在这件事情上谁对谁错，我想大家心里都清楚，属窗户纸的——一捅就破，还是让老童先说说吧。

【属刺猬的——谁碰谁扎手】比喻事情或问题棘手，谁处理也不容易。[例]厂长真犯了难：这可是老上访户，属刺猬的——谁碰谁扎手，怎么办呢？

【属对虾的——拴一块儿】对虾：渤海湾的一种主要海产品，肉味鲜美，市场上常以两只为一对出售。拴：用绳子等系住。形容关系密切，难以割舍。[例]经过小翠儿这么一撺掇，没到晌午时分佟三姐和余大妹子便双双驾到了。离着饭口还有一段时间，玉姑娘正坐在店堂的银柜里嗑瓜子，抬头一看干姐姐和干妹妹同时驾到，就笑着说你俩是属对虾的，拴一块儿就来啦。（肖克凡《天津大码头》）

【属疯狗的——见人就咬】形容随意辱骂人或诬陷他人。［例］在"文革"中，你扯旗造反，属疯狗的——见人就咬，祸害了多少老知识分子，开除党籍是轻的了，不进大牢就便宜了你！

【属公鸡的——光打鸣不下蛋】打鸣:鸡引颈啼叫。形容只空谈，不实干，没有实际行动。［例］说一千道一万，完成脱贫攻坚任务，关键在苦干、实干加巧干，属公鸡的——光打鸣不下蛋，那是绝对不行的！

【属公鸡的——天不亮就打鸣叫早】指清晨很早就把别人唤醒，不让好好休息。［例］许良慧调侃说:"你们的市长、书记是不是有病？一个是夜猫子，三更半夜不睡觉;一个是属公鸡的，天不亮就打鸣叫早，还叫人睡觉吗？"（蒋子龙《人气》）

【属狗的——翻脸不认人】讥讽或责骂人不重情义，不讲情面。［例］你四岁没了爹娘，全村的父老乡亲给你吃穿，把你养大，现在有了两个臭钱，难道你就属狗的——翻脸不认人了？

【属狗的——记吃不记打】讥讽或责骂人只贪图眼前利益，不吸取挨打吃亏或遭受苦难的教训。［例］上次，这帮小鬼子就被我们打得屁滚尿流，属狗的——记吃不记打，这回又落入了我们的包围圈，非把他们彻底消灭干净不可！

又作(1)"属狗熊的——记吃不记打"。［例］年轻人，好忘事，属狗熊的——记吃不记打。别见了好日子，就忘了早先的苦处，这好日子来的可不容易啊！（方纪《老桑树下的故事》）(2)"属耗子的——记吃不记打"。［例］那几个小子说:"嚯！嚯！你好大洋子装大傻是吗？属耗子的撂爪就忘？记吃不记打是吗？那我们可得让你好好认识认识！"说完又上来一顿拳脚相加。（天下霸唱《大耍儿》）

【属蛤蟆秧子的——没长眼眉】蛤蟆秧子:蝌蚪。眼眉:眉毛。形容应变能力差，不能见机行事，没有眼力见儿，看不出眉眼高低，不识时务，不识趣。也指缺乏教养，没有礼貌，不懂规矩。［例］天津人说某某是"属蛤蟆秧子的——没长眼眉"，您可千万别以为这个人天生就是秃眉毛或眼眉被粗心的剃头师傅失手刮掉了。天津人把不识时务，不识趣，不能应变，看不出"眉眼高低"的人，说成是"没长眼眉"。（谭汝为《这是天津话》）

又作"属蛤蟆的——没眼眉"。

[例]张三是属蛤蟆的——没眼眉，办事毛躁，说话中着不着，几件事办砸之后，外号就出来了——"砸锅匠"，简称"砸匠"，注意：可不是"炸酱捞面"那个"炸酱"啊！(谭汝为《这是天津话》)

【属耗子的——到处乱钻】耗子：老鼠。指善于交际，四处活动，信息很灵通，或为了私利而想方设法拉关系，找门路。[例]郭师傅心想李大楞虽是个混饭吃的，可常在街面上混迹，属耗子的，到处乱钻，没他打听不着的事，到外边拿耳朵一摸，有什么风吹草动都能知道，多他这一个帮手也不错，便应见了。(天下霸唱《河神 鬼水怪谈》)

【属耗子的——撂爪儿就忘】形容记性差，爱忘事。也指不接受教训，或不听从劝告。[例]民间有句俏皮话，形容某人没记性时说"属耗子的——撂爪儿就忘"，其意老少皆知。(赵志明《老话新说》)｜这样想着，他被吓出一头汗。牟棉花给他夹了一块红烧兔肉随口做出自我批评说，我这人属耗子的撂爪儿就忘，记性不好。小王同志你不要见怪。(肖克凡《机器》)又作"属耗子的——撂爪儿就忘"。[例]那几个小子说："嘿！嘿！你

好大洋子装大傻是吗？属耗子的撂爪就忘？记吃不记打是吗？你不认得我们是吗？那我们可得让你好好认识认识！"说完又上来一顿拳脚相加。(天下霸唱《大耍儿》)

【属核桃的——砸着吃】核桃：有坚硬的外壳，只有砸开才能吃到果仁。比喻对付思想顽固的人，只能采取强硬手段。[例]这片征地拆迁难度大，时间紧，有人说"属核桃的——砸着吃"，我不赞成采取强硬的方法，还是要在做深入细致的思想工作上下笨功夫、苦功夫。

【属猴的——脸儿说变就变】脸儿：脸上的表情。比喻人脑子灵活，思想、态度等转变得很快。[例]你小子真够活分的，听打雷就下雨，见啥人讲啥话，属猴儿的——脸儿说变就变。

【属猴儿的——听见锣响就爬杆】爬杆：旧时耍猴的人一敲锣，猴子就立刻顺着竹竿往上爬，进行表演。讥讽没有主见，在别人指使、操纵下行事。[例]大曹就是这样的人，属猴儿的——听见锣响就爬杆，稀里糊涂地吃了不少亏。

【属猴儿的——顺杆儿爬】讥讽随声附和，投人所好，迎合他人的心意

说话或做事。[例]你是属猴的——专爱顺杆儿爬,这样下去可不行,早晚得吃亏,爬得越高摔得越狠。

【属画眉的——就是嘴能耐】画眉:一种鸟,鸣声婉转动听。讥讽能说会道,夸夸其谈,就是不肯干、不实干、不会干,或干不成事。[例]现在有些干部整天耍嘴皮子,说得比唱得都好听,属画眉的——就是嘴能耐,干起工作却一塌糊涂,这样的人会误事,不能重用。

【属鸡肋的——食之无味,弃之可惜】比喻事情进行下去没有多大必要,但就此放手又舍不得。也指进退两难,犹豫不决,无可奈何。[例]不能不感慨,我能生活在这个时代是很幸福的,光电视频道就有30多个,每晚靠在沙发上,拿个遥控器比画来比画去,有些节目看起来不解谗又不过瘾,属鸡肋的,食之无味,弃之可惜。于是都想着法的连哄带骗地抢观众。(周凡恺《越侃越无聊》)

【属鲫瓜子的——尽溜边儿】鲫瓜子:鲫鱼,习惯在河边儿游。[例]指遇事躲在一旁,或靠着边儿站立、行走。[例]肖大姐,在公司里你就大胆地干,不要属鲫瓜子

的——尽溜边儿,有什么事儿我给你做主。

【属叫驴的——牵着不走,打着倒行】叫驴:公驴,不易驯服。讥讽性格固执,脾气倔强,不听人的劝告。也指人不求上进。[例]刚才在众人面前,大肖又差点儿让老班长下不来台,他是属叫驴的——牵着不走,打着倒行,谁拿他也没啥好办法。

又作"属毛驴的——牵着不走打着倒退"。[例]只听小石榴气得一跺脚,又往我这边跑了过来:"我还是跟你一块去吧,你也太拧了!"我笑道:"你属毛驴的?牵着不走打着倒退的玩意儿!"(天下霸唱《大耍儿》)

【属老母鸡的——又趴窝了】趴窝:指母鸡趴在窝里孵小鸡,较长时间趴着不动。比喻体力不支,无法行动,或机动车抛锚,不能开行。[例]老妈,你跟老爸说说,给我换台新车吧,今天和几个哥们儿到郊外游玩,属老母鸡的——又趴窝了,多没面子呀。

【属老鼠的——又怂又能祸害人】怂:怂包,指无能之辈。讥讽胆小无能,却会干坏事害人。[例]武官急中生智,没敢提打,赔着笑脸问团头:"好汉,你们几时上阵呀"

"你问这个干什么？你们都是属老鼠的——又怂又能祸害人，就赶快过来挨刀吧！"（张士杰《海螺号》）

【属驴车的——往后捎】捎：稍微向后退。指退避或退缩，不愿承担责任或没有勇气做某事。[例]这就是领导该管的事情，有多大困难也得承担起来，咱可不能属驴车的——往后捎。｜你是中层干部，必须有责任心，敢于担当，不能出了点事儿就属驴车的——往后捎。

【属螺丝帽的——净绕弯子】比喻说话做事拐弯抹角，不直截了当。[例]你就是滑头一个。碰着事儿不管不问，属螺丝帽的——净绕弯子。

【属麻花的——拧着劲儿】麻花：传统风味小吃，把几股条状的面拧在一起，用油炸熟。指双方不和睦，闹别扭或对着干。[例]最近这些日子，不知什么原因，他们两人见面都不说话，属麻花的——拧着劲儿。

【属卖炸馃子的——带着一身油】馃子：传统风味小吃，一种油炸的面制食品。讥讽有油腔滑调的坏习惯。[例]"我还是劝你回去，"老温扒着猪圈沿儿说，"……她是一个破罐子，属卖炸馃子的，带着一身油，只许别人怕她，她可不怕别人。"（孙犁《风云初记》）

【属猫儿眼的——时时变】猫儿眼：猫眼的瞳孔随着光线强弱的变化，而缩小或放大。讥讽人的思想、态度、脾气等转变得很快，或变化无常。[例]刘黑："活是不少，就是不称心。那不是，给鬼子修教堂，鬼子脾气属他妈猫儿眼的，时时变；高兴时就给你工钱，不高兴，等到一收工连人影都找不着。"（来新夏等《火烧望海楼》）

【属玫瑰的——刺儿多】指经常出现差错或有很多缺点、毛病。[例]这小伙子就交给你了，他热情，直爽，有闯劲，但属玫瑰的——刺儿也多，好好调教调教。

【属面鱼的——没骨头】面鱼：又作面条鱼，即银鱼，身体细长，透明无色，无骨无刺，光滑柔嫩，形状极似一根粗粗的面条。讥讽没骨气，没气节，在重压面前不能坚持正义、刚强不屈的人格与操守。[例]在日本鬼子入侵中国的危难时刻，有些文人就是属面鱼的——没骨头，卑躬屈膝，唯唯诺诺，最终堕落变节为汉奸，周作人、胡兰成之流便是。

【属泥鳅的——滑不呲溜】形容人油

滑或狡猾。[例]这老家伙鬼点子多，属泥鳅的——滑不叽溜，很难对付。

【属暖水瓶的——外头冷，里头热】比喻人外表看似冷淡，内心却很热情。[例]别看老林的脸平时总是绷着，其实他心眼儿特诚实，乐于助人，很好相处，属暖水瓶的——外头冷，里头热。

【属螃蟹的——到处横着走】詈语，责骂人仗势作恶，横行霸道，蛮不讲理，胡作非为。[例]这帮家伙，平日里就是属螃蟹的——到处横着走，欺压百姓，无恶不作，早该让他们吃枪子儿！

又作(1)"属螃蟹的——横行霸道"。[例]咱们大伙儿得联合起来治治这个妖精，不能让她属螃蟹的，就这么横行霸道！(柳溪《生涯》)(2)"属螃蟹的——横行惯了"。[例]这个混混属螃蟹的——横行惯了，今天我们要教训教训他，杀杀他的威风！(3)"属螃蟹的——横着走道"。[例]麻三儿自从当上伪军小队长，就变本加厉，属螃蟹的——横着走道，全村的老百姓早已对他恨之入骨。

【属螃蟹的——对上哪就夹哪】形容人敢于迎难而上，不畏惧，不含糊。[例]"有什么不敢的，镲儿塘人都是属螃蟹的——对上哪就夹哪，从不含糊。"赵有余来不及拦，赵俊亮就脱口回了话。(李莹《响铜记》)

【属炮筒子的——直来直去】比喻性情直爽，说话做事直截了当，不拐弯抹角绕圈子。[例]老凌头是属炮筒子的——直来直去，有什么就说什么，过后儿从不放心上，热心肠，特别好相处。

【属石榴的——点子多】形容主意、办法多。[例]别看他年纪不大，思路清晰，属石榴的——点子多，这项有难度的工作就交给他吧！

【属手电筒的——只照别人不照自己】手电筒：小型照明用具。指对别人要求严，对自己要求松，只看到别人的缺点、错误，看不到自己的缺点、错误。[例]我这人并不是属手电筒的，只照别人不照自己。任何人都可能犯错误，包括考试答题，当然还有生活的其他方面，败走麦城的事总是难免的。(周凡恺《越侃越无聊》)

【属算盘的——不拨拉不动】算盘：一种计算数目的工具，通过手拨动算盘珠来完成算术运算。拨拉：拨动。比喻做事的主动性差，别人不指派、不督促就不会有所作为。[例]大奶奶说，洋灰脑袋，

死不开窍。天麟，你爸是属算盘的，不拨拉不动。得嘞，今儿我也做一回主，抬也得把他抬上。(宋安娜《十城记》)

【属糖稀的——粘上了】糖稀：含水分较多的麦芽糖，呈胶状，黏性很大。形容被纠缠或受牵扯。也指彼此关系密切，过分亲近或依赖。[例]这事儿本来和我一点儿关系也没有，只是随便问一问，管一管，结果属糖稀的——粘上了，非吃挂落儿不可，真是倒霉！┃瞧着俩人谈恋爱刚个把月，就热乎得好像谁也离不开谁，属糖稀的——粘上了。

【属天灯的——不点不亮】天灯：旧时新年前后，民间有在高处悬挂灯盏之俗，此灯彻夜通明，谓之"天灯"。比喻不指点提醒或施加压力，思想不开窍，就不能明白事理。[例]我已经明白了——老海今天想让大鸡葛见血！我低头对坐在地上的大鸡葛说："不明白大哥是什么意思吗？"大鸡葛抬头看看我，一脸疑惑，看意思这货是属天灯的——不点不亮。(天下霸唱《大耍儿》)

【属兔子的——跑得这么快】指奔跑的速度非常快。[例]众人皆是一惊，遗弃多年的清溪防空洞隧道内，怎么会有防空警报响起？难道是失踪的封团长所为？胖子骂了句："那团长属兔子的，怎么跑得这么快？"(天下霸唱《鬼吹灯》)

【属外国鸡的——说变就变】外国鸡：学名吐绶鸟，俗名火鸡，其头部和颈部可由红变蓝变绿变白，呈现多种颜色。指脾气古怪，变化无常，让人捉摸不定。[例]你小子属外国鸡的——说变就变啊！(谭汝为主编《天津方言词典》)

【属王八的——咬住人就不撒嘴】王八：乌龟或鳖的俗称。指十分狠毒，整治、伤害人一旦抓住就不放手。[例]这些"造反派"迫害老干部不择手段，把人往死里整，属王八的——咬人一口不撒嘴，真是丧尽天良！

【属乌龟的——缩头缩脑】讥讽胆怯畏缩，躲起来不敢露面。[例]他表面像是属乌龟的——缩头缩脑，实际在背地里蛮横无理，蒙人骗钱，干了不少坏事。

又作"属乌龟的——遇见事儿就缩头"。[例]凡是解决棘手的难题，都不要指望韩如青，他属乌龟的——遇见事儿就缩头。

【属喜鹊的——专拣高枝飞】喜鹊：一种鸟，民间传说听见它叫将有喜事来临，故称喜鹊，常在大树高处的枝杈上筑巢。讥讽专爱投靠或攀附有权有势的人。[例]你作为年轻干部有追求,想进步,我很理解,但是绝不能属喜鹊的——专拣高枝飞,在政治上搞攀附是极其危险的。

【属鸭子的——会吃不会拿】讥讽能吃不能干。[例]他这样笨手笨脚,漫不经心,真是属鸭子的——会吃不会拿,做起事来就抓瞎了。

【属鸭子的——就剩两片嘴了】讥讽没有什么本事,就是嘴巴能说。[例]我看罗大前是属鸭子的——就剩两片嘴了,你要是跟了他会一辈子受苦的。

【属鸭子的——嘴硬】形容不肯认输,说话态度强硬,极力反驳。[例]真没想到,你还是属鸭子的——嘴这么硬,真是敬酒不吃吃罚酒,哥几个动手吧!

【属鸭子嘴的——爱怎么吧唧就怎么吧唧】吧唧:指嘴唇开合作声。讥讽说话不负责任,没有准头,或说话不算数,想怎么说就怎么说。[例]这事儿本来是你让我们干的,怎么出了点儿问题就推得一干二净?我看你是属鸭子嘴的——爱怎么吧唧就怎么吧唧吧!

【属烟袋杆的——心儿黑】烟袋杆:吸旱烟或水烟的一种用具,连接烟袋锅和烟袋嘴的中空的杆儿。形容心肠歹毒、凶狠、贪婪。[例]大凡贪官,表面上一派正人君子,实际是属烟袋杆的——心儿黑着哩!

【属野猪的——有横劲儿没竖劲儿】横劲儿:武术用语,指开合的力量。竖劲儿:武术用语,指贯穿的力量。比喻做事开始有决心、有干劲,但不能持之以恒,前紧后松,虎头蛇尾。[例]说一千道一万,大伟还是个老实孩子,被我一通抢白弄得上不来下不去。石榴也在大伟身后一个劲儿地劝他,大伟属野猪的——有横劲儿没竖劲儿,过去这阵子也就平静下来了,他本身也不是在外面混的,面子对他来说有与没有都一个样儿,可他最后还是不解气地照着那小子的屁股着狠踢了一脚……(天下霸唱《大耍儿之西城风云》)

【属鹦鹉的——有时也说两句人话】鹦鹉:一种鸟,能模仿人说话的声音。讥讽品行很差的人,偶尔也会说出一两句得体或在理的话来。[例]这个女人是属鹦鹉的——有时也说两句人话,我们就信她这一会回,看能不能做到?

【属灶王爷的——谁家锅台都上】讥

讽不明事理，不守规矩，不见外，总是参与于己无关的事或乱来胡闹一气。[例]今天是大小姐的大喜日子，你给我老实点儿，不能属灶王爷的——谁的锅台都上，否则对你可不客气！

【树林里放风筝——缠住了】指胡乱纠缠，使人难以应付或脱身。[例]整整一上午，老马都被几个讨债的堵在屋里，树林里放风筝——缠住了。

【树林里放风筝——绕着扣儿了】扣儿：缠绕、圈结、弯曲、拴系成的疙瘩（结子）。比喻对某事想不通，不明白，理不出头绪，或被弄糊涂了。[例]三姐，您这是树林里放风筝——绕着扣儿了，回家躺在炕上好好琢磨琢磨，一旦想通就不发愁了。

【树林里耍大刀——拉不开场子】指因受环境或条件限制，本领施展不了，局面也打不开。[例]不要说自己是树林里耍大刀——拉不开场子，在基层多干几年没坏处，好好摔打，尽快成才，将来会有更重的担子让你挑。

【树梢上打秋千——攀高枝儿】指跟比自己身份、地位高的人拉关系，交朋友或结成亲戚。[例]常言道，树倒猢狲散，局长因贪腐到了台，过去善于溜须拍马，树梢上打秋千——攀高枝儿的隋处长也跟着吃了挂落儿，被撤了职。

【耍胳膊根儿卖死个子——一个对一个】耍胳膊根儿、卖死个子：指地痞流氓的行径，动辄以武力要挟威慑他人，蛮横无理，真的动手打起架来不要命。形容双方都是蛮横无理、胡作非为的人，恶吃恶打，互不相让。[例]没混好人缘，又被人玩了，身败名裂再回天津，拜一把弟兄认个老头子，恶吃恶打还是十八个不含糊。又倒了霉，成了臭狗屎，天津还能收着，耍胳膊根儿卖死个子，一个对一个，照样吃分子使白钱。（林希《相士无非子》）

【甩手掌柜的——嘛事儿都不管】甩手：扔下事情或工作不管。掌柜的：旧称商店老板或负责人。嘛：什么。指什么心也不操，什么事情也不做。[例]作为基层干部，就是要竭尽全力地为群众干好事，做实事，决不能当甩手掌柜的——嘛事儿也不管。

又作(1)"甩手掌柜的——什么也不管"。[例]"行，"春儿答应着，"我再赶给你做双鞋。""那我就成了甩手掌柜的，什么也不管了。"老温笑着说。（孙犁《风云初记》）

（2）"甩手掌柜的——不管了"。[例]大姑，我得走了。反正我交代清楚了，你们自己拿主意。要走，明天一早就走；要不走，那我只好当个甩手掌柜的——不管了。（鲍昌《庚子风云》）

【霜打的茄子——塌了秧】茄子：一种蔬菜，一经霜打就萎缩。塌了秧：指蔬菜、花草等因霜打或失水变得发蔫、枯萎。比喻遭受挫折、打击或陷入困境后变得精神不振，情绪低落。[例]当然，"塌秧"除了形容过度劳累后体能耗尽的身体状况之外，还可以比喻受到意外打击之后的精神状态，例如："原先爱说爱笑的大活宝，突然就像遭了霜打的茄子似的——塌了秧啦！"（谭汝为《这是天津话》）又作（1）"霜打的茄子——蔫了"。[例]后来，小孤庄一家分配一幢小洋楼。这不啻一个晴天响雷，令人心头一颤。消息传来，好大麦好像霜打的茄子——蔫了。（肖克凡《孤岛史》）（2）"霜打的黄瓜——蔫儿了"。[例]再看那个曾经不可一世的杨二乖，自从这一仗打过之后，就像是霜打的黄瓜——蔫儿了。我猜想，并不是我把它打怕了，而是舆论的压力使他们杨家再也抬不起头来了。

（侯军《那些小人物》）

【霜打的柿子——瘪了】瘪：柿子经霜打后失去水分，表面凹下，不太饱满。形容遭受挫折、打击或陷入困境后，情绪低落，萎靡不振，无计可施，或理屈词穷，傻眼了。[例]当初，高宇德一百个不同意女儿的婚事，如今女儿真的跟对象私奔了，他像是霜打的柿子——瘪了，不知如何是好。

【水池子里长草——黄（荒）塘（唐）】黄与荒谐音。塘与唐谐音。指思想、言行不正常，不按规则或情理办事，离谱到使人感觉奇怪的程度。[例]你作为一名库管员，没有起码的责任心，连这么一大笔的出入账都搞错了，真是水池子里长草——荒唐！

【水发猴头——泡蘑菇】水发：干制品常用的一种胀发加工方法，让干制品吸收水分，把其中的各种物质软化，使之体积膨胀、增大。猴头：一种真菌，既是珍贵的食品，又可药用。比喻故意纠缠或消极怠工，而拖延、耽搁时间。[例]你有啥想法和意见就摆到桌面上，全都说出来，动不动就水发猴头——泡蘑菇，这算咋回事呢？

【水晶肘子——肥而不腻】水晶肘子：用猪肘制作的一道传统菜肴，

晶莹透明,形似水晶。比喻行为动作掌握分寸,往往恰到好处或击中痛处。[例]大徐怒道:"你还干瞪眼是吗?"说完一抬胳膊肘,给我后背来了一个水晶肘子——肥而不腻,这一下砸得我岔了气,嗓子眼堵了似的,不停地咳嗽。(天下霸唱《大耍儿》)|老四的腰稍稍往上一抬,他身后的小不点儿立即高高跳起来,一胳膊肘夯在老四的腰眼儿上,还大声喊道:"这叫水晶肘子——肥而不腻!"(天下霸唱《大耍儿》)

【水里放屁——打嘟噜】嘟噜:水里放屁发出颤动的声音。比喻说话唠叨,或含糊不清。也戏指外国人说话多颤音。[例]武大妈说话像水里放屁——打嘟噜,絮叨了半天儿,我也没听清几句。|这老外真哏,说起话来是水里放屁——打嘟噜。

【水里抓泥鳅——滑不呲溜】形容狡猾或圆滑,不实在。[例]真不愿跟她这种人打交道,水里抓泥鳅——滑不呲溜,可头儿发话了还不得不去,愁死人也。

【水萝卜——拿一把】水萝卜:初长成的小萝卜,水灵灵的。指凭借某种条件或优势,对人故作矜持,摆架子,或刁难,要挟。[例]我找

他办事,总是热面汤——端着,水萝卜——拿一把。(谭汝为主编《天津方言词典》)

【水铺的锅——通大河】水铺:旧时卖开水(兼卖生水)的小店铺。水铺用的是河水,是无本生意。指做没有成本的买卖。[例]天津还没有自来水的年间就有水铺。"水铺的水——通大河"是老人们常挂在口头的话。意思是说开水铺本钱很薄,没盖盖儿的大河,水还花钱吗?(赵学俭《水铺琐忆》)

【水铺的锅盖——两拿着】两拿着:旧时水铺烧水的锅很大,锅盖做成两个半圆形,以便于开合。指人际关系疏远,甚至对立。[例]不论大小水铺的开水都是用大灶煮水,灶上放两三口直径一米多的大铁锅烧水,一口锅用于烧开水,其他的用于预热。大锅上盖着锅盖,有铁的有木头的,后面的一半总是盖着,前面的一半可以掀开,用于舀水。风趣的天津人也为此创造了一句俏皮话"水铺的锅盖——两拿着"。(戴晓泉《天津老城的水井与水铺》)|他和同事,不争吵,没摩擦,也不整人、琢磨人、算计人,但就是冷冰冰,皱巴巴的,说话办事总是戗茬儿的。最后和大伙儿是"水铺的锅

盖——两拿着"了。(谭汝为《这是天津话》)

【水铺的伙计——哪壶不开提哪壶】伙计：旧时指店员或长工。比喻爱揭短儿，专门提及别人的缺点、忌讳或隐私。[例]蓉蓉昨天刚跟男朋友分手，今儿个你就当着众人的面提这件事，让她下不来台，真是水铺的伙计——哪壶不开提哪壶。

【水铺的水——不开】不开：指水没有烧开。比喻不懂事，不明事理。也指思想保守，思路狭窄。[例]水铺的大锅里总是"咕嘟、咕嘟"地响个不停，让人们以为水是开着的。其实，那动静多半是从扣在锅底的大碗下发出的，为了省煤，那水并不总是滚沸的。难怪有俏皮话说："水铺的水——不开"呢。（由国庆《津沽旧市相》）｜看着年岁不大，还是个老脑筋，掰开揉碎地说了大半天，你还是水铺的水——不开呀。

【水筲没梁儿——饭桶】水筲：多用竹子或木头制成的水桶，上端中间有一根系绳或作提手用的横梁，旧时人们常用无梁的水筲盛饭。讥讽或斥责无用之人，没有什么本事，只会吃不会干。[例]地头上出了这么大的案子，免不了闹得满城风雨，巡警总局的压力当然不小，派出缉拿队到处明察暗访，接连几天一无所获，老百姓就不干了，都骂这帮穿官衣的是水筲没梁儿——大号儿的饭桶，但什么能耐也没有，只会欺压善良，平时跟老百姓作威作福，抓贼的时候连个屁都不敢放。（天下霸唱《火神》）

【水筲没梁子——别提了】指无法言说，无从谈起，或不愿提及。[例]这都是一些陈芝麻烂谷子的旧事儿，咱们都翻篇儿吧，水筲没梁子——别提了。

【水桶里扎猛子——回不过脖儿来】比喻不知悔改，没有出路。[例]他被"双规"以后，还是执迷不悟，水桶里扎猛子——回不过脖儿来，需要对他深入地讲政策，做工作。

【水仙不开花——装蒜】水仙：多年生草本植物，长有卵圆形的地下鳞茎，叶子条形，花白色，其鳞茎和叶子像蒜。斥责故意装糊涂，或装腔作势，装模作样。[例]为什么有歇后语说"水仙不开花——装蒜"呢？原来，水仙是多年生草本植物，地下有卵圆形鳞茎，叶子条形，花白色，香味浓。其鳞茎和叶子都极像大蒜，水仙在不开花时，外形与蒜很相似。所以就有

了上边那句歇后语,意指假装糊涂,装腔作势,装模作样,含贬义。(谷正义《歇后语趣谈》)

【水蝎子变蜻蜓——一步登天】水蝎子:蜻蜓的幼虫水虿的俗称。讥讽人突然得志或发迹,职务、地位或生活水平一下子大大提升,达到出人意料的地步。[例]他依仗姐夫在租界当差,如今也披上了巡警的一身皮,那可是水蝎子变蜻蜓——一步登天啦!

【水银落地——无孔不入】水银:汞,一种银白色的液态金属,洒在地上变成一粒粒圆珠状,能滚动,有空隙便可滚入。指善于投机经营,利用一切机会达到目的。[例]这两个"水银落地——无孔不入"的家伙,最近经常在背后嘀嘀咕咕,不知又要搞什么名堂?

【水中捞月——一场空】指劳而无获,白忙活了。[例]魏厅延不听家人劝阻,决然下海经商,几年过去了,他一次又一次碰壁,发财梦成了水中捞月——一场空。

【顺潮的船出沟——没撤】比喻没有任何办法。[例]几十户人家你瞄着我,我瞄着你,谁也不领头先还,其中就有退下来二年多的老村长大老田,数目不多不少,正好一万块。乡里几次来催两任村主任,磨破了嘴皮,也是顺潮的船出沟——没辙。(王雅鸣《玉嘴》)

【说书的留扣儿——下回再说】扣儿:指每节评书尾部给听众留下悬念,说书人申明:"欲知后事如何,且听下回分解。"下回:下一次。指有些事情现在不说,以后再说,或谈话中止,过后再说。[例]这件事情的来龙去脉,有点儿曲折复杂,今天时间不多了,咱们说书的留扣儿——下回再说。

【司马昭之心——路人皆知】司马昭:即晋文帝,司马懿的儿子。此语出自《三国志》,指野心非常明显,为人所共知。[例]他看了我一眼,不紧不慢地说,他们要看见了我,我就说,是陪县里领导来看看风景,散散心。那你也是司马昭之心——路人皆知。(王雅鸣《合乡并镇》)

【死得屈——又回来了】迷信说法,凡人冤屈而死,其鬼魂会回来寻仇。指人去而复转,由于某种原因离开远处后,又杀了个回马枪。[例]我心里一直嘀咕:"文革"中,老场长被打倒,下放农村劳动改造,当时我也迫于形势批判过他,现在平反昭雪,死得屈——又回来了,会不会秋后算账呢?

【死店活人开——一个去百个来】指

做事要发挥主观能动性,头脑灵活,多想办法,就能收到很好的效果。[例]我吃饭,那里不是花钱?常言说得好:"死店活人开,一个去百个来。"你们掌柜的用你这样的好伙计,必然买卖兴旺。你前头引路。(清代手抄本《双龙传》)

【死鬼要账——活该】死鬼:死者,讨账是因为生前的事。比喻该当,理应如此,一点儿也不冤。[例]不用管他,有今天的如此下场,完全是他自己作的,死鬼要账——活该!

【死蛤蟆——不张嘴儿】指不开口,沉默寡言,或故意一言不发。[例]玉洁看着自己的丈夫像死蛤蟆——不张嘴儿,站起来理直气壮地回答道:"行啊,我们去!我们去!"

【死螃蟹——没沫】沫:唾沫。比喻不发言,不说话或没什么话可说了。也指人停止呼吸,死亡。[例]甲:"啊呸!你狼鱼嘴里——吐不出象牙,螃蟹冒泡——吐不出像样儿的。我黄花鱼见窟窿——溜了,哈哈……"乙:"你白眼鱼撞地网——想溜了?死螃蟹——没沫了吧!……"两人相去,留下的是朗朗笑声。(刘翠波《渔家歇后语》)丨如此宠刁了天津人的嘴,

至于死螃蟹呢?一概不买不吃。食客有趣,假如形容某人无精打采、游手好闲啥也不上手,俗说"死螃蟹——奔拉爪儿的";比喻某些场合不发言不说话,叫"死螃蟹——没(泡)沫"或"不吐泡儿"。(点子《俏皮俗话》)

又作"死螃蟹——不吐泡儿'[例]食客有趣,假如形容某人无精打采、游手好闲啥也不上手,俗说"死螃蟹——奔拉爪儿的";比喻某些场合不发言不说话,叫"死螃蟹——没(泡)沫"或"不吐泡儿"。(点子《俏皮俗话》)

【死人胡子——不捋(理)】捋与理谐音。指搁在一边,置之不顾,不理睬,不理会,或不在乎,不当一回事儿。[例]这会一听说什么天主堂,法国人办的,好劲!他把脑袋摇晃得跟拨浪鼓一样,你再说破了嘴唇,他给你来个死人的胡子——不捋(理)》(来新夏《火烧望海楼》)

【死人放屁——见缓】比喻恶劣或危急的状况,逐渐有些松动,有所缓解。[例]大金牙扑在树樽边上,口水都流下来了,这孙子真是见了明器,连命都不要了。我将他拽回来说:"你之前不是已经吓尿了吗?怎么一往这法台上走,你又

死人放屁——见缓？"（天下霸唱《摸金校尉之九幽将军》）

又作"死孩子放屁——见缓"。[例]二学生原来很是绝望，此时见到了补给，认为事情有了转机，没准还有从地底生还的希望，精神大为振奋，气息也顺畅了许多。罗大舌头说："你小子还真是死孩子放屁——有缓啊！"（天下霸唱《地底世界之幽潜重泉》）

【死人放屁——没缓】比喻情况没有松动，没有缓解。[例]"怎么样，你们俩的关系有缓吗？"赵国庆问吴富能。吴富能沮丧地说："死人放屁——没缓。"（王富杰《黄飘带》）

【四两棉花——纺（访）一纺（访）】纺：把丝、麻、棉、毛等纤维拧成纱或线，棉花可以纺成棉线。纺与访谐音。指走访、打听，或调查、了解一下。[例]"卢振天你买通记者写文章这叫什么本事？真有本事你走出来，今天咱们会一会。你四两棉花纺（访）一纺（访），我虞天隆如今是苗六爷的关门大弟子。"虞天隆继续骂着。（肖克凡《天津大码头》）

又作"买二两棉花——纺（访）纺（访）"。[例]你买二两棉花纺纺，火车站一带，哪个不认得我胡大爷？大爷吃馆子逛窑子从来不花钱，你这是耗子舔猫爪——找死！（姚宗瑛《赌跤》）

【四五六——满搂】四五六：指掷骰子赌博，坐庄的人如果掷出四、五、六三点相连，即可赢得全部赌资。满：完全，全部。搂：划拉，搜刮。讥讽贪得无厌，疯狂地攫取不义之财。也指全部拿走。[例]他忘记了自己的初心，忘记了党的根本宗旨，在局长位子上的这些年，贪婪到无以复加的地步，四五六——满搂，如今逮了起来，是罪有应得！

【宋江结交卢俊义——拉好人下水】宋江：《水浒传》中的主人公，为梁山起义军领袖，在一百零八将中稳坐梁山第一把交椅。卢俊义：《水浒传》中的典型人物之一，武艺高强，为梁山第一猛将。他原本是富商、大财主，宋江为拉他入伙无所不用其极，最后使他落草为寇。比喻使用诱骗等手段，拉别人干坏事。[例]我看你是《水浒传》真没白读呀，不但自己干坏事，还宋江结交卢俊义——拉好人下水啊！

【苏先生的膏药——没病找病】相传，骨科名医苏先生的正骨绝技誉满津城，他卖的膏药，贴上后它自己就会找到患处而起疗效。指没事找事,无事生非,做那些不但没有益处,反而带来不利或自取其辱。[例]这图嘛许的呢?真应了那句话:苏先生的膏药——没病找病。(谭汝为主编《天津方言词典》)

又作(1)"苏先生骨药——没病找病"。[例]天津俗话:"苏先生骨药,没病找病。"是说苏先生卖的骨药,贴上后它自己就会找到患处而起疗效。此话虽引申为"没事找事",却也道出了苏氏骨药的神效。(章用秀《天津老俗话》)(2)"苏先生的膏药——找病儿"。[例]旧时天津骨科名医苏先生,他治病的膏药可以自动找到患者的病处而发挥疗效。"苏先生的膏药——找病儿",是说贴上苏氏膏药,可以自动寻找病灶,从而药到病除。后用"找病"形容无事生非,自取其辱。(谭汝为《谭谈天津话》)

【素丸子——没有荤腥儿】素丸子:用面粉、豆腐、鸡蛋等材料制作的一道家常菜。荤腥儿:指鱼肉等食物。比喻没有什么利益或好处。[例]说着,李菊五突然笑了,轻声问张十三想不想明天发一笔小财。张十三脑袋大,身子小,看上去很像戏台上的武大郎,只惜他是个素丸子——家里没有荤腥儿的潘金莲。(肖克凡《天津俗人》)

【算盘上的珠子——拨到哪儿算哪儿】算盘:一种计算数目的工具,长方形框内装有一根横梁,梁上钻孔镶小棍儿数根,每根上穿一串珠子,叫算盘珠子。按规定的方法拨动算盘珠子,可以做加减乘除等运算。比喻缺少主动精神,由人摆布,或听话、听从指挥。[例]我们那时候大学毕业,实行国家统一包分配,没有一点儿自主权,犹如算盘上的珠子——拨到哪儿算哪儿,我和你爸就是这样从北京一起分到这儿的,相隔数千里,一待就是大半辈子。

【算盘上的珠子——拨一拨动一动】比喻做事被动,有别人指点或督促才去干。[例]现在有些干部不负责任,不敢担当,像算盘上的珠子——拨一拨动一动,能推就推,能拖就拖,误了甚至坏了很多事。

【孙膑骑马——死牛】孙膑:战国时期的军事家,据传他打仗从不骑马,说他骑马一定是在吹牛。讥讽没有实力,却硬装成有能耐或有钱财,去做自己力所能及的事情。[例]武小利兜里没有多少钱,还在外面吹五吆六,朋友聚会有时抢着买单,老婆说他:"你呀打肿脸充胖子,孙膑骑马——死牛!"

【孙大圣闹天宫——慌神】孙大圣:孙悟空。《西游记》描写,孙悟空出了太上老君的炼丹炉,在天宫中大打出手,众神因制服不了他而惊恐万状。指心慌意乱,惊慌失措。[例]县官最害怕的就是丢顶子,听老头含葫芦露把的一说,立刻又听得"孙大圣闹天宫——慌神"啦!(张士杰《大师兄闹衙门》)

【孙二娘开店——愣宰活人】孙二娘:《水浒传》中的人物,绰号母夜叉,与丈夫合开酒店,欺骗、敲诈顾客。形容用不正当或非法的手段,欺骗、敲诈、损害、盘剥他人。有时指商家坑害顾客。[例]他手里有了几个臭钱儿,就忘乎所以,干起了蒙人骗人的勾当,四处放高利贷,孙二娘开店——愣宰活人!

【孙猴儿折跟头——连儿上了】孙猴儿:孙悟空,《西游记》中的主要人物,是一个神通广大、勇于战胜邪恶势力的艺术典型。折跟头:翻跟头,身体向下翻转而后恢复原状。指立刻,紧接着,持续不断,没有节制或休止。[例]当时小区绿地里的野草,长到半人高。路

灯因为老化,夜里就像闪鬼火。卫生清扫不到位,垃圾清运也不及时。就凭那个现状,你还想让业主交物业费?所以新一轮的恶性循环,也就像孙猴儿折跟头——连儿上了。(何斌《社区平安我才心安》)

又作(1)"猴折跟头——连上了"。[例]这些年,人们抱怨房价涨得离谱,就像"猴折跟头——连上了",但抱怨归抱怨,不可否认的是,现在人们的住房条件的确得到了很大改善。(张映勤《流年碎物》)(2)"猴打跟头——连儿上了"。[例]那几年的政治运动特别多,可以说是"猴打跟头——连儿上了"。(朱其华《虽九死其犹未悔》)

【孙猴子的脸——说变就变】孙猴子:孙悟空。《西游记》描写,孙悟空从菩提祖师那里学会七十二般变化的本领,念个咒语,想变什么就变什么。形容事物变化无常,难以把握或预测。也指人喜怒无常,说翻脸就翻脸。[例]眼下的天气谁也说不准儿,孙猴子的脸——说变就变,我们不能掉以轻心,必须坚持抗旱、防涝两手抓。┃只是跟她开个玩笑,怎么就急眼儿了,真是孙猴子的

脸——说变就变。

【孙悟空掉进酸菜缸——急(齑)猴儿】酸菜:一种民间食用的腌菜,白菜等经发酵后含有酸味儿。齑:泛指腌菜。齑与急谐音。形容人性子急,着急或急急忙忙的样子。也指紧急的事儿。[例]大奶奶追上来,喊道,孙悟空掉进酸菜缸——急(齑)猴儿!喝了浆子再走呀!(宋安娜《十城记》)

【孙悟空遇如来——见着真佛了】如来:即如来佛,《西游记》中的"佛界之王",法力高深莫测。书里描写,孙悟空大闹天宫之后,与如来佛相遇斗法,他自以为一个跟头能翻十万八千里,结果却跳不出如来佛的掌心,被压在如来佛五指变成的"五行山"下。比喻遇到了真正的名家高手。[例]老黑本以为自己的功夫不错,有些洋洋得意,可一进了摔跤场,才知道孙悟空遇如来——见着真佛了,比他强的人不是一个两个,再也不敢尥翅儿了。

【唢呐独奏——你就吹吧】形容夸夸其谈,吹牛皮,说大话。[例]大海老弟,唢呐独奏——你就吹吧,老毛病又犯了,还有谁会相信呢?

T

【抬着牌坊卖肉——好大的架子】牌坊:形状像牌楼的建筑物。形容自高自大,装腔作势,态度傲慢,盛气凌人。[例]二秃子靠造老干部的反当上官儿,说话变了调,走路变了样儿,抬着牌坊卖肉——好大的架子,人见人骂不是个正径玩意儿!

【太岁头上动土——好大的胆子】太岁:传说中的神,随岁月的变化而变方位,旧时迷信讲究建筑工程破土时要避开太岁所在的方位,否则就要遭受灾祸。形容胆量很大,无所畏惧,毫不顾忌。[例]"文革"后,老厂长重返领导岗位,一上来就冲破阻力,大刀阔斧抓平反冤假错案,抓企业整顿和改革,太岁头上动土——好大的胆儿。

【瘫子进茅房——蹲下起不来】瘫子:肢体瘫痪的病人。茅房:厕所。比喻想问题、办事情,视野窄,起点低,缺乏全局的高度。[例]要防止两种倾向:一种是葫芦掉在井里——到下边浮着,等于没下去;一种是瘫子进茅房——蹲下起不

来，只看到局部，不能站在全局的高度研究问题。(李瑞环《辩证法随谈》)

【坛子里睡觉——作瓮儿梦】坛子、瓮：都是口小腹大的陶器，瓮比坛子大。讥讽心存美好但不能实现的幻想。[例]乡人嗤妄想者，则曰在坛子里睡觉，作瓮儿梦罢。斯言亦有所本。《世说》：某家徒壁立，只存一瓮，夜眠妄想富贵功名，不让邯郸枕上，乐儿舞蹈，将瓮踏破，谓之翁算。故东坡有"中夜起舞踏破瓮"之句。(李光庭《乡言解颐》)

【弹棉花的戴纱帽——有弓(功)之臣】弹棉花的：旧时以弹棉花为生的人。纱帽：即乌纱帽，旧时官员戴的一种帽子，用纱制成。弓与功谐音。指做出突出贡献的人。[例]这次突击任务完成得非常漂亮，大周出力最多，是弹棉花的戴纱帽——有功之臣，应当表扬和奖励。

【弹弦儿吧嗒嘴——说啥也不够调】弹弦：弹奏弦乐器。吧嗒嘴：吃东西时嘴发出声。指说话不切合实际或不符合形势。[例]你们搞的规划草案，我反复看了两遍，总觉得有些弹弦儿吧嗒嘴——说啥也不够调，原因在哪儿？咱们一起研究探讨一下。

【汤圆不是汤圆——白丸(玩)】汤圆：一种以糯米粉等制成的传统小吃，呈圆团状。丸与玩谐音。指不费什么力气，不付出任何代价，就能得到好处或占到便宜。[例]费尽了九牛二虎之力才到手这几件东西，现在要全部放回去，我和胖子心里都不大情愿，那不成了"汤圆不是汤圆——整个一白丸(玩)了吗？(天下霸唱《鬼吹灯》)

【汤圆滚进门——浑蛋到家啦】晋语，责骂人非常不明事理，不讲道理。[例]白鸣岐一拍桌子。你真是汤圆滚进门——浑蛋到家啦！我有玛钢手艺我就人前显贵啊？连儿子都瞧不起我，白少林宁死不做少东家。你放着前程不奔跟我学手艺？真没出息。你明天必须滚蛋!(肖克凡《机器》)

【唐山的烧鸡——窝脖儿】唐山：毗邻天津，两地人员来往密切。窝脖儿：炖煮烧鸡时，一般把鸡脖子弯过来，把鸡头窝在翅膀下面，使烧鸡脖子弯如 U 形，故称"窝脖儿"。比喻拒绝人，不给面子，让人碰钉子或没趣，憋屈。也指因行事不当或理亏受到顶撞而尴尬，难堪。[例]我们车间主任的脾气特直,看到谁有问题就批评,从不讲情面,曾有个实习生车一个工件时漫不经心,被他批得掉了眼泪,那就叫"唐山的烧鸡——窝脖儿"。

【唐山火车——倒煤(霉)】唐山是我国重要的"煤都",旧时从唐山来往天津的火车,几乎都是运送开滦煤矿的煤。霉与煤谐音。指遇事不利,或遭遇不好。[例]天津旧时俗话"倒霉上唐山""唐山火车——倒霉"。距天津最近的煤产地是唐山开滦,"倒霉"是"倒腾煤炭"中"倒煤"的谐音。原意为:天津人到唐山开滦煤矿运煤的意思。(谭汝为《只是天津话》)|出门旅游的第二天,我的钱包就被小偷掏了,唐山火车——真叫倒霉!

【唐山喇叭——倒煤(霉)号】号:指商号。煤与霉谐音。比喻赔本倒闭的商家,多用于调侃。[例]大龙杂货店刚开张半年,就因经营不善,关门歇菜了,真是唐山火车——倒霉号!

【糖堆儿蘸虾酱——不是味儿】糖堆儿:冰糖葫芦,将红果用竹签穿成串后蘸上麦芽糖稀等,酸甜味儿。虾酱:用捣碎或磨碎的新鲜虾制成的一种酱类食品,咸腥味儿。指事情不正常,不对头,或心情不舒畅,觉得别扭。[例]他开口刚说几句话,玉莲听了就觉得像糖堆儿蘸虾酱——不是味儿,没等屁股坐稳,拔腿就往外跑。

【糖心儿萝卜——没辣气】糖心萝卜:对甘甜味厚、汁多无渣的萝卜的统称。形容人柔软下来,不再那么泼辣、厉害,比较容易对付或相处。[例]我跟柏丽唇枪舌战,一个回合下来,她就成了糖心儿萝卜——没辣气了。

又作"糖心儿萝卜——没大辣气"。[例]康大哥向我摆摆手说:"行了,算啦,他已经是糖心萝卜——没多大辣气,就原谅他这一回吧。

【螳臂挡车——不自量力】螳臂:螳螂的前肢。比喻没有自知之明,去做力所不及的事情,必然失败。[例]"台独分子"逆历史潮流而动,那就是螳臂挡车——不自量力,其结果只能落得个粉身碎骨的下场。

【躺在席子上吹死猪——长吁短叹】形容发愁、为难的神情。[例]走进厨房里,小魏正摇着身子,躺在席子上吹死猪——长吁短叹。看见张嘉庆走进来,软绵绵地抬起头,又软绵绵地放下去,眯着眼睛不说什么。(梁斌《红旗谱》)

【烫手的山芋——捧也捧不住,扔也扔不掉】山芋:红薯、番薯的别称。形容问题棘手,事情难办,解决不了,又甩不掉,不知如何是好,处于两难境地。[例]这时候,李文卿终于后悔了。我为什么跟桂枝睡觉呢?她此时已然变成一块烫手的山芋——捧也捧不住,扔也扔不掉。(肖克凡《机器》)

【提篮子上道儿——没挑儿】提篮:有提梁的篮子。挑儿:用肩担着。形容完美、圆满,找不出瑕疵和毛病。[例]这次我们的新产品推广活动,线上线上同时发力,组织得有声有色,效果超出预期,提篮子上道儿——没挑儿!

【提着棒子叫狗——远去了】指方法不对头,越努力距离目标越远。[例]你们这种干法,我觉得思路不对头,必须认准方向,盯死目标,有针对性地采取有力措施,否则提着棒子叫狗——那就远去了。

【剃头不用刀——愣揪生薅】剃头:理发。揪:用手抓住或扭住。薅:拔除。比喻违背客观规律,武断生硬,胡来一气,不计后果。[例]学大寨的时候,上头儿下来指示,非让我们把满山的树木砍掉,开垦梯田,剃头不用刀——愣揪生薅,吃尽了苦头。|行啦!你带她们俩上食堂吃饭去吧,你有心给墨斗介绍对象,也得挑个时间地点啊!这是你当介绍人的地方吗?你这叫剃头不用刀——愣揪生薅啊!咱改天再说行吗?

【剃头不用刀——愣捋(撸)】形容粗俗鲁莽,不计后果。[例]剃头、刮脸离不开刀具,假如剃头的不带工具呢?老天津人可谓"黑色幽默"的高手,逗趣说:"剃头不用刀——愣捋(撸)。"(点子《俏皮俗话》)

【剃头的不打唤头——没想(响)了】剃头的:理发师。唤头:旧时剃头师傅走街串巷招揽生意使用的一种响器。响与想谐音。指没有希望,没有可能了,或没有想到,没有念想了。[例]由剃头行业产生了一些汉语歇后语,譬如:"剃头挑子——一头热",描绘了婚恋或合作双方,一方表示热情主动,而另一方则冷淡漠然。"剃头的不打唤头——没想(响)了",表示某事进展受阻,濒临失败,已无成功希望。(谭汝为《这是天津话》)

【剃头的拍巴掌——忒(推)好啦】推:天津人称理发剪子为"推子",用推子理发叫"推头",理发师在完活儿后,常拍手去掉手上粘住的头发碴儿,并说一声"推好啦"。忒:太,很;非常,特别。推与忒谐音。赞誉语,指太好了,好极了,非常好。[例]老天津卫的剃头匠,给客人剃头、刮脸后,总要免费为客人剪鼻毛,掏耳垢。有的师傅还要为客人松骨捶背,使理发客人剃一次头身心就放松一次。有句歇后语"剃头的拍巴掌——忒(推)好啦",其实正是源于剃头匠的职业精神。(高伟《旧时老手艺的"工匠精神"》)

又作"剃头师傅拍手——推(忒)好咧"。咧:助词,与"了"啦"哩"同义。[例]您看,天津有独特的地域文化影响,有丰富的生活素材提供,有高超的口语技巧垫底儿——经过几代人的积淀传承,自然潜移默化,水涨船高。要说天津人的口才,那是"剃头师傅拍手——推(忒)好咧"!(谭汝为《这是天津话》)

【剃头匠拍巴掌——齐活】剃头匠:理发师。比喻某事已完成,齐备。也指可以了,行了,完了。[例]旧时的剃头行多外带刮脸。据说,刮脸是刮36刀半,那半刀是刮在鼻梁上。刮完脸,剃头匠把剃刀抹净装好,双手一击掌表示刮完了,请顾客坐直,要不咋有俏皮话说:"剃头匠拍巴掌——齐活"呢?(由国庆《津沽旧市相》)|剃头、刮脸一阵忙,剃头匠把剃刀抹净装好,然后双手击掌表示完工了,请顾客坐直,俏皮话"剃头的拍巴掌——齐活"的比喻挺形象。(点子《俏皮俗话》)

【剃头使唤锥子——一个师傅一个传授】使唤:使用。锥子:有尖头的用来钻孔的工具。指各人有各人的经验、方法,或各人有各人的本领、特长。[例]今天是艺术学校的毕业汇报演出,在舞台上我们确实看到了十八般武艺,风格独特,各式各样,从教学的角度可以说是剃头使唤锥子——一个师傅一个传授。

【剃头挑子——一头热】剃头挑子:旧时走街串巷的理发师的担子,一头挑着工具箱与板凳,另一头则是烧热水用的小火炉。比喻一厢情愿,当事双方一方热情主动,一方冷淡被动。[例]我陪着花露婵在京剧团下车的时候,他睁开眼恶狠狠地说:"老黄,我看你是剃头挑子一头热,人家根本瞧不上咱们这样的人。可别忘了,我这人专治刺儿头,你明天把她转到地委的牛棚里来,我把她调理好了再还给你。"(蒋子龙《蛇神》)

"剃头挑子——一头热"是天津卫的一句歇后语，意为当事的双方，一方热情，要求迫切，另一方冷淡，不理睬。这只不过是比喻。其实"剃头挑子"是旧时的一个行当，"一头热"则是挑担子理发为人服务的现场写照。(章用秀《津门旧行当(三)剃头挑子一头热》)又作(1)"剃头挑子——一头儿热"。[例]当然，康家会的脱胎换骨跟梅有关，梅的突然闯入，使他犹如久旱遇甘霖，枯木又逢春，活脱脱地变了个人。可惜呀，他这是剃头挑子——一头儿热。另一头儿的梅却很冷，冷得像块冰。(吕舒怀《小人书铺》)(2)"剃头的担子——一头热"。[例]白雪梅的大门没有叫开，一个闭门羹把我碰得有点不知所措了。孙秀莲倒轻松，她抿着嘴朝我笑笑，同时伸手示意，表现出一种无能为力的样子，然后有气无力地说："你有心，人家无意。这叫剃头的担子——一头热。(申文钟《幽思长相随》)

【天边飘来五个字——那都不叫事】形容心态豁达从容，勇敢地面对困难，不悲观，不畏惧，坚信无论出什么事儿总会过去的。[例]但这是调皮捣蛋的小孩子之间无伤大雅的游戏，天边飘来五个字——那都不叫事，稍微明白一点事理的家大人也不会因为这个翻脸。(天下霸唱《大耍儿》)

【天津包子——狗不理】天津武清人高贵友，乳名狗子，清道光二十五年(1848)来到天津"刘记蒸食铺"学徒。出师后在侯家后中街，租了一间房子改为包子铺，取名"德聚号"。他的包子工艺讲究，制作精细，从不偷工减料，物美价廉，因此闻名遐迩，生意十分兴隆。人们一直习惯亲切地称呼他的乳名，于是"狗不理"逐渐成为包子铺的代名词。比喻某人太坏，或名声太臭，谁都厌恶，连狗一类的畜生也不愿意理睬。[例]您说我还能四处跟人解释这事去吗？这路事，越抹越黑，索性来个天津包子，狗不理。狗都不理他们，让他们说去吧。嘿，我这儿不理他们，他们也不再嚼嘴了。(刘一达《爷是大厨》)又作"天津的包子——狗不理"。[例]但是大家切不可误会，这句歇后语的根本意义不是颂扬狗不理包子，而是指一个人是天津的包子——狗不理睬他。口头、书面上常有这种用法。(谷正义《歇后语趣谈》)

【天津的煎饼馃子——一套一套的】
煎饼馃子:传统风味小吃,多作为早点,由绿豆面薄饼、鸡蛋、馃子(油条)或薄脆的馃箅儿制成,配以面酱、葱末、腐乳等佐料,卖时一般论套出售。形容人富有学识,口才好,说起话来头头是道。也用来讥讽人油嘴滑舌,善于说官话,讲套话,或只会说不会做。[例]在天津传统年俗里,不仅初三吃合子,初八、初九依然吃合子,天津人讲话,这叫"合子夹八,越过越发""合子夹九,越过越有"。正月十一、十二又吃合子,称"合子拐弯儿"。这就是"卫嘴子",不仅讲究吃,还讲究说,那是天津的煎饼馃子——一套一套的。(谭汝为《正月初三:财源不断》)

【天津佬吃西餐——活受罪】佬:谑称成年男子,有时含轻蔑意。指活着而遭受苦难,表示抱怨或怜悯。[例]郭天成开个一家天成洋行,吃洋饭的,不来起士林用餐,没人和你做生意,一开始和洋人做生意来起士林吃饭的时候,许多中国商人,吃过生牛肉立即往卫生间跑,并关上卫生间门,就听里面嗷嗷地呕,没办法。那时候天津流传一段民谣:"天津佬吃西餐——活受罪。"(林希《没落人家》)

【天津卫的豆腐干——压了个透】豆腐干:传统豆制品,在其生产过程中,需将成型的豆腐脑用重物或压力设备进行压制,使豆腐干的水分达到质量要求。形容诚恳实在,做事尽心竭力,总能达到令人满意的效果。[例]敏倩这孩子大学毕业就分配到咱街道工作,一直踏实肯干,从不偷懒耍滑,什么活儿交给她,都像天津卫的豆腐干——压了个透,干得漂漂亮亮的。

【天津卫的萝卜——不辣不要钱】形容性格泼辣,快人快语,做事干净利落。[例]小谢和咱书记的脾气相投,也是天津卫的萝卜——不辣不要钱,泼辣能干,人见人爱。

【天津卫的萝卜——心里美】比喻内心非常高兴、得意。也指心地善良,行为高尚。[例]你看我这身穿戴好不?多帅!我这人挺爱打扮的吧,瞅瞅这行头,比你光辉多啦!你们天津人老爱说天津卫的萝卜心里美,光心里美哪够啊,外表也得美,那才算尽善尽美。(周凡恺《我都76了为啥还这么帅——专访著名评书艺术家单田芳》)

【天津卫的娃娃——泥(你)小子】泥小子：指娃娃大哥。旧时的新婚少妇都要到娘娘宫烧香，祈祷早生贵子，平安健康，同时请回一个泥制的娃娃回家当儿子，这就是娃娃大哥。泥与你谐音。常用于斥责或教训晚辈的起首语。[例]缘此民俗，旧年有不少天津人是忌讳称"老大"的，一来是怕别人把自己当成泥胎，二来是怕亵渎了娃娃大哥的神圣身份。再比如"天津卫的娃娃——泥(你)小子"一说，这里的"泥小子"也是指娃娃大哥。(由国庆《七实三虚拾娃娃》)｜东家生气还不忘幽默，训斥起儿子说："天津卫的娃娃——泥(你)小子，要老实交代，柜子里的200块钱是不是你偷走的？说！快说！"

【天津卫的鸭子——海逛】形容无所事事，无拘无束，随意地四处游来逛去。[例]隔壁的侯大爷工作了几十年，辛辛苦苦，现在终于退了下来，一年到头不失闲——旅游，他还诙谐地说："我这是天津卫的鸭子——海逛！"

【天津卫的鸭子——海来的】形容非常多。[例]张枫林的脑子不用是不用，用时来得很快。他满有把握地回答说："要点子现成，天津卫的鸭子——海来的。我叫大年从仓库里拿个空汽油桶，马队到的时候，把桶滚横当街，挡住狗日的。"(李英儒《还我河山》)

【天津自行车——飞鸽牌的】飞鸽牌的：指飞鸽牌自行车，是新中国的第一个自行车品牌，具有坚固、耐用、美观、轻快等特点，畅销海内外，被原国家工商总局授予"中国驰名商标"。比喻做事缺乏长久、耐性，不能持之以恒，坚持到底。也指人待在某个地方，只是暂时的，早晚要离开。[例]在这些歇后语中，有的流传范围很广，像"天津自行车——飞鸽牌的"，可以说是全国皆知；多数则不然，只在天津或天津某一地区流传。(谷正义《歇后语趣谈》)｜你们下到农村挂职，不能抱着临时思想，像天津自行车——飞鸽牌的，要有长期作战的打算，真正扎下根，和农民打成一片，在艰苦的环境中锤炼自己。

【天桥把式——光说不练】天桥：位于北京永定门内，旧时民间艺人表演卖艺的地方。把式：旧时卖艺的人，他们常摆出表演功夫的架势，但多是要嘴皮子，并不动真格的。比喻说得漂亮好听，但不真干实干，没有实际行动。[例]

"真格的"就是实在的意思。例如:"真格的你到底去不去?""别逗闷子了,咱说真格的吧""天桥把式——光说不练,你老兄能不能动点真格的?"(谭汝为《这是天津话》)│你不要天桥把式——光说不练,业绩是汗珠子砸八瓣干出来的,净耍嘴皮子有什么用?

又作(1)"天桥的把式——光说不练"。[例]他可不是天桥的把式——光说不练!他还真有两下子哩!刚才表演的肚脐吸碗,谁也没能把碗拔下来。(柳溪《大盗燕子李三传奇》)(2)"天桥的把式——嘴上说得热闹"。[例]你们单位最差劲,还大声叫嚷搞"四化","为四化广开人才之路",呸!纯粹是"天桥的把式——嘴上说得热闹"!他们要是爱惜人才,为什么让您学物理、搞物理的还窝在这山沟里修理地球呀?(柳溪《四姊妹》)

【天益斋不叫天益斋——大盖齐】斋的繁体字"齋"与齐的繁体字"齊"字形相近,容易被视力不好或文化水平低的人误认。大盖齐:也作大概齐或大概其。比喻大致,大体,或差不多,可能,好像,也许。也讥讽粗心大意,不懂装懂。[例]今天就立下个规矩,我们指挥部决不能开议而不决的会议,也不允许华而不实的汇报,杜绝"天益斋不叫天益斋——大盖齐",必须深入、扎实、细致、精准。

【田字打跟头——反正都一样】打跟头:翻筋斗。指不管怎么样,也没有什么不同的。[例]你们别争了,其实去哪儿也是田字打跟头——反正都一样,听师傅的,跟着走就行了。

【挑菜捡了个大西瓜——闹着了】挑菜:指挖野菜。比喻得到很大的实惠、好处,或赶上了好机会。[例]这次陶经理一行到香港,本来主要是考察市场,结果通过天津同乡会的竭力帮助,在招商引资上有了突破,签订了三个合作项目意向书,这就叫"挑菜捡了个大西瓜——闹着了"。

【挑水的回头——过井(景)了】挑水的:旧时以卖水为生的人,居民用水,一般由挑水的从河里或井里挑水送到各家。井与景谐音。比喻时过境迁,随着时间的推移,境况已经发生变化或错过了合适的时机。也指人已过了美好的时光,青春不再。[例]我早已经退居二线了,你以为他们还听我的吗?挑水的回头——过井(景)了。│老董最近这些日子,经历了几件事儿，真的感觉到自己已不再年轻，是挑水的回头——过井（景）了。

【挑水的看大河——净是钱啦】讥讽非常贪婪，财迷心窍，看到什么都是钱，满脑子想的也是钱。也指人特别富有，钱财很多。[例]天津俏皮话"挑水的看大河——净是钱啦"说的就是以供水为业的人。随着人口增加和城市规模扩大，天津出现了以挑水出卖为生的行业——水铺。(谭汝为《天津方言与水文化》)

又作(1)"挑水的看大河——尽是钱了"。[例]挑水的看大河——尽是钱了。早年天津人的饮用水，因无自来水，要请水夫到南运河、海河去取水(先装进水车，再拉到家门)。挑水的人把河水当作原料；所以，才有挑水的看大河，都是钱了的说法。其用意，在于把挨点边儿，其实还差得远的东西，当作属于自己的，而且是大量的财富。这句话有明显的讽刺意义。(张仲《天津早年的衣食住行》)(2)"挑水的看大河——净是洋钱了"。[例]"人傻、钱厚、快来！"这很有趣："人傻"，是说天津人好骗，仨瓜俩枣的不在乎；"钱厚"俗谓"挑水的看大河——净是

洋钱了"，在淘金者看来，这里处处有钱可赚，似乎笤帚一划拉就满盆满钵的钱。(薛宝琨《津门笑谭》)(3)"挑水的见大河——都是钱了"。[例]水铺有大有小，大一点的水铺卖生水和开水，水车分为人力车和牲畜车(一般是驴车)拉着，每到一户将生水从车上木桶中放出，挑到住家放入缸中。按挑收费，一般一挑二三分钱，所以天津有句歇后语"挑水的见大河——都是钱了"。(戴晓泉《天津老城的水井与水铺》)(4)"挑水的看大河——全是钱"。[例]天津卫没有水井，自古吃河水，大河上没盖儿，河水有的是，有力气随便挑，所以有那么句话"挑水的看大河——全是钱"。(天下霸唱《火神》)

【挑水的撂挑子——没了负担】指没有了承受的责任、压力、工作或费用等。[例]今天，这条隧道终于打通了，我算是挑水的撂挑子——没了负担，可以睡个大大的安稳觉了。

【跳大神的翻白眼儿——没咒念】跳大神的：搞迷信活动的巫师。指面对问题一筹莫展，没有办法解决。[例]牛明治主动把协调两个部门矛盾的事儿揽了过来，跟领导拍了胸脯，还说："我老牛出马，

一个顶俩!"结果是接二连三地碰钉子，他就像跳大神的翻白眼——没咒念了。

【贴饽饽熬小鱼——一锅收(熟)】贴饽饽熬小鱼:特色风味小吃,把鲜活的小杂鱼和作料放入锅底,锅壁四周贴上玉米面饽饽,先用大火烧开汤汁,然后改以文火慢熬煨熟,饽饽的下部浸沾少许的鱼汤,鲜香美味,堪称一绝。比喻具体问题不做具体分析,不管各自的情况如何,都放到一起处理。[例]贴饽饽熬小鱼,是极具天津地方特色的大众风味美食,驰名各地。天津歇后语:"贴饽饽熬小鱼——一锅收(熟)",说明其做法之简捷。(赵永强《津味儿》)|现在有些饭店还在卖这种小吃,恐怕不是地道的"原汁原味"了。但是"贴饽饽熬小鱼——一锅熟"这句歇后语依然在广泛流传,用来比喻不管事情各自的情况如何,都放在一块儿处理。(谷正义《歇后语趣谈》)

【铁板上钉钉——没跑】指做事很有把握,一定能成功。[例]无疑,天时地利人和,这次比赛我们赢定了,铁板上钉钉——没跑。

【铁打的钉耙——一把硬手】钉耙:用铁钉制作的带齿的耙子,一种用于碎土、平地等的农具。指人在某方面的能力或技艺超群、精湛。[例]别看香姐文化不高,但她有追求,肯学习,善钻研,在科学种田上成为铁打的钉耙——一把硬手,走在了全镇的前头。

【铁打房梁磨成针——功到自然成】指只要有恒心和毅力,下足够的功夫,事情自然会取得成效。[例]江涛说:"你今天纺二两,明天纺三两,纺到哪一天才能积攒这么多钱?"春兰说:"我一天天地纺,铁打房梁磨成针,功到自然成!"(梁斌《红旗谱》)

【铁豆子——油盐不进】形容十分固执,很难接受别人的意见,什么话也听不进去。[例]"对,对,对!那就打李占魁,拉刘德胜。"牛小淮附和道,但是想了想,牛小淮又犯难了,"可是刘德升可是个铁豆子——油盐不进的。"(周振天《小站风云》)

又作"铁豆子——不进油盐"。[例]"我知道,二姐,这一辈子你是非刘德胜不嫁,对不对?"高结实认真地说,看着小花怔愣地不回答,高结实焦急道:"可是那个刘德胜就是个铁豆子——不进油盐啊。你难道就非他一棵树上吊死吗?"(周振天《小站风云》)

【铁棍子打棉花——有劲使不上】形容受到条件的限制或束缚,有办法用不上,有力量使不出,有本领无法施展。[例]孙小臭儿窝火带憋气,铁棍子打棉花——有劲使不上,哪儿来这么一个滚刀肉、二皮脸,跟你臭爷我逗上闷子了,这不成心拱火儿吗?(天下霸唱《火神》)

【铁匠拆炉子——散火(伙)】火与伙谐音。指一个团体、组织等分开、解散,各自去干自己的事情。[例]咱们公司已经连续亏损两年多,不能再干下去了,干脆铁匠拆炉子——散伙吧!

【铁匠铺里进材料——挨打的货】比喻被指责、批评、训斥的对象,或不经过严厉的管教就不老实的人。[例]老总,您就说吧,尽管批评教育,不要留情面,我脸皮厚,是铁匠铺里进材料——挨打的货。

【铁匠铺里买豆腐——软硬一块来】指软的手段和硬的手段一齐用上。[例]对付这帮地痞流氓,我们要多想一些招数,铁匠铺里买豆腐——软硬一块来。

【铁路扳道工——尽干岔道的事儿】岔道:使机车车辆从一股道转入另一股道的线路连接设备。比喻言行不合规矩,有悖常理,胡乱作为。也指不走正道,不干好事。[例]我们是执法人员,应该坚持原则,公平公正,一丝不苟,你怎么能铁路扳道工——尽干岔道的事儿呢?‖我们是一块儿光着屁股长大的好兄弟,大家都劝劝他,赶快改邪归正,不要再铁路扳道工——尽干岔道儿事了。

【铁路警察——不管那一段】比喻各自有不同的职责和管辖范围,不该管的就无权过问或不负责任。也指对某件事情超出了自己的职权范围,无能为力。[例]这项工程,由蒋师傅全权负责,咱们都躲一边去,少插手,别掺和,铁路警察——不管那一段。

又作(1)"铁路警察——管不着那一段"。[例]"哎呀,王妈,我不是不管,"爱狄油腔滑调地说,"我是铁路警察管不着那一段啊!再一说,老爷走的时候,也没赏给我这份权柄!人家不是另请刘女士当管家了吗?"(柳溪《功与罪》(2)"铁路警察摆手——管不着这一段"。[例]可是走进车站一看,既没有火车头和车皮,也没有铁路上的工作人员。他们质问曾厚慈,曾厚慈装作没事人,鬼头鬼脑地用一句俏皮话回答说:"铁路警

察摆手——管不着这一段!"(王林《叱咤风云》)

【铁路警察——各管一段】比喻各自有不同的职责和管辖范围,各负其责,互不干涉。[例]你凭什么骂人?咱们是铁路警察——各管一段,你开你的车,我修我的车,哪里碍着你的事了?

【铁砂枪打屁股眼儿——全是腰眼(谣言)】铁砂枪:装火药和铁砂的土制枪。谣言与腰眼谐音。指都是没有事实根据而捏造的言论或消息。[例]大烟碟儿又叹道:"吃亏就吃亏在那时候小,不懂事,以为公安把人逮进局子,二话不说,先拿铁砂枪顶住屁股轰一枪,什么好汉能架得住这么一下?你哥哥我一想,士可杀不可辱啊,趁早自己坦白了,好歹保住屁股,管他从宽还是从严呢,所以全撂了。哪想到铁砂枪打屁眼儿——全是谣言!唉……这个这个……"(天下霸唱《傩神崔老道和打神鞭》)

【铁水烫肉——热吻】形容非常亲热、亲密地接吻。[例]"这种事故,真想不到呀。""想不到的事儿多着呢。有个俏皮话你知道吗?铁水烫肉——热吻。让它亲一口,是天大的福分。"(肖克凡《黑色部落》)

【听评书掉眼泪——替古人担忧】评书:曲艺的一种,一人表演,只说不唱,过去的传统评书多讲说有关历史人物的长篇故事。指为多余的或不相关的人和事忧虑担心。有时也指虚情假意地担忧。[例]唉,其实这件事儿鼓捣成啥样子,也碍不着我什么,我只是听评书掉眼泪——替古人担忧啊。

【头上长疮,脚底下流脓——坏透了】詈语,责骂人的品德、行为坏到了极点,无以复加。[例]"大城县的人们太歹毒了,干出这种伤天害理的事儿。""'滚刀肉'带头干的,那小子头上长疮,脚底下流脓,坏透了。"(鲍昌《庚子风云》)┃"坏嘎儿嘎"这种人,一肚子坏水儿,千方百计捉摸人,损人利己,有悖道德。用天津歇后语来说,就是"头上长疮,脚底下流脓——坏透了"!(谭汝为《这是天津话》)

又作"头顶上长疮,脚底板儿流脓——坏透膛了"。[例]为什么要"踏地火,顶天灯"呢?因为大白脸杀人害命拐孩子,用当差的话讲,他这叫"头顶上长疮,脚底板儿流脓——坏透膛了",得给他"治治"!(天下霸唱《火神》)

【投篮不中——没进(劲)】进与劲谐

353

音。指对人或事不满,表示否定。[例]我问她:"这电影怎么样?"她回答:"投篮不中——没劲。"

【秃头上的虱子——明摆着】比喻事情十分明显,很容易看清楚,不说自明,不容置疑。[例]"你说明白点。这些鬼们的后戳是什么人?""这不是秃头上的虱子——明摆着吗?为这些鬼们庇护的,就是咱们滨海市有头有脸有势力的人……"(王富杰《黄飘带》)|说句心里话,假如我是百度老板的朋友,私下里早就劝他别硬撑着了。侵权不侵权,那是秃头上的虱子明摆着,你就说破了大天也没用,强词夺理只能让事态不断升级。(周凡恺《百度:有态度更应有诚意》)

又作(1)"秃子头上的虱子——明摆着"。[例]她都快三十岁了,还不找对象结婚,在等什么?等谁?这还不是秃子头上的虱子——明摆着嘛!(蒋子龙《农民帝国》)(2)"秃子头上的虱子——明摆着的事儿"。[例]"大嫂,咱还是先把事情的来龙去脉弄清楚,当面问问小美……""不应哈!它不是秃子头上的虱子——明摆着的事儿!"(王富杰《黄飘带》)(3)"秃子头顶上的虱子——明摆着的"。[例]今天算是我正式开始接触你的案子,不想一上来就谈你的问题。你的问题是秃子头顶上的虱子——明摆着的。不需要侦察,也不用破案,事实都摊在那儿,成千上万的人都看见了,都可以作证。(蒋子龙《农民帝国》)(4)"秃子脑袋上的虱子——明摆着"。[例]还能从哪说起?这是秃子脑袋上的虱子——明摆着!你拿别人当兄弟,当同案?你想过别人把你当什么吗?我问你,既然你们俩是同案,犯的都是一样的事,一齐进了大苏庄,可为什么你三年,他才判两年?这其中的原因,你经过大脑思考了吗?(天下霸唱《大耍儿》)(5)"小秃脑袋上的虱子——明摆着"。[例]"哈,还有这样的名字!窦老乐,你逗谁乐呀?你逗哪个阶级乐?""小秃脑袋上的虱子——明摆着哩,那还用问?当然是逗无产阶级乐啦!"(柳溪《窦老乐救盟弟》)

【秃尾巴家雀儿插凉扇——愣充大尾巴鹰】家雀:麻雀的俗称。凉扇:指旧时取凉用的羽毛扇。讥讽或斥责缺乏自知之明,过分夸大自己的力量,装模作样,目中无人,好大喜功,招摇过市。[例]"卫嘴子"多半有"吹大气"的嗜好,

"天是老大，我是老二"，还不是俗谓的"想起一出是一出"，而是"想起一句也是一句"，脑筋可以不动，嘴巴决不歇工。为嘛？显他见多识广，"能耐梗"，而其所言无一不是道听途说马路新闻。天津卫把此乐又称："秃尾巴家雀儿插凉扇——愣充大尾巴鹰。"（薛宝琨《天津卫腻味"大尾巴鹰"》）

【秃子当和尚——将就材料】比喻拿条件类似的人或物勉强充数，也指勉强凑合着，聊胜于无。[例]蒯大知道这场赌局的幕后人物乃曹四公子，一路上连声推辞，说锅小煮不了大棒槌。贾立久说秃子当和尚——将就材料。蒯大无话可说，只得应命。（肖克凡《赌局》）｜其中那个戴墨尖眼镜的汉子，手里的折扇此时已经变成短枪。李菊五暗暗寻思，一只假眼也能打枪啊？真是秃子当和尚——将就材料。（肖克凡《天津俗人》）又作"就着秃子当和尚——将就着材料"。[例]"想不到你这武人，倒当上掌柜的了！""有什么法儿呀？"魏志中那黑红的大脸上闪着一对大圆眼，噘着嘴说："我这是就着秃子当和尚——将就材料，谁让咱倒霉，偏在这时候挂彩，只好退下前线在这儿憋闷着吹！"

（柳溪《功与罪》）

【秃子当和尚——天生这块料儿】指生来就是这样的，正适合干这样的事情。[例]你呀，老老实实在这里干吧，秃子当和尚——天生这块料，还想挑肥拣瘦？

【秃子跟着月亮走——沾光】比喻凭借某人或某事占到便宜，得到好处或利益。[例]你这是秃子跟着月亮走，沾着神的光啦。（李燃犀《津门艳迹》）又作"秃子跟着月亮走——沾点光"。[例]众人趁机纷纷敬酒，有两个心腹死党，借着酒劲狂喊怪叫："周大哥弄个师长、军长干干，俺们也秃子跟着月亮走——沾点光，也弄个团长、旅长当当！"（冯育楠《总统与大侠》）

【秃子摔跟头——老美华（滑）】老美华：天津老字号鞋店。天津人称秃子为"秃老美"，简称"老美"。华与滑谐音。讥讽人油滑，不老实，或狡猾，不可信任。[例]我和他曾共事多年，知道他是秃子摔跟头——老美华（滑），你要和他打交道，可得多加小心。

【土地佬腾空——神起来了】土地佬：即土地爷，迷信传说中指掌管一个小地区的神。形容人洋洋得意，神气活现。[例]三环到国外喝了两年洋墨水,回来后在胡同里好像都不会走路了,赵大爷说:"那是土地佬腾空——神起来了。"钱大爷跟了一句:"真神假神不知也!"

【土地庙儿的旗杆——独一根儿】土地庙:供奉土地神的庙。形容是唯一的,独一无二。也指独生子,或孤身一人。[例]你老这杆枪亦是土地庙儿的旗杆,独一根儿,天津卫走遍了亦找不出第二根来。(李燃犀《津门艳迹》)

【土地爷——担不得大香火】土地爷:迷信传说中指掌管一个小地区的神。形容承受不了特殊的待遇,或过高的待遇。也指承担不了大的责任。[例]王老师说腰疼,他又用热毛巾敷、又是按摩。看他忙得满头大汗,我心里又有点过意不去,我这人就这样,别人一点好处也担不了,怪不得妈妈说我"土地爷——担不得大香火"。(姜维群《煤煤》)

又作"路边的土地爷——担不了大香火"。[例]各位师兄师弟,让我说你们什么好呢?说句玩笑话,你们好像那路边的土地爷——担不了大香火。(鲍昌《庚子风云》)

【土地爷拜娘娘——舍把老脸儿】娘娘:民间对信奉女神的尊称。指老年人出于无奈,而不顾面子向人求助。[例]为了儿子,我只得到佟家府上磕头作揖,土地爷拜娘娘——舍把老脸儿,恳求人家高抬贵手。

【土地爷吃蚂蚱——大小是个荤腥儿】蚂蚱:蝗虫。荤腥儿:指鱼肉等食物。比喻好赖是个正经玩意儿。指多少也可以解解馋。[例]马殿臣这孩子胆大包天,大小没怕过什么东西,又往前挪了挪凑近了定睛一看,这东西比猫大比狗小,似猫非猫,似狗非狗,说是狸子却又不太像,嘴头子又黑又尖,支着两个耳朵爬在坟头,口中吐出一道绿光。他从没见过这样的东西,可好歹是个活物,土地爷吃蚂蚱——大小是个荤腥儿,捉回去下了汤锅,够娘儿俩一顿嚼谷。(天下霸唱《天坑鹰猎》)

【土地爷吃窝头——担不起大供献】窝头:用玉米面、高粱面等做的食物,略呈圆锥形,底部有个小窝儿。供献:供品,供奉神佛祖宗用的瓜果酒食等。讥讽人没什么本事,难以承担大的责任,干不成大事或做不出大的贡献。[例]听说又有几个人加入了他们的队伍,没关系,那是土地爷吃窝头——

担不起大供献,不要太当回事儿。

【土地爷出溜屁——神气】出溜屁:放屁。讥讽自以为了不起,摆出一副得意或傲慢的样子。[例]这小子一看洋人势力大,就全家入教,找洋人做靠山。他一入教,那就土地爷出溜屁——神气多了。(鲍昌《庚子风云》)

【土地爷逮蚂蚱——慌神儿了】指心神不宁,心慌意乱,没了主意。[例]你们看,咱们才放了几枪,这几个鬼子就像土地爷逮蚂蚱——慌神儿了。好,咱们乘胜追击,杀它个片甲不留!

又作"土地爷逮蚂蚱——慌了神"。[例]治安军们听见"铁血队"这么一闹喊,那真是土地爷逮蚂蚱——慌了神。有的治安军一慌张,黑灯瞎火的一脚踩空,从岗楼上面摔下去。(张孟良《血溅津门》)

【土地爷放屁——好大的神气】讥讽自以为了不起,装出一副非常得意或傲慢的样子。[例]你不要土地爷放屁——好大的神气,在老同学们面前把官架子收敛起来,不然大家都会瞧不起你。

【土地爷接城隍——慌了神儿了】城隍:道教所信奉的在冥间管理城池的神,为土地爷的顶头上司。形容心神不安,心慌意乱,慌忙失

措。[例]我跟着这个陌生人走进深山老林,人生地不熟,而且天越来越黑,真是有点土地爷接城隍——慌了神儿了。

【土地爷开逛——白耽误工夫】开逛:旧时天津的混混儿常说的特定词,指某人在某地做了件出名的事儿。比喻白白地浪费时间和精力,不会有任何成效。[例]开逛,本是老天津混混儿们常说的特定词,意思是指某个人,在什么地方,做了件出名的事。有句俏皮话:土地爷开逛——白耽误工夫,就源自评书《混混儿论》。(于海龙《土地爷开逛——白耽误工夫》)|不是说丧气话,他这次考举,这叫土地爷开逛,白耽误工夫。(李燃犀《津门艳迹》)

【土地爷掏耳朵——崴泥】比喻坏事了,陷入困境之中,或遇到棘手、难办的事情,不易处理。[例]晚会是综合性的,一个节目接一个节目。相声要是接模特,相声演员算是土地爷掏耳朵——崴泥啦!模特走秀刚结束,人们的心气、眼神都还是在模特身上,他们一路香风飘走啦,把观众的魂儿也牵走啦,紧接着上来俩秃小子说相声,观众根本不看你,他们的眼神都跟着模特醉到后台了,你就是

说得天花乱坠他们也不乐呀。(刘俊杰《我与恩师苏文茂》)▏不论是闹鬼还是有贼,一天减少这么一小堆木柴,看起来并不多,但是十天半个月下去,我们这几个人就熬不过这百年不遇的严寒了,那真是土地爷掏耳朵——崴泥了!(天下霸唱《摸金玦之鬼门天师》)

又作"土地爷掏耳朵——崴了泥了"。[例]土地爷掏耳朵——崴了泥了,我当时也急了,冲着小石头大声咆哮:"那还等什么?快跳进去把门打开!"(天下霸唱《大耍儿》)

【土豆变地瓜——白薯】地瓜:白薯的俗称,也叫甘薯等。讥讽愚笨,无能,没有本事的人。[例]董大炮说话不走脑子,嘴上没有把门儿的,比如他说一个新来的一个大学生是"土豆变地瓜——白薯",因此得罪了很多人。

【土豆下山——滚蛋】詈语,斥责或责骂让人离开、走开。也指灰溜溜地离开。[例]董江湖的话不言自明——跤场里的人谁也赢不了人家,这个场子就算叫人家踢了,这个跤场的老少爷们儿就得土豆下山——滚蛋!(姚宗瑛《赌跤》)

又作(1)"土豆子搬家——滚蛋带出沟"。[例]你瞧着吧,有那么一天,都得把这些鬼子赶出去,咱中国人要是急了眼,可厉害着呢!不论他是哪国的毛子,都得让他土豆子搬家——滚蛋带出沟!(柳溪《功与罪》)(2)"土豆搬家——滚球去"。[例]不等说完,崔老道就说:"夫人,请休开尊口,老道看了夫人面相,只说三件事儿,倘若说错了半件,也不劳您撵,我师徒三人立刻土豆搬家——滚球去。"(天下霸唱《傩神 崔老道和打神鞭》)

【十坷垃擦屁股——磨磨叽叽】十坷垃:土块。讥讽说话或行为拖沓,不干脆,不利索。[例]到底入伙还是不入伙?你就给个痛快话,不要十坷垃擦屁股——磨磨叽叽。

【土命人——心实】土:五行(金、木、水、火、土五种物质)之一,迷信用五行相生相克来推算人的命运。形容心地诚实,性情老实,为人做事实实在在。[例]小子,你往后别跟大婶逗着玩儿,她是土命人——心实,你本来是说笑话,她可真的往心里去呀!

又作(1)"土命人——心眼儿实"。[例]小晓可是个土命人——心眼儿实,你们都不能欺负她。(2)"土命人——实心眼儿"。[例]有啥话,你就直截了当地说,他是土命人——实心眼儿,不要兜圈子。

【土墙上推车——磨不开】指拉不下脸,不好意思,很难为情。[例]对门冀家找我们借二百块钱,一年多了没还,老婆让我去要,我直嘬牙花子,土墙上推车——磨不开呀。

【土箱子改棺材——盛(成)了人】盛与成谐音。形容境况发生了变化,由下等人变成了上等人,或寒碜的人变成体面的人。[例]不管怎么说,费爷从此摇身一变,当上了蓄水池警察所的巡官,薪俸变成了一个月六块钱。费二奶奶出来进去脸上也有个笑模样了,拿她的话讲:"我们家窝囊废土箱子改棺材——成人了!"(天下霸唱《崔老道传奇 三探无底洞》)

【兔儿爷打架——散摊子】兔儿爷:一种兔头人身的泥塑玩具。指一个团体、组织等解散或分开,各自去干自己的事情。[例]黎明木器厂再这样下去,就像兔儿爷打架——非散摊子不可,必须尽快派驻工作组,调整班子,狠抓整顿。

【兔儿爷拍胸口——没心没肺】形容人单纯,没有心计,大大咧咧,什么事儿都不往心里去。[例]穆老师快人快语,大大咧咧,从没见过他为什么事发愁,兔儿爷拍胸口——没心没肺,一天到晚笑容总是挂在脸上。

【兔二爷掉河里——捞(劳)不起大驾】兔二爷:即兔儿爷。劳与捞谐音。兔儿爷为泥质,入水即化为一摊泥,无法捞取。指请求别人给予方便或帮助时,对人表示谦恭的客套话,不愿给对方添麻烦,或不敢惊动对方。[例]崔老听完还在纳闷:"贫道因何惊动了扶清灭洋、保国护民的'黄莲圣母'?真是兔二爷掉河里——可劳不起他老人家金身大驾……"(天下霸唱《无终仙境》)

【兔子吃年糕——闷口】年糕:用黏性大的米或米粉蒸成的糕,是过年时的应时食品。形容沉默不语,或难以开口说话。[例]老渔翁这一问不要紧,连洋牧师带县官,立刻都"兔子吃年糕——闷口"了。(张士杰《红缨大刀》)

【兔子蹦到车辕上——假充大把式】车辕:大车前部驾牲口用的两根直木。讥讽装腔作势,冒充大人物或大能人。[例]某日,来了一个陌生人,口若悬河,胡吹乱嘡,兔子蹦到车辕上——假充大把式,围着的众人一听都纷纷离去。

【兔子串门——你算啥家伙】讥讽怯弱无能,什么事情都做不成。[例]听来人说话口气够大,强哥有点儿烦,脱口来了一句:"兔子串门——你算啥家伙!"

【兔子打架——小打小闹】指小气派、小规模、小动作、小场面,零零碎碎地做事。[例]老同学,你这个厂子已经搞了七八年,还是兔子打架——小打小闹,再如此下去总有一天会被淘汰的。

【兔子戴夹板——充大耳朵驴】夹板:拴在牲口脖子上,让它拉套的用具。讥讽小人物冒充大人物,或无能的人冒充大能人。[例]老同学聚餐,都是半截子入土的人了,两杯酒下肚,易辉又开始夸夸其谈,老班长笑道:"你是兔子戴夹板——充大耳朵驴,看来真是江山难改,本性难移啊。"

又作"兔子进磨道——充什么大耳朵驴"。[例]阎炳坤就是个初中毕业,为装潢门面,花钱办了一个大学文凭,老爹得知后肺都快被气炸,对他大声喝道:"马上给我一把火烧了,兔子进磨道——充什么大耳朵驴呀?"

【兔子驾辕——不合套】驾辕:驾着车辕拉车。比喻彼此观点、想法、步调不一致。也指所干非所学,使用不合理,或工作安排不当,干起来不顺手。[例]我感觉搭配基层班子,也要讲究结构合理,考虑到每个人的脾气秉性,如果书记跟经理本来就是兔子驾辕——不合套,怎么能团结一致干好工作?

【兔子见了鹰——毛了】形容遇到危险而心里慌乱、恐惧,害怕得不知所措。[例]灵蛋还是个小毛孩子,哪遇到过这种阵势,两边的人刀对刀,枪碰枪,他立马兔子见了鹰——毛了。

【兔子拉车——不懂那一套】指对某种事物或做法、行为不了解、不喜欢、不满意。[例]我大老粗一个,对你说的大道理是兔子拉车——不懂那一套,咱就来点儿真格的,我到底能拿到多少钱?

【兔子拉车——乱了套】形容次序、秩序或场面一片混乱。[例]许教授前脚刚走,会场就吵成一片,好像兔子拉车——乱了套。

又作"兔子当牛使——乱套了"。[例]我说小易入行时间短,经验少,把这么一个大的旅游团让她一个人去带,如果是兔子当牛使——乱套了,影响有多不好。

【兔子敲门——送肉来了】讥讽自己去送死,或让别人不费力气就得到好处、实惠。[例]这还不容易,她主动来到咱们村,就等于兔子敲门——送肉来了。她老去找林美棠,而林美棠又是咱村的妇女主任,有给村里光棍儿找媳妇的责任,让广和提前在林美棠家埋伏好,等那女的一去就给她来个霸王硬上弓,生米做成熟饭,不愁她不跟了广和。(蒋子龙《农民帝国》)

【兔子尾巴——长不了】讥讽某势力不会长久存在下去,或某人好日子不会长久了。也指某种状态持续的时间不会很长。[例]我告诉你们这一群势利眼,有朝一日姑奶奶成了李家的少奶奶,我就一个接一个整治你们!你们都是兔子尾巴——长不了啦!(肖克凡《天津大码头》)|的确,无论做人做事,虚头巴脑的玩意儿,糊弄一时半会儿行,最后的结局全是"兔子尾巴——长不了"。(周莲娣《天津日报·莲娣脱口秀》)

【兔子咬人——急了】指着急,生气,或发火,发脾气。[例]他急急忙忙赶回工地,一看建桥的进度和质量,跟上级的要求有很大差距,当场就大发雷霆,真是兔子咬人——急了。

【推到龙床杀太子——豁出命去干了】龙床:皇帝的宝座。太子:被确定将继承帝位或王位的帝王的儿子(多为嫡长子)。比喻冒着极大的风险去干某事,连生命都不在乎。[例]他想到:"难怪这山东地界不平靖,它没法平靖啊!穷人们这么多,个顶个饿成了皮包骨头,急了眼,可不就是'推到龙床杀太子',豁出命去干了。"(鲍昌《庚子风云》)

【推水的拾裤腰带——有了襻(攀)的】旧时水铺伙计为居民住户送水,所推独轮车的车把系有襻带搭于肩上,有时拾到一条腰带当作襻带。襻与攀谐音。讥讽占了便宜,得到好处,或拉上关系,攀得高枝儿,有了希望和盼头。[例]不论怎么说,今年这两件皮袄,我算推水的拾裤腰带,有的攀的啦。(李燃犀《津门艳迹》)|"文革"一开始,他就跳了出来,投机钻营,眼下又追上造反总部头头的闺女谈恋爱,推水的拾裤腰带——可有的攀的了。

【吞了擀面杖——直肠子】形容性格爽快,说话做事直截了当,不绕弯子。[例]今儿我确实着急了,说话有点儿冲,大家千万别在意,你们都知道我的脾气,吞了擀面杖——直肠子。

【脱了裤子放屁——多此一举】指某种举动纯属多余或没有必要,是没事找事,自寻麻烦。[例]铅笔戴什么笔帽？这么不值钱的东西也配得上戴一顶小笔帽。的确,铅笔是笔中的贫民,是最简单最廉价的文具。一支小木棍,中间嵌着一根细细的铅笔芯,秃秃笨笨的小脑袋,既不锋利,也没有墨水,给它配个笔帽实在是"脱了裤子放屁——多此一举"。(张映勤《流年碎物》)

又作(1)"脱了裤子放屁——多费一道儿手儿"。手儿:手续。[例]这件事你们车间完全有权决定,大胆地干吧,不要再请示厂里,脱了裤子放屁——多费一道儿手儿,太耽误时间。(2)"脱裤子放屁——费二道手"。[例]我说呀,咱也新事新办。扭完会,干脆就使这顶轿,抬到志旺叔家去得了,省得再脱裤子放屁费二道手。说完,"儿公子哥"朝人们挤咕眼。(王雅鸣《扭会》)(3)"脱了裤子放屁——白费两道手儿"。[例]这个闺女还叫她出门子,这不是脱了裤子放屁,白费两道手儿?(李燃犀《津门艳迹》)

【脱了毛的牙刷——有板有眼】板、眼:牙刷的底板和栽毛的小孔。比喻说话做事思路清晰,很有条理和办法。[例]他颇具才干,在我们局里一直独当一面,说话做事总是像脱了毛的牙刷——有板有眼。

【鸵鸟不叫鸵鸟——走鸡(畸)】鸡与畸谐音。比喻偏离正常轨道,向不好的方面变化,或搞歪门邪道,黄腔走板。[例]这事儿哪能这么弄呢？简直是鸵鸟不叫鸵鸟——办得走畸了。┃邻居家小五原来是个本分孩子,跟着这些地痞流氓一混,鸵鸟不叫鸵鸟——开始走畸了。

【唾沫沾家雀儿——光拿嘴对付了】唾沫:唾液。沾:通过粘连、粘接而得到。家雀儿:麻雀。比喻尽耍嘴皮子,说得好听,而不肯付出,只说不做,靠能说会道谋利。[例]没想到小谭这次一反常态,抽身后退两步,将手背到了后面:"行了吧,您别唾沫沾家雀——光拿嘴对付了,说个痛快话吧,什么时候能有个准信？"(张映勤《漩涡》)

W

【挖了眼去叫街——逼出来的见识】叫街:旧时有一种乞丐不登门讨

饭,只在街上呼喊求乞。指因被他人胁迫,不得不要手段,施计谋或做出无奈之举。[例]我可应了俗话:"挖了眼去叫街,逼出来的见识。"我随后跟下来,安排偷他银子,补我亏空。(清代手抄本《于公案》)

【歪脖子吹喇叭——一溜儿斜(邪)气儿】斜与邪谐音。指坏行为、坏习惯、坏作风、坏风气。[例]老伙计,你虽然快退休了,但要站好最后一班岗,对单位里存在的歪脖子吹喇叭——一溜儿邪气儿,要敢于斗争,不能手软。

【外国鸡不叫外国鸡——狲鸟】狲:取自口语,有音无字,谭汝为先生经研究考证,将其书为"狲"。狲鸟:指猢狲,即猕猴,老人常用来吓唬小孩说的"大马猴"。詈语,责骂那些面貌丑陋或衣着怪异的人,以及给人带来不幸和灾难的人。[例]呸!那个小子是外国鸡不叫外国鸡——狲鸟,又到大街上丢人现眼了。▎这王八蛋就是个外国鸡不叫外国鸡——狲鸟,他蹿到咱们这一片儿来干什么?不是好兆头,大家可得多加小心。

【外贸商品不合格——不好出口】比喻因某种原因导致说不出话或不愿、不能说话。[例]大家的关心我领了,请不要再问了,有些话实在是外贸商品不合格——不好出口啊。

【外甥打灯笼——照舅(旧)】灯笼:悬挂或手提的照明工具,旧时多用竹篾或铁丝做骨架,糊上纱或纸,里面点蜡烛。舅与旧谐音。天津传统民俗,每年农历正月十五元宵节,舅舅都要给外甥送灯笼,特别讲究送"鸭子"形状的灯,取其"押子"之意,为外甥祈福平安健康。比喻还依照老样子或老规矩去做,情况等和原来一样,没有变化。[例]电视剧制作的粗糙与粗鄙,是个老问题了,为此,观众是颇有微词的,相关部门也出台了不少措施。然而,仿佛一切都是外甥打灯笼——照舅(旧),或曰有过之而无不及,乃至某些给儿童看的动画片也未能幸免。(周凡恺《粗糙与粗鄙》)

【碗边儿的苍蝇——混饭吃】比喻自己不劳动或不努力而苟且生活。[例]你小子没有上进心,又吃不了苦,整天就像碗边的苍蝇——混饭吃,这样下去会有什么出息?我死了你靠什么生活?

【碗架子放枪——瘪词儿(毙瓷)】碗架子:由若干材料纵横交叉构成的,用来放置碗、盆等器物的用具。毙与瘪谐音。瓷与词谐音。形容理屈词穷，无言以对。也指为难，沮丧，无计可施。[例]"没词儿"也说成"瘪词儿"。例如"原本气势汹汹的两个人，面对民警的询问竟然瘪词儿了，支支吾吾，一时说不出话来。"再如"这一句话，说的那些王公大臣们你看我，我看你，碗架子放枪——瘪词儿（毙瓷儿）了！"（谭汝为《逗哏天津话》）

【碗架子里打老鼠——难下手】比喻不知从哪里开始，没有办法动手。[例]他虽然违反了家规，但要亲自动家伙惩罚，还真是有点儿碗架里打老鼠——难下手，你们处理吧。

【万金油——虎（唬）牌儿的】万金油：清凉油的旧称。旧时在天津，以缅甸华侨胡文虎兄弟研发的"虎牌"万金油最为著名和畅销。虎与唬谐音。形容虚张声势，夸大事实，用来蒙混、欺骗或吓唬人。也指假货，冒牌儿货。[例]大家不要怕，瞎闯子手底下那七八个人，都是万金油——虎（唬）牌儿的，没一个有真功夫，成不了什么气候。｜什么？地地道道的进口名包？骗人！如此这般，老虎商标在天津深入人心，缘此衍生了俏皮话"万金油——虎（唬）牌儿的"，比喻冒牌唬人，吹牛说大话蒙人。（点子《俏皮俗话》）

【王八吃秤砣——铁心了】王八：乌龟或鳖的俗称。秤砣：也叫秤锤，称物品时用来使秤平衡的金属锤，用铁铸成，相当于砝码。比喻拿定了主意，下定了决心，决不改变。也指态度顽固，死硬到底。[例]"看来，美霞是王八吃秤砣——铁心了！"赵国庆说："女人呀，为了爱，什么也不要了……"（王富杰《黄飘带》）｜他听见只当没听见，"王八吃秤砣——铁心了"，依旧铁青脸要钱没商量！（刘虎臣《河湾镇故事》）

又作（1）"王八吃秤砣——铁了心"。[例]您也甭用劝了，我看他是王八吃秤砣——铁了心。（谭汝为主编《天津方言词典》）（2）"吃了秤砣——铁了心"。[例]大殿中的美人儿一看怎么又来一位，这还有完没完？只得故技重施。怎知小伙计吃了秤砣——铁了心，无论美人儿如何勾引，就跟没看见她一样，穿过门到得后殿，但见洞中金珠宝玉堆成了山，他也不为所动，一左一右两盏宝灯看都不看，径直摘下当中一盏最不起眼儿的小红灯。（天下霸唱《崔老

道捉妖:夜闯董妃坟》)

【王八吃西瓜——滚的滚,爬的爬】滚、爬:指西瓜滚,王八爬。形容人狼狈败退,仓皇逃跑时抱头鼠窜、连滚带爬的不堪样子。[例]昨天晚间的突围战打得真痛快,敌军来不及躲闪,一败涂地,就像王八吃西瓜——滚的滚,爬的爬。

又作(1)"忘八吃西瓜——滚的滚,爬的爬"。[例]有本事刚头会为么不施展施展,教人家打的忘八吃西瓜,滚的滚,爬的爬,这工夫一百个不含糊给谁看?(李燃犀《津门艳迹》)(2)"王八吃西瓜——连滚带爬"。[例]正当三傻子被我们几个人打在地上,"王八吃西瓜——连滚带爬",老猫到了,如果说先前三傻子和二黑还心存侥幸地认为,老猫会念往日的交情对此事网开一面不深追究,此时一看老猫到来的阵势,他们二人心存的这一丝希望,也就随着老猫带了那么多人而彻底破灭了。(天下霸唱《大耍之西城风云》)(3)"王八啃西瓜——连滚带爬"。[例]我和胖子知道厉害,急忙低下头。大金牙却似惊弓之鸟,转过身要跑,可是脚底下拌蒜,王八啃西瓜似的——连滚带爬,我一把拽住他,按在宝台上。

(天下霸唱《摸金校尉之九幽将军》)

【王八的脑袋——伸一下,缩一下】乌龟的身体结构特殊,颈部连接的骨头有伸缩性,头部可以伸缩。形容人的思想摇摆不定。[例]咱们一起到西北开拓市场的事儿,你到底想好了没有,像王八的脑袋——伸一下,缩一下,叫人猜不透,快拿主意吧。

【王八的屁股——龟腚(规定)】腚:屁股,臀部。龟腚与规定谐音。谑指权威性的规则、决定和要求,作为行为的标准或约束条文。[例]儿子,年满18周岁才可以考取小汽车驾照,这是王八的屁股——规定,你再等两年吧!

【王八叼竹竿——死不撒嘴】形容对某人或某事盯住不放,毫不放松。[例]"好!盯住他,别撒嘴!"唐玉麒从椅子上跳起来高兴地说,"你要像王八叼竹竿那样死不撒嘴,明白吗?"(柳溪《大盗燕子李三传奇》)

【王八掉在灰堆里——鳖(憋)气又窝火】鳖与憋谐音。比喻心里有委屈、烦恼或怒气,却不能发泄出来。[例]听了老总的一席话,他像王八掉在灰堆里——憋气又窝火,这真是天大的误会,但怎么才能说清楚呢？

【王八看绿豆——对上眼儿了】比喻双方情投意合，互相欣赏，一见钟情或一见如故。也讥讽品行不端的人，彼此臭味相投。[例]听说志强和瑛萌谈恋爱，有的人不相信，说："王八看绿豆——他们怎么就对上眼儿了？"

又作(1)"王八瞪绿豆——对上眼啦"。[例]正昌商行的伙计们一听虞二爷结婚，当然高兴，就盯着座席喝酒。可一听说娶的是一窑姐儿，就都伸了舌头。纷纷议论说王八瞪绿豆——对上眼啦。(肖克凡《天津大码头》)(2)"王八瞅绿豆——对眼儿"。[例]阎秀华憋了半天，乐呵呵地说道："我们是昨天经人介绍的。""昨天？胡勒！哪有这么神速的？""以前人家没准就是'王八瞅绿豆——对眼儿'了，媒人捅破这一层窗户纸儿不就行了？"(石磅《混血》)

【王八拉车——有前劲没后劲】形容做事没有恒心和毅力，有始无终，前紧后松，不能持之以恒，坚持到底。[例]严总检查整个工程后，发现在眼下收尾阶段有些松懈，对项目经理笑着说："整体进度没问题，但要防止王八拉车——有前劲没后劲哟。"

又作"王八炮蹶子——有前劲没后劲"。[例]不过老蔫的脑子一根筋，不懂得变通，始终显得闷闷不乐，他觉得给祥子他们三百块钱纯属多余，打台球不给钱的怎么还占理了？这不成了王八炮蹶子——有前劲没后劲了吗？(天下霸唱《大耍儿》)

【王八排队——大盖(概)齐】盖与概谐音。指大致，大体，差不多，或可能，好像，也许。[例]书中暗表，崔老道说得准不准呢？他这一浮皮潦草来了个王八排队——大概齐，可坑苦了张三太爷。(天下霸唱《崔老道传奇 三探无底洞》)

【王八上树——巴结高枝】巴结：趋附，奉承。讥讽向权贵阿谀奉承，献媚取宠。[例]自个儿去打着费胜的旗号办事，人家上外面一打听，只是个出五服没来往的亲戚，说他王八上树——巴结高枝，实在丢不起这个人，这个门槛怎么进呢？(天下霸唱《崔老道传奇 三探无底洞》)

【王八咬棍儿——死不松口】比喻对某人或某事盯住不放，纠缠不休。也指人咬紧牙关，不开口说话。[例]我并不将她放在眼里，对她说："高山走俊鸟，跟在别人屁股后边儿转的那是狗，你说你跟条

疯狗似的追着我咬，王八咬棍儿——你死不松口啊，究竟为了什么？就为了西夏金书？"（天下霸唱《摸金校尉之九幽将军》）

【王八钻灶坑——拱火】灶坑：炉灶里存放炉灰的坑。指用言行促使人发火，或使火气更大。[例]老邱正在气头上，你还添油加醋，这不是王八钻灶坑——拱火吗？

【王串场买甘蔗——找大䠁㖞】王串场：地名，位于河北区，旧时的王串场为开洼地，所种植的甘蔗粗壮硕大。䠁：来回走，寻找。㖞：粗，圆柱形物体直径大的。晋语，旧时主要是针对个别女性的，责骂她们淫荡风流，厚颜无耻。[例]彩凤自从进了窑子，一来二去地越陷越深，所谓的"眼光"也高了，成了王串场买甘蔗——整天价儿找大䠁㖞去。

【王串场卖甘蔗——找大的䠁㖞的去】指想方设法地寻找更好的职业或东西。[例]我们这儿的庙太小，您浑身功夫施展不开，还是另请高就，王串场卖甘蔗——找大的䠁㖞的去吧！

【王二狠子挨刀——赶在新律条上了】相传清光绪十八年(1892)，官府下令治匪安邦，并增设辱刑，即令所囚混混从娼妇胯下爬过。同时高喊娼妇"妈妈"。凡愿受此刑者，就赦其无罪，反之则立即斩首。多数混混皆服辱刑，唯独人称"王二狠子"的混混拒绝，遂被处决于西关刑场。指碰巧遇到这一批，或这一次。[例]多数混混为了活命，都选择了辱刑。只有一个姓王的却惜名如命，人称"二狠子"，为了保全自己混混名声，竟选择了极刑。据说被打得皮开肉绽、遍身黑色的王二狠子，在囚笼车中拉向西关刑场砍头时，还面不改色，谈笑自若。王二狠子被砍头后，混混之风大煞。于是便在津门留一歇后语："王二狠子挨刀——赶在新律条上了。"后经演变，遂成"王二狠子挨刀——赶上这一拨了。"（章用秀《天津老俗话》）

又作"王二狠子挨刀——赶上这一拨了"。[例]哥哥初中毕业就到了东北下乡，但无论环境多恶劣，劳动多艰苦，他也没忘记读书学习，回城后不久国家恢复了大学考试，结果他被北京大学录取了，爸爸以天津人的幽默开玩笑地说："这是王二狠子挨刀——赶上这一拨了。"

【王老太太碰上玉老太太——差了那么一点儿】一点儿："王"字比

"玉"子少一点。指比较起来还有很小的差距,稍逊一筹。[例]一个卖菜的会在门楣上钉上八卦镜,能想出这么个高招而来,只怕不是等闲之辈,多半是道门儿里的人,高明归高明,可也得分跟谁比,在余面前,那是王老太太碰上玉老太太——还差了那么一点儿。(天下霸唱《殃神——鬼家怪谈》试读版)

又作(1)"王奶奶碰上玉奶奶——差了那么一点儿"。[例]李灿一挑大拇指:"还得说是哥哥你胆大包天,旁人跟你比,那真是王奶奶碰上玉奶奶——差了那么一点儿!"(天下霸唱《火神》)(2)"王奶奶比玉奶奶——差一点儿"。[例]哈哈,你小子才干几年车工,还想跟我打打擂台?那是王奶奶比玉奶奶——还差一点儿。

【王母娘娘骂寿星——老宝贝儿】王母娘娘:西王母,神话传说中地位很高的女神。寿星:长寿老人。戏称长寿老人或年长者。[例]哎呀,我的王母娘娘骂寿星——老宝贝儿,道儿太滑,邱奶奶您走路可得悠着点儿,千万别摔了。

【王奶奶哭孙子——凉了】相传,王奶奶是接生婆,无儿无女,但特别喜欢孩子。街坊邻居的孩子们都喊她奶奶,她也把这些孩子当作自己的孙子。经常有孩子生病请他看看,一次有位母亲抱着孩子来找他看病,她一摸孩子早没气了,就哭着说:"我的孙子呀,凉了!"比喻人遭受挫折或失利,已无法挽回,从而失望、灰心、懊恼。[例]安老爷子听罢,心里一惊,说道:"王奶奶哭孙子——凉了!怕什么来来什么,今后可怎么办呢?"

【王奶奶碰见王麻子——不知道差了多少点儿】麻子:人出天花后,脸上留下的疤痕。比喻存在很大的差距。[例]杜大彪听得不耐烦了,一口气喝干了壶中酒,把眼珠子一瞪:"你爹不在家,放你好的屁,旁人要是跟我比,那叫王奶奶碰见王麻子——不知道差了多少点儿!"(天下霸唱《火神》)

【王奶奶碰见汪奶奶——差了三点儿】三点儿:"王"字比"汪"字少三点。指还存在一定的差距。[例]张炽说:"就你小子话多,还王奶奶碰见汪奶奶——至少差了三点儿。"(天下霸唱《火神》)

【王胖子裤腰带——稀松平常】王胖子:泛指肥胖的人。形容本领、能力等平庸,没有特殊之处。[例]告诉你,咱这是汇文中学,天津卫数

得着的学校。不能王胖子裤带——稀松平常。回去给你们家大人捎话，不穿校服别来了。（刘连群《马三立别传》）

【王胖子跳井——下不去】指让人难堪、为难，当众下不来台。[例]若"独木桥上打筋斗，要栽"；"王胖子跳井，下不去"；"顶着风撒河灯，回来了"。虽亦有因，然而俚矣。（李光庭《乡言解颐》）

【王婆卖瓜——自卖自夸】讥讽自我吹嘘，自己夸耀自己。[例]我认为吆喝就是一种"心声"，目的在于招徕客人、推销自己的商品，所以天津人把吆喝说成是"吆货"，也就是吆喝自己要卖的货物。我们大家都知道有句俗语，叫"老王卖瓜，自卖自夸"，或说"王婆卖瓜，自卖自夸"。其实这源于最原始的吆喝。（王和平《津生津世就是这个哏》）│刘班长，你别信他胡说八道，这人根本不是考古队的，他顶多是个卖瓜的——王婆卖瓜，自卖自夸。别看说起来头头是道，真正用起来却一道不道……（天下霸唱《地底世界之楼兰妖耳》）

【王三奶奶请大夫——自己也没法儿治了】王三奶奶：天后宫里供奉的地方神灵，传说她是一位神医，医术高超。比喻情况已很糟糕，无法挽救了。也指病情严重，已无法治疗。[例]这家企业已经连续亏损数年，王三奶奶请大夫——自己也没法儿治了，我的意见是按照有关规定，走破产程序。

【王三奶奶请郎中——不知犯了嘛病】郎中：医生的俗称。嘛：什么。形容情况反常，让人惊讶、不解。[例]老姑夫，您大闺女咋回事儿？原来说得好好的，现在说不去就不去了，真是王三奶奶请郎中——不知犯了嘛病。

【王傻子挨刀——赶上了】王傻子挨刀：据传，清末在处理火烧望海楼教案中，地方官府欺骗王傻子等无家无业的人，每人发20两银子，让大伙到西门外刑场做个样子，然后各自散去回家。结果到了刑场，这些无辜者全部被砍了头。指碰巧遇到了。[例]嘻，真倒霉呀，刚出门儿没走多远儿，我的车就被追尾，算是王傻子挨刀——赶上了。

【王十打野鸡——十拿九稳】相传，早年间人称"鸭子王"的王十，不仅卤煮野鸭独具特色，物美价廉，而且捕捉野鸭弹无虚发，百发百中，从而扬名津城。比喻很有把握,完全可靠。[例]老城里西南角旧有一条巷子名叫鸭子胡同,源于咸丰年间,因为王家在此专卖卤煮野鸭而出了名。鸭子王叫王十,他外出捕野鸭,传说其一抬眼就能分辨出高飞的禽鸟种类,枪法更准,如此传下"王十打野鸭——十枪九准"之美谈,后人也称"十拿九稳"。(点子《俏皮俗话》)

【王十二甩手——没治啦】相传,苦孩子出身的王十二,后来成为一位手到病除的"神医"。早年娘娘宫附近还有一条以他命名的"王十二胡同"。甩手:手向前后摆动。形容事情已很糟糕,无法挽救了。也指好得不得了。[例]这王十二看病,从来不收穷人的钱,即使是深更半夜,也坚持出诊。这天,他被召去给富甲一方却横行乡里的村长看病。可这回神医却皱眉摇头带叹气,只说了句:"治得了病,治不了命",一甩手,走了!果然不出一个月,那干尽坏事的恶霸村长,便驾鹤西游去啦!"王十二甩手——没治啦",就这样不胫而走。(解辉《故事·天津》)|好!真是王十二甩手——没治啦,让他们先报个价,这块和田玉我收了。

【王先生打鼓——点儿来了】据说,刘园法古的王先生有绝技,别人敲鼓都用两只鼓槌,他只用单槌却照样能打出两只鼓槌的鼓点儿。形容开始下雨了。[例]你看,天上乌云密布,王先生打鼓——点儿来了,从幼儿园接孩子回来,路上一定要多加小心。

【王先生的膏药——没病找病】相传,卖膏药的王先生称自己的膏药能治百病,而且一贴就好。结果有人买了膏药,刚贴上就滑下来,在裤子里乱窜,找到他抱怨,他说:"这就对了,我的膏药在你的裤子里找病呢。"指无事生非,自惹麻烦。[例]"找病"一说,源于天津,天津歇后语:"王先生的膏药——没病找病。"由此,才有了"找病"一条俗语。(林希《天津话逗你玩》)|本来事情和他没啥关系,他非要硬插一脚,结果搞砸了,招来许多非议,这就叫王先生的膏药——没病找病。

【王先生皮鞋——头儿亮】王先生:泛指男人。皮鞋:指三接头男皮鞋,包头部位很亮。形容人额头发亮,高兴或得意的样子。也指抹了生发油的头发锃亮。[例]我们几个私下嘀咕:今儿早上儿,老爷的脸终于阴转晴,王先生皮鞋——头儿亮了。

【王小二过年——一年不如一年】王小二：泛指穷苦人。比喻境遇越来越糟糕，或日子越来越艰难。[例]最近这些年，我们搞房地产的小企业，要地没地，要钱没钱，真是王小二过年——一年不如一年了。｜春节晚会搞了十届，开始两三年人们记忆犹新，节目新颖、热闹。后来王小二过年，一年不如一年，到今年，许多人摇头，原因在于节目"水"。（《天津日报》王启中文）

【望乡台上打落子——不知死的鬼】望乡台：迷信说法阴间有望乡台，人死以后，鬼魂登此台可以眺望阳世家中的地方。落子：即莲花落，本是河北一带流行的俗曲小调，传入天津后得到较快的传播，并慢慢发展为评剧，通俗易懂，趣味横生，深得群众的喜爱。詈语，责骂人自己已身处厄境或死到临头，不知发愁，还寻求快乐。[例]这是哪来的一帮野小子，竟敢闯进咱们的山头偷食吃，我看他们是望乡台上打落子——不知死的鬼！

又作"望乡台上唱莲花落——不觉死的鬼"。[例]王婆子用唾沫啐了他一口，咬着牙说："你才是望乡台上唱莲花落——不觉死的鬼哩！我这辈子嫁给你，跟你揪心扒骨，才算倒了血霉！"（柳溪《窦老乐救盟弟》）

【望乡台上看牡丹——到死还贪花】讥讽或责骂人已身处厄境或死到临头，还要追求男女风情之事。[例]你呀，狗改不了吃屎，武工队都追到村东头了，还想着偷鸡摸狗，真是望乡台上看牡丹——到死还贪花！

【围城转——白牌儿】白牌儿：指白牌电车，始建于1906年的环旧城厢运行的有轨电车，其标志是车头顶部的白色横额，为天津第一条公交线路。戏指未加入任何党团组织的人。[例]老天津人说的"白牌儿"，是指人的政治面目。填履历表，如果一个人不是任何党派或团体成员，那么在政治面目那栏就填"群众"，用天津口语表达就是"白牌儿"。例如，有人问："老刘，你是党员吗？"回答："咱是'围城转——白牌儿'。"（谭汝为《这是天津话》）｜我不是党员，也不是民主党派，是"围城转——白牌儿"。（谭汝为主编《天津方言词典》）

【围棋盘里下象棋——不对路数】比喻做事不合要求或规则，方法不对头。也指解决问题的途径不对,跟当时的情况不符合。[例]"越来越多啦!"刘小猴子的声调是兴奋的,"打一过年起,就有人练了,只不过没有个正式的老师,照我看来,全是围棋盘里下象棋,不对路数。"(鲍昌《庚子风云》)

【桅杆顶上拴鸡毛——好大的掸(胆)子】桅杆:船上挂帆的高杆。掸子:一种用鸡毛绑成的清除灰尘的用具。掸与胆谐音。形容人胆量非常大。[例]姓辛的,你敢炸这座炮楼吗?桅杆顶上拴鸡毛——好大的掸(胆)子!你忘了你的那个白玉蕚可在我手心里攥着呢!(王林《腹地》)

【伪劣产品改包装——变着法的骗人】形容想法设法,挖空心思,对人进行诓骗、欺诈。[例]他们搞得这些花样儿,以优惠之名,行欺诈之实,就是伪劣产品改包装——变着法的骗人,游客们可要擦亮眼睛,谨防上当。

【为了虱子烧棉袄——值不当的】虱子:一种寄生在人、动物身上靠吸血为生的寄生虫。指为了小的利益而造成大的损失,得不偿失,没有价值。[例]你们揽到的就是一个小工程,却付出了这么高的成本,为了虱子烧棉袄——真不值当的。

又作"为个虱子烧个袄——因小失大"。[例](朱老忠)敞开胸襟迎着风走去,为了珍儿的问题,他感到作难。咂着嘴考虑来考虑去,感觉到还是从大处着眼,不能因小失大,为个虱子烧个袄。(梁斌《播火记》)

【魏虎作揖——再来他一家伙】魏虎:京剧《红鬃烈马》中的反面人物,他一心想暗害薛平贵,后被识破,只得当众给薛平贵赔说好话,并在中台词唱道:"待我来他一家伙。"可薛平贵根本不理睬,魏虎又重复这句台词,同时第二次行礼。指某事没有做好,重新再做一次。[例]老方头儿,请您再给一次机会吧,让我们魏虎作揖——再来他一家伙!

【文火炖猪蹄——要的就是这个工夫】文火:煮东西时所用的小而缓的火。比喻做成一件事情,不能急于求成,需要下一番慢工夫、笨工夫。[例]他考证了中国最早的歇后语及其形成过程,伟人们是怎样使用歇后语的,作家都引用了哪些歇后语,不同民族的歇后语,跟动物有关的歇后语,跟植物有关的歇后语,古代歇后语,现代歇后语,跟歇后语有关的趣闻轶

事……大姑娘绣花——这可是个细致活儿;文火炖猪蹄——要的就是这个工夫!(蒋子龙《〈歇后语趣谈〉序》)

【蚊子叮菩萨——认错了人】菩萨:泥塑的菩萨神像。指看错了人,或找错了对象。[例]耿叔可不是好惹的,你如果以为他好欺负的话,那就是蚊子叮菩萨——认错了人。

【蚊子放屁——小气】讥讽气量狭小,或十分吝啬。[例]你们俩都老大不小了,为了百八十块钱饿饿起来,丢人不? 真是蚊子放屁——小气!

【瓮中捉鳖——跑不了】指陷入困境,无处躲藏,逃脱不了。[例]师长你看,四周都是我们的兵,包围圈越缩越小,敌人已经成了瓮中捉鳖——跑不了啦!

【瓮中捉鳖——十拿九稳】形容稳妥可靠,很有把握。[例]今年秋粮大丰收已成定局,是瓮中捉鳖——十拿九稳了。

【窝头掉地上踩一脚——不是个好饼】斥责不是什么好人。[例]为了达到搞活国有企业的目的,崔才焕不惜跟姐姐反目成仇。周家林认为官运亨通的小舅子,"窝头掉地上踩一脚——不是个好饼"。

(肖克凡《最后一个工人》)

【窝头翻跟头——有多大眼现多大眼】窝头:也叫窝窝头,用玉米面、高粱面等杂粮面做的食品,略呈圆锥形,底部有个小窝儿。翻跟头:身体向下翻转而后恢复原状。形容颜面尽失,丢人、出丑到了极点。[例]亮子四处白话他学会了买卖道儿,忽悠街坊四邻一起凑钱进货做生意,岂料他徒有虚表,好赛"猴儿推磨——玩儿不转",没过多久就把大伙的本钱赔得一干二净了,落得"窝头翻跟头——有多大眼现多大眼"。点子《俏皮俗话》

又作"窝头翻个儿——现大眼儿了"。[例]等张保庆缓过劲儿来,见菜瓜已溜到谷底,他暗自庆幸:看来只要胆大豁出去,谁都能从冰冻的瀑布溜下来,还好没有让二鼻子唬住,否则真是窝头翻个儿——现大眼儿了。(天下霸唱《天坑鹰猎》)

【窝头没眼儿——实轴儿饽饽】实轴:实心的物件。形容实心眼儿,实实在在,老实无邪。也指死心眼儿,很固执,爱钻牛角尖儿。[例]您问大罗? 这个人窝头没眼儿——实轴儿饽饽,把活儿交给他放心,从来不会砸锅。┃我们

- 373 -

家那老头就是一根筋,窝头没眼儿——实轴儿铛铛,因为这脾气可没少吃亏。

【窝头没眼儿——找挨抠】挨抠:受批评或斥责。讥讽人自找被指责、批评或训斥。[例]你粗心大意,竟犯这种低级错误,不是窝头没眼儿——找挨抠吗?

【乌龟抬轿子——死撑】讥讽不自量力地拼命支撑。[例]咱们都是亲兄弟,没什么可客气的,家里有啥困难都摊出来,大家合力想办法解决,不要乌龟抬轿子——自己死撑着。

【乌鸦掉在猪身上——光瞧见别人黑了】比喻只看到别人的缺点,看不到自己的缺点。[例]小巧,这件事是你们两个人一起干的,出了问题把责任都推给小曼,那不成了乌鸦掉在猪身上——光瞧见别人黑了吗?

【屋檐下的咸鱼——干起来了】干:晾干,晒干。形容因受冷落、慢待而处于尴尬境地。[例]万蟹子一进屋就感觉气氛不对头,我们几个人谁也不搭理他,连碗水也没人给倒,屋檐下的咸鱼——被干起来了。

【屋子里开煤铺——倒霉(煤)到家了】形容运气坏极了,境况糟透

了。[例]老话说,不是不报,时辰未到。张三的生意本来就很差,有一天店里又莫名其妙地着了一把大火,损失严重,待张三缓过神来,他说,真像是"屋子里开煤铺——倒霉(煤)到家了",简直就是"一头栽进煤堆里——霉(煤)到顶了"。(由国庆《煤与炉》)

【无业游民去劳动局——没事找事】无业游民:没有固定职业、住所而到处流浪的人。指故意找借口滋事,惹是生非。[例]天津民间还有一条歇后语:"无业游民去劳动局——没事找事",正好和"王先生的膏药——没病找病",异曲同工。(谭汝为《这是天津话》)|小时候,我和邻居的俩小伙伴调皮捣蛋,没少搞恶作剧,捅马蜂窝、堵烟囱眼儿、把屎壳壳郎藏进女同学的书包里……大人们说:"这仨小子是无业游民去劳动局——没事找事。"

【五彩绳扎小辫——花哨儿】形容说话或作文语言浮华,缺乏实际内容,或表示色彩艳丽。也指行为有些不端。[例]你这篇文章写得还是没脱学生腔,五彩绳扎小辫——花哨儿了,要学习运用群众语言,在朴实上下功夫。|别看对门金大爷现在老实巴交的,

年轻那会儿可不安分，五彩绳扎小辫——花哨儿着哪。

【五齿钩挠痒痒——一把硬手】五齿钩：一种前端安有五个齿的铁制钩子。指有过硬的本领，或手段强硬。[例]谷正义写诗曾是五齿钩挠痒痒——一把硬手。自从成了厅级干部以后便很少再见到他的诗了。（蒋子龙《〈歇后语趣谈〉序》）┃我脱口说出老局长的名字，胡厚友的态度开始收敛，他知道，老局长这个人是五齿钩挠痒痒——一把硬手，造次不得。

【五马换六羊——不值得】五马：五只马。六羊：六只羊。指不是等价的交换，不合算，划不来，没有什么价值和意义。[例]继续往前走，有人跟他打招呼，叫他"张师傅"。他低头对我说："你看看，我是国家工人，你爸是国家干部，他跑那么远去当干部，这五马换六羊——不值得。"（肖克凡《租界》）

【五十步笑百步——彼此彼此】此语出自《孟子·梁惠王上》："填然鼓之，兵刃既接，弃甲曳兵而走，或百步而后止，或五十步而后止，以五十步笑百步，则如何？"指双方的缺点和错误程度不同，但实质都是一样的。[例]田墀转念想道：你日本国不也是侵琉球，并我台湾，霸朝鲜，和沙俄一样步步紧逼吗？这叫作以五十步笑百步——彼此彼此罢了。（鲍昌《庚子风云》）

【五月的黄瓜——上不了架】五月的黄瓜秧苗还小，爬不到架子上。比喻没有本事，干不成事，担当不了大任。也指人还没到成年，派不上用场。[例]突击队你就不要参加了，去了也是拖后腿，五月的黄瓜——上不了架。┃突然，刘十九掉过头来，指着呆立着的小伙问道："你叫什么名儿？""我叫小火儿。"刘十九打量了一番，轻轻叹息一声说："可惜你太小，五月的黄瓜上不了架。"（鲍昌《庚子风云》）

【五月的麦子——黄了】形容事情失败，或计划不能实现。也指商家倒闭。[例]我和娟子商量了好几天的出国旅游计划，让你这么一搅和，五月的麦子——黄了。┃鸿升五金商行自开业以来，就没做成几笔买卖，结果不到一年的工夫，就五月的麦子——黄了。

【武大郎踩高跷——冒充大高个儿】武大郎：《水浒传》中人物，善良厚道，踏实肯干，但身材短小，性格懦弱，身无一技之长。踩高跷：一种传统民俗活动，也是民间舞蹈，表演者双脚踩在装有脚踏装置的木棍上，高者五六尺，低者尺余，边走边表演。大高个儿：身材高大的人。讥讽那些故作姿态，假装本领或技能高强的人。[例]就你那两笔抹儿，还自称什么"书法大家"，真是武大郎踩高跷——冒充大高个儿。

【武大郎放风筝——出手就不高】比喻做事起点低，水平不高，或小气、吝啬。[例]我看了你们的规划草案，还不行啊，视野窄，格局低，武大郎放风筝——出手就不高。

又作"武大郎放风筝——出手不高"。[例]铁蛋和翠翠处对象谈朋友有段时间了，定好日子去见女方家长，岂料铁蛋好像"武大郎放风筝——出手不高"，给人家买水果、点心抠门图便宜，不是蔫的就是次的。（点子《俏皮俗话》）

【武大郎服毒——吃也死，不吃也死】《水浒传》描述，武大郎被妻子潘金莲、奸夫西门庆合谋毒死。形容无论怎么做，都难以摆脱困境、失败或灭亡。也指进退两难，没有出路。[例]问题不在这儿，温兄打死了恰利耶夫，等于彻底得罪了老毛子的黑帮组织，他们能放过你温哥，能放走玛丽雅夫人？这叫武大郎服毒——吃也死，不

吃也死。（吕舒怀《小白楼往事》）｜白帽盔拍了下桌子说："不要紧，现在是武大郎服毒，吃也死，不吃也死。实在不行，你跟着我把队伍往外一拉……"（张孟良《血溅津门》）

又作"武大郎服毒——喝也死不喝也得死"。[例]常以新可能自知失口赶紧遮掩，"明白不明白都别想那么多了，快一点吧，我在机场等你。"金克任关掉电话喝着茶水磨蹭着，这就叫武大郎服毒——喝也死不喝也得死，他只能下楼蹬车，直奔机场。（蒋子龙《人气》）

【武大郎开店——容不得比他强的人】讥讽嫉贤妒能，不能容纳比自己水平高或能力比自己强的人。[例]在这儿已经没法干了，孙石是武大郎开店，却没有武大郎的厚道，容不得比他强的人，凡他认为会看不起他的人都打入了另册，怎样判断谁看得起或看不起他呢？就以您划线，把过去跟您不错或被您重用的人都列为排斥对象，我和叶华自然是首当其冲。（蒋子龙《人气》）

又作(1)"武大郎开店——比他高的不要"。[例]有的领导干部心胸狭隘，在人才的选用上嫉贤妒能，好比武大郎开店——比他高的不

要。(2)"武大郎开店——比我高的别进来"。[例]我们作为公司领导班子成员,都要有宽广的胸怀,容得了事,容得下人,决不能武大郎开店——比我高的别进来。(3)"武大郎开店——不容大个儿"。[例]他当院长两年多,存在一个致命的弱点,就是心眼小,武大郎开店——不容大个儿,许多有本事的人含泪离开了这里。

【武大郎扛刀——邋得兵】邋得:邋遢、颠顿。讥讽那些穿着不整洁,不利落,糊涂又马虎的人。[例]看你划拉来的这些人,一个个歪瓜裂枣,武大郎扛刀——邋得兵,下了山头就去送死。

【武大郎啃榔头——人松嘴不软】榔头:锤子,一种敲打用的工具。讥讽没有本事,怯懦软弱,但是说话的口气强硬。[例](袁文会)心里说:"光棍输在腿上,不能输在嘴上。这叫武大郎啃榔头——人松嘴不软。"(张孟良《血溅津门》)

【武大郎买衣裳——没合适的】比喻没有符合实际情况或客观事实的。也指人善于挑剔,很难满足。[例]你们拿的两个方案,我都十分认真地看了,武大郎买衣裳——没合适的,回去推倒重来吧!┃大姐,别乱扒拉地挑了,您

眼光、品位都高,我这儿武大郎买衣裳——没合适的。

【武大郎卖豆腐——人怂货软】讥讽人怯懦软弱,又没有什么本事。[例]大罗心里像有一团怒火,不知怎么发泄,便愤愤喝道:"你呀一个没用的货儿,武大郎卖豆腐——人怂货软!"

又作(1)"武大郎卖豆腐——人松货软"。[例]李二本是尿泥,欺软怕硬,只不过仗着知道一些海底,靠的是嘴皮子利落,若到了节骨眼上动真格的,那可"武大郎卖豆腐——人松货软"。(张孟良《袁文会与刘广海》)(2)"武大郎卖豆腐——人怵货硬"。[例]他虽是这样慨叹,但看那卖艺人的技艺低劣,却又增强了他想在这天桥一带画锅卖艺的信心。他心下暗自得意地想着:"他们那两手儿,算不得什么! 倒不如说是武大郎卖豆腐——人怵货硬!"(柳溪《大盗燕子李三传奇》)

【武大郎卖酸菜——人熊货也拉拉汤儿】拉拉汤儿:不经意地使东西散落,液体滴落。讥讽人没有本事,办的事情也不漂亮。[例]交给你这点儿小事都办不利索,武大郎卖酸菜——人熊货也拉拉汤儿,以后还怎么让头儿相信你?

【武大郎卖王八——什么人配什么货】讥讽什么样的人只配做什么样的事情，或只配拥有什么样的东西。[例]我说："所以说，黄金宫殿不是给活人造的。人不是活的，那就是死的，如果是给死人送的，这就是一座古墓！地宫都是金的，你想棺材里的明器，那还了得？"胖子说："那当然了，武大郎卖王八——什么人配什么货！死了之后埋在这地方的主儿，明器少不了！"（天下霸唱《摸金校尉之九幽将军》）

又作"武大郎养王八——什么人配什么货"。[例]司马灰看到对方的反应，已知自己所料不错，便把目光落在他们身后所背着的鸭嘴槊上，嘿嘿冷笑道："武大郎养王八——什么人配什么货。"（天下霸唱《地底世界之雾隐占婆》）

【武大郎卖鸭子——隔路货】指行为举止特别或奇怪，违背常理，与众不同，不合群。[例]在公司里你要学会与人相处，改掉过去的坏毛病，慢慢适应新的环境，切不可武大郎卖鸭子——当那个隔路货。

【武大郎攀杠子——上下够不着】杠子：锻炼身体的一种器械，分为单杠、双杠、高低杠。形容做事两头不落实，或上或下都有困难。[例]现在，我们公司今年的任务、目标已经确定，关键在于干群同心勠力，狠抓落实，绝不能武大郎攀杠子——上下够不着。

【武大郎敲门——怂人到家了】讥讽人怯懦、软弱、无能到了极点。[例]看你干的这些破烂事儿，真是武大郎敲门——怂人到家了，还像一个男子汉大丈夫吗？

【武大郎娶媳妇——给人家预备的】指费心耗力做的事情或出的成果，却为他人所用、所有。[例]没有包产到户之前，在生产队吃大锅饭，干好干坏一个样，我爹种庄稼是个老把式，但无论打多少粮食，自家得不到一粒米，武大郎娶媳妇——都是给人家预备的。

【武大郎耍门杠——人熊家伙笨】门杠：木制的粗棍门闩。熊：怯懦，胆小怕事，没有能力。讥讽笨拙、愚蠢、无能。[例]师傅见六哥在跤场上练得漫不经心，松松垮垮，就冲着他骂了一句："真是武大郎耍门杠——人熊家伙笨！"

【武大郎玩刺猬——人熊货扎手】刺猬：哺乳动物，身上有硬刺。讥讽怯懦无能，说出的话或干出的事也不像个样子。[例]看在你大舅的面子，已经给你换了三个工作岗位，干得都不怎么样，武大郎玩刺猬——人熊货扎手,这让我如何是好?

【武大郎玩夜猫子——什么人玩什么鸟】夜猫子:猫头鹰。比喻什么样的人喜欢跟什么样的人交往,或什么样的人只配用什么样的东西。[例]六爷,您别动这么大的肝火,武大郎玩夜猫子——什么人玩什么鸟,他骂他的,咱喝咱的,犯不上跟这种小人置气。

【武大郎寻宿——给人腾地方】寻:寻找。宿:夜里睡觉,过夜。形容为他人提供便利环境或条件。也指人被撤免职务或被辞退、裁员,"炒鱿鱼"。[例]东哥,你不能一拍屁股就走,否则正好中了她的计谋,武大郎寻宿——给人腾地方。┃我们这儿是私营企业,从来不养"大爷",明个儿你就到会计那儿,把几个月的工钱结清楚,武大郎寻宿——给人腾地方。

【武大郎遇上潘金莲——凶多吉少】指根据某种迹象,估计到事态的发展趋势不妙,凶害多,吉利少。[例]司马灰和罗大海忍着口气,在前边披荆斩棘,穿过山谷内茂盛的丛林渐行渐深。罗大海回头看见钻山甲跟在十几米开外,才恨恨地说:"玉飞燕这贼妮子心太黑了,如今咱们落在她手里,真是

武大郎遇上潘金莲——凶多吉少了。"(天下霸唱《地底世界之雾隐占婆》)

【武大郎捉奸——找死去的】指自寻死路。[例]你们两个现在上门跟大龅牙理论可不行,这王八犊子心黑手毒,又人多势众,那不是武大郎捉奸——找死去的吗?

【捂着耳朵偷铃铛——自己骗自己】指自欺欺人。[例]这事儿不是你干的?鬼才信呢,纯属捂着耳朵偷铃铛——自己骗自己!

【捂着腮帮子进医院——装牙疼】腮帮子:即腮帮,人下巴的两侧。指故意做出的假象,不是真实情况。[例]我们不能被假象所蒙蔽,他这么做是捂着腮帮子进医院——装牙疼,要继续往深处细查,一查到底。

X

【西服袖口挂商标——炫耀的不是地方】指向人夸耀、显摆自己,却事与愿违。[例]小青正在吹嘘自己在外边如何厉害,师兄推门进来,说:"别臭显摆了,忘了前天让人家彭三摔了个大马趴,你西服

袖口挂商标——炫耀的不是地方。"

【西瓜地里长高粱——显出你来了】讥讽自以为是，喜欢抛头露面，显示或炫耀自己比别人高明。[例]胡文海开口没说几句话，就被亦伯叔打断了："这儿不是撒野的地方，难道还想教训老子？真是西瓜地长高粱——显出你来了！"

【西瓜皮擦屁股——没完没了】比喻麻烦事没有了结，一直纠缠不休，或事情进展缓慢，迁延过久。也指说话唠叨冗长。[例]不仅如此，但凡饮料里有点小问题，咱也不像老外们那样，跟企业"西瓜皮擦屁股"——没完没了。因为中国人信奉，"得饶人处且饶人"，"你敬我一尺，我让你一丈"。（周莲娣《天津日报·莲娣脱口秀》）

又作"西瓜皮搓澡——没完没了"。[例]老同学，我得说你一句，自从你当了官儿，讲起话来就西瓜皮搓澡——没完没了了，大家很厌烦。

【西瓜皮擦屁股——磨磨叽叽】指说话办事拖沓、迟缓，不爽快，不利落。[例]他干什么都没有个利索劲儿，西瓜皮擦屁股——磨磨叽叽，很耽误事儿。

【西瓜皮擦屁股——黏黏糊糊】指人性格迟缓，做事拖拉。[例]祥子他老爹明白今天没路可走了，今天来时气势汹汹，结果落了个西瓜皮擦屁股——越擦越腻乎，没治好耳聋治哑巴了。（天下霸唱《大耍儿》）｜他就是这么个脾气，火上房也不着急，西瓜皮擦屁股——黏黏糊糊，拿他有什么办法呢？

【西瓜皮擦屁股——越擦越腻乎】形容做事方法不对头，致使节外生枝，纠缠不清，难以处理。也指做事优柔寡断，犹豫不决。[例]你们把简单的问题搞复杂了，西瓜皮擦屁股——越擦越腻乎，不能再这么干下去了。｜作为基层干部，处事要有决断力，西瓜皮擦屁股——越擦越腻乎，是不行的。

【西瓜皮钉鞋掌——不是那块料儿】鞋掌：钉在鞋底上的耐磨材料。指能力差，不能胜任某项工作，不是做某种事情的合适人选。[例]你该干啥干啥去，这个岗位根本不适合你，西瓜皮钉掌——不是那块料儿，就别做梦娶媳妇了。

【希特拉的弟弟——刷他啦】希特拉：德国纳粹头目希特勒。刷：拒绝，斥退。指撂挑子，不干了，不伺候了。[例]天津人表示中断与某人的合作，分道扬镳，或从某企

业单位跳槽,跟领导拜拜啦,就说
"希特拉的兄弟——刷他啦","希
特拉"即德国纳粹头目"希特勒",
"刷"就是撂挑子,不干了的意思。
(谭汝为《这是天津话》)

又作"希忒拉的兄弟——刷他
啦"。希忒拉:即希特勒。[例]看
着邢三推门就走,我心里说道:
"你还来劲儿了,希忒拉的兄
弟——刷他啦,也不掂量一下自
己吃几碗干饭?"

【希特勒看地球——全是他的了】形
容极其贪婪,贪得无厌。[例]大金
牙心中的魔以贪为主,恨不得立
刻爬上石台,打开棺椁,掏出名
器,抠下壁画中的明月珠,将一个
死字抛到脑后,口中自言自语,咬
牙切齿地密咒伏魔殿中的西夏国
宝只能是他一个人的,别人谁也
别想动。好比希特勒看地球——
全是他的了!(天下霸唱《摸金校
尉之九幽将军》)

【稀泥巴——糊不上墙】比喻对素质
差、没本事、不争气的人,难以扶
植或教育。[例]我们该想的法儿
全想了,该做的工作全做了,他就
是自暴自弃,属于稀泥巴——扶
不上墙。

【洗脸盆里摸鱼——跑不了啦】形容
事情的发展完全在自己的掌控之
中,很有把握,稳操胜券。[例]不
要听他们瞎嚷嚷,他们是吃不着
葡萄说葡萄酸,这项工程咱们已
经铁定拿下,洗脸盆里摸鱼——
跑不了啦!

【洗脸盆里扎猛子——不知深浅】指
狂妄自大,见识短浅,不考虑实际
情况,不懂得利害关系,言行冒
失,没有分寸,莽撞行事。[例]他
年轻不懂事儿,洗脸里扎猛
子——不知深浅啊!(谭汝为主编
《天津方言词典》)

又作(1)"洗脸盆里扎猛子——还
知道一点深浅不"。[例]鹿钟麟不
动声色,心里却暗暗在掂量着:
"吉鸿昌这莽撞鬼,洗脸盆里扎猛
子,你还知道一点深浅不!"(周骥
良《吉鸿昌》)(2)"醋碟儿里面扎
猛子——不知深浅"。[例]进了山
什么该说,什么不该说,诸如此
类,有很多忌讳。马殿臣这伬满
不懂啊,正应了那句话,醋碟儿里
面扎猛子——不知深浅。(天下霸
唱《天坑鹰猎》)

【喜鹊登枝——呱呱乱叫】喜鹊:一
种鸟,嘴尖,尾长,身体大部分为
黑色,肩和腹部白色,叫声嘈杂。
民间传说听见它叫将有喜事来
临,所以叫喜鹊。讥讽或斥责人
盲目地叫嚷。[例]小诸葛指鼻子

指眼地说:"我说彭大嘴,你怎么是喜鹊登枝,呱呱乱叫啊?你这钱串子脑袋,拨拉着算盘珠儿走路的人怎么倒撞起城墙来了?"(周骥良《吉鸿昌》)

【戏班里的水裤——谁穿都行】戏班:戏曲剧团的旧称。水裤:演员扮戏或演出时贴身穿的专用裤子,一般较为宽松。比喻对某事或某物很不在意,怎么处置都可以。旧指水性杨花的女子。[例]这是小事一桩,你们看着办吧,戏班里的水裤——谁穿都行,我不管了。

【戏班子的主角——台柱子】比喻在集体中挑大梁的人。也专指剧团里的主要舞台表演演员。[例]在我们这个科研团队里,别看小舟年轻,他可是戏班子的主角——台柱子。

【戏台底下掉眼泪——替古人担忧】指多余的、不必要的担心和忧愁。[例]"人家毕竟是夫妻,咱们不要戏台底下掉眼泪——替古人担忧,"外祖母居然想通了,"这叫周瑜打黄盖——一个愿打,一个愿挨。"(肖克凡《租界》)

【戏台底下相媳妇——一头儿乐意】比喻一厢情愿,只是单方面的愿意、满意或高兴。[例]我劝你死了心吧,我和你嫂子都上门提亲好几次了,人家就是不松口,这搞对象是双方的事儿,不能戏台底下相媳妇——一头儿乐意。

【戏台上的胡子——活的】在戏台上,演员为表演需要,所戴胡须是活的。比喻人或事物是真实的、鲜活的。[例]今天的读者见面会,我们有幸请来了作者本人,这可是戏台上的胡子——活的,下面就请著名作家朱凡凡上台。

【戏园子的手巾把——飞来飞去】手巾把:即毛巾,擦拭皮肤的日常用品。旧时戏园、茶楼有为观众提供热毛巾的服务,把毛巾叠成小捆,在楼上楼下可准确互掷,飞来飞去,穿行传递。形容人到处来往出没,行踪不定。[例]你们问我那宝贝儿子,这大半个月,我也没见他人影儿,戏园子的手巾把——飞来飞去,真不知在干些啥。

【戏园子启幕——开演(眼)啦】启幕:演出开始时拉开舞台前的幕。演与眼谐音。比喻开阔了眼界,增长了见识。[例]这次到南方考察,走一路学一路,收获真大,戏园子启幕——开眼啦。

【戏园子贴海报——叫座】指对观众很有吸引力,上座率高,深受人们的喜爱。[例]郝教授的演讲出神入化，引人入胜，戏园子贴海报——真叫座，整个大礼堂都挤满了人，连个空位都没有。

【细麻绳拔河——吃不住劲儿】比喻吃不消，受不了，不能维持某种状态或局面。[例]到工地干了两三天，小昭就有点儿细麻绳拔河——吃不住劲儿，非要打退堂鼓不可。

【瞎耗子踩猫尾巴——作死】詈语，责骂人不知轻重，不顾危险，自找倒霉，自寻死路。[例]盛大老板，让您受惊了。什么？当然是朝廷赢啦！这帮乱党真他妈瞎耗子踩猫尾巴——作死，以为出其不意就能侥幸得手，也不看看自己才几个人?(郁子、立民《大盐商》)

【瞎驴转磨——总是按自己的辙走】磨:把粮食弄碎的工具，通常是两个圆石盘做成的。辙:车轮驶过留下的痕迹。形容拘泥于旧的准则，或按自己固有的主意、想法行事，不善于变通。[例]范宝斋赶紧给自己派了一通不是："鸣老说的是，都怪我帮助世五不够。不过世五也确实难帮，瞎驴转磨，总是按他自己的辙走!"(周骥良《吉鸿昌》)

【瞎驴撞槽——趸摸饭辙】槽:盛牲畜饲料的长条形器具。趸摸:寻找。饭辙:吃饭的门路。指寻找吃饭的门路，或维持生计的办法。[例]有一天我在马路上闲逛，找饭辙呀，偏偏碰见了吴老板。他见我愁眉苦脸的模样，就问我："得贵呀，你这是上哪儿?"我说"我这是瞎驴撞槽——趸摸饭辙呢。"他啧啧嘴，道:"年轻的混吃等死可不行啊。我刚刚组织个剧团，你跟我干吧。"(吕舒怀《小人书铺》)

【瞎猫碰上死耗子——蒙上的】形容偶然碰巧获得的成功，或意外得到的收获。[例]你说什么，"瞎猫碰上死耗子——蒙上的"? 真是站着说话不腰疼，为了完成这项任务，我们下了多么大的工夫，作了多么艰苦的努力!

又作"瞎猫碰上死耗子——巧了"。[例]一本写毕业论文的资料书，跑了几个图书馆，托了诸多朋友，均无消息。今天随便点了一下电脑，竟然找到了，正应了那句俏皮话:"瞎猫碰上死耗子——巧了。"

【瞎子串门——摸着来】比喻办事谨慎，不着急，不盲目，一步一步来。[例]安装这么庞大的设备，我们是第一次，毫无经验，只能是瞎子串门——摸着来。

【瞎子打灯笼——给别人照亮儿】指为他人考虑，乐于助人。[例]你们问我做这些好事儿图个嘛，说实在话，一不为名，二不为利，瞎子打灯笼——只想给别人照个亮儿。

【瞎子逮蛐蛐——听着呗】蛐蛐：蟋蟀。比喻自己没有办法，只能听候别人的吩咐、安排或摆布。[例]待了一会儿，她不紧不慢地说，刚才会上都说了，乡级领导都竞聘，那你说我咋办呢？咋办？瞎子逮蛐蛐——听着呗。我说完，注意观察她的面部表情。(王雅鸣《合乡并镇》)

【瞎子戴眼镜——多一层儿】指没有必要的，多此一举。[例]你们这样做，纯属没事找事，瞎子戴眼镜——多一层儿。

【瞎子戴眼镜——多一层不如少一层】比喻多余的、没有必要的人和事，不但不起什么作用，反而增添麻烦。也指机构重叠，人浮于事，徒劳无益。[例]区长，您让我们提意见，我可就直说了，基层群众到机关办事，还是觉得环节太多，拖的时间太长，瞎子戴眼镜——多一层不如少一层。

【瞎子点灯——白费蜡】比喻做一些没有意义，或白费心思和力气的事情，徒劳无功。[例]郝爱工追上常玲香。俩人站在医院大门口说话。一身香气尚未褪尽的常玲香并不回避，主动触及敏感话题，奉劝丈夫不要糊涂，小百姓斗不过当官的。你找甘东华理论，那是瞎子点灯——白费蜡。(肖克凡《孤岛史》)｜她戚惠萍这么能那么能，被人吹得上能到九天揽月，下能到五洋捉鳖，这么大能耐，为什么就不能为他吴富能指明一条航向？越想，吴富能越显得，他练戚惠萍的功，是瞎子点灯——白费蜡！(王富杰《黄飘带》)

又作(1)"瞎子点灯——白费啦(蜡)"。[例]天津话"瞎掰"，就是瞎扯，胡说八道的意思。例如："根本就没有这事儿，你别听他们瞎掰。"另外，"瞎掰"还指徒劳无益，和"白搭"同义。例如："我看你这是'瞎子点灯——白费啦(蜡)'，别瞎掰了。"(谭汝为《这是天津话》)(2)"瞎子点灯——白费"。[例]"瞧是瞧见了，老爹，"黑子大笑着说，"跟咱们抛的一个样，都是'瞎子点灯'——白费！"(袁静《淮上人家》)

【瞎子掉井里——到哪儿还不是背风】背风：避风。指胆小怕事，在哪里都躲避矛盾或风险。[例]我分管的这块工作,棘手的事儿太多,想找一把手换个岗位,大杜对我说:"唉,算了吧,瞎子掉井里——到哪儿还不是背风呢?"

【瞎子丢拐棍儿——无依无靠】指没有什么可以依靠的。[例]一名异地任职的青年干部在大会上讲:"谁说我是瞎子丢拐棍——无依无靠?我最大的靠山就是全县人民,所以就什么也不怕!"

【瞎子发眼——豁出去了】发眼:害眼病。指破釜沉舟,无所顾忌,不怕付出任何代价。[例]方头儿给哥儿个打气说:"咱们既然走到这一步了,还顾及什么?一不做二不休,瞎子发眼——豁出去了!"

【瞎子放驴——不撒手】驴:指家驴,哺乳动物,善耕作和驮载。比喻抓住了就不放,或紧紧抓住,毫不放松。[例]白凤山是个吃软不吃硬的家伙,你越跟他针尖对麦芒,他越来劲儿,瞎子放驴——不撒手。

【瞎子放枪——没准儿】放:发出。比喻事情没有把握,结果难以估计。也指不一定或说不定。[例]你有点儿盲目乐观,说这次工程招标志在必得,我看是瞎子放枪——没准儿,往最好处努力吧。

【瞎子闹眼睛——没治】指情况非常糟糕,已无可挽救,毫无办法。[例]我妹子就得这病死的,还送卫生院打滴流了呢,也白扯!他们说这是咱这儿的地方病,谁摊上了就得认倒霉,瞎子闹眼睛——没治!(石磅《混血》)

又作"瞎子害眼病——没治"。[例]这个厂子的问题,是多年积累下来的,既复杂又棘手,群众说"瞎子害眼病——没治",非下决心动大手术不可。

【瞎子拉二胡——没谱】二胡:弓弦乐器,胡琴的一种,声音柔和低沉。比喻心中无数,做事没主意,不牢靠。[例]明天领导就要检查了,这项工作到底从哪里突破,我还是瞎子拉二胡——没谱呢!

【瞎子磨刀——快了】指事情进展迅速或问题马上获得解决,很快就有结果了。[例]9日,《天津日报》登了《西湖村有条烧烤街》,读后欣喜;10日,又登了《细说街头烧烤》,看了痛快。本人觉得这回是"瞎子磨刀——快了",有了出头之日。(2003年9月15日《天津日报》钟仁文)

又作"瞎子磨刀——快啦"。[例]晓聪问妈妈:"我什么时候能转到新的学校?"妈妈一笑:"别着急,瞎子磨刀——快啦!"

【瞎子算卦——后来好】安慰语,指今后会比现在要好,对生活或工作应该有信心。[例]过去一问,原来那"算卦的"是感念一饭之德,仍执意要送我一卦。他自己这布袋里藏精纳怪,从中取出来的纸签,能将每个人的"富贵贫贱、穷途夭寿,连坟地带孩子、连老婆带宅子",一样不落地全算出来,并且从无差错。更不是瞎子算卦——后来好,而是有吉有凶,有什么是什么。(天下霸唱《绝对循环》)他看到这种情境,一时不知说什么好,竟然冒出一句俏皮话来:"瞎子算卦——后来好,你不要太伤心了。"

【瞎子算卦——两头堵】比喻善于分析和揣摩人的心理,顺情说好话,两方面都讨好。[例]我听懂了,您说的这套话,就是谁也不得罪,瞎子算卦——两头堵。

【瞎子踢毽——个儿没个儿】踢毽:民间传统体育活动,毽子为圆形底座插上若干支鸡毛而成。踢者用脚背、脚侧或膝盖盘踢,动作方式有多种,使毽子绕身不落。指一点儿也不剩、一个也没有,或哪个儿也不行。[例]这回出国旅游我是去不了啦,那点儿存款全贴给了孩子买房,现在手头上的钱是瞎子踢毽——个儿没个儿。又作"瞎子踢毽——一个不个"。[例]等送信的家人回来以后,李举人胸有成竹地问:"衙门里准得调个千儿八百的兵马吧?""咳!"家人叹口气说,"'瞎子踢毽——一个不个'呀!"(张士杰《砸匾砍举人》)

【瞎子推磨——转圈来】比喻说话做事绕弯子,不直截了当。也指拿不定主意或没有办法,急得团团转。[例]机关里的一些干部胸无大局,碰上困难往后退,遇到矛盾绕道走,瞎子推磨——转圈来,多少事耽误在了他们的手里。

【下巴底下放梯子——蹬鼻子上脸】形容骄横跋扈,张狂放肆,又得寸进尺,不知收敛。[例]癫狗子靠"黑"起家,这些年越发下下巴底下放梯子——蹬鼻子上脸,公安一举端掉了这个团伙,群众拍手称快。

【下巴颏冲天——眼里就没你这个人】下巴颏:通称下巴,是脸的最下部分在两腮和嘴的下面。形容狂妄自大,目中无人。[例]再说崔老道心里头明白,人家没把你当外人才跟你逗,不然理都不理你,下巴颏冲天——眼里就没你

这么个人。(天下霸唱《崔老道捉妖 夜闯董妃坟》)

【下了雨的蘑菇——一层一片】蘑菇：一种菌类，可食用。形容人才很多，连续出现。[例]唉！你们村的大学毕业生，像下了雨的蘑菇，一层一片，怎么单单请我？(孙犁《风云初记》)

【下棋不叫下棋——走子(字)儿】子儿与字儿谐音。指运气好，处境顺利，总会赶上符合自己意愿的事情。[例]你看人家孙大胜，这些年那是下棋不叫下棋——走字儿，外边闯荡了一圈，不仅赚到了钱，还领了一个漂亮贤惠的媳妇回来。

【下雨不打伞——浇(觉)着不错】浇与觉谐音。指感觉很好。[例]这次主题教育活动，关键在于要有问题意识，不能总是下雨不打伞——觉着不错，必须刀刃向内，狠抓整改。

【下雨没带伞——淋(临)着了】淋与临谐音。指依照一定的规则和约定次序，现在挨到个儿了，或事情落到身上。[例]听到这次厂里分房名单有自己的消息，焦心潮高兴地蹦了起来，顺口甩出一句俏皮话："下雨没带伞——终于临着我了！"

【下雨天管孩子——闲着也是闲着】旧时，商贩、工匠等遇到雨天都不出去摆摊或干活儿，在家里闲着无事可做，便有空儿管教子女。形容无所事事，空闲无聊，随便找点事情干干，以消磨时光。[例]孩儿他妈，今天我歇班儿，在家也没啥事儿，出去到劝业场转转，下雨天管孩子——闲着也是闲着，行吗？

又作(1)"下雨天打孩子——闲着也是闲着"。[例]"那你也别闲着呀，赶紧找吧。反正下雨天打孩子——闲着也是闲着，先玩着，有合适的再说。"姐姐性格开朗，一向说话随便。(张映勤《口红与猫》)(2)"下雨天儿打老婆——不打也是闲着"。[例]天津卫的爷儿们打老婆是可以没有任何缘由的。俗话说，下雨天儿打老婆——不打也是闲着。(肖克凡《天津大码头》)

【下雨往屋里跑——淋(轮)不到我】淋与轮谐音。指某些好事没有自己的份儿，不抱任何幻想。[例]我在领导眼里就是个刺头儿，涨工资这种美事儿，下雨往屋里跑——轮不到我。

【仙鹤打架——绕脖子】仙鹤：即丹顶鹤，脖子很长。形容说话、写文章或做事故意兜圈子,拐弯抹角,不直截了当。[例]大姑:"说了半天,不就买袋色嘛!"窦姗:"谁说不是呢,我就是这个意思。"大姑:"好么,您了这是仙鹤打架——绕脖子。嘛色的?"(郭文杰《受累买袋色儿》)

【仙女不叫仙女——凡(烦)人】凡与烦谐音。指使人心烦或厌烦。[例]你翻来覆去就那么几句话,都唠叨大半天了,仙女不叫仙女——真烦人!

【仙人球的脑袋——刺儿头】形容刁钻挑剔,不随和、不顺从,难以对付的人。[例]芒是芒刺,正因为其极具"杀伤力"而成为古代热词,在劳动过程中尤其是古代割麦运麦,难免会让麦芒刺扎手。芒很容易掉到后背,于是有了如芒在背、背生芒刺,这些成语都是形容不舒服很痛苦的状态。芒因之产生了引申义,其刺锐利让人想到尖利锋利,又产生了针锋相对(刀光和剑刃)这个文词。老百姓的俗语叫针尖儿对麦芒儿,还有俏皮话:仙人球的脑袋——刺儿头。(姜维群《芒种:一节两主题》)

【先施公司的牙刷子——拔毛包换】旧时,上海先施公司生产的牙刷名气很大,牙刷把儿上印着四字

广告语"拔毛包换"。比喻极其吝啬,一毛不拔,一点儿财物也不舍得拿出来。[例]天津某区一富豪,拥资数千万,性极悭吝,半城百姓称之"先施公司的牙刷子——拔毛包换"。

【咸菜熬鱼——不用盐(言)了】盐与言谐音。指没有必要说什么了。[例]关于这件事情,今天就讨论到这儿,它的来龙去脉已经清清楚楚,咸菜熬鱼——不用言了。

【馅儿饼抹油——白搭】馅儿饼:一种煎烙成的小圆饼,用面粉做薄皮,中间包夹肉、菜等合成的馅儿,其内瓤多油,煎烙时自然溢出。指白费力气,没有结果或没有用处。[例]你还不知道吴坚的脾气,什么事情只要他不打算说,你怎么问也是馅儿饼抹油——白搭。

又作"馅饼刷油——白搭"。[例]他凭条子给钱,我们见钱往下发,我们现在是镚子儿没有,你说破嘴唇,还不是馅饼刷油,白搭吗?(来新夏等《火烧望海楼》)

【馅儿切糕——又黏又长】馅儿切糕:用江米面包上豆馅蒸制成的长方形的糕点。卖时才切段。指讲话或写文章累赘冗长,空洞无物,不干脆,不简洁。[例]这是他

的老毛病了，讲起话来就像馅儿切糕——又黏又长。

【乡巴佬吃青果——回味儿在后头】乡巴佬：乡下人。青果：即橄榄，初吃时味涩，久嚼后甘甜可口有余香。指在后面的回忆里细细地体会或玩味。[例]干了四五十年的工作，现在退休了，我想写本回忆录，乡巴佬吃青果——回味儿在后头，是很有趣儿的。

【乡下佬不认识电灯——哪来的邪火儿】乡下佬：乡下人。采用反问语气，指因愤怒而表现出粗暴、凶横的声色举动。有时用于对发怒者的反诘。[例]你闹什么闹？本来就百分之百是你的错，还颠倒黑白，倒打一耙，乡下佬不认识电灯——你哪来的邪火儿？

【香蕉敲电线杆子——没音儿】比喻音讯杳然，无声无息，或没下文，无回音。[例]大少爷和老爷闹了一架，一气之下拍屁股就走了，已经过去大半年，香蕉敲电线杆子——没音儿。

【响锤敲重锣——叮叮当当】叮叮当当：金属、瓷器等撞击发出的声音。形容双方对打的十分厉害的情景。[例]刘十九说道："那你跟俺说了新城、涞水的情况。响锤敲重锣——叮叮当当干上了吧？"

（鲍昌《庚子风云》）

【象牙筷子夹凉粉——滑头对滑头】比喻处事油滑、不老实的人相遇，谁也靠不住，什么事儿也办不成。也指两个处事油滑、不老实的人进行对决。[例]唐大耍和石小利平时都是成事不足败事有余的主儿，这时在大光明影院门口不期而遇，象牙筷子夹凉粉——滑头对滑头，可有好戏看了。

【橡皮钉进墙——软硬是个橛（角）儿】橛与角谐音。比喻大小也算个人物。[例]一次，一名业主与保安队长发生摩擦，业主趾高气昂，队长也不示弱，拍着胸脯说："俺橡皮钉进墙——软硬是个角儿，这事儿找谁也没用！"

【消防队不换岗——晕斗儿了】此语源自民间笑话，形容人头脑不清醒，糊里糊涂，失去辨别能力。[例]由民间流传的笑话而形成的天津俏皮话很多，如"消防队不换岗——晕斗儿了"。民国时期天津成立新式消防队后，在大胡同东边建起一座40米高的瞭望塔，由消防队员按时值勤观察火警。瞭望塔顶端如旗杆上的刁斗，故名瞭望斗。换岗的人没来接班，上面执勤的人因时间过久而晕倒于斗内，故曰"晕斗"，用于形容头

脑不清醒。(谭汝为《天津方言与民间笑话》)

【消防队改行——甭救火(就合)了】救火与就合谐音。指不要或不必将就、凑合。[例]潘大爷在电话里高兴地对儿子说:"去年年底咱全村甩掉了贫困帽子,收入涨了一大截,口袋真的鼓了,你在天津上大学挑费大,今后该吃就吃,该花就花,消防队改行——甭就合了。"

【小白菜——明儿间(见)】小白菜的生长速度很快,需及时间苗,几乎两三天就要把多余的苗拔掉一次。间与见谐音,用于道别语"明天再见"。[例]王姑娘年轻美貌。同事铁柱早就看上了人家,但纯属一根筋、单相思。这天下班铁柱朝小王献殷勤:"路上面的啊啊,咱'小白菜——明儿见'!"(点子《俏皮俗话》)

【小鼻子他爷爷——老鼻子】形容数量极大,非常多。[例]二鼻子说:"何止有钱啊,那简直是……我这么跟你说吧,当年东三省所有的钱放一块堆儿,都未必赶上他的多,那真是趁了小鼻子他爷爷——老鼻子钱了。如果没猜错的话,这是金王马殿臣的宅子!"(天下霸唱《天坑鹰猎》)

【小辫儿朝窗户——吃起来】民间习俗,姑爷头次到丈母娘家,被列为贵客,在炕上吃饭通常会安排姑爷背窗而坐,以示上待。清朝时男人留辫子,所以有"小辫儿朝窗户"之说。指恭敬地邀请贵客吃饭,以示尊重。[例]只有一个特殊,那就是姑爷。为嘛姑爷特殊?您听过老天津有一个民间顺口溜叫"四大舒服"吗?这"四大舒服"是坐牛车、放响屁、穿大鞋和到丈母娘家去。怎么到丈母娘家去,也算舒服事呢?这叫"小辫儿朝窗户——吃起来",姑爷是门前贵客,来了当然要坐最重要的位置。(郭文杰《天津餐桌上的老规矩》)

【小辫子拴秤砣——正打腰】辫子:把头发分股交叉编成的条条。秤砣:也叫秤锤,杆秤中的秤砣,相当于砝码。形容人正值风光、得意之时,有地位,受重视,说了算,吃得开。[例]在郭存先小辫子拴秤砣——正打腰的时候,他有一种不踏实感,如今郭存先被抓了,是什么还让他不踏实呢?他一到村里边,就知道自己的担心不是多余的,甚至比自己所担心的还要严重得多。(蒋子龙《农民帝国》)

【小车不拉——推(忒)好了】推与忒

谐音。赞誉语,指非常好。[例]儿子,这件事你做的是小车不推——忒(推)好了,总算在众人面前给老爹老娘长了脸。

【小车下山——不推自个儿跑】自个儿:自己。比喻不用借助外力,自己就能做。[例]领导放心吧,我们几个对比先进,已经找到差距,小车下山——不推自个儿跑,会迎头赶上的。

【小葱拌豆腐——一青(清)二白】青与清谐音。比喻清清楚楚,明明白白。也指为人清白,没有污点。[例]雅各布想了想,笑嘻嘻地说,这也没什么难的。阿妈讲话,桥归桥,路归路,小葱拌豆腐——一清二白就好了。(宋安娜《十城记》)|这一手,"抓八鱼"早有准备,他把账本端了出来,恭敬地摊在邓维廉面前。从账面上看,收支平衡,纹丝合缝,简直是"小葱拌豆腐——一清二白"。(鲍昌《庚子风云》)

【小刀刺屁股——开开眼儿】刺:割开,划开。指增长见识,或使懂情理,识时务。[例]张少山回头看他一眼说,放心,这回事小刀刺屁股。金永年没听懂,眨巴眨巴眼问,小刀儿刺屁股,啥意思?张少山说,让你开开眼儿。说完也没

跟马镇长打招呼,就扭头出来了。(王松《暖夏》)

【小刀哄孩子——不叫玩意儿】玩意儿:骂人的话,义同"东西"。詈语,斥责品德极差,行为不端,不是正经人。[例]这馊主意是谁出的?这不是把咱穷人往火坑里推吗?小刀哄小孩——真不叫玩意儿!

【小肚子上弦——弹弹(谈谈)心】小肚子:小腹。弦:乐器上经过摩擦、拨动发声的线。弹弹与谈谈谐音。指倾心交谈,说说心里话。[例]坐下吧,咱哥俩交流一下思想,小肚子上弦——谈谈(弹弹)心。

【小狗掉茅楼——有吃有喝】茅楼:厕所。形容吃喝不愁,生活无忧。[例]余大爷孤身一人,大半辈子靠打零工生活,日子也过得有滋有味,他常自嘲:"我是小狗掉茅楼——有吃有喝的了。"

【小寡妇烧灵牌——一了百了】寡妇:死了丈夫的人。灵牌:旧时人死后暂时设的供奉牌位。比喻把一件主要的事情了结以后,其余有关的事情也就迎刃而解了。也指事情处理得彻底或任务完成得圆满,没留尾巴。[例]司马灰这小子不过就是一个典型的盲动主义

者,他在缅甸野人山取得偶然性成功之后,非但不认真总结教训,还到处盲目去推销经验,我看咱们这支队伍落到他手里,早晚是小寡妇烧灵牌——一了百了啦!(天下霸唱《地底世界之楼兰妖耳》)

【小鬼晒太阳——影子都没有的事】小鬼:迷信认为人死后的灵魂叫鬼,并说鬼与人不同,在阳光下没有影子。指事情毫无根据,根本没有可能,或不存在,不会出现。[例]如今你们练义和拳,首先要有颗诚心。诚心拜佛,不存杂念,那才能收效。若是饮酒吃荤,迷恋女色,想练好义和拳,那是小鬼晒太阳——影子都没有的事。(鲍昌《庚子风云》)

【小蛤蟆坐飞机——抖起来啦】蛤蟆:即蛤蟆、青蛙。讥讽人因突然得志或发迹而洋洋得意起来。[例]岫岩!你这回可是小蛤蟆坐飞机——抖起来啦!到了城市,可别见了我们把脸一扭装不认识呀!(柳溪《四姊妹》)

【小孩打滑梯——顺坡下】比喻借机退隐或下台。[例]上级工作组一进驻,厂长就发毛了,他怕过来干的那些猫儿腻再也盖不住,就想小孩打滑梯——顺坡下,主动提

出辞职,这一鬼把戏早被大家看穿了。

【小孩的尿褯子——真能作湿(诗)】尿褯子:婴儿的尿布。湿与诗谐音。比喻人确实有写作诗歌的能力。[例]姜德力走过来说:"我还盯着赚杨实强一盒烟呢,没想到他是小孩的尿褯子——真能作诗(湿)!"(肖克凡《黑砂》)

【小孩儿不起名儿——叫嘛儿】嘛:什么。采用反问语气,指所做的事情不像样子,或不应该那样做。[例]这种缺德事儿是谁干的?真是小孩儿不起名儿——叫嘛儿?

【小孩儿打喳喳——说了不算】打喳喳:小声说话,窃窃私语。指说话不算数,说了也不能兑现。[例]你们在这儿瞎嚷嚷有什么用?小孩儿打喳喳——说了不算,都回去跟老婆商量商量,明天再签字画押。

【小孩儿过年——伸手要钱】讥讽不愿付出劳动,而从别人那里索取钱财。[例]韩旭都三十多了,连对象也不搞,还时不时地小孩过年——向家里伸手要钱,愁得二老不知如何是好。

【小孩儿玩空竹——抖起来哩】空竹:一种竹制或木制的玩具,在圆柱的一端或两端安上有几个小孔

的圆盒,双手用绳子抖动圆柱,使圆盒迅速转动旋转,并发出嗡嗡的声音。讥讽人因突然得志或发迹而洋洋得意起来。[例]它需要个买办,就像汇丰银行使用吴调卿,怡和洋行使用梁彦青一样。娘的! 要是我真能扒上这个台阶,那可就小孩儿玩空竹——抖起来哩!(鲍昌《庚子风云》)

【小孩屙屎——挪挪窝】屙屎:排泄大便。小孩随地大便,常要挪动几次。指离开原来所在的地方,移动位置。也指变换工作岗位或职务。[例]从王副书记那儿出来,他就看见了崔宁没有走等着他。崔宁对他笑笑,说,下面就看你的本事了,你有本事就接着当馆长,没本事你就小孩屙屎挪挪窝了。(李治邦《我吃药不能告诉你》)
又作(1)"小孩拉㞎㞎——挪挪窝儿"。[例]你要是没这个胆子,对不起! 小孩拉㞎㞎——你还得给我挪挪窝儿。(鲍昌《庚子风云》)(2)"小孩拉屎——挪挪儿啦"。[例]不用说他,教我离境,这么着,日子长了,不用他赶。咱们都得小孩拉屎——挪挪儿啦。(李燃犀《津门艳迹》)

【小孩尿尿——谁呲谁】呲:斥责,申斥。指彼此都很强硬或执拗,并

不在乎对方的训斥。[例]这一次巧妮有点急了,不甘示弱地说:"哼! 小孩尿尿——谁呲谁呀?"

【小孩没娘——说来话长】比喻事情很复杂,不是三言两语就能说清楚的。[例]他欠身问道:"您召贫道前来,不知所为何事?"王家大爷坐在椅子上唉声叹气:"崔道长有所不知,这件事真是小孩没娘——说来话长!"(天下霸唱《崔老道传奇 三探无底洞》)
又作(1)"小孩儿没娘——提来话长"。[例]"你们要问朱红灯的事情吗?"白村正把眼睛眯了眯,又吐了口烟说,"我问你,你说敌人抢牛是咋回事?""这个事,小孩儿没娘——提来话长。"(鲍昌《庚子风云》)(2)"小孩儿说他娘——提起来话长"。[例]小孩儿说他娘,提起来话长,究竟是盐打哪儿来,醋打哪儿酸,头绪挺乱的,我还真不知道怎么说才好呢!(鲍昌《庚子风云》)(3)"从小儿没娘——提起来话长"。[例]从小儿没娘,提起来话长。这个齐瘸腿可不是好惹的。(李燃犀《津门艳迹》)

【小孩子不认得旗花——火冒钻天】旗花:指烟火、炮仗之类。形容人愤怒之极,火气特别大。[例]钱老伯忍无可忍,终于跟瘪三翻脸了,

小孩子不认得旗花——火冒钻天,够他喝一壶的。

【小孩子放炮——又爱又怕】形容既喜欢又害怕。[例]我的女儿生来胆子小。一次,我领她到同事家串门,正赶上几个小孩逗一个大花猫,女儿就躲在了旁边。叔叔阿姨让她也去凑热闹,她却调皮地说:"不敢!不敢!我是小孩子放炮——又爱又怕。"在场的人都被她这句话逗乐了。(谷正义《歇后语趣谈》)

又作"小屁孩儿放鞭炮——又爱又怕"。[例]姚大爷的孙女三岁刚过,既调皮又淘气,还常常搞个恶作剧,有一天差点把玻璃打碎,小屁孩儿放鞭炮——叫人又爱又怕。

【小孩子过家家——一会儿好,一会儿坏】过家家:儿童游戏,玩者模拟家庭成员过日子等。形容事情的发展或人的情绪变化无常,时好时坏。[例]没办法,这件事情一波三折,就像小孩子过家家——一会儿好,一会儿坏,只能听天由命了。

【小耗子钻象鼻子——怕什么来什么】耗子:老鼠的俗称。民间传说,大象害怕老鼠。指越担心越出事,害怕什么事情,什么事情偏偏就发生了。[例]孙小臭儿惊出一身冷汗,进了天津城一头扎进窑子,早把这件事忘在了脑后,不承冤家路窄,狭路相逢,小耗子钻象鼻子——怕什么来什么,忙把这位巡警让进屋里,狠了狠心、咬了咬牙,掏出十块银圆,恭恭敬敬递了上去。(天下霸唱《火神》)

【小和尚念经——有口无心】比喻漫不经心,随意说出的话,没有放在心上。也指嘴上说了,心里可不是那么想的,或嘴巴爱说,但心里却没什么。[例]刚才我说的这三点意见,仅供您老参考,我是小和尚念经——有口无心,说错了不要见怪。

又作"小和尚念经——穿皮不入内"。[例]"出什么事了?"小的儿见我的老爸犯愁的样子,这次有点动容,不像往次那样,小和尚念经,穿皮不入内,当即向我的老爸问着。(林希《"小的儿"》)

【小和尚敲钟——差劲】指人的品质或能力低劣,不够水平或不合标准,不能使人满意。[例]袁大夫也出来了,糖不甜醋不酸地咋呼几句回屋了,这个女人,小和尚敲钟——差劲。我没理她,瞧她那副神气,像当了皇后似的。(姜维群《煤煤》)

【小胡同逮猪——两头堵】比喻善于分析和揣摩人的心理，顺情说好话，两面都讨好。[例]这话全让你说了，反的正的，好的坏的，黑的白的，你是小胡同逮猪——两头堵啊！

【小胡同赶猪——直来直去】形容性格率真，说话做事直截了当，不拐弯抹角绕圈子。[例]要说靳经理，我们工人都佩服，他心里敞亮，说话办事干脆利落，从来是小胡同赶猪——直来直去。

【小火炖肉——慢慢来】小火：微火，弱火。炖：烹饪方法，把食物原料加入汤水及调味品，较长时间烧煮使烂熟。形容做事不着急，有条不紊地进行。也指不迅速，行动迟缓。[例]秦三爷刚要讲话，赵先生一把拉起他撤到旁边，三爷，留神人家给他编故事。秦三爷嘿嘿一笑，不着急，咱小火炖肉——慢慢来。眼见得秦三爷胸有成竹，赵先生把心放回肚子里。（《今晚报》王和平文）

【小鸡吃黄豆——强努粒（努力）】努粒与努力谐音。比喻勉强去做自己感到非常吃力，或不能胜任的事情。[例]我在房建队干了好几年，天天得拿铁锨刨土，拿大榔头砸那个地基。我个子小又没多大劲儿，从小说相声没干过重活儿，我整天这么吃力地干活，就应了我们天津卫的一句俏皮话，叫小鸡吃黄豆——强努粒（努力）。时间长了，就受不了了。（李伯祥口述，钱钰锟执笔《相声快嘴李伯祥》）

【小鸡不撒尿——各有各的道儿】形容各自有各自的道理、本领或办法。[例]"看人家姚秀兰……不但没挨饿还整出个全套现代化来了！""那是抽了八个'小伙计'的骨髓熬的！""你不服，你也抽一个呀？""咱不行，没那套设备！人家那叫'寡妇养孩子——有老底，啊……！'""服了吧？这叫'小鸡不撒尿——各有各的道儿'！"（石磅《混血》）

【小鸡儿的爪子——闲不住】形容很忙碌，没有空闲。[例]仇大姐退休后，一年到头都安排得满满当当，参加志愿者活动、外出旅游、上老年大学、锻炼身体……有姐们儿跟她开玩笑："你这是小鸡的爪子——闲不住呀。"

【小鸡儿叨米——点头哈腰】比喻虚伪的恭敬或过分客气。[例]"你可别见面小鸡儿叨米——点头哈腰，背后来一刀。"大双听出了小波的话外之音，心里咯噔一下：难道写举报信的事他知道了?

【小鸡儿交给黄鼠狼——托付错了】指委托别人照料却找错了对象。[例]老爷临死前,让大管家照顾少爷,谁知小鸡儿交给黄鼠狼——托付错了,没过几日大管家就卷了些金银财宝跑路了。

【小鸡娃掉进灶坑里——又窝火,又憋气】小鸡娃:小鸡。灶坑:炉灶里存放炉灰的坑。指心里有冤屈、怨恨或怒气而发泄不出来。[例]战士们这一阵"排子炮",把郭根全轰得满脸通红,一直红到耳朵根,心里甭用提多委屈,真好像"小鸡娃掉进灶坑里——又窝火,又憋气"。(袁静《伏虎记》)

【小脚儿颠球儿——尖端技术】小脚儿:指旧时妇女缠足。颠球儿:足球术语,用一只脚连续不断地将处于空中的球轻轻击起的动作。谑指发展水平最高、最好的科学技术等。[例]就你鼓捣的这破玩意儿,还觍着脸说什么"小脚儿颠球儿——尖端技术",简直是吹牛不上税,快歇着去吧!

【小脚儿踢球——横划拉】横划拉:缠足妇女踢球只能用脚的内侧,故戏称"横划拉"。指恣意地为自己攫取物质利益或其他好处。[例]他当县长这些年,光想着自己,不管老百姓,小脚儿踢球——横划拉,贪婪无度,今天被抓起来,完全是咎由自取!

【小力巴儿撂跤——给嘛儿吃嘛儿】小力巴儿:旧指小店铺的学徒工、小伙计,后也指笨头笨脑的人。撂跤:摔跤。嘛儿:什么。形容没有挑选的余地,给什么是什么。也指不择食,不忌口。[例]老弟,眼下咱穷得只剩下裤衩,能有个活儿干就不错了,小力巴儿撂跤——给嘛儿吃嘛儿,还有什么资格挑挑拣拣?▏他的嘴壮,小力巴儿撂跤——给嘛儿吃嘛儿,好伺候。

【小刘庄的萝卜——嘎嘣脆】旧时小刘庄挂甲寺一带,盛产青萝卜,色味俱佳,成为津沽的名特产品。嘎嘣:牙齿咬萝卜时发出的声音。形容说话做事爽快简洁,干脆利落,不拖泥带水。[例]天津青萝卜,俗称卫青萝卜,原以小刘庄一带所产的最好,这是远溯八九十年以前的事了。由于城市的发展,小刘庄一带于20世纪30年代早已建了工厂。而青萝卜产地已转到葛沽、沙窝等地了,可是天津人却忘不了小刘庄的萝卜,"小刘庄的萝卜——嘎嘣脆","小刘庄的萝卜——俩味儿的",这是天津

人常说的两句歇后语。可见小刘庄萝卜在人们心目中印象之深了。(韩淑芳主编《老天津》)

【小刘庄的萝卜——俩味的】比喻感受或意味独特,与众不同,别具一格。[例]提起青萝卜,天津有句老话:"小刘庄的萝卜,俩味的。"(王和平《津生津世就是这么哏》)

又作"小刘庄的萝卜——俩味儿"。[例]卫青萝卜,是天津的特有产品,因产自天津卫而在青萝卜前面冠了个"卫"字。百十年前,天津有句歇后语:"小刘庄的萝卜,俩味儿的。"说的是海边小刘庄挂甲寺一带,盛产青萝卜,内外青绿、皮薄肉细,水分充足、含糖量高、味道甘甜微辣适口,生吃可以代替水果。(赵永强《津味儿》)

【小炉匠戴眼镜——找碴儿】小炉匠:以铜锅、铜碗、做焊活、修理铜锁等为职业的人。碴儿:又作茬儿,器物上的破口。比喻吹毛求疵地挑剔,故意找差错,挑毛病,或寻衅滋事。[例]这年头上峰有令,谁也别惹小日本儿,就是往你脑袋上滋尿,也别理他!他正想寻找各种借口发通牒哩!我们别理他们,他们这是"小炉匠戴眼镜——正找碴儿!"(柳溪《大盗燕子李三传奇》)｜天津话以"找"字打头的词语,简直可以形成一个微型系列。譬如——天津歇后语:"小炉匠戴眼镜——找碴儿",所谓"找碴儿",就是故意挑毛病,例如:"他对我是横挑鼻子竖挑眼,整天没事就找碴儿!"也指蓄意挑衅,例如:"怎么着,要找碴儿打架啊?"(谭汝为《这是天津话》)

又作"小炉匠铜碗——茬儿上找"。[例]穿长袍的不能会不着亲家,咱们小炉匠铜碗——茬儿上找。我告诉你,大婶,他姓苗的挤兑咱们,这完不了,我姓张的也不是好欺负的,他不是有一个月的时间吗,咱们……(崔椿蕃《盐民游击队》)

【小炉匠的手艺——铜不了大缸】比喻能力不强,干不成大事,或手艺不高,做不了大活。[例]老同志,您这活计给钱再多,我也不能接,咱小炉匠的手艺——铜不了大缸,糊弄人、砸牌子的事不干!

【小马拉大车——驾(架)不住劲儿】驾与架谐音。形容办事力不从心。[例]经过这一段在市场上摸爬滚打的考验,证明小迟当这个销售总监确实差了点儿,小马拉大车——架不住劲儿。

【小猫吃鱼——有头有尾】比喻说话

或写文章,能够把事情叙述得全面、完整。也指做事情按部就班,善始善终。[例]《崔老道传奇》接演前文,给您开个全新的回目叫"三探无底洞",回目是新的,话还得接着前边讲,前文书留下的坑得给您填上。古人云:"挖坑不填如同钝刀子拉肉",甭问哪位古人说的,理儿可是这个理儿,必须给您说一个小猫吃鱼——有头有尾。(天下霸唱《崔老道传奇 三探无底洞》)

又作"小猫吃小鱼——有头有尾"。[例]单口相声,我一个人说,就不能这样了,真要这么说,您听着,不仅没意思,而且以为我是神经病,"我才来啊?""啊,我刚来。""我最近很忙吧?""我倒是够忙的。""我怎么不认识我了啊?"您说我还说个什么劲儿? 自己都不认识自己。所以说,单口相声就是另一种说法了,叫您听起来是"小猫吃小鱼——有头有尾"。(马小川整理《留给人间都是笑 马三立单口相声集》)

【小猫挠门儿——虎(唬)到家了】挠:搔,抓。虎与唬谐音。形容故意虚张声势,夸大事实,来忽悠人、吓唬人或蒙骗人。[例]最近这大半年,80多岁的姥爷隔三差五就接到推销保健品的电话,我叮嘱他:"这是小猫挠门儿——唬到家了,您可要当心啊。"

【小猫洗脸——就那么两下子】比喻本领不强,没有多少招法,成不了大的气候。[例]大哥,您还指着莫利给你踢一脚,他呀,小猫洗脸——就那么两下子,还是另请高就吧。

【小闷葫芦——抖起来了】闷葫芦:空竹的俗称。讥讽人因突然得志或发迹而洋洋得意起来。[例]他当了个小破官儿,上任没半年,就小闷葫芦——抖起来了,真不知天高地厚。

又作"小嗡葫芦——抖起来了"。[例]你刚做了一笔买卖,才赚了几个钱,就小嗡葫芦——抖起来了?

【小庙里的神——没见过大香火】香火:用于祭祀祖先神佛的香和烛火。讥讽阅历浅,没见过或经历过大场面。[例]我这是第一次参加全国烟酒商品交易会,一走进大厅,看到这么大场面和阵势,立马就傻了眼,正应了那句俏皮话:"小庙里的神——没见过大香火。"

【小拇指上长瘊子——算老几】瘊子:皮肤上长的小瘤子。采用反问语气,形容对人的轻蔑或嘲讽,数不上,不够格。[例]好像你是这里的一家之主,一进门就指手画脚,真是小拇指上长瘊子——你算老几?

【小铺的抽屉——装蒜】小铺:小的杂货店。讥讽假装糊涂或装腔作势。[例]你一个小毛孩儿竟敢在我老江湖面前瞎咧咧,还吹嘴拉叭的,小铺的抽屉——装蒜,立马躲一边去!

【小铺的蒜——零揪儿】揪:紧紧抓住,或抓住前拉。比喻说话做事不痛快,零打碎敲,一点点地慢慢来。也指零碎地花钱或吃东西。[例]你快点不行吗?别耽误大家的时间,有话说有屁放,不要小铺儿的蒜——零揪儿。

【小人书拴绳子——轮着看】小人书:连环画。指依照次序一个接替一个观看。轮又与抢谐音,形容瞎说、乱干、胡来。[例]你小子又犯浑,连我的面子也不给,还扬言"小人书拴绳子——抢着看",回家就告诉你老爸,瞧怎么收拾你吧!

【小偷吃大蒜——贼辣】贼:表示很、非常、极其、特别的意思。形容十分厉害、泼辣或狠毒,含嘲讽或戏谐意味。也指味道非常刺激。[例]新厂长一上任,就大刀阔斧搞改革,有人揶揄他"小偷吃大蒜——贼辣",他可不听那一套,一抓到底不松懈。

【小偷吃甘蔗——贼甜】比喻非常甜蜜、快乐、幸福,含戏谐或嘲讽意味。也指特别甜的味道。[例]新娘子晓欢一上班,大家都围上来问这问那,她笑而不答,只调皮地自嘲了一句:"小偷吃甘蔗——贼甜!"

【小偷抽大烟——贼有瘾】大烟:鸦片的通称。指对某种事物非常喜欢、着魔、上瘾,含讽刺或调侃意味。[例]成光临在朋友的影响下,喜欢上了赛车,大把花钱从不心疼,我曾送他俏皮话:"小偷抽大烟——贼有瘾。"

【小偷的耳朵——贼灵儿】比喻十分聪明或灵活、灵巧。也指非常灵验,含讥讽或戏谐意味。[例]在本市收藏古画这个圈子里,人称鬼爷的老蒯可是个小偷的耳朵——贼灵的主儿,据说从来没打过眼。但我怀疑:这到底是真是假?

【小偷的眼睛——贼尖】形容出类拔萃的人或事物。也指尖酸、刻薄,或吝啬、抠门儿,含讽刺或调侃意味。[例]昨晚直播售货,顺利地把新进的100多套服装全部卖了出去,赚了一大笔,闺蜜彩凤闻讯后赶来我家，一进屋就紧紧搂住我，伏在耳边说："大妹子，你真是小偷的眼睛——贼尖。"

【小偷见警察——贼怕】指极其害怕、恐惧。[例]这公子哥在外面穷横，七个不在乎八个不含糊，但一回到家里就像小偷见警察——贼怕，因为老爷有杀法，能降住他。

【小偷烙煎饼——贼摊（贪）】摊与贪谐音。指贪婪之极。[例]他四十多岁就当上了厅级干部，但忘记初心，利令智昏，栽在了金钱和美色上，小偷烙煎饼——贼贪，最后落了个身败名裂的可悲下场。

【小偷坐飞机——贼高】形容人各方面特别高的水平。也指身材高大，含讽刺或调侃意味。[例]我的师傅是高级技师、市级劳动模范，里里外外都没得挑，一次记者来访，我开玩笑说："这个人真乃小偷坐飞机——贼高，境界高，技术高，风格高，威信高。"

【小碗面——端着】指自以为是，摆架子，拿架子。[例]过去谁也不如咱，现在他们日子越过越好，见了我老是小碗面——端着，咱哪受过这个呀。（王鸣录《满院春》）
又作（1）"热面汤——端着"。[例]"先进单位的先进主任，热面汤——不端着点（架子）还行？"小

刘的嘴也够刻薄的。（蒋子龙《进攻的性格》）（2）"热面汤不上桌——端着"。[例]棚中还有几张八仙桌子，围着条凳，桌上几盘水果点心，这是给韦家人准备的，吃不吃也得摆上，这叫热面汤不上桌——端着。（天下霸唱《崔老道传奇 三探无底洞》）

【小碗面儿——紧找补】小碗面儿：天津人吃打卤面，一般用小碗盛，而且不盛满，吃完一碗再盛一碗。找补：添加，补充。形容揪住不放，一个劲儿地揭老底，捯后账。也指唯恐别人忘记，反复提醒，絮絮叨叨，令人生厌。[例]某位老大爷年轻时曾办过一件不地道的事儿。多年来老伴不依不饶，伽嗒个没完没了。结果，儿女看不过去了，就批评老娘："得了您了。这都是猴年马月的事儿了，您就别小碗面儿——紧找补啦！"（谭汝为《这是天津话》）｜老太太，这事儿咱已托付给李大哥办了，您怎么还不放心呢？您是"小碗面儿——紧找补"，太絮叨了！李大哥办事，您了就睛好吧！（谭汝为《这是天津话》）
又作"小碗面——紧着巴"。着巴：添加，补充。[例]这个俏皮话的比喻是指揪住不放，没完没了

地捯后账，揭老底。于是，旁边人劝解："得了，您了。这都是猴年马月的事儿了，您就别'小碗面——紧着巴'啦！"（谭汝为《逗哏儿天津话》）

【小鱼办大席——不顶用】席：宴席。比喻不中用，不顶事，解决不了什么问题，干不成什么事情。[例]造一艘这么大马力的船，公司现有的资金是小鱼办大席——不顶用，发动一下全体职工，让大家自愿入股，年底分红，一起赚大钱。

【小鱼子游水——顺大溜（流）儿】大溜儿：河中心流动速度大的水流。溜与流谐音。比喻说话做事能够顺应潮流。也指没有主见，跟在多数人后边。[例]杨进财嘿嘿冷笑一声说："二大爷别这么说话，一沾洋字儿您就蹦高，这可不必。大清国现时开了海禁，中外通商，那是大势所趋。小鱼子游水还顺大溜儿呢！你也该开开窍了。"（鲍昌《庚子风云》）

【小卒过河——不回头】卒：象棋子的一种，任何时候都不能后退走。指不知道悔悟。[例]你也是男子汉大丈夫，应该敢作敢当，既然犯了错误，就要勇于承认，彻底悔改，不能够小卒过河——不回头，那样只会走向自我毁灭。

【小卒过河——顶车用】车：象棋子的一种，威力很大。指不起眼的某人或某物也能够起到大的作用。[例]这些"90后"的医生、护士冲锋在抗击疫情的第一线，拼搏奉献，勇往直前，他们是小卒过河——个个顶车用，展现了救死扶伤、医者人心的崇高精神。

【蝎虎子吃了烟袋油子——净剩下哆嗦了】蝎虎子：也叫蝎子，壁虎，节肢爬行动物，身体末端有毒钩。烟袋油子：尼古丁。形容人因害怕而浑身不由自主地抽搐颤抖。[例]费通费二爷在天津卫有一号，是因为出了名的怕老婆，说句文言叫"惧内"，天津卫叫"怕婆儿"。他老婆费二奶奶那可是位"女中豪杰"，长得狮鼻阔口，大脑袋，大屁股蛋子，粗胳膊、粗腿，皮糙肉厚，说起话来嗓门又粗又亮，在家里成天吆五喝六，让他往东他不敢往西，让他打狗他不敢撵鸡。费二奶奶一瞪眼，吓得他如同蝎虎子吃了烟袋油子——净剩下哆嗦了，所以得了绰号"窝囊废"，又叫"废物点心"。（天下霸唱《崔老道传奇 三探无底洞》）

【蝎虎子爬在土地神头上——借面子】土地神：民间传说中掌管某个地方的神。指依仗、凭借或利用

401

他人的势力、名气或情面。[例]玩笑了，玩笑了！我这个副司令，还不是等于蝎虎子爬在土地神头上，借了侯司令的面子。不价，谁会拜我呀！(邢凤藻《德子外传》)

【蝎拉虎子打盹儿——掉了架(价)儿】架与价谐音。比喻有失身份，有损尊严。也指商品价格降低了。[例]天刚蒙蒙亮，平部长就去给家人买早点，一熟人见了打趣道："您这是蝎拉虎子打盹儿——掉了价了。"

【蝎子屁屁——独(毒)一份(粪)儿】屁屁：屎，粪便。毒与独谐音。粪与份谐音。形容独一无二，没有与之相同或类似的。也指只有这一家或只有这一个。[例]有天过半夜，妈妈悄悄把小海叫过来，让他扒开炕梢的泥皮，从里边掏出个被烟熏得酸黑的布袋子，把浮皮扫干净后，好颤声地说："这是你爸让我藏的龙旗、龙票和唱本，你，你爸烧的那个唱本，'蝎子屁屁——独(毒)一份(粪)儿'，正儿八经天下一、一……"(刘虎臣《文武高跷》)▏顾爷装裱的功夫深，无论是托裱、揭裱、仿古、做旧无不精通，自称蝎子屁屁——独(毒)一份(粪)儿，人送绰号"宫北顾爷"。(《今晚报》王和平文)

又作(1)"蝎子屁屁——独一份儿"。[例]咱说这位瘸大哥，在城里绝对有一号，提西门里打黑白铁的瘸子，几乎没有不认识的，因为他的手艺在老城里是蝎子粑粑——独一份儿！(天下霸唱《大耍儿》)(2)"蝎屁屁——毒(独)一份儿"。[例]起初，糨糊公司虽然规模不大，投资不多，可当时也算是垄断企业，用老百姓的话讲，是"蝎屁屁——毒(独)一份儿"。(张连亭《驮张虎》)(3)"蝎子屎——毒(独)一份儿"。[例]但傻傻能耍辫子，从来没人知道。再说天下谁听说过辫子上还能有功夫？外边人都议论着，拿辫子当刀枪使唤，真是蝎子屎——毒(独)一份儿。"(冯骥才《神鞭》)

【鞋帮子改成帽檐儿——一步登天】鞋帮子：鞋的鞋底之外的部分，有时专指鞋的两侧面。帽檐儿：帽子前面或四周突出的部分，有遮挡阳光、装饰效果等作用。讥讽人突然得志或发迹，地位或职务大大提升。[例]人们都说，龙二这一回是鞋帮子改成帽檐儿——那叫一步登天啦。龙二也觉得自己这阵子成了精。(肖克凡《天津杂事》)

又作"鞋帮子改做帽檐儿——高

升"。[例]外祖母回过神儿来："您说得好！一点儿都不乱！鞋帮子改做帽檐儿——高升！坟地改为菜园子——拉平！""这就对啦！但凡遇见不遂心的事儿，你就说俏皮话儿开心解闷，九河下梢天津卫嘛。"传达室老头儿乐了，露出两颗茶蚀的门牙。(肖克凡《旧租界》)

【鞋底抹大油——溜号】大油:猪油。指悄悄地走开，或偷偷地跑掉。[例]现在老百姓在买房子问题上，采取的就是这种"怕就怕"的认真态度。虽然一时兴起没看清小"起"，但当弄清了这是马三立相声《逗你玩》，毫无疑问，鞋底抹大油——溜号。(周莲娣《天津日报·莲娣脱口秀》)

【鞋里头长草——荒(慌)了脚】荒与慌谐音。指惊慌失措，乱了手脚。[例]这是何瘸子当汉奸后第一次偷偷回村儿，禁不住心惊肉跳，一听到风吹草动，他就像鞋里头长草——慌了脚。

【鞋没后跟——提不起来】后跟:鞋跟。指不愿意、不值得或不能说起。[例]"戏被袁文会砸没了，我不提前下网又怎么办?"芳子发出狠声，"戏法戳穿就按戳穿的唱。这烟鬼皇后鞋没后跟,提不起来

呀！正好用军装吓他一下,让她听了这就认头去做。"(周骥良《女间谍覆灭记》)

【写字出了格——不在行】指对某种专业不懂得、不熟悉或没经验。[例]我承认这方面不是我的专业，写字出了格——不在行，但我学习能力强，很快就会适应的。

【泄了气的轮胎——瘪了】形容因遭受打击而情绪低落，失去了信心和热情。[例]浩大哥中年丧妻，留下一双儿女，就像泄了气的轮胎——瘪了，我们大家都伸出手帮一把，让他从困境中重新站起来。

【泄了气的皮球——蹦不起来了】形容情绪低落，没有什么办法了。[例]刚遇到这点儿挫折，你就像泄了气的皮球——蹦不起来了，要相信办法总比困难多，抖擞精神，我们一起干！

【心肝肺都没了——只剩下肚(堵)儿了】心、肝、肺、肚:分别是汉族居民酱制肉食品的品种之一，商贩常将这些东西混在一起销售，称为"酱杂碎"。肚与堵谐音。形容心里憋屈，别扭，不舒服，不畅快。有时专指交通堵塞。[例]你瞧这事儿办的，还问我有啥感受，心肝肺都没了——只剩下堵了。

【心里长草——荒(慌)了】荒与慌谐音。形容心慌意乱,不知所措的样子。[例]下一步该咋办呢?我真不敢想下去了,就像心里长草——慌了。

【心里头敲锣——响(想)开了】响与想谐音。指豁然开朗,想通了,明白了,心中没有了顾虑或烦闷。[例]退休在家,老钟头远离了单位的是是非非,好多事情才心里头敲锣——慢慢想开了。

【心字头上一把刀——忍】"心"字上面加一个"刀"字是"忍"字。比喻面对痛苦、不幸或屈辱都能克制、忍耐。[例]三立历来胆小,有一次犯了犟脾气,小混混头王金才下帖没随礼,三天后就被搅了场子,被王的手下打得鼻青脸肿,好几天没爬起炕来。师傅叹着气,只告诉他一句话:"心字头上一把刀——忍!"(郑连群《马三立别传》)

又作"心字头上一把刀——忍忍吧"。[例]丹丹都怪你,选这么个破地儿落脚,膻气腥膻,乌烟瘴气,呛得老大海南岛患了鼻窦炎;老二吐鲁番得了气管炎;老三格尔木最轻,还是个烂眼边!宏宏亲爱的,心字头上一把刀,忍忍吧!(2003年9月10日《天津日报》

马子文)

【新姑爷吃饺子——不知啥馅儿】姑爷:女婿。比喻因着急或害怕,不知道怎么办。[例]在这产品销售旺季,总部把我从深圳分公司突然调回来,心里有些忐忑不安,新姑爷吃饺子——真不知啥馅儿。

【新来的人儿——摸不着门儿】指没有经过某事或对情况不了解,找不到解决问题的门路、途径,不知从何做起。[例]造这么大的船,咱们是第一次,新来的人儿——摸不着门儿,没关系,大家齐心协力,攻坚克难,一点点探索并积累经验。

【新棉被套——免弹(谈)】弹与谈谐音。指不必说,不用说,不能说,或别说,没办法。[例]旧时津门经常听到"噔——"的类似拨动琴弦的悦耳之声,这便是从弹棉花的作坊里传出来的。过去没有"洋线"打被套,用的棉线是人工纺车从棉絮中抻拉而成的。所以津门有俏皮话"二两棉花——你纺(访)一纺(访)"和"新棉被套——免弹(谈)"。‖我公司的资金全投到新的项目了,你要是借钱,那就新棉被套——免谈(弹)。

【新娘子斟酒——蛮好】蛮:表示程度,很、挺。形容很好,很满意,无可挑剔。[例]这批货代加工的质量是新娘子斟酒——蛮好，价格适当的可以稍高一些，保护好他们的积极性。

【新媳妇放屁——零揪儿】形容说话做事不痛快，零打碎敲，一点点慢慢来。也指零碎地花钱或吃东西。[例]这项工程马上就要收尾了，你组织人马突击一下，别再像新媳妇放屁——零揪儿。

【新媳妇回家——熟门熟路】比喻对情况十分了解，对解决问题的窍门、办法或途径非常熟悉。[例]卞师傅在咱们车间干了十几年了，这项任务就让他牵头，那是新媳妇回家——熟门熟路，保准儿没问题。

【新媳妇下花轿跟着添孩子——双喜临门】花轿：旧时结婚新娘所坐的装饰豪华的轿子。添孩子：生孩子。戏指两件喜事一齐到来，喜上加喜。[例]这个双喜临门还差点儿。新媳妇下花轿跟着添孩子，才算双喜临门呢。（李燃犀《津门艳迹》）

【信访处的记录本——尽是麻烦事】指烦琐、困难、不易解决的事情很多。[例]干街道居委会的工作，天天直接和老百姓打交道，就像信访处的记录本——尽是麻烦事，

这也正是我们义不容辞的职责，一件一件把它解决好。

【胸口插钥匙——开心】形容心情舒畅，非常高兴、快乐。[例]他外出打工已有好几年没回家，此时一踏上既熟悉又陌生的进村小路，眼泪不禁眼泪哗哗往下流，这是胸口插钥匙——开心啊！

【胸口揣棉花——心软】揣：藏入，塞进。指容易被外界事物所感动，而产生怜悯或同情。[例]薛大姐就是这么个人，胸口揣钥匙——心软，碰到谁有困难都会伸手帮一把。

【胸口爬上毛毛虫——刺挠的慌】毛毛虫：即毛虫，蝶、蛾等鳞翅目昆虫的幼虫。毛毛虫触碰人的皮肤，可引起发痒或发炎。刺挠：发痒。指心情不好，别扭、难受，非常不舒服，或心绪不宁，焦虑不安。[例]女儿一气之下离家出走，好几天也无消息，箫大娘如同胸口爬上毛毛虫——刺挠得慌，吃不下饭，睡不着觉。

【胸口上的阀门——堵心】阀门：管道中用来控制液体或气体的流量，减轻它们的压力或改变流动方向的装置。比喻心里憋闷，非常不舒服，不畅快，或觉得窝囊、懊恼。[例]他对唐成是恨之入骨

啊,甭用说白天了,连晚上做梦都惦记着把唐成宰了,可又抓不住唐成的错。他是又气又急,整天吃不好、睡不着,总觉得胸口上的阀门——堵心!(马小川整理《留给人间都是笑 马三立单口相声集》)

【胸口放磨盘——推心置腹】比喻以真心待人。[例]咱哥俩从创业到现在,也有十几年了,风风雨雨都走了过来,有什么矛盾不能解决?今个儿就胸口放磨盘——推心置腹地谈一谈。

【胸口上搁扁担——担心】搁:放置。指心中有顾虑,放心不下。[例]前线传来消息,战情有变化,我们的尖刀小分队受阻,胸口上搁扁担——真让人担心呀!

【胸口上挂喇叭——闹心】指心烦意乱,不舒畅,或窝火、憋闷。[例]早上我高高兴兴去上班,在马路上车开得好好的,突然被后边的一辆车追尾,胸口上挂喇叭——真闹心啊!

【胸口挂算盘——心中有数】比喻对情况或问题很了解,很明白,处理起来有把握。[例]我还想就继续说下去,就被老爸打断了,其实他胸口挂算盘——早就心中有数,知道我葫芦里卖的是什么药。

【胸口上挂笊篱——捞(劳)心】笊篱:竹篾、柳条或金属丝制成的有长柄、能漏水的用具,用于水中捞东西。捞与劳谐音。指劳神、操心、费力。[例]我们淹死、饿死,那是命里该死,我们死也不去!用不着你"胸口挂笊篱",多捞这份心。(袁静《淮上人家》)

【胸口贴膏药——坏了心】形容居心不良,坏透了。[例]这个王八蛋,自从当上汉奸无恶不作,横行乡里,胸口贴膏药——坏了心,对他必须严惩!

【胸口栽牡丹——花心】指对爱情不专心。[例]听说乔妹与大雄搞上对象,邻居们不看好,有的说:"大雄这小子胸口栽牡丹——太花心。"

【熊猫翻跟头——耍活宝】指以滑稽、逗乐的言行引人发笑。[例]你们在舞台上饰演人物,诠释角色,一定要用心、用情,不能光靠熊猫翻跟头——耍活宝来取悦观众。

【熊瞎子拜年——不敢受这个礼】熊瞎子:黑熊。指没有胆量和勇气接受非分之得。[例]老大您言重了,给您磕个头,熊瞎子拜年——我可不敢受这个礼。

【熊瞎子吃梨——满不摘(在)核(乎)】摘与在谐音。核:梨核,与乎谐音。指完全不放在心上。[例]那毛子生得人高马大，又仗着他手下的人都带着枪支，所以根本没把眼前这个弱小的中国南蛮子放在眼里。李知府训了他半天，最后他还是个"熊瞎子吃梨——满不摘（在）核（乎）"，扬长而去。(石磅《混血》)

【熊瞎子打立正——一手遮天】立正：指人按严格标准在原地站立好。形容依仗权势，玩弄手法，蒙蔽众人耳目。[例]这个人已经没有共产党人的样子了，在经济上贪婪，在政治上专权，践踏民主集中制，用群众话来说就是"熊瞎子打立正——一手遮天"。

【熊瞎子打立正——装人样】讥讽故作姿态，装模作样，假装成正人君子。[例]你们看贾三儿坐在主席台上，那是熊瞎子打立正——装人样，我和他光着屁股长大，打小儿就偷鸡摸狗，当上造反司令后更干尽坏事，从来不是什么好东西！

【熊瞎子上戏台——熊样儿】形容没有本事，软弱无能，受人欺负。[例]你也是个七尺男儿，遇到一点点儿挫折，就变成熊瞎子上戏台——这熊样儿，还有点出息没有？

【熊瞎子走亲戚——没人敢认】指因害怕、胆怯，不敢承认或没有胆量去做某件事。[例]这个工程要求高，时间短，任务重，资金又少，给哪个项目部恐怕也是熊瞎子走亲戚——没人敢认，怎么办？你就拍板吧。

【袖筒里摆席——有福自个儿享】席：宴席。自个儿：自己。形容人非常自私，只顾自己。[例]你这个死老头子，活着活着还活回去了，说什么袖筒里摆席——有福自个儿享，把我老婆子放哪儿？

【袖筒里吞棒槌——直来直去】棒槌：捶打用的木棒（多用洗衣服）。形容性格率真，说话做事直截了当，不拐弯抹角绕圈子。[例]袁纯儒忙着在锅里炒了一簸箕大花生，端到院里一丛非洲菊旁的小桌上，一边喝着梨片茶水，一边唠起闲嗑来："天荆，你是我的老参谋，我就来个袖筒里吞棒槌，直来直去地跟你说实话吧。"(柳溪《九月的风》)

又作"袖里吞棒槌——直出直入"。[例]当然，在生活里也有"袖里吞棒槌——直出直入"式的语法，但并不能用这个方式概括一切。我下乡的时候，一个女孩子曾经告诉我："话有百说百解。"我

觉得这话很有道理。(孙犁《关于含蓄》)

【袖子里的电灯——小火（伙）儿】火与伙谐音。指青年男子。[例]什么？你叫我大叔？我才三十出头儿，还是个袖子里的电灯——小伙儿。

【绣花枕头——满肚子草】枕头：一种人们为躺下舒适而垫在头下使头略高的填充物。旧时民间生活习惯，枕头里填充草或草籽，外面绣上花。讥讽徒有其表，并无真才实学。也指外表强壮，内里虚弱。[例]老人乃经验之谈，他们形容此辈是"驴粪蛋儿——外面光""绣花枕头——满肚子草""嘴尖舌巧腹内空"。(薛宝琨《白话蛋犯傻 木讷者怀智——天津世俗的"聪明观"》)

【徐庶进曹营——一言不发】《三国演义》描写，徐庶本是刘备的谋士，后被曹操设计骗入曹营，他发誓不为曹操献计出力，对曹营政事一言不发。指沉默不语，一句话也不说。[例]常爷就不说话不出声，在余府宅邸，他只和余之诚一个人说话，而且还是在后院里一个人也没有的时候说话。蛐蛐把式这一行，规矩太多，类若徐庶进曹营，为什么一言不发？就因为徐庶不想伺候曹操，而常爷伺候的又只是这只虫王。(林希《蛐蛐四爷》)｜对，就是不爱说话，不论对谁，总是徐庶进曹营——一言不发。(王林《腹地》)

【徐聋子宰猪——不听哼哼】民间传说，宜兴埠的徐姓屠户是个聋子，宰猪时听不见猪叫，泰然自若。哼哼：呻吟。形容鄙视某种说法、议论，充耳不闻。也指自以为是，听不得别人的意见。[例]大话放出去了，能跟小孩子要赖吗？可照这样，半年挣得辛苦钱全归他也不够啊！打赌人冒了冷汗，又央告、又吓唬。老焉来个"徐聋子宰猪——不听哼哼"！(刘虎臣《河湾镇故事》)

又作(1)"徐聋子宰猪——满没听哼哼"。[例]于是作者在这篇文章里自嘲地说："这臭而不可闻的牢骚挨骂的疯话，吾相信，写出来之后，旁观者定有一人骂吾。然而存满一肚子的闷气，非得发泄不成，结果还是本着不挨骂长不大的主意，不管它什么是骂街，吾是徐聋子宰猪——满没听哼哼了。"(萧萧《津门旧事"开门袁"与〈天津晚报〉》)(2)"徐聋子宰猪——满没听那一哼哼"。[例]我们哥几个儿都劝他，这笔买卖有陷阱，坚决不能做,他却徐聋子宰猪——满没听那一哼哼,非要铤而走险。(3)"王秃宰猪——满不听哼哼"。[例]两个小混混声嘶力竭地哭喊申辩,怎奈大兵们是王秃宰猪满不听哼哼,脱下他的臭袜子往嘴里一填,再也听不出声音来。(张孟良《袁文会与刘广海》)

【许仙耍宝剑——吓唬白蛇(瞎话白舌)】许仙、白蛇:民间故事《白蛇传》中的一对恩爱夫妻。许仙挥舞宝剑,并非真的杀人行凶,不过是吓唬白蛇而已。吓唬白蛇与瞎话白舌谐音。指没有根据,不负责任的胡说八道、胡编乱造。[例]"文革"一来,他发疯一般,造谣污蔑,往老同志身上泼脏水,纯粹是许仙耍宝剑——瞎话白舌,没有一句是真的!

【雪里埋孩儿——早晚现的出来】指事情或问题隐瞒不住,终究会暴露出来。[例]这工夫嘛话亦别说,雪里埋孩儿,早晚现的出来。(李燃犀《津门艳迹》)

又作"雪地里埋死孩子——早晚要露馅儿"。[例]经理,我已经说了很多次,这小金库的事儿是雪地里埋死孩子——早晚要露馅儿,求求你,快想点儿办法吧!

【熏鸡不叫熏鸡——窝脖儿一个】熏鸡:将鸡先用料水卤煮,然后用香料熏制而成。窝脖:炖煮熏鸡时,把鸡脖子弯过来,将鸡头放到翅膀下面,使熏鸡脖子弯如U形,俗称"窝脖儿"。形容被拒绝,碰钉子,没面子,落了个没趣儿。[例]儿子把曹家公子打了,我提着点心去曹府赔不是,结果被拒之门外,这就是熏鸡不叫熏鸡——窝脖一个。

Y

【丫鬟抱孩子——人家的】丫鬟:婢女。指美好的事或物不为自己所拥有。[例]你问这么好的大彩电,怎么不看?丫鬟抱孩子——人家的,闺女给她婆婆买的,在这儿放两天。

【丫鬟带钥匙——当家不主事儿】指虽然掌管着某些事情,但没有实权。[例]领导啊,我在他手底下当了两三年副职,从来是丫鬟带钥匙——当家不主事儿,这气受够了,说什么也干不下去了。

【丫鬟戴凤冠——有点儿不配】凤冠:古代后妃所戴的帽子,上有贵金属火宝石等做成的凤凰状装饰。形容不相当,不够格。有时指男女双方条件悬殊,婚配不相称。[例]领导既然征求意见,我就说,不怕得罪人,让她当这个店长就是丫鬟戴凤冠——有点儿不配,我不同意。

【鸭子吃食——脸儿朝天】比喻势利眼,只知道巴结奉承有权势的人。[例]他呀,小人一个,鸭子吃食——脸儿朝天,从不把我们普通工人放在眼里。

【鸭子的脚掌——掰不开瓣儿】鸭子的脚趾间有蹼,连成一片,不能掰开。比喻笨拙或糊涂,对棘手难办的事情理不出头绪,一筹莫展,手足无措。[例]你呀,真不争气,遇到点儿复杂的事儿,就像鸭子的脚掌——掰不开瓣儿,叫我怎么放心?

【鸭子孵鸡——白忙活】指白白耗费力气,劳而无功,没有结果。[例]张魁不以为然地说:"孙文这人有点像孔老夫子,他周游列国,到处游说他那套救国论……在别人国家里组织政党,宣传造反,行得通吗?听说日本西园寺内阁也有点发憷了。这样一个人倒是有点气魄,可是鸭子孵鸡白忙活,他那套革命理论成不了啥气候!"(冯育楠《总统与大侠》)

又作(1)"鸭子孵鸡——白忙活了"。[例]老吴带着几个编辑干了一年多,最后是鸭子孵鸡——白忙活了,钱没挣着反倒赔了钱,心里那份着急是不用提了。(张映勤《浮生似水》)(2)"鸭子孵鸡——白忙乎"。[例]合着我这是鸭子孵鸡——白忙乎了!(谭汝为主编《天津方言词典》)(3)"鸭子孵鸡——白忙一场"。[例]十几年,于写作上不谓不努力,但忽然要从自己所写文字中选出于读者有指导意义的文字来编成一本小册了,再请名画家配以图画,立即翻遍自己的全部文字,竟然没有找出一段值得如此隆重介绍读者的内容。掩卷深思,汗如雨下,方知自己的文字果然不足以传世,真是鸭子孵鸡——白忙一场了。(林希《假语村言》)

【鸭子浮水——浪在下面】浮水:在水中游动。指表面不露声色,暗地里却轻佻、放荡。[例]我看你还是多花些时间考察一下,这个人有点儿鸭子浮水——浪在下面,匆忙地确定恋爱关系,会造成被动。

【鸭子浮水——在底下忙活】鸭子浮水时,脚掌在水下划动,身体其他部分似乎不动,看不出在用力。

指表面上平静,做事不露声色,却在暗中使劲用力。[例]这些天,金师傅和徒弟不声不响,却是鸭子浮水——在底下忙活,抓紧时间训练,争取在技术比武中旗开得胜拿第一。

【鸭子跟着燕子飞——也得是那个鸟】比喻某人因水平低、能力差或其他原因,不可能胜任某件事情。[例]二学生强撑着才没掉队,到此忙扔下沉重的背包和探照灯,利用这难得的机会坐地喘歇。罗大舌头嘟嘟囔囔地对司马灰说:"我看这夯货又要拖咱的后退了,你想让鸭子跟着燕子飞,它也得是那个鸟啊!"(天下霸唱《地底世界之幽潜重泉》)

【鸭子过河——随大溜(流)】溜与流谐音。指没有主见,随波逐流,跟着多数人说话或行事。[例]你们爱怎么说就怎么说,我都不往心里去,我就是这么个人,鸭子过河——随大流。

【鸭子啃西瓜——条条是道】指说话做事条理分明,办法多,门路广。[例]这项任务让大罗领头儿,没问题,保准干得漂亮,他人踏实,又有思路,鸭子啃西瓜——条条是道。

【鸭子上锅台——有股猛劲儿】比喻人强劲,勇猛。也指凶猛。[例]庞卡卡刚到工地上,鸭子上锅台——有股猛劲儿,告诉他悠着点儿,日子还长呢。

【鸭子死了——嘴硬】比喻虽已失势或自知理亏,但说话的口气还很强硬。[例]强子明知这件事情搞砸是自己的责任,但就是要面子,不肯认错,鸭子死了——嘴硬。又作(1)"鸭子炖在锅里——嘴还硬"。[例]你怎么鸭子炖在锅里——嘴还硬,一个个证据都摆这儿,休想抵赖!(2)"鸭子的嘴巴——煮不烂"。[例]对门的金奶奶把状都告到家上来了,你还不认账,鸭子的嘴巴——煮不烂的玩意儿,看我怎么教训你!

【鸭子下水——嘴上忙】讥讽人能说会道,但光耍嘴皮子,不实干。[例]我和瞳瞳一起被分配到商场工作,我一天到晚站柜台,没个失闲儿,可人家坐在办公室,鸭子下水——嘴上忙,差距咋这么大呀!

【鸭子爪——不分流儿】爪:鸟兽的脚或趾甲。鸭子的脚趾间有蹼,连成一片,不能分开。比喻不明事理,良莠难分,或才智缺失,做事没有思路和办法。也指应变能力或动手能力很差。[例]在这个原则问题上,我希望大家都要态度鲜明,分清是非,鸭子爪——不分流儿,怎么能行?

【鸭子走路——一跩一跩】跩:不灵活,走路摇摇晃晃。形容身体过胖,走路有点儿不灵活地摇摆。[例]你才这个岁数,就像鸭子走路——一跩一跩的,怎么能行?马上减肥赶快锻炼吧。

【牙床上铺铁道——满嘴跑火车】牙床:牙龈。讥讽说话不负责任,毫无根据地信口开河,胡说八道。[例]六月十八秃尾巴老李回家,每年都是电闪雷鸣阵雨倾盆。难道今年变成干脆儿的啦?南市的人们听到这个消息,都哈哈大笑,认为李菊五是牙床上铺铁道——满嘴跑火车。(肖克凡《天津俗人》)

【牙缝儿里插花——嘴上漂亮】讥讽说得好听,只会耍嘴皮子,不实干。[例]刚才大家的汇报好话、套话太多,我要的是工程进度、质量和安全,光牙缝儿里插花——嘴上漂亮,一点用处也没有。

【哑巴拜年——多磕头少说话】磕头:旧时一种礼节,双腿下跪,两手扶地,头近地或着地,用于向长者行礼或求神拜佛等。指多讨好人,少说得罪人或不顺耳的话。[例]儿子你要记住,进了官府当

差做事,要把身子板儿放低,哑巴拜年——多磕头少说话。

【哑巴吃黄连——有苦说不出】黄连:多年生草本植物,根状茎味苦,可入药。形容心里的痛苦、悲伤、委屈无法说出来,或不知怎样向人倾诉。[例]董地主多少次都是哑巴吃黄连——有苦说不出,觉得自己这辈子是没指望了,便许下大愿,将来一定让儿孙里有人做大官。否则再怎么有钱也没用,人家照样欺负你,赚多少钱都得让人切一刀。(天下霸唱《崔老道捉妖:夜闯董妃坟》)

又作(1)"哑巴吃黄连——有苦说不出来"。[例]天津卫的盗窃案千奇百怪,这一桩却数第一。偷盗的居然做了人家的"爹",被盗的损失财物不说,反而当了"儿子",而且还叫人哑巴吃黄连——有苦说不出来。(冯骥才《绝盗》)(2)"哑巴吃黄连——有苦难说"。[例]张天保听了判决,本来就不同意,可是又没有办法,心想:"法院"里里外外都是刘家的人,本领再大也逃不出刘家的手心!真是哑巴吃黄连,有苦难说啊!(张孟良《儿女风尘记》)(3)"哑巴吃苦瓜——有苦难诉"。[例]王好善得了自己的儿子,第二日就搬到河

东城里去住了。吃了这样大的亏，也不敢声张，真是哑巴吃苦瓜——有苦难诉！（张孟良《儿女风尘记》）（4）"哑巴叫狗玩了——有苦说不出来"。［例］组长徐克荣心里十分恼火，却像哑巴叫狗玩了——有苦说不出来。（蒋子龙《燕赵悲歌》）（5）"哑巴让狗给办了——有苦说不出"。［例］二黑他爹原来本想找我报仇，却在关键时刻被马四爷搅和了，还莫名其妙地挨了一顿揍，又惹不起金刚，也是"哑巴让狗给办了——有苦说不出"，只得悻悻而归，上医院找正在看病的二黑去了。（天下霸唱《大耍儿》）（6）"哑巴让狗给日了——有苦说不出"。［例］老娘拦他也拦不住，万不得已，不得不给小石榴说了一遍前因后果，小石榴自己觉得窝囊，但我已经进去了，他又找不到别人给他出主意，社会上形势也紧，只好忍下着一口气，哑巴让狗给办了——有苦说不出！（天下霸唱《大耍儿》）

【哑巴吃饺子——心里有数】比喻虽然不言不语，但心里明白、清楚。［例］现如今，许多行业做秀之风盛行，文学当然早就跟着起哄了。可闹来闹去，到底出了几部好作品呢？可能谁的心里都是哑巴吃饺子——心里有数。（周凡恺《越侃越无聊》）

又作（1）"哑巴吃饺子——心中有数"。［例］要说对黑瞎子沟这一片深山老林的熟悉程度，如果大腮帮子认第二，那就没人认第一，只要是走过的路，对他来说就是"哑巴吃饺子——心中有数"，几乎不用什么标志，从哪个角度看一座山岭的轮廓，哪一棵参天大树树干上有什么特别之处，他看一眼就能了熟于心。（天下霸唱《天坑追匪》）（2）"哑巴吃饺子——心里有数说不出来"。［例］我要会写的话，早把她的事写成一本砖头厚的书了。可惜，我是哑巴吃饺子，心里有数说不出来。（冯育楠《一个女人的选择》）（3）"哑巴吃扁食——心里有数"。［例］黄文会是家财万贯的脚行把头，杨进财却是双手空空的穷买卖人，俗话说："人是富贵眼"，那黄文会总对他有几分瞧不起。这一点，杨进财是哑巴吃扁食——心里有数的。（鲍昌《庚子风云》）

【哑巴吃山芋——闷口了】山芋：甘薯、红薯的俗称。形容沉默不语，或难以开口说话。［例］朗诵完毕，四周一片寂静。郑为才愣怔地望着大伙，你们怎么不表态呢，他咳

嗽两声。问："同志们，怎么哑巴吃山芋——闷口了哪？"（吕舒怀《饮者留其名》）

【哑巴娶媳妇——高兴说不出】形容非常高兴，无法用语言来表达。[例]乔奶奶的孙女考上了北京大学，从早到晚都眉开眼笑，邻居用一句俏皮话逗她："您老这是哑巴娶媳妇——高兴说不出。"

【哑巴坐席——喝闷酒】坐席：泛指赴宴。形容心情烦闷，不言不语，一声不吭。[例]老头子，退休了要有新的活法，不能整天窝在家里，像哑巴坐席——喝闷酒，时间久了身体吃不消啊。

【烟囱不冒烟——窝火】指心里郁积着火气而不得发作。[例]一进办公室还没坐稳，科长就劈头盖脑地把我批了一通，烟囱不冒烟——真窝火，准是又有人打小报告了。

【烟袋杆儿——黑心了】烟袋杆儿：吸旱烟或水烟的一种用具，连接烟袋锅和烟袋嘴的中空的杆儿。形容心肠歹毒，贪婪。[例]这些搞传销的都是烟袋杆儿——黑心了，害得多少人倾家荡产，千刀万剐也不解气！

【烟袋杆儿不通气——老油子了】形容老于世故，精于算计，经验多而油滑。[例]咱们不能明着和他一对一的斗，那可是烟袋杆儿不通气——老油子了，得用些阴损招儿，打他个措手不及。

【烟袋锅喝稀饭——绕着弯的灌米汤】烟袋锅：旱烟袋一端用于装烟的金属碗状物。形容说话故作含蓄、委婉，不直言其事或不直陈本意。也指委婉地阿谀奉承，或用批评的口吻赞扬上司。[例]你有什么事儿就直说，别像烟袋锅喝稀饭——绕着弯的灌米汤，我不喜欢绕圈子。｜在这次民主生活会上，大家不留情面，对李书记在工作中的缺点进行了批评，有点儿辣味儿，唯独他却烟袋锅喝米汤——绕着弯的灌米汤，讨领导的好。

【烟鬼挽辫子——丝毫没劲】烟鬼：吸大烟成瘾的人，往往瘦弱无力。指一点儿力气也没有。[例]他那痨病鬼的体格，虽然卖尽力气，仍然是烟鬼挽辫子，丝毫没劲。（刘云若《红杏出墙记》）

【腌起的老黄瓜——咸（闲）着吧】腌：用盐等浸渍食品。咸与闲谐音。指搁置起来，放着不用。[例]工作岗位换了好几回儿，你还是不满意，不好好干，那就别怪我不客气了，腌起的老黄瓜——你闲着吧！

【盐吃多了——尽管咸（闲）事】指管的全是无关紧要的事，或跟自己没有关系的事。[例]这儿的事儿跟你一点关系也没有，不要盐吃多了——尽管闲事，赶快回家，老婆孩子都等你吃饭呢。

【盐碱地里的庄稼——稀稀拉拉】盐碱地：含有较多盐分的土地，不利于农作物生长。形容人或事物很稀疏的样子。也指对自己要求不严，随随便便。[例]一个团的国民党兵被我们打得屁滚尿流，几乎全成了俘虏，从战场下来像盐碱地里的庄稼——稀稀拉拉，一个个缺胳膊少腿儿，唉声叹气。▏庄呈祥，看你带的这支队伍，没有个精气神，盐碱地里的庄稼——稀稀拉拉的，艰巨的任务交给你们能放心吗？

【盐罐子里的王八——闲圆（员）】王八：乌龟或鳖的俗称，王八是圆形的。圆与员谐音。指闲着不做事或无事可做的人。[例]所以火神庙一带的巡警无事可做，上班来下班走，成天混吃等死，没什么大作为，转而文言，都是盐罐子里的王八——闲员。（天下霸唱《火神》）

【盐坨的盐——各有各码】盐坨：又称坨地，堆积放置盐包（装满盐的麻袋）的场所。码：堆叠。比喻两件事或两件以上的事情各自独立，互不关联和妨碍。也指各有专责，互不干预和妨碍。[例]咱说咱的，他说他的。盐坨的盐，各有各码。（李燃犀《津门艳迹》）

【阎王奶奶有喜——怀着鬼胎】阎王：佛教称管地狱的神。有喜：妇女怀孕。讥讽或责骂人居心叵测，心里藏着不可告人的主意、打算或勾当。[例]你仔细琢磨琢磨，他的话也能信？阎王奶奶有喜——怀着鬼胎，千万不要上当啊！

【阎王爷变戏法儿——糊弄鬼的】阎王爷：即阎王。糊弄：哄骗，欺骗；应付，敷衍。讥讽或斥责低劣的欺骗手段，没有人会相信。[例]你讲得天花乱坠，我也不会相信，这就是货真价实的传销，阎王爷变戏法儿——糊弄鬼的。

【阎王爷出告示——鬼话连篇】讥讽或斥责人说的全是假话、谎话，没有真实的东西。[例]老部长拿着小报，越看越气愤，根本不顾门口还有监管他的红卫兵，桌子一拍大声喝道："阎王爷出告示——鬼话连篇，完全是血口喷人！"

又作"阎王爷贴告示——鬼话连

篇"。[例]好不容易盼着他上班了,大人也不省心,哪个月都没出过全勤。迟到病假,阎王爷贴告示——鬼话连篇。(李云冲《"狗食馆"的来历》)

【阎王爷的匾——你可来了】匾:匾额,悬于门屏或挂在墙的上部题有字的横牌。相传阴曹地府门首悬有一副匾额对联:"阳间三世,伤天害理皆由你;阴曹地府,古往今来谁放过?"横批"你可来了"。指恶有恶报,坏人终于前来接受审判。[例]当汉奸余三嘎被押上台接受审判时,人们纷纷举起拳头,高喊口号,表达愤怒之情,"秀才"大乐拽出了一句俏皮话:"昨日伤天害理,今天罪有应得,阎王爷的匾——你可来了!"

【阎王爷的主意——鬼点子】形容坏主意,坏想法。也指巧妙出奇的主意,让人意想不到。[例]大家都别听他瞎咧咧,阎王爷的主意——净是鬼点子!┃这个策划富有想象力,阎王爷的主意——是个鬼点子,我看可以一试。

【阎王爷逗小鬼——舒坦一会儿是一会儿】小鬼:阎王的差役。指只图一时的快活舒畅就很满足,不管将来,不顾长远。[例]老爷一死,两个少爷整日把家里贵重的东西往当铺送,然后拿着银子去吃喝嫖赌,阎王爷逗小鬼——舒坦一会儿是一会儿,是一对败家子!

又作"阎王爷办小鬼——舒服一会儿是一会儿"。[例]我问他:"那你家里怎么办?你一宿不回家行吗?"小石榴说:"行了行了,阎王爷办小鬼——舒服一会儿是一会儿吧!(天下霸唱《大耍儿》)

【阎王爷拉弓——射(色)鬼】射与色谐音。讥讽或责骂贪恋女色的人。[例]大少爷算是学坏了,游手好闲,正经事不做,从早到晚往窑子里跑,成了阎王爷拉弓——色(射)鬼一个。

【阎王爷没在家——小鬼造反】比喻领导或当家主事的不在,下面的人胡乱折腾,混乱不堪。也指没有领头的,大家无法统一行动,陷于忙乱之中。[例]处长外出考察才几天,你们就吊儿郎当,无所事事,甚至闹出幺蛾子,真是阎王爷没在家——小鬼造反了,这成何体统?

又作"阎王爷走了——小鬼造反"。[例]大个头领青的看人们直想"乍刺",咧起嘴来说:"阎王爷才走了,小鬼就要造反。打日本去,你们哪个敢?"(梁斌《播

火记》)

【阎王爷敲门——鬼到家了】形容非常狡诈，诡计多端。[例]老邢明知胡脸子是阎王爷敲门——鬼到家了，但在这深山老林里"挖宝"，只有他熟悉地形，暂时还不能把他撵走。

【阎王爷拿扇子——扇阴风】阴风：迷信认为地府里的风是阴风。指暗地里鼓动、蛊惑，煽动不满情绪或散布不满情绪，唆使人去干坏事。[例]他在造反司令部是个"军师"，阎王爷拿扇子——扇阴风，点鬼火，专整老干部和科技人员，可恶至极！

【颜料庄的幌子——吊棒（膀）】幌子：店铺的招牌和标志，挂在门外高出，表明店铺的性质，以招揽顾客。吊棒：旧时颜料庄门首悬挂一串串的彩色细短木棍，下面缀着彩绸，作为店铺招牌和行业标志。棒与膀谐音，民间有"飞眼吊膀"之语。指男女之间调情。[例]钱老四趁玉凤的男人不在家，偷偷钻进屋里，俩人连搂带抱，又打又闹，正应了那句俏皮话："颜料庄的幌子——吊膀。"

【颜料庄的幌子——花里棒槌】花里棒槌：旧时颜料庄门首悬挂一串串的彩色细短木棍，下面缀着彩绸，作为店铺招牌和行业标志，民间称之"花里棒槌"。形容为人处世轻佻漂浮，华而不实，耍滑头，不可靠。[例]你整天吧儿吧儿的，嘴上说的都是漂亮话，实际干的全是埋汰事儿，有谁还信呢？

又作（1）"颜料庄的幌子——花（纹）理棒子"。[例]最有趣的是"颜料庄的幌子——花（纹）理棒子"。早年间天津多卖颜（染）料的门市门前屋檐下挂一串细木棍，木棍被漆成各色，灵动而漂亮。这话形容处事为人不牢靠、不实在、耍滑头、使花活。（由国庆《老歇后语中的天津颜色》）（2）"颜料店前的幌子——花里胡哨"。[例]颜料店门前绮光异彩，五色缤纷。天津的俚语："颜料店门前的幌子——花里胡哨！"（韩淑芳主编《老天津》）

【眼毛儿上挂炊帚——刷（耍）嘴】眼毛儿：睫毛。炊帚：一种刷锅洗碗等的炊事用具。刷与耍谐音。形容卖弄口才，耍嘴皮子。[例]我曾问一个老同学，你四处演讲，眼毛儿上挂炊帚——耍嘴，到底挣不挣钱？他笑而不答。

【眼皮上挂钥匙——开了眼】指开阔了眼界，增长了见识。[例]看了人家的整个生产工艺流程，算是眼皮上挂钥匙——开了眼,一比吓一跳,我们的差距太大了。

【燕巴虎儿的眼睛——目光短浅】燕巴虎儿:又叫燕宝蝠,蝙蝠。形容只顾眼前利益,缺乏远见卓识。[例]这件事就拍板了,凡是考上大专班的干部、工人,一律让大家带薪去上学,将来都是厂里的财富,不能像燕巴虎儿的眼睛——目光短浅。

【燕巴虎儿看日头——傻了眼】指面对意外情况而目瞪口呆,不知所措。[例]当周经理急忙赶来,面对现场正发生的一切,就像燕巴虎儿看日头——傻了眼,此时才深知忽视安全生产是要付出代价的。

【"燕宝蝠"插鸡毛——算是什么鸟】采用反问语气,讥讽缺乏自知之明,装模作样,不知好歹,冒充正经人。[例]司马灰说:"我看石碑对面的二学生分明是个活人,至少转过脸来的时候还活着,但很快这股生气就消失了,与他先前被吓死的情形一样一样。罗大舌头脑袋发蒙:'既不是人也不是鬼,'燕宝蝠'插鸡毛——它到底算是什么鸟啊?"(天下霸唱《地底世界之幽潜重泉》)

【燕子衔泥——一口一口地来】指事情要一步一步地做。[例]姑娘,你不能着急,学习刺绣要稳得住性子,有耐性和细心,燕子衔泥——一口一口地来。

【燕子搭窝——全凭嘴上功夫】形容能说会道,只要嘴皮子,不干实事。[例]当年,离开家到南方打工时,娘就嘱咐俺,燕子搭窝——全凭嘴上功夫不行,手上不出活儿,脚下走不了路,这样的男人没出息。

又作"燕子没手——全靠嘴办事"。[例]我一手创办的这企业,发展到今天不容易,你想接班就得认真学,踏实干,练就一身真本领,燕子没手——全靠嘴办事是不行的。

【杨柳青的菜瓜——酸甜的】杨柳青:天津名镇,位于西青区,有两千多年历史,自古就有"北国江南""小扬州"之美誉。菜瓜:又叫生瓜、甜瓜、梢瓜,杨柳青水丰,土质好,种植的菜瓜个儿大,光滑,酸甜可口。比喻生活舒适,如意。[例]孩子们都大了,苦日子过去了,要说我们老两口眼下的生活,那可是杨柳青的菜瓜——酸甜的,越来越好了。

【杨柳青年画——莲(连)年有鱼(余)】杨柳青年画:中国著名民间

木版年画,约产生于明代崇祯年间,与苏州桃花坞年画并称"南桃北柳"。它采用木板套印和手工彩绘相结合的方法,创立了鲜明活泼、喜气吉祥、形式多样、生动感人的艺术风格,被列入第一批国家非物质文化遗产名录。《莲年有鱼》是杨柳青年画中最具代表性的题材和作品,有各种不同的样式,多为胖头娃娃双手抱着一条大鲤鱼,愉快地坐在莲叶或莲花上,笔法细腻、人物秀丽、色彩明艳,寓意吉祥美好,深受人们喜爱。莲与连谐音。鱼与余谐音。形容丰衣足食,生活美满,一年比一年富裕充盈。[例]改革开放以来,我们的小村庄发生了翻天覆地的变化,日子越过越美好,就像杨柳青年画——连年有余啊!

【杨柳青年画——一年鼓一张】相传由于杨柳青年画技艺精湛,每年会出现一次画面上的人物或动物凸起,变成活的一样,有"一年鼓一张,不知落何方"之说。比喻机会难得,不容错过。[例]同学们,你们马上就要毕业了,现在人才市场的竞争十分激烈,可得打起十二分的精神,善于抓住稍纵即逝的机会,俗话说的好:"杨柳青年画——一年鼓一张啊!"

【杨柳青年画——一样儿一张】指同样的东西品种繁多,样式各异,新颖而不重样儿。[例]请您尽管挑选,我们厂生产的女士包包,每月都推出新品,杨柳青年画——一样儿一张,能够满足不同职业、不同年龄顾客的需要。

【杨瞎话儿讲报——信口开河】杨瞎话:旧时天津"三不管"的说书艺人,以"讲报"即评论解析报纸时事见长。指没有根据、不假思索地随意乱说、胡说。[例]你也老大不小了,说话要过过脑子,不能口无遮拦,胡说八道,杨瞎话儿讲报——信口开河。

【杨小楼出巡——闪开了】杨小楼:著名京剧武生演员,杨派艺术的创始人,在当年和梅兰芳、余叔岩并成为"三贤",享有"武生宗师"的盛誉。他在《艳阳楼》中饰演纨绔子弟高登出游,一群恶奴头前边带路,高登大声喝令百姓避让:"闪开了!闪开了!"演得活灵活现,观众的印象十分深刻。从此,"闪开了"一度成为津城流行语。斥责人目中无人,横行霸道,讲派头,耍威风。也指责令人避开、让开。[例]平日里,别看他走路高挺着胸脯,骂街倒巷,七个不在乎八个不含糊,还把"杨小楼出巡——

闪开了"当作口头语,吓唬平头百姓,其实他就是个小混混,一旦给他来点颜色瞧瞧,立马就变成怂包一个。

又作"杨小楼逛街——闪开了"。[例]在这方圆十里,谁不知道陆小鬼是个地痞流氓,动不动就喊一嗓子"杨小楼逛街——闪开了",今天我们要打打他的威风!

【杨五郎当和尚——半路出家】杨五郎:本名杨延德,杨家将小说、戏曲及民间传说中的人物,金刀老令公杨业的第五个儿子,故称"杨五郎"。在金沙滩一战中,只剩下他一人单独应战,最后寡不敌众,削发假装僧人逃过追兵,后来真的前往五台山当了和尚。出家:离家去当和尚或道士、尼姑。指人中途改行,从事另一种职业或行业。[例]先生本是学化学出身,后来竟成了响当当的国画大家,属于杨五郎当和尚——半路出家。

【羊肠小道——越走越窄】形容前途黯淡,越来越没有出路。[例]现在已经是信息时代了,我们的企业必须加大科技投入,工艺上有一招鲜,产品上有撒手锏,否则只能是羊肠小道——越走越窄。

【羊羔吃奶——跪下了】羊羔:小羊。小羊吃奶时前肢屈曲,形如下跪。比喻人出于尊敬或恐惧,而态度诚恳,屈膝跪倒。也指人表示认输或求饶。[例]少东家一进屋,就羊羔吃奶——跪下了,一连磕了几个响头,乞求老爷宽恕。

【羊角风——紧抽】羊角风:癫痫病的俗称。犯病时,人的身体一阵一阵地抽搐。指因紧张或害怕而浑身发抖。[例]他不过是个小混混,碰上比他厉害的角色马上就怂,成了羊角风——紧抽起来。

【羊毛疹——挑上了】羊毛疹:一种皮肤病,身上起很多小疙瘩,红肿瘙痒,民间流行一种中医针灸治疗术,叫"挑羊毛疹"。指故意苛刻挑剔,指摘人,找毛病。[例]你还把我当不当大哥?动不动就"羊毛疹——挑上了",说我这也不是,那也不好,到底想干什么?

【洋茶壶——双把儿的】双把儿:旧时西洋茶壶两侧有对称的把儿。指一双,一对儿。有时也用于调侃两手叉腰的姿势。[例]大家看,这满地的玉米长势多好,一棵苞米结俩棒儿,一水儿的全是"洋茶壶——双把儿的"。

【洋鬼子看戏——傻眼了】洋鬼子:旧时对侵略我国的外国人(多指西洋人)的憎称。比喻因不懂不熟悉或出现意外情况而目瞪口呆，不知所措。[例]我是农村长大的，拔草喂牛，耕地除草，甚至摇耧下种这种细活，我都能干，可是眼前这些活，我是洋鬼子看戏——傻眼了，有劲也使不上。（戴正兴《学修理自行车和理发》）又作"洋鬼子看京戏——傻了眼"。[例]他们以为出了魏家房这段路好走了，东撞一头西撞一头，走来走去净兜圈子了，哥儿俩这下是洋鬼子看京戏——傻了眼。（天下霸唱《河神 鬼水怪谈》）

【洋灰脑袋——死不开窍】洋灰：水泥的俗称。比喻思想保守、固执，脑筋太死，很不灵活，难以说通道理。[例]大奶说，洋灰脑袋，死不开窍。天麟，你爸爸是属算盘的，不拨拉不动。得喽，今儿我也做一回主，抬也得把他抬上。（宋安娜《十城记》）

【洋火儿没头儿——光棍儿】洋火儿：火柴。指单身汉，没有妻子的成年男子。[例]三宝都四十来岁了，还是洋火儿没头儿——光棍儿，怪可怜的。

【洋钱不叫洋钱——大头】洋钱：银圆的俗称，指旧时使用的银质银币。大头：旧时称铸有袁世凯头像的银圆为"大头儿"，是"袁大头"的简称，袁与冤谐音。讥讽甘心情愿地吃亏、上当，或枉费钱财。[例]那本来就是一场闹剧，一个骗局，你还把它当真了，真是"洋钱不叫洋钱——大头"！

【洋铁壶——一敲当当儿响】洋铁壶：一种旧时用进口镀锡或镀锌的铁板打造的水壶。形容腹中空空，不学无术，没有真本事。[例]尚先生说，这个小福子看着人挺精明，又能说，可肚子里像个洋铁壶——一敲当当儿响，是个空的，做买卖这一行动的可是真格的，讲的平地抠饼，对面拿贼，得凭真本事，光吹气冒泡儿不行。（王松《烟火》）

【仰巴脚儿下蛋——废物鸡】仰巴脚：仰面跌倒或仰卧的姿势。讥讽无能之人，没有本领，不愿干事，不会干事，或干不成事。有时也指不能生育的女人，含贬义。[例]你总说要给老婆孩子争气、露脸，这些漂亮话只挂在口头上，从来没踏下心学本事，干工作，就是仰巴脚儿下蛋——废物鸡一个。

【养汉的娘们儿哭坟——装烈女】养汉的娘儿们：指在丈夫之外另有情人的女子。哭坟：在坟墓前痛哭，以悼念死者。烈女：旧礼教称刚正有节操或拼命保全贞洁的女子。讥讽假惺惺地装好人，虚情假意的人伪装成有情有义的人。[例]吴长顺这边在说着，张满轴还在那边干号，脸上连个眼泪瓣儿都没有，一见这他就气不打一处来："轴子，你别养汉的娘儿们哭坟——装烈女啦！你平时对你这隔山的大哥啥感情俺们也知道，真有这么伤心哪？"（石磅《混血》）

【养活孩子不叫养活孩子——吓（下）人】养活孩子：生育。下与吓谐音。形容可怕，通过某种行为或事物，使人产生恐惧感，或一惊一乍地吓唬人。[例]猴七儿追了两步说，虞先生你到哪儿去啊？我真担心有人死盯着你不放，瞅冷子下手。俗话说，狼吃羊，冷不防。天津卫这地方放倒一个人可比砍倒一棵树容易多啦。昨天我在开明电影院门口儿就看见一死人，后心插着一把攮子。那阵势真是养活孩子不叫养活孩子——吓（下）人呐！（肖克凡《天津大码头》）

【养禽场搬家——转鸡（机）】鸡与机谐音。指有了好转的机会或可能。[例]老陈，不要太悲观，我看这事儿再过个十天半月，肯定是养禽场搬家——有转机，耐心等待一下。

【养鱼池不蓄水——晾（亮）底】晾与亮谐音。指显露出事物的底细。[例]"老藤，咱们几十年的老交情，这次工程招标能不能养鱼池不蓄水——亮个底？""死心吧，招标全过程公开，公正，从今往后就别再想着歪门邪道了。"

【腰里别着死耗子——愣充打猎的】别着：插住，卡住。讥讽无能之人用拙劣虚伪的手段，冒充有本事、有能耐的人。[例]你才干过几年的焊工，还有脸在这儿吹牛，谁不知道你那两下子，腰里别着死耗子——愣充打猎的。

又作"腰里揣俩死耗子——愣充打猎的"。[例]二黑和蛮子对着话茬子，蛮子还没答话，三元接住了二黑的话茬儿："你腰里揣俩死耗子就愣充打猎的啊！"二黑话也跟得快："我南山见过虎，北山见过豹，还没见过你这花脸狗熊！"（天下霸唱《大耍儿之西城风云》）

【腰里掖着一副牌——见谁跟谁来】掖：藏，塞。牌：此指牌票，古时差役执行公务的凭证。比喻指看见谁就冲着谁耍脾气。[例]唯有他这样的人最适合那个时代，孤家寡人，无牵无挂，六根清静，八面见

光,俗话说光脚的不怕穿鞋的,腰里掖着一副牌,见谁跟谁来……(蒋子龙《农民帝国》)

【窑姐儿穿裙子——假装正经】窑姐:旧时指妓女。讥讽行为不端的人用拙劣虚伪的手段,假装成端庄正派的人。[例](落霞)推开屋门,来到廊上,直扑栏杆,意欲跳楼。在这刹那,唐玉麟奔来,拉住她的胳膊,抱住她的纤腰。"嘻嘻,乖乖!你还真想当贞节烈女呀?!要大价儿,别来这一套,真是窑姐儿穿裙子——假装正经人!"(柳溪《大盗燕子李三传奇》)

【窑姐打电话——没话浪荡话】比喻没事瞎白话、闲扯淡,不加约束,不着边际,胡言乱语。[例]李斌忍不住了,站起身说:"你纯粹是窑姐打电话——没话浪荡话!谁有空跟你在这儿打哑谜,没别的事我走了。"(天下霸唱《大耍儿》)

【窑姐儿开方子——先哭天抹泪儿】方子:药方。形容找借口或设圈套,向他人索要、骗取钱财。也指委婉或虚伪地表达让对方给自己办事。[例]其骗术第一招,就是窑姐儿开方子——先哭天抹泪儿。(谭汝为主编《天津方言词典》)

【窑姐发兵——乱营啦】发兵:调派军队出征作战。形容秩序或平静被打破,人心惶惶,混乱不堪。[例]孙子森鄙夷地笑了笑说,王丰他的马儿是我宰的,跟你李五儿毫无干系。王丰那老帮子算个屁呀!你问一问他敢惹我师傅袁文会袁三爷吗?李菊五心里叫苦不迭。这就叫窑姐发兵——乱营啦。(肖克凡《天津俗人》)

【摇线儿的摆手——够劲儿】摇线儿:将长线绳用臂肘有序地缠绕。摆手:摇线儿时,因线绳很长,作业者相距较远,所以用手势传递信息。够劲儿:缠绕的线绳已达到标准。指够意思,很不错,或好得很,满意了等。[例]小伙子,大清早儿就忙活儿上了,摇线儿的摆手——够劲儿,歇着干,别累着。

【咬人的狗——不露齿】形容不露声色地阴坏,在背地里做伤害人的事情。[例]好吧,咱们就站着说话。玉姑啊,天津卫有一句话,说咬人的狗,不露齿。虞金诚就是这样。你乍看他一百斤白面做一个大寿桃——废物点心,其实呀,十个虞云隆也抵不上一个虞金诚。这小子,阴着呐……(肖克凡《天津大码头》)|自从他老爷爷的时候就是:事情不来,他闪着嘴儿不吭声;事情来了,咔嚓给他一

家伙。咬人的狗不露齿嘛!(梁斌《播火记》)

又作"咬人的狗——不叫"。[例]他在工作上打开局面倒有一套,调查内部关系却是个笨蛋。用老百姓的话说:"外战内行,内战外行。"咬人的狗不叫,你告状就去告呗,发声明干什么?(蒋子龙《燕赵悲歌》)

【咬王八的尾巴——苦点了】指贫困受苦。[例]要说我祖上根基还是不错的,只不过我吃亏就吃亏在没赶上好时候,到了我这辈儿,那是咬王八的尾巴——苦点了。(天下霸唱《绝对循环》)

【药铺里卖凉粉——治的是哪一经】采用反问语气,指不知所为何事,或不知做某件事的目的。[例]王建二话没说,坚决不同意,这让李准一伙人心里更加没底,他药铺里卖凉粉——治的是哪一经?

【要饭打狗棍——拿着】要饭:即乞丐。讥讽妄自尊大,故作姿态,摆架子。[例]天津人说话,简洁明快,干脆利索,不拖泥带水,不吭哧憋嘟,不冗长拖沓。……对人物的褒贬——"这位小子当官之后,狗熊穿大褂——人啦,瘸子脚面——绷着,热面汤——端着,要饭打狗棍——拿着。"用四个单音

词:"人""绷""端""拿"。(张炳学、刘志永主编《中国地域文化通览天津卷》)

【要饭的拜神——钱少话多】讥讽在人面前逞能,多嘴多舌,多管闲事,甚至搬弄是非。[例]这里没有你说话的地界儿,真是要饭的拜年——钱少话多,躲一边歇着去!

【要饭的打狗——穷横】形容态度生硬,言行粗暴,蛮横无理到了极点。[例]天津话歇后语"吊死鬼耍大刀——穷横""要饭的打狗——穷横"。但"穷横"也有克星,遇到比他更横的,就偃旗息鼓,逃之夭夭了。(谭汝为《逗哏儿天津话穷横》)

又作"要饭花子打狗——穷横"。[例]好呀!您少东家是没有亲临其境,那么些义和团,不说上了千,起码大几百,一个个横眉立眼的,要饭花子打狗——穷横。(鲍昌《庚子风云》)

【要饭的起大早——穷忙活】比喻瞎折腾,非常忙乱,疲惫不堪。也指为了生计而忙碌奔走。[例]我一边侦察,一边揣摩着"黄仙姑"的心理活动,尽可能把套黄皮子的乐趣发挥到极致。常言道:"要饭的起大早——穷忙活。"我和胖子等人在山沟里呆的时间长了,弄

不好这辈子就扎根在这干革命了。(天下霸唱《鬼吹灯》)

【要饭的遇见叫花子——都差不离儿】叫花子:即乞丐。指相差很少,双方彼此彼此,境况大致相当。[例]你们两个瞎吵吵什么,谁也别说谁,要饭的遇见叫花子——都差不离儿。

【钥匙挂胸口——开心】形容心情舒畅,很快乐。[例]今天,退休后多年没见面的老工友聚会,大家是钥匙挂胸口——好开心啊!

【爷俩赶集——一大一小】指一个大的,一个小的。[例]年轻人都进城打工去了,家里只剩下我和小孙女,爷俩赶集——一大一小。

【野麦子——不分垄(拢)】垄:指田间农作物的行。垄与拢谐音。比喻没有条理,杂乱无章。[例]你们工地的现场管理有点乱,像我老家的野麦子——不分拢,存有安全隐患,要马上整改。

【野猫馅的饺子——兔崽子味儿】野猫馅:指野兔肉的馅,旧时天津话称野兔肉为野猫肉。詈语,责骂没有人味儿,是野种、畜生之类。有时专门用于讥讽歌声难听。[例]这王八蛋是野猫馅的饺子——兔崽子味儿,自打当上汉奸变本加厉,坏事干尽,我们早晚有一天要和他算总账!

【野雀跟着孔雀飞——哪里高攀得上】野雀:麻雀。比喻跟地位、权势等比自己高的人,很难交往或联姻。[例]两个人正靠着肩膀说话儿。老套子站在高粱地边上看了一会,他仔细地沉思:论天理,小囤在这年岁儿上,也该有人手了。可是你就不想想,野雀跟着孔雀飞,哪里高攀得上!(梁斌《烽烟图》)

【野鸭儿拿兔子——糊弄局儿】拿:捉。讥讽人做事不认真,敷衍应付,或装腔作势,蒙人骗人。[例]千万别听他瞎白话,什么古董、宝物,野鸭儿拿兔子——糊弄局儿,全是骗人的鬼把戏!

【夜壶摆香堂——尿字班的】夜壶:便壶,多在夜间使用。摆香堂:旧时青帮收徒仪典。尿:惧怕,服输。旧时街面上动武打架,怯阵、服软、退出或溜走,都被说为"尿了",即"被对手吓尿裤了"。班:旧时青帮的班辈,如大字班、通字班、悟字班等。讥讽既无本领又无胆量,遇事没有担当,不负责任,畏惧退缩。[例]你们是爷们儿吗?还没让你们干呢,怎么就先害怕了,夜壶摆香堂——一帮尿字班的!

【夜壶口镶金边儿——能耐都搁在嘴上】镶：把物件嵌入另一物体上或加在另一物体的周边。搁：放置。讥讽伶牙俐齿，极善言辞，能说会道的嘴把式。[例]天津卫男子汉的榜样不是项羽，而是张子房，本埠爷儿们追求"一句话攻破一座城，一颗唾沫星子淹死一个人"的境界。用一句歇后语来形容，那就是"夜壶口镶金边儿——能耐都搁在嘴上啦"。(肖克凡《天津俗人》)

又作(1)"夜壶口儿镶金边儿——嘴儿好"。[例]这家伙没有几个人比得过，也太能说了，正应了那句俏皮话："夜壶口儿镶金边儿——嘴儿好！"(2)"夜壶嘴镶金边儿——值钱就值在这张嘴上"。[例]二学生骇然道："这地方好像有种不可理解的恐怖力量，它能够悄无声息地吞噬一切生命……"罗大舌头说道："我看你小子是夜壶嘴镶金边儿——值钱就值在这张嘴上了。"(天下霸唱《地底世界之幽潜重泉》)

【夜猫子进宅——无事不来】夜猫子：猫头鹰，迷信称是不祥之鸟，往往给人带来凶兆。比喻不怀好意，某人的到来肯定有坏事或带来灾祸。[例]三德米业的买卖这么兴隆，大清朝的时运那么不济，你李三德、李占魁作为大清的子民得给国家帮衬帮衬。这不，侯税务又来了。夜猫子进宅——无事不来。侯税务也没别的事儿，就是收税呗。(周振天《小站风云》)｜在村口，有一个老头瞅出是"抓儿鱼"来了，嫌恶地说了一句："娘的！夜猫子进宅，无事不来。村里又不知倒什么楣了。"(鲍昌《庚子风云》)

又作(1)"夜猫子进宅——没事儿不来"。[例]我知道孟老五是夜猫子进宅——没事儿不来，这一回究竟打的什么鬼主意，还让人琢磨不透。(2)"夜猫子进宅——好事不来"。[例]魏志中沉下大脸，嘟哝着说："八成不是好东西吧？也许是夜猫子进宅——好事不来！"(柳溪《功与罪》)(3)"夜猫子进宅——没有好兆头"。[例]他站起来，手搭凉棚一看，说："咦，是甘聚杰，这块料来干什么？吕振忠深沉地一笑："夜猫子进宅，没有好兆头，又造反来了呗！"(冯育楠《山林深处》)(4)"野猫子进宅——无事不来"。[例]一进大贵家门，忠大伯在门口站着，见了李德才，笑了说："野猫子进宅，无事不来。李秀才轻易不到我家，来！

- 426 -

有什么事你说吧！"（梁斌《红旗谱》）

【夜猫子睡觉——睁一只眼闭一只眼】比喻视而不见，有意回避问题，姑息迁就。也指敷衍了事不认真，得过且过。[例]整个木帮的人见吴驼子不拿血蘑菇当人，都和着伙儿挤对他，中午放饭把他挤到最后，剩下什么吃什么，有事没事就损他几句，讥讽他是"独眼龙"，骂他是"夜猫子睡觉——睁一只眼闭一只眼"，更有人趁他不留神，抓一把雪坷垃往他后脖颈里塞。（天下霸唱《天坑宝藏》）

【一百斤面蒸个寿桃——废物点心】寿桃：祝寿时所用的桃子，一般用面粉做成。废物：不再具有使用价值而被抛弃的东西。点心：糕点之类的食品，正餐之前的小食品。讥讽人智能低下，外强中干，什么都不会做，没有什么用处。[例]"废物点心"，自然也不是食品，老天津卫有一句俏皮话，"一百斤面蒸个寿桃——废物点心"，那是说这样的大寿桃一不能抬走送人，二不能拿着自己吃，只能是废物点心而已了。（林希《天津话逗你玩》）┃"废物点心"也是老天津卫人常讲的一句俗语。它是歇后语"一百斤面蒸个寿桃——废

物点心"的简化，本意是中看不中吃的东西。可不是吗，用面蒸的寿桃每个也就二三两，最多别过半斤，太大了既没有吃头也没有意义，何况是一百斤重的呢？而这句话被引申以后，就是比喻那些既无能又无用的人。（辛志《老话新说 废物点心》）

又作（1）"一百斤面蒸了个大寿桃——废物点心"。[例]相声名家刘宝瑞有一段代表作《假行家》，说有个土财主被忽悠开药铺。顾客要买附子，假行家就让他们爷俩儿跟人家走。这时候，又来了一位要买砂仁。假行家为难了，他和伙计加起来还差一个人哪！这是什么行家，纯粹是个"废物鸡"。天津卫有句俏皮话，一百斤面蒸了个大寿桃——废物点心，二者有异曲同工之妙。（赵志明《老话新说》）（2）"一百斤白面做一个大寿桃——废物点心"。[例]好吧，咱们就站着说话。玉姑啊，天津卫有一句话，说咬人的狗，不露齿。虞金城就是这样。你乍看他一百斤白面做一个大寿桃——废物点心。其实呀，十个虞云隆也抵不上一个虞金城。（肖克凡《天津大码头》）

【一百年的木鱼——老梆（帮）子】木

鱼:用木头做成的鱼头的形状,中间镂空,用小槌敲击出声,原本为僧尼念经时所用,后来作为一种打击响器,俗称"梆子"。梆与帮谐音。指对老年人的戏称,形容那些在外谋生,奔走四方,社会经验十分丰富的老手。[例]你们可别小瞧了潘大爷,那可是一百年的木鱼——老梆子,一般人斗不过他。

【一百只兔子拉车——乱了套】指乱了次序或秩序。[例]总攻的炮声一响,划破夜空,铺天盖地,只见小鬼子们被打得抱头鼠窜,就像一百只兔子拉车——乱了套。

【一对牛犄角——犯顶】犯:发生。指出现对立或发生冲突。[例]我们是盐船户,也是到处打游飞的。每趟进了卫,总在这里打尖。那么说,咱们是一对牛犄角——犯顶啦!(鲍昌《庚子风云》)

【一二五——丢三落四】形容因记忆力不好或粗心马虎而好忘事。[例]你呀,一二五——丢三落四,这个坏毛病何时能改?再不改,恐怕有一天连自己都丢了。

【一二三五六——没四(事)】四与事谐音。形容无所事事,闲着不干事或没事干。也指不会有什么问题,不用担心,或没关系,无所谓。[例]厂里的人事制度改革动了真格的,几十名下岗职工成了一二三五六——没事儿干,这样下去可不行,要把他们组织起来,开辟新的门路,尽快走出困境。|师傅,我跟了您十几年,这项任务交给我就放心吧,一二三五六——没事儿,保准让您满意。

【一个耳朵的罐子——抢吧】罐子:盛放东西或食物的大口器皿,过去多为陶瓷制品。罐子口两侧分别有耳状物,用来系绳子或供人提。抢:用力挥动,或挥动胳膊抛出去、扔出去。形容不惜付出一切代价,什么也不在乎,行动上豁得出去。也指胡作非为或胡说八道。[例]朱老忠眨巴眨巴眼睛,说:"一个耳朵的罐子,抢吧!可是,这一次更要人多点。那场官司,联合了二十八家,还输塌了台呢!"(梁斌《红旗谱》)

又作"一个耳朵的罐子——胡抢"。[例]我扒开围着的人群,一把抓住李片汤,大声喝道:"你这个大骗子,一个耳朵的罐子——又在胡抢什么?走!跟我老老实实到派出所去!"

【一个方子抓的药——犯的同一个毛病】方子:药方。指彼此的失误与不足是一样的,或出现问题的根源是相同的。[例]这批焊的零部件全部需要返工,你们两个师兄弟一个方子抓的药——犯的同一个毛病,就是粗心大意。

【一个轱辘的车——翻了】轱辘:车轮子。比喻翻脸,恼怒,对人的态度突然变坏,发脾气,不友好。也指事情中途受挫或失败,翻车了。[例]你这人真不识趣,大伙儿是跟你逗着玩呢,怎能动不动就一个轱辘的车——翻了? ▎指挥长心想:本来工程已接近尾声,但隧道突然塌方,一个轱辘的车——翻了,这可咋办呢? 首要的是先把工人的情绪稳定住。

【一个轱辘的车——推(忒)好了】推与忒谐音。赞语,形容非常好,太好了。[例]"爸爸,你看我这积木搭得怎么样?""一个轱辘的车——忒好了!"

【一个锅里搅马勺——分不出你我】马勺:一种烹饪用具。形容关系密切,交情深厚,或同样对待。[例]我和你爸光着屁股一起长大,几十年一个锅里搅马勺——分不出你我,你们下一辈可不能生分了呀!

又作"一个锅里吃饭——不分彼此"。[例]今天咱们拜了把子,就成了亲兄弟,一个锅里吃饭——不分彼此,大家齐心干吧,一定会有好的前景。

【一个猫俩脑袋——二虎(乎)】虎与乎谐音。形容愣头愣脑,不明事理,处事不知深浅,不分轻重。也指对别人的说法或做法不相信,犹豫不决。[例]小串子有点儿一个猫俩脑袋——二乎,在你手下,请多调教调教。

【一个人拜把子——你算老几】拜把子:通过叩拜的仪式,成为结义兄弟。老几:排行第几。采用反问语气,讥讽没有自知之明,不知道自己的身份、地位。也揶揄人没有资格,排不上位,没有说话的份儿。[例]你也不看看这是什么地方,胆敢在此说三道四,一个人拜把子——你算老几? 快点儿溜之乎也,别找没趣儿。

【一个眼儿的判官——瞎鬼】詈语,讥讽或责骂人有心计,耍滑头,行为举止荒诞不经,或信口开河,随意瞎说,不可信。也指头脑发昏,不能分辨事情的真伪或人的好坏。[例]你就是一个眼儿的判官——瞎鬼,这些年跌了多少跟头,怎么还不吸取教训? ▎他说的话哪有一句是真的? 一个眼儿的判官——瞎鬼,你也相信,等着吃亏上当吧!

又作"一只眼的判官——瞎鬼"。

[例]人们小声议论着。这不是小孩过家家吗？合着只有一座空门楼子就等于恢复祖业啦，这纯粹是一只眼的判官——瞎鬼。(肖克凡《天津大码头》)

【一个字儿仨音——惹惹惹】仨音：天津话将"惹惹惹"三字故意读为三个不同的声调，以示调侃。讥讽喜欢多事或好管闲事，乱掺和，瞎胡闹。[例]天津俏皮话描述无所事事却又好事之徒为："一个字儿仨音——惹惹惹"；"惹惹惹，敲破锣；罗罗缸，卖生姜"。(谭汝为《天津话 惹惹》)】

【一根儿筷子吃藕——挑眼儿】指故意挑剔，吹毛求疵，专门找别人的毛病。[例]老徐，别一根儿筷子吃藕——光挑眼儿了，大家伙都忙得不可开交，就你在一旁吹冷风，敲铲子，也不害臊？

【一根肠子捅到底——没有弯弯肠子】形容性格直率，说话做事直截了当，不绕圈子。[例]大家看到新调来的车间主任不端架子，很快跟工人打成一片，又是一根肠子捅到底——没有花花肠子，顿时感到亲近多了。

【一根棍折两半——掰了】比喻关系破裂，断了交情。也指办事不圆满、不成功。[例]八哥假走，想叫惹惹求他帮忙。不想惹惹正在火头上，有火有气有怨有怒都想撒，便朝八哥叫道："你走，走呀！你看我惹惹有没有能耐。我要再求你，我人字倒写着！"八哥一听扭头就走。一根棍折两半，掰了。(冯骥才《阴阳八卦》)┃"一根棍折两半——掰了！"光子说完这话摊开双手，表示事情已没有调和的余地，只好又摇摇头，无可奈何。

【一根筷子吃面条——单挑儿】指自己单独干，或一个人与对手较量。[例]这项任务就交给我吧，一根筷子吃面条——单挑儿，保证按时按质完成。┃就你们几个小混混，来呀！上吧！谷爷我一根筷子吃面条——单挑儿！

【一根儿线儿拴俩蚂蚱——谁也甭想跑】比喻双方利益相关，命运相连，谁也离不开谁，出了问题彼此都逃脱不了责任。[例]你想反咬一口，把罪过都推到我身上，呸！没门儿！一根线儿拴俩蚂蚱——谁也甭想跑！

又作(1)"一根线上拴着的两个蚂蚱——跑不了我，也跑不了你"。[例]"襟"指上衣前部，"袂"指袖子。所谓"连襟""连袂"，就是两位先生的上衣和袖子都连在一起了。您看，这不就是"一根线上拴着的两个蚂蚱——跑不了我，也跑不了你"。(谭汝为《这是天津话》)(2)"一根绳子上的蚂蚱——跑不了你也飞不了我"。[例]必须把墨斗看到的这些情况，尽早告诉老猫他们，甚至还得知会给二黑和他爸，现在事情闹大了，所有人都是一根绳子上的蚂蚱，跑不了你也飞不了我，牵一发而动全身，到那时咱就谁也跑不了，现在要说也简单，没别的辙，就两个字——外飘！(天下霸唱《大耍儿之西城风云》)(3)"一根绳上拴俩蚂蚱——跑不了你，也蹦不了我"。[例]你必须得出钱，我也必须得拿钱，知道这叫什么吗？一根绳上拴俩蚂蚱——跑不了你，也蹦不了我。背水一战，我们只能成功，不许赔钱！(蒋子龙《农民帝国》)(4)"一根细绳拴两个蚂蚱——谁也跑不了"。[例]涂万军行使权力决不含糊，他拿来细麻绳把我的左手跟单兵的右手拴连起来，看着就像亲密无间的好哥儿俩。这叫一根细绳拴两个蚂蚱——谁也跑不了。涂万军坏笑着，好像做了功德无量的善事。(肖克凡《吉祥如意》)

【一脚踢出个屁——寸劲儿】指凑巧，恰好、赶巧了。[例]小邱在这次劳动竞赛中拿了第一，玉珍看着她美滋滋的样子，心里有些不快，说："哼，不过是一脚踢出个屁——寸劲儿，有什么可得意的？"

又作"一脚踢出个屁——赶巧了"。[例]老兄千万不要误会，这件事纯属一脚踢出个屁——赶巧了，绝非故意安排来腻味你的。

【一斤肉包个饺子——好大的皮儿】讥讽脸皮厚，架子大，不知羞耻，不识好歹。[例]你吃我的喝我的，背地里还说我的坏话，真是一斤肉包个饺子——好大的皮儿！

【一口吞了二十五只老鼠——百爪挠心】比喻人心情错综复杂，心神不定，心烦意乱，不知如何是好。[例]洛殿歪着头，也装着赞成地嗯着，心里可急得像一口吞了二十五只老鼠，百爪挠心。按照这种情况来估计，徐凤他们完全可能这样办，那时一定要造成严重的损失。(雪克《战斗的青春》)

【一块带肉馅的年糕——又黏又腻】黏：粘连，胶合。腻：油腻。形容对人纠缠不休，令人厌烦。[例]白玛丽碰了个橡皮钉子，可她并不在乎。不是你吉鸿昌不爱搭理么，她白玛丽可是一块带肉馅的年糕，又黏又腻，粘住你就别打算

掉下来。(周骥良《吉鸿昌》)

【一〇八一部队——人头太次郎】一〇八一部队:抗战时期,日本侵华军某部驻津部队番号为一八二〇,与一〇八一相近。天津人把道德品质很差者称为"山药豆子",简称"豆子",而一〇八一正是"豆"字的笔画拆写。人头太次:指人品低劣。郎:日本男子的名字多以"郎"字结尾。借用日本人名的形式,讥讽或责骂品行低劣之人。[例]抗战时期,日本侵华军驻津部队番号一八二〇。当时,天津人编俏皮话"一〇八一部队——人头太次郎"。"一〇八一部队"中的"一〇八一"是"豆"字的笔画拆写。天津人把人头太次(人品低劣)者,戏称为"山药豆子",简称"山药"或"豆子"。日本人名多用"太郎""次郎"等字样。所谓"人头太次郎",就是借用日本人名形式讽刺那些人品低劣的人。这条天津歇后语在抗战时期流行,从中可窥见当时天津人拿日本占领军找乐儿的心态。(谭汝为《天津方言的源流、文化特质及其对天津城市性格的影响》)

【一〇八一加3一——豆子】"一〇八一"竖着书写,组成"豆"字。"3一"是阿拉伯数字"3"加汉字"一",组成"子"字。豆子:"山药豆子"的简称,指人品低劣之人。此语流行于20世纪三四十年代的天津。讥讽或斥责人品低劣,不合时宜,经常做自己不该做的事,费力不讨好且自作多情。[例]看看你做的这些事儿,就是个一〇八一加3一——豆子,能不能改改臭毛病?

【一路拾鸡毛——凑掸(胆)子】掸子:一种用鸡毛扎成的清除灰尘的用具。掸与胆谐音。指多人结伙以壮胆。[例]我们这次去"挖宝"的地方,是个荒山野洼,人生地不熟,得多找几名帮手,一路拾鸡毛——凑胆子。

【一品香的招牌——四远驰名】一品香:天津老字号糕点店,当年总店的门前两侧有两块匾,一写"自制糕点",另一写"四远驰名"。招牌:挂在商店门前写明商店名称或经售的货物的牌子,作为商店的标志。形容好名声传播得很远,四面八方都知道。[例]您问天津一品香,那可是个老字号,物美价廉,广受欢迎,有一句流传很广的俏皮话为证:"一品香的招牌——四远驰名。"

【一条腿儿的裤子——成裙(群)了】裙与群谐音。指较多的人或动物聚集在一起或结为一伙。[例]下课铃声响了,小同学们呼啦一下冲出教室,来到操场上结伴玩耍,一条腿儿的裤子——成群了,那叫一个热闹。

【一头栽进煤堆里——霉(煤)到顶了】煤与霉谐音。形容人运气极坏,境况糟透了。[例]老话说,不是不报,时辰没到。张三的生意本来就很差,有一天店里又莫名其妙地着了一把火,损失惨重,待张三缓过神来,他说,真像是"屋子里开煤铺——倒霉(煤)到家了",简直是"一头栽进煤堆里——霉(煤)到顶了"。(由国庆《煤与炉》)

【一头撞在南墙上——该回头了】形容经历了挫折或失败,应当吸取教训,改变原来的主意、想法,不再固执。[例]大家都说你不是做生意的料儿,你谁的话也不听,非得下海不可,这回一头撞在南墙上——该回头了吧!

【一窝的狐狸——不嫌臊】臊:狐狸身上的臭味。比喻臭味相投的人聚在一起,谁也不会嫌弃谁。[例]有句俏皮话说:"一窝的狐狸——不嫌臊",他们两个臭味相投,当然能走在一条道上。

【一团乱麻——择不出头绪】形容事情杂乱,心绪烦乱,没有条理或找不到头绪。[例]如今,朱老忠要离开她,离开家乡,游击战争还不知打到什么时候,打到什么地方去,左思右想,牵肠挂肚,思想像一团乱麻,再也择不出头绪。"(梁斌《播火记》)

【一张纸画个鼻子——好大的脸】讥讽或责骂人自不量力,厚颜无耻。也指人面子很大。[例]当然,一张纸画个鼻子——好大的脸,到时只要您黑爷开个口,薛家一定会点头的。

又作"一张纸上画了一个大鼻子——好大的脸"。[例]"不害臊,呸!"秋香啐了菊八一口,"你们看这妮子,一张纸上画一个大鼻子——好大的脸!"(柳溪《功与罪》)

【倚在墙根儿逮虱子——闲地待着】形容无所事事、清闲、无聊,或愚笨地发愣。[例]风声紧时,扒车的大个子们便"倚在墙根儿逮虱子——闲地待着"。有时候"皮货"做不成,又无其他事由可做,便无事生非起来。(李子健《话说小齐队之一》)

【姨姥姥家的儿——姨舅(已就)】姨舅与已就谐音。指已成为既定事实,依然如故或不可挽回。[例]老哥,事已至此,着急上火也没有用,想开点儿,姨姥姥家的儿——

只能已就了。

【阴沟里的狗尿苔——见不得阳光】
　狗尿苔：长在臭墙角或干粪上的一种有毒的蘑菇。比喻做事见不得人，不能公之于众。[例]一些贪官很富有，但他们的钱是阴沟里的狗尿苔——见不得阳光，哪一个不东躲西藏，惶惶不可终日？

【阴天晒被卧——白搭】被卧：被褥。比喻白白耗费时间和精力，徒劳无功，没有什么效果。[例]英子起了个大早，忙活了半天，大小姐还是看着不合心，英子心想：阴天晒被卧——白搭，真难伺候呀。
　又作“阴天晒被窝——白搭”。[例]四面钟一时成了人粥，人们跟着廉仲山干上了。他在天津是个声震八方的主儿，可在这不灵！真要是犯了众怒，齐神手也不一定给他助威。如果挨顿揍，吃了亏，也是阴天晒被窝——白搭！（王传林《鬼亲》）

【阴天烧蒿子——有意存烟】蒿子：一种草本植物，有某种特殊气味。指不怀好意，故意保留一些想法和目的不说，使他人放松戒备。[例]不是你那马扒子哄我去找绳，这就是阴天烧蒿子——有意存烟。（清代手抄本《于公案》）

【阴天折跟头——没影儿】比喻毫无根据，绝对没有的事情，或已经承诺的事情，至今没有看到。也指无影无踪，不知去向。[例]师傅，我可以对天发誓，那事儿绝对不是我干的，阴天折跟头——没影儿，我能做对不起您的事儿吗？｜您找寇东民，他已经从我们单位辞职三四年，阴天折跟头——早就没影儿了。

【银圆不叫银圆——大头】银圆：又作银元，旧时使用的银质硬币。大头：旧时银圆上铸有袁世凯头像的叫作“大头儿”为“袁大头”的简称，袁与冤谐音。讥讽甘心情愿地吃亏、上当，或枉费钱财。[例]这几年，你被他们骗得五迷三道，银圆不叫银圆——大头，至今还蒙在鼓里，快醒醒吧！

【鹰嘴鸭子爪——能吃不能拿】鹰嘴、鸭子爪：鹰捕食靠爪子，鸭子则靠嘴，鹰嘴和鸭爪均是各自的短处。讥讽好吃懒做，只会吃饭不会干活。[例]刚一来的时候说得都挺好，会这个，懂那个，什么条件都不要，等到户口从外地迁到这个大城市来了，人也进了研究所的大门了，就不是他了。干嘛嘛不行，尽是些鹰嘴鸭子爪——能吃不能拿的货。（蒋子龙《今年第七号台风》）｜我现在明白为什么没人要你了,用你们本地话说你是个"能耐梗"。谁也没有你能耐大,谁也没有你嘴能说,谁也没有你心眼多。你想想,哪个老实巴交的社员愿意自己组里有个鹰嘴鸭子爪——能吃不能拿的婆婆?(蒋子龙《燕赵悲歌》)

又作"鹰嘴鸭子爪儿——能吃不能拿"。[例]当时别的村一看下来这儿几块料,一个个都细皮嫩肉儿的,别说干农活儿,连地里的庄稼都认不全,谁也不想要。有的村干部干脆敲明叫响说,这些人都是耍嘴皮的,鹰嘴鸭子爪儿,能吃不能拿,到年底还得在队里分一分口粮,村里的社员肯定不答应。(王松《暖夏》)

【迎风吐痰——非吐到自己身上不可】比喻所做的不好的事情,必定会损害自己。[例]他只好挤出几丝微笑,说:"当然是讲条件了。我不干那迎风吐痰的事,那不是非吐到自己身上不可么!可也说不上讲条件,玛丽小姐,你不是讲过要把二十二路里的青年军官组织起来吗?……"(周骥良《吉鸿昌》)

【萤火虫儿的屁股——有亮儿也不大】比喻没有多大本领或多少力量,起不了什么作用。也指数量不大或获利微小。[例]我虽然是萤火虫儿的屁股——有亮儿也不大,但踏实肯干,能吃苦,有多大劲儿使多大劲儿,不会拖大家的后腿。| 大娘拿着一叠票子,递给招娣说:"拿去用吧,我也是萤火虫儿的屁股——有量儿也不大,只能救一点儿急。"

又作(1)"萤火虫的屁股——有亮也不大"。[例]他媳妇儿心里大概挺得意却还得装出一脸不屑,撇着嘴说:"这买卖挣的钱可不少,他就是瞎折腾,狗改不了吃屎,萤火虫的屁股——有亮也不大!"(天下霸唱《大耍儿》)(2)"萤火虫发光——没多大亮儿"。[例]谢如为是有点小聪明,不过那是萤火虫发光——没多大亮儿,这样复杂的工作他只怕还应付不下来。

【油锅里撒上一把盐——炸开了】形容场面一下子热烈起来,或众人的情绪突然变得激昂起来。也指因遇突发情况,场面引起混乱或众人变得惊慌、骚动起来。[例]这么多影视明星来到现场,整个大剧院就像油锅里撒上一把盐——炸开了。| 在"造反派"头头的蛊惑跳动下,对立的两派群众纷纷抄起棍棒,拿起砖石瓦块,小小的会场如同油锅里撒上一把盐——

炸开了。

【油篓里掷骰子——没跑】骰子：即
色子，一种游戏或赌博用具，以点
数大小决定输赢。指陷入困境而
无法解脱，或在掌握之中，跑不
掉，走不了。[例]"小心点！可别
叫道北的穷鬼们撵跑了！""您放
心吧，"赵六晃晃脑瓜说，"这是油
篓里掷骰子——没跑！"（张孟良
《儿女风尘记》）│派出所的民警
们顺藤摸瓜，只用半天多的时间，
那个惯偷就束手就擒，油篓里掷
骰子——没跑了。

【油瓶倒了都不扶——懒到家了】形
容非常懒惰。[例]我家老头子大
半辈子都这样，油瓶倒了都不
扶——懒到家了，什么家务活儿
也不干，可在外面对公家的事那
是一只虎，干起来不要命。

【油梭子发白——短炼（练）】油梭
子：油渣，一般呈黄色，若发白是
煎熬的时间不够。炼与练谐音。
比喻缺乏锻炼、磨炼，功夫还不
到。[例]假军官把手一摊显得很
无辜，说："警官，我听不懂你在说
什么。"周泉哼哼了声："我看你油
梭子发白——短炼。别忘了，上
回的事还没清账呢。我知道你们
的规矩，一条线上干短时间后立
即换道，可你小子没想到我会跑

这条线吧。"（小重《危情列车》）
又作"油渣发白——短炼"。[例]
今天我把这碗，用肚脐眼儿吸在
肚皮上，哪位要是能把这碗从我
肚子上拔下来，算我油渣发
白——短炼！要是拿不下来？各
位赏钱，还请传个名声。闲话少
说，各位上眼啦！（柳溪《大盗燕子
李三传奇》）

【油炸豆腐——外焦里嫩】指外表强
硬，内心却很软弱。[例]天津人说
话幽默、逗哏儿，即使夫妻抬杠拌
嘴也能抖出笑料来儿。邻居张二
伯是个外表强硬，内心软弱的人，
用二嫂儿的话说，二伯是"油炸豆
腐——外焦里嫩"。（止于至善《说
"丈夫"》）

【油炸麻花——扭来扭去】麻花：著
名小吃，把几股条状的面拧在一
起，用油炸熟。有的品种还要加
上芝麻、冰糖和各色果料。形容
人扭扭搭搭，害羞、腼腆，难为情，
不大方。也指双方抵触，总是吵
嘴闹别扭。[例]走，快一点，你平
时是一个挺泼辣、大方的人，怎么
上门相亲就像油炸麻花——扭来
扭去的？│你们两个的办公桌面
对面，就因为芝麻大的事儿闹不
团结，整天油炸麻花——扭来扭
去的，有什么意思？

【油炸麻花——有股拧劲儿】形容性情倔强，执拗，坚持自己的主张和做法，不听从别人的意见或不轻易为外力所改变。[例]这个姑娘的脾气太倔强，就像油炸麻花——有股拧劲儿，只要她认准的事儿，十头老牛也拉不回。

【有活儿不干——愣着】比喻失神，发呆，木然。[例]听到这突如其来的消息，工地上的一帮人全都有活儿不干——愣着，不知如何是好了。

【又娶媳妇又过年——喜上加喜】指好事情接连发生，锦上添花。[例]趁着年轻，腊八儿过去，又娶媳妇又过年，喜上加喜。（李燃犀《津门艳迹》）

【鱼坑里的臭水——流哪哪腥】腥：鱼虾的气味。讥讽人品行差，所到之处都留下不好的名声。[例]李夏干脆跟了过去，走近了就听见其中一人正粗声嚷嚷着："我就说嘛，这镲儿塘的人从来就不懂得个先来后到，要不偷了别人的东西还能这么硬气？真是鱼坑里的水，流哪哪腥。（李莹《响铜记》）

【榆木的脑袋——死硬】比喻特别顽固，倔强，不开化，不开窍。[例]别以为你的事是狐狸尾巴藏得严严实实，就榆木的脑袋——死硬，想

蒙混过关，没门！

【榆木疙瘩——不开窍】榆木疙瘩：坚硬的榆树根。比喻脑筋死板不灵活，不开化，为人处事不能随机应变。[例]跟你说了多少遍了，你怎么依然我行我素？真是榆木疙瘩——不开窍。

又作（1）"榆木疙瘩脑袋——不开窍"。[例]鲍熙昆急赤白脸地说："你是榆木疙瘩脑袋——不开窍。他们想当洋驸马！不行，我得抢在这帮家伙前面，先找到这位洋公主。洋驸马我当定了。"（吕舒怀《小白楼往事》）（2）"榆木疙瘩脑袋——不开窍儿"。[例]也不知道没上过几年学的李斌从哪儿趸来那么多词儿，口若悬河滔滔不绝，绝没有半点崩瓜掉字儿吃栗子的不妥之处，怎知这三傻子榆木疙瘩脑袋——不开窍儿，越劝越来劲……（天下霸唱《大耍儿》）

【榆木疙瘩——心实】比喻心性诚实、老实、踏实。[例]提起老洪没得说，人们交口称赞：那是"榆木疙瘩——心实"，可交、可靠。

【榆木脑袋——木头疙瘩一个】比喻保守，固执，头脑不开窍，或为人处世死板，不灵活。[例]刘横顺想得挺好，他让杜大彪往屋里泼水，浇灭了那一炉迷香，再进去捉拿

五斗圣姑。可杜大彪太实在了，榆木脑袋——木头疙瘩一个，直接将大水缸扔进了佛堂。(天下霸唱《火神》)

【雨后的狗尿苔——全冒出来了】狗尿苔：长在臭墙角或干粪上的一种有毒蘑菇。指出乎意料，突然出现了。[例]我们有10个发小，平时为生计东奔西走，各忙各的，难得坐在一起，今天的聚会我做东，见面先用俏皮话开了一句玩笑："欢迎欢迎，雨后的狗尿苔——全冒出来了。"

【雨后的庄稼——支棱起叶儿】支棱：竖起、翘起、挺起。形容振奋精神，挺直腰板，燃起新的希望。[例]朱庆、二贵、小囤、伍顺他们真像雨后的庄稼，支棱起叶儿，乍煞起胳膊，只要朱老忠说一句话，他们就把抗日的事情办得头头是道。(梁斌《烽烟图》)

【雨后送伞——空头人情】形容事后献殷勤，虚假的情意。[例]听了武老二的花言巧语，我只说了一句话："你这是雨后送伞——空头人情，有多远滚多远！"

【雨水煎茶——天上的味儿】煎茶：煮茶、烹茶。形容非同寻常的兴味或乐趣。[例]一个民兵说："这雨还有个好处，一张嘴就喝上水了！"柳喜儿笑着说："可不！雨水煎茶，天上的味儿呢。"(袁静等《新儿女英雄传》)

【雨天拔豆子——拖泥带水】比喻讲话、写文章不简洁，或办事不干脆利落，拖拖拉拉。[例]其实，凡人皆有爱好，就看你好什么了，打牌、醉酒，夜夜笙歌也是一种爱好……话扯远了，这有点雨天拔豆子——拖泥带水。(蒋子龙《〈歇后语趣谈〉序》)

【玉皇大帝到财神殿烧香——有权的也得求有钱的】玉皇大帝：道教所信奉的最高神之一。财神：迷信认为可使人发财致富的神仙。指掌权的人也需要或求助于富有的人。[例]什么"玉皇大帝到财神殿烧香——有权的也得求有钱的"，我就不信这个邪，你们要对全县所有的财主广而告之，就说我，新的官府老爷已经走马上任，限他们在十天之内，都必须统统上门敬供！

【元宵掉地上——整个一混球】晋语，指混蛋，责骂那些品行极差，不明事理的人。[例]狗子，你怎么又干缺德事儿？元宵掉地上——整个一混球儿。现在是新社会了，每一个公民都要守法，不改邪归正，早晚得进局子里去！

【园子里的韭菜——割一茬，长一茬】比喻抑制或禁止某种事情不彻底，会不断出现。[例]前些年，公款大吃大喝如同园子里的韭菜——割一茬，长一茬，现在这股歪风终于刹住了。

【远来的和尚——会念经】讥讽处事或做事不相信身边熟悉的人，而盲目地信奉外来的人。[例]同志们，最近我厂从外地引进几名技术骨干，有人说是"远来的和尚——会念经"，这种论调是不对的，会涣散人心，今天我就掰开揉碎地讲一讲这个问题。

【院子当中竖梯子——没靠儿】指没有依靠或指望。[例]大哥，你一拍屁股走了，我成了院子当中竖梯子——没靠儿，咋办呢？

【院子里挖陷阱——坑到家了】指坑害人到了极点。[例]什么？一百万？损失了一百万？这可真是院子里挖陷阱——坑到家了，我怎么向全村人交代？

【院子里种蒜——栽到家了】比喻彻底失败或丢尽颜面。[例]在这件事情上，我是院子里种蒜——栽到家了，今后社会上还怎么混呢？

【愿香——老举着】愿香：手持高举的燃香许下心愿。指将某事某物紧紧抓住，不放松或不撒手。[例]

这些都是些猴年马月的事儿，早该翻篇了，你还愿香——老举着，何时才是个头呀？

【月亮地里耍大刀——明砍(侃)】砍与侃谐音。形容无拘无束、漫无边际地畅谈或闲聊。[例]三伏天的深夜，老哥俩光着膀子，坐在凉席上，你有来言我有去语，月亮地里耍大刀——明侃，就像说对口相声，俏皮话满嘴乱蹦，听得人忍俊不禁。

【孕妇走钢丝——挺(铤)儿(而)走险】挺儿与铤而谐音。指因无路可走或绝望而采取冒险活动。[例]他想，眼下救人如救火，不能顾虑太多，只有孕妇走钢丝——挺儿走险，直闯"虎穴"了。

【运肥车夫失盗——丢粪(份)儿】粪与份谐音。比喻丢人，丢面子或有失身份。[例]这类事儿，今后说什么也不能再干，运肥车夫失盗——太丢份儿了。

Z

【扎堵子戴红缨儿——又当儿子，又当孙子】扎堵子：民间丧俗中，孝子戴的孝帽子。戴红缨儿：民间丧俗中，孙辈在孝帽上缀的红绣球。指出于某种原因，对他人卑躬屈膝，低三下四，忍气吞声。用于讥讽或责骂谀佞之徒卖身投靠权贵。[例]在抗战时期，个别反动文人就如天津卫老俏皮话说的，是"扎堵子戴红缨儿——又当儿子，又当孙子"，卖身投靠，谄媚取宠，甚至歪曲篡改历史，真是可恶、可耻至极！

【杂货铺的闺女——不吃亏】旧时杂货店一般为夫妻店，女儿也时常在店铺里帮忙卖东西，小本经营，精打细算。形容吝啬、小气，过分爱惜自己的财物，当用不用。[例]我说小兄弟，你今后为人处世大方一些，别光为自己打算，杂货铺的闺女——不吃亏。｜原本这有人的地界儿就会有矛盾，这是亘古不变的道理，何况这是关押各路"社会精英"的地方，这一个个的，在外面可都是"杂货铺的闺女——不吃亏"的主儿，这些人聚在一起，别说马勺儿会碰锅沿儿了，那就是马勺儿砸锅、锅撞马勺、电光石火、玉石俱焚的恶战了！(天下霸唱《大耍儿》)

【杂技团叠罗汉——人上有人】叠罗汉：杂技表演节目之一，人上架人，层层叠成各种造型样式。指

不可骄傲自满，世上总有比自己更高、更强的人。[例]儿子，出门在外要记住一句俏皮话："杂技团叠罗汉——人上有人"，时刻夹着尾巴，不能目空一切。

【砸锅卖铁——豁出去了】形容为达到某一目的而不惜一切代价，不管不顾，无所畏惧。[例]而今来了三趟了，能让这个飞贼跑了吗？窝囊废心道一声："今儿个我也是砸锅卖铁——豁出去了！上天追到你凌霄殿，下海追到你水晶宫，说什么也不能再白跑一趟了！"（天下霸唱《崔老道传奇 三探无底洞》）

【砸锅卖铁——一锤子买卖】指无论干好干坏，只做这一次，不考虑以后怎样或不留后路，没有余地。[例]鸿昌咬咬牙，那真是一刀砍下去，要多利索有多利索。"把守城的直属营调给老沙，把守城的任务交给咱们后勤兵。砸锅卖铁，一锤子买卖！"（周骥良《吉鸿昌》）

【砸蒜罐子里长豆芽——窝囊坏了】砸蒜罐子：用于捣蒜的陶瓷器皿，一般不大，豆芽如长在里面只能蜷缩着。指身处恶劣的环境，受尽窝囊气，委屈得不行了。[例]冯贵堂说："我看哪，趁水和泥，管他

抗日不抗日，先抓他两把，把队伍搞起来再说……"一边说着，两撇黑胡子翘一翘的。冯雅斋说："我也这么想，不然将来……砸蒜罐子里长豆芽，非窝囊坏了不行。"（梁斌《烽烟图》）

【在刀尖上打拳——站不住脚】比喻观点、意见、想法等没有事实依据，禁不起推敲与反驳。也指人不能再继续停留下去了。[例]他回到办公室，从柜里拿出一个手电筒，趁着现在车间里没人，索性偷偷地检查一遍。在洗澡间的墙壁上用铅笔写着——华胜贵缺德带冒烟，不得好死！在工人休息室的桌子上用刀刻着——华胜贵在刀尖上打拳——站不住脚，武大郎盘杠子——上下够不着。（蒋子龙《招风耳，招风耳！》）

【在娘娘宫拴了个兔捣碓——没点人样儿】兔捣碓：儿童泥制玩具，多为月宫玉兔持杵于碓（石臼）中的捣药状。旧俗妇女为求子到娘娘宫拴娃娃，结果拴个兔捣碓回来，当然不成体统了。讥讽品行极差，为人处世有悖常情、常理、常规。也指外表相貌丑陋。[例]你整天对别人指指点点，今天说张三不行，明天说李四够呛，哼，还是拿个镜子照一照自己吧，在娘娘宫拴了个兔捣碓——没点人样儿！

【糟鼻子不喝酒——枉担其名】糟鼻子：又叫酒精鼻，一种鼻头发红的慢性皮肤病。比喻平白无故地沾上不好的名声。[例]我和房皮子关系不错，但他干的那些坏事都背着我，我一概不知，让我也跟着一块进来，真是糟鼻子不喝酒——枉担其名。

【枣木棒槌——一对】棒槌：捶打用的木棒，多为民间浆洗衣物的用具。比喻志向相同、性格相投的两个人。也指夫妻或与情人俩人。[例]贾湘农说："来，老忠同志！我给你们俩介绍介绍，这是高蠡中心县委书记宋洛曙同志，你们两个是枣木棒槌，一对。"（梁斌《播火记》）

又作"枣木棒槌——一对儿"。[例]白志刚大声地问道："混丢！我问你这些日子在哪儿鬼混来？""这你管不着！"混丢也甩出光棍调来说："我是个自由鸟，飞到东，飞到西，随我的便，有钱难买光棍乐，个人寻个人的自在。""好！硬对硬，咱俩是枣木棒槌——一对儿。"（鲍昌《庚子风云》）

【澡堂的鞋跋拉——没对儿】澡堂：旧时专供人洗澡的场所。鞋跋拉:木制拖鞋。澡堂里的拖鞋左右不分,难以配对。形容人或事物难以配对,好得没有可比的了。也指孤身或没有陪伴的人。[例]你们仔细看看这幅画,绝对是精品,澡堂的跶拉鞋——没对儿。▎老白都快五十岁了,还是澡堂的跶拉鞋——没对儿,怪可怜的。又作"澡堂子里的跶拉板儿——没对儿"。[例]浴床上备有枕头、毛巾褥和毛巾被,地下放着一双跶拉板儿,就是木板做的拖鞋,跶拉板儿不分左右,形状一致。天津卫有一句俏皮话叫"澡堂子里的跶拉板儿——没对儿",就是从这儿来的。(王和平《天津的玉清池》)

【澡堂子里的拖鞋——一顺的】一顺:澡堂子里的拖鞋多为木制,形状一致,不分左右,也不分号。指同一个方向、顺序,或相同的、一样的、一律。[例]大厅里的服务人员会引着你凭手牌将衣服脱在编号的柳条筐里,然后拿上毛巾,换上拖鞋,再到浴池洗澡。拖鞋大多数木制的,鞋板上拴两条布带,俗称"跶拉板",左右一顺不分号,应该算是澡堂子里的一大特色,以至成了人们熟知的一句歇后语:"澡堂子里的跶拉板儿——一

顺的。"(张映勤《流年碎物》)

【灶坑里的老鼠——灰溜溜的】形容神情沮丧或消沉。也指颜色或色彩暗淡无光。[例]大师兄在跤场上又一次失手,输得很惨,下来后像灶坑里的老鼠——灰溜溜的,师傅鼓励他:"失败不可怕,哪里摔倒从哪里爬起来,这才是一条汉子!"

【灶坑里的王八——憋气又窝火】形容有委屈或烦恼而不能发泄,十分痛苦。[例]这小泉黑三在日本摔跤界也算小有名气,没想到栽这么大的跟头,心里是灶坑里的王八——憋气又窝火。

【灶坑里的窝窝头——眼热儿】窝窝头:一种面食,通常用玉米面或杂合面制作而成,略呈圆锥状,底部有个窝。比喻看到好的事物很羡慕,希望得到。[例]看到大坤靠党的政策和自己的苦干,慢慢地发家致富,第一个摘掉了贫困的帽子,全村百姓有谁不灶坑里的窝窝头——眼热儿呢?

【灶王爷吃糖瓜——稳拿】灶王爷:也叫灶君、灶老爷,迷信称掌管一家祸福的神,供奉在锅灶边,代指"家"。糖瓜:也称甜瓜,用麦芽糖和江米面粉做成的食品形似瓜状。旧俗每年农历腊月二十三灶王爷上天时,老百姓要上供糖瓜,

让他吃了后粘住嘴,上天后不乱说坏话。形容做某事有十足的把握,手到擒来,稳操胜券。[例]经过侦察,鬼子只有一个小分队,已经被我们团团包围,今天打个漂亮仗,把他们彻底消灭,是灶王爷吃糖瓜——稳拿!

又作(1)"灶王爷吃甜瓜——稳拿"。[例]常有田望着雪弗莱轿车绝尘而去,暗自庆幸:我常有田天生福将,这桩买卖是灶王爷吃甜瓜——稳拿。(吕舒怀《水铺》)(2)"灶王爷伸手——稳拿糖瓜儿"。[例]他想:我们是国有大企业,投标一个县级小工程,还不是灶王爷伸手——稳拿糖瓜儿吗?

【灶王爷跌跟头——砸锅了】比喻事情没有成功或办坏了。[例]第一次上台演出真紧张,虽然有小的瑕疵,但总体算圆满,没有灶王爷跌跟头——砸锅了。

又作"灶王爷扔石头——砸锅了"。[例]不听家里和朋友的好言相劝,刚子鬼迷心窍,非得玩股票,开始小赚了几笔,后来被大把的钱冲昏头脑,过了没几年就灶王爷扔石头——砸锅了,赔了个底掉。

【灶王爷的佛龛——受不了大供享】佛龛:供奉佛像的小阁子,多用木头做成。供享:供品,供奉神佛祖宗用的瓜果酒食等。比喻本领、能力不足,承担不起大的责任,或做不出大的贡献。也指人的造化太小,无法享受大的福分。[例]老板,我没什么文化和本事,只能干个跑堂的活儿,灶王爷的佛龛——受不了大供享。

【灶王爷横批——一家之主】横批:旧时供奉灶王爷的对联一般是:上联"上天言好事",下联"下界保平安",横批"一家之主"。指一个家庭或一个一个单位说话算数,能当家主事的人。[例]跟您说实话,老头子在家嘛事也不管,我从来都是灶王爷横批——一家之主,大权独揽,小权也不分散。

【灶王爷卷门神——画(话)里有画(话)】门神:旧俗贴在门上的神像,用以驱逐鬼怪。画与话谐音。指话语中暗含有别的意思或未曾讲明的内容,语带双关,意在言外。[例]歇后语是一种熟语,是带有强烈民间色彩和幽默感的大实话、大白话、睿言智语,它的特点是说半句"歇"一下,"后边"点题,说到根上,说到眼处。灶王爷卷门神——话(画)里有话(画)。(蒋子龙《〈歇后语趣谈〉序言》)

【灶王爷上天——多说好话】灶王爷

上天:旧俗每年农历腊月二十三祭送灶神,为的是让灶王爷对自己所管辖的人家只说好事,不说坏事,以保平安吉祥。指为别人多说些好话,少说些赖话。[例]民兵队长再三告诫志成,见到崔大耳朵要灶王爷上天——多说好话,先把他稳住,千万不能打草惊蛇。

又作"灶王爷上天——多言好事"。[例]大叔,您灶王爷上天——多言好事,这件事情千万别告诉我妈,行吗?

【灶王爷上天——有一句说一句】比喻全部照实话说出来,毫无保留和隐瞒。[例]好在这事不怪自己,吕连仲亦有一多半罪辜,到了不可开交的时候,给他个大佛升殿、灶王爷上天,有一句说一句。(李燃犀《津门艳迹》)

又作"灶王爷上天——有啥说啥"。[例]不要害怕,灶王爷上天——你有啥说啥,这小子在外边都干了什么坏事,我给你做主。

【灶王爷贴在腿肚子上——人走家搬】灶王爷:指灶王爷画像。比喻家里很穷,没有什么财产,人离开了家也跟着搬走了。也指单身一人,没有家室拖累。[例]咋的?我们猎人离开枪,就会被野兽吃掉;战士离开枪,就会被敌人消灭。

我黑大个是"灶王爷贴在肚子上——人走家搬"。莫说我没娶媳妇儿,就是娶了媳妇,这枪也比媳妇亲,它就是我的命呀!(袁静《伏虎记》)

又作"灶王爷绑在腿肚子上——人走搬家"。[例]"俺一个人光棍一条,"张怀金尤其突出这两个"一"字……特意伸出一个指头比画着。"没家没业的,灶王爷绑在腿肚上——人走家搬。一个人吃饱了,全家都要不饿了。"(石磅《混血》)

【灶王爷折跟头——不离板儿】板儿:旧俗供奉灶神时,人们一般是把装有其画像的佛龛置于锅灶上方靠墙的木板上。比喻坚持原则或主题,符合情理和常规,恰当,靠谱。[例]你这件事儿办得不错,灶王爷折跟头——不离板儿,特别是分寸拿捏得好。

【灶王爷折跟头——离板儿】比喻说话做事离开原则或主题,不着边际,离谱了。也指违背常规,不合情理,出轨了。[例]你这一段儿的表现,就是灶王爷折跟头——离板儿啦!(谭汝为主编《天津方言词典》)

又作"灶王爷打飞脚——离板了"。打飞脚:跳起身来,将一条腿向高处狠力踢出。灶王爷的神像多贴在木板上，打飞脚必然离板。[例]你应该反思一下，在这件事情上灶王爷打飞脚——离板了，查找原因，整改见效，下不为例。

【贼吃贼——越吃越肥】贼：小偷。形容坏人之间互相争斗，胃口越来越大，攫取的油水(利益、好处等)越来越多。[例]更没想到通讯组拿了地图，就直接前往阴峪海下的洞穴，他至此恍然醒悟，原来这伙人也是土贼，这可真是贼吃贼——越吃越肥了。(天下霸唱《地底世界之幽潜重泉》)｜可是有挖坟掘墓的，三爷就吓他一下，给他来个贼喊捉贼，卷了他的赃物，这叫贼吃贼，越吃越肥。(天下霸唱《金棺陵兽》)

【炸糕上笼屉——跑油又撒气】炸糕：传统小吃，用糯粉或普通面粉等原料制成的糕饼，油炸后食用。比喻把需要保密的消息透露出去。也指不完美，有缺陷或有破绽。[例]吃耳朵眼炸糕有讲究，应趁热吃，如放凉后再吃，味道将大为减色。带回家，放微波炉里打一下，炸糕的酥脆感全无。更不可将热炸糕放食品袋装盛，一旦捂住热气，那可就成了"油糕"。

天津人讲话：炸糕上笼屉——跑油又撒气。(赵永强《津味儿》)｜我们做干部工作的必须注意保密，这是一条重要原则，决不能炸糕上笼屉——跑油又撒气。

【炸馃子的偷懒——油(游)手好闲】油与游谐音。形容人游荡懒散，好逸恶劳。[例]小匾子整天吊儿郎当，不务正业，炸馃子的偷懒——游手好闲，该好好管一管了。

【炸麻花的碰上搓草绳的——摽上劲儿】形容双方因竞赛或赌气而铆足劲儿，互相比拼，较量高低。[例]他们俩人，上大学同班，毕业后又分到一个单位，追着赶着，一直谁也不服气谁，这就叫炸麻花的碰上搓草绳的——摽上劲儿了。

【宅神堂里的鸡子——宝贝蛋】宅神：民间传说中专管住宅的神。鸡子：鸡蛋。比喻非常心爱的人或十分难得的珍物。有时也指对小孩的昵称。[例]根据日常生活，人们创造了不少的成语、比喻、俏皮话等等。在比喻上，人们通常是用生活里最习见的东西来形容事物的。比如说一个独生子，人们便说"十八亩地里一棵谷，独根苗"，或是"神宅堂里的鸡子，宝贝蛋"。(孙犁《文艺学习》)

【站在河边撒尿——随大流儿】指顺着多数人说话或行事。[例]林海在很多问题上都没有自己的主见，而是站在河边撒尿——随大流儿。

【张飞吃豆芽——小菜一碟】张飞：三国时期的楚汉大将，以其刚强、勇猛、鲁莽、嫉恶如仇而著称。指做无关紧要或轻而易举的事，不成问题，不在话下。[例]老实说，京剧不同于电影、话剧，他当这个导演是张飞吃豆芽——小菜一碟。(蒋子龙《蛇神》)▎打一手好的毛线活儿是当年女人们值得夸耀的资本，在她们眼里，织个脖套那不是"张飞吃豆芽——小菜一碟"吗?(张映勤《流年碎物》)

又作(1)"张飞吃豆芽——小菜儿一碟"。[例]您想，最早发明了火药的中国人，做个小小的火柴那不是张飞吃豆芽——小菜儿一碟吗?(张映勤《流年碎物》)(2)"张飞吃豆芽——小菜儿一碟儿"。[例]谁不知道你是机关的大笔杆子，写份个人事迹的简要材料，还不是张飞吃豆芽——小菜儿一碟儿，快点吧，明儿早上一上班就把稿子交给处长。(3)"张飞吃豆芽菜——小菜一碟"。[例]韩老板，凭您，上通天，下通地，能呼风唤

雨的人，批辆新面的，不是张飞吃豆芽菜——小菜一碟吗?(王富杰《黄飘带》)(4)"张飞吃黄豆——小菜一碟"。[例]她终于答应了!我兴奋得想跳高。既然我拍胸脯答应她，说明我胸有成竹，相当于张飞吃黄豆——小菜一碟。(吕舒怀《鸟市大街》)(5)"张飞吃豆芽——小菜儿"。[例]在对手眼里，咱的主力队员也不过是张飞吃豆芽——小菜儿!(谭汝为主编《天津方言词典》)

【张飞打铁——人硬货也硬】形容能力强，办事也漂亮。[例]武大哥干瓦工十几年，那可是张飞打铁——人硬货也硬，在咱全市整个行业没有谁能比得了。

【张飞的胡子——硬茬儿】形容强势、强硬，或霸道，不好惹。也指对抗强硬的挑战者。[例]这场的对手可是张飞的胡子——硬茬儿，你要稳住心态，放手一搏。

【张飞拿耗子——大眼儿瞪小眼儿】形容因恐惧、惊奇、着急而发愣，说不出话来的样子。[例]生产队长的一席话，说得梁二狗两口子你瞅我，我瞅你，心里明白自家理亏，张飞拿耗子——大眼儿瞪小眼儿，不知如何是好了。

又作(1)"张飞看耗子——大眼儿

瞪小眼儿"。[例]我和崔大离感到莫名其妙，两个人面面相觑，好比张飞看耗子——大眼儿瞪小眼儿，都想问对方："这伙人是从哪儿跑出来的？怎么这身打扮？"怔了片刻，我脑中一转，心想也许是拍电影。(天下霸唱《无终仙境》)

(2)"张飞纫针——大眼儿瞪小眼儿"。[例]好像是初中时读到军旅作家任斌武《开顶风船的角色》的。如果没记错的话，作者为主人公鲁牛子从初进靶场"剃光头"到最终成为神枪手，所设计的成功"秘诀"之一，就是"张飞纫针——大眼儿瞪小眼儿"那句俏皮话，把一个五大三粗的新兵蛋子整得手足无措，针线包都被汗水浸透了。(阎晓明《劳动课》)

【张飞拿鸽子——一个儿不个儿】强调最小或最少的数额，指一个也没有。[例]我和小伟起了个大早，上山打野兔子，奔波了一天，累了个半死，结果是张飞拿鸽子——一个儿不个儿。

【张飞纫针——粗中有细】纫：引线穿过针鼻儿。形容举止表面上粗鲁、随意，实际上包含着审慎、精细的用心。也指性格粗犷，有时也很细致。[例]嘿！你看人家康阳哥在摔跤场上是一名猛将，原来文章也写得漂亮，能文又能武，张飞纫针——粗中有细。

又作"张飞绣花——粗中有细"。[例]谁也没想到，平时大大咧咧的郭胜营把事情处理得如此圆满，原来他是张飞绣花——粗中有细。

【张家口的蘑菇——泡上了】蘑菇：可以食用的真菌，特指口蘑。当年张家口的特产蘑菇，物美价廉，在津城很有名气，广受欢迎。泡：在水中浸泡。比喻懈怠懒惰，故意地消磨、拖延时间。也指纠缠不休，招惹是非。[例]你还张家口的蘑菇——泡上了，这样只能白白地浪费时间，解决不了问题。

【张天师叫鬼迷住了——有法也没法了】张天师：东汉的张道陵，是天师道创始人，民间泛称其后裔、门徒为"张天师"。形容有本事、有能耐的人也无计可施了。也指陷入困境或僵局，无法解脱。[例]你们让我怎么办？事已至此，结果难以改变，我也是张天师叫鬼迷住了——有法也没法了。

又作"张天师被鬼降住了——无法可使"。[例]这件事愁得西霸天坐卧不安，他找法院，法院也没办法。首席法官给他回信说："我也是张天师被鬼降住了——无法可使呀！"(张孟良《儿女风尘记》)

【张天师卖眼药——舍手传名】舍：舍弃、放弃。手：手艺。指为了追求名声而不惜舍弃其他。[例]崔老道动了这个念头，哈哈一笑，说道："萍水相逢，能遇上是缘分。老道我今天是张天师卖眼药——舍手传名，给老兄你测个字如何？倘若说的准了，老兄帮我传个名，说的不准还请不要见笑。"（天下霸唱《傩神 崔老道和打神鞭》）

【张天师忘词儿——没咒念】咒：某些宗教或巫术中用以除灾或降祸的口诀。指一筹莫展，无计可施，或手段、办法不灵验了。[例]人哥，这可是一笔双赢的买卖，我就是缺点儿钱，你实在不愿意干，过了这个村就没这个店，张天师忘词儿——我也没咒念了。┃魏直升一看这场面，本来信心满满的他顿时傻了眼，成了张天师忘词儿——没咒念了。

【掌柜的甩手——乐呵一下】掌柜的：旧时称商店老板或负责管理商店的人。甩手：扔下事情或工作不管。指什么事也不干，高兴、快乐一下。[例]车行闹市，楼宇琳琅。空气清新，极似初秋。离演出尚有几日，友人相约打熊、钓蟹。我心里愉悦，踢走闲人废话，权且散淡逍遥。掌柜的甩手，爷

要乐呵一下了。（郭德纲《过得刚好》）

【丈八的高台——照远不照近】高台：灯台，灯盏的底座。比喻缺乏自知之明，只看见别人的缺点，看不到自己的不足。也指只照顾别人，却不顾及自己或自家的事情。[例]丈八的高台照远不照近。就知道人家不对，看不出自己的错儿来。（李燃犀《津门艳迹》）

【丈二和尚——摸不着头脑】丈二：一丈二尺。身高一丈二尺的和尚，一般身高的人摸不着他的头脑。指不了解情况或摸不清底细，对事情疑惑不解。[例]我妈和张婶儿给他领过来不少大闺女，他却闷葫芦一个，没吭哧几句就拉二胡，弄得人家大闺女丈二和尚摸不着头脑。（李治邦《棉纺宿舍》）┃"我是谁，甭问。你听着，有个人跟你讲话。"吴富新丈二和尚——摸不着头脑。"谁跟我讲话呢？"他莫名其妙地想。（王富杰《黄飘带》）

又作"丈二的和尚——摸不着头脑"。[例]血蘑菇丈二的和尚——摸不着头脑，分明是做梦，难不成能在梦里整死我？他问老鞑子："老叔，什么人这样恨我？我是打哪儿来的？我爹我娘在哪儿？"

（天下霸唱《天坑宝藏》）

【丈母娘当家——瞎胡闹】丈母娘：岳母。旧时认为丈母娘属于外亲，不可以给姑爷当家主事。指毫无来由地乱搞，不讲道理，胡搅蛮缠。[例]还没说上两句话，她就撒泼打滚儿，甄大娘很生气，说："你这是丈母娘当家——瞎胡闹！"

【丈母娘举墩子——瞧他姥姥的那个劲儿】姥姥：妻子的母亲。"丈母娘"与"姥姥"实为同一人。表示对某人得意忘形的鄙夷。[例]注意，这些"骄傲劲儿""散漫劲儿""忙劲儿""严肃劲儿""劲儿劲儿的"，都含贬义。天津方言歇后语说得更有意思："丈母娘举墩子——瞧她姥姥的那个劲儿。"（谭汝为《这是天津话》）

又作"老太太举碡子——瞧他奶奶这劲儿"。[例]人家周伯厚道，要搁我们那位，他能撂饭碗不吃了，他说这么好的卤，就着苦的豆芽菜，把好东西都淹浸了。这不老太太举碡子——瞧他奶奶这劲儿。（郭文杰《淹浸和糟践》）

【丈母娘看女婿——越看越欢喜】指对某人格外喜欢，越看越满意。[例]这小伙子真不错，名牌大学毕业，思路清晰，踏实肯干，我是

丈母娘看女婿——越看越欢喜。

【丈母娘看姥姥——等着瞧好吧】比喻有把握让人等着看好结果、听好消息，令人放心，不会失望。[例]这里头有个说法唤作"单杯饮酒水长流"，你照我说的给董妃娘娘下葬，我说怎么办你就怎么办，从今往后，您就丈母娘看姥姥——等着瞧好吧。（天下霸唱《崔老道捉妖：夜闯董妃坟》）

又作"丈母娘看姥姥——您瞧好儿吧"。[例]我说："大金牙，给你那支步枪你会使吗？可别走火儿！"大金牙说："嘿！丈母娘看姥姥——您就瞧好好吧！"（天下霸唱《摸金校尉之九幽将军》）

【丈母娘夸姑爷——傻好儿】傻：很，十分。谑指什么都好，或实在太好了。[例]你小子这件事情干得出色，丈母娘夸姑爷——傻好儿，算是给咱祖宗争了光。

【丈母娘疼姑爷——实心实意】指心地诚实，没有虚假。[例]没关系，你领情也好，不领情也罢，反正我是丈母娘疼姑爷——实心实意。

【丈母娘坐炕头——当姥姥】讥讽倚老卖老，故作姿态，摆老资格，瞧不起别人。[例]巡河警察把桌子一拍，训斥道："你这个老家伙真不知好歹，我只是让你说几句罢

了,你还没完了,真想丈母娘坐炕头——当姥姥?"

【昭君娘娘和番——出塞(色)了】昭君娘娘:即王昭君,本是汉元帝后宫被宠幸的妃子,后为汉朝公主出塞和亲,换来两个民族长达数十年的和平。和番:古指中原王朝与外族、外国之间通过结亲来建立友好关系。塞与色谐音。形容特别出众,超出一般。[例]东家大奶奶看着一对双胞胎小姐从外边回来,立刻就眉开眼笑,还拽出一句老天津卫的俏皮话:"真是昭君娘娘和番——出色了!"

【找块白布往脸上一盖——死了得了】民间习俗,人死后用白布遮住死者脸部,既能减轻亲属的悲伤,又是对死者最后的尊重。得了:行了,算了。指无可奈何地作一了结,死了罢了。[例]其实张瞎子也是吓唬他,俗话说"阳间有私,阴世无弊",生死簿上钩的是肖长安,要他窝囊废没用。可是费通胆小怕事,真往心里去了,由打城隍庙出得门来打了一个唉声,恨不得找块白布往脸上一盖——死了得了。(天下霸唱《崔老道传奇三探无底洞》)

【赵公明打哈欠——财大气粗】赵公明:又称赵公元帅,道教所信奉的财神。比喻仗着钱财多而盛气凌人。也指财富丰厚,气派不凡。[例]父亲再三叮嘱我,不要以为企业大了,口袋鼓了,就可以赵公明打哈欠——财大气粗,无论何时都必须放下身段,低调做人。

【赵家场摆渡——横宽】赵家场摆渡:其渡口由清末天津商人陈应夏筑建,此处的河面比别的地方都宽。指面积较大,范围较广。也谑指人的体形矮胖。[例]大家经过实地察看,都认为这块地方是赵家场摆渡——横宽,适合建一个停车场。

【赵老二偷房檩——顶这儿了】相传,早年天津侯家后有个居民赵老二,成天不务正业,无所事事。一日夜间偷邻居家一根房檩,正扛着急跑,失主追来。此时巧遇前面一座房子要倒,赵老二就将房檩顶在墙上,说自己不是偷而是救急做好事。形容人到此为止,没有什么出息、长进或前途了。也指对某人或某事心灰意冷,不抱希望了。[例]天津有句俏皮话:"赵老二偷房檩——顶这儿了。"说这个人哪,没长进。没出息,这时候用这句。"你呀,赵老二偷房檩——顶这儿了。"字面上是怎么讲哪?知道的人不多了。

（《张寿臣笑话相声合编》）

又作（1）"赵老二扛房檩——顶这了"。[例]严起不是什么起眼的人物，充其量也就是个县里的中层，所在部门也是个清水衙门，仕途发展可以说是"赵老二扛房檩——顶这了"，所以他自觉把仕途看淡了，抓住一切机会，利用自己的地位和能量，为自己开脱求财的渠道。（陈子茹《溶洞》）（2）"赵老二扛房檩——顶这儿了"。[例]天津方言歇后语："赵老二扛房檩——顶这儿了"，是说某人到此为止，不会长进，亦无发展，也没有前途的意思。（谭汝为《谭谈天津话》）（3）"赵老二扛房檩——顶这儿啦"。[例]田中秀有些无奈："赵老二扛房檩——顶这儿啦，你这熊孩子！"说完，走了。（姚宗瑛《天时》）（4）"二他妈妈换房檩——顶到这儿了"。[例]老二说："老三你这辈子成不了大事，二他妈妈换房檩——顶到这儿了。"（天下霸唱《河神 鬼水怪谈》）（5）"二小扛房檩——顶这儿了"。[例]你一身坏毛病不改，还会有什么前途？二小扛房檩——顶这儿了。

【照着镜子作揖——自己拜自己】比喻自己夸耀自己。[例]你们非让我讲讲不可，那就恭敬不如从命了，我这是照着镜子作揖——自己拜自己。

【针尖对麦芒——谁也不让谁】指针锋相对，互不相让。[例]他们两个人针尖对麦芒——谁也不让谁，我担心再这样闹下去，会弄得全科室都别别扭扭的。

【珍珠没眼儿——瞎宝贝儿】比喻自己觉得了不起，自以为不错，实际上没什么价值。也用于调侃视力差的人。[例]亮子在家排行老八，只有他这一个小子，"珍珠没眼儿——瞎宝贝儿"！亮子深得一家人的宠爱，在家儿几乎说一不二。（天下霸唱《大耍儿》）

【枕着扁担睡觉——想得宽】讥讽把事情想得过于简单，不切实际，难以实现。也指人心胸开阔，不狭隘，不会计较什么。[例]你不要做梦娶媳妇——想得美，枕着扁担睡觉——想得宽，一夜暴富那是骗人的把戏，没影的事儿！┃任大伯这个人特敞亮，心里从来不装事儿，吃得饱睡得着，枕着扁担睡觉——想得宽。

【正月初二拜丈母娘——正合适】天津民间习俗，正月初二是女婿给岳父母拜年的"法定日子"。比喻正好符合实际情况和客观要求。

也指正是时候。[例]岳父看到我们给二老买的小汽车，高兴得不得了，冲着岳母笑道："这真叫正月初二拜丈母娘——正合适！"

【正月初一拜年——拣好的说】指只说好话，以讨人喜欢。[例]咱们是真正的朋友，你不要正月初一拜年——光拣好的说，多说难听的，骂人的话也无妨。

【正月初一吃饺子——年年如此】形容每年都一个样，老一套，没有什么变化或创新。[例]我们的展销会为什么效果越来越差？关键在于正月初一吃饺子——年年如此，缺乏创新，没有闪光点，让人们腻烦了。

【正月初一卖门神——过时货】门神：民俗除夕晚上贴在大门上的神像，用来驱逐鬼怪，保平安。比喻事物已经陈旧，不合时宜了。[例]原来的很多规章制度，都是正月初一卖门神——过时货，要抓紧清理并废除，不然会成为改革的阻碍。

【正月里的孩子——玩得太美了】正月：指农历一年中的第一个月。形容非常舒服、开心，特别高兴、满意。[例]这三天小辈儿成了正月的孩子——玩得太美了。那老头子老婆子一连三天，领着他出

来做生意，来的都是热闹地界儿，小辈儿人小不懂大人事。（肖克凡《蟋蟀本记》）

【正月十五踩高跷——半截不是人】正月十五：即元宵节，我国的传统节日，每年在农历正月十五这一天，民间盛行赏花灯、吃汤圆、舞龙灯、踩高跷、赶庙会、放烟火等民俗活动。踩高跷：一种民间技艺表演，由舞蹈者装扮成戏剧或传说中的人物，踩着有脚踏装置的木棍，边走边表演。半截：半段，一件事物的一半。讥讽或责骂净做见不得人的坏事，不是什么好人。[例]这小子总在背地里鼓捣事儿，闹得四邻不安，正月十五踩高跷——半截不是人，没有谁愿意搭理他。

【正月十五放烟火——一冒几丈高】形容特别愤怒或发脾气时火气很大。也指热情很高。[例]听了造反派的污蔑和质问，老书记义愤填膺，如同正月十五放烟火——一冒几丈高，拳头一挥大声喝道："我不是叛徒！不是叛徒！就不是叛徒！"

【正月十五赶庙会——随大溜】庙会：于规定的日子在寺庙内外进行焚香祷告活动或交易的聚会。指自己没有主见，跟着多数人说

话或行事。[例]自从黄石爷披甲上阵，村里不少老年人都参加了老愚公队，他也跟着报了名，一则是人们火热的劲头感动了他，二则是大势所趋。按他自己的话说："正月十五赶庙会——随大溜。"(冯育楠《银沙滩》)

【正月十五看花灯——走着瞧】花灯：民俗活动之一，表演者装扮成戏剧或传说中的人物，提着各色各样的灯，边走边舞。比喻在事情发展的过程中看结果，见分晓。[例]老兄，长痛不如短痛，企业改革是大势所趋，谁也躲不过，你要不信，那咱就正月十五看花灯——走着瞧！

【正月十五贴门神——晚了半个月】讥讽行动迟缓，错过了时机，或为时已晚，不合时宜。[例]结束东城的战斗，我带领小分队的同志，押着俘虏，带着胜利品，迅速转移了。等敌人从西城赶来增援时，已是"正月十五贴门神——晚了半个月"啦！

又作(1)"正月十五贴吊钱儿——晚了半个月"。吊钱：民间习俗，春节期间贴在门楣、房檐、门板或与对联搭着贴的镂有图案、文字的剪纸，一般是在除夕之前贴上。[例]这批汽车零部件，公司已和外商签订了合同，本月底必须交货，如果再拖延，恐怕是正月十五贴吊钱——晚了半个月，我们要争分夺秒地铆足劲，加油干！(2)"正月十五贴门神——迟了半个月"。[例]俺们都快干完了，他们才刚找木头橛子，真是"正月十五贴门神——迟了半个月"呀！(袁静《红色少年夺粮记》)(3)"正月十五请财神——晚半月啦"。财神：迷信称可使人发家致富的神，后也指掌管钱财的神。民间传说农历正月初五是财神的生日，故有在前一天晚上各家置办酒席，为财神贺辰的习俗。[例]要是按这种敌情通报再行动，正月十五请财神——晚半月啦！(王林《腹地》)

【正月十五煮元宵——纷纷落水】比喻某些人接连堕落，去干坏事。也指人接二连三落入水中。[例]报载，在反腐败斗争中，某市的三位主要领导干部先后被查，如同正月十五煮元宵——纷纷落水，这一沉痛教训值得深思。‖我们几个小伙伴正坐在堤岸边，痛快地吃着从地里摘来的西瓜，不知谁喊了一嗓子："来人啦！"慌忙中大家一起跳入水里，就像正月十五煮元宵——纷纷落水。

【蒸熟的鸭子——飞不了】指跑不了

了。[例]只见三下五除二,这几个持械斗殴的小流氓就被两位警察束手就擒,成了煮熟的鸭子——飞不了啦!

【芝麻地的耗子——吃香】比喻很受欢迎,很受尊重或器重。[例]小凯,现在职业学院的毕业生好分配,工资又高,芝麻地的耗子——吃香,我看可以报个第一志愿。

【芝麻掉进针鼻儿里——真巧】针鼻儿:针头上穿线的很小的孔。指非常凑巧、巧合。[例]李大姐到纽约来探亲,午后上街想买点东西,远远望见商店门口站着一个熟悉的身影,走近一看正是老同学燕子,她是跟老伴来旅游的,他乡遇故知,芝麻掉进针鼻儿里——真巧!

【芝麻开花——节节高】芝麻从上到下逐步开花,每一开花就往上长一节。比喻生活或事业天天向上,越来越好。[例]当年,他虽然退休了,但生活是芝麻开花——节节高,不仅吃得好、穿得好,而且添置了当时很时髦的电视机等电器。每当想起这些。他都庆幸自己赶上好世道,充满无以名状的愉快。(贾长华《八十年代津门奇人之三》)|王宝八思前想后的拿不定主意,毕竟不再是那个无依无靠的小叫花子,

好歹开着四十八家水铺,眼看着日子过得芝麻开花——节节高,万一买下这座宅子遭了殃,那又何苦来的呢?(天下霸唱《崔老道传奇 三探无底洞》)

【芝麻喂老虎——塞不满牙缝】指东西太少,远远不能满足需要。[例]认为搞多种经营费劲不小,油水不大,忙乎半天解决不了问题,"芝麻喂老虎——塞不满牙缝"。(谷正义《歇后语趣谈》)

【织席做筐能手——真会编】讥讽或斥责人瞎话连篇,随意编造或凭空捏造。也指脱离实际,擅长虚构故事。[例]大家七嘴八舌,跟谭元元理论起来:"你凭什么这么说?有什么事实根据?纯属织席做筐能手——真会编!"|现在有些电视剧不接地气,离老百姓的生活太远,水分太大,动则就几十集,难怪观众说:"织席做筐能手——真会编。"

【蜘蛛拉网——织丝(自私)】织丝与自私谐音。形容只看重个人的利益,为自己打算,不顾及他人和集体。[例]我们做基层干部,一言一行都被群众时刻看在眼里,必须高标准,严要求,如果蜘蛛拉网——自私的话,那将寸步难行。

【蜘蛛网捞鸡蛋——悬乎儿】形容很

危险或靠不住，没把握。[例]老周，他们哥几个走了一个礼拜，连个电话也没有，我看这事儿是蜘蛛网捞鸡蛋——悬乎儿，人生地不熟再有个三长两短的，可不好交代啊。

【只有一个空被窝儿——光棍儿】被窝儿：为睡觉叠成的长筒形的被子。指单身汉，没有妻子的成年人。[例]他听了一怔，正着脸色道："很对！这是一种很老实的动物。"其实给"老实"下定义，很难的。"是啊，在被窝里你就不老实啦！"可是李驴子只有一个被窝儿——光棍儿。(肖克凡《黑色王国》)

【纸糊的窗户——一点就透】指稍作提示就能弄清事物的真实情况，或稍加指点就心领神会了。[例]这件事情说大不大，说小也不小，你要做出正确的抉择，我知道你是个聪明人，纸糊的窗户——一点就透。

【纸糊的灯笼——肚里明】比喻嘴上不说明，但心里清楚明白。[例]"说俏皮话你说不过我。"混丢反唇相讥说："这人们不过是临时落魄，难在一个穷字上，实际上是纸糊的灯笼肚里明，吃过，见过……"(鲍昌《庚子风云》)

又作"纸糊的灯笼——心里明"。[例]血蘑菇嘴上不说，却是"纸糊的灯笼——心里明"，恨透了吴驼子和这帮工人，有心一把火烧了木刻棱大屋，却都忍住了不曾发作。(天下霸唱《天坑宝藏》)

【纸糊的房子——容不下人】形容心胸狭窄，嫉贤妒能，容不得能力、水平比自己高的人。[例]当领导干部的必须大度，不能小气，纸糊的房子——容不下人，那将使自己变成一个矮子。

【纸糊的喇叭——别吹】指不要吹牛、说大话。[例]你作为咱们单位的新闻发言人，一定要坚持实事求是，问题不隐瞒，成绩不夸大，纸糊的喇叭——千万别吹！

【纸糊的驴——大嗓门】大嗓门：用纸糊制的驴，喉咙为一空腔，故称"大嗓门"。指说话的声音很高。[例]朱大壮悠闲地往山下走，突然听到身后有人喊："慢走，着什么急呀，我还有话说！"他回了一句："纸糊的驴——大嗓门，你叫唤什么啊？"

【纸里的火——包不住】形容隐瞒的事实真相，早晚会暴露。[例]工地发生了严重的安全事故，一死一伤，黑心的老板想瞒着私了，工友们不干了："纸里的火——包不住,你想蒙混过关？死了这份心吧！"

【钟馗瞪眼——鬼才害怕】钟馗:民间传说中能打鬼驱邪的神。指威胁、恐吓没有效果,无人害怕。[例]冯师傅动不动就发火,徒弟们早已习惯,钟馗瞪眼——鬼才害怕哩!

【周仓扛刀——嘛儿也吃不着】周仓:《三国演义》中的人物,为关公扛刀护卫,经常饿得饥肠辘辘。扛刀:没有饭吃,挨饿。嘛:什么。指生活困窘,经常断饮挨饿。[例]嘛叫"扛刀"?"扛刀"就是挨饿,文人不说挨饿,说是短饮,朱大没有这么大学问,不明白这两个字当嘛讲,他和所有天津卫爷们儿一样,将挨饿说成扛刀。典出于《三国演义》,关老爷身旁,周仓扛刀,嘛儿也吃不着。(林希《丑末寅初》)

【周瑜打黄盖——一个愿打一个愿挨】周瑜、黄盖:均为三国时期名将。《三国演义》描写,黄盖献苦肉计,让周瑜痛打他一顿,然后诈降曹操,取得曹操信任,配合火烧赤壁,打败曹兵。指所做的事情都是双方两相情愿的。[例]猴七儿哎哟一声说,我的妈呀,这是谁呀被人家打成这样儿?兴许是周瑜打黄盖,一个愿打一个愿挨吧?

(肖克凡《天津大码头》)

又作(1)"周瑜打黄盖——一个愿打,一个愿挨"。[例]外祖母下工回家,我问她是否有这种担忧。她老人家想了想,说这种事情是"周瑜打黄盖——一个愿打,一个愿挨"。(肖克凡《团圆巷野史》)

(2)"周瑜打黄盖——愿打愿挨"。[例]说起以前的事,不管谁花了多少钱,谁吃了什么亏,那都是周瑜打黄盖——愿打愿挨。(刘云若《红杏出墙记》)

【周瑜当当——穷都督(嘟嘟)】当当:指旧时人们用衣物等到当铺典当换钱。都督:周瑜曾任东吴前部大都督。都督与嘟嘟谐音。比喻连续不断、没完没了地说话,令人生厌。也指责对不了解的事情乱发议论。[例]我说你烦不烦,今儿大半天什么事儿也没干,光听你周瑜当当——穷都督(嘟嘟)了。│整天在下边周瑜当当——穷都督(穷嘟嘟)。(谭汝为主编《天津方言词典》)

【妯娌打架——改哥们儿】妯娌:哥哥的妻子和弟弟的妻子的合称。改:"糟改"的简称,指讽刺挖苦,戏弄。形容用刻薄的话语讽刺挖苦、戏弄、丑化人。也指不成体统,不像样子,或当儿戏,开玩笑。

[例]"糟改"还可以简化为"改"，就是挖苦、取笑的意思。例如"你这不是拿我改吗?"天津方言有歇后语:"妯娌打架——改哥们儿"。(谭汝为《这是天津话》)

【轴承脑袋——转得快】轴承:机械中的一种常用部件,轴可以依靠它自由地飞速旋转。讥讽善于看风使舵,随着形势的变化而改变自己的立场或态度。[例]平时看着于晓聪挺老实的,运动一来,他马上就投入了造反派的怀抱,真是轴承脑袋——转得快。

【猪八戒摆手——不伺猴(候)】猪八戒:《西游记》中的主要人物之一,是个戏剧性的艺术形象。作为孙悟空的师弟,猪八戒有时要伺候师兄孙悟空。猴与候谐音。比喻不再听人使唤,为人服务、效力。也指甩手不干,或拒绝合作。[例]就你这样的老板,谁跟着干也落不了好,甭等你开除,我先炒你鱿鱼,猪八戒摆手——不伺候!
又作(1)"猪八戒摆手儿——不伺候猴儿"。[例]不瞒你说,今天我是个猪八戒摆手儿,不伺候猴儿。(李燃犀《津门艳迹》)(2)"猪八戒摔耙子——不伺猴"。[例]大姚先是一撇嘴:"得了吧,别跟哥们来这套了,你算老几?"小宋也趁着酒劲说:"告诉你狗子,我们是猪八戒摔耙子——不伺猴。"(鲍昌《萃华街记事》)

【猪八戒背媳妇——费力不讨好】比喻白费功夫,没有好的效果,相反带来不好的影响。[例]我说老公,这种事是猪八戒背媳妇——费力不讨好,别人都躲得远远的,你却抢着干,图个啥呀?

【猪八戒踩高跷——两头不是人】形容里外或上下都没落好,夹在中间受气,或处境困难,处处受埋怨。[例]正副局长闹矛盾,总在暗里较劲儿,我这个当处长的常常猪八戒踩高跷——两头不是人,什么时候是个头啊?

【猪八戒带髯口——愣充黑脸千岁】髯口:戏曲演员演出时所戴的假胡子。黑脸:传统戏曲中的角色行当,用黑色勾画脸谱,统称黑头。千岁:又称王爷,指与皇帝同一个家族的男性,被封"王"加爵位后,可以称千岁。讥讽那些妄自尊大,自以为是,冒充大人物的人。[例]人家的戏法不是为咱们变的,咱们眼不见心静。见识多了,眼杂,听得多了,耳朵根子杂,水流千遭归大海,咱们不舍下一张脸皮,不卖出一身力气,这世上就不养活咱。朱七,你可别猪八

戒带髯口,愣充黑脸千岁。(林希《丑末寅初》)

【猪八戒的耙子——远点儿搂着】比喻有意避开麻烦或危险,不要牵连、伤及自己。也指厌烦某人,让他离开,躲得远远的。[例]这小子我看不地道,早晚得进去,几位都猪八戒的耙子——远点儿搂着,到时别沾一身血。｜快,快走,从此不要再登我曹家的门,猪八戒的耙子——你给我远点儿搂着!

【猪八戒拱地——好硬的嘴】形容固执己见,自知理亏也不肯服输。也指嘴巴厉害,说话不饶人。[例]你跟亲爹认个错能怎么着?猪八戒拱地——好硬的嘴,明个儿非得把我气死不可。

【猪八戒嚼砂锅——只顾自己脆生,不管自己牙碜】嚼:上下牙齿磨碎食物。砂锅:一种炊具,用黏土等原料烧制成的锅。脆生:清脆响亮的声音。牙碜:口中或食物里有沙土,牙齿相触有不舒服的感觉。讥讽只在意自己舒服,不管别人不爽的反应和感受。[例]侯耀华和郭达表演小品,某君酷爱唱京剧,但在花园里练嗓无知音,于是劫持一名过路民工,免费提供面包、矿泉水,让他欣赏。用天津俏皮话来说,"不着调"的这位唱京剧,就是"猪八戒嚼砂锅——只顾自己脆生,不管别人牙碜"。(谭汝为《这是天津话》)

【猪八戒啃地梨——什么人什么果】地梨:多年生草本植物,野生在湿地里,地下球状茎可食用。指不同的人要采取不同的方法对待,常用来表示对人的轻视。[例]大奶奶拍着手笑,说瞧呀,猪八戒啃地梨,这可是什么人什么果!(宋安娜《十城记》)

【猪八戒啃猪蹄儿——自己吃自己】指自己伤害自己,或自己人伤害自己人。[例]咱们都是从一个村出来的,有矛盾不怕,没有解不开的口儿,背后使绊子,伸黑手,这种猪八戒啃猪蹄儿——自己吃自己的事儿,坚决不能干!

【猪八戒没成仙——吃了嘴的亏】形容不会说话或乱说话而身受其害。[例]我和晓芸一起进的公司,看人家进步多快,又当科长又涨工资,而我还原地踏步,难道是猪八戒没成仙——吃了嘴的亏?

【猪八戒骑驴——没这一马(码)事】马与码谐音。指绝无此事。[例]我可以负责任地告诉大家,那只是个传闻,猪八戒骑驴——没这一码(马)事!

【猪八戒耍把式——倒打一耙】耙:

九齿钉耙,猪八戒的常用武器。比喻明知自己犯了错误或干了坏事,不但不承认,反而咬别人一口。[例]"我回去如实向厂长汇报,使一车间停产,影响了这个月全厂完成任务,缴不了利润,发不了奖金,全得由你负责!""哈哈,你还猪八戒耍把式,倒打一耙,我不吃这一套,你唬不住我!"何顺嘴上这么说,心里也有点毛了。(蒋子龙《赤橙黄绿青蓝紫》)

又作(1)"猪八戒过河——倒搂一耙子"。[例]方德明知道她这是"猪八戒过河——倒搂一耙子",却打发不走她。(王林《腹地》)(2)"猪八戒败了阵——倒打一扒"。[例]这为猪八戒败了阵,先来倒打一扒,如震住了我,一天大事就完了。(清代手抄本《于公案》)(3)"猪八戒吃败仗——倒打一耙"。[例]你家的猪把我们的麦苗祸害了一片,不但不赔礼道歉,反而猪八戒吃败仗——倒打一耙,这还有天理吗?

【猪八戒弹弦子——等等儿】弦子:一种弹拨乐器,即琵琶、三弦等。指稍后,稍停,慢着。[例]老兄,猪八戒弹弦子——等等儿,我批完这两份文件咱就走。

【猪八戒弹弦子——自鸣得意】讥讽自我欣赏,自以为很得意或了不起。[例]"弹弦子"的本义是弹奏弦乐器,如琵琶、三弦等。云南永德小调有《哥弹弦子妹来听》的民间歌曲。天津俏皮话有"猪八戒弹弦子——自鸣得意""黄连树下弹弦子——苦中作乐"等。(谭汝为《这是天津话》)

【猪八戒吞磨刀石——内锈(秀)】锈与秀谐音。形容外表看起来笨拙或粗鲁,但实际上聪慧机智,有灵气。[例]场面精彩绝伦,恰好被来谈生意的烧锅掌柜看个人满眼,他吭哧吭哧笑着暗想:七尺汉子愣让小屁孩耍了,介(这)也太哏儿啦!看来介(这)小子"猪八戒吞磨刀石——内秀(锈)",好好打磨打磨,是块好材料。于是,萌生了收归自己麾下的想法。(刘虎臣《河湾镇故事》)

【猪八戒玩儿老雕——各好一路】老雕:鹰的泛称。指每个人都有自己的喜好或路数。[例]这孩子在外边玩疯了,谁也说不了,只能由他去吧,猪八戒玩儿老雕——各好一路。

又作"猪八戒玩老雕——专有好这一路的"。[例]这个小娘儿们了不得,蜂腰肥臀,桃花眼,厚嘴唇,花名"架不住",骚劲儿一上来,铁

打的汉子也招架不住。但是"猪八戒玩老雕——专有好这一路的",挂上之后离不开的大有人在。(天下霸唱《天坑宝藏》)

【猪八戒照镜子——里外不是人】形容得罪了当事双方,两面受埋怨,谁也不说好。[例]还有一宗,咱们丑话说在头里,干活利索点,择山货时别偷嘴,东家最忌讳这个。犯了这两条,东家要翻脸,我也是猪八戒照镜子——里外不是人。(鲍昌《庚子风云》)|血蘑菇脸上红一阵儿白一阵儿,觉得自己简直是"猪八戒照镜子——里外不是人",实在挂不住了,又加上酒劲儿往上撞,脑袋瓜子发蒙,嘴上没了把门的,就将金灯老母显圣一事说了,又在白龙的追问之下,说出了调遣耗子兵的法咒,说完一头倒在土炕上鼾声大作。(天下霸唱《天坑宝藏》)

又作(1)"猪八戒照镜子——里外不是人儿"。[例]耳聋的祖母听说黄世龙结婚了,重新抖擞精神啪啪拍着饭桌说他单身扛了这么多年,末了怎么娶了个二婚头?这叫猪八戒照镜子——里外不是人儿。(2)"猪八戒照镜子——里外不够人"。[例]大家叫你土皇上!你工作工作,弄得猪八戒照镜子——里外不够人。穷的富的都不说你好,人叫你得罪完了,你还工作!(孙犁《村歌》)(3)"猪八戒照镜子——里外都觉得别扭"。[例]郑佳兰的到来,令王莹不知如何相处。以前局里的"暗线"郑姐姐,一下变成自己厂里的郑书记。这好像猪八戒照镜子,里外都觉得别扭。尤其她与小郑"匿名信"上的秘密勾当,显然成为彼此内心的最大尴尬。(肖克凡《机器》)

【猪鼻子插大葱——装象(像)】象与像谐音。戏谑或讥讽故作姿态,装模作样。也指以次充好,以假乱真。[例]"装"就是假装的意思,可以形成词语系列。除了我们以前讲的"装蒜"之外,还有"猪鼻子插大葱——装象(像)""装模作样""装腔作势""装聋作哑""装神弄鬼""装傻充愣",等等。(谭汝为《这是天津话》)

又作(1)"猪安个鼻子——装象"。[例]这么多年,九大爷是看着你长起来的,虽说没个准事由,可到底是老实本分,不做亏心的事。可是常言说得好,嘛东西一变了本色,准是想糊弄人。狗安个犄角,装羊,没安好心,准是想偷肉吃;猪安个鼻子,装象,也不本分,准是想逃过八月节这一刀。(林希《丑末寅初》)(2)"鼻眼插葱——装象"。[例]鼻眼插葱——装象。你是想不叫我们拿奖,不想叫我们好受,要折腾折腾我们,就痛痛快快地直说,别来这套蔫坏损。你爸爸在省里定政策,你在下边搞定额,你们俩一使劲我们在下边就活不成啦!"(蒋子龙《开拓者》)(3)"鼻子上插葱——装相(象)"。[例]老百姓说得好,"没有金刚钻,少揽瓷器活儿"。咱觉得浪漫也一样,没有真善美,少当"幺蛾子"。该哪吃哪吃,该哪聊哪聊,该哪烤哪烤,合适的地界儿有的是,千万别"鼻子上插葱——装相(象)",省得让人笑话。(周莲娣《天津日报·莲娣脱口秀》)

【猪往前拱,鸡往后刨——各有各的道儿】指各自有各自的心思、主意、办法或门路。[例]猪往前拱,鸡往后刨,各有各的道儿!这叫八仙过海,各显其能。咱一不偷,二不抢,多猫儿回腰不犯法!(航英《倾斜的阁楼 白衣仙女》)|土匪也不能白跑一趟,两边拿这笔赏钱对半分账,谁也不吃亏。这就叫"猪往前拱,鸡往后刨",各有各的道儿。(天下霸唱《天坑宝藏》)

又作"猪往前拱,鸡往后刨——各有各的盘算"。[例]居民们知道了官面儿上的意思,一个个面色凝重,呼啦一分散开后就各想各的招儿。猪往前拱,鸡往后刨,各有各的盘算。(蒋子龙《人气》)

【竹篮打水——一场空】竹篮:用竹篾编制的篮子,有许多小孔。形容白费力气,什么结果也没得到,追求、愿望等都落了空,一无所获。[例]后来闹出"贾家井骗案",王丰池坐山观虎斗,没曾想自己的得意弟子王金刚捅死了袁文会的徒弟孙子森,于是找李菊五讹钱的事儿也给耽误了。如今就连李菊五本人也消失了,好比竹篮打水一场空。(肖克凡《天津俗人》)|这主席团落在好人手里,人们分房分地有好日子过了。要是落在敌人手里,竹篮打水一场空啊!(梁斌《翻身纪事》)

【竹筒倒豆子——全抖搂出来】抖搂:揭露,暴露。指把事情全部说出来或揭露出来,痛痛快快,毫无保留和隐瞒。[例]今天的会议,主要是研究明年的生产计划和经营战略,我希望大家有什么想法、问题,不要有顾虑,都竹筒倒豆子——全都搂出来。

又作(1)"竹筒子倒豆——全都露

出来"。[例]郭连长首先把领导上交给的这个艰巨任务一宣布,小伙子们都乐得蹦起来,高兴得要命。郭根全提出来大家有什么问题,有什么顾虑,都要竹筒子倒豆,全抖露出来。(袁静《伏虎记》)(2)"竹筒倒豆子——有嘛说嘛"。[例]看这意思你还是在外面没撅够,就欠还让你在外面冰天雪地撅着去,好好想想吧,最好别等我们费事,自己竹筒倒豆子——有嘛说嘛,咱也别伤和气,你说你今天不撅出点事儿出来,这事儿能完吗!(天下霸唱《大耍儿之西城风云》)(3)"竹筒倒豆子——有什么说什么"。[例]你自己好好想行吧,别等我们费事了,最好是竹筒倒豆子——有什么说什么,咱也别伤和气,你说你今天不撅点事儿出来,过得了这关吗?(天下霸唱《大耍儿》)(4)"竹筒倒豆子——呼啦"。[例]王二合是个直爽人,竹筒倒豆子——呼啦。心口一致,有一句说一句,说得出来就做得出来,砧子仔儿碰碌碡,实打实。(梁斌《翻身记事》)

【挂着拐棍下矿——捣煤(倒霉)】捣煤与倒霉谐音。指遇事不利,或遭遇不好。[例]这话就不对了,咱是人穷志不短,马瘦毛不长,不反

对人民不反对党,从不做没天理的勾当,这辈子凭什么挂着拐棍下矿——净剩下"捣煤"了?老天爷还饿不死瞎家雀呢?谁规定咱不能有时来运转的一天?(天下霸唱《地底世界之幽潜重泉》)

【煮熟的鸡爪子——往里拐】比喻总是帮助或袒护与自己关系亲近、利害相同的人。[例]咱老家有句俗语:"煮熟的鸡爪子——往里拐",话糙理不糙,听说你当了大官儿,对这乡里乡亲的可得多帮衬多提携啊!

【煮熟的鸭了——肉烂嘴不烂】指心里已经认输,但态度还很强硬,嘴上不肯服软。[例]你这个倔丫头,跟你老爹一个脾气,煮熟的鸭子——肉烂嘴不烂,看我敢不敢揍你?

【煮熟的鸭子——跑不了】形容对事情已经有了十足的把握。也指人处在别人的掌控之中,根本无法逃脱。[例]我心中暗暗窃喜:竞争对手已经败下阵来,这桩大买卖算是煮熟的鸭子——跑不了啦。|三爷,您就放心吧,凡是上了咱们这个山头的就别想活着出去,煮熟的鸭子——跑不了啦!

【抓虱子烧棉袄——得不偿失】指所得的利益抵偿不了所受的损失。

[例]这件事情如何处理，我建议你再斟酌、平衡一下，以防抓虱子烧棉袄——得不偿失。

【拽着胡子过河——牵须（谦虚）】拽：拉，牵。牵须与谦虚谐音。形容十分虚心，不骄傲自满。也谑指过分谦虚。[例]（李德欣）嘿嘿笑着说："我看你们这次在双窑打鬼子骑兵的伏击，太漂亮了！……我李德欣够学一辈子的了！"曹国荣这时凑上来说："叫我说，你们都是拽着胡子过河——太谦虚（牵须）了。一句话，互相学习！"（张孟良《血溅津门》）

又作"拽着胡子过河——牵须（谦虚）过渡（度）"。渡与度谐音。[例]头儿是保卫火岛的英雄，是首长握过手的，上过报的，人家是拽着胡子过河，牵须（谦虚）过渡（度）。（周振天《天边有群男子汉》）

【砖头打架——没有拿得出手的】砖头：小块的碎砖。指不像样、不中看或没有用而上不了台面，不好意思示人。[例]其实他只破过这么一个案子，砖头打架——真没拿得出手的。可是他徇私受贿、贪赃枉法，缺德的事儿没少做，老百姓提到此人是贬多褒少。（天下霸唱《无终仙境》）

【庄稼佬看皇会——好的在后头】庄稼佬：谑称乡下人。皇会：旧时每年妈祖（天后娘娘）诞辰日，民间都要举行酬神祭祀仪式和花会等活动。指好的事情还在后面。[例]吕大娘，大夫说了，您这病儿住几天院就会痊愈，不要瞎琢磨，再活二十年没问题，庄稼佬儿看皇会——好的在后头哩！

又作"庄稼老儿看会——好的在后头"。[例]至少亦得发个三千五千的，巧来就许万儿八千亦不一定。先别急，庄稼老儿看会，好的在后头啦。（李燃犀《津门艳迹》）

【庄稼佬开钱铺——与人方便，自己方便】钱铺：旧时兑换钱币的商店。指给别人便利的同时，也会给自己带来便利。[例]童大爷家住一楼，退休后闲着没事儿，开了个小杂货店，卖些油盐酱醋和针头线脑，邻居们逗笑说："您这是庄稼佬开钱铺——与人方便，自己方便。"

【庄稼佬买棺材——躺里边试试】讥讽那些说话做事不切实际，过于较真，近乎迂腐的人。[例]没错，田大炮就是个迂腐的家伙，庄稼佬买棺材——躺里边试试的事儿，他能干得出来！

【锥子剃头——另一个传授】锥子：

有尖头的用来钻孔的工具。指每个人都有自己的方法或诀窍，与众不同。[例]俗话说，内行看门道，外行看热闹，薛师傅的铁匠活儿有自己的绝招，那叫锥子剃头——另一个传授。

又作"锥子剃头——一个师傅一个传授"。[例]郝大姐的剪纸，百八十张也没有一个重样儿的，那是真功夫，正应了一句俏皮话："锥子剃头——一个师傅一个传授。"

【桌子板凳——一班儿高】一班儿：一样，一般。比喻学识、能力、财富和境况等差不多，没有什么区别。也指双方地位平等，权力相当。[例]倒退十年，我们两人桌子板凳一班儿高，现在他趁点嘛儿，就这么待承我。（李燃犀《津门艳迹》）

【桌子底下放风筝——出手就不高】指人的追求、目标等不高，或做事的起点很低。[例]我看了他最近创作的几幅画，跟大家相比还是差火候儿，桌子底下放风筝——出手就不高。

【紫心萝卜——心里美】形容心里非常高兴、愉悦。也指心地善良，行为高尚。[例]生生世世多少代母亲，物质条件跟现在没法比的时候，不照样把一茬茬孩子带大了。咱不是非得让产妇累得死去活来，而是觉得亲手把孩子带大，是苦也是甜，是辛苦也是享受。还是那句话，有今天的辛苦付出，才有明天的幸福回忆。到那时，过母亲节就像吃紫心萝卜——心里美。（周莲娣《天津日报·莲娣脱口秀》）

又作"紫心萝卜——心儿里美"。[例]你看他真是紫心萝卜——心儿里美。（谭汝为主编《天津方言词典》）

【自大加一点——臭】臭字由一自字、一大字和一点组成。指因自高自大而惹人生厌。[例]你这种人我见识多了，自大加一点——臭，真不愿搭理你，怕熏我个跟头，叫旁人笑话。

【自己跟自己拜把子——不知道行老几】指缺乏自知之明，过高地估计了自己的身份和地位。[例]话说马大哈靠阳奉阴违、巴结买官当上了总管，上任伊始便架不住手中的那点儿权力了，一天，赵老板央求马大哈："您手眼通天，有机会给搭咯搭咯工程，到时候我们忘不了您的好儿。"这时候马大哈膨胀了，就像天津俏皮话，"自己跟自己拜把子——不知道行老几"了。（点子《俏皮俗话》）

【走道儿捡鸡毛——装（壮）掸（胆）子】装与壮谐音。掸与胆谐音。指让自己的胆量大起来。[例]锅炉里的故障彻底排除了，你们不要夸我，刚钻进去的时候，心里一点儿底儿也没有，只能走道儿捡鸡毛——壮着胆子干，因为没有退路呀。

【走着道儿打哈嚏——乏人】哈嚏：哈欠。形容劳累，疲惫。也指人不中用，或人才缺乏。[例]你已经换了好几个岗位，都说不适应，我看你是走着道儿打哈嚏——乏人一个，不用再找借口，还是另请高就吧！

【租界地交道口——三不管儿】租界地地交道口：旧时在天津，两国租界相交的路口，处于双方租界当局和中国地方政府三方都甩手不管的状况。泛指没人管的事情或地方。[例]这几个小区处于城乡结合部，长期以来形成了租界地交道口——三不管儿，不能再继续下去了，必须抓紧解决。

【嘴巴吃钢针——说话带刺儿】形容说话刻薄、尖损、刁钻，或喜欢揭别人的短处、痛处。[例]我一进老爷的家门，就听见大小姐正在发火儿，嘴巴吃钢针——说话带刺儿，不知又是谁招惹了她，干活得

加十个小心了。

【嘴巴抹糨子——满口糊（胡）言】糨子：糨糊，用面粉等做成的可以粘贴东西的糊状物。糊与胡谐音。形容没有根据地胡说八道。[例]别看他衣冠楚楚，可一说话就嘴里抹糨子——满口胡言，无中生有，没一句是真的。

【嘴巴上抹猪油——油嘴滑舌】形容说话轻浮、油滑，不严肃，不诚恳。[例]你年纪轻轻，整天嘴巴上抹猪油——油嘴滑舌的，没人待见你，将来连媳妇也说不上。

【嘴巴上贴封条——闭口不谈】指紧闭着嘴不说话或谈论秘密。[例]快把人急死了，问这缺德孩子浑身的伤是怎么回事，他就一直嘴巴上贴封条——闭口不谈。

【嘴巴上贴封条——免开尊口】指不必开口说什么，多表示要求不会得到同意。[例]邵老板，什么时候你到公司来，我都举双手欢迎，但借钱的事儿请嘴巴上贴封条——免开尊口，我也快破产了。

【嘴上抹石灰——白吃】比喻不付出劳动或别的代价，而白白地蹭吃蹭喝。[例]我这儿就是个小门小店，几名干部经常打白条不给钱，嘴上抹石灰——白吃，有谁能受得了？都快关门歇菜了。

【嘴上抹石灰——白说】指说话没人听或不起作用。[例]一口又碰了一个酒，接着说："我这一辈子就这一个嗜好，不能再委屈自己，说啥也不能扔下，抽烟赛过活神仙。过一天，少两晌，誓死不能不抽烟，该活死不了，来，再来一颗。"他老婆子苦口婆心地劝他戒烟，全是嘴上抹石灰——白说。(赵广建《老硬纳闷儿》)

【嘴上贴封条——无话可说】指没什么话可说了。[例]在一个个证据面前，他终于低下头，嘴上贴封条——无话可说，并开始交代问题，不再抵赖。

【嘴咬大萝卜——嘎嘣脆】嘎嘣：牙齿咬萝卜时发出的声音。脆：声音清脆。形容说话做事简洁爽快，干脆利落，不拖泥带水。[例]天津人说话快，还干脆利落、哏。有文字介绍说"天津话像嘴咬大萝卜——嘎嘣脆"，此话不假。(张春生《小议天津话的特色和讲究》)

【醉雷公——胡劈(批)】雷公：神话中管打雷的神。劈：雷电击毁或击毙。劈与批谐音。比喻不问情由，胡乱批评指责人，也指妄加评议，乱说一气。[例]醉雷公——胡劈！人家是看咱们出门在外的可怜。凭咱穷得叮当乱响，凭咱这副长相，什么地方降人？你呀，吃了几天饱饭撑晕了是不是？(郑连群《马三立外传》)

【醉雷公上锅台——胡劈(批)一锅粥】一锅粥：指一锅稀饭煮沸往外冒。劈与批谐音。斥责胡乱行事，瞎搅和一气。也指不分青红皂白，胡乱批评指责人。[例]自从他当上革委会主任，在学校里独断专行，经常醉雷公上锅台——胡批一锅粥。

【坐车不买票——白搭】指白白耗费力气，不起什么作用，没有任何效果。[例]我明白欠债还钱，天经地义，但我现在确实是镚子儿没有，你立马打死我，也是坐车不买票——白搭！
又作"坐火车不买票——白搭"。[例]我承认你小子点子是不少，但基本上都是空中楼阁，这些年的买卖一分钱没赚到，坐火车不买票——白搭。

【坐飞机打糨子——糊(胡)天】糨子：糨糊，用面等做成的可以粘贴东西的糊状物。糊与胡谐音。形容说话不负责任，不着边际，信口开河，胡说八道。[例]"传销也能致富？"嘉庆拍着贵堂的肩膀说："这是坐飞机打糨子——胡天！"

又作(1)"坐飞机摇小手——糊天儿"。[例]对"大梨"信誓旦旦、喋喋不休的那些大话狠话,您最好面带微笑,姑妄听之,权当幽默段子,不必信以为真,他那是"坐飞机摇小手——糊天儿"。(谭汝为《这是天津话》)(2)"坐飞机伸小手——胡噜天儿"。[例]谁都喜欢结交厚道实在人,瞧不起那些信口开河吹牛皮的主儿,常说这类人好赛"坐飞机伸小手——胡噜天儿"。(由国庆《在老天津行走》)(3)"坐飞机贴告示——糊(胡)云"。[例]"坐飞机贴告示——糊(胡)云"。飞机上贴告示,不是说在飞机里贴告示,而是把飞机当工具,在天上贴告示,只好糊在白云上,用谐音"胡云",讽刺人胡云(胡说八道)。(张仲《天津早年的衣食住行》)

【坐马桶敲锡锣——臭美一当当】锡锣:小铜锣。当当:撞击金属等发出的声音。讥讽自我感觉良好,自鸣得意,轻浮浅薄,炫耀自己漂亮、能干等,令人生厌。[例]天津卫老话有"坐马桶敲锡锣——臭美一当当"的歇后语,意谓:在挺臭的地界反觉其美,不就是"臭美"吗?(薛宝琨《津门笑谭"臭美"可笑又可爱》)

又作(1)"坐马桶上敲锡锣——臭美一当当"。[例]"坐马桶上敲锡锣——臭美一当当"的歇后语,表示这座城市对轻浮浅薄不懂自重喜欢炫耀的一种嘲弄。(薛宝琨《"臭美一当当"》)(2)"蹲在茅房敲镗锣——臭美一当当"。茅房:厕所。[例]早些年,邻居武大娘的二小子留学回来后,自以为了不起,到处显摆炫耀,蹲在茅房敲镗锣——臭美一当当。

【坐飞机唠嗑——空谈】唠嗑:聊天,闲谈。比喻只说不做,没有实际行动,毫无意义和价值。[例]下面我们就讨论园区的基础设施建设规划,希望大家立足当前,着眼长远,掏干的,拿实的,说具体的,讲可操作的,切忌坐飞机唠嗑——空谈。

【坐席不用筷子——下手】坐席:泛指参加宴会。指动手,着手去做。也指助手,打下手的人。[例]诸位,钓鱼的设备都准备好了,应有尽有,你们还等什么,坐席不用筷子——下手吧。

【坐着飞机吹喇叭——名声在外】比喻名气很大,广为外人所知,声名远扬。[例]卖果仁,秃爷是第一家。聪明绝了顶的秃爷,在农村收购花生,然后自己加工卖,做出的五秃果仁粒粒饱满,色正味醇,入口脆又酥,价格也不贵,买卖很红火,很快,秃爷就坐着飞机吹喇叭——名声在外了。(李振起《秃爷的故事》)

【坐着火车吃烧鸡——这架骨头走到哪儿扔在哪儿】指走到哪里就生活在哪里,葬身在哪里,把生死置之度外。[例]嘉庆揉了揉眼睛说:"今天哪,这一百多斤算搁在这儿了。"江涛见他张嘴,听不清他说什么。猜思着说:"坐着火车吃烧鸡……这架骨头,走到哪儿扔到哪儿!"(梁斌《烽烟图》)

又作"做梦捡了狗头金——空喜欢一场"。[例]有人说这是沙里淘金,也有人说这是海底捞针,还有人说这是做梦捡了狗头金,空喜欢一场。总而言之,日本工厂的饭碗,不是好端的。(肖克凡《机器》)

【做梦娶媳妇儿——净想美事】讥讽不切实际,想法很好,就是实现不了。[例]你小子是做梦娶媳妇儿——净想美事,我都活了快八十年了,也没见过一夜暴富的,快死了这份心吧!

又作(1)"做梦娶媳妇——光想好事"。[例]嘿,见见他?你想得多美!简直是做梦娶媳妇,光想好事!"未决犯"不能和亲属见面!这是法院的规矩,你懂不懂?(柳溪《功与罪》)(2)"做梦娶媳妇儿——想得美"[例]爸爸说:"你呀,这才叫做梦娶媳妇儿,想得美!人家玲玲多俊呐,瞧你那傻儿子,哪儿配得上人家呀!"(侯军《那些小人物》)

【做梦娶媳妇——空喜欢】指梦想的好事不能变成现实,什么好处也没捞到,白白高兴了一番。[例]你不走正道,一天到晚想着发横财,到头来只能是做梦娶媳妇——空喜欢。

【做贼的碰上劫道儿的——坏到一块去了】做贼的:盗匪。劫道儿的:拦路抢劫。形容坏人同坏人臭味相投,沆瀣一气。[例]在路上遇见两伙黑社会小混混火拼,棍棒相加,杀气腾腾,这就叫做贼的碰上劫道儿的——坏到一块去了,结果被公安一锅端,一个也没剩儿。